유엔해양법협약 40년
평가와 전망

[해로연구총서 7]
유엔해양법협약 40년: 평가와 전망

인 쇄 | 2025년 4월 25일
발 행 | 2025년 4월 30일
편저자 | 한국해로연구회
발행인 | 천명애
발행처 | 도서출판 오름
등록번호 | 제2-1548호 (1993.5.11)
주 소 | 서울특별시 강서구 화곡로31다길 20
전 화 | (02) 585-9123
E-mail | oruem9123@naver.com

ISBN 978-89-7778-529-8 93340

* 값은 뒤표지에 있습니다.

해로연구총서 7

유엔해양법협약 40년
평가와 전망

한국해로연구회 편

김석균 김원희 김현수
김현정 이기범 박영길
최지현 김두영 배종윤

The United Nations Convention on the Law of the Sea at 40: Assessment and Future Prospects

Edited by
SLOC Study Group-Korea

Suk Kyoon Kim・Wonhee Kim・Hyun Soo Kim
Hyun Jung Kim・Ki Beom Lee・Young Kil Park
Jee-hyun Choi・Doo-young Kim・Jong-Yun Bae

ORUEM Publishing House
Seoul, Korea
2025

책을 펴내며

유엔해양법협약이 채택된 지 40년이 지났다. 거의 10년에 걸친 제3차 유엔해양법회의 끝에 1982년 채택된 유엔해양법협약은 국제해양법 질서의 대대적인 변화를 몰고 왔다.

17세기 초반 이후 국제해양법 질서의 근간을 이루었던 '해양자유의 원칙Freedom of the Seas'은 퇴조하였고 대신 국가의 배타적 관할권은 대폭 확대되었다. 오랜 기간 해양법의 논란거리였던 영해의 폭은 마침내 최대 12해리로 결정되었고, 이에 더해 연안으로부터 최대 200해리 이내의 천연자원에 대해서 연안국의 주권적 권리를 인정하였다. 대륙붕은 재정의되었고 군도국가 제도가 새롭게 도입되었다. 대신 해양이용국의 이익을 보호하기 위해 무해통항권, 국제해협 통과통항권, 군도항로통항권이라는 다양한 항행제도가 도입되는 등 연안국과 이용국 간 새로운 이익의 균형이 이루어졌다. 배타적 경제수역과 군도수역 제도가 도입되면서 공해는 공간적으로는 대폭 축소되었지만 공해자유의 원칙과 배타적 기국관할권을 기반으로 하는 전통적 공해제도는 유지되었다. 해양환경의 보호와 보전을 위한 개괄적인 규정이 채택되었고 해양과학조사에 관해서도 국가관할권별로 연안국과 조사국의 권리와 의무를 규정하였다.

　무엇보다도 획기적인 변화는 국가관할권 이원의 심해저에 관한 제도라고 할 수 있다. 유엔해양법협약은 심해저와 그 자원을 인류의 공동유산이라고 선언하고 심해저 자원개발을 위한 국제체제를 수립함으로써 해양법의 새로운 지평을 열었다. 또 다른 특기할 사항은 해양법협약의 해석과 적용에 관한 분쟁을 효과적으로 해결할 수 있는 강력한 분쟁해결절차를 마련한 것이다. 특히 구속력 있는 결정을 수반하는 강제절차의 도입으로 해양법협약의 실효성을 확보하고자 하였다. 이처럼 유엔해양법협약은 한편으로 기존의 관습법을 성문화하였을 뿐 아니라 다른 한편으로 국제법의 점진적 발전과 더 나아가 혁명적 도약을 동시에 반영하였다.

　유엔해양법협약은 흔히 '바다의 헌법'이라고 지칭된다. 헌법이라는 명칭이 시사하듯이 이 협약은 국제해양 질서의 법적 기반을 제공하지만 또 그런 만큼 많은 조문들의 내용은 일반적이고 개괄적이며 시간의 흐름에 따라 변화할 수 있도록 규정되어 있다. 또 동 협약은 수많은 국가들의 상충하는 이익을 조율하고 절충한 바탕 위에서 채택되었기 때문에 많은 조문들이 의도적으로 모호하게 처리되어 상당한 해석의 여지를 남기고 있다. 바로 이런 이유 때문에 유엔해양법협약의 일관되고 균형잡힌 해석과 적용은 해양법 체제의 안정적인 발전에 대단히 중요하다. 유엔해양법협약 발효 이후 동 협약의 주요 조항들이 사법적 절차를 통해 해석되고 적용되었으며 이를 통해 해양법협약은 보다 명료해지고 시대적 변화에 발맞추어 발전해왔다고 생각한다.

한국해로연구회는 유엔해양법협약이 채택된 지 40년이 지난 현 시점에서 동 협약의 기본적 내용을 다시 짚어보고 동 협약이 그동안 어떻게 해석되고 적용되어 왔는지를 검토하기 위해 이 연구를 기획하였다. 이를 통해 유엔해양법협약의 현주소를 가늠해보고 특히 동 협약이 과연 원래 의도했던 목적을 제대로 수행하고 있는지, 유엔해양법협약 전문에서 언급하였듯이 동 협약이 해양에서 국가 간 소통을 원활하게 하고 해양의 평화적 이용과 해양자원의 공평하고 효율적인 이용, 해양생물자원의 보존과 해양환경의 연구, 보호 및 보존을 진작하는 데 얼마나 효과적인지에 대해 검토해보고자 하였다. 또한 유엔해양법협약은 국익수호에 있어서 해양이 막중한 비중을 차지하는 우리에게 어떤 영향을 미치며, 우리는 어떻게 대응해야 하는지 등의 질문에 답변하고자 하였다.

이러한 취지에서 이 연구는 유엔해양법협약의 체제를 반영하여 영해 및 접속수역, 배타적 경제수역, 대륙붕, 공해 및 심해저 등 국가관할 수역과 국가관할 이원 수역에서의 국가의 권리 및 의무가 동 협약에서 어떻게 규정되고 절충되었는지 등을 검토해보고 관련 조항들이 지금까지 어떻게 해석되고 적용되었는지를 분석하고자 하였다. 이와 함께 해양환경의 보호 및 보존, 해양과학조사, 해양경계획정 등에 관한 해양법협약의 규정과 국가관행, 판례 등을 분석하였다. 또한 유엔해양법협약의 가장 중요한 요소 중 하나인 분쟁해결절차가 지금까지 어떻게 작동해왔는지에 대한 검토 및 평가도 포함하였다. 마지막으로 유엔해양법협약이 해양국가인 한국의 국익에 어떤 영향을 미치는지 분석하고 해양과 관련한 한국 외교의 방향도 짚어보았다. 이렇듯 이번 연구는 유엔해양법협약의 총체적 분석과 평가를 통해 앞에서 제기한 질문들에 대한 답을 모색해보았다.

이 연구의 취지에 동참하여 옥고를 기고해주신 집필자 여러분 모두에게 깊은 감사를 드린다. 오랜 기간 연구와 관련된 모든 사항을 총괄하고 연구결과물의 출판 책임을 맡아주신 연세대학교 정치외교학과 김현정 교수의 노고가 없었다면 이 연구는 열매를 맺기 어려웠을 것이다. 실무 책임을 맡은 한국해양과학기술원의 조훈 박사와 교정작업에 수고해주신 연세대학교 정치외교학과의 공유빈, 박서진, 서성경 학생에게도 감사의 마음을 전하고 싶다.

이 연구가 해양법에 관심을 가진 분들이 유엔해양법협약을 심층적으로 이해하는 데 도움이 되기를 바란다.

2024년 12월
한국해로연구회 회장 백진현

차례

• 책을 펴내며_백진현   5

1장   영해 및 접속수역   김석균

I. 서론   18
II. 영해제도   19
   1. 영해의 의의   19
   2. 영해제도의 발전   20
   3. 기선제도   23
   4. 무해통항   34
III. 접속수역   44
   1. 접속수역의 의의   44
   2. 접속수역제도의 형성   45
   3. 접속수역의 법적 성질   47
IV. 영해 및 접속수역 제도 적용상의 쟁점   48
   1. 직선기선 설정 문제   48
   2. 해수면 상승 문제   49

3. 군함의 무해통항　50
　　4. 수중드론　51
　　5. 군사형 코스트 가드 함정의 무해통항　52
　　6. 인공섬 건설과 항해의 자유작전　53
Ⅴ. 결론　53

2장　배타적 경제수역　　　　　　　　　　　　김원희

Ⅰ. 서론　58
　　1. 연혁　59
　　2. 법적 지위　63
　　3. 배타적 경제수역과 대륙붕의 관계　65
Ⅱ. 배타적 경제수역 관련 주요 규정의 내용　69
Ⅲ. 규정의 해석, 적용, 이행 현황　72
　　1. 연안국의 권리와 의무　72
　　2. 제3국의 권리와 의무　88
　　3. 연안국과 제3국에 부여되지 않은 권리　97
Ⅳ. 주요 쟁점 검토 및 평가　99
　　1. 배타적 경제수역에서의 급유활동에 대한 연안국의 관할권　99
　　2. 수로측량의 법적 성격과 연안국의 관할권　103
　　3. 배타적 경제수역에서의 군사활동　105
Ⅴ. 결론　109

3장 대륙붕　　　　　　　　　　　　　김현수

Ⅰ. 서론　118
Ⅱ. 대륙붕 주요 규정 내용, 제정 배경 및 취지　120
　1. 개요　120
　2. 대륙붕제도의 발달과정　122
　3. 대륙붕의 정의와 범위　124
　4. 대륙붕한계위원회　128
　5. 대륙붕에 대한 연안국의 권리　133
　6. 대륙붕에 대한 연안국의 의무　135
　7. 소결　136
Ⅲ. 대륙붕에 관한 주요 규정의 해석, 적용 및 이행　137
　1. 제76조 대륙붕의 정의　137
　2. 제77조 대륙붕에 대한 연안국의 권리　145
　3. 제78조 상부수역과 상공의 법적 지위 및 다른 국가의 권리와 자유　148
　4. 제79조 대륙붕에서의 해저전선과 관선　150
　5. 제80조 대륙붕상의 인공섬·시설 및 구조물　154
　6. 제81조 대륙붕 시추　157
　7. 제82조 200해리 밖의 대륙붕 개발에 따른 금전지급 및 현물공여　158
　8. 주요 대륙붕 공동개발협정　160
Ⅳ. 주요 쟁점, 문제점 및 평가　166
　1. 현황　166
　2. 문제점　168
　3. 전망　169
Ⅴ. 결론(한국에의 함의)　171

4장 공해
김현정

I. 서론　180
II. 공해 관련 주요 규정의 내용　181
    1. 공해의 의미와 법적 성격　181
    2. 공해자유의 내용　185
    3. 공해상 기국관할권　185
    4. 공해 생물자원의 관리 및 보존　192
III. 규정의 해석, 적용, 이행 현황　193
    1. 공해자유원칙의 해석　193
    2. 공해자유원칙에 포함되는 행위　194
IV. 주요 쟁점 검토 및 평가　196
    1. 공해상 기국의 배타적 관할권의 범위　197
    2. 기국의 배타적 관할권 원칙의 예외 확대　205
V. 결론　207

5장 해양경계획정의 이해
국제재판소 판례로부터의 교훈을 중심으로
이기범

I. 들어가며　212
II. 유엔해양법협약상 해양경계획정을 규율하는 규칙　216
    1. 영해의 경계획정을 규율하는 규칙　216
    2. 배타적 경제수역의 경계획정을 규율하는 규칙　219
    3. 대륙붕의 경계획정을 규율하는 규칙　221
III. 단일해양경계의 획정　225
    1. 단일해양경계의 획정 이유　225
    2. 국가실행으로부터 유래한 단일해양경계의 획정　226

IV. 3단계 방법론의 확립과 구체적 내용 228

   1. 3단계 방법론의 개관 228

   2. 3단계 방법론의 분설 232

V. 경계미획정 수역의 규율 247

   1. 유엔해양법협약 제74조 제3항과 제83조 제3항 247

   2. '물리적 변화'라는 기준은 절대적인 기준인가? 249

VI. 동북아시아에서의 해양경계획정: 한국을 중심으로 250

   1. 한·중 해양경계획정 250

   2. 한·일 해양경계획정 254

VII. 나가며 259

6장 해양과학조사   박영길

I. 서론 266

II. 해양법협약상 해양과학조사의 제정 배경과 주요 내용 268

   1. 제정 배경 268

   2. 주요 내용 271

III. 해양과학조사의 실행 283

   1. 국가실행 283

   2. 관련 협정 299

   3. 국제법원의 판결: 포경사건 300

IV. 해양과학조사와 유사 개념 구분 302

   1. 수로측량 302

   2. 군사측량 303

   3. 탐광(또는 탐사)과 생물탐사 304

   4. 해양 바이오로깅 305

   5. 운용해양학 306

V. 결론 308

7장 해양환경 보호 및 보전   최지현

I. 서론 314

II. 협약의 문언과 규범의 발전 315
  1. 오염에 대한 대응: 제12부의 구조 315
  2. 해양환경의 보호 목적 확대 317
  3. 해양환경 보호의무의 대상 해역 319

III. 국제법원의 협약 적용 및 발전 1: 사건을 중심으로 320
  1. ITLOS 사건 321
  2. ITLOS 이외 사건 330

IV. 국제법원의 협약 적용 및 발전 2: 국제환경법상의 원칙 및 규범을 중심으로 333
  1. 사전주의 333
  2. 협력의무 337
  3. 환경영향평가 340
  4. 상당주의 의무 341
  5. 검토 344

V. 해양환경의 새로운 이슈와 협약 345
  1. 국가관할권 이원 지역의 해양생물다양성(BBNJ) 345
  2. 기후변화 347
  3. 미세 플라스틱 353

VI. 결론 355

8장　유엔해양법협약 분쟁해결제도　　김두영

　I. 들어가는 말　364
　II. 포괄적·강제적 해양 분쟁해결 규범 성안　366
　　1. 비공식 작업반 활동(1974~1975)　366
　　2. 전체회의 의장 주도 성안(1976~1980)　372
　III. 분쟁해결절차 선택 및 강제절차　395
　　1. 평화적 분쟁해결수단의 자유 선택　396
　　2. 대안 절차 우선 적용　398
　　3. 법정 선택　400
　　4. 강제절차 적용 및 배제　403
　IV. 분쟁해결조항의 해석 및 적용 사례　407
　　1. 평화적 수단을 통한 분쟁해결 의무　407
　　2. 대안 절차　412
　　3. 의견교환　420
　　4. 관할권　428
　　5. 잠정조치　433
　　6. 선박·선원의 신속석방　436
　　7. 적용 법규　441
　　8. 예비절차　443
　　9. 국내 구제 완료　446
　　10. 사법적 결정의 최종성과 구속력　450
　　11. 자동적 강제절차 적용 배제 사안　451
　　12. 선택적 강제절차 적용 배제 사안　454
　　13. 조정　462
　V. 평가 및 전망　463

9장　유엔해양법협약과 한국외교　　배종윤

I. 서론　478

II. 제1차(1958년) 및 제2차(1960년) 유엔해양법회의와 한국외교　482
   1. 유엔해양법 제1, 2차 회의 진행과 한국의 참가　484
   2. 냉전 심화와 생존 및 정통성 확보를 위한 한국의 대UN 외교　489
   3. 1950~60년대 한국외교와 제1, 2차 유엔해양법회의　494

III. 1973년 제3차 해양법회의와 한국외교　508
   1. 제3차 해양법회의와 합의에 대한 한국의 복잡한 계산　509
   2. 제3세계의 세력화와 1970년대 한국외교의 위기　518
   3. 남북한 외교전쟁과 한국의 대UN 외교전략　524

IV. 유엔해양법협약 채택과 한국외교　537
   1. 한국의 유엔해양법협약 서명　538
   2. 한국의 유엔해양법협약 비준과 신중한 접근　543
   3. 유엔해양법회의와 한국외교의 대응　547

V. 결론: 유엔해양법과 한국외교의 과제　553

1장 영해 및 접속수역

김석균 • 한서대학교 해양경찰학과 교수

I. 서론

II. 영해제도
  1. 영해의 의의
  2. 영해제도의 발전
  3. 기선제도
  4. 무해통항

III. 접속수역
  1. 접속수역의 의의
  2. 접속수역제도의 형성
  3. 접속수역의 법적 성질

IV. 영해 및 접속수역제도의 적용상의 쟁점
  1. 직선기선 설정 문제
  2. 해수면 상승 문제
  3. 군함의 무해통항
  4. 수중드론
  5. 군사형 코스트 가드 함정의 무해통항
  6. 인공섬 건설과 항해의 자유작전

V. 결론

I. 서론

인류가 해양으로 진출한 이래 수천 년에 걸쳐 형성되어 온 관습이 명문화되고, 제2차 세계대전 이후 새로운 국제정치·안보 환경 속에서 해양이용을 둘러싸고 대립하는 이익이 조정되고 타협된 결과로서 유엔해양법협약이 탄생하였다. 영해제도는 유엔해양법협약이 규정하고 있는 여러 해양이용질서 중에서 근간이 되는 제도이다.

대항해시대에 포르투갈과 스페인의 해양지배를 뒷받침하던 '폐쇄해Mare Clausum' 사상이 퇴조하고, 해양에 대한 자유로운 접근을 강조하는 '자유해Mare Liberum' 이념이 지배적인 가운데 16, 17세기를 거치면서 연안국 연안의 좁은 수역에 대한 '배타적 통제권'을 허용하는 국가 관행이 성립되었다. 이에 따라 공해에서 '해양의 자유'와 연안의 좁은 수역에서 '연안국의 영해관할권'이라는 해양이용의 두 개의 지주가 정립되었다.[1]

연안의 좁은 수역에 대한 연안국의 주권행사의 필요성은 인정되었지만, 이후 군함과 상선의 자유로운 통항을 원했던 선진 해양국과 배타적 통제권의 범위를 확대하고자 했던 개발도상국의 입장이 대립하였다. 이에 대한 타협으로서 타국의 영해와 국제해협에서 선박이 방해받지 않고 통항할 수 있는 '무해통항제도'와 '통과통항제도'가 마련되었다. 이와 함께 영해에 대한 연안국의 주권행사를 보완하기 위해 '기능수역'으로서 접속수역제도가 창설되었다.

오늘날 영해제도의 과제는 인류의 공동재산으로서의 해양에서 '자유로운 통항'의 보장과 연안국의 '주권적 통제'라는 상충될 수 있는 이익 사이에서 적절한 균형을 이루는 것이라 할 수 있다. 또한 영해제도는 수중드론, 자율운항선박의 출현과 같은 기술적 진보를 어떻게 수용할 것인가 하는 과제에 직면해 있다. 이러한 배경하에서 본고는 영해와 접속수역제도의 형성과 무해통항innocent passage, 영해기선 제도를 고찰하고, 기술 진보에 따라 무해통항에 제기되는 여러 문제를 조명하고자 한다.

II. 영해제도

1. 영해의 의의

영해는 '연안국의 국토에 접속하고 있는 일정 범위의 수역으로서 연안국의 주권sovereignty이 미치는 수역'을 말한다. 유엔해양법협약은 "연안국의 주권은 영토와 내수 밖의 영해라고 하는 인접해역, 군도국

---

1 James C. F. Wang, ***Handbook on Ocean Politics & Law***(Greenwood Press, 1992), pp. 43-44.

가의 경우에는 군도수역 밖의 영해라고 하는 인접해역에까지 미친다. 이러한 주권은 영해의 상공·해저 및 하층토에까지 미친다"(제2조)라고 규정하고 있다. 외국 선박의 무해통항이 인정되는 영해는 영토주권과 같은 절대성을 갖지는 못하지만, 주권적 권리나 관할권만 인정되는 배타적 경제수역이나 대륙붕에 비해 영토에 버금가는 연안국의 주권이 인정되는 수역이다.

2. 영해제도의 발전

영해의 법적 성질에 대하여 일부 법학자들과 미국, 네덜란드, 스칸디나비아 제국 등은 "연안국은 영해에서 소유권이나 최소한 주권이나 전권을 가진다"는 입장이었던 반면, 프랑스·스페인 등은 "영해에 대한 소유권이나 주권 대신 방위, 관세, 어로 규제 등 특정한 목적을 위한 연안수역에 대한 관할권을 가진다"는 입장이었다.[2] 영해의 법적 성질에 대한 입장 차이는 1930년 국제연맹의 헤이그 국제법편찬회의League of Nations Codification Conference를 기점으로 연안국이 영해에서 주권을 가지는 것으로 정리되었다.

    영해 폭의 기준은 16, 17세기에는 통제 가능한 수역의 범위를 정하기 위하여 가시거리와 같은 모호한 기준이 사용되었다. 1702년 네덜란드의 바인케르스훅Bynkershoek은 "국가의 주권은 무기의 힘이 미치는 곳에서 끝난다"고 주장하여 당시 연안 대포의 착탄거리인 3해리 영해설의 기원이 되었다.

    착탄거리 원칙cannon-shot rule은 네덜란드와 지중해 국가의 당시

---

[2] R. R. Churchill, A. V. Lowe, *The Law of the Sea* (3rd ed.) (Manchester University Press, 1999), p. 72.

관행과 일치하는 것으로, 해안에 설치된 포대에 의한 실질적인 통제가 가능한 구역의 범위를 인정하는 것이다. 그러나 스칸디나비아 국가들은 착탄거리 원칙을 수용하지 않고 해안으로부터 정해진 거리까지의 '해양영유권maritime dominium'을 주장했다. 이 국가들이 주장한 거리는 16세기 이래 점차 줄어들어 19세기 중반에는 4해리로 굳어졌다.3 '착탄거리 원칙'과 '고정거리 원칙'은 수 세기 동안 공존하다가 종국에는 융합되었다.

　1782년 나폴리 법학자 갈리아니Galiani는 연안포의 설치 여부에 상관없이 전 해안을 따라 3해리 영해를 주장했다. 3해리는 착탄거리에 바탕을 둔 것이 아니라 합리성과 편의성 차원에서 선택되었고, 빠르게 폭넓은 지지를 받았다. 3해리 주장이 19세기 내내 통용될 수 있었던 것은 상선대와 군함의 항해 자유를 최대한 보장하고자 했던 해양강대국의 이익과 부합하였기 때문이다.4

　3해리 영해 주장이 대부분 주요 해양국에 의해 수용되었지만, 스칸디나비아 제국은 계속하여 4해리를 주장했고, 스페인과 같은 몇몇 국가들은 특정 목적을 위한 3해리 이상의 영해를 수장했다. 실제로 제1차 세계대전 직전에 프랑스, 이탈리아, 러시아, 스페인, 오스만튀르크제국은 해안포의 사정거리 내에서 어로와 밀수 같은 특정 행위의 통제를 위해 해안으로부터 타당한 거리까지의 관할권을 주장했다.5

　영해 폭을 둘러싼 논쟁은 20세기에 들어와서도 계속되었다. 영해 폭을 규율할 해양제도가 없는 상태에서 동일한 영해 폭을 주장하는 곳에서는 문제가 없었지만 다른 영해 폭을 주장하는 국가들 사이

---

3 *Ibid.*, pp. 77-78.
4 *Ibid.*, p. 78
5 *Ibid.*

는 필연적으로 문제가 일어났다.

　1930년 '헤이그 국제법편찬회의'에서 영해 폭에 대한 합의를 시도했으나 실패했다. 48개국이 참가한 회의에서 영해 폭 획정에 대해서는 일반적인 합의가 있었지만, 3해리 영해 이원의 접속수역 설정안에 대해서는 강한 반대가 있었다.6 17개국이 3해리, 4개국이 4해리, 11개국이 6해리를 선호하는 가운데 37개국의 대표단은 어느 안에도 투표를 하지 않았다. 그 후 3해리 영해 주장이 다수인 가운데 일부 국가는 12해리, 라틴아메리카 국가들은 200해리 영해를 주장하였다. 전통적인 3해리 이원의 영해 주장은 국가안보 및 경제적 이익에 바탕을 둔 것이었다.

　1958년 제네바에서 열린 '제1차 유엔해양법회의'에서는 4개의 협약을 합의했으나 영해 폭에 관한 합의가 이루어지지 않은 채 종결되었다. 86개 참가국 중 43개국이 3해리, 13개국이 4~10해리, 17개국이 12해리, 2개국이 12해리 이상의 영해를 각각 주장하여 어느 안도 의결정족수인 2/3표를 획득하지 못하였다. 영해 폭 문제는 1960년 제네바에서 열린 '제2차 유엔해양법회의'에서 다시 한번 주요한 의제가 되었다. 88개국이 참가한 가운데 6해리 영해와 6해리 어업수역 안에 대하여 의결정족수인 2/3에 1표가 부족하여 성과 없이 종결되었다.7 22개국이 3해리, 18개국이 4~10해리, 11개국이 12해리, 2개국이 12해리 이상의 영해 폭을 주장하였다.

　이후 1967년과 1975년 사이 12해리 영해 주장은 결정적인 전기를 맡게 된다. 1975년까지 12해리 영해를 주장하는 국가들의 수는

---

6 James C. F. Wang, *supra* note 1, p. 24.
7 Edward L. Miles, *Global Ocean Politics* (Martinus Nijhoff Publishers, 1998), p. 18.

56개국으로 증가했다. 동시에 12마일 이상의 영해 폭을 주장하는 국가들도 1967년의 12개에서 1975년에는 22개국으로 늘어났다.

이 기간에 영해 폭과 관련하여 미국의 정책에 중대한 변화가 있었다. 미국은 '제3차 유엔해양법회의'에서 국제해협의 자유로운 '통과통항transit passage' 보장을 위한 '일괄타결' 혹은 '대등성quid pro quo' 안으로서 전통적인 3해리 정책을 수정할 수 있다는 의지를 표명하였다. 1967년 미국과 소련은 통과통항이 보장된다는 것을 전제로 12해리 영해를 위한 국제협약 협상에 들어갔다.

'제3차 유엔해양법회의'가 소집된 1973~74년 사이 브라질·에콰도르·파나마·페루·우루과이 등 라틴아메리카 국가들과 200해리 영해를 주장하는 아프리카 연안국을 제외하고 연안국들 사이에 12해리 영해 폭에 대한 공감대가 형성되었다.[8] 이러한 과정을 거쳐 유엔해양법협약은 영해 폭에 대하여 "모든 국가는 12해리를 초과하지 않는 영해를 가질 권리가 있다"고 규정(제3조)하고 있다.

3. 기선제도

1) 의의

기선baseline은 국가의 완전한 주권이 미치는 영해의 폭을 측정하는 기준이 되는 선이다. 기선을 기준으로 영토 쪽 수역은 내수가 되어, 기선은 내수와 영해를 구분하는 경계선이 된다. 전통적으로 기선은 영해와 관련되어 논의되었으나, 연안국의 관할권이 접속수역, 배타적 경제수역EEZ, 어업구역, 대륙붕 등으로 확대됨에 따라 기선은 해

---

8 James C. F. Wang, *supra* note 1, p. 97.

양구역maritime zones의 기준이 되고 내수의 폭과 해양구역 경계획정의 출발점이 되고 있다.

기선에 따라 연안국의 내수의 폭과 다른 국가 선박의 무해통항의 범위와 해양경계 획정의 기준점이 달라지기 때문에 기선은 해양제도에서 아주 중요한 의미를 지니고 있다. 이러한 사정 때문에 연안국은 가능한 한 기선을 자국의 입장에 유리한 방식으로 적용하고 바다 쪽으로 멀리 설정하고자 한다.

연안국의 이런 시도는 타 국가에는 연안국과 분할할 수 있는 해양구역이 축소되고 무해통항 등 해양이용에 관한 권리가 제한된다는 것을 의미한다. 특히 폐쇄해, 반폐쇄해 같은 좁은 해역에서 인접국이나 대향국 간 해양구역경계 획정에서 당사국 간 기선 설정 방식은 경계 획정에서 아주 중요한 의미가 있다. 이러한 이유로 기선 설정을 둘러싸고 국가 간 논란이 계속되고 있다.

2) 통상기선

직선기선이 예외적이고 특수한 기선인 데 비하여, 통상기선은 용어가 의미하는 바와 같이 통상적이고 일반적인 기선을 의미한다. 유엔해양법협약(제5조)은 "영해의 폭을 측정하기 위한 통상기선은 이 협약에 달리 규정한 경우를 제외하고 연안국이 공인한 대축척 해도에 표시된 해안의 저조선으로 한다"고 규정하고 있다. 통상기선은 해안선을 따라 저조선을 연결한 것이다. 저조선을 기준으로 함으로써 영해의 외측 한계와 다른 해양구역을 바다 쪽으로 확대하는 효과가 있다.

유엔해양법협약의 통상기선 규정은 적용상 몇 가지 문제가 제기된다. 첫째, 저조선의 기준과 관련하여 어느 시기의 저조선을 기준으로 할 것이냐에 관하여 국가관행이 통일되어 있지 않다. 태양, 달,

지구의 중력작용에 의하여 발생하는 조수는 세 가지 힘의 작용에 의하여 차이가 난다.

둘째, 통상기선의 기준은 대축척 해도에 표시된 저조선이 되고 있으나, 특히 해안선이 무른 퇴적층인 경우에 파도, 조수에 의한 침식·퇴적 작용 등으로 변형되기 쉽다. 이 같은 경우 해도에 표시된 저조선과 실제 해안의 저조선에 차이가 발생할 수 있다. 이것이 문제가 될 수 있는 경우는 연안국이 해도상의 저조선보다 실제 해안선이 상당히 바다 쪽으로 이동한 것을 발견하거나 타국의 해양구역 위반으로 적발되었으나 해도상보다 실제 저조선이 바다 쪽으로 이동되어 그 구역에서는 위반이 아닌 경우를 상정해 볼 수 있다. 그러나 실제 해안선이 변형되어 해도상의 위치와 차이가 나는 경우 법적 판단의 기준이 되는 것은 해도상의 위치라는 것이 각국의 일반적인 입장이다.[9]

셋째, 앞의 경우와 반대로 지구온난화로 인한 해수면의 상승으로 저조선이 육지쪽으로 이동하여 해도상의 저조선과 차이가 나는 경우이다. 이 부분에 대해서는 나중에 상술한다.

3) 직선기선

(1) 의의

리아스식rias 해안이나 피오르fjord 해안 등 해안선 지형이 불규칙하고 굴곡이 많은 경우 통상기선 방식에 의한 기선 설정은 실제로 매우 어렵고 힘든 문제이다. 이러한 경우 직선기선은 해안선의 특수한 지형을 고려하여, 기선 설정의 편리를 위해 예외적으로 적용되는 방식

---

9 Victor Prescott & Clive Schofield, *The Maritime Political Boundaries of the World* (2ed), (Martinus Nijhoff, 2005), p. 101.

이다. "연안국은 통상기선과 직선기선을 서로 다른 조건에 적합하도록 교대로 사용하여 기선을 결정할 수 있다"라고 기선 설정 방법을 지형적 여건에 맞게 혼합하여 사용할 수 있게 한 유엔해양법협약(제14조)의 규정도 이러한 사정을 반영한 것이다.

(2) 영국-노르웨이 어업사건

최초의 직선기선은 1935년 노르웨이 국왕칙령 Royal Decree 에 따라서 북위 66° 28.8' 북방의 노르웨이 연안에 설정된 어업구역을 위한 기선이다. 국제사법재판소 ICJ 는 영국-노르웨이 어업사건 Anglo-Norwegian Fisheries Case 에서 스커재거드 skjaegaard 10라고 불리는 수많은 작은 섬, 바위, 산호초와 피오르에 의한 불규칙하고 매우 복잡한 해안선을 고려하여 노르웨이의 직선기선에 의한 어업구역 한계선 설정의 타당성을 인정하였다.

17세기부터 1906년까지 오랜 기간 노르웨이 연안에서 영국어선의 조업이 금지되었다. 1906년 영국어선이 노르웨이 연안에 처음으로 나타났고, 그 후 발달한 어구로 노르웨이 연안에서 조업을 했다. 1916년 영국 트롤선이 처음으로 노르웨이에 나포되고 같은 사건이 반복되면서 양국 간 어업분쟁이 지속되었다.11 이에 따라 영국은 노르웨이의 어업구역의 타당성과 국제법의 합치 여부를 ICJ에 제소하게 되었다. 영국은 노르웨이 정부가 4해리의 어업구역을 설정하고 자국민에 배타적 어업권을 보장한 것과 관련하여 스커재거드에 직선기선을 설정한 근거가 되는 국제법의 원칙을 밝히고, 어업 방해행위에 대한 보상을 해줄 것을 요청하였다.12 영국은 "어업구역의 기선은

---

10 노르웨이어로 바위벽(rock rampart)을 의미한다.
11 *Fisheries case, Judgment of December 18th, 1951: I.C.J. Reports 1951*, p. 116, p.124.

노르웨이 영토 중 '항상 마른 땅permanently dry land'의 저조선 혹은 노르웨이 내수에 적당한 폐쇄선이어야 한다"고 주장하였다.13 이에 따라 기선의 기준인 저조선을 본토mainland의 저조선 혹은 스커재거드의 저조선을 기선으로 인정할 것인지 여부가 판결의 초점이 되었다.14

ICJ는 해안선의 만곡부에서 해안선을 따라 영해의 외측한계선을 획정하는 방식(trace parallel)은 노르웨이 해안처럼 깊게 파이고 잘려 들어간 경우에는 적용이 어렵다고 하였다. 스커재거드와 같은 군도에 의해 둘러싸인 경우, 기선은 저조선과 별도로 기하학적 구조에 의해 결정되어야 한다고 하면서 스커재거드 중심의 직선기선 설정을 인정하였다.15

동 판결에서 ICJ는 직선기선의 적용 조건으로, (i)기선의 설정은 해안의 일반적 방향으로부터 현저하게 벗어나지 않아야 하고, (ii)기선 안에 있는 해역은 내수제도에 의해 규율될 수 있을 만큼 육지와 충분히 긴밀한 관계가 있어야 하며, (iii)오랜 기간 사용에 의하여 명백히 증명된 지역에 특별한 경제적 이익과 현실의 중요성을 고려해야 한다는 것을 제시하고 있다.16 동 판결에서 확인된 직선기선의 설정 기준은 1958년 영해협약에서 수용되었고, 유엔해양법협약에서 그 내용이 그대로 답습되었다.

(3) 유엔해양법협약상 직선기선 요건

유엔해양법협약(제7조)은 영국-노르웨이 어업사건의 ICJ 판결의 축약

---

12 *Ibid.*, pp. 118-119.
13 *Ibid.*, p. 128.
14 *Ibid.*
15 *Ibid.*, p. 129.
16 *Ibid.*, p. 133.

이라고 할 수 있을 정도로 판결 내용을 그대로 수용하고 있다. 동 협약은 직선기선을 적용할 수 있는 지형적 특성과 적용상의 기준을 제시하고 있다.

가. 지형적 특성

직선기선이 적용될 수 있는 지역으로, (ⅰ)해안이 깊게 굴곡지거나 (deeply indented) 잘려 들어간(cut into) 지역, 또는 (ⅱ)해안을 따라 아주 가까이 흩어져 있는 섬들(a fringe of islands along the coast in its immediate vicinity)이 있는 지역, (ⅲ)삼각주나 다른 자연적 여건으로 해안선이 매우 불안정한 곳을 규정하고 있다.

여기서 "깊게 굴곡진(deeply indented)"은 육지의 수평적 만곡을 의미하고, "잘려 들어간(cut into)"은 수직적 절개를 의미한다.[17] "해안을 따라 아주 가까이 흩어져 있는 섬들(a fringe of islands along the coast in its immediate vicinity)"은 해안선과 섬들의 가장자리가 바다를 사이에 두고 흩어져 있는 섬들을 의미한다. "아주 가까이"의 의미는 흩어져 있는 섬들이 해안선으로부터 가까이에 위치해야 한다는 것으로, UN은 영해의 범위가 12해리인 경우 24해리 안에 있는 섬들은 이 요건을 충족하는 것으로 설명하고 있다.[18]

나. 적용기준

지형상의 요건에 합치되더라도 유엔해양법협약에서 "사용될 수 있다

---

17 Victor Prescott & Clive Schofield, *supra* note 9, p. 145.
18 Office for Ocean Affairs and the Law of the Sea, *Baselines: an examination of the relevant provisions of the United Nations Convention on the Law of the Sea* (United Nations, 1989).

(may be employed)"라고 규정하고 있어 직선기선의 설정이 의무적인 사항은 아니다. 동 협약에서 직선기선의 적용상의 요건은 제7조제3항에서 제6항까지 규정하고 있다. 제6항의 요건을 새롭게 추가한 것을 제외하고 영국-노르웨이 어업사건의 ICJ의 판결내용을 그대로 수용하고 하고 있다.

첫째, 직선기선은 해안의 일반적 방향으로부터 현저하게 벗어나게 설정할 수 없으며, 직선기선 안에 있는 해역은 내수제도에 규율될 수 있을 정도로 충분히 밀접하게 육지와 관련되어야 한다(제7조제3항). 직선기선의 육지 쪽 해역은 내수internal waters로서 육지와 같은 법적 지위를 갖는다. 이러한 이유로 직선기선 안의 해역이 육지와 충분한 연계를 갖도록 규정한 것은 연안국이 바다 쪽으로 직선기선을 편의적으로 확대하는 것을 막고 무해통항권 등 타국의 해양권리가 축소되는 것을 피하고자 하는 취지이다.

둘째, 직선기선은 간출지low-tide elevation까지 또는 간출지로부터 설정할 수 없다(제7조제4항). 영구적으로 해면 위에 있는 등대나 이와 유사한 시설이 간출지에 세워진 경우나 간출지를 기준으로 한 기선설정이 국제적 승인을 받은 경우에는 예외로 한다. 이 같은 요건의 취지는 간출지를 이용하여 기선을 바다 쪽으로 너무 멀리 확대하는 것을 막기 위한 목적이다.

셋째, 기선을 결정함에 있어서 그 지역에 특유한 경제적 이익과 그 중요성이 오랜 관행에 의하여 명백히 증명된 경우 그 경제적 이익을 고려할 수 있다. 영국-노르웨이 어업사건에서 노르웨이는 문제수역과 육지의 사회적 활동 사이의 긴밀한 역사적 관계에 변론의 상당 부분을 할애했고, 이것은 ICJ의 판결에 중요한 요소가 되었다.

넷째, 직선기선의 설정으로 다른 국가의 영해를 공해나 배타적 경제수역으로부터 차단cut off하지 않아야 한다. 이것은 ICJ의 판결을 통하여 확인된 비침범non-encroachment 원칙을 수용한 것이다. 즉 연안국이 최대한 해양구역에 도달할 수 있도록 허용하되, 다른 국가의 공해로의 접근통로나 해양구역, 자원에 대한 접근을 봉쇄하거나 침해해서는 안 된다는 원칙이다.

다섯째, 직선기선의 구체적인 설정내용을 해도 또는 지리 좌표 목록으로 공시하고 그 사본을 유엔 사무총장에게 기탁해야 한다.

그러나 전 세계적으로 군도기선을 제외하고 현재 80여 개국이 직선기선을 채용하고 있지만, 협약상의 요건에도 불구하고 실제로는 이 요건이 잘 지켜지지 않고 있다. 아무 해안선이나 직선기선을 설정하고 그것을 관례라고 주장할 수 있을 정도로 직선기선이 남용되고[19] 직선기선의 적법성에 대한 논란이 계속되고 있다.

4) 특수한 기선

유엔해양법협약은 직선기선의 요건에 합치되는 지역 외에 만, 하구, 항만시설, 정박지, 간출지 등 특수한 곳에 대하여 직선기선 설정 혹은 영해의 효과를 허용하고 있다.

(1) 만 bay

유엔해양법협약(제10조)은 만의 정의와 적용에 관한 주관적 기술과 기하학적 기준을 제시하고 있다.

첫째, 만에 관한 조항은 단일 국가에 속하는 만에만 적용되고(제1항), 두 개 이상의 국가에 의해 공유되는 만에 대하여는 적용을 배제

---

[19] Victor Prescott, "Straight and Archipelagic Baselines" in G. Blake(ed.), *Maritime Boundaries and Ocean Resources* (Croom Helm, 1987), p. 38.

하고 있다.

둘째, 유엔해양법협약상의 만은 다음의 조건을 충족하여야 한다(제2항). 즉 (i)육지로 막힌 수역을 둘러싸고, (ii)단순한 해안굴곡 이상을 형성하여야 하고, (iii)만 입구의 폭에 비례하여 현저하게 만입(a well marked indentation)되어야 한다. (iv)만입면적은 만입의 입구를 가로질러 그은 선을 지름으로 하는 반원의 면적 이상이어야 한다.

셋째, 이 같은 요건에 대한 합치 여부를 측정하기 위한 기준을 제시하고 있다(제3항). 즉 (i)만입면적은 만입해안의 저조선과 만입의 자연적 입구의 양쪽 저조선을 연결하는 선 사이의 수역의 넓이를 말하며, (ii)섬으로 인하여 만 입구가 두 개 이상인 경우, 각 입구를 가로질러 연결하는 선의 길이의 합계와 같은 길이인 선상에 반원을 그려야 한다. (iii)만입의 안에 있는 섬은 만입면적의 일부로 본다.

넷째, 만에 대한 기선설정 방식과 그 법적 효과는 다음과 같다(제4항 및 제5항). (i)자연적 입구 양쪽의 저조점 간의 거리가 24해리를 넘지 아니하는 경우, 폐쇄선closing line을 그을 수 있으며, 그 안에 포함된 수역은 내수로 본다. (ii)자연적 입구 양쪽의 저조점 간의 거리가 24해리를 넘는 경우, 24해리 직선기선으로서 최대한 수역을 둘러싸는 방식으로 만 안에 24해리 직선기선을 그어야 한다.

(2) 역사적 만historic bay

법률상의 만judicial bay의 기준에는 합치되지 않지만 연안국이 전통적으로 관할권을 행사하는 만이 있다. 오랜 기간 연안국의 관할권 행사와 다른 국가들의 암묵적 승인acquiescence으로 역사성을 인정받아 '역사적 만'이 되고, 그 수역은 '역사적 수역historical waters'으로서 내수의 지위를 갖는다. 그리고 기선의 육지 쪽 수역은 내수로서 연안국의 영토의 일부분이 된다.

역사적 만들은 대부분 군사적·경제적인 면에서 연안국에 중요성을 가진다. 그러나 역사적 만과 역사적 수역의 설정 기준이 없어 관습국제법이나 연안국의 판단에 맡겨져 있다. 유엔해양법협약은 "만에 대한 규정들은 역사적 만historic bay과 직선기선제도가 적용되는 경우에는 적용하지 아니한다"(제10조제5항)하여 일반적인 만과 구별하고 있을 뿐, 기준에 대해서는 규정하지 않고 있다.

(3) 하구mouths of rivers

강이 바다로 흘러 들어가는 경우 바다와 접하는 강의 하구에서 기선 설정을 어떻게 하느냐가 문제된다. 유엔해양법협약(제9조)은 "강이 바다로 직접 유입하는 경우, 기선은 양쪽 강둑bank의 저조선상의 지점 사이의 하구를 가로질러 연결한 직선으로 한다"고 규정하고 있다. 강이 직접 바다로 유입되는 강 하구의 기선은 강과 바다가 접하는 지점의 양쪽 강둑을 연결한 직선기선으로 한다.

(4) 항만시설harbor work

방파제 등 가장 바깥의 영구적인 항만시설은 해안의 일부로서 영해를 측정하는 기선의 일부가 된다. 유엔해양법협약(제11조)은 "영해의 경계를 획정함에 있어서 항만체계의 불가분의 일부를 구성하는 가장 바깥의 영구적인 항만시설은 해안의 일부를 구성하는 것으로 본다"고 규정하고 있다. 그러나 "근해시설과 인공섬은 영구적인 항만시설로 보지 아니한다"고 규정하여 항만에서 떨어진 하역시설과 유류저장시설은 항만시설에서 배제하고 있다.

유엔해양법협약은 항만시설 입구의 폐쇄선에 대하여 규정을 두고 있지 않고 있으나, 동 규정의 입법역사를 고려할 때 폐쇄선 안의 항만수역은 내수가 된다.[20] 이 같은 주장은 군도국가가 내수의 경계선을 획정하기 위해 제11조의 규정에 의하여 항만의 폐쇄선을 그을 수 있도록 한 유엔해양법협약 제50조[21]에 의하여 뒷받침된다.

(5) 정박지|roadstead

정박지는 선박이 하물을 싣고 내리고 정박을 위하여 사용되는 곳이고, 전부 또는 부분적으로 영해 한계 밖에 있을 경우에도 영해에 포함된다(제12조). 정박지는 강, 만, 항만시설 등과 같이 내수를 창출하지 못하고 영해의 면적을 증가시킨다. 제12조의 효과는 영해 한계 밖에 있는 정박지의 일부 또는 전부가 영해에 포함되는 것이다.

(6) 간출지|low-tide elevation

간출지는 '저조 시에는 물에 둘러싸이고 수면 위에 있으나 고조 시에는 물에 잠기는 자연적으로 형성된 육지지역'을 말한다. 간출지의 전부 또는 일부가 본토나 섬으로부터 영해의 폭을 넘지 아니하는 거리에 있는 경우, 그 간출지의 저조선은 영해기선으로 사용될 수 있다(제13조제1항). 그러나 간출지 전부가 본토나 섬으로부터 영해의 폭을 넘는 거리에 위치한 경우, 그 간출지는 자체의 영해를 가지지 않는다(제13조제2항).

간출지가 영해 내에 있을 때에는 영해기선으로서의 효과가 인정

---

20 M. W. Reed, *Shore and Sea Boundaries: The Development of International Maritime Boundary Principles through United States Practice*, vol. 3 (U.S. Government Printing Office, 2000).
21 유엔해양법협약 제50조: "군도수역에서 군도국가는 제9조, 제10조 및 제11조에 따라 내수의 경계를 획정하기 위한 폐쇄선을 그을 수 있다."

되지만, 간출지가 영해의 폭을 넘어 위치하는 경우 영해기선으로서 효과를 인정하지 않는다. 또한 어떤 간출지가 영해 폭 안에 있는 다른 간출지의 영해 폭 안에 위치해 있는 경우 그 간출지로부터 다시 영해를 획정하는 '개구리 도약효과 the effect of leapfrog'는 허용되지 않는다. 이것은 간출지로부터 과도한 영해 확장을 방지하기 위한 것이다.

4. 무해통항

1) 무해통항의 의의

1958년 영해협약(제14조제1항)은 "연안국이나 내륙국이거나 관계없이 이 조의 규정에 따라 모든 국가의 선박은 영해에서 무해통항권을 향유한다"고 하여 타국 선박의 '무해통항권 right of innocent passage'을 규정하고 있다. 유엔해양법협약은 무해통항에 관한 1930년 헤이그 회의의 성과와 제네바협약의 규정을 수용하고 있다. 유엔해양법협약(제17조)은 제네바협약을 그대로 수용하고 있다. 다만 "이 조항의 규정"에서 "이 협약의 규정"으로 변경하고 있는 것은 군도수역에서의 무해통항제도의 창설로 그 적용 범위가 넓어졌기 때문이다.[22]

무해통항의 개념에 대하여 유엔해양법협약(제18조 및 제19조)은 '통항'의 의미를 먼저 규정하고, 이에 따라 무해한 통항의 의미를 설명하고 있다. '통항 passage'은 다음 두 가지 목적으로 타국 영해를 항행하는 것을 말한다. (i)내수에 들어가지 아니하거나 내수 밖의 정박지나 항구시설에 기항하지 아니하고 영해를 횡단하는 것, 또는 (ii)내

---

22 Center for Oceans Law and Policy, University of Virginia School of Law, *United Nations Convention on the Law of the Sea 1982, A Commentary*, Vol. II. p. 156.

수를 향하여 또는 내수로부터 항진하거나 이러한 정박지나 항구시설에 기항하는 것. 통항의 방식은 "계속적continuous 이고 신속expeditious 하여야 한다".

영해를 항행하면서 정선stopping 이나 닻을 내리는 행위anchoring 는 허용되나, (i)그러한 행위가 통상적인 항행에 부수적인 경우, (ii)불가항력force majeure 이나 조난을 당한 경우, (iii)조난상태에 있는 인명·선박 또는 항공기를 구조하기 위한 경우에 한정되고 있다.23 유엔해양법협약(제19조)은 유해통항의 사례를 아래와 같이 구체적으로 규정하고, 타국 영해의 통항이 이러한 유해통항에 해당하지 않는 한 무해한 통항이라고 본다.

- 연안국의 주권, 영토보전 또는 정치적 독립에 반하거나 무력의 위협이나 무력의 행사
- 무기를 사용하는 훈련이나 연습
- 연안국의 국방이나 안전에 해가 되는 정보수집행위 및 선전행위
- 항공기 및 군사기기의 선상 발진·착륙 또는 탑재
- 연안국의 관세·재정·출입국관리 또는 위생에 관련되는 법령에 위반되는 물품이나 통화를 싣고 내리는 행위 또는 사람의 승선이나 하선
- 이 협약에 위배되는 고의적이고 중대한 오염행위
- 어로활동 및 조사활동이나 측량행위
- 연안국의 통신체계 또는 그 밖의 설비·시설물에 대한 방해행위

---

23 유엔해양법협약, 제18조제2항.

• 통항과 직접 관련이 없는 그 밖의 행위

２) 선박유형에 따른 무해통항
(1) 잠수함과 그 밖의 잠수항행기기
유엔해양법협약(제20조)은 "잠수함과 그 밖의 잠수항행기기underwater vehicle는 영해에서 국기를 게양하고 해면 위로 항행해야 한다"고 규정하고 있다. 잠수함의 부상항행 규정이 의무규정이기는 하나, 이 규정은 연안국을 위한 규정이기 때문에 연안국이 타국 잠수함의 부상항행 의무를 면제하는 것은 상관없다.24 장소적으로 "영해에서"라고 강조한 것은 국제해협 및 군도수역에서 잠수함이 잠수하여 통항할 수 있는 무해통항과 구별하기 위한 것이다.

군함인 잠수함이 영해 내 잠항 시 유엔해양법협약상 퇴거요구를 할 수 있을 뿐 그 이상의 구체적 절차를 진행하기 어려운 것이 현실이다. 특히 잠수항행하는 잠수함은 탐지가 어렵고, 그 행위 예측이 어렵기 때문에 연안국으로서는 치명적인 공격을 당할 위험성이 항상 존재하고 있다. 일부 국가들은 국내법령으로 영해 내에서 탐지된 적 잠수함은 즉시 공격한다고 규정하는 경우도 있다.25

(2) 핵추진 선박 등 특수선박
핵추진 선박과 핵물질 또는 본래 위험하거나 유독한 물질을 운반 중인 선박은 국제협정이 정하는 바에 따라 필요한 서류와 특별 예방조치를 하는 조건으로 무해통항이 가능하다(제23조). 이 규정은 유조선,

---

24 Center for Oceans Law and Policy, University of Virginia School of Law, *supra* note 29, pp. 181-182.
25 김현수, 「국제해양법」(연경문화사, 2007), p. 50.

핵추진 선박 및 위험물 운반 선박에 통항의 특별한 요건을 부과하는 목적으로서 이들 선박에 대하여 지정 항로대의 통항을 요구하는 제22조제2항의 보충적 규정이다. 이와 관련한 국제조약은 「해상에서 인명안전에 관한 협약」 SOLAS 및 그 부속서와 「위험 액화 화학물질 및 가스 수송 선박의 장비 및 구조에 관한 IMO 규정」 등을 포함한다.

(3) 상선 및 어선

상선은 유해한 행위를 하지 않는 한 완전한 무해통항권이 인정된다. 외국 어선은 영해 내에서 어로활동을 하지 않고 통항하는 경우 무해통항권이 인정된다.

(4) 군함

군함의 무해통항의 문제는 해양법의 가장 오래된 논쟁거리의 하나다. 유엔해양법협약은 군함의 무해통항에 관하여 명확한 규정을 두지 않아 해석상의 혼란을 낳고 있다. 이 문제는 미국·영국·프랑스·구소련 등 해양국들에게는 아주 중요한 전략적인 문제였다.

자국 해군의 신속한 기동력을 원하는 미국, 영국, 프랑스, 독일 등 강력한 해군력을 가진 서방국가들과 같이 군함의 무해통항을 주장하는 입장의 논리적 근거는 다음 몇 가지로 정리될 수 있다.

첫째, 1949년 '코르푸 Corfu 해협사건'에서 ICJ는 국제해협을 통항하는 선박에 대하여 무해통항을 허용하는 것은 관습법이라고 판결하였다.

둘째, 군함이 연안국의 영해 통항 관련 법령을 따르지 않거나 무시하는 경우 영해를 떠나도록 요구할 수 있는 연안국의 권리를 정하고 있는 1958년 영해협약(제23조) 및 유엔해양법협약의 관련 조항

(제30조)은 통항을 개시한 군함이 국내법 규정의 준수를 거부하는 경우를 대비해 만들어졌다.

셋째, 유엔해양법협약(제17조)에서 무해통항의 대상으로 '모든 선박'으로 하고 있고, 군함을 제외한다는 규정이 없다는 점과 "잠수함은 부상하여 통항하여야 한다"는 영해협약(14조)과 유엔해양법협약(제20조)의 규정은 잠수함은 대부분 군함이라는 사실을 고려하면 군함은 무해통항권을 가진다는 것을 의도한 것으로 볼 수 있다.

많은 국가들은 외국 군함의 자국 영해 통항 시 사전허가나 통보를 요구하고 있다. 사전허가를 요구하고 있는 국가는 40여 국가에 이르고 있다. 그러나 이들 국가의 사전허가나 통고 요구에도 불구하고 많은 경우 서방의 주요 해군세력들은 연안국에 통고나 사전허가 없이 이들 국가의 영해에서 무해통항하고 있다.

한편 미국과 구소련은 1989년 '영해에서 무해통항에 관한 국제법 단일해석 규범에 관한 협정United States-Union of Soviet Socialist Republics Uniform Interpretation of Rules of International Law Governing Innocent Passage'을 맺어 모든 군함은 영해에서 사전허가나 통고 없이 무해통항권을 향유한다고 합의하였다.[26] 이 협정은 종전의 구소련 입장에서 대폭 후퇴한 것이다. 그러나 이러한 양국 간의 합의에도 불구하고 군함의 통항에 대한 사전허가제나 통고 요구 추세는 중단되거나 늦추어지고 있지 않다.[27]

---

[26] 동 협정 제2조: "화물, 무장, 추진방식에 상관없이 모든 군함은 사전통보나 허가 없이 국제법에 따라 영해 통항 시 무해통항권을 향유한다."
[27] 위의 주, pp. 89-90.

3) 연안국의 권리

(1) 입법권

유엔해양법협약(제21조)은 연안국에 무해통항과 관련하여 법령 제정권을 부여하고 있다. 연안국은 무해통항에 관한 법령을 제정할 수 있다(제1항). 이들 법령은 외국 선박의 설계, 구조, 인원배치 또는 장비에는 적용하지 아니하며(제2항), 외국 선박은 영해에서 무해통항권을 행사할 경우 이러한 법령들과 해상충돌방지를 위한 국제규칙을 준수해야 할 의무가 있다(제3항).

(2) 항로대 지정과 통항분리제도 실시

연안국은 항행의 안전을 위하여 외국 선박에 대하여 지정된 항로대sea lane와 통항분리방식traffic separation scheme을 이용하도록 요구할 수 있다(제22조제1항). 특히 유조선, 핵추진 선박 및 본래 위험하거나 유독한 물질이나 재료를 운반 중인 선박에 대하여는 지정된 항로대만을 이용하도록 요구할 수 있다(제2항). 연안국은 항로대를 지정하고 통항분리방식을 규정함에 있어서 권한 있는 국제기구의 권고, 국제항행에 관습적으로 이용되고 있는 수로, 특정한 선박과 수로의 특성, 선박교통량 등을 고려하여야 한다(제3항). 연안국은 이러한 항로대와 통항분리방식을 해도에 명시하고 공표하여야 한다(제4항).

4) 연안국의 의무

관습법과 조약에서 발견할 수 있는 연안국의 의무는 (i)통항에 대한 위험을 공표하여야 하고, (ii)등대 및 구조시설과 같은 기본적인 항해서비스를 제공해야 한다. 또한 연안국은 영해에서 외국 선박의 무해통항을 방해하지 않아야 한다(제24조제1항). 즉 연안국은 (i)외국 선박에 실질적으로 무해통항권을 부인하거나 침해하는 요건을 부과하거나, (ii)특정국의 선박이나 특정국으로 화물을 반입·반출하는 선박에 대하여 형식상 또는 실질상 차별을 해서는 안 된다. 또한 연안국은 단순히 무해통항하는 외국 선박에 대하여 어떠한 수수료도 징수해서는 안 된다(제26조제1항). 그러나 특별히 제공된 서비스에 대한 대가는 부과할 수 있으나 부과에 차별이 있어서는 안 된다(제2항). 이외에도 연안국은 해양경계획정 분쟁의 평화적인 해결, 영해 내 외국 선박에 대한 권리행사 시 불필요한 실력 사용 금지 등 영해에 관련된 다른 국제규칙상의 의무를 준수해야 한다.

5) 항공기의 상공비행

영해 상공에서는 당사국 간 특별협정이 없는 한 군용항공기의 무해비행권이 인정되지 않기 때문에 연안국은 자국 영역상의 공간에 있어 완전하고도 배타적인 주권을 행사한다. 그러나 민간 항공기는 1944년 '국제민간항공에 관한 시카고 협약'에 의하여 당사국 간 특별협정 또는 기타 방법에 의한 허가를 받고 비행권을 인정받을 수 있다.[28]

6) 연안국의 관할권

타국의 영해를 항해 중인 선박이 항행·관세·출입국·보건위생 등에 관한 연안국 법령을 위반했거나, 타 선박 사이에 발생한 충돌사건과 같은 대외적 효과를 초래하는 사건에 대하여 연안국이 형사관할권을 행사하는 것은 국제법상 확립된 원칙이다. 그러나 선원의 규율과 직

---

28 김현수, 앞의 주 25, pp. 55-56.

무에 관한 사항, 선내의 민·형사사건 등 내부적 사건에는 원칙적으로 선적국이 관할권을 갖는다.[29]

(1) 형사관할권
연안국은 국제예양상 영해를 통항 중인 외국 선박 내에서 발생한 범죄에 대하여 형사관할권을 행사하지 않으나, 다음 경우에 한하여 형사관할권을 행사할 수 있다(제27조제1항).

- 범죄의 결과가 연안국에 미치는 경우
- 범죄가 연안국의 평화나 영해의 공공질서를 교란하는 성질의 경우
- 선장이나 영사가 현지 당국에 지원을 요청한 경우
- 마약이나 향정신성 물질의 불법거래를 진압하기 위한 경우

그러나 연안국의 내수에 들어오지 않고 단순히 영해를 통과하는 경우, 영해에 들어오기 전에 발생한 범죄는 연안국의 형사관할권이 배제된다(제5항).

(2) 민사관할권
연안국은 영해를 통항 중인 외국 선박이 스스로 부담하거나 초래한 책임을 제외하고, 민사관할권을 행사하기 위하여 선박을 정지시키거나 항로를 변경하거나 민사소송절차를 위하여 선박에 대한 강제집행이나 나포를 할 수 없다(제28조제1항, 제2항). 그러나 영해에 정박하고 있는 선박이나 내수를 떠나 통항 중인 선박에 대하여는 자국 법령에

---

29 최종화,『현대해양국제법』(두남, 2004), p. 62.

따라 민사소송을 위한 강제집행이나 나포를 할 수 있다(제3항).

무해통항의 개념을 다음의 사례에서 보다 구체적으로 이해할 수 있다.30

[사례: 중국 어뢰정 표류사건]

1985년 3월 중국 해군 어뢰정 1척이 소흑산도 근해에서 조난을 당하여 표류하던 중 한국 어선에 구조되어 우리나라 항구로 예인되었고, 이와 관련하여 중국 군함 3척이 한국 영해에 들어와 수 시간 머물면서 어뢰정 반환을 요구하는 사건이 발생하였다. 우리 정부는 중국 군함의 영해 침범을 항의하고 퇴거를 요구하였다. 미국 정부는 이와 관련하여 영해에서 군함의 무해통항권이 인정된다는 자국의 입장을 한국 정부에 참고로 알려왔다. 본 사건에 관한 미국과 한국의 입장은 다음과 같다.

가. 미국

중국 군함은 실종 선박을 수색하기 위하여 한국 영해에 진입한 것이므로 이는 무해통항의 전형적인 사례에 해당한다. 군함의 영해 진입에 대해 중국은 사전허가제, 한국은 사전통보제를 주장하고 있으나, 미국은 관습 및 전통국제법상 군함에 대한 사전허가제나 통보제는 허용되지 않는다는 입장이다. 유엔해양법협약상 영해를 무해통항 중인 선박은 조난당한 선박을 구조하기 위하여 정선할 수 있으며, 무해통항권의 행사가 아닌 경우에도 위험 또는 조난 중인 다른 선박을 구조하기 위하여 연안국의 허가 없이 영해에 들어가는 것은 이른바 'right of assistance entry'로서 전통 및 관습국제법상 허용되는 것이

---

30 오윤경 외, 『21세기 현대 국제법 질서』(박영사, 2001), pp. 337-338.

다. 따라서 중국 군함이 사전통보 없이 한국의 영해에 진입한 것은 국제법상 정당화될 수 있다.

나. 한국

조난당한 중국 어뢰정은 한국 어선에 의하여 예인되어 한국의 항구에 정박되어 있는 상황이었으므로 유엔해양법협약 제18조의 "위험하거나 조난 중인 선박"에 해당되지 않는다. 뒤늦게 한국의 영해에 진입한 중국 군함에 대하여 어뢰정의 구조와 예인 사실 등을 통보하고 영해로부터 퇴거를 요구하였음에도 불구하고 중국 군함이 수 시간 동안 한국 해군과 대치하면서 한국 영해에 머문 것은 무해통항권의 행사범위를 이탈하였다고 보아야 한다. 중국 군함이 취한 조치는 유엔해양법협약에서 허용된 "위험하거나 조난상태에 있는 선박의 구조를 위한 정당한 정선·투묘"로 볼 수 없다. 따라서 중국 군함의 행위는 연안국인 한국의 평화와 공공질서, 안전보장을 침해하는 것이므로 유엔해양법협약상의 무해통항에 해당될 수 없다.

7) 긴급피난

무해통항 시 "통항은 계속적이고 신속하여야" 한다. 그러나 유엔해양법협약(제18조제2항)은 (i)정선이나 닻을 내리는 등 항행에 부수적인 통상적인 행위, (ii)불가항력이나 조난인 경우, (iii)조난 상태에 있는 인명·선박 또는 항공기를 구조하기 위한 경우에는 예외로 하고 있다.

선박의 긴급피난이란 무해통항 조건의 예외적인 경우로서 선박이 불가항력 또는 조난에 의하여 외국의 영해 또는 내수로 들어가는 것을 무해통항으로 인정하는 제도이다. 긴급피난 선박은 피난국의 관할권으로부터 면제되지만 체재 중 피난국의 법령을 위반했을 경우에는 피난국의 관할권으로부터 면제가 인정되지 않는다.

외국 선박의 긴급피난은 유엔해양법협약에 근거를 두고 있지만, 절대적인 권리는 아니다. 피난국은 위험물 적재 선박과 같은 선박은 조난상태가 피난처를 구하는 과정에서 피난국의 항만에 중대한 위험을 미칠 수 있기 때문에 그 선박의 입항을 거절할 수 있다. 긴급피난을 하고자 하는 선박은 먼저 현실의 긴급성, 즉 해당 피난항 외에 다른 용이한 피난 가능한 장소가 없었던 사실 및 피난 이유를 조작하여 제출하지 않았다는 사실을 피난국에 입증하여야 한다.

우리나라는 주변국과 별도의 협약으로 선박의 긴급피난을 규정하고 있다. 일본과 '해상에서의 수색, 구조 및 선박의 긴급피난에 관한 협정'(1990. 5. 25 발효), 중국과 '한·중어업협정'(2001. 5. 16 발효) 및 '해상 수색·구조에 관한 협정'(2007. 5. 16 발효)에 의하여 우리나라 항만에 상대국 선박의 긴급피난을 허용하고 있다. 긴급피난 중인 선박은 영해 및 접속수역법, 출입국관리법, 해양환경관리법, 관세법 등 관련 법령의 준수 의무가 있다.

III. 접속수역

1. 접속수역의 의의

접속수역은 영해에 인접해 있는 일정 범위의 수역으로서 연안국이 영토나 영해에서 외국 선박의 관세·재정·출입국 또는 위생에 관한 법령위반을 방지하거나 영토나 영해에서 발생한 이들 법령위반에 대하여 처벌할 수 있는 수역을 말한다(제33조제1항). 연안국은 영해기선으로부터 24해리까지 접속수역을 설정할 수 있다(제33조제2항).

접속수역은 연안국이 12해리 영해만으로는 빈번히 발생되는 특정 위반상황에 효과적으로 대응하여 자국의 국익을 보호하기가 어렵기 때문에 영해 밖 일정 수역에 연안국의 권한 행사가 이루어질 수 있도록 설정된 '기능적 수역'이라고 볼 수 있다.[31]

접속수역은 연안국의 배타적 경제수역에 포함되지만, 접속수역에서의 연안국의 통제권은 배타적 경제수역에서의 천연자원에 대한 주권적 권리행사 또는 관할권과 다르다. 접속수역은 영해의 일부는 아니지만 항해의 자유가 적용된다.[32] 접속수역이 영해 또는 공해 어느 쪽에 속하는지 여부에 대한 논란이 있으나, 오늘날 공해의 일부라는 것이 1958년 영해협약 및 유엔해양법협약의 규정으로 확인되고 있다.[33]

2. 접속수역제도의 형성

접속수역의 개념은 18세기 초 영국이 밀수 방지를 위한 일련의 '배회법排徊法, Hovering Acts'을 시행하면서 발전했다. 밀수 선박은 연안을 배회하면서 세관 당국의 눈을 피해 해안 상륙을 노렸다. 배회법에 따라 세관원들은 항만 당국이 결정한 해안으로부터 다양한 거리에서 승선 및 검색을 할 수 있는 권한이 부여되었다. 그 거리는 해안으로부터

---

31 김현수, 앞의 주 25, p. 64.
32 Center for Oceans Law and Policy, University of Virginia School of Law, *supra* note 28 p. 267.
33 山本草二, 『海洋法』(三省堂, 1992), p. 69.

3~5마일에서 30마일까지 상이했다. 밀수가 증가하자 영국 의회는 관세관할을 24마일까지 확대하고 1802년에는 약 300마일 수역에까지 확대했다.

배회법은 1876년에 폐지되고, 영국 의회는 합동관세법Custom Consolidation Act에서 관세관할권을 영국 선박에 대해서는 9해리, 외국 선박은 3해리로 제한했다. 영국은 항해의 자유라는 이유로 12해리 수역을 채택하기를 거부하고 3해리를 고수하였다.34

미국에서 접속수역에 관한 실행은 1919년 금주법Prohibition Act, 1922년 관세법Tariff Act, 1935년 반밀수법Anti-smuggling Act 및 진주만 기습 전에 태평양에서의 방위를 위한 방어해역Defensive Sea Area 설정 등에 의해 형성되었다. 1922년 관세법은 12해리 구역에서 연방 관세요원이 금주법 위반을 조사하기 위하여 어떤 선박에 대해서도 검색·조사할 수 있도록 하였다. 1935년 미국 의회는 반밀수법에서 연안의 50 내지 60해리 수역에서 배회하는 선박에 대하여 검문·나포할 수 있는 관세집행구역customs enforcement areas을 설정하였다.35

이와 같이 1930년대 이전에 각국은 특정한 단속 목적을 위해 특별법령에 의하여 자국의 관할수역을 확대했다. '접속수역'이라는 용어는 1930년 헤이그 법령편찬회의에서 사용되었다. 헤이그회의 후 다수의 국가가 일방적으로 자국의 특별한 필요성에 따라 접속수역 또는 보완구역을 선포하거나 입법화하였다.

1958년 제1차 유엔해양법회의에서 영해 폭과 접속수역에 대한 논의가 초점이 되었다. 회의에서 어려운 협상 과정을 통하여 참가국

---

34 James C. F. Wang, *supra* note 1, p. 52.
35 *Ibid.*

들은 접속수역이 획정되어야 한다는 합의를 이루어냈다. 그 결과 1958년 영해 및 접속수역에 관한 협약 제24조에서 연안국은 "영토 또는 영해에서 자국의 관세·재정·출입국·위생법령 위반을 방지하고, 영해 내에서 이들 법령위반을 처벌하기 위해 연안국은 필요한 통제를 할 수 있다"는 규정을 두었다. 동 협약(제24조)은 접속수역은 "영해에 접속해 있는 공해에서" 및 "영해기선에서 12해리 밖으로 확장할 수 없다"라고 규정하고 있다.

유엔해양법협약은 영해협약의 내용을 대부분 그대로 수용하고 있으나, 접속수역의 정의인 "영해에 접속한 공해"에서 '공해'를 빼고 "영해에 접속한 바다"로 수정하였다. 이것은 배타적 경제수역의 법적 지위의 문제와 관련한 타협책으로 나온 것이다. 또한 유엔해양법협약은 접속수역의 범위를 12해리에서 24해리로 확대하였으나, 당사국 간 별다른 합의가 없는 한 중간선을 기준으로 하는 접속수역의 경계획정과 관련한 규정을 제외하면 접속수역의 경계획정 규정을 두지 않고 있다.

3. 접속수역의 법적 성질

접속수역에서 행사되는 연안국의 통제권은 자원에 대한 주권을 창출하지 못한다. 접속수역은 영토나 영해 내의 자국의 관세·재정·출입국·위생법령 위반 방지 및 처벌 등 특정한 목적을 위하여 설정되는 수역이기 때문이다.

연안국이 배타적 경제수역을 선포하면 접속수역은 배타적 경제수역에 포함된다. 그러나 연안국이 접속수역에서 행사하는 통제권은 천연자원의 주권적 권리 및 관할에 관한 배타적 경제수역에 대한 연안국의 권리와 성질이 다르다. 접속수역에서 외국 선박의 법령위반은 동시에 연안국의 접속수역과 배타적 경제수역 법령위반이 될 수 있다. 이와 관련해서 유엔해양법협약 제60조는 배타적 경제수역에서 인공섬, 시설·구조물에 대하여 연안국에 관세·재정·위생·안전 및 출입국에 관한 관할권을 부여하고 있다.

유엔해양법협약 제111조의 연안국의 추적권은 접속수역에서도 시작될 수 있다. 추적권이 방해받지 않는다면 추적은 접속수역 이원으로 계속될 수 있다. 다만 접속수역에서의 추적은 접속수역 권리의 보호를 위해 법령위반이 있는 경우에만 행해진다.[36]

IV. 영해 및 접속수역 제도 적용상의 쟁점

1. 직선기선 설정 문제

유엔해양법협약에서 통상기선의 예외로서 직선기선을 허용하고 일정한 지형적 요건과 적용기준을 정하고 있다. 그러나 연안국이 설정한 직선기선 중 많은 부분이 직선기선의 이러한 기준에 합치되는 않는 경우를 볼 수 있다. 직선기선 설정은 기선에 따라 인접하거나 대항하고 있는 다른 연안국과의 해양경계 획정, 연안국의 배타적 해양주권행사의 범위 및 무해통항에 직접적인 영향을 미치기 때문에 아주 민감한 문제이다.

이에 따라 연안국은 직선기선의 설정을 확대함으로써 배타적

---

36 Center for Oceans Law and Policy, University of Virginia School of Law, *supra* note 28, p. 275.

관할해역과 해양관할권을 확대하고자 하는 경향을 보이고 있다. 특히 중국의 직선기선은 유엔해양법협정상의 직선기선 요건에 부합되지 않는 부분이 많아 부당하게 자국의 내수 및 관할권을 확대했다는 비판을 받고 있다.

2. 해수면 상승 문제

기후변화에 따라 연안국의 관할권에 심각한 문제를 제기하는 것이 '해수면 상승sea level rise'이다.37 해수면 상승과 관련하여 제기되는 첫 번째 문제는 기선의 설정에 관한 것이다. 유엔해양법협약 제5조는 "연안국에 의해 공인된 대축적 해도에 표시된 해안의 저조선"을 통상기선으로 규정하고 있는바, 해수면 상승으로 해도상 표시된 저조선과 실제 저조선에 차이가 있는 경우 어느 선을 기준으로 기선을 설정해야 하는가 하는 문제이다. 협약상의 기선이 이동할 수 있다는 것(ambulatory)으로 보면, 해수면 상승으로 내륙으로 후진함에 따라 기선도 후퇴하게 되고 당해 연안국은 해양관할의 손해를 볼 수 있다.

두 번째 문제는 해수면 상승이 섬islands, 바위rocks, 간조노출지low-tide elevations, 산호초reefs 등의 법적 지위에 영향을 미치는 것과 관련 있다. 해수면 상승으로 인간의 거주나 독자적 경제생활의 영위가 가능했던 섬이 그렇지 못한 바위나 간조노출지 또는 수중암초로 변해버리는 경우 법적 지위의 변화를 가져올 수 있고, 이에 따라 해양법상의 '수역 향유권maritime entitlement'의 변화가 초래될 수 있다.

세 번째 문제는 해수면 상승으로 해양경계획정의 기점이 사라지

---

37 백진현, "기후변화와 해양법협약", 유엔해양법채택 40주년 학술회의 기조연설문, 2022. 7. 2.

거나 해안선이 변한 경우에도 해양경계가 유지되어야 하는 문제에 직면할 수 있다는 것이다.

3. 군함의 무해통항

군함의 무해통항 문제는 해양법의 가장 오래된 논쟁거리이며 어려운 문제의 하나이다. 유엔해양법협약에서 군함의 무해통항에 관하여 명확한 규정을 두지 않고 있기 때문에 해석상의 혼란을 낳고 있다. 미국을 비롯한 군사강국들은 허가나 통고 없이 군함의 자유로운 무해통항을 지지하는 입장이다. 유엔해양법협약(제17조)에서 무해통항의 대상을 "모든 선박"으로 하고 있고 군함을 제외한다는 규정이 없다는 점과 "잠수함은 부상하여 통항하여야 한다"는 영해협약(제14조)과 유엔해양법협약(제20조)의 규정은 잠수함은 대부분 군함이라는 사실을 고려하면 군함은 무해통항권을 가진다는 주장이다.

그러나 군함의 무해통항권은 국제법 해석상 문제를 떠나 상당수의 국가와 권위 있는 학자들은 연안국의 안보에 직접적인 위협에 된다는 이유로 평화 시 군함의 무해통항권을 부인하고 있다. 연안국의 배타적 주권이 미치는 영해에서 막강한 화력을 가진 무기와 전투기를 탑재한 외국 군함의 영해 통항은 그 자체만으로 연안국에 무력시위의 효과를 줄 수 있고, 안보에 직접적인 위협이 된다.

무해통항은 연안국의 안보에 해가 되지 않는다는 것을 조건으로 연안국의 연안수역에 대한 배타적 통제권을 양보하는 제도이다. 따라서 연안국에 직접적인 군사적 위협이 될 수 있는 군함을 상선이나 다른 선박의 무해통항과 동일하게 취급하는 것은 무해통항제도의 본래 취지에 맞지 않는다 할 것이다. 연안국의 안보이익이 타 국가의 통항이익과 군함의 기동력 확보 등 군사적 이익에 우선되어야 한다는 점에서 평화 시 군함에 대한 무해통항권의 제한은 타당하다고 본다.

4. 수중드론

어뢰제거, 수중시설물 보호, 정보수집, 정찰, 대잠작전 등 군사 목적을 위한 수중드론underwater drones 또는 무인잠수항행선박unmanned underwater vessels의 활용 가능성이 커지면서 유엔해양법협약상 법적 지위가 문제되고 있다.

첫째, 수중드론을 선박vessel or ship으로 볼 수 있을 것인가 하는 문제이다. 유엔해양법협약에서 선박에 대한 직접적인 정의는 없지만, 1972년 「국제해상충돌방지규정협약Convention on the International Regulations for Preventing Collisions at Sea: COLREGS」38 등 관련 협약에 의하여 수중드론이 선박으로 정의된다면, 선박이 향유할 수 있는 항행의 자유는 물론 선박에 적용될 수 있는 유엔해양법협약의 규정들이 논의의 대상이 될 수 있다.39

둘째, 수중드론이 타국 영해 통과 시 "잠수함 및 그 밖의 잠수항행기기는 부상하여 국기를 게양하고 항행하여야 한다"는 유엔해양법협약 제20조의 규정이 적용되는가 하는 문제이다. 수중드론이 대잠수함 무기나 핵무기를 탑재한 전략적 무기로 활용될 수 있는 가능성이 커지면서 수중드론도 잠수함과 같이 타국 영해 통과 시 부상의

---

38 COLREGS, Rule 3(a)에서 선박을 "수면 위에서 수송수단으로 사용되거나 사용될 수 있는 무배수량선박과 수상비행기를 포함한 모든 종류의 수상기"로 정의하고 있다.
39 이기범, "UN해양법협약은 수중드론(underwater drone) 운용문제를 규율할 수 있는가?", 『국제법학논총』, 2권 145호, p. 102.

의무가 적용되는가의 문제이다. 수중드론을 당연히 잠수항행기기로 취급하는 견해가 있으나,40 수중드론은 인간이 조종하여 움직이는 물체가 아니고 미리 입력된 프로그램에 의해 임무를 완수한 후 수면에 떠오르는 객체이므로 동 조가 적용될 여지가 없다고 보는 견해가 있다.41

5. 군사형 코스트 가드 함정의 무해통항

무해통항을 향유하는 선박의 범위에 군함의 포함 여부가 논란이 되는 것과 마찬가지로 '군사형 코스트 가드 military type coast guards' 함정의 무해통항 여부가 문제될 수 있다. 유엔해양법협약 제29조에서 군함은 "국적을 구별할 수 있는 외부표지가 있으며, 장교의 지휘 아래 정규군 군율에 따르는 승무원이 배치된 선박"이라 정의하고 있다. 준군사형·경찰형 또는 민간형 코스트 가드 함정의 경우와 달리 군사형 코스트 가드는 군대조직의 일부이거나 군인 신분이고 군함과 유사한 무장을 하고 있다. 이런 경우 코스트 가드 함정을 군함과 동일하게 취급하여 무해통항을 제한하는 것이 타당한지에 대한 문제가 제기된다.42 제5군인 미국 코스트 가드 USCG 함정이나 군사조직의 일부인 중국 해경 CCG 함정이나 해군 소속인 인도 코스트 가드 ICG 함정의 법적 지위를 해군 함정과 동일하게 취급해야 하는지의 문제이다.

---

40 James Kraska, "The Law of Unmanned Naval Systems in War and Peace"(2010), 5(3), *The Journal of Ocean Technology*.
41 이기범, 앞의 주 39.
42 Suk Kyoon Kim, "The Expansion of and Changes to the National Coast Guards in East Asia"(2018), 49(4), *Ocean Development and International Law*, pp. 9-10.

6. 인공섬 건설과 항해의 자유작전

유엔해양법협약 제60조제8호는 "인공섬, 시설 및 구조물은 섬의 지위를 가지지 아니하며 자체의 영해를 가지지 아니한다"라고 규정하고 있다. 이에 따라 중국이 남중국해 구단선 내에 건설 중인 수 개의 인공섬은 섬으로서 지위를 가지지 못하고 자체의 영해를 가질 수 없다. 미국은 중국이 건설한 인공도서와 영유권을 주장하는 남중국해에서 항공모함 등 군함을 동원하여 '항해의 자유작전Freedom of Navigation Operations'을 실시해 왔다. 미국은 인공섬은 영해를 가지지 못하고 인접 수역은 '공해'이므로 항행의 자유, 상공비행의 자유가 보장되는 수역이라는 입장이다.

V. 결론

군함의 무해통항권 인정 여부와 함께 영해제도와 관련하여 동북아 해역에서 쟁점이 되고 있는 사항은 직선기선 설정에 관한 부분이다. 중국의 직선기선은 우리나라를 비롯한 주변국으로부터 많은 문제점이 제기되어 오고 있다. 48개 구간으로 이루어진 중국의 직선기선에 대하여 (1)완만한 굴곡의 해안선에 직선기선 설정, (2)상해 연안 간출지의 기점 사용, (3)해안으로부터 70해리에 있는 동다오의 기점 사용 등에 대하여 문제를 제기해 왔다. 유엔해양법협약상 기준을 벗어난 중국의 과도한 직선기선 설정은 서해의 해양경계 획정에서 결과적으로 우리의 관할수역이 줄어드는 효과를 초래한다는 점에서 중요한 문제이다.

우리나라는 1977년 12월 영해 및 직선기선을 설정할 수 있는 「영해법」을 제정한 이후 「영해법 시행령」에서 직선기점 23점의 좌표를 명시하였다. 이후 영해법 시행령은 4차례(1991, 2002, 2008, 2013) 개정되었으며, 직선기점의 좌표는 2002년에 변경된 것이 현재까지 사용 중이다.[43]

우리나라는 유엔해양법협약의 비준과 동시에 영해 및 접속수역법(1996. 8. 1 시행)을 제정하여 영해를 기선으로부터 측정하여 그 바깥쪽 12해리 선에 이르는 수역으로 하며, 대한해협은 3해리로 하고 있다(법 제1조 및 시행령 제3조).

우리나라 영해제도와 관련하여 향후 과제를 제시하고자 한다. 첫째, 영해기점이 되는 영해기선과 직선기선 기점이 되는 무인도서의 체계적 관리이다. 우리나라 직선기선 기점 23개 중 육상에 기점을 설정한 곳은 3개이고, 남해안과 서해안의 최외각 도서 20개를 기점으로 하고 있다. 도서 20개 중 13개는 무인도서, 7개는 유인도서에 영해기점이 설정되어 있다. 영해기선에 대한 철저한 조사와 연안침식 등 자연적 현상으로부터 기존 영해기선의 보전·관리가 필요하다. 이러한 노력은 우리나라에 유리한 저조선 설정 등 향후 관할권 확장 작업에 근간이 될 수 있을 것이다. 형상이 훼손되었거나 훼손될 우려가 있는 경우를 대비하여 상시 보고 및 관리 체계를 마련하고, 추가적인 훼손을 방지하기 위한 조치를 하여야 한다.

둘째, 현재 소령도까지 설정되어 있는 직선기선의 서해 5도 해역까지의 확대 필요성이다. 소령도 이북 해역은 직선기선이 설정될 수

---

43 김지홍, "우리나라 영해기선관리의 개선방안 연구", 『해양정책연구』제30권 제1호, p. 95.

있는 지형적 여건을 갖추고 있음에도 남북한 대치의 특수한 상황 때문에 직선기선을 설정하지 않고 있다. 이에 따라 NLL 부근 및 서해 5도 수역에서 영해의 범위가 명확하지 않고, 통상기선에 의하면 직선기선에 의한 영해 설정보다 영해 폭이 대폭 줄어들고, 중국과 배타적 경제수역 및 대륙붕 경계획정에서 불리한 여건이 되고 있다.

참고 문헌

■ 국내 문헌

〈단행본〉

김현수, 『국제해양법』 (연경문화사, 2007)
오윤경 외, 『21세기 현대 국제법 질서』 (박영사, 2001)
최종화, 『현대해양국제법』 (두남, 2004)

〈논문〉

이기범, "UN해양법협약은 수중드론(underwater drone) 운용문제를 규율할 수 있는가?," 『국제법학논총』, 제2권 제145호
김지홍, "우리나라 영해기선관리의 개선방안 연구", 『해양정책연구』, 제30권 제1호

〈기타자료〉

백진현, "기후변화와 해양법협약", 유엔해양법채택 40주년 학술회의 기조연설문 (2022. 7. 2)

■ 외국 문헌

〈단행본〉

山本草二, 『海洋法』 (三省堂, 1992)

Center for Oceans Law and Policy, University of Virginia School of Law, *United Nations Convention on the Law of the Sea 1982, A Commentary*, Vol. II

Edward L. Miles, Global Ocean Politics (Martinus Nijhoff Publishers, 1998)

James C. F. Wang, *Handbook on Ocean Politics & Law* (GreenwoodPress, 1992)

R. R. Churchill, A. V. Lowe, *The Law of the Sea* (3rd ed.) (Manchester University Press, 1999)

Victor Prescott & Clive Schofield, *The Maritime Political Boundaries of the World* (2ed) (Martinus Nijhoff, 2005)

Victor Prescott, "Straight and Archipelagic Baselines" G. Blake(ed.), *Maritime Boundaries and Ocean Resources* (Croom Helm, 1987)

〈논문〉

James Kraska, "The Law of Unmanned Naval Systems in War and Peace" (2010), *The Journal of Ocean Technology*, Vol. 5 No. 3

Suk Kyoon Kim, "The Expansion of and Changes to the National Coast Guards in East Asia,"(2018), *Ocean Development and International Law*, Vol. 49 No. 4

〈기타자료〉

M. W. Reed, *Shore and Sea Boundaries: The Development of International Maritime Boundary Principles through United States Practice*, vol. 3 (U.S. Government Printing Office, 2000). Anglo-Norwegian Fisheries Case Judgment, I.C.J. Reports, 1951

Office for Ocean Affairs and the Law of the Sea, *Baselines: an examination of the relevant provisions of the United Nations Convention on the Law of the Sea* (United Nations, 1989)

2장 배타적 경제수역

김원희 • 한국해양과학기술원 해양법 • 정책연구소

I. 서론
   1. 연혁
   2. 법적 지위
   3. 배타적 경제수역과 대륙붕의 관계
II. 배타적 경제수역 관련 주요 규정의 내용
III. 규정의 해석, 적용, 이행 현황
   1. 연안국의 권리와 의무
   2. 제3국의 권리와 의무
   3. 연안국과 제3국에 부여되지 않은 권리
IV. 주요 쟁점 검토 및 평가
   1. 배타적 경제수역에서의 급유활동에 대한 연안국의 관할권
   2. 수로측량의 법적 성격과 연안국의 관할권
   3. 배타적 경제수역에서의 군사활동
V. 결론

I. 서론

배타적 경제수역은 심해저와 함께 유엔해양법협약(이하 해양법협약)에서 새롭게 수립된 제도이다. 배타적 경제수역이란 연안국이 천연자원과 그에 관한 주권적 권리와 관할권을 향유하고, 모든 국가가 항행, 상공비행, 해저전선과 관선부설의 자유를 향유하는 수역을 의미한다. 연안국은 영해기선으로부터 최대 200해리의 배타적 경제수역을 선포할 수 있고, 12해리 영해 폭을 제외하면 실제 배타적 경제수역의 최대 폭은 188해리이다.[1] 해양법협약 제5부가 배타적 경제수역 제도를 직접 규율하고 있지만, 제5부 이외에도 제6부(대륙붕), 제7부(공해), 제12부(해양환경의 보호와 보전), 제13부(해양과학조사)의 관련 규정들이 배타적 경제수역의 법률관계에 준용되고 있다.

---

1 해양법협약 제2조와 제3조는 연안국이 주권을 행사할 수 있는 영해의 폭을 12해리로, 제55조와 제57조는 주권적 권리를 행사할 수 있는 배타적 경제수역의 폭을 200해리로 규정하고 있다.

해양법협약에 규정된 배타적 경제수역 제도는 영해 밖으로 해양 관할권을 확대하려는 연안국의 입장과 배타적 경제수역에서도 기존 공해의 자유를 잔존시키려 했던 해양강국의 입장을 절충한 타협의 산물이다. 배타적 경제수역 제도는 새롭게 도입되는 200해리 해역에 대한 국제법적 규율을 담고 있을 뿐만 아니라 협상 당시에는 상정하지 못했던 연안국과 다른 국가의 이해관계 충돌 문제를 다룰 수 있도록 발전적 해석이 가능한 규정들로 구성되어 있다. 해양과학기술의 발전에 따라 배타적 경제수역에서 연안국과 제3국 중 누구에게 권리와 관할권이 부여되는지가 불명확한 새로운 문제들이 대두되고 있다.

이 글에서는 해양법협약에 규정된 배타적 경제수역 제도의 도입 과정과 주요 내용을 개관하고, 해양법협약 발효 30년이 되는 시점에서 배타적 경제수역의 관련 규정들이 어떻게 해석·적용·이행되었는지를 살펴보고자 한다. 나아가 배타적 경제수역 제도에 관해 규명이 필요한 법적 쟁점들과 새롭게 대두되는 문제들을 살펴보고 향후 배타적 경제수역 제도의 보완과 발전 방향을 검토하고자 한다.

1. 연혁

20세기 중반까지 영해 밖의 해역은 어느 국가도 관할권을 갖지 않는 공해로 간주되었다. 연안 어업의 보전과 관리의 필요성이 높아지면서 연안국은 영해에 인접한 해역으로 관할권을 확대하기 위해 노력했다. 19세기 초반부터 해양강국의 어업활동이 다른 국가의 연안으로 확대됨에 따라 일부 연안국들은 영해에 인접한 해역에서 어업의 보전과 관리를 위한 조약을 체결하였다.[2] 한편, 미국의 트루먼 대통령은 1945년에 '일정한 범위의 공해에 미치는 대륙붕과 연안 어업에 관한 권리'를 동시에 선포하였다. 미국은 대륙붕 선언에서 본토에 인접한 대륙붕의 해저와 하층토의 천연자원에 대해 자국의 관할권을 주장하였다.3 미국의 대륙붕 선언과 어업 선언에 이어 칠레, 페루, 에콰도르를 비롯한 중남미 국가들도 천연자원의 보호·보전·이용을 위해 200해리까지 해저, 하층토, 상부수역에 대해 완전한 주권을 주장하였다.4 해양강국은 중남미 국가들의 주장이 공해에 대한 주권을 주장하고 다른 국가의 권리와 이익을 인정하지 않는다는 이유로 반대하였다. 1952년에 칠레, 페루, 에콰도르는 산티아고 선언에 서명하였고, 이 선언은 각국이 자국의 연안에 인접한 200해리 미만 해역에 대해 유일한 주권과 관할권을 보유한다는 주장을 담고 있었다.5

제1차 유엔해양법회의에서 채택된 1958년 공해어업협약은 연안국의 영해에 인접한 공해에서 어업의 보전·관리·이용에 관해 연안국의 특별한 권리를 규정하였다. 다만 1958년 공해어업협약이 연안국에 어업에 관한 배타적 권리를 부여한 것은 아니었고, 동 협약이 공해의 다른 자원에 적용되지도 않았다. 1958년 공해어업협약 제6조는 연안국은 자국 영해에 인접한 공해에서 조업하는 국가에 협상을 요청할 수 있고, 그 협상이 실패하면 긴급하게 필요한 보전조치를

---

2 Stefan A. Riesenfeld, *Protection of Coastal Fisheries under International Law* (Carnegie Endowment for International Peace, 1942), pp. 29-38.
3 미국의 어업 선언은 기존에 체결된 협정이 적절히 보호하지 못한 어종이 있다는 점을 근거로 연안에 인접한 공해에서 어업보전수역을 설정할 권한이 있음을 주장하였다. 미국의 어업 선언은 다른 국가의 국민이 미국 국민과 함께 어업을 했던 수역에서 공동의 어업 보전과 관리 제도를 규정하였고, 그 제도는 관련 국가들의 동의를 얻어야 했다.
4 Robin Churchill, Vaughan Lowe and Amy Sander, *The Law of the Sea, 4th ed.* (Manchester University Press, 2022), p. 255.
5 Ann L. Hollick, "Origins of the 200-Mile Offshore Zones", *American Journal of International Law*, Vol. 71 (1977), p. 404.

일방적으로 입안하고 집행할 수 있도록 규정하고 있었다.6

제2차 유엔해양법회의에서는 연안국의 배타적 어업관할권을 12해리까지 확대하는 타협안이 제안되었지만, 표결 결과 1표 차이로 부결되었다.7 이후 많은 국가들은 12해리까지 배타적 어업관할권을 확대하는 국내법을 제정하였으나, 원양어업국은 그러한 배타적 어업관할권 주장에 계속 반대하였다. 어업관할권 확대를 둘러싼 대표적인 갈등은 아이슬란드와 영국 간의 '대구 전쟁'을 들 수 있다. 아이슬란드는 1972년 9월 1일부터 배타적 어업관할권의 범위를 12해리에서 50해리로 확대하는 법률을 제정하였다. 아이슬란드가 어업관할권을 확대한 해역에서 어업을 해왔던 영국과 독일은 아이슬란드의 조치에 항의하면서 이 분쟁을 국제사법재판소ICJ에 회부하였다. ICJ는 배타적 어업권을 50해리로 확대한 아이슬란드의 법령은 영국이나 독일에게 대항할 수 없으며, 아이슬란드가 영국과 독일의 어선을 일방적으로 분쟁해역에서 배제할 권한이 없다고 판결하였다. 다만 ICJ는 연안국이 자국 연안의 인근 해역에서 어업에 대한 우선권preferential rights을 갖는다는 점은 인정하였다. ICJ는 연안국이 어업에 대한 우선권을 갖더라도 타국의 선박이 그 해역에서 전통적으로 어업을 해왔고, 타국의 연안 공동체가 생계와 경제적 복지를 어업에 의존하고 있다면 타국의 어업권을 고려하여 우선권을 행사해야 한다고 판단하였다.8

---

6 공해어업협정 제6조에 따른 연안국의 조치는 과학적 결과에 기반해야 하며 차별적이어서는 안 된다. 또한 보전조치는 음식과 다른 수산물의 최대공급을 보전하기 위해 그 자원으로부터 최적지속생산이 가능하도록 계획되어야 한다.
7 M. Whiteman, *Digest of International Law*, Vol. 4 (1965), pp. 122-137.
8 ICJ는 아이슬란드의 우선권과 해당 수역에서 확립된 타국의 어업권을 고려하여 분쟁의 공평한 해결을 위해 신의성실하게 협상해야 한다고 판결하였다. *Fisheries Jurisdiction*

제3차 유엔해양법회의가 되어서야 연안국이 어업뿐만 아니라 해양생물자원과 무생물자원에 대한 배타적 권리를 갖는 200해리 배타적 경제수역의 개념이 본격적으로 논의되었다.9 1970년대에 협상이 진행되는 과정에서 연안국들은 자국 영해에 인접한 해역에 있는 천연자원의 보전·관리·이용을 위한 배타적 권리를 보유하는 법령을 제정하였다.10 케냐는 1971년 아시아-아프리카법률자문위원회에서 최초로 배타적 경제수역의 개념을 제안하였고, 이어 1972년 유엔 심해저위원회에서도 같은 제안을 하였다. 케냐의 제안은 아시아와 아프리카 국가들의 적극적인 지지를 얻었고, 라틴아메리카 국가들도 그와 유사한 200해리 세습해역patrimonial sea의 개념을 주장하였다.11 제3차 유엔해양법회의가 시작되면서 아시아와 아프리카 국가들의 입장이 수렴되었고, 새로운 배타적 경제수역의 개념은 대부분의 개발도상국과 캐나다나 노르웨이 같은 일부 선진국의 지지를 얻었다. 미국·프랑스·일본·영국·구소련과 같은 해양강국도 해양에 대한 접근과 해양이용의 자유가 최대한 보전되어야 한다는 것을 조건으로, 영해 밖으로 권리와 관할권을 확대하려는 연안국의 주장을 인정하였다.12 배타적 경제수역 제도는 연안의 해양자원에 대한 해양관

Cases (United Kingdom v. Iceland; Federal Republic of Germany v. Iceland), ICJ Reports 1974, pp. 205-206.

9 UN Doc. A/CONF./62/L.8/Rev.1 Annex II, 3-4 (1971).
10 UN Doc. ST/LEG/SER.B/18, 271-377 (1976); UN Doc. ST/LEG/SER.B/19, 349-394 (1980).
11 Satya Nandan, "The Exclusive Economic Zone: A Historical Perspective", FAO Website [http://www.fao.org/docrep/s5280T/s5280t0p.htm(최종 방문일: 2024.05.30)].
12 L. Dolliver M. Nelson, "Reflections on the 1982 Convention on the Law of the Sea" in David Freestone, Richard Barnes and David Ong (eds.), ***The Law of the Sea:***

할권 확대를 주장한 개발도상국과 공해상의 항행의 자유를 고수하고자 했던 해양강국 사이의 타협의 산물이라고 할 수 있다.

한편, ICJ는 1994년에 해양법협약이 발효되기 전부터 배타적 경제수역 제도가 관습국제법의 일부라고 인정하였다. ICJ는 1982년 튀니지와 몰타 간의 대륙붕 사건 판결에서 배타적 경제수역의 관습국제법적 지위를 다루었다. 이 사건의 소송물은 대륙붕의 경계획정이었지만, ICJ는 역사적 권리를 언급하면서 배타적 경제수역의 개념이 근대 국제법의 일부로 간주될 수 있다는 방론 obiter dictum 을 제시하였다.13 ICJ는 1984년 캐나다와 미국 간 메인만 사건 판결에서 배타적 경제수역에 관한 특정 규정이 현재 일반국제법에 부합하는 것으로 간주할 수 있다고 판시하였다.14 나아가 1985년 리비아와 몰타 간 대륙붕 경계획정 사건에서 ICJ는 배타적 경제수역 제도가 관습국제법의 일부라는 점이 국가실행에 의해 증명되었다고 판시하였다.15 이와 같이 ICJ는 해양법협약이 발효되기 10년 전부터 배타적 경제수역 제도를 관습국제법의 일부로 인정하는 판결을 내린 바 있다.

2. 법적 지위

배타적 경제수역의 법적 지위는 제3차 유엔해양법회의에서 논란이 많았던 문제이다. 해양강국은 공해를 '잠식하는 관할권 creeping jurisdiction'을 우려하여 배타적 경제수역에 대한 연안국의 주권적 권리

Progress and Prospects (Oxford University Press, 2006), p. 29.
13 *Continental Shelf Case (Tunisia/Libya), ICJ Reports 1982*, p. 100.
14 *Gulf of Maine Case (Canada/United States), ICJ Reports 1984*, p. 94.
15 *Continental Shelf Case (Libya/Malta), ICJ Reports 1985*, p. 34.

와 관할권을 제외한 나머지 사항에 대해서는 공해의 성격을 가져야 한다고 주장하였다. 이는 해양법협약이 명시적으로 연안국의 주권적 권리와 관할권으로 규정하지 않은 모든 행위는 공해 제도에 따라 규율되어야 하므로 배타적 경제수역이 잔존적인 공해의 성격을 가진다는 견해였다. 그러나 이러한 주장은 협상 과정에서 큰 지지를 얻지 못하였다. 반대로 해양법협약이 배타적 경제수역에서 제3국의 권리로 규정하지 않은 사항에 대해서 연안국이 관할권을 갖는다는 잔존적인 영해의 성격을 주장하는 국가들도 있었지만 이 견해도 수용되지 않았다.16 결과적으로 해양법협약은 배타적 경제수역은 영해처럼 주권이 미치는 수역이 아니며, 잔존적인 공해의 성격을 갖는 것도 아니라는 점을 명확하게 규정하였다. 해양법협약 제55조는 배타적 경제수역이 제5부의 특별한 법제도에 따른다고 규정하고, 제86조는 제7부의 공해제도가 배타적 경제수역에 적용되지 않는다고 명시적으로 규정하였다.17

따라서 해양법협약은 배타적 경제수역의 법적 지위를 영해와 공해 사이에 위치한 특수한 성격의 수역sui generis zone으로 규정하고 있다. 배타적 경제수역의 특수한 성격은 세 가지 측면, (1)해양법협약이 연안국에게 부여한 권리와 의무, (2)해양법협약이 제3국에게 부여한 권리와 의무, (3)연안국과 제3국 어느 국가에게도 귀속되지 않는 잔존적 권리residual right를 통해서 파악할 수 있다. 배타적 경제수역에서 특정 권리와 책임이 연안국과 제3국 사이에 어떻게 분배되는

---

16 Alexander Proelβ, *The United Nations Convention on the Law of the Sea: A Commentary* (Beck/Hart, 2017), "Article 55", pp. 414-415, para. 13.
17 Barbara Kwiatkowska, *The 200 Mile Exclusive Economic Zone in the New Law of the Sea*, (Brill/Nijhoff, 1989), p. 230.

지에 대해서는 여전히 견해 대립이 있다. 배타적 경제수역에서의 관할권 귀속이 불명확한 경우에도 연안국은 자국의 관할권 주장을 강화하는 조치를 실시하기도 했다. 예를 들면 연안국은 배타적 경제수역에서 특정한 형태의 항행을 제한하는 조치를 실시함으로써 제3국의 항행의 자유를 제한하는 결과를 가져오기도 했다.[18]

해양법협약이 배타적 경제수역에서의 모든 활동을 구체적으로 규율하고 있는 것은 아니다. 해양법협약 제59조는 "배타적 경제수역에서의 권리와 관할권이 연안국이나 다른 국가에 귀속되지 않고 연안국과 다른 국가 간의 이해관계를 둘러싼 마찰이 발생하는 경우에 해양법협약은 그러한 마찰이 당사국의 이익과 국제사회 전체의 이익의 중요성을 각각 고려하면서 형평에 입각하여 모든 관련 상황에 비추어 해결되어야 한다"고 규정하고 있다.[19] 제59조는 해양법협약 성안 당시에 상정하지 못했던 배타적 경제수역에서의 권리와 관할권을 둘러싼 마찰이 발생하는 경우 이를 해결하기 위한 원칙을 제시하고 있다.

3. 배타적 경제수역과 대륙붕의 관계

해양법협약에 따르면, 연안국은 영해기선으로부터 200해리까지 배타적 경제수역의 해저와 하층토에 대해 주권적 권리와 관할권을 가지고, 육지영토의 자연적 연장에 따른 대륙변계의 범위에 따라 200

---

18 Jon M. Van Dyke, "The Disappearing Right to Navigational Freedom in the Exclusive Economic Zone", *Marine Policy*, Vol. 29 (2005), p. 107.
19 Syméon Karagiannis, "L'article 59 de la Convention des Nations Unies sur le droit de la mer (ou les mystéres de la nature juridique de la zone économique exclusive)", *Belgian Review of International Law*, Vol. 37 (2004), p. 325.

해리까지 또는 200해리 밖의 대륙붕의 해저와 하층토에 대해 주권적 권리를 갖는다. 200해리 이내에서는 연안국의 배타적 경제수역과 대륙붕의 범위가 중복되기 때문에 양자의 법률관계가 어떻게 규율되어야 하는지가 문제될 수 있다.[20] 특히 해양경계획정의 결과로 연안국의 200해리 밖 대륙붕의 상부수역이 다른 국가의 배타적 경제수역으로 설정되는 회색지역grey zone이 생성되는 경우에 상부수역과 해저와 하층토의 법률관계를 어떻게 규율해야 하는지가 문제되었다.

해양법협약은 배타적 경제수역과 대륙붕이 어느 하나에 흡수되는 관계가 아니라 상호독자적인 관계임을 규정하고 있다. 먼저 배타적 경제수역 제도는 생물자원과 무생물자원을 모두 규율하지만, 대륙붕 제도는 정착성 어종을 제외하면 해저와 하층토의 무생물자원만을 규율한다. 해양법협약 제56조 제3항은 배타적 경제수역의 해저와 하층토에 관한 연안국의 권리가 대륙붕 제도를 규정한 제6부에 따라 행사된다고 규정함으로써 두 가지 제도의 독자성을 인정하고 있다. 대륙붕에 대한 연안국의 권리는 고유한 권리로서 점유나 선언을 필요로 하지 않지만, 배타적 경제수역에 대한 권리는 선포 등에 의해 공식적으로 주장되어야 한다. 해양법협약 제77조 제3항은 대륙붕에 대한 연안국의 권리는 실효적이거나 관념적인 점유 또는 명시적 선언에 의존하지 않는다고 규정하고 있다. 이에 반해 배타적 경제수역에 대해서는 이러한 규정이 없다. 해양법협약이 연안국에게 배타적 경제수역 선포 의무를 명시적으로 부여하고 있지 않지만, 대부분 연안국은 배타적 경제수역을 선포하고 그에 관한 권리와 관할권을 행

---

20 Stuart Kaye, "The use of multiple boundaries in maritime boundary delimitation: law and practice", *Australian Year Book of International Law*, Vol. 19 (1998), pp. 49-56.

사해 왔다.21

　연안국이 해양법협약 제76조에 따라 200해리 밖의 대륙붕 외측 한계를 설정할 수 있다면, 배타적 경제수역이 없는 대륙붕을 가질 수 있지만 반대의 경우는 성립할 수 없다. 배타적 경제수역에서 연안국은 생물자원의 잉여량에 대해 제3국의 접근을 허용해야 할 의무를 부담하지만, 대륙붕의 자원에 대해서는 그러한 의무가 없다. 또한 배타적 경제수역에서 해저전선과 관선의 부설에 연안국의 동의가 필요하지 않지만, 대륙붕에서는 연안국의 동의가 필요하다.

　국제재판소는 해양경계획정 사건에서 한 국가의 200해리 밖 대륙붕의 상부수역이 다른 국가의 배타적 경제수역이 되는 회색지역을 설정하는 문제와 관련하여 양자의 관계를 설명한 바 있다. 국제해양법재판소ITLOS는 2012년 판결한 방글라데시와 미얀마 간의 해양경계획정 사건에서 배타적 경제수역과 대륙붕의 독자성을 인정하면서 단일 해양경계선이 아닌 이중 해양경계선을 획정하였다. ITLOS는 방글라데시의 영해기선으로부터 200해리 밖이지만 미얀마의 영해기선으로부터 200해리 안에 있는 해역의 경계획정은 대륙붕인 해저와 하층토에 관한 것으로 대륙붕은 방글라데시에, 상부수역은 미얀마에 귀속되더라도 배타적 경제수역에 대한 미얀마의 권리를 침해하는 것은 아니라고 판시하였다.22 ITLOS는 해양경계획정의 결과로 대륙붕에

---

21 예외적으로 지중해에 인접한 국가들이나 반폐쇄해에 위치한 국가들처럼 200해리까지 충분한 폭의 배타적 경제수역의 선포가 지리적으로 불가능한 경우에는 배타적 경제수역을 선포하지 않았다. 배타적 경제수역을 선포하지 않은 소수의 국가들도 있지만, 200해리까지 자국의 관할권을 확대하기 위해 어업수역의 개념에 의존하기도 한다. Shalva Kvinikhidze, "Contemporary Exclusive Fishery Zones or Why Some States Still Claim an EFZ", *International Journal of Marine and Coastal Law*, Vol. 23 (2008), p. 271.

대한 권리가 다른 국가의 배타적 경제수역에 대한 권리와 동시에 존재할 수 있음을 인정하였고, 이 경우에 해양법협약상 배타적 경제수역과 대륙붕에 관한 규정에 따라 두 국가가 해당 권리를 향유하고 의무를 이행해야 한다고 보았다.23

이 판결에 따르면 회색지역에서 미얀마가 배타적 경제수역의 해저와 하층토에 대해 권리를 행사할 가능성이 완전히 배제되는 것은 아니며, 방글라데시 역시 미얀마가 권리를 행사하는 해저와 하층토에 대해 대륙붕에 대한 권리를 동시에 행사할 가능성이 남게 된다. 이 문제에 대해 ITLOS는 대륙붕과 그 상부수역의 귀속이 달라지는 경우에 당사국들이 특별협정을 체결하거나 협력방안을 마련하여 합리적인 규율체제를 수립할 수 있다는 점을 언급하였다.24 ITLOS는 배타적 경제수역과 대륙붕의 독자성을 인정하는 전제에서 이중 해양경계선을 설정하였고, 동일한 범위의 해저와 하층토에 대해 미얀마는 배타적 경제수역에 대한 권리를, 방글라데시는 대륙붕에 대한 권리를 동시에 행사할 수 있는 상황을 인정하였다.

한편, 방글라데시와 인도 간의 해양경계획정 사건에서 해양법협약 제7부속서 중재재판소는 인도의 영해기선으로부터 200해리 이내에 속하지만 방글라데시가 200해리 밖의 대륙붕을 주장할 수 있는 "회색지역grey area"을 설정하는 중재판정을 내렸다.25 중재재판소는 회색지역 내에서 방글라데시가 배타적 경제수역이 아닌 대륙붕에 대

---

22 *Dispute concerning Delimitation of the Maritime Boundary in the Bay of Bengal (Bangladesh/Myanmar)*, ITLOS Reports 2012, para. 474.
23 *Ibid.*, para. 475.
24 *Ibid.*
25 *Bay of Bengal Maritime Boundary Arbitration (Bangladesh v. India)*, Award, 7 July 2014.

해서만 잠재적인 권원을 가지고 있는 반면에, 인도는 배타적 경제수역과 대륙붕 모두에 대해서 권원을 가지고 있다고 지적하였다.26 이에 따라 중재재판소는 회색지역 내 해양경계선은 대륙붕에 대한 분쟁 당사국들의 주권적 권리만을 획정한 것이지, 상부수역에서 인도의 배타적 경제수역에 대한 주권적 권리를 제한하는 것은 아니라고 판시하였다.27 또한 중재재판소는 2012년 ITLOS의 판결을 인용하면서 양국이 추가 협정이나 협력체제를 창설함으로써 상부수역과 대륙붕에 관한 권리를 협조적으로 행사해 나가야 한다는 점을 강조하였다.28

II. 배타적 경제수역 관련 주요 규정의 내용

해양법협약 제5부는 배타적 경제수역 제도를 규정하고 있으며, 제5부는 제55조부터 제75조까지 총 21개 조문으로 구성되어 있다. 제5부는 크게 배타적 경제수역의 법적 지위, 연안국의 권리와 의무, 제3국의 권리와 의무, 생물자원의 어종별 보존과 이용, 내륙국과 지리적 불리국의 권리, 연안국 법령의 집행, 배타적 경제수역의 경계획정에 관해 규율하고 있다.

해양법협약 제55조는 배타적 경제수역이 해양법협약에 따라 수립된 특별한 법제도에 따르는 영해 밖에 인접한 수역이며, 해양법협약에 따라 수립된 특수한 법적 지위를 가지는 것으로 규정하고 있다.

---

26 *Ibid.*, paras. 503-504.
27 *Ibid.*, para. 505.
28 *Ibid.*, paras. 507-508.

해양법협약 제56조는 연안국의 배타적 경제수역에서의 권리, 관할권, 의무를 규정하고 있다. 연안국은 배타적 경제수역에서 모든 생물자원의 탐사·이용·보전·관리를 위한 주권적 권리sovereign right를 가지며, 해저, 하층토, 상부수역의 무생물자원과 배타적 경제수역의 경제적 탐사와 이용을 위해 실시된 다른 활동에 대해 주권적 권리를 가진다. 또한 연안국은 배타적 경제수역 내에서 인공섬, 시설과 구조물의 건설과 이용, 해양환경의 보호와 보전, 해양과학조사에 대한 관할권jurisdiction을 가진다. 배타적 경제수역에서 인공섬, 시설과 구조물의 건설·운용, 사용에 관해서는 제60조에서 구체적으로 규정하고 있다.

해양법협약 제58조는 배타적 경제수역에서 모든 국가에게 일정한 활동의 자유를 인정하고 있다. 모든 국가는 배타적 경제수역에서 항행, 상공비행, 해저전선과 관선부설을 위한 자유를 향유하며, 그러한 자유와 관련하여 국제적으로 적법한 해양이용의 자유를 향유한다. 다만 모든 국가는 이러한 자유를 향유함에 있어 연안국의 권리와 의무를 적절히 고려해야 하고, 해양법협약과 국제법에 합치되는 연안국의 법령을 준수해야 한다. 이에 상응하여 제56조 제2항은 배타적 경제수역에서의 권리행사와 의무이행에 있어서 다른 국가의 권리와 의무를 적절히 고려하고 해양법협약에 합치되는 방식으로 행동해야 할 의무를 연안국에게 부과하고 있다.

제61조부터 제68조는 배타적 경제수역에서 생물자원의 보존·이용, 어종별 접근에 대해 규율하고 있다. 제62조는 배타적 경제수역에서의 생물자원의 보존과 이용에 관한 연안국의 권리와 의무를 규정하고 있다. 제63조부터 제67조에서는 경계왕래어족, 고도회유성어종, 해양포유동물, 소하성어족, 강하성어종의 어획과 보존에 대해 규

율하고 있다. 한편, 제68조는 정착성어종에 대해서는 제6부의 대륙붕 제도가 적용된다고 규정함으로써 정착성어종은 배타적 경제수역의 생물자원이 아닌 대륙붕의 생물자원임을 명시하였다.

제69조부터 제72조에서는 배타적 경제수역을 가질 수 없는 내륙국과 지리적 불리국의 권리와 그 권리의 행사 요건 및 제한에 대해 규율하고 있다. 제69조와 제70조는 내륙국이나 지리적 불리국이 다른 연안국의 배타적 경제수역 생물자원 잉여량의 개발에 참여할 수 있는 권리, 개발 조건과 방식을 규정하고 있다. 다만 제71조에 따르면 연안국의 경제가 배타적 경제수역의 생물자원 개발에 크게 의존하고 있는 경우에 내륙국이나 지리적 불리국은 연안국의 생물자원 잉여량에 대해 권리를 가질 수 없다. 또한 제72조는 내륙국과 지리적 불리국이 갖는 생물자원개발 권리는 제3국이나 그 국민에게 직간접적으로 이전될 수 없다고 규정하고 있다.

제73조는 배타적 경제수역의 생물자원에 관한 연안국의 입법관할권과 집행관할권을 규정하고 있다. 연안국은 생물자원에 관한 주권적 권리를 행사함에 있어서 자국 법령의 준수를 보장하기 위해 승선, 검색, 나포, 사법절차를 집행할 수 있다. 이 경우에도 나포된 선박과 승무원은 적절한 보석금이나 그 밖의 보증금을 예치한 뒤에는 즉시 석방되어야 하며, 연안국의 어업법령 위반에 대한 형벌은 금고나 다른 형태의 체형을 포함할 수 없다.

제74조와 제75조는 배타적 경제수역의 경계획정 원칙과 외측한계선이나 합의된 해양경계선의 해도 또는 지리 좌표목록에 관해 규율하고 있다. 제74조는 마주보고 있거나 인접한 연안을 가진 국가 간의 배타적 경제수역 경계획정은 공평한 해결에 이르기 위해 국제법을 기초로 하는 합의로 이루어져야 함을 규정하고 있다. 다만 상당

한 기간 내에 합의에 이르지 못할 경우 관련 국가는 제15부 분쟁해결 절차에 회부해야 한다. 나아가 합의에 도달하기 전까지 관련국은 실질적인 잠정약정을 체결하기 위한 모든 노력을 해야 하고, 최종 합의에 이르는 것을 위태롭게 하거나 방해하지 말아야 할 의무가 있다. 제75조는 연안국은 배타적 경제수역의 외측한계선과 합의된 경계획정선을 해도에 표시하거나 지리적 좌표목록을 적절히 공표하고 그 사본을 유엔 사무총장에게 기탁해야 한다고 규정하고 있다.

III. 규정의 해석, 적용, 이행 현황

1. 연안국의 권리와 의무

1) 연안국의 주권적 권리

(1) 생물자원

연안국은 해양법협약 제61조부터 제73조까지의 규정에 따라 배타적 경제수역에서 해저의 상부수역, 해저와 그 하층토의 생물자원을 탐사·개발·보존·관리하기 위한 주권적 권리를 갖는다. 생물자원에 대한 주권적 권리를 갖는 연안국은 배타적 경제수역 내에서 총허용어획량과 자국의 어획능력을 결정할 수 있다. 연안국은 배타적 경제수역 내에서 생물자원의 최적이용목표를 증진시켜야 하며, 총허용어획량에서 자국의 어획능력을 제외한 잉여어획량에 대해서는 제3국의 입어를 인정해야 한다.

  해양법협약 제61조에 따라 연안국은 최대지속생산량을 기준으로 자국 배타저 경제수역 내에서 생물자원의 총허용어획량을 결정해야 한다. 최대지속생산량이란 자연적 어류 재생산의 균형을 유지하는 어획량의 한계를 의미한다. 최대지속생산량을 초과해서 어획을 하면 어장 규모가 축소되고 어획량도 감소하기 때문에 남획이 이루어진다. 반대로 최대지속생산량 이하로 어획을 하면 지속생산 내에서 잡히던 어류들이 자연사함에 따라 생물자원이 낭비될 수 있다. 최대지속생산량은 일정한 어장의 각종 어류를 총괄하는 개념이 아니라 특정 어종에 대한 개념이다. 연안국은 총허용어획량 결정과 더불어 남획으로 인해 배타적 경제수역에서 생물자원 유지가 위태롭게 되지 않도록 적절한 보존과 관리 조치를 해야 하고, 최대지속생산량이 실현될 수 있도록 어종 자원량의 유지와 회복을 위한 계획을 수립해야 한다. 다만 생물자원의 최대지속생산을 위한 생물자원량의 유지와 회복에 관한 연안국의 의무가 무엇인지 명확하지 않기 때문에 배타적 경제수역 생물자원의 관리와 보전에 관해서는 연안국에게 광범위한 재량권이 부여되어 있다.[29] 연안국은 남획을 방지하는 범위 내에서 총허용어획량을 어느 정도로 설정할지 결정할 수 있고, 그러한 총허용어획량을 근거로 다른 국가의 입어 등을 제한할 수 있다. 해양법협약 제297조 제3항은 배타적 경제수역의 생물자원에 대한 연안국의 주권적 권리와 그 행사에 관한 분쟁에 대해 연안국이 강제절차 회부를 수락할 의무가 없고, 연안국의 보전과 관리를 적절히 하지 않는 일정한 경우에만 강제조정에 회부할 수 있도록 규정하고 있다. 이는 생물자원에 대한 연안국의 광범위한 재량권이 보장된 것으로 이해할 수 있다.

---

29 Gemma Andreone, "The Exclusive Economic Zone" in D. Rothwell et als (eds.), *The Oxford Handbook of the Law of the Sea* (Oxford University Press, 2015), pp. 166-167.

또한 연안국은 배타적 경제수역 내 생물자원에 대한 자국의 어획능력을 결정해야 한다. 연안국은 가동할 수 있는 어업시설과 어업종사인력 등을 종합적으로 고려하여 어획능력을 결정해야 한다. 그러나 해양법협약이 연안국의 어획능력에 관한 구체적 기준을 규정하지 않고 있어 연안국은 어획능력 결정에 있어서도 상당한 재량권을 행사할 수 있다. 연안국은 관련 국가와 협의할 필요 없이 자국의 어획능력을 스스로 결정할 수 있다. 연안국이 총허용어획량을 어획할 능력이 없는 경우에는 협정이나 그 밖의 약정을 통해 허용어획량의 잉여량에 관해 다른 국가의 입어를 허용해야 한다. 다만 연안국이 총허용어획량을 모두 어획할 수 있다고 결정하면, 제3국이 배타적 경제수역에 입어하는 것을 배제할 수 있다. 개발도상국인 연안국은 선진국으로부터 자본과 기술을 도입하거나 선진국에 양허를 부여함으로써 총허용어획량을 모두 어획할 능력이 있다고 결정할 수도 있다.[30]

연안국은 허용어획량의 잉여량에 대한 제3국의 입어를 허용하고, 제3국에 입어량을 할당하기 위해 해당 국가와 조약을 체결함으로써 이를 이행한다. 연안국은 제3국의 입어를 허용할 때 다양한 관련 요소를 고려해야 한다. 그러한 관련 요소에는 해당 생물자원이 연안국의 경제나 국익에 미치는 중요성, 내륙국과 지리적 불리국의 보호를 위한 조건, 잉여자원 어획에 관한 소지역 또는 지역 내 개발도상국의 요구, 소속 국민이 그 수역에서 관습적으로 어로행위를 했거나 어족의 조사와 식별을 위해 실질적 노력을 기울여 온 국가의 경제적 혼란을 최소화할 필요성 등이 있다. 연안국이 제3국의 입어

---

30 박배근, "배타적 경제수역 제도", 『대한민국의 해양법 실행』 (일조각, 2017), pp. 147-148.

할당을 할 때 관련 요소들에 기속된다는 일부 견해도 있지만, 실무적으로 연안국은 제3국의 입어의 범위와 내용을 결정할 때에도 상당한 재량권을 행사할 수 있다.

허용어획량의 잉여량을 제3국에게 할당하도록 한 해양법협약의 취지는 연안국이 자국 배타적 경제수역에서 활용하지 못하는 어업자원에 대한 외국의 접근을 허용하고, 어업에 관한 전통적 이익, 지역적 이익, 내륙국과 지리적 불리국의 이익을 우선 보장하려는 것이다. 그러나 해양법협약 제62조는 연안국이 제3국에 대한 어업할당에 관하여 고려할 사항으로 연안국의 경제와 그 밖의 국가이익 등을 광범위하게 인정하고 있다. 이에 따라 연안국은 어업과 무관한 정치적 또는 경제적 문제를 이유로 제3국의 입어할당을 거절할 수 있다. 결과적으로 잉여어획량 할당에 관하여 연안국에게 광범위한 재량권이 부여되어 있고 연안국이 국익을 우선적으로 고려하는 경향이 있어 허용어획량의 잉여량을 활용하려는 본래의 취지는 잘 작동하지 못하는 것으로 평가할 수 있다.

해양법협약 제63조부터 제67조는 2개국 이상 연안국의 배타적 경제수역 간의 경계왕래어족, 고도회유성어종, 해양포유동물, 소하성어족, 강하성어종 등과 같이 연안국과 어업국이 공유할 수밖에 없는 생물자원에 대한 권리와 의무를 규정하고 있다. 이 규정들은 해당 생물자원에 대한 책임의 할당과 국가 간 협력의 필요성에 관한 일반적 방향을 제시하는 데 그쳤다는 한계가 있었고, 이로 인해 관련 규정의 해석에 관한 불확실성이 문제점으로 지적되었다. 이러한 법적 불확실성을 해소하고 공해 어족자원의 지속가능한 관리를 위해 1995년 유엔공해어업협정이 체결되었다. 유엔공해어업협정은 권한 있는 지역수산기구RFMOs의 특별한 역할을 인정함으로써 해양법협약의 관련 규정들을 통합하고, 공해에서 해당 생물자원에 관한 권리와 의무의 할당을 일부 수정하였다.[31] 유엔공해어업협정은 지역수산기구 내에서 경계를 왕래하는 생물자원의 관리에 관한 의사결정을 할 때 연안국에게 주도적 역할을 부여하고 있다.[32] 또한 유엔공해어업협정의 적용범위와 일반원칙에 관한 규정을 종합적으로 해석하면, 공해어족 자원의 지속가능성과 사전주의 접근방식이 배타적 경제수역 내의 생물자원의 관리에도 적용된다고 볼 수 있다. 아직까지 유엔공해어업협정을 비준하지 않은 해양법협약 당사국이 많지만, 유엔공해어업협정의 많은 규정들은 이미 여러 지역수산기구 조약에 반영되었다.[33]

해양법협약 제73조는 배타적 경제수역의 생물자원에 관한 법령의 집행을 위해 승선, 검색, 나포, 사법절차 등 광범위한 조치를 할 수 있는 관할권을 연안국에 부여하고 있다. 이때 연안국의 법령은 배타적 경제수역의 생물자원을 탐사·개발·보존·관리하는 주권적 권리를 행사하기 위한 것이어야 하고, 해양법협약과 배치되어서는 안 된다. 연안국은 외국 선박을 나포하면 적절한 경로를 통해 실시된 조치와 그 후에 부과된 처벌에 관해 기국에게 신속히 통고해야 하며, 적절한 보석금이나 그 밖의 보증금이 예치되면 나포된 선박과 승무원을 즉시 석방해야 할 의무를 부담한다. 특히 연안국의 배타적 경제

---

31 T. Henriksen and A. H. Hoel, "Determining allocation: from paper practice in the distribution of fishing rights between countries", *Ocean Development and International Law*, Vol. 42 (2011), p. 66.
32 Gemma Andreone, "Fisheries in the Antarctic and in the Artic", in G. Tamburelli (ed), *The Antarctic Legal System: The Protection of the Environment of the Polar Regions* (Giuffre Milano, 2008), p. 92.
33 E. J. Molenaar, "Non-Participation in the Fish Stocks Agreement: Status and Reasons", *International Journal of Marine and Coastal Law*, Vol. 26 (2011), p. 195.

수역에서 어업 관련 법령을 위반한 행위에 대한 처벌에는 관련국들이 달리 합의하지 않는 한 금고나 다른 형태의 체형이 포함될 수 없다. 이와 같이 연안국에 인정되는 어업 관련 집행관할권은 해양법협약뿐만 아니라 관습국제법에 근거하여 인정되고 있다. ICJ는 니카라과와 콜롬비아 간 카리브해에서의 주권적 권리와 해역의 침해 가능성에 관한 판결에서 배타적 경제수역에서 연안국과 다른 국가들의 권리와 의무에 관한 관습법 규칙이 해양법협약 제56조, 제58조, 제61조, 제62조, 제73조를 포함한 해양법협약의 규정들에 반영되어 있다고 판시하였다.[34] 이 사건의 분쟁 당사국 중 콜롬비아는 해양법협약의 당사국이 아니었기 때문에 ICJ는 해양법협약 제73조를 포함하는 배타적 경제수역에 관한 규정들이 관습국제법을 반영했다고 보고 이 사건에 적용하였다.

생물자원에 관한 해양법협약의 규정과 국가실행을 고려할 때, 배타적 경제수역에서 생물자원의 보존과 관리를 위해서는 연안국이 자발적으로 실효성 있는 보존 및 관리 조치를 수립하여 시행해야 한다. 다만 연안국이 그러한 보존 및 관리 조치를 하지 않을 경우에 이를 강제하거나 규제할 국제법적 수단은 없고 경제적 이용을 우선시하는 연안국의 국가실행이 다수를 차지하고 있다.[35] 따라서 해양법협약에 따른 배타적 경제수역 생물자원의 보존 및 관리 체제는 전반적으로 원래 입법 취지에 부응할 정도로 작동하지 못하고 있다고 생각된다.

---

34 *Alleged Violations of Sovereign Rights and Maritime Spaces in the Caribbean Sea* (Nicaragua v. Colombia), ICJ Reports 2022, para. 57.
35 김현정, "유엔해양법협약 채택 이후 배타적 경제수역 제도의 변화: 해양생물자원 보존, 관리를 중심으로", 『홍익법학』, 제15권 제4호(2014), pp. 76-82.

(2) 무생물자원

해양법협약 제56조 제1항에 따라 연안국은 해저의 상부수역, 해저, 하층토의 무생물 천연자원을 탐사·개발·보존·관리하기 위한 주권적 권리를 갖는다. 무생물자원은 석유나 천연가스 등의 액체·기체 상태의 광물과 각종 고형광물을 의미한다. 무생물자원은 주로 해저와 하층토에 매장된 광물자원을 주요 대상으로 하지만, 해수에서 추출되는 여러 가지 무기물 자원처럼 상부수역의 비생물자원도 주권적 권리의 대상이 된다.

배타적 경제수역의 무생물자원에 대한 연안국의 주권적 권리는 생물자원에 대한 권리처럼 보전 또는 관리해야 할 의무가 수반되지 않고, 생물자원의 잉여량을 제3국에게 할당해야 하는 제약사항도 존재하지 않는다. 다만 연안국은 배타적 경제수역의 해저와 하층토에 있는 무생물자원에 대한 권리를 행사할 때 대륙붕 제도를 규정한 해양법협약 제6부에 따라야 할 의무가 있다. 따라서 배타적 경제수역에 관한 규정이 적용되는 무생물자원은 해저와 상부수역 사이의 해수에 부존하는 자원으로 한정된다.

네덜란드와 러시아 간 아틱 선라이즈 Arctic Sunrise 중재사건에서 해양법협약 제7부속서 중재재판소는 배타적 경제수역에서 무생물자원에 관한 법령을 집행할 연안국의 권리가 존재한다고 판시한 바 있다.36 이 사건에서 네덜란드 국적의 아틱 선라이즈호는 러시아의 석유 시추 플랫폼에 접근하여 시추활동을 방해하였고, 러시아 당국은

---

36 *Arctic Sunrise Arbitration before an Arbitral Tribunal Constituted under Annex VII to the 1982 United Nations Convention on the Law of the Sea between the Kingdom of the Netherlands and the Russian Federation*, Award on the Merits (14 August 2015), paras. 283-284.

선박을 나포하고 선원들을 체포하여 러시아 형사절차에 회부하였다. 중재재판소는 해양법협약이 배타적 경제수역에 있는 무생물자원에 대한 법령을 집행할 연안국의 권리를 명시적으로 규정하지 않았지만, 해양법협약 제77조의 입법연혁을 고려할 때 무생물자원에 대한 연안국의 법집행 권리가 존재한다는 점은 명확하다고 보았다.37 다만 이 사건에서 중재재판소는 아틱 선라이즈호가 러시아의 배타적 경제수역에서의 무생물자원에 관한 탐사와 이용 활동에 관한 러시아 법령을 위반했다는 증거가 없다고 판단함으로써 무생물자원에 관한 연안국 권리의 직접적 근거가 제77조인지를 명시적으로 판단하지는 않았다.

(3) 다른 경제적 자원

해양법협약 제56조 제1항(a)는 해수·해류·해풍을 이용한 에너지처럼 생물자원이나 무생물자원이 아닌 다른 경제적 자원의 개발과 탐사를 위한 그 밖의 활동에 관한 주권적 권리를 연안국에게 부여하고 있다. 제56조 제1항(a)에서 언급된 해수·해류·해풍은 제한적 열거가 아니라 예시라고 해석할 수 있다. 따라서 이 조항은 배타적 경제수역에서 연안국의 권리가 해양법협약 성안 당시에 상정하지 못했던 바이오, 태양, 지열 에너지 등과 같은 모든 경제적 활동으로 확대될 수 있다는 점을 상정하고 있다. 해양과학기술이 발전함에 따라 연안국은 새로운 유형의 경제적 활동을 배타적 경제수역에서 수행할 수 있고 이러한 권리는 제56조 제1항에서 보장되고 있다.38 또한 연안

---

37 *Ibid.*, para. 284.
38 Maria Madalena das Neves, "Offshore Renewable Energy and the Law of the Sea", in Elise Johansen, Signe Veierud Busch and Ingvild Ulrikke Jakobsen (eds), *The Law of the Sea and Climate Change: Solutions and Constraints* (Cambridge University Press, 2021), pp. 217-219.

국이 해양 에너지를 생산하기 위해서는 일정한 규모의 시설이나 구조물이 필요하고, 이와 관련된 연안국의 주권적 권리는 시설과 구조물의 설치와 이용에 관한 관할권의 요건이나 범위와 밀접히 관련되어 있다. 배타적 경제수역에서 연안국과 모든 국가의 이해관계를 규율하고 있는 관련 규정은 배타적 경제수역에서의 에너지 관련 경제적 활동에도 적용된다.39

정착성 어종이 아닌 해양저서생물benthic organism의 보전과 관리에 관한 권리도 제56조에 포섭되는지가 문제 될 수 있다. 해양법협약 제56조 제3항은 배타적 경제수역의 해저와 하층토에 관한 권리는 제6부에 따라 행사된다고 규정하고 있다. 제56조 제3항을 문언 해석하면 제56조 제1항에 규정된 권리가 해저와 하층토에 관련되어 있다면 그러한 권리도 제6부에 따라 행사되어야 한다. 해양법협약 제77조 제4항은 대륙붕의 천연자원이란 해저와 하층토의 광물, 그 밖의 무생물자원 및 정착성 어종에 속하는 생물체로 구성된다고 규정하고 있다. 따라서 정착성 어종이 아닌 해양저서생물의 보전과 관리에 관한 권리는 해양법협약 제56조 제1항의 권리에 포함된다고 할 수 있다. 다만 해저의 유전자 자원도 해양저서생물처럼 제56조 제1항에 포섭되는지는 명확하지 않다. 해당 생물체가 해저 표면 또는 그 아래에서 움직이지 않거나 해저에 밀착하지 않고서는 움직일 수 없는 생물체인지에 따라 적용법규가 달라질 수 있을 것이다.40

---

39 Dawoon Jung, *The 1982 Law of the Sea Convention and the Regulation of Offshore Renewable Energy Activities within National Jurisdiction* (Brill, 2023), pp. 18-26.
40 Robin Warner, "Protecting the Diversity of the Depths: Environmental Regulation of Bioprospecting and Marine Scientific Research Beyond National Jurisdiction", *Ocean Yearbook*, Vol. 22 (2008), pp. 411-419.

2) 연안국의 관할권

(1) 인공섬과 시설물의 설치와 사용

해양법협약은 배타적 경제수역에서 인공섬·시설물·구조물의 건설·운용·사용을 허가하고 규제할 수 있는 관할권jurisdiction을 연안국에 부여하고 있다. 제56조는 해양법협약의 관련 규정에 있는 인공섬, 시설 및 구조물의 설치와 사용에 관한 관할권을 연안국에 부여하고 있다. 여기서 관련 규정이란 제60조를 의미한다. 제60조 제1항은 (1) 인공섬, (2)제56조에 규정된 목적과 그 밖의 경제적 목적을 위한 시설과 구조물, (3)배타적 경제수역에서 연안국의 권리행사를 방해할 수 있는 시설과 구조물을 건설하거나 이에 관한 건설·운용·사용을 허가하고 규제하는 배타적 관할권을 연안국에 부여하고 있다. 연안국은 인공섬·시설물·구조물에 대해 관세·재정·위생·안전과 출입국관리 법령에 관한 관할권을 포함한 배타적 관할권을 가진다.

필리핀과 중국 간의 남중국해 중재사건에서 제7부속서 중재재판소는 필리핀의 배타적 경제수역 내에서 중국이 일방적으로 인공섬을 건설한 행위가 해양법협약을 위반했는지를 판단하였다. 중재재판소는 해양법협약 제60조가 연안국에 인공섬·시설물·구조물의 건설과 운용에 관한 배타적 의사결정과 규제 권한을 부여한다고 판시하였다.[41] 이에 따라 중재재판소는 필리핀의 배타적 경제수역 내에서 중국이 필리핀의 동의 없이 인공섬을 건설한 행위는 제60조에 규정된 필리핀의 권리를 명백히 침해했다고 결정하였다.[42]

나아가 연안국은 필요한 경우 항행의 안전과 인공섬, 시설과 구조

---

41 *The Republic of Philippines v. The People's Republic of China*, Award on the Merits, 12 July 2016, para. 1035.
42 *Ibid.*, paras. 1036-1038.

물의 안전을 보장하기 위해 그 주위에 적절한 조치를 취할 수 있는 합리적인 안전수역을 설치할 수 있다. 안전수역의 범위는 500미터를 넘을 수 없지만, 일반적으로 수락된 국제기준이 있거나 권한 있는 국제기구가 특별히 권고한 경우에는 500미터 이상의 안전수역을 설정할 수 있다. 모든 선박은 연안국이 설치한 안전수역을 존중해야 하며, 인공섬·시설물·구조물 및 안전수역 주변에서 일반적으로 수락된 항행에 관한 국제기준을 준수해야 한다. 해양법협약 제60조 제1항은 인공섬 설치를 위한 목적에 아무런 제한을 두고 있지 않지만, 시설이나 구조물에 대해서는 특정한 목적이 필요하다고 규정하고 있다. 연안국이 주권적 권리를 갖는 시설과 구조물은 제56조에 규정된 목적, 즉 천연자원의 탐사·개발·보존·관리와 다른 경제적 목적을 위한 것으로 한정된다. 따라서 유엔해양법협약 제60조의 해석상 연안국은 배타적 경제수역과 대륙붕에서 모든 인공섬에 대하여 관할권을 보유하는 반면에 시설과 구조물의 경우에는 경제적 목적, 해양과학조사 목적, 해양환경의 보호와 보전 목적에 사용되는 시설 및 구조물과 연안국의 권리행사를 방해할 수 있는 시설 및 구조물에 대해서만 관할권을 행사할 수 있을 뿐이므로 양자 간의 구별실익이 존재한다. 또 다른 구별의 실익은 제거 의무의 적용범위를 들 수 있다. 인공섬의 경우에는 폐기되거나 사용되지 아니하는 것일 경우에도 제거 의무가 부과되지 않지만, 시설 및 구조물의 경우에는 제거 의무가 부과된다.[43]

    아틱 선라이즈호 사건에서 러시아의 석유플랫폼은 운영자의 동의 없이 그 플랫폼의 3해리 수역으로 진입하지 말도록 권고하고 있

---

[43] 이용희, "국제해양법상 인공섬, 시설 및 구조물 제도의 쟁점과 우리나라의 입법태도에 관한 고찰: 배타적 경제수역 및 대륙붕을 중심으로", *Ocean and Polar Research*, Vol. 36 No. 4 (2014), pp. 357-358.

었는데, 중재재판소는 해당 석유플랫폼의 3해리 수역은 강제적인 성격이 없었기 때문에 제60조의 안전수역이 아니라고 보았다.44 나아가 중재재판소는 인공섬, 시설과 구조물에서 또는 그 주위의 안전수역에서 연안국의 법령 위반행위가 있는 경우에, 그 연안국은 인공섬, 시설과 구조물에서 또는 그 안전수역 내에서만 법집행을 할 수 있고, 안전수역 밖에서 법집행을 하려면 그 안전수역으로부터 추적권을 행사했어야 한다고 판시하였다.45

연안국은 인공섬, 시설과 구조물에 관해 일정한 의무를 부담한다. 연안국은 그러한 인공섬, 시설과 구조물의 건설을 적절히 공시해야 하고, 이러한 것이 있다는 사실을 경고하기 위한 영구적 수단을 유지해야 한다. 버려졌거나 사용되지 아니하는 시설이나 구조물은 항행의 안전을 보장하기 위해 제거해야 하고, 이와 관련하여 권한 있는 국제기구에 의하여 수립되어 일반적으로 수락된 국제기준을 고려해야 한다. 연안국이 제거작업을 수행할 때 어로, 해양환경 보호, 다른 국가의 권리와 의무를 적절히 고려해야 하고, 완전히 제거되지 아니한 시설 또는 구조물의 깊이, 위치 및 규모를 적절히 공표해야 한다. 또한 연안국은 국제항행에 필수적인 항로대 이용을 방해할 수 있는 곳에 인공섬, 시설과 구조물을 건설하면 안 된다.

인공섬·시설물·구조물은 섬의 지위를 가질 수 없다. 이들은 자체의 영해를 갖지 않으며 이들의 존재가 영해, 배타적 경제수역 또는 대륙붕의 경계획정에 영향을 미치지 않는다. 해양법협약에 인공섬의 개념 규정은 없지만, 섬의 개념을 규정하고 있는 제121조를 반대해

---

44 *Arctic Sunrise (2015)*, paras. 212-215.
45 *Ibid.*, para. 244.

석하면 인공섬이란 자연적으로 형성되지 않은 육지 지역이라고 볼 수 있다. 남중국해 중재사건에서 중재재판소는 해양 지형의 법적 지위의 판단은 중대한 인위적 변형이 시작되기 이전의 초기 자연적 조건을 근거로 결정되어야 하고, 인위적 변형이 있더라도 해저를 간조노출지로 변경하거나 간조노출지를 섬으로 변경시킬 수 없다고 판시한 바 있다.46

또한 과학기술의 발전으로 해상에서 대규모 시설이나 구조물을 설치하게 되면서 인공섬과 그와 비슷한 규모의 시설과 구조물을 명확히 구별하기 어려워지고 있다. 인공섬은 특정한 목적을 필요로 하지 않지만, 시설과 구조물은 특정한 목적을 위해서만 설치될 수 있다는 점을 고려하면, 적어도 인공섬과 시설 및 구조물의 두 가지 범주는 구별될 필요가 있다. 학계에서는 두 가지 범주를 구별하기 위한 기준으로 크기·영구성·건설방식 등을 제시하고 있다.47 남중국해 중재사건에서 중재재판소는 중국이 1995년부터 어민들의 피난처로 사용하기 위해 미스치프 리프에 건설한 시설은 해양법협약 제60조 제1항에 따른 경제적 목적의 시설 및 구조물에 해당한다고 결정하였다.48 더욱이 중국이 만조 시에 수면 아래에 잠기는 암초를 영구적으로 수면 위에 노출되는 섬으로 개선했더라도 이는 해양법협약 제60조 제1항의 인공섬에 해당된다고 판시하였다.49

---

46 *The Republic of Philippines v. The People's Republic of China*, Award on the Merits, 12 July 2016, paras. 305-306.

47 A. G. Oude Elferink, "Artificial islands, installations and structures", in Rudiger Wolfrum(ed.), *The Max Planck Encyclopedias of International Law* (Oxford University Press, 2013), para. 5.

48 *The Republic of Philippines v. The People's Republic of China*, Award on the Merits, 12 July 2016, para. 1036.

(2) 해양과학조사

연안국은 배타적 경제수역 내에서 해양과학조사에 관한 해양법협약의 관련 규정에 따라 관할권을 갖는다. 여기서 관련 규정은 해양법협약 제13부를 의미하고, 그중에서도 제246조가 관련된 대표 규정이다. 제246조 제1항은 연안국은 해양법협약의 관련 규정에 따라 자국의 배타적 경제수역과 대륙붕에서 해양과학조사를 규제·허가·수행할 관할권을 일반적으로 갖는다고 규정한다. 또한 제246조 제2항은 타국의 배타적 경제수역에서 해양과학조사를 하려면 그 연안국의 동의를 얻어야 한다고 명시하고 있다. 다만 제246조 제3항은 다른 국가가 오직 평화적인 목적이나 모든 인류에 유익한 해양환경에 대한 과학지식을 증진하기 위해 실시하는 순수한 해양과학조사에 대해서 연안국에게 동의해야 할 의무를 부과하고 있다.

한편 제246조 제5항은 연안국이 자국의 배타적 경제수역에서 다른 국가 또는 권한 있는 국제기구에 의한 해양과학조사 실시사업에 대해 동의를 거부할 수 있는 경우를 규정하고 있다. 연안국이 동의를 거부할 수 있는 경우로는 (1)생물 또는 무생물 천연자원의 탐사와 개발에 직접적인 영향을 미치는 경우, (2)대륙붕의 굴착, 폭발물의 사용 또는 해양환경에 해로운 물질의 반입을 수반하는 경우, (3)제60조와 제80조에 언급된 인공섬, 시설 및 구조물의 건조, 운용 또는 사용을 수반하는 경우, (4)제248조에 따라 조사사업의 성질과 목적에 관하여 전달된 정보가 부정확한 경우 또는 조사국이나 권한 있는 국제기구가 이전에 실시된 조사사업과 관련하여 연안국에 대한 의무를 이행하지 아니한 경우가 포함된다.

---

49 *Ibid*, para. 1037.

(3) 해양환경의 보호와 보전

해양법협약 제56조 제1항(b)는 관련 규정에 따라 연안국이 배타적 경제수역에서 해양환경의 보호와 보전에 대해 권리와 의무를 갖는다고 규정하고 있다. 여기서 협약의 관련 규정은 제12부 대부분 규정을 포함한다. 특히 연안국은 국가관할권하의 해저활동에 의한 오염(제208조, 제214조), 투기에 의한 오염(제210조, 제216조), 선박에 의한 오염(제211조, 제220조), 결빙해역에서 선박에 의한 오염(제234조)에 대해 입법관할권과 집행관할권을 행사할 수 있다. 또한 연안국은 일반적으로 수락된 국제규칙과 기준에 효력을 부여하기 위해 자국의 배타적 경제수역에서 선박의 오염 통제에 관한 입법관할권과 그에 관련된 집행관할권을 갖는다.

해양법협약의 배타적 경제수역 제도가 새롭게 도입되면서, 배타적 경제수역에서의 해양환경 보호와 보전에 관한 연안국의 관할권도 새롭게 인정되었다. 해양법협약 채택 이전에 연안국의 영해 밖은 공해였기 때문에, 해양환경과 관련된 연안국의 유일한 관할권은 1969년 유류오염 시 공해상 개입에 관한 협약에 따라 심각한 유류오염을 발생시킬 우려가 있거나 발생시키는 해상사고에 개입하는 권리뿐이었다. 그러나 해양법협약이 배타적 경제수역 제도를 도입하면서 제5부와 제12부에 따라 연안국은 해양환경의 보호와 보전을 위해 광범위하고 일반적인 관할권을 행사할 수 있게 되었다.

3) 연안국의 의무

연안국은 해양법협약 제56조 제2항에 따라 배타적 경제수역에서의 권리행사와 의무이행에 있어서 다른 국가의 권리와 의무를 적절히 고려할 의무와 이 협약의 규정에 따르는 방식으로 행동할 의무를 부담한다. 구체적으로 연안국은 인공섬, 시설 및 구조물에 관해 일정한 의무를 부담한다. 연안국은 인공섬, 시설 및 구조물의 건설을 적절히 공시하고, 이러한 것이 있다는 사실을 경고하기 위한 영구적 수단을 유지해야 한다. 나아가 연안국은 폐기되었거나 사용되지 않는 시설이나 구조물은 항행의 안전을 위해 제거해야 하고, 완전히 제거되지 않은 시설이나 구조물의 깊이·위치·규모를 공표할 의무를 부담한다. 연안국은 이러한 제거작업을 수행할 때 어로, 해양환경 보호, 다른 국가의 권리와 의무를 적절히 고려해야 한다. 한편, 연안국이 인공섬·시설물·구조물 주위에 안전수역을 설치하면 그 범위를 적절히 공시해야 한다. 또한 연안국은 승인된 국제항행에 필수적인 항로대 이용을 방해할 수 있는 곳에 안전수역을 설치해서는 안 된다.

　　배타적 경제수역의 생물자원에 대해 연안국은 허용어획량과 어획능력을 결정해야 하고, 잉여어획량이 있는 경우에는 자국의 배타적 경제수역에 다른 국가가 입어하도록 허용해야 할 의무를 부담한다. 연안국은 배타적 경제수역 내 생물자원의 보전과 관리에 관한 법령을 적절히 공시할 의무를 신다. 성세왕래어쪽, 고노회유성어쯩, 해양포유동물의 보존과 관리에 관해서 연안국은 필요한 조치에 관해 소지역기구, 지역기구 또는 적절한 국제기구와 협력할 의무를 부담하고, 적절한 조치에 관한 합의·보전·관리·연구를 위해 노력할 의무를 부담한다. 연안국은 자국의 배타적 경제수역에서 어업에 관한 법령을 위반한 타국 선박을 나포할 수 있지만, 적절한 보석금이나 보증금이 예치되면 선원과 선박을 즉시 석방해야 할 의무가 있다. 또 연안국은 자국의 어업법령을 위반한 사람에 대해 구금형이나 다른 형태의 체형을 부과하지 말아야 할 의무가 있다. 연안국이 외국 선박을 나포하거나 억류한 경우 적절한 경로를 통해 해당 선박에 대한 조치와 처벌에 관해 기국에게 신속히 통고해야 할 의무를 부담한다.

또한 연안국은 해양법협약 제5부와 제12부에 따라 배타적 경제수역 내에서 해양환경의 보호와 보전에 관해 일정한 의무를 부담한다. 이러한 의무에는 해양환경의 보호와 보전에 관한 일반적 의무(제192조), 해양환경에 실질적인 오염이나 중대하고 해로운 변화를 가져올 수 있는 활동을 허가하기 이전에 환경영향평가를 실시할 의무(제208조), 폐기물 투기, 그 관할권 하의 해저활동, 인공섬·시설물·구조물에 의한 오염을 통제하기 위해 국제규칙 및 기준과 동등한 효력을 갖는 법령을 채택하고 집행할 의무(제210조)가 포함된다.

2. 제3국의 권리와 의무

해양법협약은 연안국의 배타적 경제수역에서 모든 국가에게 인정되는 권리와 의무를 보장하기 위해 공해에 관한 규정을 준용하고 있다. 해양법협약에서 규정한 '모든 국가'란 연안국을 제외한 모든 국가를 의미하므로 연안국을 제외한 제3국이라고 할 수 있다. 제58조 제1항은 모든 국가가 제87조에 규정된 공해에서의 항행, 상공비행, 해저전선과 관선 부설의 자유를 향유하며, 그러한 자유와 관련되는 그 밖의 국제적으로 적법한 해양이용의 자유를 향유한다고 규정하고 있다. 제58조 제2항은 공해에서의 활동을 규율하고 있는 제88조부터 제115조까지의 규정과 관련 국제법규칙이 배타적 경제수역에 적용된다고 규정한다.

1) 항행

모든 국가의 선박은 연안국의 배타적 경제수역에서 항행의 자유를 향유한다. 다만 외국선박의 항행은 연안국의 해양오염 통제권에 따라야 하고, 연안국이 설치한 인공섬과 시설물의 존재에 의해 영향을 받을 수 있다. 연안국의 12해리 영해 밖에서 24해리까지의 해역은 연안국의 배타적 경제수역이면서 접속수역이기 때문에, 접속수역을 항행하는 외국선박은 관세, 재정, 출입국관리, 위생에 관한 법령 위반방지를 위해 필요한 연안국의 통제에 따라야 한다. 연안국이 접속수역에서 향유하는 통제권을 배타적 경제수역의 나머지 부분으로 확장하는 경향이 나타나고 있다. 접속수역의 통제권 확대 경향이 국제조약을 통해 시행되는 경우에는 논란이 거의 없다. 예를 들면, 유럽이사회는 마약 및 향정신성물질의 불법적 거래에 관한 유엔협약 제17조를 이행하기 위해 해상불법거래협약을 체결한 바 있다. 해상불법거래협약 제6조부터 제10조는 연안국이 자국의 배타적 경제수역 내에서 다른 협약당사국의 선박이 마약거래에 연루되어 있다고 의심되는 경우에 그 선박을 정선하고 임검하기 위한 허가를 기국에 요청할 수 있고, 적절한 경우에는 강제조치를 취할 수 있다고 규정하고 있다. 그러나 연안국이 배타적 경제수역 선제 해역에서 마약 등의 불법거래를 하는 것으로 의심되는 선박에 대해 집행관할권을 일방적으로 주장할 수 있는지는 의문이다.[50]

해양법협약은 연안국의 배타적 경제수역을 통과하는 외국 상선의 항행권을 적절히 보장하고 있다. 그러나 배타적 경제수역에서 군함

---

50 브라질과 자메이카는 1988년 마약 및 향정신성물질의 불법적 거래에 관한 유엔협약에 서명 또는 비준하면서 기국이 이 협약 제17조에서 다른 국가에게 그 배타적 경제수역 내에서 마약거래에 연루되어 있다고 의심되는 선박들 중 하나에 대해 정선 및 임검을 허가했다면 연안국의 동의가 필수적이라고 선언하였다. 유럽연합의 회원국들은 국제법에 반한다는 이유로 브라질의 선언에 반대했다.

의 항행과 활동이 어느 정도로 보장되는지는 명확하지 않다. 특히 군함이 무기를 사용하는 해상기동이나 훈련에 종사할 수 있는지가 문제된다. 해상기동과 무기 훈련이 항행과 '관련된 해양의 사용'이라는 점은 명확하지만, 그러한 군사활동이 '국제적으로 적법한 해양이용의 자유'에 해당하는지 또는 공해가 평화적인 목적을 위해 보전되어야 한다고 규정한 제88조와 양립 가능한지에 대해서는 논란이 계속되고 있다.

배타적 경제수역에서 제3국의 항행의 자유에는 여러 가지 제약이 존재한다. 첫째, 제3국은 연안국과 다른 국가의 권리를 '적절히 고려'하여 항행의 자유를 행사해야 한다. 둘째, 제3국 선박의 항행의 자유는 해양환경의 보호와 보전을 위한 연안국의 관할권에 따라 제한될 수 있다. 셋째, 인공섬, 시설 및 구조물의 존재는 제3국의 항행을 제한할 수 있다. 다만 승인된 국제항행에 필수적인 항로대에 그러한 인공섬이나 시설 및 구조물을 설치할 수 없다. 넷째, 연안국이 24해리 접속수역을 주장하고 있고 제3국의 선박이 해당 접속수역에서 항행을 하는 경우에는 접속수역에 대한 연안국의 통제권에 따라야 한다.

한편, 위험한 물질이나 대량의 석유를 운송하는 선박의 항행을 제한하는 연안국의 조치들이 나타나고 있다. 먼저 태평양 지역 연안국들은 핵연료를 운송하는 선박이나 재처리된 핵물질을 적재한 선박이 자국의 배타적 경제수역에 진입하는 것을 금지하는 조치를 취하였다.[51] 이러한 제한조치가 해양법협약상 보장된 항행의 자유를 침해한다는 주장에 대해, 태평양 소도서국가들은 위험한 물질을 운송하

---

51 Jon. M. Van Dyke, "Ocean transport of radioactive fuel and waste", in David D. Caron and Harry N. Scheiber (eds), *The Oceans in the Nuclear Age* (Martinus Nijhoff, 2014), pp. 145-167.

는 것은 해양법협약 제192조의 해양환경 보호의무와 제206조의 해양환경영향평가 의무에 위반되기 때문에 정당한 대응조치라는 입장을 취하고 있다.52 해양법협약이 위험한 물질을 운송하는 외국 선박의 항행을 제한할 수 있는 관할권을 연안국에게 명시적으로 부여한 것은 아니다. 해양법협약 제220조는 타국의 배타적 경제수역을 항행하는 선박이 중대한 해양환경 오염을 야기하거나 야기할 위험이 있는 실질적인 배출을 했을 경우에 연안국이 그 선박에 대해 물리적 조사나 억류와 같은 관할권을 행사할 수 있도록 규정하고 있지만, 그 선박의 항행을 금지할 수 있는 관할권까지 연안국에게 부여한 것은 아니다.

또한 대규모 유류오염 사고가 발생한 이후 연안국들은 배타적 경제수역에서 유조선의 항행을 제한하는 조치를 실시하고 있다. 2002년 프레스티지(Prestige)호의 유류오염 사고가 발생한 이후 프랑스·포르투갈·스페인은 15년 이상 경과한 단일 선체 유조선이 배타적 경제수역에서 중유를 운송하는 것을 금지하였으며, 모로코는 자국의 배타적 경제수역에 진입하려는 단일 선체 유조선에 대해 사전통고 의무를 부과하였다.53 이러한 조치 역시 항행의 자유에 대한 제한으로 해양법협약에 배치된다는 주장이 제기되었지만, 국제해사기구(IMO)는 선박으로부터의 오염방지를 위한 국제협약(MARPOL)을 개정함으로써 그러한 연안국의 조치에 법적 근거를 제공하였다.54 그러

---

52 Jon. M. Van Dyke, "The disappearing right to navigational freedom in the exclusive economic zone", *Marine Policy* Vol. 29 (2005), p. 121
53 Oceans and Law of the Sea: Report of the Secretary-General, UN Doc. A/58/65 (2003), 21.
54 M. Gavouneli, *Functional Jurisdiction in the Law of the Sea* (Martinus Nijhoff, 2007), p. 86.

나 유조선의 항행을 제한하는 연안국의 모든 조치가 정당화될 수 있는 것은 아니고, 일괄적으로 유조선의 항행을 금지하는 일부 연안국의 조치는 해양법협약상 보장된 항행의 자유에 대한 침해행위가 될 수도 있다.

배타적 경제수역에서 위험한 물질이나 대량의 석유를 운송하는 선박의 항행을 제한하는 조치의 합법성 문제는 모든 사안에 적용되는 일괄적인 해답을 찾기는 어렵다고 생각된다. 배타적 경제수역에 대한 연안국의 관할권 범위가 불명확하고 해양환경의 보호를 강화하는 방향으로 국제법이 발전하고 있음을 고려할 때 해양법협약 제59조에 규정된 원칙에 따라 당사자의 이익과 국제사회 전체의 이익의 중요성을 각각 고려하면서 형평에 입각하여 모든 관련 상황에 비추어 해결할 필요가 있다고 생각된다.

2) 상공비행

모든 국가는 배타적 경제수역에서 상공비행의 자유와 이에 관련되는 것으로서 해양법협약의 다른 규정과 양립하는 그 밖의 국제적으로 적법한 해양이용의 자유를 향유한다. 상공비행의 자유는 항공기가 배타적 경제수역을 단순 통과하는 경우와 항공기의 공중급유처럼 적법한 이용 활동을 포함한다. 항행의 자유에 대한 두 가지 제한은 상공비행의 자유에도 적용된다. 상공비행의 자유와 관련하여 해양법협약 제88조부터 제115조에 규정된 공해상 항행의 자유에 관한 규정이 상공비행의 자유에도 적용된다. 다만 선박의 항행을 상정하고 있는 규정 중 항공기에 적용되는 규정은 많지 않다.

항공기의 상공비행의 자유에도 일정한 제약이 존재한다. 모든 국가는 상공비행의 자유를 행사할 때 다른 국가의 이익을 적절히 고려해야 한다. 또한 연안국이 인공섬, 시설과 구조물을 건설하면 그러한 물체 주변에서의 상공비행이 사실상 방해를 받거나 차단될 수 있다. 실제로 발생할 가능성은 낮지만 항공기가 상공에서 폐기물을 투기하는 경우 그러한 활동을 규율하는 연안국의 권한에 따라야 할 의무가 있다.55

또한 항공기가 배타적 경제수역의 상공비행을 할 때 어떠한 항공규칙을 준수해야 하는지가 문제될 수 있다. 1944년 국제민간항공협약에 따르면 공해상의 항공기는 국제민간항공기구가 규정한 항공규칙을 준수해야 하고(제12조), 영토와 영해 상공의 항공기는 국제민간항공기구의 규칙과 달리 규정할 수 있는 영토국의 법령을 준수해야 한다(제38조). 따라서 상공비행과 관련하여 배타적 경제수역을 영해로 간주할지 아니면 공해로 간주할지에 따라 적용법규가 달라질 수 있다. 해양법협약은 이에 관해 직접 규율하지 않고 있지만, 1944년 국제민간항공협약 제12조는 해양법협약 제58조 제2항에 의하여 배타적 경제수역에 적용되는 '관련 국제법규칙'의 하나라고 해석할 수 있다. 해양법협약 제39조 제3항과 제54조는 해협에서의 통과통항권 또는 군도수역에서의 군도항로대 통항권을 행사하는 항공기는 국제민간항공협약 규칙을 준수해야 한다고 규정하고 있다. 즉 배타적 경제수역의 내륙으로 통과통항권을 행사하는 항공기는 국제민간항공기구의 규칙을 준수해야 한다. 이는 국제민간항공기구의 규칙이 배타적 경제수역에서도 적용된다는 점을 나타낸다.56

---

55 Churchill et als., *supra* note 4, pp. 283-284.
56 ICAO, "United Nations Convention on the Law of the Sea - Implications, if any, for the Application of the Chicago Convention, its Annexes and other International Air Law Instruments", Doc. No. LC/26 - WP/5-1 of 4 February 1987,

3) 해저전선과 관선의 부설

모든 국가는 해양법협약 제58조 제1항에 따라 배타적 경제수역에서 해저전선·관선 부설의 자유와 그러한 자유에 관련되는 것으로서 해양법협약의 다른 규정과 양립하는 그 밖의 국제적으로 적법한 해양이용의 자유를 향유한다. 배타적 경제수역에서 해저전선과 관선의 유지와 수리 역시 적법한 해양이용의 자유에 해당된다. 해양법협약은 배타적 경제수역에서의 해저전선과 관선에 관한 권리를 모든 국가에게 보장하고 있다. 모든 국가는 이러한 자유를 행사할 때 다른 국가의 권리와 의무를 적절히 고려해야 하고, 해양법협약 제88조부터 제115조에 규정된 제한이 동일하게 적용된다.[57] 특히 해양법협약 제112조부터 제115조에서 다루고 있는 해저전선·관선의 파괴 또는 파손의 문제는 해저전선·관선에 관한 제3국의 권리 및 의무와 관련이 있다.

배타적 경제수역의 해저와 하층토에 대해서는 대륙붕 제도를 규정한 해양법협약 제6부가 적용되고, 대륙붕에서의 해저전선과 관선의 부설을 규정하고 있는 제79조는 배타적 경제수역의 해저와 하층토에도 준용된다. 모든 국가는 제79조 제1항에 따라 대륙붕에서 해저전선과 관선을 부설할 권한이 있다. 제79조 제2항은 연안국이 자국 대륙붕과 배타적 경제수역의 탐사와 천연자원 개발, 관선에 의한 오염의 방지, 경감 및 통제를 위한 합리적 조치를 할 권리를 갖지만, 다른 국가의 해저전선과 관선 부설을 방해할 수 없다고 규정하고 있다. 이 규정은 연안국이 관선에 대해서만 합리적 조치를 할 수 있다고 규정하면서, 해저전선과 관선을 구별하고 있다. 이는 연안국이

---

para. 11.12.
57 Douglas R. Burnett, Robert Beckman, and Tara M. Davenport, *Submarine Cables: The Handbook of Law and Policy* (Brill, 2014), pp. 77-80.

오염의 방지, 경감 및 통제를 위한 합리적 조치를 관선의 부설·유지·수리에 대해서만 할 수 있을 뿐이고, 전선에 대해서는 그러한 조치를 할 수 없다는 의미로 해석할 수 있다.[58]

해양법협약 제79조 제3항은 대륙붕에서 관선 부설경로의 설정은 연안국의 동의를 받아야 한다고 규정하고 있으나, 해저전선에 대한 연안국의 동의는 언급하지 않고 있다. 따라서 해저전선의 경로설정은 연안국의 동의 대상이 아니라고 해석할 수 있다. 다만, 제79조 제4항은 해저전선이나 관선에 대해 조건을 부과할 연안국의 권리와 일정한 관할권을 보장하고 있다. 이에 따르면 해양법협약 제6부(대륙붕 제도)는 자국 영토나 영해를 거쳐 가는 해저전선이나 관선에 대한 조건을 설정할 연안국의 권리와 대륙붕의 탐사나 그 자원의 개발 또는 자국 관할권 아래에 있는 인공섬, 시설 및 구조물의 운용과 관련하여 부설하거나 사용하는 전선과 관선에 대한 연안국의 관할권에 영향을 주지 않는다. 이 규정은 영토와 영해에 대한 연안국의 주권과 관련이 있다. 연안국은 영해에 대해서는 주권을 행사하지만, 영해 밖의 대륙붕에 대해서는 주권적 권리만을 행사할 수 있다. 따라서 연안국이 자국의 대륙붕과 영해의 해저에 있는 해저전선의 부설 또는 수리에 대해 추가 조건을 부과하는 경우, 이 조건은 영해 내에 위치한 해저전선에만 적용된다.[59]

4) 불법·비보고·비규제 어업에 관한 기국의 의무

해양법협약은 불법·비보고·비규제 어업(IUU어업)에 대해 명시적인

---

58 *Ibid.*, pp. 81-82.
59 *Ibid.*, p. 83.

규정을 두고 있지는 않다. 다만 해양법협약과 관습국제법상 인정되고 있는 연안국의 권한을 고려할 때 연안국은 배타적 경제수역 내에서 자국과 외국 선박의 IUU어업에 대해 관할권을 행사할 수 있다.60 이에 반해 자국 선박이 IUU어업에 종사하는 경우에 해당 선박의 기국이 어떠한 책임을 부담하는지가 논란이 되어 왔다. 소지역수산위원회 Sub-Regional Fisheries Commission 는 IUU어업에 관한 기국의 의무와 책임에 관해 권고적 의견을 국제해양재판소 ITLOS 에 요청하였고, ITLOS는 2015년 4월에 권고적 의견을 선고하였다.61 ITLOS는 해양법협약 제62조 4항에 따라 조업활동을 하는 기국의 국민은 연안국 법령을 준수해야 할 의무가 있으며, 기국은 제58조 3항의 '적절한 고려의무 due regard'에 따라 연안국의 배타적 경제수역에서 연안국의 생물자원 개발·탐사·보존·관리 권한을 존중해야 할 의무를 부담한다고 판단하였다.62 ITLOS는 이러한 기국의 의무가 자국기를 게양한 선박이 다른 연안국의 배타적 경제수역에서 IUU어업에 종사하는 것을 방지하는 결과까지 달성해야 하는 것은 아니라고 보았다. ITLOS는 기국이 자국 선박에게 IUU어업의 예방과 방지를 위한 요구를 준수하고, IUU어업에 종사하지 않도록 보장하기 위해 필요한 모든 조치를 해야 할 상당한 주의의무를 부담한다고 판시하였다.63 나아가 ITLOS는 기국이 상당한 주의를 다하여 자국 선박이 IUU어업에 종사하는 것을 예방하는 조치를 취했다면 책임을 부담하지 않지만, 자국

---

60 김현정, "국제법상 불법·비보고·비규제 어업(IUU 어업)에 관한 기국의 의무와 책임", 『서울국제법연구』, 제22권 제1호(2015), pp. 66-67.
61 *Request for an Advisory Opinion submitted by the Sub-Regional Fisheries Commissions (SRFC)*, Advisory Opinion of 2 April 2015, ITLOS Report 2015.
62 *Ibid.*, paras. 121-127.
63 *Ibid.*, para. 129.

의 선박이 연안국의 배타적 경제수역에서 IUU어업활동을 하지 않도록 보장하기 위해 모든 필요하고 적절한 조치를 실시하지 않은 경우에는 상당한 주의의무 위반에 따른 국가책임을 부담한다고 판시하였다.[64]

3. 연안국과 제3국에 부여되지 않은 권리

해양과학기술의 발전으로 해양법협약이 상정하지 못했던 해양활동의 유형이 증가하면서 연안국이나 제3국의 권리로 규정되지 않은 해양활동이 등장하고 있다. 잠수함을 위한 해저탐지장비의 설치, 접속수역 밖의 역사적 난파선의 발견, 순수한 과학조사를 위해 사용되는 부이, 해양데이터 수집시스템의 운영, 선박 간 유류 환적 등이 그러한 사례이다. 새롭게 등장하는 해양활동에 관한 권리와 관할권 마찰을 해결하는 일반적인 원칙은 해양법협약 제59조에 규정되어 있다. 제59조는 "이 협약에 의하여 배타적 경제수역에서의 권리나 관할권이 연안국이나 다른 국가에 귀속되지 아니하고 또한 연안국과 다른 국가 간 이해관계를 둘러싼 마찰이 발생한 경우, 그 마찰은 당사자의 이익과 국제사회 전체의 이익의 중요성을 각각 고려하면서 형평에 입각하여 모든 관련 상황에 비추어 해결한다"고 규정하고 있다. 제59조가 명시하고 있는 바와 같이 귀속이 분명하지 않은 권리나 관할권이 있다면 연안국이나 다른 국가 중 일방에게 유리하게 추정되지는 않는다. 그러한 마찰이 발생할 경우에는 제59조에 규정된 형평, 당사국의 이익, 국제사회 전체의 이익 등을 종합적으로 고려하여 사안별

---

[64] *Ibid.*, paras. 146-148.

로 해결해야 할 것이다.

한편, 배타적 경제수역에서의 불명확한 권리와 관할권 귀속을 해결하기 위해 다자조약을 체결하는 것도 하나의 방안이 될 수 있다. 예를 들면 수중문화유산 보호에 관한 협약은 연안국의 배타적 경제수역이나 대륙붕에 수중문화유산이 있는 경우 연안국에 일정한 관할권과 의무를 부과하고 있다.65 이 협약 제3조는 수중문화유산협약이 해양법협약에 따른 국가의 권리·관할권·의무에 영향을 미치지 아니하며, 해양법협약과 일관되게 해석 및 적용되어야 한다고 규정하고 있다. 또한 제10조는 연안국의 배타적 경제수역 또는 대륙붕에 수중문화유산이 위치하는 경우에 그 문화재를 대상으로 하는 행위를 금지하거나 허가할 관할권을 연안국에게 부과하고, 그 유산에 대해 이해관계를 선언한 다른 국가가 있는 경우에는 연안국이 조정국 Coordinating State 으로서 협의를 조정하는 등 일정한 의무를 부담하도록 규정하고 있다. 수중문화유산협약 성안 과정에서 제10조가 해양법협약의 배타적 경제수역 제도와 부합하지 않는다는 이유로 반대하는 국가들이 있었지만, 긴 협상 끝에 반대했던 국가들 일부를 포함하여 약 60개국 이상이 이 협약을 비준하고 당사국이 되었다.66

수중문화유산협약은 제3조에도 불구하고 연안국이 조정국의 역할을 할 때 해양법협약에서 인정하지 않은 권리, 즉 수중문화유산협약의 다른 당사국에 대한 배타적 경제수역에서의 권리를 연안국에게

---

65 Convention on the Protection of the Underwater Cultural Heritage.
66 T. Scovazzi, "Protection of underwater cultural heritage: the UNCLOS and 2001 UNESCO Convention", in M. Fitzmaurice and N. Martinez Gutierrez (eds), *The IMLI Manual on International Maritime Law, Vol. I* (Oxford: Oxford University Press, 2014), pp. 453-460.

부여한다. 다만 해양법협약 제303조 제3항은 "이 조의 어떠한 규정도 확인가능한 소유주의 권리, 해난구조법 또는 그 밖의 해사규칙, 또는 문화교류에 관한 법률과 관행에 영향을 미치지 않는다"고 규정하고, 제4항도 "이 조는 고고학적·역사적 유물의 보호에 관한 그 밖의 국제협정과 국제법규칙을 침해하지 아니한다"고 규정하고 있다. 따라서 수중문화유산협약 제10조가 연안국에 일정한 권리를 부여하는 것은 해양법협약 제303조 제3항과 제4항에 따라 정당화될 수 있다. 이는 해양법협약이 귀속을 명확하게 규정하지 않은 수중문화유산에 관한 권리를 수중문화유산협약이라는 다자조약에 따라 당사국들 사이에서 그 귀속을 결정한 사례라고 할 수 있다.

IV. 주요 쟁점 검토 및 평가

1. 배타적 경제수역에서의 급유활동에 대한 연안국의 관할권

연안국이 자국의 배타적 경제수역에서 이루어지는 제3국 선박의 급유활동(bunkering)에 대해 관할권을 행사할 수 있는지가 문제되어 왔다. 연안국의 배타적 경제수역에서 제3국의 선박이 다른 선박에 연료를 공급하게 되면 선박이 연료 보충을 위해 연안국에 기항할 필요가 없어짐에 따라 남획을 조장하거나 연안국의 잠재적인 조세수익 기회가 상실된다는 문제가 제기되어 왔다.

ITLOS는 세이가(Saiga)호 사건(No. 2)에서 배타적 경제수역에서 이루어진 제3국 선박의 급유활동에 대해 판단할 기회가 있었지만, 이 문제에 대한 직접적인 판단을 피하였다. 이 사건에서는 기니의 배타적 경제수역에서 세인트빈센트 국적 선박이 타국 선박에 대해 급유활동을 하였고, 연안국인 기니가 해당 급유활동에 대해 관할권을 행사할 수 있는지가 다투어졌다. 기니와 세인트빈센트는 연안국의 배타적 경제수역에서 급유활동을 하는 제3국의 행위가 항행의 자유에 해당되는지를 다투었다. 그러나 ITLOS는 이 사건에서 세인트빈센트의 선박을 나포하고 억류하여 선장을 형사소추하고 화물을 몰수한 기니의 행위가 해양법협약에 위반되는지를 판단하면 되기 때문에 배타적 경제수역에서의 급유활동에 대한 연안국과 제3국의 관할권 문제를 다룰 필요는 없다고 하면서 직접적인 판단을 피하였다.[67]

이후 버지니아 G M/V Virginia G호 사건에 대한 2014년 판결에서 ITLOS는 급유활동에 대한 연안국의 관할권을 명시적으로 판단하였다. 이 사건에서는 연안국인 기니비사우가 자국의 배타적 경제수역에서 조업하고 있는 외국선박에 연료를 판매한 파나마의 선박을 나포, 억류하고 화물을 몰수한 조치의 합법성이 다투어졌다.[68] 파나마 국기를 게양하고 항해 중이던 유조선 버지니아 G호는 기니비사우의 배타적 경제수역 내에서 조업 중인 외국 선박들에게 급유활동을 한 혐의로 기니비사우 당국에 의해 나포되었다. 기니비사우는 해당 선박을 억류하고 적재되어 있던 경유를 몰수하였다. 이 사건에서 ITLOS는 기니비사우가 자국의 배타적 경제수역에서 생물자원의 탐사, 이용, 보전 및 관리에 관한 주권적 권리를 행사함에 있어 제3국 선박의 급유활동에 대해 관할권을 행사할 수 있는지 여부를 핵심 쟁점으로 다루었다.

---

[67] M/V "Saiga" (No. 2) (St Vincent and the Grenadines v. Guinea), Judgment, ITLOS Reports 1999, para. 138.
[68] M/V "Virginia G" Case (Panama/Guinea-Bissau), Judgment, ITLOS Reports 2014.

ITLOS는 해양법협약 제56조에 규정된 주권적 권리는 필요한 법집행조치를 취할 권리를 포함하여 천연자원의 탐사, 이용, 보전 및 관리를 위해 필요하고 관련된 모든 권리를 포함한다고 판시하였다.69 또한 ITLOS는 제56조 제1항과 제62조 제4항에 따라 연안국은 외국 어선이 자국의 배타적 경제수역에 접근하기 위한 조건을 규정하는 법령을 채택할 권한이 있으며, 그러한 법령은 해양법협약에 부합해야 하고 제62조 제4항에 규정된 사항들과 관련될 수 있다고 보았다. 제62조 제4항에 규정된 조업허가, 어획가능한 어종과 어획할 당량의 결정 등과 같은 사항은 연안국의 관리management에 해당되는 것이고, 이는 열거규정이 아니라 예시규정이라고 보았다.70 한편 ITLOS는 제62조 제4항의 행위목록을 볼 때 연안국이 규율할 수 있는 모든 행위는 어업과 직접적인 연관성을 가져야 한다고 지적하였다. ITLOS는 배타적 경제수역에서 조업하는 외국 선박에 대한 급유활동은 방해 없이 어업활동을 계속할 수 있게 해주므로 어업과 직접적인 연관성이 있다고 판시하였다.71

나아가 ITLOS는 연안국이 배타적 경제수역에서 외국 선박의 급유를 규율할 수 있는 권한의 범위는 어디까지인지 그리고 급유활동이 어느 정도로 협약 제58조 항행의 자유와 기타 적법한 해양의 이용에 포섭되는지도 판단했다. ITLOS는 협약 제58조가 항행과 상공비행 등에 관한 제3국의 권리를 보장하고 있더라도, 연안국이 배타적 경제수역에서 실시된 외국 선박의 급유활동을 규제할 수 있다고 보았다. 배타적 경제수역에서 어업활동을 하는 외국 선박을 위한 급유

---

69 *Ibid.*, para. 211.
70 *Ibid.*, para. 213.
71 *Ibid.*, para. 215.

활동에 대한 연안국의 관할권은 천연자원의 탐사·이용·보전 및 개발을 위한 연안국의 주권적 권리에서 유래한다고 판시하였다. 나아가 ITLOS는 연안국이 어선을 위한 급유활동에 대해 관할권을 행사할 수 있지만, 해양법협약에 따라 달리 결정되지 않는 한 어선 이외의 선박을 위한 급유활동에 대해서는 그러한 관할권이 없다는 점을 강조하였다.72

이와 같은 급유활동에 대한 ITLOS의 판단은 이후 노스타M/V Norstar호 사건과 산 파드레 피오M/T San Padre Pio호 사건에서도 재확인되었다. 노스타호 사건에서는 파나마 국적의 유조선이 이탈리아에서 구입한 면세유를 공해에서 이탈리아 영해로 진입하는 선박들에게 급유한 것이 문제가 되었다.73 ITLOS는 버지니아 G호 사건 판결을 인용하면서 연안국은 자국 배타적 경제수역에서 어업에 종사하는 외국선박을 위한 급유활동에 대해서만 관할권을 행사할 수 있을 뿐, 어선이 아닌 다른 선박에 대한 급유활동에 대해서는 관할권을 갖지 않는다고 판시하였다. ITLOS는 공해에서의 급유활동은 항행의 자유에 포함된다는 점을 다시 확인하였다.74 산 파드레 피오호 사건의 잠정조치 명령에서도 ITLOS는 나이지리아의 배타적 경제수역에서 이루어진 스위스 국적 선박의 급유활동에 대해서는 기국인 스위스가 배타

---

72 ***Ibid.***, paras. 222-223.
73 이탈리아는 당시 스페인의 항구에 정박하고 있던 노스타호를 나포하기 위해 스페인 당국에게 사법공조를 요청하였고, 스페인 당국이 해당 선박을 나포함에 따라 이에 관한 사법절차가 이탈리아 국내법원에서 진행되었다. 결국 이탈리아 법원은 공해상의 급유활동이 이탈리아 국내법상 범죄가 아니라는 이유로 노스타호를 선주에게 반환할 것을 결정하였다. 파나마는 이러한 이탈리아의 나포 명령과 사법공조 요청이 파나마와 선박의 항행의 자유와 그에 관련되는 국제적으로 적법한 해양이용의 자유를 침해하였다고 주장하면서 이탈리아를 상대로 제소하였다.
74 *M/V "Norstar" (Panama v. Italy), Judgment, ITLOS Reports 2019*, paras 219-220.

적 관할권을 갖는다는 주장이 개연성plausibility이 있다고 판단하였다.75 다만 ITLOS의 잠정조치 명령이 내려진 이후 2021년 5월 나이지리아와 스위스가 이 사건의 소송 취하에 합의함에 따라 본안 판결에서 급유활동의 합법성을 다룰 기회는 없어졌다.76

이상과 같은 ITLOS의 판결례에 따르면, 연안국의 배타적 경제수역에서 이루어지는 급유활동이 어선에 대해서 실시되는 경우에는 연안국이 관할권을 행사할 수 있지만, 어선 이외의 선박에 대한 급유활동은 원칙적으로 공해의 자유에 해당되어 연안국이 관할권을 행사할 수 없다. 다만 ITLOS의 판결 이유를 유추하면, 연안국이 배타적 경제수역에서 관할권을 행사할 수 있는 해양환경을 오염시키는 활동과 관련하여 급유활동을 한다면 연안국이 관할권을 행사할 수 있는 가능성은 남아 있다고 볼 수 있다.

2. 수로측량의 법적 성격과 연안국의 관할권

앞에서 살펴본 바와 같이 해양법협약 제58조는 배타적 경제수역에서 모든 국가에 일정한 활동의 자유를 인정하고 있다. 모든 국가는 배타적 경제수역에서 항행, 상공비행, 해저전선과 관선 부설을 위한 자유를 향유하고, 그러한 자유와 관련하여 국제적으로 적법한 해양이용의 자유를 향유한다. 해양법협약은 항행, 상공비행, 해저전선과 관설 부설에 관한 자유에 관해서는 구체적인 규정을 두고 있지만, 수로측량hydrographic surveying이 적법한 해양이용에 해당되는지에 관한 명시

---

75 *M/T "San Padre Pio" Case (Switzerland v. Nigeria), Provisional Measures, Order, (2019)*, paras 107-108.
76 ITLOS, Press Release, 29 December 2021.

적 규정은 없다. 즉, 수로측량이 배타적 경제수역에서 항행과 관련하여 모든 국가가 향유하는 자유인지, 아니면 해양과학조사의 한 형태로서 연안국의 관할권에 속하는지가 문제될 수 있다.77

해양법협약은 수로측량의 개념을 정의하지 않았고, 해양법협약에서 수로측량은 무해통항에 관한 제19조 제2항(j)와 통과통항에 관한 제40조에 등장한다. 해양법협약에 따르면, 수로측량이란 "해저와 연안대, 대륙과 그 지리적 관계, 해양의 특성과 역학의 정확한 성격과 형상을 기술하기 위해 필요한 한계parameters를 측정하고 묘사하는 과학"으로 정의되어 있다.78 수로측량의 최종 결과물이 해도이므로, 수로측량은 항해도 작성과 항행의 안전을 위한 정보 취득을 위해 수행되는 것이라고 볼 수 있다.79

이를 종합적으로 본다면 수로측량과 항행 사이에 직접적인 관련성을 부인하기는 어렵다. 만약 수로측량의 목적이 해상안전을 제고하기 위한 것이고, 배타적 경제수역에 있는 천연자원의 잠재적 매장 가능성을 탐사하기 위한 것이 아니라면, 수로측량은 해양법협약 제58조 제1항에 규정된 국제적으로 적법한 해양이용의 자유라고 볼 수 있을 것이다. 다만 15개 이상의 연안국들이 수로측량 활동에 대해 사전동의를 요구하고 있기 때문에 수로측량을 적법한 해양이용으로 인정하는 국가실행이 확립되었다고 보기는 어렵다. 나아가 해양과학

---

77 신창훈, "배타적경제수역(EEZ)에서의 수로측량과 해양과학조사의 법적 의의에 대한 재조명", 『서울국제법연구』, 제12권 제2호(2005), pp. 49-55.
78 UN DOALOS, *Baselines: An Examination of the Relevant Provisions of the United Nations on the Law of the Sea* (1989), p. 56.
79 J. Ashley Roach, "Marine Date Collection: Methods and the Law", Myron H. Nordquiest et als(eds.), *Freedom of Seas, Passage Rights and the 1982 Law of the Sea Convention* (Brill, 2009), p. 175.

기술의 발전에 따라 수로측량과 해양과학조사의 구별이 어려워지고 있는 상황의 변화 또한 국가실행의 발전에 영향을 줄 것으로 전망된다.

3. 배타적 경제수역에서의 군사활동

해양법협약 성안 당시에 연안국의 배타적 경제수역 내에서 다른 국가의 군사활동이 가능한지 논의되었으나 이에 관한 합의가 도출되지 못하였고, 해양법협약은 배타적 경제수역에서의 군사활동에 관한 명시적 규정을 두고 있지 않다.[80] 군함이 다른 국가의 배타적 경제수역을 단순히 통항하는 것은 항행의 자유에 포함되지만, 무기를 사용하지 않는 해군기동, 군사적 목적을 위한 군사측량, 무기를 사용하는 군사훈련이 연안국의 동의 없이 허용되는 것인지는 명확하지 않다. 이와 관련하여 국가들은 자국의 국익에 부합하는 국가실행을 취하고 있으며, 학자들 사이에서도 계속 논란이 되고 있다.[81]

첫째, 무기를 사용하지 않는 해군기동naval manoeuvres은 원칙적으로 해양법협약 제58조 제1항의 항행의 자유에 해당된다고 볼 수 있다. 다만 군함이 항행을 하면서 항공기에 재급유를 하거나 항공기를

---

[80] 고은수, "배타적 경제수역 내 해양과학조사를 둘러싼 국제법적 문제에 관한 연구", 『국제법평론』, 통권 제46호 (2017), pp. 3-8.

[81] 김영원, "배타적경제수역(EEZ)에서의 군사활동에 관한 국제법적 검토: 동아시아에서의 미중 간 갈등과 우리나라에 대한 함의", 『JPI정책포럼』, Vol. 16 (2017); Jon M. Van Dyke, "Military ships and planes operating in the exclusive economic zone of another country", *Marine Policy* Vol. 28 (2004), pp. 29-39; R. Xiaofeng and C. Xizhong, "A Chinese perspective", *Marine Policy* Vol. 29 (2005), pp. 139-146; W. Heintschel von Heinegg, "Military activities in the exclusive economic zone", *Revue Belge de Droit International* Vol. 47 (2014), pp. 45-64.

발진시키는 경우에는 직간접적으로 무력충돌에 관여하게 되므로 단순한 항행이라고 보기는 어렵다. 해군기동이 항행의 자유에 해당되는 경우에도 군함의 기국은 연안국의 권리와 다른 국가의 권리를 적절히 고려해야 할 의무를 부담한다.

둘째, 다른 국가의 배타적 경제수역에서 실시하는 군사측량military survey, 즉 군사정보 또는 군사적 목적을 위한 데이터를 수집하는 활동도 항행의 자유의 범위에 포함되는지에 대해서는 견해가 대립되고 있다. 해양강국은 군사측량과 수로측량이 해양과학조사와 달리 공해의 자유에 해당되며, 타국의 배타적 경제수역에서 그러한 측량활동을 하더라도 연안국의 동의가 필요하지 않다고 주장하고 있다.82 반면에 개발도상국은 측량선 위치선정의 정확성을 제고하는 해양과학기술 발전으로 인해 군사측량과 해양과학조사 활동의 구별이 현실적으로 어렵게 되었고, 외국군함의 활동을 군사측량인지 해양과학조사인지 구별하여 법집행을 하려면 연안국에게 과도한 비용이 요구되기 때문에 군사측량에 대해서도 연안국의 동의가 필요하다고 주장한다.83

셋째, 무기를 사용하는 군사훈련이 국제적으로 적법한 해양이용에 해당되는지를 둘러싸고 개발도상국과 해양선진국 간에 법적 의견과 국가실행이 나누어지고 있다. 대체로 연안국의 입장에 있는 개발도상국은 해양법협약 제58조 제2항과 제88조에 따라 공해와 배타적

---

82 Department of the Navy, *The Commander's Handbook on the Law of Naval War Operations* (1995), Section 2.4.2.2. Hydrographic Surveys and Military Surveys.
83 S. Bateman, "Hydrographic and Military Surveys in the Exclusive Economic Zone: The Path towards prospective guidelines", Paper for 4th Biennial ABLOS Scientific Conference, International Hydrographic Bureau (2005).

경제수역은 평화적 목적을 위해 보존되어야 하므로 배타적 경제수역에서 외국 군함의 군사활동은 금지된다고 주장한다.[84] 방글라데시·브라질·인도·태국 등 9개 개발도상국들은 해양법협약을 비준할 때 배타적 경제수역에서 연안국의 동의 없는 군사활동이나 해군기동을 허용하지 않겠다고 선언하였다.[85] 이에 반해 해양강국은 배타적 경제수역에서 무기를 사용한 군사훈련이 유엔 헌장에서 금지된 무력의 위협이나 행사에 해당하지 않고, 해양법협약의 관련 규정에 따라 연안국과 다른 국가의 권리를 적절히 고려한다면 국제적으로 적법한 해양이용에 해당된다고 주장한다.[86] 독일·이탈리아·네덜란드·영국은 해양법협약을 비준할 때 배타적 경제수역에서의 해군기동이나 무기 훈련은 연안국에 대한 통지나 연안국의 허가가 필요하지 않다고 선언한 바 있다.[87]

러시아는 1980년대 후반부터 1990년대 초반에 인접 국가들과 영해 이원 해역의 해양사고 방지를 위한 양자조약을 체결했다.[88] 이때

---

84 Zhiguo Gao, "China and the Law of the Sea", Myron H. Nordquist et als. (eds), ***Freedom of Seas, Passage Rights and the 1982 Law of the Sea Convention*** (Martinus Nijhoff Publishers, 2009), p. 289.
85 United Nations Treaty Collection, Status of Treaties, Chapter XXI Law of the Sea 참조. https://treaties.un.org/Pages/ViewDetailsIII.aspx?src=TREATY&mtdsg_no=XXI-6&chapter=21&Temp=mtdsg3&clang=_en (최종 방문일: 2024.05.30).
86 Raul Pedrozo, "Agora: Military Activities in the EEZ, Preserving Navigational Rights and Freedoms: The Right to Conduct Military Activities in China's Exclusive Economic Zone", ***Chinese Journal of International Law***, Vol. 9(2010), p. 25.
87 United Nations Treaty Collection, Status of Treaties, Chapter XXI Law of the Sea, ***supra*** note 85.
88 United Kingdom-USSR Agreement concerning the Prevention of Incidents at Sea beyond the Territorial Sea (1986); Federal Republic of Germany-USSR Agreement concerning the prevention of incidents at sea beyond the territorial sea (1988); USSR-France Agreement concerning the prevention of incidents at sea outside the

체결된 양자조약은 원칙적으로 다른 국가의 배타적 경제수역에서 해군기동이나 무기훈련을 수행할 권리가 있다는 것을 상정하였지만, 국제적으로 승인된 통항분리방식이 있는 경우 통항 혼잡해역을 통과하는 해군기동과 다른 당사국의 선박이나 항공기에 대한 무기 조준을 수반하는 모의 공격을 금지하였다. 러시아와 관련 국가의 실행이 배타적 경제수역에서 외국 군함의 군사활동을 인정하는 사례가 되기는 어렵고, 오히려 국가실행에 이견이 존재함을 확인할 수 있다.

2001년 3월 미국 해군조사선 바우디치Bowditch호가 중국의 배타적 경제수역에서 군사측량 활동을 하자 중국이 해당 군함의 퇴거를 요구한 사건이 발생하였다.89 2009년 3월에는 미국 해군조사선 임페커블Impeccable호가 중국의 하이난 섬으로부터 약 75해리 지점에서 군사측량을 실시하자 중국의 해군과 정부 선박들이 미국 조사선에 근접하여 충돌한 사건이 발생하였다.90 이후에도 미국의 군함과 조사선이 중국의 배타적 경제수역 내에서 군사정보의 수집, 조사 및 군사훈련을 지속함에 따라 크고 작은 충돌이 계속되고 있다. 중국은 자국 내 배타적 경제수역에서 실시되는 미국의 군사활동은 연안국의 동의가 필요하다고 주장하는 반면, 미국은 배타적 경제수역에서의 군사활동은 항행의 자유에 속한다는 입장을 반복적으로 표명하면서 이를 둘러싼 대립이 계속 이어지고 있다.

결국 무기를 사용하지 않는 해군기동을 제외한 군사측량이나 군

---

territorial waters (1989); USSR-Canada Agreement concerning the prevention of incidents at sea beyond the territorial waters (1989).
89 박영길, "배타적 경제수역 내 외국의 군사활동", 『대한민국의 해양법 실행 2: 해양법 주요 이슈의 현황과 과제』 (일조각, 2022).
90 Raul Pedrozo, "Close Encounters at Sea: The USNS Impeccable Incident", **Naval War College Review**, Vol. 62 No. 3 (2009), p. 100.

사훈련이 타국의 배타적 경제수역에서 합법적으로 실시될 수 있는지에 대해서는 연안국과 해양강국의 입장이 평행선을 달리고 있다. 상당한 정도의 해군력을 갖추고 타국의 배타적 경제수역에서 그러한 활동을 할 수 있는 소수의 국가들이 군사측량이나 군사훈련에 관한 국가실행을 축적하고 있는 반면에, 연안국들은 그러한 국가실행에 반대하는 입장을 지속적으로 표명하고 있어 단시간 내에 관습국제법 규칙이 확립되기는 어려울 것으로 전망된다.

V. 결론

앞에서 살펴본 바와 같이 해양법협약의 배타적 경제수역 제도는 연안국에게 제한적인 주권적 권리와 관할권을 부여하고, 동시에 공해의 자유에 관한 규정을 준용하여 모든 국가에게 일정한 자유와 권리를 인정함으로써 배타적 경제수역의 이용과 관리를 규율하고 있다. 배타적 경제수역에서 연안국과 제3국의 관계를 둘러싼 불명확성과 법적 흠결이 지적되는 예외적 사안들을 제외한다면, 해양법협약에 따른 새로운 해양 질서의 핵심인 배타적 경제수역 제도는 비교적 잘 정착되어 해양의 지속가능한 개발과 이용에 기여했다고 평가할 수 있다.

다만 해양법협약이 발효된 지 30년이 지나는 시점에서 연안국은 해양법협약에 규정된 범위를 넘어서 다양한 조치나 해양관할권을 확대하려고 시도하고 있고, 그러한 연안국의 관할권 확대 시도에 반대하는 해양강국의 법적 입장과 국가실행도 계속 표명되고 있다. 배타적 경제수역에서의 어업과 관련해서는 연안국이 어업과 직접 관련되지 않은 활동에 대해서도 자국의 관할권을 확대하려는 경향이 있고, 배타적 경제수역의 생물자원 보존에 관한 연안국의 재량권이나 의무의 범위가 명확하지 않다는 문제점이 지적되어 왔다.

ITLOS와 해양법협약 제7부속서 중재재판소는 그러한 해양법협약의 불명확성을 둘러싼 분쟁의 해결과 일관된 해양법협약의 해석에 기여해 왔다. ITLOS는 배타적 경제수역에서의 급유활동은 원칙적으로 항행의 자유에 포함되지만 어선에 대한 급유활동에 대해서는 연안국이 관할권을 행사할 수 있다고 판결함으로써 연안국의 관할권 확대 주장에 일정한 기준을 제시하기도 하였다. 나아가 IUU어업에 관한 권고적 의견에서 ITLOS는 기국이 자국 선박의 IUU어업 활동에 대해 상당한 주의의무를 부담하며, 기국이 그러한 의무를 위반할 경우 기국으로서 책임을 부담한다는 점을 밝히기도 하였다.

한편 해양법협약에서 상정하지 못했던 새로운 해양활동이나 협상과정에서 타협에 이르지 못해 불충분하게 규율되고 있는 배타적 경제수역에서의 활동을 둘러싸고 견해 대립과 다양한 국가실행이 나타나고 있다. 예를 들면, 연안국은 국가안보나 해양환경 보호를 명분으로 배타적 경제수역에서 항행의 자유를 제한하는 조치를 실시하고 있고, 일방적으로 실시된 항행 제한 조치가 IMO와 같은 국제기구에서 채택되어 규범력을 발휘하는 사례가 생기고 있다. 또한 선박과 화물의 성격에 따라 배타적 경제수역에서 항행을 제한하는 국가실행도 존재하지만 이에 대해서는 여전히 연안국과 해양강국 사이에 논란이 계속되고 있다.

배타적 경제수역에서의 권리와 의무를 둘러싼 연안국과 제3국의 갈등과 대립은 해양법협약체제에서 앞으로도 지속될 것으로 전망된다. 그러나 이러한 해양법협약 체제의 결핍이나 한계는 복잡다단한 이해관계를 가진 국가들 간의 타협의 산물로서 불가피한 측면이 있다. 또한 해양법협약상의 강제적 분쟁해결절차에 따라 설립된 국제해양법재판소나 제7부속서 중재재판소는 그동안 배타적 경제수역을 둘러싼 해양법협약의 불명확한 규정의 해석과 배타적 경제수역의 권리 귀속에 관한 분쟁의 해결에 크게 기여해 왔다. 앞으로도 배타적 경제수역을 둘러싼 국가들 간의 견해 대립과 분쟁은 외교적 노력과 분쟁해결제도를 이용해서 극복할 수 있을 것으로 생각된다.

참고 문헌

■ 국내문헌

〈단행본〉

김영구, 『한국과 바다의 국제법』(21세기북스, 2004, 신판)

박찬호·김한택, 『국제해양법』(서울경제경영, 2016, 제3판)

정인섭, 『국제법』(박영사, 2024, 제14판)

〈논문〉

고은수, "배타적 경제수역 내 해양과학조사를 둘러싼 국제법적 문제에 관한 연구", 『국제법평론』, 통권 제46호 (2017).

김영원, "배타적경제수역(EEZ)에서의 군사활동에 관한 국제법적 검토: 동아시아에서의 미중 간 갈등과 우리나라에 대한 함의", 『JPI정책포럼』, Vol. 16 (2017).

김현정, "유엔 해양법협약 채택 이후 배타적 경제수역 제도의 변화: 해양 생물자원 보존·관리를 중심으로", 『홍익법학』 제15권 제4호(2014).

_____, "국제법상 불법·비보고·비규제 어업(IUU 어업)에 관한 기국의 의무와 책

임", 『서울국제법연구』, 제22권 제1호(2015).

신창훈, "배타적경제수역(EEZ)에서의 수로측량과 해양과학조사의 법적 의의에 대한 재조명", 『서울국제법연구』, 제12권 제2호(2005).

이용희, "국제해양법상 인공섬, 시설 및 구조물 제도의 쟁점과 우리나라의 입법태도에 관한 고찰 – 배타적 경제수역 및 대륙붕을 중심으로", *Ocean and Polar Research*, Vol. 36 No. 4 (2014).

〈북챕터〉

박배근, "배타적 경제수역 제도", 『대한민국의 해양법 실행』(일조각, 2017).

박영길, "배타적 경제수역 내 외국의 군사활동", 『대한민국의 해양법 실행 2』(일조각, 2022).

■ 외국 문헌

〈단행본〉

Alexander Proelß, *The United Nations Convention on the Law of the Sea: A Commentary* (Beck/Hart, 2017)

Barbara Kwiatkowska, *The 200 Mile Exclusive Economic Zone in the New Law of the Sea* (Brill/Nijhoff, 1989).

Dawoon Jung, *The 1982 Law of the Sea Convention and the Regulation of Offshore Renewable Energy Activities within National Jurisdiction* (Brill, 2023).

Douglas R. Burnett, Robert Beckman, and Tara M. Davenport, *Submarine Cables: The Handbook of Law and Policy* (Brill, 2014).

Maria Gavouneli, *Functional Jurisdiction in the Law of the Sea* (Martinus Nijhoff, 2007)

Robin Churchill, Vaughan Lowe and Amy Sander, *The law of the Sea*, 4th ed. (Manchester University Press, 2022).

〈논문〉

Ann L. Hollick, "Origins of the 200-Mile Offshore Zones", *American Journal of International Law*, Vol. 71 (1977).

E. J. Molenaar, "Non-Participation in the Fish Stocks Agreement: Status and Reasons", *International Journal of Marine and Coastal Law*, Vol. 26 (2011).

Jon M. Van Dyke, "The Disappearing Right to Navigational Freedom in the Exclusive Economic Zone", *Marine Policy* Vol. 29 (2005).

Jon M. Van Dyke, "Military ships and planes operating in the exclusive economic zone of another country", *Marine Policy* Vol. 28 (2004).

Raul Pedrozo, "Close Encounters at Sea: The USNS Impeccable Incident", *Naval War College Review*, Vol. 62 No. 3 (2009), p. 100.

Raul Pedrozo, "Agora: Military Activities in the EEZ, Preserving Navigational Rights and Freedoms: The Right to Conduct Military Activities in China's Exclusive Economic Zone", *Chinese Journal of International Law*, Vol. 9(2010), p. 25.

R. Xiaofeng and C. Xizhong, "A Chinese perspective", *Marine Policy* Vol. 29 (2005).

Shalva Kvinikhidze, "Contemporary Exclusive Fishery Zones or Why Some States Still Claim an EFZ", *International Journal of Marine and Coastal Law*, Vol. 23 (2008).

Stuart Kaye, "The use of multiple boundaries in maritime boundary delimitation: law and practice", *Australian Year Book of International Law* Vol. 19 (1998).

Syméon Karagiannis, "L'article 59 de la Convention des Nations Unies sur le droit de la mer (ou les mystéres de la nature juridique de la zone économique exclusive)", *Belgian Review of International Law*, Vol. 37 (2004).

T Henriksen and A. H. Hoel, "Determining allocation: from paper practice in the distribution of fishing rights between countries", *Ocean Development and International Law*, Vol. 42 (2011).

W. Heintschel von Heinegg, "Military activities in the exclusive economic zone", *Revue Belge de Droit International* Vol. 47 (2014).

〈북챕터〉

A. G. Oude Elferink, "Artificial islands, installations and structures" in Rüdiger Wolfrum(ed.), *The Max Planck Encyclopedias of International Law* (Oxford University Press, 2013).

Gemma Andreone, "Fisheries in the Antarctic and in the Arctic" in G. Tamburelli (ed), *The Antarctic Legal System: The Protection of the Environment of the Polar Regions* (Giuffre Milano, 2008).

Gemma Andreone, "The Exclusive Economic Zone" in D. Rothwell et als (eds.), *The Oxford Handbook of the Law of the Sea* (Oxford University Press, 2015).

J. Ashley Roach, "Marine Date Collection: Methods and the Law" in Myron H. Nordquiest et als(eds.), *Freedom of Seas, Passage Rights and the 1982 Law of the Sea Convention* (Brill, 2009).

Jon M. Van Dyke, "Ocean transport of radioactive fuel and waste" in David D. Caron and Harry N. Scheiber (eds), *The Oceans in the Nuclear Age* (Martinus Nijhoff, 2014).

L. Dolliver M. Nelson, "Reflections on the 1982 Convention on the Law of the Sea" in David Freestone, Richard Barnes and David Ong (eds.), *The Law of the Sea: Progress and Prospects* (Oxford University Press, 2006).

Maria Madalena das Neves, "Offshore Renewable Energy and the Law of the Sea" in Elise Johansen, Signe Veierud Busch and Ingvild Ulrikke Jakobsen (eds), *The Law of the Sea and Climate Change: Solutions and Constraints* (Cambridge University Press, 2021).

Robin Warner, "Protecting the Diversity of the Depths: Environmental Regulation of Bioprospecting and Marine Scientific Research Beyond National Jurisdiction", *Ocean Yearbook*, Vol. 22 (2008).

T. Scovazzi, "Protection of underwater cultural heritage: the UNCLOS and 2001 UNESCO Convention" in M. Fitzmaurice and N. Martinez Gutierrez (eds), *The IMLI Manual on International Maritime Law*, Vol. I (Oxford: Oxford University Press, 2014).

Zhiguo Gao, "China and the Law of the Sea", in Myron H. Nordquist et als. (eds), *Freedom of Seas, Passage Rights and the 1982 Law of the Sea Convention* (Martinus Nijhoff Publishers, 2009).

〈국제판결〉

Fisheries Jurisdiction Cases (United Kingdom v. Iceland; Federal Republic of Germany v. Iceland), ICJ Reports 1974.

Continental Shelf Case (Tunisia/Libya), 1982 ICJ Reports 1982.

Gulf of Maine Case (Canada/United States), ICJ Reports 1984.

Continental Shelf Case (Libya/Malta), ICJ Reports 1985.

M/V "Saiga" (No. 2) (St Vincent and the Grenadines v. Guinea), Judgment, ITLOS Reports 1999.

Dispute concerning Delimitation of the Maritime Boundary in the Bay of Bengal (Bangladesh/Myanmar), ITLOS Reports 2012.

Bay of Bengal Maritime Boundary Arbitration (Bangladesh v. India), Award, 7 July 2014.

M/V "Virginia G" Case (Panama/Guinea-Bissau), Judgment, ITLOS Reports 2014.

Arctic Sunrise Arbitration before an Arbitral Tribunal Constituted under Annex VII to the 1982 United Nations Convention on the Law of the Sea between the Kingdom of the Netherlands and the Russian Federation, Award on the Merits (14 August 2015).

Request for an Advisory Opinion submitted by the Sub-Regional Fisheries Commissions (SRFC) (Request of Advisory Opinion submitted to the Tribunal), Advisory Opinion of 2 April 2015, ITLOS Report 2015.

The Republic of Philippines v. The People's Republic of China, Award on the Merits, 12 July 2016.

M/V "Norstar" (Panama v. Italy), Judgment, ITLOS Reports 2019.

M/T "San Padre Pio" Case (Switzerland v. Nigeria), Provisional Measures, Order of 2019.

Alleged Violations of Sovereign Rights and Maritime Spaces in the Caribbean Sea (Nicaragua v. Colombia), ICJ Reports 2022.

〈기타자료〉

Satya Nandan, The Exclusive Economic Zone: A Historical Perspective, FAO Website (http://www.fao.org/docrep/s5280T/s5280t0p.htm).

S. Bateman, "Hydrographic and Military Surveys in the Exclusive Economic Zone: The Path towards prospective guidelines", Paper for 4th Biennial ABLOS Scientific Conference, International Hydrographic Burau (2005).

Department of the Navy, The Commander's Handbook on the Law of Naval War Operations (1995), Section 2.4.2.2. Hydrographic Surveys and Military Surveys.

UN DOALOS, Baselines: An Examination of the Relevant Provisions of the United Nations on the Law of the Sea (1989).

ICAO, "United Nations Convention on the Law of the Sea – Implications, if any, for the Application of the Chicago Convention, its Annexes and other International Air Law Instruments", Doc. No. LC/26 – WP/5-1 of 4 February 1987.

3장 대륙붕

김현수 • 인하대학교 명예교수

I. 서론
II. 대륙붕 주요 규정 내용, 제정 배경 및 취지
   1. 개요
   2. 대륙붕제도의 발달과정
   3. 대륙붕의 정의와 범위
   4. 대륙붕한계위원회
   5. 대륙붕에 대한 연안국의 권리
   6. 대륙붕에 대한 연안국의 의무
   7. 소결
III. 대륙붕에 관한 주요 규정의 해석, 적용 및 이행
   1. 제76조 대륙붕의 정의
   2. 제77조 대륙붕에 대한 연안국의 권리
   3. 제78조 상부수역과 상공의 법적 지위 및 다른 국가의 권리와 자유
   4. 제79조 대륙붕에서의 해저전선과 관선
   5. 제80조 대륙붕상의 인공섬·시설 및 구조물
   6. 제81조 대륙붕 시추
   7. 제82조 200해리 밖의 대륙붕 개발에 따른 금전지급 및 현물공여
   8. 주요 대륙붕 공동개발협정
IV. 주요 쟁점, 문제점 및 평가
   1. 현황
   2. 문제점
   3. 전망
V. 결론(한국에의 함의)

I. 서론

대륙붕Continental Shelf: CS이란 본래 지질학적 개념으로서, 영해를 넘어서 육지영토의 자연적 연장을 통하여 대륙변계Continental Margin: CM의 외측한계까지, 또는 대륙변계의 외측한계가 200해리까지 미치지 않는 경우에는 영해의 폭을 측정하는 선으로부터 200해리까지의 해상Sea-bed 및 하층토Subsoil를 말한다.1 대륙붕이 국제법상 문제가 되기 시작한 것은 제2차 세계대전 이후이다. 왜냐하면 대륙붕에는 석유·천연가스 등의 광물자원이 풍부하게 매장되어 있고 그 상부수역은 수산자원의 보고로 알려졌기 때문이다.2

대륙붕이 국제사회의 권리주장으로 처음 등장한 것은 1945년 9월 28일 미국의 트루먼 대통령이 트루먼선언Presidential Proclamation

---

1 유엔해양법협약 제76조 1항. Donald R. Rothwell & Tim Stephens, *The International Law of the Sea* (Oxford: Hart Publishing, 2010), p. 98.
2 한국해양수산개발원(편), 『대한민국의 해양법 실행』(서울: 일조각, 2017), pp. 175-176.

Concerning the Policy of the United States on the Continental Shelf3을 발표하여 자국 근해의 대륙붕에 대한 관할권을 주장한 이래 다수의 국가가 조약을 체결하거나 일방적 선언 등을 하였고, 이후 1958년 제네바 해양법회의에서 대륙붕에 관한 제네바협약(대륙붕협약)이 탄생되었다.4

그러나 1958년 대륙붕협약은 대륙붕 범위에 관하여 수심 200미터와 개발가능성이라는 두 가지 기준을 인정하였는데, 그 기준이 모호할 뿐 아니라 과학기술의 발달에 부응하지 못한다는 비판을 받아왔고, 이후 다시 제3차 유엔해양법회의에서 해양 전반에 관한 문제를 다루게 되었고 그 결과 1982년에 해양법에 관한 국제연합협약(유엔해양법협약) 제76조에서 명백히 대륙붕에 관한 규정을 하게 되었다.5

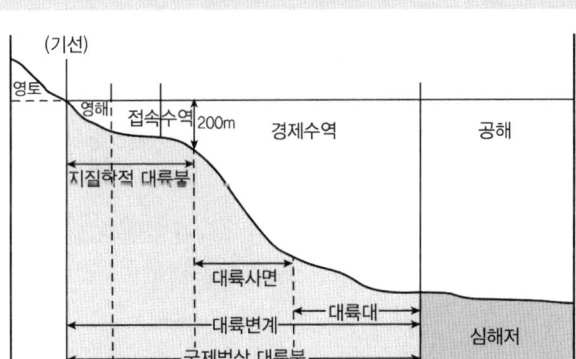

〈그림 1〉 대륙붕6

---

3 Presidential Proclamation No.2667, 10 *Federal Regulation* 1230; US Department of State, *Bulletin* 485(1945).
4 동 협약 내용 상세는 Ian Brownlie (ed.), *Basic Documents in International Law* (Oxford: Oxford University Press, 1988), pp. 117-121 참조.
5 상세 내용은 다음 웹사이트 참조. https://www.un.org/Depts/los/convention_agreements/texts/unclos/closindx.htm(최종 방문일: 2023.11.14).
6 김현수, 『해양법총론』(서울: 청목, 2010), p. 168.

동 협약에 따르면, 대륙붕은 대륙변계의 외측이 영해기준선으로부터 200해리 이내에 위치하는 경우에는 200해리까지 설정할 수 있으며, 대륙변계가 영해의 폭을 측정하는 기선으로부터 200해리 이원으로 확장되는 경우 퇴적암의 두께가 각 최외곽 고정지점으로부터 대륙사면 Foot of Slope: FOS 끝단까지의 최단거리의 최소한 1퍼센트인 최외곽 지점을 따라 연결한 선 또는 대륙사면단으로부터 60해리를 넘지 않는 고정지점을 따라 연결한 선 중의 하나로 대륙변계의 외측을 정한다. 그러나 어떠한 경우에도 대륙붕 외측한계는 영해 기준선으로부터 350해리를 또는 2,500미터 등심선 isobath 으로부터 100해리를 초과할 수 없다고 규정한다.7

본 장에서는 이러한 배경을 기초로 대륙붕에 관한 유엔해양법협약 주요 규정의 내용과 제정 배경 및 취지를 고찰한 후 유엔해양법협약 중 대륙붕 관련 규정의 해석 및 적용 그리고 그 이행 현황을 분석한다. 또한 대륙붕이 가지는 주요 쟁점 및 문제점을 검토 및 평가하고, 결론에서는 현 대륙붕제도가 한국에 주는 함의를 제시하고자 한다.

II. 대륙붕 주요 규정 내용, 제정 배경 및 취지

1. 개요

국제법상 대륙붕은 지질학적 대륙붕·대륙사면·대륙대 Continental Rise 로 구성되며, 대륙붕·대륙사면·대륙융기까지를 대륙변계 Continental

---

7 유엔해양법협약 제76조.

Margin 라고 한다. 대륙변계는 전체 해저면적의 5분의 1을 차지하나, 국제법에서 말하는 대륙붕은 지질학적 대륙붕과는 다르며 대륙붕이 처음 국제법 제도로 등장하던 때에는 그 정의가 지질학적 대륙붕과 상당히 유사하였지만, 해양에 대한 연안국의 관할범위가 확대되면서 대륙붕의 범위도 지질학적 대륙붕을 넘어서 지질학적 대륙변계와 200해리 거리기준이 적용되는 광대한 수역으로 확대되었다.8

1945년 미국의 트루먼선언을 시작으로 그리고 1958년 대륙붕협약에 의하여 성문화된 대륙붕제도는 육지영토의 자연적 연장이 영해기선에서 200해리 이원까지 연결되어 있는 연안국들의 강력한 주장으로 제3차 유엔해양법회의에서는 영해기선에서부터 200해리 이원까지 발달해 있는 대륙변계를 가진 국가는 대륙붕한계위원회 Commission on the Limits of the Continental Shelf: CLCS에 자국 200해리 이원 대륙붕에 대한 문서를 제출할 수 있고, 제출된 문서의 심사결과를 반영하여 200해리 이원까지 대륙붕 외측한계를 확장해 갈 수 있게 되었다.9 이러한 대륙붕에 대한 연안국의 권리는 그 상부수역과 상공의 법적 지위에는 아무런 영향을 미치지 아니하는바, 따라서 모든 국가는 대륙붕에서 해저전선과 관선을 부설할 수 있는 자유를 가진다.10 유엔해양법협약은 대륙붕 범위를 영해기선으로부터 200해리까지 그리고 대륙변계의 외측 끝을 따라 영해기선으로부터 350해리 또는 2,500미터 등심선으로부터 100해리까지 확장할 수 있도록 규정

---

8 연안으로부터의 굴착과 특정한 해저지역의 개발과 통제권 주장은 공해해저에 대해 권리를 부여하는 근거가 되었다. 영국의 실론 연안에서의 진주조개잡이에 대한 권리주장과 프랑스의 튀니지 연안 영해 이원 수역에서의 해면어업에 대한 주장이 그러한 사례에 속한다.
9 유엔해양법협약 제76조 8항.
10 *Ibid.*, 제77조.

하였다.11

　동 협약 제5부는 대륙붕제도에 관한 것으로 제76조부터 제85조까지 10개 조문으로 구성되어 있다. 제76조는 대륙붕의 정의, 제77조는 대륙붕에 대한 연안국의 권리, 제78조는 상부수역과 상공의 법적 지위 및 다른 국가의 권리와 자유, 제79조는 대륙붕에서의 해저전선과 관선, 제80조는 대륙붕상의 인공섬·시설 및 구조물, 제81조는 대륙붕 시추, 제82조는 200해리 밖의 대륙붕개발에 따른 금전지급 및 현물공여, 제83조는 대향국 간 또는 인접국 간의 대륙붕의 경계획정, 제84조는 해도와 지리적 좌표목록, 제85조는 굴착에 관하여 규정하고 있다.

2. 대륙붕제도의 발달과정

대륙붕이 연안국의 관할수역에 속한다는 최초의 체계적이고 분명한 주장은 1945년 9월 28일 미국의 트루먼선언을 통해 표명되었다.12 동 선언 이후 여러 국가의 대륙붕 관련 주장이 나왔다. 그중에는 대륙붕 자원에 대한 관할권을 주장하는 국가, 대륙붕 자체에 대한 관할권을 주장하는 국가가 있었으며, 남미 국가들은 대륙붕은 물론 그 상부수역과 상공에 대해서도 관할권을 주장한 바 있다.13

---

11 *Ibid.*, 제76조 5항.
12 트루먼선언 이후 국가관행상 대륙붕 관련 주장의 법적 성격과 지리적 범위가 일관되지 않았던 것으로 사료된다. Robin Churchill, Vaughan Lowe, and Amy Sander, *The Law of the Sea, 4th ed.* (Manchester: Manchester University Press, 2022), pp. 223-227 참조.
13 S. N. Nandan, S. Rosenne, and N. R. Grandy (eds.), *United Nations Convention on the Law of the Sea 1982: A Commentary, Vol. II* (Leiden: Martinus Nijhoff Publishers, 1993), p. 828.

1958년 제네바에서 개최된 제1차 유엔해양법회의 UNCLOS I에서 대륙붕협약의 채택으로 연안국은 영해 외측 수심 200미터까지의 지점이나 천연자원의 개발이 가능한 곳까지를 자국의 대륙붕으로 주장할 수 있게 되었으며, 이러한 대륙붕에서의 자원의 탐사와 개발에 있어서 주권적 권리를 갖는다. 제3차 유엔해양법회의가 시작되고 얼마 지나지 않은 1970년대 중반에 배타적 경제수역 EEZ 제도는 이미 국제관습법 제도로 인정을 받게 되었다. 하지만 영해기선 이원 200해리 이원까지 발달된 지리적 대륙붕을 가지고 있는 국가들은 1969년 북해대륙붕 사건 이후 국제관습법이 인정해 온 자신들의 권리를 포기하려고 하지 않았다. 이후 채택된 유엔해양법협약은 대륙붕제도를 그대로 유지하였으며, 그 결과 대륙변계를 가진 연안국은 영해기선에서 200해리를 넘어서까지 대륙붕을 향유할 수 있게 되었다. 동 협약은 경계획정에 관한 규정도 새로이 도입하여 대향국과 인접국 간 대륙붕 경계획정은 공평한 해결에 이르기 위하여 국제사법재판소 ICJ 규정 제38조에 언급된 국제법을 기초로 하여 합의에 의한다고 하였으나,[14] 본 장에서는 경계획정 문제를 다루지는 아니한다.

---

14 제38조 1항: 재판소는 재판소에 회부된 분쟁을 국제법에 따라 재판하는 것을 임무로 하며, 다음을 적용한다.
   가. 분쟁국에 의하여 명백히 인정된 규칙을 확립하고 있는 일반적인 또는 특별한 국제협약
   나. 법으로 수락된 일반 관행의 증거로서의 국제관습
   다. 문명국에 의하여 인정된 법의 일반원칙
   라. 법칙 결정의 보조수단으로서의 사법판결 및 제국의 가장 우수한 국제법 학자의 학설
   다만, 제59조의 규정에 따를 것을 조건으로 한다.
   2. 이 규정은 당사자가 합의하는 경우에 재판소가 형평과 선에 따라 재판하는 권한을 해하지 아니한다.

3. 대륙붕의 정의와 범위

국제법상 대륙붕의 정의는 지질학에서의 대륙붕에 대한 정의와는 차이가 있다. 국제법상 대륙붕의 범위는 당시 국제법이 정하는 바에 따라 달랐기 때문이다. 전체적으로 1958년 협약상의 대륙붕에 대한 정의는 지질학적 정의와 상당히 유사하였지만, 1982년 협약은 대륙붕을 200해리 거리기준과 지질학적 대륙변계로 정의함으로써 단순 지질학적 대륙붕 정의와는 상당히 다르게 되었다. 대륙붕이란 본래 연안국의 관할권이 영해라는 좁은 수역을 넘어 공해로 확대되어가는 첫 번째 시도였으나, 공해 및 공해의 자유에 대한 침해를 적절히 제한해야 한다는 주장도 있었고, 일부 남미 국가들은 200해리 배타적 수역을 주장하기도 하였다.15

1958년 제네바에서 개최된 제1차 유엔해양법회의에서는 수심 200미터와 개발가능성이란 2중 기준에 대하여 많은 반대가 있었으나, 1958년 대륙붕협약 제1조는 대륙붕을 "해안에 인접한 수심 200미터까지 또는 그 상부수역 수심이 천연자원의 개발을 허용하는 해저지역의 해저와 지하"라고 정의하였다.16 대륙붕에 대한 이러한 정의는 개발가능성이란 상대적 기준을 채용함으로써 대륙붕 외측한계를 모호하게 하였다는 비판도 받았으며, 이는 해양과학기술의 발달에 따라 대륙붕 외측한계가 해양 쪽으로 계속 확대될 수 있기 때문이었다.17 국제사법재판소는 1969년 북해대륙붕사건 판결에서 대륙붕

---

15 S. N. Nandan, etc., *supra* note 13, p. 828.
16 한국해양수산개발원, 앞의 주 2, p. 176.
17 North Sea Continental Shelf Cases, *ICJ Reports,* 1969, p. 47. O'Connel은 이 판결을 대륙변계선언이라고 평가하였다. D. P. O'Connel & I. A. Shearer, *International*

에 대하여 새로운 정의를 제시하였는바, 동 재판소는 대륙붕협약상의 대륙붕에 대한 정의를 거부하고 법적인 의미의 대륙붕은 지질학에서의 대륙붕과 대륙사면, 대륙융기를 포함하는 3차원적인 구조로 되어 있다고 하였다. 재판소는 대륙붕협약이 당시의 관습법을 반영한 것임을 인정하면서도, 대륙붕은 "육지영토의 자연적 연장"임을 선언한 것이다.18

1960년대부터는 지질학적 대륙붕 이원에 있는 심해저 자원이 점차 관심대상이 되어갔다. 급속히 발달해 가는 해양과학기술을 감안할 때 충분한 투자가 이루어지는 경우 어떠한 형태로든 개발이 불가능한 해저지역은 지구상에 거의 없을 것이기 때문이다. 대륙붕의 기준으로 개발가능성이란 기준이 유지되면 과학기술의 발전으로 개발가능한 해저지역은 계속 확대되어 지구상의 모든 해저가 연안국의 대륙붕이 될 것이며, 그 결과 과학기술에서 앞선 해양선진국들이 최대수혜자가 될 것이라는 우려도 있었다.19

제3차 유엔해양법회의에서 대륙붕 외측한계에 관한 합의 도달까지는 많은 논란이 있었다. 200해리 EEZ제도가 정착되면서 기선으

Law of the Sea, Vol. 1 (Oxford: Clarendon Press, 1982) p. 491.

18 이러한 우려는 심해저의 국제화를 가져오는 계기가 되었으며, 제3차 유엔해양법회의를 통해 심해저는 인류의 공동유산수역이 됨으로써 연안국의 해저에 대한 관할권의 외측한계를 명확하게 설정하는 것이 중요해지게 되었다.

19 S. N. Nandan, etc., *supra* note 13, pp. 842-844. 1973년 심해저위원회에서는 많은 국가들이 대륙붕에 대한 각국의 입장을 개진하였다. 라틴아메리카 3개국, 소련, 중국, 호주, 노르웨이, 아르헨티나, 네덜란드 등이 대륙붕에 대하여 다양한 정의를 제시하였는데, 특히 중국은 대륙붕은 대륙영토의 자연적 연장이란 원칙에 따라 연안국이 그 배타적 관할권에 속하는 대륙붕의 한계를 합리적으로 정할 수 있게 하자고 하였다. 중국의 이러한 제안은 대륙붕을 육지영토의 자연적 연장으로 정의하자는 최초의 제안이었다.

로부터 200해리 한계가 대륙붕제도에도 영향을 미치게 되었고, 그에 따라 대륙붕의 외측한계를 200해리로 제한하자는 의견이 내륙국이나 지리적 불리국에 의하여 제기되었다. 그러나 상당히 넓은 대륙변계를 향유한 국가들은 육지영토의 자연적 연장에 있는 자원에 대한 관할권을 포기하려 하지 않았다.[20] 1974년 동 회의 제2회기에는 대륙붕을 법제도로 유지하기를 원하는 국가들의 주장과 대륙붕제도를 EEZ제도에 포함시켜야 한다는 주장 간에 대립이 있었다. 전자의 국가들은 200해리 EEZ 이원 해저에 대한 관할권 유지를 희망하였으며, 후자의 국가들은 연안국 관할권의 한계를 기선으로부터 200해리로 제한해야 한다고 하였다. 200해리 거리기준을 옹호한 국가 중에는 무연안국과 지리적 불리국 및 좁은 대륙붕을 가진 국가들이 많았는데, 이에는 오스트리아, 싱가포르, 일본, 아프리카단결기구(OAU) 국가들, 니카라과, 아르헨티나, 베네수엘라 등이었다.[21] 기선으로부터 200해리 이원 자연적 연장에 따른 대륙붕 관할권을 인정해야 한다는 주장은 캐나다, 칠레, 아이슬란드, 인도, 인도네시아, 모리셔스, 멕시코, 뉴질랜드, 노르웨이 등 9개국과 그리스, 구소련, 미국 등에 의하여 제기되었다. 상기 9개국은 국가관행과 국내법, 조약 등을 통하여 오래전에 확립된 자연적 연장에 따른 연안국의 법적 지위를 무시하는 것은 비현실적이고 형평에도 어긋난다고 주장하면서, 대륙붕은 기선에서 200해리까지 그리고 육지영토의 자연적 연장이 있는 경우에는 그 끝까지임을 주장하였다.[22]

---

20 당시 일본은 연안국에 200해리를 넘어 대륙변계의 끝까지 자원에 대한 관할권을 인정하게 되면 연안국에 지나치게 많은 자원을 부여하고 해저기구의 수입을 감소하게 하여 개발도상국에 피해를 주게 된다고 하였다.

21 S. N. Nandan, etc., *supra* note 13, pp. 844-848.

동 회의 제3회기에서 미국의 제안과 에벤센 그룹Evenson Group의 제안에는 대륙붕을 기선에서 200해리까지 또는 대륙변계의 자연적 연장을 따라 확장되도록 하는 것이었으나 받아들여지지 않았다. 그러나 양측의 제안은 이후 동 협약 제76조로 등장하여 많은 요소를 포함하게 되었다. 양측 제안에는 대륙사면의 끝에서부터 일정한 거리에 있는 대륙변계의 끝을 확정하는 데 관한 '헤드버그방식Hedburg Formula'이 포함되어 있었으며, 대륙붕 외측한계를 정하는 데 있어서 대륙붕한계위원회의 역할에 대한 언급도 있었다.23 1976년 제4회기 제2위원회 비공식회의에서 아일랜드가 미국과 에벤센 그룹의 제안을 기초로 몇 가지 새로운 요소들을 추가하여 제시한 안이 주목을 끌었다. 특히 제3항(a)는 퇴적암의 두께와 대륙사면의 끝으로부터의 거리 계산법에 기초한 새로운 방식으로 도입하였으며, 헤드버그방식에서 나온 3항(b) 다음에는 대륙사면의 끝을 "그 기저에서 경사도의 최대변경점the point of maximum change in the gradient at its base"이라고 한 규정이 등장하였다. 제6항은 새로이 도입된 것인데, 대륙붕 외측 끝에 관한 지도와 관련 정보를 사무총장에게 기탁해야 한다는 것이었다. 이러한 아일랜드 방식은 넓은 대륙붕을 향유한 국가들의 폭넓은 지지를 받았다.24

제3차 유엔해양법회의의 결과 탄생한 1982년 협약은 대륙붕을

---

22 *Ibid.*, p. 850.
23 *Ibid.*, pp. 851-853.
24 "대륙붕 외측한계가 200해리 밖으로 확장되는 지역에서"란 의미와 관련하여, 이는 문서제출국 기선부터 200해리를 의미하는지 아니면 모든 국가의 영해기선으로부터 200해리를 의미하는지 불분명하다는 지적이 있었다. 그러나 협약의 관련 규정들을 종합적으로 고려할 때 그 의미는 문서제출국 영해기선으로부터의 거리에만 적용되는 것이라고 보아야 한다.

EEZ에서 사용된 200해리 거리기준과 국제관습법이 지지해 온 대륙변계라는 지질학 개념을 사용하여 다시 정의하였다. 동 협약은 제76조 1항에서 연안국의 대륙붕은 육지영토의 자연적 연장을 통하여 대륙변계의 외측한계까지, 대륙변계의 외측한계의 끝이 기선에서부터 200해리에 미치지 못하는 경우에는 영해기선으로부터 200해리에 이르는 해저지역의 해저 및 지하까지라고 규정하였다. 여기서 말하는 대륙변계란 대륙붕·대륙사면·대륙융기를 포괄하는 개념으로 대륙변계가 200해리를 넘어서는 경우 대륙붕의 외측한계를 정하는 데에는 매우 복잡한 규칙이 적용된다. 즉, 퇴적암 두께가 대륙붕 외측한계로부터 대륙사면까지의 거리의 최소한 1퍼센트가 되도록 하거나, 대륙붕 외측한계에서 대륙사면 하단까지의 거리가 60해리를 넘지 않도록 해야 한다. 그러나 대륙붕 외측한계는 기선에서 350해리 또는 2,500미터 등심선에서 100해리를 초과하지 못하도록 하였다. 다만, 대륙붕에 대한 연안국 관할권의 범위를 정하는 데 있어서 중요한 기준인 육지영토의 자연적 연장과 200해리 거리기준이 충돌하는 경우 어떠한 기준에 우월한 지위를 부여할 것인가에 대해서는 검토가 필요하였다.[25]

4. 대륙붕한계위원회[26]

1) 구성과 역할

유엔해양법협약 제76조 8항은 연안국은 영해기선으로부터 200해리를 넘는 대륙붕의 한계에 관한 정보를 공평한 지리적 배분의 원칙에

---

25 한국해양수산개발원, 앞의 주 2, pp. 182-183 참조.
26 Donald R. Rothwell, etc., *supra* note 1, pp. 111-117 참조.

입각하여 제2부속서에 따라 설립되는 대륙붕한계위원회에 제출하고, 위원회는 대륙붕의 외측한계 설정에 관련된 사항에 관하여 연안국에 권고한다고 하면서, 이러한 권고를 기초로 연안국이 확정한 대륙붕의 한계는 최종적이며 구속력을 가진다고 규정하였다.

CLCS는 21명의 위원으로 구성된다. 제2부속서에 따르면 위원은 공평한 지리적 대표성을 보장하도록 구성하며, 지질학, 지구물리학 또는 수리학 분야의 전문가이어야 한다. 동 협약 제2부속서 제3조는 1항에서 CLCS 임무에 대하여 (a)대륙붕의 외측한계가 200해리 밖으로 확장되는 지역에 있어서의 대륙붕의 외측한계에 관하여 연안국이 제출한 자료를 검토하고 권고를 행하며, (b)제출할 자료를 준비하는 동안 연안국이 요청하는 경우 과학적·기술적 조언을 제공한다고 하였다. 즉, CLCS의 임무는 대륙붕 외측한계가 200해리 밖으로 확장되는 지역에 있어서의 대륙붕 외측한계에 관한 연안국의 제출문서를 심사하여 외측한계를 권고하고, 연안국 요청에 따라 과학적·기술적 조언을 제공하는 것이다.[27]

2) 문서 제출

유엔해양법협약 제76조 8항은 연안국은 영해기선으로부터 200해리를 넘는 대륙붕의 한계에 관한 정보를 CLCS에 제출하면 위원회는 이를 심사하여 연안국에 권고한다라고 규정하였다. 동 협약 제2부속서 제4조는 이를 구체화하여 "연안국이 제76조에 따라 200해리 밖으로 자국 대륙붕의 외측한계를 설정하려고 하는 경우 그 연안국은 이러한 한계의 상세사항을 이를 뒷받침하는 과학적·기술적 자료와 함

---

27 유엔해양법협약 제76조 8항.

께 가능한 한 빨리 그러나 어떠한 경우에도 그 당사국에 대하여 이 협약이 발효한 후 10년 이내에 위원회에 제출한다"라고 언급하였다.[28]

동 협약 제2부속서 제4조는 연안국에게 협약 발효 10년 이내에 CLCS에 관련문서를 제출해야 한다고 하였지만, 제11차 당사국회의는 개발도상국들의 능력과 재정적·기술적 자원의 한계와 1999년 5월 13일 과학기술지침Scientific and Technical Guidelines이 채택된 것을 고려하여 문서제출 기한 기산일을 1999년 5월 13일로 변경하였다.[29]

영해기선에서 200해리 이원까지 대륙변계가 계속되어 2009년 5월 13일까지 대륙붕 관련 문서를 제출해야 하는 국가는 당초 50여 개국에 이르는 것으로 추산되었다. 그러나 개발도상국들은 여전히 재원, 관련 기술 및 능력 등의 부족으로 문서제출 준비에 어려움을 호소하였다. 이에 따라 2008년 6월 제18차 당사국회의는 대륙붕 문서제출 시기 및 방법과 관련하여 새로운 결정을 하였는데, 그 요지는 정식 문서제출이 아닌 예비정보Preliminary Information: PI 제공을 한 경우에도 일단 시한 내에 문서제출을 한 것으로 간주한다는 것이었다.[30]

---

28 *Ibid.*, 제2부속서 제4조.
29 UNCLOS Meeting of States, Decision Regarding the Workload of the Commission on the Limits of the Continental Shelf and the Ability of States, particularly Developing states, to fulfill the Requirements of Article 4 of Annex II to the United Nations Convention on the Law of the Sea, as well as the Decision contained in SPLOS/72, paragraph (a), SPLOS/183, 20 June 2008.
30 당시 예비정보 제출국은 48개국이었다. 이에 대해서는 다음 웹사이트를 참조. https://www.un.org/Depts/los/clcs_new/commission_preliminary.htm(최종 방문일: 2023.11.14). 한국은 대륙붕한계위원회의 규칙을 제정할 때 대향국이나 인접국 간 대륙붕 경계획정 분쟁의 존재여부에 대한 판단은 사법적인 사항으로서 대륙붕한계위원회의 업무로서 적합하지 아니하므로 위원회는 분쟁의 존재여부에 관계없이 제출된 모든 제안을 심사하여야 한다는 입장이었다. 김은수, "한국과 일본 간 남부대륙붕 경

3) 심사와 권고

유엔해양법협약은 지리적 배분을 고려하여 설립되는 대륙붕한계위원회는 각국이 제출한 자료들을 심사하여 대륙붕의 외측한계 설정에 관련된 사항에 관하여 연안국에 권고하며, 이러한 권고를 기초로 연안국이 확정한 대륙붕의 한계는 최종적이며 구속력을 가진다라고 규정하였다.31

그러나 CLCS 의사규칙 제46조는 대향국 및 인접국 간 대륙붕 경계획정에 관한 분쟁(dispute in the delimitation of the continental shelf between opposite or adjacent states) 또는 미해결의 영토 및 해양분쟁(unresolved land or maritime dispute)이 있는 경우에는 의사규칙 제1부속서에 따라 문서제출을 할 수 있으나,32 CLCS 의사규칙 제1부속서에 따르면 대향국이나 인접국 간 대륙붕 경계획정과 관련하여 분쟁이 있거나 영토 또는 해양관련 분쟁이 있는 경우에는 위원회는 제출한 자료를 심사하지 않는다는 것이다. 다만, 관련 분쟁당사국들의 사전

계획정에 관한 법적 문제점 소고", 『국제법학회논총』, 제44권 2호 (1999), p. 47.
31 유엔해양법협약 제76조 8항.
32 한국이 동중국해의 200해리 이원 대륙붕에 대한 자료를 CLCS에 제출하여도 위원회가 동중국해에 해양분쟁이 존재한다는 이유에서 제출문서를 심사하지 않을 수 있다는 우려가 있었고, 실제로도 CLCS가 심사를 하지 않았다. 한국은 2012.12.26. 문서를 CLCS에 제출하였으나 일본이 CLCS 의사규칙 제1부속서를 이유로 문서심사를 반대하는 다음과 같은 외교서한(note verbale)을 3차례나 보낸 바 있다. "[…] in the area which is the subject of the submission made by the Republic of Korea, there exists a maritime dispute as provided for in paragraph 5(a) of the Annex I of the Rules of Procedure of the Commission. In accordance with that paragraph, the Commission shall not consider and qualify the submission made by the Republic of Korea[…]." 이에 대해서는 다음 웹사이트를 참조. https://www.un.org/Depts/los/clcs_new/submissions_files/kor65_12/jpn_re_kor_28_08_2013.pdf(최종 방문일: 2023.11.14).

동의가 있는 경우에는 제출문서를 심사할 수 있음을 밝히고 있다.[33]

유엔해양법협약은 제76조 8항에서 "CLCS의 대륙붕 외측한계 설정에 관한 권고를 기초로 연안국이 확정한 대륙붕의 한계는 최종적이며 구속력을 가진다"라고 규정하였다. 그러나 CLCS 권고는 연안국의 대륙붕에 대한 권원에 관한 것이지 연안국의 배타적 관할권이 적용되는 대륙붕 범위를 정하는 것은 아니다. 따라서 인접국 또는 대향국 간의 대륙붕 경계획정은 CLCS의 권고와는 직접적인 관계가 없으며, 경계획정은 연안국 간 합의를 통해 별도로 이루어져야 한다. 동 협약 제2부속서는 CLCS 권고의 효력에 대하여 보다 구체적으로 규정하는바, 동 부속서 제7조는 연안국으로 하여금 유엔해양법협약 제76조 8항의 규정에 합치하도록 적절한 국내 절차에 따라 대륙붕 외측한계를 설정하도록 하였으며, 제8조에서는 연안국이 CLCS의 권고에 동의하지 아니하는 경우에는 수정된 또는 새로운 문서를 위원회에 제출하도록 하였다. 특히 제9조는 "위원회의 조치는 대향국 또는 인접국 간의 경계획정과 관련된 사항을 침해하지 아니한다"라고 하여 CLCS의 심사 및 권고가 경계선 획정과는 직접적인 관련이 없음을

---

[33] 5(a) Annex I, Rule of Procedure, CLCS: "In cases where a land or maritime dispute exists, the Commission shall not consider and qualify a submission made by any of the States concerned in the dispute. However, the Commission may consider one or more submissions in the areas under dispute with prior consent given by all States that are parties to such a dispute; "Rule 46 Submissions in case of a dispute between States with opposite or adjacent coasts or in other cases of unresolved land or maritime disputes 1. In case there is a dispute in the delimitation of the continental shelf between opposite or adjacent States or in other cases of unresolved land or maritime disputes, submissions may be made and shall be considered in accordance with Annex I to these Rules. 2. The actions of the Commission shall not prejudice matters relating to the delimitation of boundaries between States."

분명히 하였다.

5. 대륙붕에 대한 연안국의 권리[34]

1) 주권적 권리

연안국은 대륙붕을 탐사하고 그 천연자원을 개발하기 위해 주권적 권리sovereign right를 행사한다.[35] 여기서 주권적 권리란 동 협약 제77조 2항에서 대륙붕에 대한 연안국의 배타적 권리를 인정한 것을 고려할 때, 주권과 동일하다는 견해가 있으나, 대륙붕은 결코 연안국의 영역이 아니며 연안국의 권리는 단지 천연자원의 탐사와 개발이라는 특정 목적과 범위 내에서 인정되고 또한 대륙붕의 상부수역은 공해로서의 법적 지위가 인정되므로,[36] 국가가 영토나 영해에 대하여 갖는 포괄적인 권능인 주권과 동일시될 수는 없다.

1945년 트루먼선언에서는 천연자원의 탐사와 개발에 관한 '관할과 통제jurisdiction and control'란 용어를 사용했으며 그 후 중남미 국가들의 대륙붕선언에는 주권이란 용어를 사용한 바 있으나, 대륙붕협약상의 주권적 권리란 대륙붕에 관한 연안국의 권리가 특정의 목적과 범위의 한도 내에서 인정되고 그 한도 내에서는 연안국의 권리가 주권적 성질을 갖는다는 의미이다.

2) 배타적 권리

대륙붕에 관한 연안국의 권리는 배타적exclusive이다.[37] 여기서 배타

---

34 김현수, 『해양법총론』(서울: 청목, 2010), pp. 171-174 참조.
35 유엔해양법협약 제77조 1항.
36 *Ibid.*, 제78조.

적이라 함은 연안국이 대륙붕을 탐사하지 않거나 또는 천연자원을 개발하지 않더라도 타국은 연안국의 명시적 동의 없이는 그러한 활동을 할 수 없다는 의미이다. 즉, 대륙붕에 대한 탐사 및 이용 권리가 오로지 해당 연안국에만 배타적으로 인정된다는 것이다.

3) 원시적 권리

대륙붕에 관한 연안국의 권리는 원시적으로 취득된 것이지 실효적이든 관념적이든 선점이나 명시적 선언 등에 기초한 것은 아니다.[38] 1969년 북해대륙붕사건에서도 대륙붕에 대한 연안국의 권리는 대륙붕의 연안국 영토의 자연적 연장이라는 입장에서 당연히 또한 원시적으로 존재하는 것이라 하였다.[39]

4) 구체적 내용

(1) 천연자원의 탐사·개발권

해상과 하층토에서 광물 및 비생물자원을 탐사·개발하고 정착성 어족에 속하는 생물을 채취할 권리를 갖는다.[40]

(2) 인공도·시설의 설치 및 안전수역 설정권

천연자원의 탐사·개발을 위해 필요한 인공도·시설 및 구조물을 대륙붕에 설치하고 이를 보호하기 위해 주변 500m 이내의 안전수역을 설정할 권리를 가진다.[41]

---

37 *Ibid.*, 제77조 2항.
38 *Ibid.*, 제77조 3항.
39 *ICJ Reports,* 1969, para.43, p. 31.
40 유엔해양법협약 제77조 1, 4항.
41 *Ibid.*, 제80조.

(3) 천연자원의 탐사·개발을 위한 대륙붕 시추권[42]

연안국은 대륙붕에서 모든 목적의 시추를 허가하고 규제할 권리를 갖는다.

6. 대륙붕에 대한 연안국의 의무

1) 상부수역의 항행자유 보장의무

대륙붕 상부수역은 공해에 해당하므로 연안국은 외국선박·항공기의 대륙붕 상부수역에서의 항행 및 상공비행을 부당하게 방해하지 않을 의무가 있다.[43]

2) 해저전선·관선 부설자유 보장의무

연안국은 자국의 대륙붕 내에서 외국으로 하여금 해저전선·관선을 부설할 자유를 보장할 의무가 있다.[44] 그러나 연안국은 대륙붕 탐사·천연자원 개발 및 관선으로부터의 오염방지를 위해 합리적 조치를 취할 권리를 갖는다.[45]

3) 200해리 이원 대륙붕 개발기여금 납부의무

대륙붕의 200해리 밖에서의 비생물자원의 개발에 대하여 기여금을 금전 또는 현물로 납부할 의무가 연안국에게 있다.[46] 기여금 및 현물

---

42 *Ibid.*, 제81, 85조.
43 *Ibid.*, 제78조.
44 *Ibid.*, 제79조 1항.
45 *Ibid.*, 제79조 2항.
46 *Ibid.*, 제82조 1항.

공여는 생산개시 5년 후 생산지점에서의 모든 생산물에 대하여 매년 납부하여야 한다. 6년째의 기여금 또는 현물공여의 비율은 생산지점의 생산액 또는 생산량의 1퍼센트로 한다. 그 비율은 12년째까지 매년 1퍼센트씩 증가하고, 그 이후는 7퍼센트로 한다. 생산은 이용과 관련하여 사용된 자원을 포함하지 않는다.

7. 소결

유엔해양법협약은 제76조에서 대륙붕을 새로이 정의하면서 그 외측한계를 정하기 위한 규칙도 제시하였다. 동조 제1항은 연안국의 대륙붕은 육지영토의 자연적 연장을 통하여 대륙변계의 외측 끝까지, 대륙변계 외측 끝이 기선에서부터 200해리에 미치지 못하는 경우에는 영해기선으로부터 200해리에 이르는 해저지역의 해저 및 지하라고 정의하였다. 다만, 대륙변계가 영해기선에서 200해리 이원으로 계속되는 경우의 대륙붕 외측한계 결정은, 퇴적암 두께가 대륙붕 외측한계로부터 대륙사면까지의 거리의 최소한 1퍼센트가 되도록 하거나 대륙붕 외측한계에서 대륙사면 하단까지의 거리가 60해리를 넘지 않아야 한다라는 규칙이 적용된다. 따라서 동 협약은 동조 제8항에서 연안국은 영해기선으로부터 200해리를 넘는 대륙붕의 한계에 관한 정보 심사를 위하여 대륙붕한계위원회에 제출하도록 하였으며, 동 위원회는 연안국들이 제출한 문서와 자료를 심사하여 외측한계를 권고하도록 하였다. 그런데 CLCS 의사규칙 제46조와 제1부속서는 대향국이나 인접국 간 대륙붕경계획정과 관련하여 분쟁이 있거나 영토 또는 해양관련 분쟁이 있는 경우에는 동 위원회는 제출된 자료를 심사하지 않는다고 하였는바, 이 규정에 따라 CLCS는 한국이 제출한 문서와 자료를 심사하지 않았다.

동 협약에서 대륙붕에 대한 연안국의 권리를 주권적 권리라고 한 것은 해당 대륙붕에 대한 연안국의 권리는 당해 수역의 자원에 대한 기능적 관할권임을 의미하기 때문이다. 그러나 동 협약은 다른 국가는 연안국의 명시적인 동의가 없이는 대륙붕을 탐사하거나 천연자원을 개발할 수 없다는 의미에서 대륙붕에 대한 연안국의 권리는 배타적인 권리라고 하였고, 또한 대륙붕에 대한 연안국의 권리는 실효적이거나 관념적인 점유 또는 선언에 의존하는 것도 아니라고도 하였다. 연안국의 배타적 관할권이 미치는 대륙붕 천연자원은 해저와 하층토의 광물 및 기타 무생물자원과 정착성 어종sedentary species 등을 포함한다.47

III. 대륙붕에 관한 주요 규정의 해석, 적용 및 이행[48]

1. 제76조 대륙붕의 정의

1. 연안국의 대륙붕은 영해 밖으로 영토의 자연적 연장에 따라 대륙

---

47 해저와 하층토의 광물 및 기타 무생물자원은 석유와 가스를 비롯한 광물자원과 무생물자원을 말한다. 반면에 정착성 생물자원과 관련해서 동 협약은 해저표면 또는 그 아래에서 움직이지 아니하거나 해저나 하층토에 밀착하지 아니하고는 움직일 수 없는 생물체이어야 하며 그러한 기준은 그들의 생애에서 수확가능단계에서 적용된다고 하여 다소 모호하게 표현하고 있다.
48 본 절의 내용은 해양법포럼(사), 『유엔해양법협약해설서 I』(서울: 지인 북스, 2009), 429-484면; S. N. Nandan, etc., *supra* note 13, pp. 828-915; Alexander Proelss (ed.), *United Nations Convention on the Law of the Sea A Commentary* (München: C.H. Beck, 2017), pp. 587-674 내용을 기본적으로 활용 및 인용하면서 추가·보완하였음.

변계의 외측 끝까지, 또는 대륙변계의 외측 끝이 200해리에 미치지 아니하는 경우, 영해기선으로부터 200해리까지의 해저지역의 해저와 하층토로 이루어진다.

2. 연안국의 대륙붕은 제4항부터 제6항까지 규정한 한계 밖으로 확장될 수 없다.

3. 대륙변계는 연안국 육지의 해면 아래쪽 연장으로서, 대륙붕·대륙사면·대륙융기의 해저와 하층토로 이루어진다. 대륙변계는 해양산맥을 포함한 심해대양저나 그 하층토를 포함하지 아니한다.

4. (a) 이 협약의 목적상 연안국은 대륙변계가 영해기선으로부터 200해리 밖까지 확장되는 곳에서는 아래 선 중 어느 하나로 대륙변계의 외측끝을 정한다. (i)퇴적암의 두께가 그 가장 외측 고정점으로부터 대륙사면의 끝까지를 연결한 가장 가까운 거리의 최소한 1퍼센트인 가장 외측 고정점을 제7항에 따라 연결한 선 (ii) 대륙사면의 끝으로부터 60해리를 넘지 아니하는 고정점을 제7항에 따라 연결한 선

   (b) 반대의 증거가 없는 경우, 대륙사면의 끝은 그 기저에서 경사도의 최대 변경점으로 결정된다.

5. 제4항 (a) (i)과 (ii)의 규정에 따라 그은 해저에 있는 대륙붕의 외측한계선을 이루는 고정점은 영해기선으로부터 350해리를 넘거나 2500미터 수심을 연결하는 선인 2500미터 등심선으로부터 100해리를 넘을 수 없다.

6. 제5항의 규정에도 불구하고 해저산맥에서는 대륙붕의 외측한계는 영해기선으로부터 350해리를 넘을 수 없다. 이 항은 해양고원·융기·캡·해퇴 및 해저돌출부와 같은 대륙변계의 자연적 구성요소인 해저고지에는 적용하지 아니한다.

7. 내륙붕이 엉해기선으로부터 200해리 밖으로 확장되는 경우, 연

안국은 경도와 위도 좌표로 표시된 고정점을 연결하여 그 길이가 60해리를 넘지 아니하는 직선으로 대륙붕의 외측한계를 그어야 한다.

8. 연안국은 영해기선으로부터 200해리를 넘는 대륙붕의 한계에 관한 정보를 공평한 지리적 배분의 원칙에 입각하여 제2부속서에 따라 설립된 대륙붕한계위원회에 제출한다. 위원회는 대륙붕의 외측한계 설정에 관련된 사항에 관하여 연안국에 권고를 행한다. 이러한 권고를 기초로 연안국이 확정한 대륙붕의 한계는 최종적이며 구속력을 가진다.

9. 연안국은 측지자료를 비롯하여 항구적으로 자국 대륙붕의 외측한계를 표시하는 해도와 관련 정보를 국제연합사무총장에게 기탁한다. 국제연합사무총장은 이를 적절히 공표한다.

10. 이 조의 규정은 서로 마주보고 있거나 이웃한 연안국의 대륙붕 경계 획정문제에 영향을 미치지 아니한다.

[해 석]

유엔해양법협약 제76조는 '대륙붕 정의'에 관한 것으로, 최초 3개 항은 용어 및 개념을 설명하며, 다음 4개 항은 대륙변계의 외측한계 및 법적 대륙붕의 외측한계에 관한 기준을 언급하고, 기타 3개항은 200해리 이원 대륙붕 외측한계에 관한 정보를 대륙붕한계위원회에 제출하여 권고를 요청하는 내용에 관한 규정이다.

　동 협약 제76조 1항은 "연안국의 대륙붕은 영해 밖으로 영토의 자연적 연장에 따라 대륙변계의 외측 끝까지의 해저지역의 해저와 하층토" 또는 "대륙변계의 외측 끝이 200해리에 미치지 아니하는 경우, 영해기선으로부터 200해리까지의 해저지역의 해저와 하층토"로 이루어진다고 규정하였다. 이는 대륙붕의 외측한계에 관한 규정이지만 연안국이 자국의 대륙붕의 한계를 정할 때 사용가능한 2가지 방법을 제시한다. 첫째 방법은 영토의 자연적 연장에 따라 대륙변계의 외측 끝까지를 연안국의 대륙붕으로 하는 방법이다. 대륙변계의 정의와 그 외측한계를 정하는 기준은 동조 제3~6항에 나타나 있다. 두 번째 방법은 기선에서 200해리까지를 연안국의 대륙붕으로 정하는 것으로 이는 단순 거리를 기준으로 한다. 따라서 연안의 지형학적 특성에 관계없이 연안국의 대륙붕은 기선에서 200해리까지 미친다는 것으로, 200해리 이원 대륙붕은 동조 제4항에 따라 대륙변계의 외측끝을 참조하여 결정해야 한다는 의미이다.[49]

동조 제2항은 연안국 대륙붕의 해양 쪽으로의 확장한계에 관한 규정으로, "연안국의 대륙붕은 제4항부터 제6항까지 규정한 한계 밖으로 확장될 수 없다"라고 언급하고 있다. 이는 법적 대륙변계 외측한계에 관한 제4항과 200해리 이원 대륙붕에 대한 과도한 관할권 주장을 억제하려는 제5항 및 제6항의 역할을 확인하는 것인바, 즉 법적 대륙붕 외측한계가 어떻게 되는지에 대한 방법론은 제시하는 규정이다.[50]

동조 제3항은 대륙변계의 구성요소에 대한 규정으로, 대륙변계는 연안국 육지의 해면 아래쪽 연장으로서 대륙붕·대륙사면·대륙융기의 해저와 하층토로 이루어져 있다는 것이다.[51] 또한 대륙변계

---

49 국제수로국(International Hydrographic Organization: IHO)에 의하면, 대륙사면이란 대륙붕과 대륙융기 사이에 위치해 있으며 그 경사각이 일반적으로 1.5도 이상인 대륙변계 부분이며, 대륙융기란 대륙사면과 심해저 사이에 위치해 있는 경사각이 보통 0.5도 또는 그 이하인 대륙변계의 부분이라고 한다. IHO, *A Manual on Technical Aspects of the United Nations Convention on the Law of the Sea-1982* (TALOS)(C-51 Edition 6.0.0), 2020, pp. 12-13.
50 Alexander Proelss, *supra* note 48, p. 594.

는 "해양산맥을 포함한 심해대양저나 그 하층토"를 포함하지 아니한 다고 하고 있어 해양산맥이 영해기선에서 200해리 이원으로 대륙붕을 확장하는 근거로 사용될 수 없도록 하였는바, 이는 대륙붕을 육지영토의 자연적 연장이라고 규정한 제1항 규정과 일치하는 내용이다.[52]

동조 제4항은 연안국이 200해리 이원 대륙변계의 외측한계 설정 시 사용할 수 있는 두 가지 기준을 제시하는데, 이 기준은 모두 '대륙사면의 끝Foot of the Slope: FOS'을 기준으로 한다. 제4항 제(a)(i)항 기준은 대륙변계의 퇴적암 분포에 관한 지리적 정보를 적용하며, 제(a)(ii)항 기준은 측지학적으로 60해리를 측정하는 방법을 사용하는데(FOS+60해리), 연안국은 이 중 하나 또는 양자를 사용하여 대륙변계의 한계를 설정할 수 있다.[53] 제4항 (a)(i)의 방식은 "가드너 방식"Gardner Formula으로, 퇴적층의 두께와 대륙사면의 끝으로부터의 거리의 비율을 대륙붕 외측한계를 정하는 데 사용할 수 있으며 그 비율을 1퍼센트로 한정한다. 또한 제4항 (a)(ii) 방식은 '헤드버그 방식'으로, 대륙사면의 끝난FOS으로부터 60해리 이내의 고정점을 연결한 선

---

51 S. N. Nandan, etc., *supra* note 13, pp. 874-876 ; Alexander Proelss, *supra* note 48, p. 594.
52 Alexander Proelss, *supra* note 48, p. 595. 대륙변계의 끝을 정하는 두 가지의 공식이 등장한 것은 제3차 유엔해양법회의의 종료 단계에서 이루어진 것이다. 이러한 규정이 채택되게 된 것은 퇴적층의 두께를 용용하는 방식을 철저히 적용하는 것은 자국의 특수한 지리적 상황에 비추어 형평에 맞지 아니한다는 스리랑카 대표단의 주장이 받아들여진 결과이다.
53 S. N. Nandan, etc., *supra* note 13, pp. 876-879. 헤드버그방식은 대륙사면이 현저한 지형학적 특징으로 해양에 대한 국가관할권과 국제적 관할권을 나누는 논리적이고 형평에 맞는 지침이 된다고 하였으나, 실제로 대륙사면의 기저를 결정하는 데에는 어려움이 있으므로 대륙사면에서 일정한 거리까지를 한계선으로 할 것을 제안하였으며 그 거리는 60해리가 되었다.

을 대륙붕의 외측한계로 설정하는 것이다.54 그러나 대륙변계의 퇴적층 분포가 불규칙적인 곳에서는 1퍼센트 퇴적층 계산을 다양하게 할 수 있는 가변성이 있다.55 동조 제5항은 제4항의 규정에 따라 작도한 대륙붕 외측한계선을 이루는 고정점에 관한 규정으로, 두 가지 기준을 제시한다. 하나는 거리기준만을 사용한 것으로 그 고정점은 영해기선으로부터 350해리를 초과할 수 없으며, 다른 하나는 2,500미터 등심선으로부터 100해리(2,500미터 등심선+100해리)를 초과하면 안 된다는 것이다.56

동조 제6항은 제5항 적용 시의 해저산맥submarine ridges에 대한 제한규정으로,57 해저산맥에서의 대륙붕 외측한계는 영해기선으로부터 350해리를 초과할 수 없다고 규정하였다. 그 결과 해저산맥에서 연안국은 대륙붕 외측한계를 영해기선으로부터 350해리 이원으로 확대할 수 없다. 또한 제6항은 해양고원plateaux· 융기rises· 캡caps· 해퇴banks 및 해저돌출부spurs 등과 같은 대륙변계의 자연적 구성요소인 해저고지submarine elevations에는 적용하지 아니한다고 하였다. 이는 해저산맥이 대륙변계의 일부가 아니며 육지영토의 자연적 연장의 일

---

54 Alexander Proelss, ***supra*** note 48, p. 596 ; Commission on the Limits of the Continental Shelf, Scientific and Technical Guidelines of the Commission on the Limits of the Continental Shelf, Adopted by the Commission on 13 May 1999, para. 6.1.2.
55 ***Ibid.***
56 S. N. Nandan, etc., ***supra*** note 13, pp. 879-890.
57 이에 관하여는, H. Brekke & P. Symonds, "Submarine Ridges and Elevations of Article 76 in Light of Published Summaries of Recommendations of the Commission on the Limits of Continental Shelf", in Zhiguo Gao, Haiwen Zhang, Haiseng Zhang, and Jiabiao Li, ***Technical and Legal Aspects of the Regime of the Continental Shelf and the Sea*** (Beijing: China Ocean Press, 2019), pp. 136-161 참조.

부도 아니기 때문에 대륙붕을 200해리 이원으로 확장 시 이를 사용할 수 없도록 한 것이다.58

동조 제7항은 연안국에게 기선으로부터 200해리 밖으로 확장되는 대륙붕을 좌표로 표시된 고정점을 연결하는 60해리를 넘지 아니하는 직선으로 연결하여 대륙붕의 외측한계를 설정하도록 요구하고 있다. 이 기준은 경우에 따라 매우 불안정한 선이 될 수도 있는 대륙붕의 외측한계를 실용적으로 표시하는 유용한 방법이다. CLCS는 동조 제7항이 요구하는 대륙붕 외측한계를 나타내는 선은 가능한 가장 짧은 선이거나 대륙변계의 일반적 형상에 부합하는 선이며, 고정점에 의해 형성된 오목하거나 잘려 들어간 대륙붕 외측한계선 부분을 커버하기 위하여 60해리 연결선을 사용하는 경우라고 하였다.59

동조 제8항은 영해기선으로부터 200해리 이원 대륙붕 한계설정에 관한 대륙붕한계위원회의 역할과 구성에 관한 규정이다. 연안국은 영해기선으로부터 200해리를 넘는 대륙붕의 한계에 관한 정보를 대륙붕한계위원회에 제출하며, 동 위원회는 자료를 심사하여 대륙붕 외측한계 설정에 관하여 연안국에게 권고한다. 또한 연안국과 CLCS 간에 의견이 일치하지 않을 경우, 개정안을 제출할 수 있으며, 이때 소위원회나 검토과정에서 관련자료를 추가할 수 있다.60 그리고 위원회의 권고를 기초로 연안국이 확정한 대륙붕의 한계는 최종적이며 구속력을 가진다고 규정한다. CLCS에 관한 세부적인 내용은 유엔해양법협약 제2부속서에 나와 있다. 동 협약은 제76조 8항에서 CLCS의

---

58 Alexander Proelss, *supra* note 48, pp. 598-599.
59 영국과 베네수엘라 간의 1942년 Gulf of Paria 해저지역에 관한 조약 참조. *Ibid.*, p. 607.
60 *Ibid.*, p. 599.

대륙붕 외측한계 설정에 관한 권고를 기초로 연안국이 확정한 대륙붕의 한계는 최종적이며 구속력을 가진다고 규정하였다. 그러나 CLCS 권고는 연안국의 대륙붕 권원에 관한 것이지 연안국 관할권이 적용되는 대륙붕 범위를 정하는 것은 아니다. 따라서 국가 간 대륙붕 경계획정은 CLCS의 권고와는 별도로 관련 국가 간 합의 등을 통해 결정되어야 한다.

동조 제9항은 대륙붕 외측한계에 관한 관련 정보의 기탁과 공개에 관한 규정이다. 연안국은 측지자료를 비롯하여 항구적으로 자국 대륙붕 외측한계를 표시하는 해도와 관련 정보를 유엔사무총장에게 기탁하여야 하며, 유엔사무총장은 이를 적절히 공표해야 한다. 여기에서 '항구적으로' 자국 대륙붕의 외측한계를 표시하는 해도와 관련 정보라는 표현은, CLCS의 권고를 기초로 대륙붕의 외측한계가 결정되면 이는 최종적이고 구속력이 있는 것이므로 쉽게 변경되지 않는다는 것을 암시한다.

동조 제10항은 대륙붕의 외측한계에 관한 본조의 규정이 대향국이나 인접국가 간 대륙붕 경계획정에 영향을 미치지 아니한다는 규정이다. 즉, 본 조항은 어떠한 CLCS 결정이나 행동도 인접 또는 대향국 간 경계획정에 영향을 미치지 아니한다는 것으로, 이는 동 협약 제2부속서 제9조의 내용을 그대로 재현한 것이다.[61] 본 조항은 연안국 대륙붕 권원의 범위를 결정하는 규정이며, 관련 국가 간 대륙붕 경계획정은 동 협약 제83조에 따라 별도의 절차에 의한다는 것이다.[62] 따라서 동 위원회는 해양경계에 관한 기존 또는 향후 문제와는

---

61 "제9조 위원회의 행위는 대향국 또는 인접국 간의 경계획정과 관련된 사항을 침해하지 아니한다."
62 Alexander Proelss, *supra* note 48, p. 599.

완전히 별개로 업무를 수행할 수 있다는 것이다.63

2. 제77조 대륙붕에 대한 연안국의 권리

1. 연안국은 대륙붕을 탐사하고 그 천연자원을 개발할 수 있는 대륙붕에 대한 주권적 권리를 행사한다.
2. 제1항에 언급된 권리는 연안국이 대륙붕을 탐사하지 아니하거나 그 천연자원을 개발하지 아니하더라도 다른 국가는 연안국의 명시적인 동의 없이는 이러한 활동을 할 수 없다는 의미에서 배타적 권리이다.
3. 대륙붕에 대한 연안국의 권리는 실효적이거나 관념적인 점유 또는 명시적 선언에 의존하지 아니한다.
4. 이 부에서 규정한 천연자원은 해저와 하층토의 광물, 그 밖의 무생물자원 및 정착성 어종에 속하는 생물체, 즉 수확가능단계에서 해저표면 또는 그 아래에서 움직이지 아니하거나 또는 해저나 하층토에 항상 밀착하지 아니하고는 움직일 수 없는 생물체로 구성된다.

[해 석]

동 협약 제77조는 대륙붕에 대한 연안국의 권리를 규정하는바, 특히 제1항은 "연안국은 대륙붕을 탐사하고 그 천연자원을 개발할 수 있는 대륙붕에 대한 주권적 권리sovereign rights를 행사한다"라고 언급한다. 이는 연안국이 대륙붕에서 가지는 주권적 권리는 '기능적인 권리와 관할권'이라는 의미이다. 동조 제2항과 3항에서는 그러한 연안국

---

63 *Ibid.*, p. 600.

의 권리는 배타적인 권리로 타국은 연안국의 명시적인 동의 없이는 대륙붕을 탐사·개발할 수 없다는 것이다.

대륙붕에 대한 연안국의 권리는 1958년 대륙붕협약 및 1982년 유엔해양법협약에도 반영되었다.64

유엔해양법협약 제77조 1항에 의하면, 연안국은 대륙붕을 탐사하고 그 천연자원을 개발할 수 있는 주권적 권리를 행사한다. 이는 연안국의 대륙붕에 대한 권리가 대륙붕을 탐사하고 천연자원을 개발할 수 있는 권리에만 한정된다는 의미이다. 즉, 이는 배타적 경제수역에 대한 연안국의 '주권적 권리' 행사와65 유사한 개념이다. 대륙붕 자원의 탐사 및 개발에는 다양한 방법이 있으며, 여기에는 선박과 육지, 인공섬과 시설로부터의 대륙붕 해저 및 지하천공과 굴착 등이 모두 포함된다.66

동조 제2항은 연안국의 대륙붕에 대한 주권적 권리는 연안국의 명시적인 동의가 없이는 대륙붕을 탐사하거나 그 천연자원을 개발할 수 없다는 의미에서 배타적인 권리라고 언급하였다. 이 규정은 연안국의 대륙붕에 대한 주권적 권리가 배타적인 권리임을 재확인하는 것으로, 타국이나 기업 등이 대륙붕 탐사나 개발을 하려면 반드시 연안국으로부터 '명시적인' 동의를 받아야 함을 의미한다.67 다만, 정상적 상황에서 연안국의 EEZ 및 대륙붕에 대한 타국의 해양과학조사 요청 시 연안국의 동의 부여가 일반적이나,68 여기에서의 동의는

---

64 S. N. Nandan, etc., *supra* note 13, pp. 893-894.
65 유엔해양법협약 제56조 1항(a).
66 S. N. Nandan, etc., *supra* note 13, p. 612; 유엔해양법협약 제62조 2항 참조.
67 *Ibid.*, pp. 612-613.
68 유엔해양법협약 제246조 3항.

생물 또는 무생물자원과 관계없이 천연자원의 탐사 및 이용에 직접적 중요성direct significance이 있는 경우로만 한정된다.69

동조 제3항은 대륙붕에 대한 연안국의 권리가 실효적 또는 관념적인 점유나 선언에 의존하는 것이 아니라고 하였다. 이는 연안국의 대륙붕에 대한 권리는 고유한inherent, 즉, 선천적이고 원시적인 권리라는 의미이다.70 ICJ는 북해대륙붕 사건에서, 연안국 대륙붕은 "육지영토의 자연적 연장이며[…] 이는 고유한 것이다"라고 강조하였다.71 이 '고유한 권리'는 EEZ에서의 연안국 권리와 비교 시 명백한 법적 근거가 될 수 있다. 따라서 대륙붕에 대한 연안국 권리는, 해당 연안국이 EEZ 권리를 주장하는 수역에서도 당연히ipso facto 존재한다는 것이다.72 즉 EEZ와 대륙붕은 그 개념이 서로 다르다는 것이므로 특히 200해리 이원 수역에서의 대륙붕은 그 의미가 있다고 보인다.

동조 제4항은 천연자원의 의미를 분명히 하고 있는바, 동 협약이 규정한 천연자원은 해저와 하층토의 광물 및 기타 무생물자원과 정착성 어종에 속하는 생물체 등 2가지를 말한다. 이 중 해저와 하층토의 광물 및 기타 부생불자원은 석유 및 가스를 비롯한 광물자원과 무생물자원을 언급하는 것이나, 정착성 어종 또는 정착성 생물자원에 속하는 생물에 대해서는 추가 언급이 필요한 것으로 보인다. 정착성 어종에 관한 규정은 1958년 대륙붕협약 내용이 1982년 유엔해양법협약에도 그대로 반영되었다. 동 규정에 의하면 정착성 어종에 속하는 생물체는 해저표면 또는 그 아래에서 움직이지 아니하거나 해

---

69 Alexander Proelss, *supra* note 48, p. 612.
70 *Ibid.*, pp. 613-614.
71 *North Sea Continental Shelf, Judgment, I.C.J. Reports 1969*, p. 3, para. 19.
72 Alexander Proelss, *supra* note 48, p. 613.

저나 하층토에 밀착하지 아니하고는 움직일 수 없는 생물체이어야 한다. 이에 해당하는 정착성 생물자원에는 대합조개, 굴, 홍합, 가리비, 해면, 산호는 물론 새우와 바닷가재, 게와 같은 갑각류crustacean 등이 속한다. 한편, 대륙붕 유전자원genetic resources에 대한 검토도 필요한바, 이는 수확가능단계에서 해저표면 또는 그 아래에서 움직이지 아니하거나 해저나 하층토에 항상 밀착하지 아니하고는 움직일 수 없는 생물체라는 기준 고려 시 대륙붕 유전자원은 동 협약 제6부(대륙붕)의 천연자원에 포함되어야 할 것이다.73

3. 제78조 상부수역과 상공의 법적 지위 및 다른 국가의 권리와 자유

1. 대륙붕에 대한 연안국의 권리는 그 상부수역이나 수역 상공의 법적 지위에 영향을 미치지 아니한다.
2. 대륙붕에 대한 연안국의 권리행사는 다른 국가의 항행의 권리 및 이 협약에 규정한 다른 권리와 자유를 침해하거나 부당한 방해를 초래하지 아니한다.

[해 석]

제78조는 대륙붕 상부수역과 그 상공에서의 타국 권리와 자유는 연안국의 대륙붕에 대한 권리로 인하여 아무런 영향을 받지 않으며 대륙붕에 대한 연안국 관할권 확장이 대륙붕 상부수역과 상공의 지위에 아무런 영향을 주지 않는다고 한다. 이는 연안국의 주권적 권리행사 수역인 대륙붕이 공해의 일부이므로 대륙붕과 공해가 병존하며, 따라서 대륙붕에 주어진 권리(즉, 자원의 탐사 및 이용에 관한 관할

---

73 *Ibid.*, pp. 613-614; S. N. Nandan, etc., *supra* note 13, p. 906.

권) 이외에는 공해의 자유가 그대로 인정됨을 의미하는 규정이라고 하겠다.

본 조항은 1958년 대륙붕협약 제3조[74] 및 제5조[75]에서 유래한 것으로 볼 수 있는바, 대륙붕협약 제3조는 대륙붕에 대한 연안국의 권리가 공해로서의 상부수역과 공해 상공의 법적 지위를 해하지 않는다고 하여 대륙붕 상부수역을 공해의 일부로 규정하였으나, 유엔해양법협약에서는 배타적 경제수역의 등장으로 구조적 변화가 있게 되었다. 즉, 200해리 이내의 대륙붕은 연안국이 자원에 대한 주권적 권리를 행사하는 EEZ 범위에 속하므로 이 경우의 대륙붕은 의미가 없게 된다. 따라서 대륙붕 상부수역의 범위와 그 법적 지위는 연안국의 배타적 경제수역 범위와 대륙붕 존재여부에 따라서 영향을 받게 된다.[76]

동조 제1항은 대륙붕에 대한 연안국의 권리는 그 상부수역이나 수역 상공의 법적 지위에 영향을 미치지 아니한다고 규정하였다. 이는 그 상부수역이 배타적 경제수역이나 공해에 영향을 미치지 아니하며, 이들 수역의 상공에도 영향을 미치지 아니한다는 의미이다. 여기에서 상부수역이란 해저 sea-bed 나 심해저 deep ocean floor 바로 위에

---

74 Article 3 "The rights of the coastal State over the continental shelf do not affect the legal status of the superjacent waters as high seas, or that of the airspace above those waters."

75 Article 5 "1. The exploration of the continental shelf and the exploitation of its natural resources must not result in any unjustifiable interference with navigation, fishing or the conservation of the living resources of the sea, nor result in any interference with fundamental oceanographic or other scientific research carried out with the intention of open publication"

76 Alexander Proelss, *supra* note 48, p. 617; S. N. Nandan, etc., *supra* note 13, pp. 906-907.

서부터 수면까지의 공간을 말한다. 대륙붕 상공 역시 공해의 상공이므로 이 공역에서도 연안국의 주권이나 관할권이 미치지 아니한다.

동조 제2항은 대륙붕에 대한 연안국의 권리행사가 다른 국가의 항행의 권리 및 기타 권리와 자유를 침해하거나 부당한 방해를 초래하면 아니 된다는 규정이다. 즉, 이 조항은 대륙붕이 공해의 일부라는 점을 강조한 것으로 자원의 탐사 및 이용 등에 관한 주권적 권리 이외에는 공해의 자유가 인정된다는 것을 의미한다. 유엔해양법협약상 특정 수역에서 타국의 권리와 자유가 보장되는바, 본 규정은 연안국이 대륙붕과 관련한 권리행사에 있어서 항행의 권리(공해의 자유) 등 타국의 권리나 자유를 침해하거나 부당하게 방해하면 아니 된다는 것이다. 이러한 의미에서 배타적 경제수역이나 공해에서 다른 국가의 자유를 보장해야 한다는 동 협약 제58조 및 제87조 규정과 유사하다고 하겠다. 여기에서 말하는 기타 권리 및 자유에는 해저전선과 관선 부설의 자유, 어로의 자유, 해양과학조사의 자유 등이 포함된다.[77]

4. 제79조 대륙붕에서의 해저전선과 관선

1. 모든 국가는 이 조의 규정에 따라 대륙붕에서 해저전선과 관선을 부설할 자격을 가진다.
2. 연안국은 대륙붕의 탐사와 대륙붕의 천연자원 개발, 그리고 관선에 의한 오염의 방지, 경감 및 통제를 위한 합리적 조치를 취할 권리에 따라 이러한 전선이나 관선의 부설이나 유지를 방해할 수 없다.

---

[77] 유엔해양법협약 제87조 1항; Alexander Proelss, *supra* note 48, pp. 619-620.

3. 대륙붕에서 위의 관선 부설경로의 설정은 연안국의 동의를 받아야 한다.

4. 이 부의 어떠한 규정도 자국 영토나 영해를 거쳐 가는 전선이나 관선에 대한 조건을 설정하는 연안국의 권리, 대륙붕의 탐사나 그 자원의 개발 또는 자국 관할권 아래에 있는 인공섬·시설 및 구조물의 운용과 관련하여 부설하거나 사용하는 전선과 관선에 대한 연안국의 관할권에 영향을 미치지 아니한다.

5. 각국은 해저전선이나 관선을 부설함에 있어서 이미 설치된 전선이나 관선을 적절히 고려한다. 특히 기존 전선이나 관선을 수리할 가능성을 방해하지 아니한다.

[해 석]

유엔해양법협약은 연안국에게 대륙붕 천연자원의 탐사와 개발을 위한 주권적 권리를 부여하나, 기타에 관하여는 공해에 관한 규정이 적용되도록 하였다. 해저전선과 관선 부설도 그러한 문제 중의 하나인데, 동 협약 제87조 1항은 '공해의 자유'의 하나로 해저전선과 관선 부설의 사유를 규정하였으며, 제79조는 이러한 권리를 재확인하였다. 다만, 본조는 연안국의 이익과 다른 국가들의 이익을 고려하여 일부 특별 규정을 두었다.[78] 제79조는 모든 국가가 대륙붕에 해저전선이나 관선을 부설할 권리가 있음을 언급하며(1항), 전선이나 관선의 부설이나 유지를 방해하지 않을 연안국의 의무를 규정하였고(2항), 대륙붕에서의 해저관선 부설경로 결정시 연안국의 동의를 받도록 하였으며(3항), 자국 영토나 영해를 지나가는 전선이나 관선에 대한 연안국의 권리와 대륙붕에 있는 전선과 관선에 대한 연안국의 관

---

78 *Ibid.*, pp. 620-621.

할권을 규정하였으며(4항), 새로이 전선이나 관선을 부설하는 경우 기존 전선이나 관선을 적절히 고려해야 한다고 언급하였다(5항).

동조 제1항에서 모든 국가는 대륙붕에서 해저전선과 관선을 부설할 자격을 갖는다고 규정하였는데, 여기에서 말하는 '모든 국가'에는 실제로 해저전선과 관선을 부설하는 국가의 국민도 포함되는 것으로 보아야 한다. 또한 동 조항은 모든 국가는 대륙붕에서 해저전선과 관선을 부설할 자격을 갖는다고만 하여 해저전선과 관선의 관리 및 수리권을 누가 향유하는지 여부가 해석상 문제가 될 수 있으나, 부설권리에 이들 부수적 권리도 포함하는 것으로 해석하는 것이 합리적일 것이다.[79]

동조 제2항은 국가는 제1항 규정에 따라 다른 국가의 대륙붕에 전선이나 관선을 새로이 부설하고 기존의 전선과 관선을 유지할 수 있지만, 대륙붕 탐사와 천연자원 개발, 관선에 의한 오염의 방지·경감·통제를 위한 합리적 조치를 취할 수 있는 연안국의 권리에 의해 제약을 받는다는 의미이다.[80] 여기에서 대륙붕 탐사와 천연자원 개발, 관선에 의한 오염방지 등을 위한 '합리적 조치' 의미에 대해서는 다소 모호할 수 있으나, 다만, 전선이 아닌 오직 관선에 의한 오염방지를 위한 합리적 조치를 언급한 것은 해양오염이 전선보다는 관선으로 인하여 발생할 개연성이 높다는 점을 고려한 것으로 보인다.

동조 제3항은 연안국 대륙붕에서의 타국 관선의 부설경로 설정 시 연안국의 동의권을 규정한 것이다. 해저전선과 관선의 부설에 있어서 그 경로를 설정하는 것은 전선과 도관 부설의 본질적인 부분이

---

79 *Ibid.*, p. 624; S. N. Nandan, etc., *supra* note 13, p. 915.
80 Alexander Proelss, *supra* note 48, pp. 624-625.

나, 제3항은 연안국 관할수역임을 고려하여 관선 경로 설정 시 연안국의 동의를 받아야 한다고 규정한 것이다. 이는 해저관선의 경로를 설정하는 문제와 관련해서 연안국에게 보다 넓은 재량이 인정된 것이라고 볼 수 있다.[81]

동조 제4항은 대륙붕에 대한 연안국의 관할권과 관련하여 다음 두 가지 문제를 추가로 규정하고 있다. 첫째, 연안국은 그 영토나 영해를 지나가는 전선이나 관선에 대하여 조건을 설정할 수 있다고 하였다. 국가는 자국의 영토와 영해에서 주권을 향유하므로 이는 당연한 규정이라고 할 수 있다. 둘째, 연안국은 대륙붕 탐사나 자원개발 또는 자국 관할권에 속하는 인공섬·시설물·구조물의 운용과 관련하여 부설하거나 사용하는 전선과 관선에 대한 관할권을 갖는다고 하였다. 이는 대륙붕에 대한 주권적 권리에 관한 것으로 대륙붕 탐사와 자원개발, 인공섬과 시설 및 구조물의 운용과 관련하여 부설하거나 사용하는 전선과 관선에 대하여도 연안국이 관할권을 갖는다는 것을 의미다.[82]

동조 제5항은 기존의 해저전선과 관선의 보호에 관한 규정으로, 해저전선이나 관선을 새로이 부설하는 경우 기존의 전선이나 관선을 적절히 고려해야 due regard 하며, 기존 전선이나 관선의 수리 가능성을 방해하면 아니 된다는 것을 언급한 것이다. 이 조항은 유엔해양법협약 제112(2)항에서 해전전선·관선 부설권을 규정하면서, "제79조 제5항은 이러한 전선과 관선에 적용한다"라고 언급하여 부설권이 공해의 자유 중 일부임을 강조하고 있다. 또한 대륙붕상의 해저전선이

---

[81] *Ibid.*, pp. 625-626.
[82] *Ibid.*, p. 626

나 관선 부설, 수리 또는 유지권 행사 시, 이러한 권리를 행사하는 국가는 이 수역 내에서의 타국의 이익 및 합법적 이용을 방해하지 않도록 당연한 고려를 해야 한다는 것이다.[83]

5. 제80조 대륙붕상의 인공섬·시설 및 구조물

제60조의 규정은 대륙붕상의 인공섬·시설 및 구조물에 준용한다.

[해 석]

인공섬[84]은 그 건설 목적과 관계없이 인위적으로 건설한 시설물로 예를 들면, 건물·활주로·숙박시설·정박지·과학기지·군사기지 등을 말한다. 따라서 이러한 자연섬이 아닌 인공섬의 법적 지위는 그 주변수역에서의 항행문제 등에 대한 중요한 해석 기준이 될 수 있다.[85]

제60조(배타적 경제수역에서의 인공섬, 시설 및 구조물) 1항(b)에서 '제56조에 규정된 목적과 그 밖의 경제적 목적'을 언급하는바, 이는 유엔해양법협약 제56조에서 '천연자원의 탐사·개발·보존 및 관리' 뿐만 아니라, 예컨대 에너지 생산과 같은 '경제적인 개발과 탐사를 위한' 그 밖의 활동도 연안국의 주권적 권리를 위한 목적이 될 수 있다고 규정하고 있다. 그렇다면, 항행을 위한 시설 및 구조물 또는 활주로나 정박지가 이러한 목적물이 되는 것인지? 물론, 활주로나

---

83 *Ibid.*, pp. 627-628; 유엔해양법협약 제78조 2항.
84 인공도서에 관한 국제법원의 판단에 관해서는 2016년도 필리핀·중국 간 중재재판소 판정(*South China Sea Arbitration (Philippines v. China), Award, 12 July 2016*); 양희철·이문숙, 『해양법과 해양정책』(부산: 한국해양과학기술원, 2020), pp. 132-133 참조.
85 유엔해양법협약 제297조 3항(a) 참조.

정박지 등은 인공섬의 일부로 볼 수 있을 것이다.86

그렇다면, 무엇이 그 밖의 경제적 목적이 될 수 있을까? 순수하게 군사목적이나 기상관측을 위한 것 등이 될 수 있는데, 이러한 시설 및 구조물은 (b)호에 해당되지 않는다. 과연, 이러한 시설 및 구조물은 어떠한 국가의 것이라도 연안국 규제에서 배제되는 것이라 할 수 있는가? 물론, 분명히 이것이 "배타적 경제수역에 있어서 연안국의 권리의 행사를 방해할" 수 있다면 제60조 1항 (c)호(즉, 배타적 경제수역에서 연안국의 권리행사를 방해할 수 있는 시설과 구조물)의 대상이 되며, 또한 해양과학조사를 위한 것이라면 제56조 제1항(b)(ii)(해양과학조사)에 규정된 바에 따라 규율될 것이다. 그러나 그 외의 경우, 예컨대, 군사시설로서의 잠수함 탐지장치 등의 설치 시에는 연안국 규제가 미치지 않는다고 볼 수 있다. 따라서 여전히 시설물 또는 구조물의 종류나 유형 등에 관하여 일관된 관행이 없음을 알 수 있다.87

제60조 1항 (c)호의 규정, 즉 연안국은 "배타적 경제수역에서 연안국의 권리행사를 방해할 수 있는 시설 및 구조물"을 "건실하고 그

---

86 인공도 및 도서의 법적 지위에 관해서는 김현수, "남중국해 해양개체의 법적 지위와 그 역할에 관한 소고", 『법학연구』, 제19권 1호 (2016); Maximo Paulino T. Sison III, "Universalizing the Law of the Sea in the South China Sea", *Ocean Development & International Law*, Vol. 49 No. 2 (2018), pp. 164-167; Yann-huei Song, "The July 2016 Arbitral Award, Interpretation of Article 121(3) of the UNCLOS and Selecting Examples of Inconsistent State Practices", *Ocean Development & International Law*, Vol. 49 No. 3 (2018), pp. 247-256; Michael Sheng-ti Gau, "The Interpretation of Article 121(3) of UNCLOS by the Tribunal for the South China Sea Arbitration: A Critique", *Ocean Development & International Law*, Vol. 50 No. 1 (2019), pp. 49-82 참조.
87 Alexander Proelss, *supra* note 48, p. 632.

에 관한 건설, 운용 및 사용을 허가하고 규제하는 배타적 권리"를 갖게 된다고 하나, 이는 그 적용범위가 광범위하여 다소 애매할 수도 있다고도 보인다. 제60조 제3항은 실질적으로 대륙붕협약 제5조 5항과 동일한 내용이나,[88] "적절한 공시"를 누가 누구에게 하는지는 명확하지 않다.

안전수역에 대한 규정도 대륙붕협약 제5조 2항 및 3항에서 유래하나,[89] 이 협약에는 동 수역에서 연안국이 갖는 권리는 "시설 및 장치의 보호를 위하여 필요한 조치를 취하기" 위한 것이라고 되어 있는 바, 본 규정은 항행상의 안전 확보도 고려하고 있다. 이에 연안국은 어떠한 조치를 취할 수 있을까? 안전수역에 대한 연안국 권리행사 범위와 관련해서는 특별한 언급이 없는바, 따라서 안전에 위험이 되는 행위에 대해서는 포괄적 권한행사가 가능하다고 보는 것이 합리적일 것이다.

제60조 제6항 전단의 규정은 대륙붕협약 제5조 3항 후단에서 유래하나, 제6항 후단은 새로이 규정된 것으로, 특히 '안전수역을 존중하며'라는 표현은 매우 애매하며 또한 여기에 규정된 '일반적으로 수

---

[88] "5. Due notice must be given of the construction of any such installations, and permanent means for giving warning of their presence must be maintained. Any installations which are abandoned or disused must be entirely removed."

[89] "2. Subject to the provisions of paragraphs 1 and 6 of this article, the coastal State is entitled to construct and maintain or operate on the continental shelf installations and other devices necessary for its exploration and the exploitation of its natural resources, and to establish safety zones around such installations and devices and to take in those zones measures necessary for their protection. 3. The safety zones referred to in paragraph 2 of this article may extend to a distance of 500 metres around the installations and other devices which have been erected, measured from each point of their outer edge. Ships of all nationalities must respect these safety zones."

락된 항행에 관한 국제기준' 역시 그 의미가 분명하지 않다. 따라서 연안국이 이러한 '기준'과 합치하는 국내법령을 제정하여 외국선박에도 적용시킬 수 있도록 하겠다는 취지로의 해석이 가능할 수 있다. 또한 안전수역의 범위나 주변이 어디까지인지도 애매하다. 제60조 제7항은 대륙붕협약 제5조 6항과 실질적으로 동일한 내용이며, 동조 제8항은 대륙붕협약 제5조 4항에서 유래하는바, 동 협약에 규정되어 있던 "섬의 지위를 갖지 아니한다"라는 표현은 삭제되었으나, "그 자체의 영해를 갖지 아니하며" 또는 "경계획정에 영향을 미치지 아니한다"라는 표현이 있기 때문에 이는 그렇게 큰 의미가 있는 것은 아니었다. 오히려 그로 인해 섬의 지위에 대한 논란을 피할 수 있었던 것으로 보인다.

6. 제81조 대륙붕 시추

연안국은 대륙붕에서 모든 목적의 시추를 허가하고 규제할 배타적 권리를 가진다.

[해 석]

대륙붕에 대한 연안국의 권리를 인정하는 가장 중요한 목적은 연안국에게 천연자원 특히 석유나 가스자원을 탐사 및 개발할 수 있는 권리를 부여하는 것이며, 시추_drilling_는 해저와 하층토를 개발하는 데 필요한 중요 수단의 하나이다. 동 협약 제81조는 연안국은 대륙붕에서 모든 목적의 시추를 허가하고 규제할 배타적 권리를 가진다고 규정하여, "모든 목적의_for all purposes_" 개발에 대하여 연안국이 권리가 있음을 규정하고 있다. 즉, 동 협약 제77조 1항상의 천연자원의 탐사와 개발뿐만 아니라 기타 개발에 관한 모든 목적의 권리행사를 연안국이 행사할 수 있음을 의미한다. 따라서 대륙붕 개발에 필요한 어떠한 채굴행위에 대하여도 연안국은 이를 허가하고 규제할 배타적 권리가 있음을 분명히 하고 있다.[90] 대륙붕에서의 자원개발을 위한 시추가 이루어지는 주요 시설인 인공섬이나 시설물·구조물 건설과 관련한 내용은 동 협약 제80조(대륙붕상의 인공섬·시설 및 구조물) 규정이 그대로 적용된다.

7. 제82조 200해리 밖의 대륙붕 개발에 따른 금전지급 및 현물공여

1. 연안국은 영해기선으로부터 200해리 밖에 있는 대륙붕의 무생물 자원 개발에 관하여 금전을 지급하거나 현물을 공여한다.
2. 금전지급과 현물공여는 생산개시 5년 후부터 그 광구에서 생산되는 모든 생산물에 대하여 매년 납부된다. 6년째의 금전지급이나 현물공여의 비율은 생산물의 가격이나 물량의 1퍼센트로 유지한다. 그 비율은 12년째까지 매년 1퍼센트씩 증가시키고 그 이후에는 7퍼센트로 한다. 생산물의 개발을 위하여 사용한 자원은 포함하지 아니한다.
3. 자국의 대륙붕에서 생산되는 광물자원의 순수입국인 개발도상국은 그 광물자원에 대한 금전지급이나 현물공여로부터 면제된다.
4. 금전지급과 현물공여는 해저기구를 통하여 이루어지며, 해저기구는 이를 개발도상국 특히 개발도상국 중 최저개발국 및 내륙국의 이익과 필요를 고려하고 공평분배의 기준에 입각하여 이 협약의 당사국에게 분배한다.

---

90 Alexander Proelss, *supra* note 48, p. 639.

[해 석]

제82조는 200해리 이원의 대륙붕 개발에 따른 금전지급 및 현물공여에 관한 규정으로, 대륙붕 외측한계 설정과 관련하여 대륙붕 주장국과 기타 국가 간 상당한 논란이 있었다. 양자 간 주장의 합리적 조화를 위해 대륙붕 외측한계는 육지영토의 자연적 연장을 통하여 대륙변계의 외측한계까지 연장할 수 있게 되었고, 이에 대한 반대급부로 대륙붕 확장으로 심해저를 잠식하는 경우 금전지급 및 현물공여를 통해 그 이익의 일부를 국제사회에 환원하기로 한 규정이다.[91]

동조 제1항은 연안국으로 하여금 영해기선으로부터 200해리 이원에 있는 자원개발과 관련하여 금전을 지급하거나 현물을 공여하도록 하는 원칙을 규정하고 있다. 다만, 동 협약에서 지급 및 기여방식에 관한 언급은 없으나, 개발 관련 모든 사항을 해당 연안국이 향유하므로 이의 구체적 방법, 즉 금전지급이나 현물공여 여부도 해당 연안국이 선택할 수 있다고 본다.[92]

동조 제2항은 연안국에 의한 금전지급과 현물공여 비율에 관한 규정으로, 연안국은 생산개시 5년 후부터 그 광구에서 생산되는 생산물에 대하여 금전지급 또는 현물공여를 하되, 6년째의 금전지급이나 현물공여의 비율은 생산물 가격이나 물량의 1퍼센트로 유지한다. 그리고 그 비율은 12년째까지 매년 1퍼센트씩 증가시켜서 그 이후에는 7퍼센트로 고정한다. 다만 이는 광구에서의 생산에 적용한다고 하였는데, 여기서의 광구site가 실제로 무엇을 의미하지는 명확하지 않다.[93]

동조 제3항은 개발도상국에 대한 특례규정으로 연안국이 개발

---

91 *Ibid.*, p. 645.
92 *Ibid.*, p. 647.
93 *Ibid.*, p. 648.

도상국으로서 자국 대륙붕에서 생산되는 광물자원의 순수입국인 경우에는 금전지급이나 현물공여 의무에서 면제된다는 것이다. 그러나 여기서 면제대상은 광물자원에 한정되는바, 따라서 개도국의 모든 비 생물자원까지 면제대상은 아니다.[94]

동조 제4항에는 연안국에 의한 금전지급과 현물공여는 해저기구를 통하여 이루어진다는 원칙과 해저기구에 의한 분배방식에 관한 규정이다. 즉, 금전지급과 현물공여는 동 협약에 의하여 인류의 공동유산수역의 관리를 위해 조직된 해저기구Authority를 통하여 이루어지도록 하였으며, 동 해저기구는 이를 개발도상국 특히 최저개발국과 내륙국가의 이익과 필요를 고려하여 협약 당사국들에게 분배한다고 규정하였다. 그러나 이익이 어떻게 전달되는지, 예를 들면, 해당 국가 또는 국제개발계획이나 기구에게 어떻게 지급되는지에 대해서는 동 협약상 명확하지 않다.[95]

8. 주요 대륙붕 공동개발협정

1) 한국·일본 간 대륙붕 공동개발협정

1974년 1월 30일 한일 양국은 50년간의 효력기간을 가진 대륙붕 공동개발구역에 관한 협정을 체결하였고 이 수역을 양국에 인접한 남부 대륙붕에 설정하였고, 이러한 협정이 대륙붕 경계획정에 아무런 영향도 주지 않는다는 협정을 체결하였다.[96]

---

94 *Ibid.*, p. 649.
95 *Ibid.*, p. 651.
96 상세 내용에 관해서는 김현수, 『한반도 주변국가의 해양법령집』(서울: 연경문화사, 2000), pp. 421-44 참조.

특히 동중국해의 경우 1970년대 해양에서의 석유개발 관심이 고조되었고 이곳에 석유가 매장되어 있을 것이라는 가능성이 제기되면서 한일 간 대륙붕 경계획정은 일단 보류하고 석유개발에 대해서만 규율하는 공동개발협정을 1974년에 체결하였고, 이후 일본이 비준을 지연해 오다 1978년에야 발효하게 되었다. 동 협정은 발효 후 50년간 유효하며 그 이후 일방의 의사표시로 폐기될 수 있으며,[97] 동 협정의 내용은 이후 경계획정에 영향을 미치지 아니한다고 규정하고 있다.[98] 그러나 동 협정 체결 이후 동 협정에 따른 개발 실적은 현재까지 전무한 상태이며, 특히 동 협정에 대한 중국 측의 문제 제기 등으로 세계의 주요 석유회사들이 투자를 기피하게 되는 원인으로 작용되면서 개발 역시 부진하게 되었다. 한편, 한일 간 북부대륙붕경계협정시 양국은 중간선에 따른 경계에 합의하여 좌표를 설정한 바 있다.[99]

유엔해양법협약은 해양경계합의가 상당한 기간 내에 어려울시 분쟁수역에서의 해양분쟁을 방지하고 동 수역 내에서의 분쟁당사국 국민의 기존 해양이익을 보호하기 위하여 당사국은 실무적 성격을 가진 잠정약정 체결을 위해 성실히 교섭해야 하는 의무를 부과하고 있다.[100] 또한 경계획정 기준의 완화로 공평한 해결을 강조하는 것이 국가관행상 일반화되어가고 있으므로 분쟁 당사국들은 이를 기초로 공동개발구역 설정이나 기타 협력 증진방안의 모색을 선호하게 될 것으로 보인다.[101]

---

97 1974년 한국과 일본 간의 남부대륙붕공동개발협정 제31조 2항.
98 동 협정 제28조.
99 동 협정 제1조 및 지도 참조.
100 유엔해양법협약 제74조 및 83조.
101 한일 간 동중국해 해양경계에 관해서는 김현수, "한일간 해양경계획정에 관한 일본 주장의 대응 논리", 『국제법학회논총』, 제52권 1호(2007), pp. 52-63 참조

본 협정은 조광권자, 운영계약, 작업조건, 구역의 양도, 보상책임, 비용과 자원의 공동분배 및 형사관할권 목적으로 구역을 나누지 아니하고 각국의 법령을 적용하는 등의 내용을 규정하고 있다. 분쟁은 외교적 수단에 의해 해결되어야 하며, 이의 불가 시 3인의 중재위원으로 구성되는 중재에 회부되어 분쟁을 해결하게 된다. 중재위원회는 판정 이전 잠정명령도 발할 수 있다.[102]

그러나 중국은 자국의 동의 및 참여 없이 이러한 공동개발구역을 설정한 것에 대하여 일본에 항의하였고, 이 구역이 불법한 것이며

〈그림 2〉 한국·일본 간 공동개발구역[103]

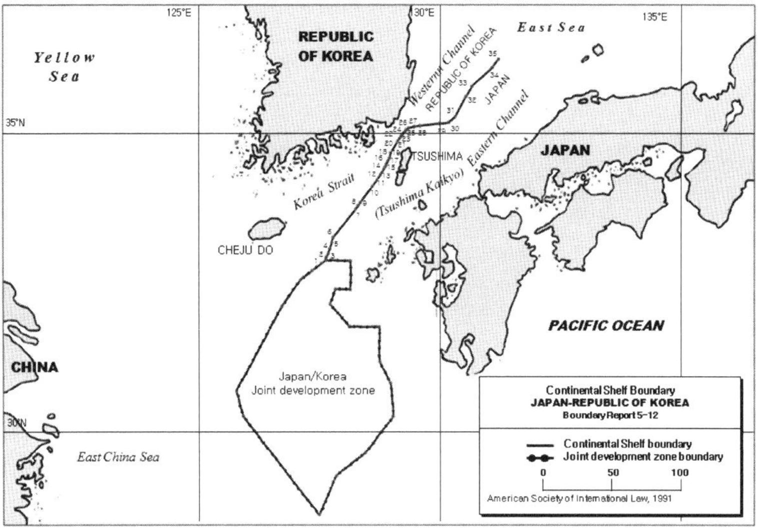

---

[102] 1974년 한국과 일본 간의 남부대륙붕공동개발협정 제26조.
[103] Jonathan I. Charney, & Lewis M. Alexander (eds), *International Maritime Boundaries, Vol. I* (Dordrecht: Martinus Nijhoff Publishers, 1993), p. 1063.

따라서 무효라고 선언한 바도 있다.104 또한 지금까지 양국은 협정 체결 이후 공동개발에 참여한 실적이 전무하여 향후 경계획정 교섭 시 동 협정을 활용할 가능성은 상대적으로 적은 편이다. 이는 한일 양국이 처한 현실이 기타 공동개발협정을 체결 및 운영하여 온 다른 국가와는 상황이 다르다는 것이다. 따라서 동 협정의 2028년 종료 시점이 얼마 남지 않은 현실을 고려하여 새로운 공동개발협정의 체결, 기존 공동개발협정의 개정 또는 경계획정협상의 구체적 이행 등의 다양한 대안을 신중히 고려하여 선택할 필요가 있다.

2) 아이슬란드·노르웨이 간 공동구역

해양경계와 병행하여 공동개발구역설정을 하도록 권고한 사건은 1981년 5월 아이슬란드와 얀마엔Yan Mayen(노르웨이) 간 대륙붕조정위원회 보고서에서 찾을 수 있다. 얀마엔의 융기지형 및 지질에 관한 전문가 그룹 보고에 따라 동 조정위원회는 아이슬란드와 얀마엔 간 배타적 경제수역 및 대륙붕 해양경계가 200마일 선이 되어야 하며 (아이슬란드와 얀마엔 간 거리가 292마일이라 하더라도), 아이슬란드는 자국 대륙의 자연적 연장을 기초로 200마일 이원 얀마엔의 어떠한 지역에 대하여도 관할권 주장을 할 수 없다고 권고하였다. 그러나 이 지역에서의 아이슬란드의 상당한 경제적 이해관계 특히 석유 및 가스에 대한 이해관계를 고려하여 동 조정위원회는 해양경계선의 얀마엔 북쪽에 있는 32,750제곱킬로미터와 아이슬란드 남쪽 12,725제곱킬로미터까지 미치는 직사각형 모양의 '공동개발구역' 설정을 권고

---

104 S.P. Jagota, ***Maritime Boundary*** (Dordrecht: Martinus Nijhoff Publishers, 1985), pp. 87-88.

〈그림 3〉 아이슬란드·노르웨이 간 공동개발구역[105]

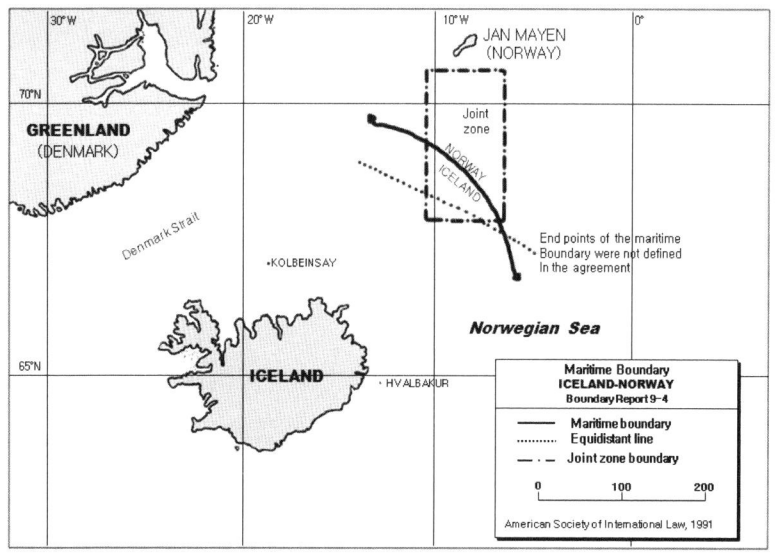

하였는데, 이 구역은 주요 탄화수소 생산지역을 포함하고 있다.

이 공동개발구역에서 아이슬란드와 노르웨이 양국은 공동으로 또는 약정에 의해 해양경계선 북쪽 또는 남쪽지역에서 25퍼센트까지 탄화수소 자원개발을 수행할 수 있다. 그러나 본 조건은 아이슬란드에 다소 유리하였는바, 즉 탐사 및 시추비용을 지불하면 상업적 석유개발에 참여할 수 있다는 것이다. 이와 반대로 이러한 개발참여 가능성이 해양경계선 남쪽 지역 노르웨이 주장 수역에서는 허용되지 않았다.

이와 유사하게 공동개발구역의 노르웨이 부분이나 한계선을 넘어 걸쳐 있는 모든 자원은 공동개발구역 안쪽에 있는 것으로 고려될

---

105 Jonathan I. Charney, etc., *supra* note 104, p. 1761.

것이며, 따라서 만일 걸쳐 있는 자원이 공동개발구역 남쪽이나 아이슬란드 EEZ 내에서 이 경계선을 넘어 존재할 경우 공정한 평가 및 통합개발절차에 따라 분할될 것이다. 또한 아이슬란드와 노르웨이의 관련 법률, 석유정책, 안전, 환경 및 행정규정 등이 공동개발구역에 적용될 것이다. 양국은 조정위원회의 권고를 수용하여 1981년 10월 22일 합의에 서명하였고, 이는 1982년 6월 2일 효력이 발생하였다.106

3) 중국·일본 간 공동개발구역

2008년 중국과 일본은 동중국해에서의 천연가스광구에 대한 장기간의 분쟁을 종식하기로 결정하여, 이른바 "2008 중일 공동개발구역" 설정에 합의하였다. 동 합의에 따르면, 양국은 각자가 주장하는 동중국해 일부 수역에서 천연가스를 공동으로 개발할 수 있다는 것이다. 물론 동중국해 대륙붕 경계에 대한 합의가 이루어지지는 않았으나, 동 합의에서 양국은 중국이 적어도 하나의 광구 탐사에 있어 적극적 역할을 하는 데 동의를 하였고, 이 경우 일본 기업의 투자를 유치하고 중국도 개발이익을 공유하도록 하는 것이었다.107

본 합의는 양국 간 가장 어려운 문제를 소위 공동개발구역 설정에 합의하여 경계문제를 잠정적으로 해결한 바람직한 유형이라고 평가할 만하다.108 또한 본 합의는 경계획정에 관한 각자의 권리를 침

---

106 본 합의 내용의 상세에 관해서는 *International Legal Materials*, Vol. 21 No. 6 (1982), pp. 1222-1226 참조.
107 Martin Fackler, "China and Japan in Deal over Contested Gas Fields", *The New York Times,* June 19, 2008.
108 T. A. Mensah, "Joint Development Zones as an Alternative Dispute Settlement", in Rainer Lagoni & Daniel Vignes, **Maritime Delimitation** (Leiden: Martinus Nijhoff Publishers, 2006), p. 151.

해하지 아니하며, 동중국해 대륙붕 최종 경계획정에도 전혀 영향을 초래하지 아니한다고 규정하고 있다. 특히 양국이 분쟁해결 수단을 찾지 못할 경우 상기에서 언급한 잠정합의로서의 공동개발구역 설정 등과 같은 다른 해결책을 모색할 것을 기대한다고 하였다.

IV. 주요 쟁점, 문제점 및 평가

1. 현황

해양의 평화적 이용과 개발 그리고 분쟁해결의 법적 근거를 제공하여 새로운 해양질서를 확립하고 인류가 공평하게 해양을 이용할 수 있도록 할 목적에서 유엔해양법협약이 1982년 제정되어 효력을 발생하고 있다. 그러나 동 협약이 목적하고 의도했던 해양의 평화적 이용과 분쟁해결 기능의 약화로 오히려 해양에서의 갈등과 다툼은 점점 더 다양해지고 확장되고 있다고 보인다.

특히 자원의 고갈로 각국은 이의 확보에 비상한 관심을 가지게 되었고 이를 국가정책으로 추진하고 있는바, 그 결과 해저자원이 매장되어 있는 대륙붕을 확보하고 이를 독자적으로 개발하고자 하는 시도가 활발히 진행되고 있는 것이 현실이다. 즉, 소위 '해양영토'라는 개념의 전제하에 가능한 한 최대한 자국의 해양수역(대륙붕 등)을 확보하고자 하는 움직임이 강하게 나타나고 있다.

현 유엔해양법협약은 대륙붕에 대한 정의 및 이에 대한 연안국의 권리의무를 언급하고 있으나, 연안국의 대륙붕 외측한계 결정에는 상당한 어려움이 따르고 있다. 특히 동 협약에 따라 200헤리 이원 대륙붕 외측한계에 관한 문서를 CLCS에 제출하여 심사를 받도록 되어 있으나,109 해양과학기술이 발달하지 못한 국가로서는 과학적 자료에 근거한 정확한 문서제출이 현실적으로 어려워(대륙붕 정보 식민지화 가능) 해양과학기술이 발전된 해양선진국에 관련 해역 해양탐사 및 문서작성 등을 의뢰하고 있는 실정이다. 또한 200해리 이원 대륙붕을 주장하는 국가가 제출한 문서의 숫자도 예상했던 것보다는 상당하여 심사를 담당하는 동 위원회의 업무부담 역시 과중하여 적시에 심사결과를 제시하지 못하고 있다.110 동시에 문서 심사 및 권고를 근거로 대륙붕 경계획정을 진행해야 하는 국가가 상당수 있으나 동 위원회 부속서를 이유로111 심사 자체가 불가능하도록 하여 동 위원회의 기능과 역할에도 그 한계를 드러내고 있다. 이러한 복잡하고 어려운 절차 때문에 해양질서의 안정화 및 평화적 이용 그 자체가 점점 어려워지고 있음이 분명하며, 관련 당사국 간 합의에 의한 대륙붕 외측한계 결정이 아닌 소송을 통하여 문제를 해결하려는 현상도 급증하게 되었고, 이는 결국 관련 국가 간 주요 해양갈등요인으로 변질되고 있다.

---

109 유엔해양법협약 제76조 8항.
110 상세 내용은 다음 웹사이트 참조. https://www.un.org/Depts/los/clcs_new/commission_submissions.htm (최종 방문일: 2023.11.14)
111 Paragraph 5. (a), Annex I, Rules of Procedure, CLCS reads: " In cases where a land or maritime dispute exists, the Commission shall not consider and qualify a submission made by any of the States concerned in the dispute. However, the Commission may consider one or more submissions in the areas under dispute with prior consent given by all States that are parties to such a dispute. https://www.un.org/Depts/los/clcs_new/commission_documents.htm#RulesofProcedure (최종 방문일: 2023.11.14)

⟨표 1⟩ CLCS 문서제출 현황

(2023. 11 현재)

예비 문서 제출국가수	본 문서 제출국가수	소위 구성	권고수
48개국	71개국 (공동제출은 1개로 계산)	46건	35건

2. 문제점

대륙붕에 대한 연안국의 권리, 특히 자원에 대한 탐사·이용·개발을 연안국이 독점적으로 행할 수 있기 때문에 관련 국가들은 자국의 대륙붕을 확보하기 위해 다양한 국가적 노력을 병행하고 있음은 주지의 사실이다. 물론, 기선으로부터 200해리 이내의 대륙붕은 연안국 EEZ 범위와 중첩되어 사실상 대륙붕 자체로서의 의미는 없다. 왜냐하면, 유엔해양법협약상 200해리 EEZ 내에서 연안국은 모든 자원(생물 및 비생물)에 대한 탐사·이용·개발을 독점적으로 할 수 있기 때문에[112] 200해리 이내의 대륙붕은 EEZ만으로도 이 수역 내 모든 자원에 대한 주권적 권리행사가 가능하기 때문이다. 문제는 200해리 이원 대륙붕에 관한 것으로, 동 협약은 이 수역의 외측한계 결정에 관하여 비교적 상세한 규정을 언급하고 있으나, 여전히 그 적용에는 상당한 어려움이 있어 보인다.

또한 동 협약상의 200해리 이원 외측한계 결정에 관한 내용이 오로지 해양과학적인 용어와 기술만으로 언급되어 있어 법적인 문제가 동반되는 경우 CLCS는 그 기능행사에 상당한 어려움이 있을 수

---

112 유엔해양법협약 제56조.

있게 된다. 법적 대륙붕을 무시하고 과학적 대륙붕만으로 이 문제를 합리적·합법적으로 해결할 수 있을지 의문이며, 따라서 이는 상당한 한계에 부딪힐 수도 있다. 왜냐하면, 대륙붕 외측한계 문제가 유엔해양법협약에 근거했다는 것은, 이 문제가 법적 및 과학적 문제가 혼재되어 있음을 말해주기 때문이다. 따라서 동 협약 제76조 3항 및 8항에 대한 해석지침이나 규정 자체의 보완이 필요하다. 특히 CLCS 구성원 중에 법률 전문가가 포함되지 않아 동 위원회의 적절한 기능에 어려움을 초래할 수도 있을 것이다. 이는 외측한계 결정 권원이 해양법에서 파생되었고, 결국 법률문제라는 속성을 피할 수 없기 때문이다. 현재의 CLCS 조직구도상으로는 심사에서 야기되는 법률문제를 합리적·합법적으로 그리고 일정한 시간 내에 처리하기가 어려울 수 있다는 것이다. 물론, 유엔해양법사무국Division for Ocean Affairs and the Law of the Sea: DOALOS의 법적 조언을 받을 수는 있으나 여기에도 여러 제약요건이 있어 보이기 때문에 CLCS 의사규칙ROP의 보완 역시 필요해 보인다.

다음으로 CLCS 위원구성에 관한 문제이다. 현재 구조상 심사만을 전적으로 담당하는 상수 선임위원만으로 구성할 수 없기 때문에 불가피하게 현직에서 은퇴한 과학자가 위원이 되어 고령화는 물론 전문성 및 현실성이 떨어질 수 있다는 우려가 있다. 따라서 이러한 문제를 해결하지 않고는 CLCS에 대한 권위, 전문성 및 의존도는 점차 하향될 것이다. 즉, CLCS 위원 자격조건이나 연임조건 등 제반사항에 대한 검토가 필요해 보인다.

3. 전망

소위 자원의 보고라고도 불리는 대륙붕에 대한 연안국의 확보 노력은 지속될 것이며, 이와 병행하여 200해리 이원 대륙붕 주장을 하는 국가 간 대륙붕 경계획정문제 역시 해양 현안문제임에는 틀림이 없다. 연안국의 문서제출 결과 CLCS로부터 자국 대륙붕 외측한계에 관한 권고를 받았다 하더라도 이해당사국 간 이 수역에 대한 대륙붕 경계는 또 다른 당사국 간 합의 또는 사법적 해결의 대상인 것이다.

실제로 CLCS의 심사과정에도 대륙붕 경계획정 재판은 계속될 수 있어 양자 간 관계가 혼재할 수 있음을 보여준다.[113] 방글라데시와 미얀마 간 해양경계사건에서 미얀마는 "니카라과와 온두라스 영토 및 해양분쟁 사건에서 CLCS가 200해리 이원 대륙붕에 관한 양국 간 권고를 행하지 않았기 때문에 ICJ는 양국 대륙붕 경계획정을 거절하였다"라는 점을 주장하였다.[114] 그러나 방글라데시는 "대륙붕에 관하여, 국제해양법재판소ITLOS와 동 위원회 역할과의 갈등은 없다. 따라서 재판소는 200해리 이원 경계획정 관할권을 가지며, CLCS는 대륙붕 외측한계 결정에 관한 권고를 할 수 있다"라는 점을 주목하였다.[115] 또한 재판소가 이러한 분쟁을 해결하기 전에 CLCS는 외측한계에 대한 권고를 할 수 없다는 점도 첨언하였다.[116] 이에 대하여 재판소는 "확립된 해양수역 외측한계 부재가 동 수역 경계획정을 배제하지 않는다"라는[117] 점을 지적하면서, "이러한 경계획정은 동 협약 제76조 8항에 따른 대륙붕 외측한계 설정에는 영향을 주지 않는다"라고[118]

---

113 *Delimitation of the maritime boundary in the Bay of Bengal (Bangladesh/Myanmar), Judgment, ITLOS Reports 2012*, p. 4, paras. 346-394 참조.
114 *Ibid.*, para., 347.
115 *Ibid.*, para., 356.
116 *Ibid.*, para., 357.
117 *Ibid.*, para., 370.
118 *Ibid.*, para., 394. *Arbitration between Barbados and the Republic of Trinidad and*

하였다. 즉, CLCS의 200해리 이원 대륙붕 외측한계 권고와는 별개로 사법기관에 의한 경계획정 절차가 진행된다는 것이다.119

그렇다면 경계획정 재판이 진행되고 있는 현실에서 CLCS 권고의 진정한 의미는 그리고 그 법적 가치는 어떠한 것인지에 대하여 의문을 제기할 수 있다. 동 협약상 "CLCS의 권고를 기초로 연안국이 확정한 대륙붕의 한계는 최종적이며 구속력을 가진다"라는120 의미는 무엇인지? 양자가 양립가능하여 별개로 진행이 가능하다면 왜 고비용과 조사의 어려움을 동반한 CLCS의 권고를 받기 위한 절차를 진행해야 하는지? 아마도 이는 법해석이나 재판 문제 이전에 현실적으로 부딪힐 수 있는 문제로 보인다.

V. 결론(한국에의 함의)

한반도 주변수역에서 문제가 되고 있는 대륙붕은 동중국해 East China Sea에 있어서의 한중일 간 대륙붕 경계문제이다. 따라서 본 결론에서는 한국이 직면한 이 수역에서의 대륙붕 문제에만 초점을 맞추어 한

Tobago, Award, 11 April 2006; Territorial and Maritime Dispute between Nicaragua and Honduras in the Caribbean Sea (Nicaragua v. Honduras), Judgment, I.C.J. Reports 2007, p. 659 참조.

119 The Tribunal observes that "the exercise of its jurisdiction in the present case cannot be seen as an encroachment on the function of the Commission…", in Dispute concerning Delimitation of the Maritime Boundary between Bangladesh and Myanmar in the Bay of Bengal (Delimitation of the maritime boundary in the Bay of Bengal (**Bangladesh/Myanmar**), Judgment, ITLOS Reports 2012, p. 4, para. 393).

120 유엔해양법협약 제76조 8항.

국에 주는 함의를 찾아 제시하고자 한다. 최근 EEZ와 대륙붕의 단일경계(또는 공동개발수역)를 획정 또는 설정하는 추세가 현저한 것은 사실이나 해양법상 이들 양 제도는 별개의 것으로 단일경계가 절대적 원칙이 될 수는 없다. 즉, 대륙붕과 배타적 경제수역은 그 탄생 및 입법 배경, 주권적 권리의 법적 근거, 내용 및 효과가 다르며 경계획정시 고려해야 하는 관련 사정도 상이하기 때문이다. 따라서 대륙붕 경계획정[121]에 있어서는 대륙붕 개념의 특징적 성격을 나타내는 지질학적 및 지형학적 요소를 고려하여야 하며 또한 육지영토의 자연연장 개념도 대륙붕의 본질적 성격의 하나에 해당되므로 이 역시 경계의 기준으로 반영되어야 한다는 것이다.[122]

한편, 오키나와 해구는 한국의 대륙붕과 일본의 대륙붕 간 자연 경계를 이루기 때문에 동 해구의 태평양 측에 위치한 일본은 오키나와 해구로 인한 동중국해에서의 대륙붕을 향유할 수 없다. 즉, 경계획정의 공평한 해결을 위하여는 고려 가능한 모든 제반요소가 포함되도록 하는 것이 당연하게 요청되는바, 오키나와 해구와 같은 지리적 특성(관련 사정)을 무시한 단순한 거리개념에 의한 경계획정이 아닌 형평원칙에 의한 경계획정이 합리적인 주장으로 보인다. 특히 1974년 남부대륙붕공동개발협정 이후 국제판례의 경향은 형평원칙을 따르고 있으며, 이와 동시에 경계획정 결과의 형평성도 강조하고 있다.[123] 또한 유엔해양법협약도 형평원칙을 규정하고[124] 있음을 고

---

[121] 2022. 11. 현재 국제법원에서의 순수 대륙붕 경계획정 처리 건수는, 1985년까지 ICJ에서 3건이다. https://www.icj-cij.org/en/contentious-cases(최종 방문일: 2023.11.14) 이후는 해양경계사건으로 처리하고 있고, ITLOS 역시 해양경계사건에서 이를 다루고 있다. https://www.itlos.org/en/main/cases/list-of-cases/(최종 방문일: 2023.11.14)
[122] C. H. Park, D. J. Kim & S. H. Lee, *The Regime of Yellow Sea* (Seoul: Institute of East and West Studies, Yonsei University, 1990), pp. 151-153.

려하여 단순 거리개념에 입각한 중간선 방식이 아닌 모든 관련 사정이나 관련 요소를 충실히 고려한 경계획정이 되어야 할 것이다.

　이러한 배경을 기초로 한국은 한반도 주변수역 대륙붕 경계에 관하여 다음과 같은 논리로 대응이 가능할 것으로 보인다. 첫째, 대륙붕 개념에 충실한 접근을 할 필요가 있는바, 즉 제주도 남쪽의 동중국해 및 한일대륙붕공동개발구역 인근에서의 한일 간 대륙붕 경계는 본래 한국이 주장해온 것처럼 오키나와 해구를 기준으로 확정되어야 하며 EEZ의 경계는 이와는 별도로 획정되는 것이 관련 사정, 즉 형평을 고려한 그리고 대륙붕의 본질적 특성을 반영한 경계획정이 될 것으로 보인다.[125]

　둘째, 형평의 원칙에 충실한 접근을 할 필요가 있는바, 일본은 중간선 주장에 의한 EEZ 및 대륙붕의 단일 경계선 주장을 합리화시키기 위하여 대륙붕 개념을 지질학적 개념에서 분리시키고자 지속적인 주장을 해오고 있으나, 이러한 일본의 중간선 원칙 주장에 대비하여, 지리적 요인의 중요성이 강조되는 현 추세를 감안하고 기존 국제판례에서 일관되게 적용되어 온 형평원칙과 관련 사정의 고려[126], 즉 해구의 존재 등을 경계획정 시 고려하고 이미 확립된 기존 법질서, 즉 한일남부대륙붕공동개발협정의 존중을 고려한 협의가 가능하도록 해야 할 것이다. 그러나 이중경계를 동중국해에 적용할 경우 한일 간 배타적 경제수역 경계획정 문제에 있어서는 일본이 지속적

123　1969년 독일·네덜란드 간, 독일·덴마크 간 북해대륙붕사건, 1982년 튀니지·리비아 간 대륙붕사건, 1985년 리비아·몰타 간 대륙붕사건 등.
124　유엔해양법협약 제83조.
125　김현수, 『해양법각론』(서울: 청목, 2011), p. 222.
126　*North Sea Continental Shelf, Judgment, I.C.J. Reports 1969*, p. 3, para.101.

으로 주장해온 도리지마나 단조군도 등의 도서기점 주장 및 적용으로 동중국해 대륙붕 상부수역의 상당부분이 일본 측에 돌아갈 수도 있음을 간과해서는 안 될 것이다.

셋째, 중국과의 공조체제 유지도 필요한바, 동중국해에서 공유 대륙붕을 가지고 있는 한국과 중국의 경계획정에 관한 논리 및 대응태도 등이 어느 정도 부합하므로 한중 양국이 공조하여 일본에 대응하는 것도 하나의 전략이 될 수 있다. 특히 중일 양국은 형평원칙과 중간선 개념의 적용에 대하여 대립하고 있음을 주시하여 이를 잘 활용하는 지혜도 필요할 것으로 보인다.[127]

주변국가와의 해양경계획정 문제는 경계획정 대상수역이 되는 소위 중첩수역의 상이한 지리적 또는 지질학적 특성으로 말미암아 당사국들이 주장하는 근거논리에 있어 상당한 차이를 보이게 되며, 그 결과 이로 인한 분쟁이 불가피하게 야기된다. 또한 이들 관련 국가들이 제시하는 경계획정의 적용기준이나 원칙의 적용에 대한 해석 역시 상당한 이견이 도출되어 완전한 합의를 가져올 수 없게 되어 문제해결의 어려움을 더하게 한다.

한편, 한일 간 동중국해 대륙붕 경계에 관해서는 양국의 커다란 입장차이로 그 합의점을 찾기가 그리 쉬운 문제는 아닌 것으로 보인다. 다행히 2028년까지 유효한 한일남부대륙붕공동개발협정이 있어 양국이 동 협정 제31조에 의거 서면에 의한 종료 통고를 하지 않는 이상 2028년까지는 동 협정이 유지될 것으로 보인다.

그러나 일본이 리비아·몰타 대륙붕사건의 거리기준(중간선) 판

---

[127] Keyuan Zou, *China's Marine Legal System and the Law of the Sea* (Leiden: Martinus Nijhoff Publishers, 2005), pp. 101-104; Keyuan Zou, *Law of the Sea in East Asia* (London: Routledge, 2005), pp. 45-86 참조.

결을128 주장의 근거로 제시할 수 있으나, 주지하다시피, 국제법원의 판결은 그 권위와 역할은 충분히 인정되나 선판례 구속원칙이 절대적으로 적용되는 것은 아니므로 한국 역시 동 판결에 구속될 필요는 없다고 본다. 즉, 경계획정 대상수역의 폭이 400해리가 되지 않는 수역에서의 대륙붕 경계획정 시 거리기준이 중요한 역할은 하는 것은 사실이나, 이는 절대적인 것이 아니며 설사 이러한 기준이 적용된다고 하더라도 관련 사정, 즉 해당수역의 지형학적 및 지리학적 요소가 완전히 배제된 경계획정은 있을 수 없다는 것이다. 왜냐하면, 해양법상 대륙붕 경계는 공평한 해결에 이르도록 국제법에 기초한 합의에 의하도록 되어 있기 때문에129 당연히 관련된 모든 요소가 경계획정 시 고려되어야 함은 재론의 여지가 없다.

 2023년 7월 13일 ICJ의 "니카라과 연안 200해리 이원 니카라과와 콜롬비아 간의 대륙붕 경계획정 문제" 사건 판결에130 따라 다음과 같은 문제를 제기할 수 있게 된다. (1)유엔해양법협약 제76조상 대륙붕에 대한 연안국의 주권적 권리 행사나 그 법적 지위가 200해리 이내 수역과 200해리 이원 수역에서 서로 날라실 수 있는 것인시? (2)200해리 이원으로 연장되는 대륙붕이 타국 200해리 이내까지 침투할 수 없다는 것이 관습국제법으로서 국제사회의 대다수 국가가 이에 대한 법적 확신을 갖고 있다고 볼 수 있는지? (3)이 문제에 대한 국제사례나 CLCS 문서제출 건수도 미미하다고 보이는데, 이를 근거로 200해리 이원으로 연장되는 대륙붕이 타국 200해리 이내까지 침

---

128 *Continental Shelf (Libyan Arab Jarnahiriya/Malta), Judgment, I.C.J. Reports 1985*, p. 13, para. 75.
129 유엔해양법협약 제74조 및 83조.
130 https://www.icj-cij.org/case/154 (최종 방문일: 2023.11.14)

투할 수 없다는 주장의 합리화·합법화가 가능한지? (4)대륙붕 주장 근거 요소인 거리기준과 육지영토의 자연적 연장론 양자가 충돌 시 어느 일방이 법적 우위에 있는지 또는 이 경우 우위에 있는 것이 양자 충돌 시 우선 적용이 되어야 한다고 보는지? 그렇다면 그 이유는? 등이다.

결론적으로 인접 또는 대향국 간의 해양경계획정에 보편적으로 일관되게 주장되고 유지되어 온 원칙으로서의 강행법규적인 성격을 가진 원칙은 국제법상 존재하지 않기 때문에(따라서 법원의 판결 의존도 증가) 국가관행 및 관련 사정 등에 근거한 '형평의 원칙'에 입각하여 문제를 해결하려는 접근방식이 바람직하다. 이를 기초로 양자 간 합의가 될 수 있도록 교섭 시 형평원칙의 적용 및 공평한 결과를 강조하는 것이 경계획정의 합법적 및 합리적 해결을 위한 접근방법이라고 사료된다.

참고 문헌

■ 국내 문헌

〈단행본〉

김현수, 『한반도 주변국가의 해양법령집』 (서울: 연경문화사, 2000).
_____, 『해양법총론』 (서울: 청목, 2010).
_____, 『해양법각론』 (서울: 청목, 2011).
양희철·이문숙, 『해양법과 해양정책』 (부산: 한국해양과학기술원, 2020).
한국해양수산개발원(편), 『대한민국의 해양법 실행』 (서울: 일조각, 2017).

해양법포럼(사), 『유엔해양법협약해설서 I』 (서울: 지인북스, 2009).

〈논문〉

김현수, "한일간 해양경계획정에 관한 일본 주장의 대응 논리", 『국제법학회논총』, 제52권 1호 (2007).

_____, "남중국해 해양개체의 법적 지위와 그 역할에 관한 소고", 『법학연구』, 제19권 1호 (2016).

■ 외국 문헌

〈단행본〉

Ian Brownlie (ed.), *Basic Documents in International Law* (Oxford: Oxford University Press, 1988).

Jonathan I. Charney, & Lewis M. Alexander (eds.), *International Maritime Boundaries, Vol. I* (Dordrecht: Martinus Nijhoff Publishers, 1993).

Robin Churchill, Vaughan Lowe, and Amy Sander, *The Law of the Sea*, 4th ed. (Manchester: Manchester University Press, 2022).

S. P. Jagota, *Maritime Boundary* (Dordrecht: Martinus Nijhoff Publishers, 1985).

Rainer Lagoni & Daniel Vignes, *Maritime Delimitation* (Leiden: Martinus Nijhoff Publishers, 2006).

S. N. Nandan, S. Rosenne, and N. R. Grandy (eds.), *United Nations Convention on the Law of the Sea 1982: A Commentary, Vol. II* (Leiden: Martinus Nijhoff Publishers, 1993).

D. P. O'Connel & I. A. Shearer, *International Law of the Sea, Vol. 1* (Oxford: Clarendon Press, 1982).

C. H. Park, D. J. Kim & S. H. Lee, *The Regime of Yellow Sea* (Seoul: Institute of East and West Studies, Yonsei University, 1990).

Alexander Proelss (ed.), *United Nations Convention on the Law of the Sea A Commentary* (München: C.H. Beck, 2017).

Donald R. Rothwell & Tim Stephens, *The International Law of the Sea* (Oxford: Hart Publishing, 2010).

Keyuan Zou, *China's Marine Legal System and the Law of the Sea* (Leiden: Martinus Nijhoff Publishers, 2005).

_____, *Law of the Sea in East Asia* (London: Routledge, 2005).

H. Brekke & P. Symonds, "Submarine Ridges and Elevations of Article 76 in Light of Published Summaries of Recommendations of the Commission on the Limits of Continental Shelf", in Zhiguo Gao, Haiwen Zhang, Haiseng Zhang, and Jiabiao Li, *Technical and Legal Aspects of the Regime of the Continental Shelf and the Sea* (Beijing: China Ocean Press, 2019).

〈논문〉

Michael Sheng-ti Gau, "The Interpretation of Article 121(3) of UNCLOS by the Tribunal for the South China Sea Arbitration: A Critique", *Ocean Development & International Law*, Vol. 50 No. 1 (2019)

Yann-huei Song, "The July 2016 Arbitral Award, Interpretation of Article 121(3) of the UNCLOS and Selecting Examples of Inconsistent State Practices", *Ocean Development & International Law*, Vol. 49 No. 3 (2018).

Maximo Paulino T. Sison III, "Universalizing the Law of the Sea in the South China Sea", *Ocean Development & International Law*, Vol. 49 No. 2 (2018).

〈기타자료〉

IHO, A Manual on Technical Aspects of the United Nations Convention on the Law of the Sea-1982 (TALOS)(C- 51 Edition 6.0.0) (Monaco: IHO), 2020.

4장 공해

김현정 • 연세대학교 정치외교학과 교수

I. 서론
II. 공해 관련 주요 규정의 내용
   1. 공해의 의미와 법적 성격
   2. 공해자유의 내용
   3. 공해상 기국관할권
   4. 공해 생물자원의 관리 및 보존
III. 규정의 해석, 적용, 이행 현황
   1. 공해자유원칙의 해석
   2. 공해자유원칙에 포함되는 행위
IV. 주요 쟁점 검토 및 평가
   1. 공해상 기국의 배타적 관할권의 범위
   2. 기국의 배타적 관할권 원칙의 예외 확대
V. 결론

I. 서론

공해자유원칙은 해양법에서 가장 중요한 원칙 중 하나이다. 영해와 대비되는 넓고 광활한 바다인 공해 개념은 15세기에서 17세기경부터 발전하였으며 18세기 즈음에 모든 국가는 자유롭게 공해를 이용할 수 있다는 공해자유원칙이 확립되었다.[1] 공해자유원칙 자체가 국제관습적 지위를 가지고 있음은 부정할 수 없는 사실이다. 실제로 1958년 공해에 관한 협약은 전문에서 "본 협약의 당사국은 공해에 관한 국제법규칙을 성문법전화하기를 희망하며, 1958년 2월 24일부터 4월 2일까지 제네바에서 열린 유엔해양법회의가 국제법상 확립된 원칙에 대한 일반적인 선언으로 다음의 조항을 채택했음을 인식하며

---

* 본 글은 저자의 논문 "국제해양법재판소의 2019년 M/V 'Norstar'호 사건 본안판결에 대한 국제법적 분석"(『국제법평론』, 통권 제63호(2022) 게재) 내용 일부를 포함하고 있습니다.
1 Tullio Treves, "High Seas", *Max Planck Encyclopedias of International Law* (2009), para. 1.

(…)"라고 밝히고 있다.

　　유엔해양법협약 제7부 또한 1958년 공해협약의 많은 내용을 그대로 차용하고 있다. 하지만 유엔해양법협약에 따라 연안국의 관할수역의 종류가 다양해짐에 따라 관할수역 이원에 존재하는 공해의 범위, 제도 또한 영향을 받아 수정되었다. 이하에서는 유엔해양법협약 제7부의 35개 조항의 주요 내용과 제정배경을 살펴보고 제7부 규정의 해석, 적용, 이행 현황을 검토해보도록 한다. 그리고 주요 쟁점 및 문제점을 정리한 후 평가해보도록 하겠다.

II. 공해 관련 주요 규정의 내용

유엔해양법협약 제7부는 크게 총칙(제1절)과 공해생물자원의 관리 및 보존(제2절)으로 나뉘어 있다. 제1절 총칙에는 제7부의 적용범위, 공해자유의 내용, 공해의 법적 성격, 기국관할권원칙과 예외 등이 규정되어 있으며 제2절에는 공해상 어로의 자유와 공해생물자원 보존 및 관리를 위한 규정이 있다.

1. 공해의 의미와 법적 성격

유엔해양법협약 제86조는 "이 부의 규정은 어느 한 국가의 배타적 경제수역, 영해, 내수 또는 군도국가의 군도수역에 속하지 아니하는 바다의 모든 부분에 적용된다. 이 조는 제58조에 따라 배타적 경제수역에서 모든 국가가 향유하는 자유에 제약을 가져오지 아니한다"고 규정한다. 제86조의 표제는 '이 부 규정의 적용'으로, 이 규정은 엄밀히 말하면 공해를 정의하는 것이 아니다. 이는 공해협약 제1조가 "'공해'는 국가의 영해 또는 내수에 포함되지 않은 바다의 모든 부분을 의미한다"고 공해를 정의한 것과 다르다. 제3차 유엔해양법회의에서 군도수역, 배타적 경제수역 제도가 새로이 도입됨에 따라 회의 참가국들은 공해의 범위에 배타적 경제수역과 군도수역을 제외해야 하는지에 대해 논의하였다. 사실 공해협약 당시와 마찬가지로 유엔해양법협약 성안 당시 국가들은 공해가 연안국의 관할수역을 제외한 바다의 모든 부분이라는 점에는 동의하였으나 공해로부터 제외되는 연안국의 관할수역의 범위에 대해서는 여러 의견이 존재하였다.2

배타적 경제수역의 경우, 배타적 경제수역의 본질은 공해라는 입장과 연안국의 수역이라는 입장으로 나뉘어 있어서 합의를 도출하기 쉽지 않았다. 이러한 가운데 공해에 어떤 수역이 포함되느냐 여부보다는 공해제도가 적용되는 범위가 더 중요하다는 주장이 설득력을 가지게 되었다. 즉, 배타적 경제수역에도 일부 공해자유원칙이 적용되기 때문에 배타적 경제수역의 법적 성격에 대한 서로 다른 입장을 가진 국가도 공해제도가 적용되는 범위에 관한 규정안에 합의할 수 있었다.3 협약 제86조에 따르면 공해제도가 적용되는 수역은 공간적 범위에서 공해, 즉 연안국의 관할수역(영해, 군도수역 또는 배타적 경제수역)의 외측한계 이원의 바다, 그리고 제58조에 따라 공해의 자유가 일부 보장되는 배타적 경제수역이다. 제58조에 따라 배타적 경제수역에서 인정되는 공해의 자유가 물리적 공해에서의 자유와 동일한 것인지 의문을 가질 수도 있을 것이다. 국제해양법재판소ITLOS는 2013년 *M/V "Louisa"* 사건 판결에서 "협약 제87조가 공해의 자유, 특히

---

2 Myron Nordquist (ed.), *United Nations Convention on the Law of the Sea 1982: A Commentary*, vol. III (Martinus Nijhoff, 1995), pp. 62-63.
3 *Ibid.*, pp. 62-69.

항해의 자유를 다루고 있으며, 이는 공해와 협약 제58조에 따라 배타적 경제수역에 적용된다는 점에 주목한다"고 밝혔다.4 이에 따르면, 배타적 경제수역에서 외국이 향유하는 "제87조에 규정된 항행·상공비행의 자유, 해저전선·관선부설의 자유 및 선박·항공기·해저전선·관선의 운용 등과 같이 이러한 자유와 관련되는 것으로서 이 협약의 다른 규정과 양립하는 그 밖의 국제적으로 적법한 해양이용의 자유"는 본질적으로 협약 제87조의 공해의 자유와 동일하다고 볼 수 있다. "국가관할권 한계 밖의 해저·해상 및 그 하층토"5인 심해저와 그 자원은 인류의 공동유산6으로 협약 제11부의 적용을 받기 때문에 공해제도의 적용대상이 아니다. 하지만 심해저 "'자원'이라 함은 복합금속단괴를 비롯하여, 심해저의 해저나 해저 아래에 있는 자연상태의 모든 고체성·액체성 또는 기체성 광물자원"7을 뜻하므로 심해저 자원에 속하지 않는 자원의 경우 인류의 공동유산제도 적용을 받지 않고 공해제도의 적용을 받는다고 볼 수 있다.

  하지만 이에 대한 반대하는 입장도 있다. 예를 들어 2023년 6월 19일 국가관할권 이원지역의 해양생물다양성 보존과 지속가능이용을 위한 유엔해양법협약 하의 협정(일명 BBNJ협정)을 채택한 '국가관할권 이원지역의 해양생물다양성 보존과 지속가능이용을 위한 유엔해양법협약 하의 국제법적으로 구속력 있는 문서의 문안 마련을 위한 정부간회의'에서는 국가관할권 이원지역의 해양유전자원이 공해

---

4 M/V *"Louisa" (Saint Vincent and the Grenadines* v. *Kingdom of Spain), Judgment,* ITLOS Reports 2013, para. 109.
5 유엔해양법협약 제1조 1항(a).
6 유엔해양법협약 제136조.
7 유엔해양법협약 제133조(a).

자유원칙의 적용 대상인지, 인류공동유산의 대상인지에 대한 국가 간 이견이 존재하였다.8

유엔해양법협약은 공해를 "연안국이거나 내륙국이거나 관계없이 모든 국가에 개방"된 공간으로 규정한다.9 개방된 공간이라는 내용은 협약 제89조의 "어떠한 국가라도 유효하게 공해의 어느 부분을 자국의 주권 아래 둘 수 없다"와 관련되어 공해는 주권이 부재한 공간이라고도 할 수 있다. 또한 공해는 "평화적 목적을 위하여 보존된다".10 이에 따라 어떠한 국가도 공해 공간 자체에 대하여 영토주권을 행사할 수 없으며, 모든 국가는 공해 및 그 자원을 이용할 권리만을 가진다. 공해협약 제2조와 다르게 유엔해양법협약 제87조 1항은 "연안국이거나 내륙국이거나 관계없이"라는 표현을 추가하여 '모든 국가'에 내륙국도 포함됨을 강조하고 있다. 동시에 협약은 공해에서 모든 국가가 향유하는 자유는 "이 협약과 그 밖의 국제법규칙이 정하는 조건에 따라 행사"되어야 한다고 규정함으로써11 공해의 자유가 무제한적인 자유가 아니며 협약을 포함한 국제법이 정한 한도 내에서 행사되어야 함을 명시하였다. 예를 들어 제87조 2항에 따라 "모든 국가는 이러한 [공해] 자유를 행사함에 있어서 공해의 자유의 행사에 관한 다른 국가의 이익 및 심해저활동과 관련된 이 협약상의 다른 국가의 권리를 적절히 고려한다".

---

8 BBNJ협정상 공해자유와 인류공동유산이라는 표현은 제7조(일반원칙과 접근)에 각 한 차례씩 등장한다.
9 유엔해양법협약 제87조 1항.
10 유엔해양법협약 제88조.
11 유엔해양법협약 제87조 1항.

2. 공해자유의 내용

유엔해양법협약 제87조는 공해자유의 내용을 열거하고 있다. 여기에는 항행의 자유, 상공비행의 자유, 해저전선과 관선부설의 자유, 국제법상 허용되는 인공섬과 그 밖의 시설 건설의 자유, 어로의 자유, 과학조사의 자유가 포함된다. 공해협약에 항행의 자유, 어로의 자유, 해저전선과 관선부설의 자유 및 상공비행의 자유만이 나열된 것에 비하여 유엔해양법협약에서는 열거된 자유의 수가 증가하였다. 그러나 유엔해양법협약 제87조 1항은 "공해의 자유는 특히 다음의 자유를 포함"한다고 하여 열거된 자유가 예시적임을 분명히 하고 있다. 따라서 그 밖의 해양활동이라도 공해의 법적 성격에 반하지 않고 협약과 다른 국제법규칙이 정하는 조건에 따른 활동이라면 공해에서의 행사가 가능하다. 유엔해양법협약상의 공해자유의 또 다른 특성은 자유를 향유할 때 지켜야 할 조건이 많아졌다는 것이다. 해저전선, 관선부설 그리고 인공섬과 과학조사는 협약 제6부와 제13부에 따라서 수행되어야 한다. 한편 어로의 자유는 제7부 제2절의 조건 하에서 향유되어야 한다.

3. 공해상 기국관할권

1) 원칙

유엔해양법협약상 공해의 법제도는 선박에 대한 기국의 관할권 행사 방식을 통해 유지된다. 협약 제90조부터 제94조는 기국의 권리, 관할권 및 의무에 대해서 규정한다. 이에 따르면 "연안국이거나 내륙국이거나 관계없이 모든 국가는 공해에서 자국기를 게양한 선박을 항행시킬 권리를 가진다".12 그리고 "국제조약이나 이 협약에 명시적으로 규정된 예외적인 경우를 제외하고는 선박은 어느 한 국가의 국기만을 게양하고 항행하며 공해에서 그 국가의 배타적인 관할권에 속한다".13 공해상 기국관할권은 오랫동안 인정되어온 원칙으로 이를 규정한 협약 제90조와 제92조 1항의 내용은 공해협약 제4조와 제6조와 거의 동일하다.

마찬가지로 선박에 대한 국적 부여, 선박의 등록 및 선박이 자국기를 게양하기 위한 조건 설정에 대한 국가의 권리 및 선박과 국적 간 진정한 관련에 관한 유엔해양법협약 제91조 1항의 내용 또한 공해협약 제5조의 내용과 동일하다.

이에 반해 유엔해양법협약은 공해협약보다 상세하게 기국의 의무를 규정하고 있는 것이 특징이다. 유엔해양법협약 제94조 1항은 공해협약과 마찬가지로 "모든 국가는 자국기를 게양한 선박에 대하여 행정적·기술적·사회적 사항에 관하여 유효하게 자국의 관할권을 행사하고 통제"할 의무를 부과한다. 기국이 자국 선박에 대하여 해상안전을 위하여 취해야 할 조치를 열거한 유엔해양법협약 제94조 3항 및 4항은 공해협약 제10조와 동일하다. 하지만 공해협약과 달리 유엔해양법협약은 기국에게 선박등록대장유지 의무, 국내법에 따라 선박에 관련된 행정적·기술적·사회적 사항과 관련하여 선박, 선박의 선장·사관·선원에 대한 관할권 행사 의무를 명시적으로 부여하고 있다.14 그뿐만 아니라 제94조 3항의 해상안전을 확보하기 위하여 필요한 조치를 보다 구체화하여 기국은 선박이 선박검사원에 의해

---

12 유엔해양법협약 제90조.
13 유엔해양법협약 제92조 1항 1문.
14 유엔해양법협약 제94조 2항.

검사를 받도록 하고 선박의 안전한 항행에 적합한 해도, 항행장비, 항행도구를 구비하고 적합한 자격을 갖춘 선장·사관·선원을 확보하고, 선장, 사관 및 선원이 해상에서의 인명안전, 충돌 방지, 해양오염의 방지·경감·통제 및 무선통신 유지와 관련하여 적용가능한 국제규칙을 숙지하도록 확보해야 할 의무를 부담한다.15 유엔해양법협약의 기국관할권 규정은 기국이 공해상 선박에 대한 권리뿐 아니라 의무도 갖는다는 점을 명확히 하고 있다.

2) 예외

유엔해양법협약은 공해상 배타적 기국관할권에 대한 몇 가지 예외를 두고 있다. 이들 예외는 1958년 공해협약에서도 대부분 인정되어 온 사유로서 제3차 유엔해양법회의에서도 대체로 큰 반발 없이 수용되었다.

(1) 해적

해적행위는 오랫동안 근절해야 할 해양범죄로 인식되었다. 실제로 해적에 관한 유엔해양법협약 규정은 대부분 공해협약의 규정과 동일하다. 일반인들은 해상에서의 약탈행위가 모두 해적행위라고 생각하나 해양법상의 해적 개념은 이러한 통념과는 다르다. 유엔해양법협약 제101조에 따르면 다음의 요건이 충족된 행위만이 해적행위로 인정된다.

첫째, 해적행위의 주체는 민간선박 또는 민간항공기의 승무원이나 승객이다.16 둘째, 해적행위의 대상은 공해상 다른 선박이나 항공

---

15 유엔해양법협약 제94조 4항.
16 단, "승무원이 반란을 일으켜 그 지배하에 있는 군함·정부선박·정부항공기가 제101

기 또는 그 선박이나 항공기 내의 사람이나 재산이다. 즉 동일한 선박 내에서의 행위는 해적행위가 아니다.17 셋째, 해적행위의 공간적 범위는 공해상이다.18 넷째, 해적행위는 불법적 폭력행위, 억류 또는 약탈 행위로서 사적 목적에서 행해져야 한다. 따라서 정치적 목적을 달성하기 위한 공해상 선박에 대한 폭력행위는 해적행위가 아니다. 다섯째, 해적선 또는 해적항공기의 활동을 인지하면서 자발적으로 이에 참여하거나, 해적행위 또는 이에 자발적으로 참여하는 행위를 교사, 고의적으로 방조하는 행위 또한 해적행위에 해당한다.

유엔해양법협약은 모든 국가가 해적행위 진압을 위해서 최대한 협력하여야 함을 규정한다(제100조). 그리고 모든 국가는 해적선 또는 해적항공기를 나포하고, 탑승자를 체포, 재산을 압수할 수 있다. 아울러 나포를 한 국가의 법원에서 처벌도 가능하다. 해적행위에 대한 집행관할권 행사를 할 수 있는 주체는 모든 국가의 "군함·군용항공기 또는 정부업무를 수행 중인 것으로 명백히 표시되고 식별이 가능하며 그러한 권한이 부여된 그 밖의 선박이나 항공기"19이다. 해적행위로 인한 공해의 자유 향유가 방해된다는 점을 국제사회 전체가 인식한 결과 기국뿐 아니라 다른 모든 국가가 해적행위 선박·항공기

조에 정의된 해적행위를 하는 경우, 그러한 행위는 민간선박 또는 민간항공기에 의한 행위로 본다"(유엔해양법협약 제102조).

17 단, 협약은 해적행위가 공해 외에도 무주지와 같은 "국가 관할권에 속하지 아니하는 곳에 있는 선박·항공기·사람이나 재산"[유엔해양법협약 제101조(a)(ii)]에 대해서도 행해질 수 있다고 한다. 해당 조문에 따르면 해적행위의 대상은 반드시 다른 선박이나 항공기 또는 그 선박이나 항공기 내의 사람이나 재산일 필요는 없다[유엔해양법협약 제101조(a)(ii)]. 본 글은 공해상에서의 행위만을 다루기 때문에 "국가 관할권에 속하지 아니하는 곳"에서의 해적행위는 논외로 한다.

18 위의 주.

19 유엔해양법협약 제107조.

·행위자 나포 및 체포와 처벌까지도 가능하게 된 것이다. 하지만 해적행위에 대한 기국이 아닌 국가의 관할권 행사는 해당 국가의 자유이지 의무가 아니기 때문에 자국과 관련 없는 해적행위에 대하여 관여를 꺼리는 국가가 있을 수 있다는 한계가 있다.

(2) 임검권

유엔해양법협약 제110조의 임검권은 기본적으로 공해협약 제22조를 토대로 작성되었으나 임검권 대상이 되는 행위 일부가 추가되었다. 임검권은 기국이 아닌 국가(非旗國)가 공해에서 일정한 행위에 종사한다는 합리적인 근거에 기반하여 외국 선박에 대하여 국기의 확인, 서류 검열, 선박 검사를 할 수 있는 권한을 말한다.[20] 제110조의 임검권 행사를 위한 요건은 다음과 같다.

첫째, 임검권의 주체는 외국 군함이나 군용항공기 또는 정부 업무에 사용 중인 것으로 명백히 표시되어 식별이 가능하며 정당하게 권한이 부여된 그 밖의 모든 선박이나 항공기이다.

둘째, 임검권의 대상이 되는 외국 선박의 경우는 공해상 해적행위에의 종사, 노예거래에의 종사, 무허가방송에의 종사 중인 선박이 외국기를 게양하였으나 국기제시를 거절하였으며 실질적으로 임검 군함과 동일한 국적을 보유하는 경우, 그리고 선박이 무국적선인 경우이다. 단, 무허가방송에 종사하는 경우 임검 군함 기국이 무허가방송 종사자에 대하여 기소권한이 있는 국가여야 한다.[21] 외국 군함, 정부의 비상업적 업무에만 사용되는 선박은 임검 대상 선박에서 제외된다.[22] 협약 제110조 1항에 나열된 경우 외에 비기국의 "간섭행위

---

20 유엔해양법협약 제110조
21 유엔해양법협약 제109조 참조.

가 조약에 따라 부여"된 경우에도 임검권이 정당화된다. 1995년 해양법에 관한 국제연합협약의 경계왕래어족 및 고도회유성어족 보존과 관리에 관한 조항의 이행을 위한 협정(공해어업협정)상의 비기국 임검권이 대표적인 예이다.23

셋째, 임검권 행사 방식은 임검 대상 선박의 국기게양 권리 확인, 서류 검열이며, 선박 내 검사는 서류 검열을 통해서도 상기 언급한 행위 종사에 대한 혐의가 남아 있는 경우에 한하여 허용된다.

넷째, 협약 제110조는 임검권 행사를 규정할 때 "합리적 근거가 없는 한 그 선박을 임검하는 것은 정당화되지 아니한다"라고 규정하는 방식을 채택하였다. 임검권이 예외적 상황에서 허용되는 비기국의 권함임을 강조하고 있다.

(3) 추적권

추적권은 임검권과 달리 공해에서 연안국에만 인정되는 권한이다. 연안국은 자국 법령을 위반하였다고 믿을만한 충분한 근거가 있을 때 외국 선박을 공해상에서 추적할 수 있다. 유엔해양법협약 제111조 상의 추적권 행사요건은 다음과 같다.

첫째, 연안국의 군함, 군용항공기 또는 정부업무에 사용중인 것으로 명백히 표시되어 식별이 가능하며 그러한 권한이 부여된 그 밖의 선박이나 항공기가 추적할 수 있다.

둘째, 추적 대상인 외국 선박이 연안국 영해·접속수역·대륙붕에 적용되는 연안국 법령을 위반했거나 위반한 것으로 믿을만한 충분한 이유가 있어야 한다.

---

22 유엔해양법협약 제95조 및 제96조 참조.
23 이에 대해서는 본 글의 IV 참조.

셋째, 추적 시작을 위해서는 시각이나 음향 정선신호를 외국선박이 보거나 들을 수 있는 거리에서 보내야 한다.

넷째, 추적은 외국선박이나 그 선박의 보조선이 추적국의 내수·군도수역·영해 또는 접속수역에 있을 때 시작되고 또한 공해상까지 추적이 중단되어서는 안 된다. 정선명령을 하는 연안국의 선박은 영해나 접속수역에 있을 필요는 없다.

다섯째, 추적 대상 선박이 선박의 기국 또는 제3국의 영해로 진입하면 연안국은 추적권을 행사할 수 없다.

(4) 그 밖의 예외

유엔해양법협약 제108조는 공해상에서의 마약이나 향정신성물질의 불법거래를 진압하기 위하여 모든 국가가 협력할 의무를 규정하고 있다. 협약은 자국 선박이 마약 또는 향정신성물질 불법거래에 종사한다는 합리적인 근거를 가진 기국이 다른 국가에 협력을 요청할 수 있도록 하고 있다.[24]

공해로부터의 무허가방송은 공해상에서의 마약이나 향정신성물질 불법거래 진압과 마찬가지로 1958년 공해협약상 존재하지 않는 기국관할권의 예외사유이다. 유엔해양법협약 제109조에 따르면 무허가방송은 "국제규정을 위배하여 일반대중의 수신을 목적으로 공해상의 선박이나 시설로부터 음성무선방송이나 텔레비젼방송을 송신"하는 행위를 의미한다. 선박의 기국, 시설의 등록국, 종사자의 국적국, 송신이 수신될 수 있는 국가, 허가된 무선통신이 방해받는 국가는 해당 무허가방송 선박에 대한 임검뿐 아니라 종사 선박 및 종사

---

24 유엔해양법협약 제108조 2항.

자를 나포·체포하고 국내법원에서 방송 종사자를 기소할 수 있는 권한이 있다.25

한편 유엔 안전보장이사회의 유엔헌장 제7장에 근거한 강제조치에 따른 비기국 임검도 허용된다.

4. 공해 생물자원의 관리 및 보존

유엔해양법협약 제7부 제2절은 공해 생물자원의 관리 및 보존을 다루고 있다. 원칙적으로 공해상 어업의 자유는 인정된다. 하지만 협약은 어업의 자유가 각 기국의 조약상의 의무와 협약 관련 규정(공해와 배타적 경제수역의 경계왕래어족, 고도회유성어족, 해양포유동물, 소하성어족, 강하성어족에 관한 규정 포함)을 준수하는 조건 하에서 행해져야 함을 명시하고 있다.26 협약상에서의 조건으로는 우선 공해 기국관할권원칙에 기반하여 각 국가가 공해어업에 종사하는 자국민에 대하여 조치를 취할 의무가 있다.27 그리고 공해의 특성을 고려하여 국가들에게 협력의무를 부과한다. 협력의무는 모든 국가의 협력의무, 그리고 공해 생물자원에 대하여 동일한 이해관계가 있는 국가 간 협력의무로 나눠 볼 수 있다. 우선 모든 국가는 자국민에 대하여 공해생물자원 보존에 필요한 조치를 취하기 위하여 다른 국가와 협력할 것을 요구된다.28 그리고 제118조는 또 다른 협력의 방식으로 "동일한 생물자원이나 동일 수역에서의 다른 생물자원을 이용하는 국민이 있

---

25 유엔해양법협약 제109조.
26 유엔해양법협약 제116조.
27 유엔해양법협약 제117조.
28 위의 주.

는 모든 국가는 관련 생물자원의 보존에 필요한 조치를 취하기 위한 교섭을 시작"할 의무, 그리고 적절한 경우 이들 국가가 "소지역 또는 지역어업기구를 설립하는 데 서로 협력"할 의무를 부과한다.

배타적 경제수역의 최대 폭이 영해기선으로부터 200해리까지 인정됨에 따라 어업 가치가 높은 자원은 대부분 배타적 경제수역에서 발견된다. 그럼에도 불구하고 공해에서 발견되는 생물자원 중 경계왕래어족과 고도회유성어족에 대한 남획 우려가 있어 이에 대해서는 별도의 이행협정인 1995년 공해어업협정에서 별도로 규율하게 되었다.

III. 규정의 해석, 적용, 이행 현황

공해자유원칙이 국제법상 확립된 원칙임을 부인하는 사람은 없다. 하지만 어떠한 활동이 구체적으로 공해의 자유 행사에 해당하는지에 대해서는 여러 차례 다툼이 있었다. 이에 따라 유엔해양법협약 제15부 제2절에 따라 국제재판소가 공해자유에 포함되는 행위를 규명한 바 있다.

1. 공해자유원칙의 해석

ITLOS의 2019년 *M/V "Norstar"* 사건 본안판결은 공해자유원칙에 관한 협약 조문들의 관계를 규명했다는 의의가 있다. 재판소에 따르면 협약 제87조는 공해가 모든 국가에 열린 공간이며 모든 국가는 공해에서 자유를 향유한다고 규정한다.[29] 재판소는 제87조에 따라 공해가 열린, 그리고 자유의 공간이라는 점이 바로 공해자유원칙의 핵심이라고 보고 이로부터 공해가 주권에 종속되지 않는다는 제89조가 도출된다고 하였다. 공해상 기국관할권(제92조) 또한 제87조의 '논리적 귀결corollary'이라고 보았다. 이러한 이유로 재판소는 제87조를 해석할 때 제89조와 제92조를 참고(rely on)하였다.30 그 결과 재판소는 제92조를 제87조 위반 여부 판단 시 고려할 수 있었다.31 이와 같은 재판소의 통합적 해석은 공해자유원칙과 기국관할권이 밀접한 관련이 있으며 기국의 관할권 행사를 통해 공해자유원칙이 유지됨을 확인시켜 주었다.

2. 공해자유원칙에 포함되는 행위

ITLOS는 2014년 *M/V "Virginia G"* 사건 판결에서 배타적 경제수역에서의 외국 어선의 해상급유(벙커링)가 협약 제58조에 따라 항해의 자유에 속하는지를 검토하였다. 재판소는 협약 제58조는 제56조와 함께 검토되어야 하며, 제58조는 연안국이 제56조에 따라 자국의 배타적 경제수역에서 외국 어선의 해상급유를 규제하는 것을 금지하지 않는다고 보았다.32 즉, 배타적 경제수역에서의 해상급유는 제58조에 따라 배타적 경제수역에서 인정되는 항행의 자유를 구성하지 않으며, 연안국의 주권적 권리행사의 대상인 생물자원에 대한 탐사·개발·보존 및 관리에 관한 활동이라 간주한 것이다.33 재판소는 다

---

29 *M/V "Norstar" (Panama v. Italy), Judgment, ITLOS Reports 2018-2019*, para. 214.
30 *Ibid.*, paras. 215-217.
31 *Ibid.*, para. 216.
32 *M/V "Virginia G" (Panama/Guinea-Bissau), Judgment, ITLOS Reports 2014*, para. 222.

만 이번 판결에서 문제가 된 해상급유는 배타적 경제수역에서 외국어선의 해상급유에 관한 것이며, 연안국은 협약이 달리 정하지 않는 한 다른 형태의 해상급유에 대하여 권한이 없다고 하였다.[34]

한편 공해의 자유에, 내수에 위치한 항구로의 접근 및 항구를 떠날 수 있는 권리는 포함되지 않는다. 2013년 *M/V "Louisa"* 사건 판결에서 ITLOS는 협약 제87조가 M/V "Louisa"호에게 항구를 떠나거나 항구에 접근할 권리를 인정하는 것은 아니라고 밝혔다.[35]

2019년 *M/V "Norstar"* 사건 본안판결에서 ITLOS는 협약 제87조 1항에 따라 기국이 항행의 자유를 향유하는 장소를 특정하였다. 파나마의 주장과 달리 항행의 자유의 공간적 적용 범위는 공해와 협약 제58조에 따라 배타적 경제수역으로 한정된다고 하였다.[36] 이미 재판소가 과거 다른 판결에서 공해로의 접근권이 공해상 항행의 자유에 포함되지 않는다고 판단하였기 때문에[37] 타당한 결론이다. 재판소도 인정하고 있는 바와 같이[38] 수역별로 항행에 대한 법제도가 다르기 때문에 항행의 '자유'를 영해와 같은 다른 수역에서 인정해서는 안 되기 때문이다. 결과석으로 재판소는 *M/V "Virginia G"* 사선을 인용하며 "공해상 해상급유는 협약 및 기타 국제법 규칙에 규정된 조건에 따라 행사되는 항행의 자유의 일부"라고 확인하고 M/V "Norstar"호의 급유도 협약 제87조의 항행의 자유에 속한다고 판단하였다.[39]

---

33 *Ibid.*
34 *Ibid.*, para. 223.
35 *M/V "Louisa"*, *supra* note 4, para. 109.
36 *M/V "Norstar"*, *supra* note 29, para. 220.
37 *M/V "Louisa"*, *supra* note 4, para. 109.
38 *M/V "Norstar"*, *supra* note 29, para. 220.

마지막으로 2015년 "*Arctic Sunrise*" 중재사건의 본안판결에 따르면 해상시위는 "항행의 자유와 관련되는 적법한 해양이용의 자유"이다.40 중재재판소는 해양에서의 시위는 필연적으로 항행의 자유와 결부되어 행사될 수밖에 없기 때문에 공해의 자유에 포함된다고 보았다.41

IV. 주요 쟁점 검토 및 평가

공해자유원칙은 해양법의 가장 오래된 원칙 중 하나로 그간 당연한 것으로 간주되어 왔다. 유엔해양법협약에서 배타적 경제수역이 도입됨에 따라 공해가 양적으로 축소되면서 사실 어찌 보면 공해에 대한 관심은 그다지 많지 않았다. 그러나 협약 이행에 있어서 당연하다고 생각되었던 공해상 기국의 배타적 관할권에 대한 의문이 발생하였다. 한편으로는 기국의 배타적 관할권의 범위와 관련된 협약의 해석상의 문제가 있었다. 다른 한편으로는 공해상 수산자원의 보존 및 관리 문제, 그리고 공해상 불법행위 근절에 대한 요구에 따라 공해자유원칙의 귀결인 기국의 배타적 관할권 원칙의 예외를 점차 확대하려는 시도가 있었다.

---

39 *Ibid.*, para. 219.
40 PCA Case № 2014-02 in the *Matter of Arctic Sunrise Arbitration before an Arbitral Tribunal Constituted under Annex VII to the 1982 United Nations Convention on the Law of the Sea between the Kingdom of the Netherlands and the Russian Federation, Award on the Merits (11 August 2015)*, para. 227.
41 *Ibid.*

1. 공해상 기국의 배타적 관할권의 범위

1) 관련 국제판결

공해상 기국의 배타적 관할권이라는 의미는 기국 외의 다른 국가는 원칙적으로 공해에서 선박에 대하여 관할권을 행사할 수 없다는 것이다. 여기서 의미하는 관할권이 과연 무엇인지를 생각해볼 필요가 있다. 통상적 의미에서 관할권은 국가 주권의 중요 요소이며 입법 및 집행관할권을 지칭하는 용어로 사용되는데,[42] 협약이 '관할권'에 대하여 특별한 의미를 부여하였다고 생각되지는 않는다.[43] 협약 각 조문에서의 관할권의 의미는 이 용어가 사용된 문맥을 파악하여 이해해야 하므로 제92조의 '배타적인 관할권' 표현은 제87조, 제89조와 함께 검토해야 한다. 공해를 한 국가의 주권 하에 둘 수 없다는 제89조는 각 국가가 원칙상 "공해상에서의 다른 국가의 행위를 통제할 수 없다"[44]는 것이다.[45] 제87조의 공해자유원칙은 공해를 모든 국가에 열린 공간으로 둠으로써 모든 국가의 선박의 자유로운 이동, 공해의 자유로운 사용을 보장하는 규정이다.[46] 공해의 열린 성격을 보장

---

[42] Malcolm N. Shaw, *International law*, 7th ed. (Cambridge University Press, 2014), p. 469 참조.

[43] 여기서 언급한 협약의 관할권이란 배타적 경제수역에서의 연안국의 '주권적 권리 및 관할권'이 아닌 주권의 요소로서 제27조, 제28조의 형사관할권과 같은 의미에서 사용된 관할권만을 의미한다.

[44] R.R. Churchill and A.V. Lowe, *The Law of the Sea*, 3rd ed. (Manchester University Press, 1999), p. 205.

[45] Douglas Guilfoyle, "Article 92" in Alexander Proelss (ed.), *United Nations Convention on the Law of the Sea: A Commentary* (Bloomsbury, 2017), p. 687.

[46] Joint Separate Opinion of Judges Wolfrum and Attard in *M/V "Norstar" (Panama v. Italy), Preliminary Objections, Judgment, ITLOS Reports 2016*, para. 34 [https://www.itlos.org/fileadmin/itlos/documents/cases/case_no.25/Preliminary_Objection

하기 위해 어떤 국가도 공해에 대하여 주권을 행사할 수 없지만 그렇다고 공해에서 법질서가 부재한 것은 아니다.47 공해상 기국의 배타적 관할권 원칙은 공해가 일부 국가의 영향력 아래 놓이지 않고 법질서가 확립될 수 있는 제도로 고안되었다.48

'공해를 주권 하에 둘 수 없다'는 측면을 강조한다면 공해상 외국 선박에 대한 집행뿐 아니라 입법관할권 행사도 금지되는 것이 원칙이라고 해석할 수 있다. 반면 공해의 자유로운 사용과 법질서 유지를 위해 필요한 것은 공해상 경찰권에 해당하는 기국의 집행관할권 행사이기 때문에 기국관할권의 배타성은 집행관할권으로만 한정된다는 해석도 가능하다. 실제로 공해상 기국관할권의 예외로서 협약에 명시된 사항들은 모두 집행관할권에 관한 것이다.49 마지막으로 협약 제87조, 제89조, 제92조의 준비문서에는 제92조의 '관할권' 범위를 이해하는 데 도움이 될 만한 정보가 없다.50

ITLOS의 *M/V "Norstar"* 사건에서는 이처럼 공해상 기국의 배타적 관할권의 범위가 문제 되었다. 2019년 본안판결에서 ITLOS는 협

---

s/published/C25_PO_Judgment_20161104_SepOp_Wolfrum_Attard.pdf(최종 방문일: 2024.01.02)].
47 Hyun Jung Kim, "Section 6: La haute mer" in Mathias Forteau and Jean-Marc Thouvenin (eds.), *Traité de droit international de la mer* (Pedone, 2017), p. 425.
48 Jean-Paul Pancracio, *Droit de la mer* (Dalloz, 2010), p. 329.
49 Arron N. Honniball, "The Exclusive Jurisdiction of Flag States: A Limitation on Pro-active Port States?", *The International Journal of Marine and Coastal Law*, vol. 31 (2016), p. 522. 예를 들어 제105조, 제110조, 제111조 참조.
50 Myron Nordquist (ed.), *supra* note 2, pp. 122-127; Joint Dissenting Opinion of Judges Cot, Pawlak, Yanai, Hoffmann, Kolodkin and Lijnzaad and Judge ad hoc Treves in *M/V "Norstar" (Panama v. Italy), Judgment, ITLOS Reports 2018-2019*, para. 19[https://www.itlos.org/fileadmin/itlos/documents/cases/case_no.25/case_no_25_merits/C25_DissOp_Joint.pdf(최종 방문일: 2024.01.02)].

약 제87조에 내재한 기국의 배타적 관할권 원칙에 따라 공해상 외국 선박이 행한 합법적 활동에 대한 연안국의 역외 입법관할권 적용이 금지된다고 해석하였다. 구체적으로 "외국 선박의 항행을 방해하는 어떠한 행위 또는 공해상 이들 선박에 대한 어떠한 관할권의 행사도 협약 또는 기타 국제조약에서 정당화되지 않는 한 항행의 자유 침해를 구성"한다고 밝혔다.51 "공해상 외국 선박의 항행에 대한 물리적 또는 실질적material 방해"는 항행의 자유 침해에 해당하며, "공해상 물리적 방해나 집행을 수반하지 않는 행위"조차 항행의 자유 침해가 될 수 있다고 하였다.52 이처럼 재판소는 기국이 아닌 국가가 "공해상 외국 선박의 활동을 자국의 관할권 아래에 두는 행위"는 협약과 기타 국제조약에 명시적으로 규정되어 있는 경우를 제외하고는 항행의 자유 침해라고 하였다. 따라서 피청구국인 이탈리아가 파나마 국적의 M/V "Norstar"호의 공해 급유행위에 자국법을 적용한 행위는 협약 제87조 위반이라고 결론내렸다.53 요컨대 다수의견은 공해상 외국 선박에 대한 물리적 방해행위(집행관할권 행사)뿐 아니라 공해상 외국 선박이 행한 합법적 활동에 대한 연안국의 역외 입법관할권 적용이 금지된다고 판단하였다.

해당 사건에서 이탈리아는 협약 제89조(공해에 대한 주권주장의 무효), 제92조(선박의 지위)에 따라 입법관할권의 역외 적용이 금지될 가능성을 부인하지 않았다. 하지만 제87조 상에서는 항행의 자유에 대한 방해 없는 입법관할권의 역외 적용은 금지되는 것이 아니라는 주장을 펼쳤다.54 재판소가 이러한 주장을 받아들이지 않고 역외 입

---

51 *M/V "Norstar", supra* note 29, para. 222.
52 *Ibid.,* paras. 222-223.
53 *Ibid.,* paras. 223-224.

법관할권 행사도 제87조에 따라 금지된다고 판단한 근거는 제87조와 제89조 및 제92조의 관계 때문이다. 제87조는 공해자유원칙의 핵심 규정으로 여기에 공해 주권주장 금지 및 기국관할권에 관한 내용이 명시되어 있지 않더라도 내재해inherent 있다는 것이다.55 파나마가 청구취지에 제89조, 제92조를 적시하지 않았지만, 재판소가 제87조의 의미를 광의로 해석함에 따라 해당 규정들의 내용이 본 사건에 적용되게 되었다.56 따라서 재판소는 "배타적 기국관할권원칙은 기국이 아닌 국가가 공해상 집행관할권 행사뿐 아니라 공해상 외국 선박이 행한 합법적 활동에 대하여 입법관할권을 확대하는 것을 금지한다"57고 적시하고 상기 선박의 행위에 국내법을 확대 적용하고 불법화하여 처벌criminalize하는 것은 제87조 위반일 수 있다고 하였다.58 뿐만 아니라 재판소는 M/V "Norstar"호의 나포명령이 실제로는 스페인의 내수에서 집행되었다 하더라도 이는 이탈리아가 공해상 외국선박의 행위에 대하여 자국 법률을 역외적으로 확대 적용한 결과이기 때문에 제87조 위반이 성립한다고 보았다.59 그 결과 재판소는 이탈리아의 공해상 입법관할권 확대 적용, 나포명령 발부, 나포 요청 행위가 파나마가 협약 제87조에 따라 향유하는 항행의 자유를 침해하였다는 결론을 내렸다.60

---

54 *Ibid.*, para. 207.
55 *Ibid.*, para. 218.
56 협약 제293조 참조.
57 *M/V "Norstar", supra* note 29, para. 225.
58 *Ibid.*, para. 225.
59 *Ibid.*, para. 226.
60 *Ibid.*, para. 227.

2) 평가

공해상 기국의 배타적 관할권 범위에 대해서는 여러 견해가 존재한다. 우선 *M/V "Norstar"* 사건 본안판결에 대한 Cot, Pawlak, Yanai, Hoffmann, Kolodkin 및 Lijnzaad 재판관과 Treves 임시 재판관은 공동 반대의견에서 협약 규정과 협약 준비문서, 기타 다른 국제협약 및 국제관습법, 국가실행을 볼 때 기국이 아닌 국가의 공해상 역외관할권 적용이 금지된다고 보지 않았다.[61] 문제의 범죄가 자국 영토와 충분한 연결이 있는 경우 공해상 역외 입법 형사관할권 적용이 가능하며, 제87조는 전면적인 역외 입법관할권 금지규정이 아니라고 비판하였다. 재판관들은 M/V "Norstar"호의 공해 급유는 이탈리아 영역에서 구매한 면세유를 다른 선박에 공급하고 이를 다시 이탈리아 영토로 밀수한 범죄의 '불가분의 일부'이기 때문에 이 범죄는 공해가 아니라 이탈리아에서 발생하였다고 지적하였다.[62] 재판관들은 "범죄의 성립요건이 국가의 영토 내에서 발생하였고 자국의 영토와 충분한 연결connection이 있다면" 문제의 공해 선박에 대하여 역외 입법 형사관할권을 적용할 수 있다고 보았고,[63] 따라서 이탈리아가 본 사건에서 자국 법률을 공해에 적용한 것은(영토관할권이든 또는 역외관할권이든 간에) 국제법에 부합한다고 보았다.[64] 그리고 이처럼 공해상 역외 입법관할권 적용이 가능한 것은 국제법상 적용이 허용되었기 때문이 아니라 금지되지 않았기 때문이라고 강조하고, 제87조에 따

---

61 Joint Dissenting Opinion of Judges Cot, Pawlak, Yanai, Hoffmann, Kolodkin and Lijnzaad and Judge ad hoc Treves in *M/V "Norstar", supra* note 50, para. 19.
62 *Ibid.*, paras. 29 and 32.
63 *Ibid.*, para. 31.
64 *Ibid.*, para. 34.

라 입법관할권 적용이 금지되지 않는다고 강조하였다.65

다음으로 해양법 교과서를 포함한 관련 문헌의 입장을 살펴보면 공해상 기국이 아닌 국가의 관할권 행사에 대한 학자들의 견해는 세 가지로 나뉜다.

첫째, 공해상 기국의 배타적 관할권 원칙이 존재함을 인정하나 관할권의 의미에 대한 구체적인 설명을 하지 않는 경우이다.66 ***Virginia Commentaries***도 이에 해당한다.67

둘째, 기국의 배타적 관할권 원칙에 따라 공해상 다른 국가의 외국 선박에 대한 방해interference는 금지된다는 입장이다. Douglas Guilfoyle 교수, Yoshifumi Tanaka 교수, D. P. O'Connell 교수가 대표적이다. 이 입장 내에서도 세부적인 차이가 존재한다. 2017년 협약 주해 작업에 참여한 Guilfoyle 교수는 기국이 아닌 국가의 집행관할권 행사만이 금지된다고 해석하여 명시적으로 이들 국가의 공해 입법관할권 적용을 긍정한다.68 O'Connell 교수는 공해상 행위와 기국이 아닌 국가 간 일정한 연결이 존재한다는 조건 하에 입법관할권 적용이 인정될 수 있다고 본다.69 Tanaka 교수와 Treves 재판관은 입법관할권에 대한 언급 없이 선박에 대한 방해가 금지된다고만 하

---

65 ***Ibid.***, para. 36.
66 박춘호·유병화, 『해양법』(민음사, 1986), p. 113; 김현수, 『해양법총론』(청목출판사, 2010), p. 157; 박찬호·김한택, 『국제해양법』(서울경제경영, 2012, 제2판), pp. 141-143; C. John Colombos, ***The International Law of the Sea***, 3rd rev. ed. (Longmans, Green, 1954), p. 56; Donald Rothwell and Tim Stephens, ***The International Law of the Sea***, 2nd ed. (Hart Publishing, 2016), p. 158.
67 Myron Nordquist (ed.), ***supra*** note 2, pp. 122-127.
68 Douglas Guilfoyle, ***supra*** note 45, pp. 700-701.
69 D. P. O'Connell, ***The International Law of the Sea*** (edited by I. A. Shearer), vol. II (Clarendon Press, 1984), pp. 800-801.

여 묵시적으로 입법관할권 행사를 인정한 것으로 보인다.[70]

셋째, 공해상 기국의 배타적 관할권 원칙은 집행관할권뿐 아니라 입법관할권에 대한 배타성을 의미한다고 보는 견해이다. R. R. Churchill & A. V. Lowe 제3판 교과서(1999년)와 Doris König 교수의 문헌이 대표적이다.[71] 두 문헌 모두 이러한 해석에 대한 직접적인 근거를 제시하고 있지는 않지만,[72] 전자의 경우 공해가 어떤 국가의 주권에도 속하지 않는다는 규칙으로부터 도출한 것으로 보인다.[73] 흥미로운 사실은 M/V "Norstar" 사건 판결 이후 발간된 Churchill 외 2인 공저 제4판 교과서(2022년)에서는 기국의 배타적 관할권 원칙은 집행관할권만을 의미한다는 주장이 "설득력"있다고 인정함으로써 저자들의 입장이 180도 바뀌었다는 점이다.[74]

공해상 기국의 배타적 관할권 원칙의 범위는 공해자유원칙의 목적과 그 목적을 달성하기 위한 요건을 어떻게 보느냐에 따라 달라진다. 전통적인 주권의 부재 공간으로 공해를 인식한다면 기국의 배타적 입법관할권 또한 인정하는 것이 논리적으로 타당하다고 생각된다. 하지만 실제로는 공해상 기국관할권 및 그 예외가 집행관할권을

---

70 Yoshifumi Tanaka, *The International Law of the Sea*, 3rd ed. (Cambridge University Press, 2019), p. 190; Tullio Treves, *supra* note 1, para. 12.
71 R. R. Churchill and A. V. Lowe, *supra* note 44, p. 208; Doris König, "Flag of Ships", *Max Planck Encyclopedias of International Law* (April 2009), para. 25.
72 강우현, "공해에서의 선박/선원의 행위에 대한 항만국의 관할권 행사와 항행의 자유: 국제재판소의 최신 판례에 대한 비판적 분석을 중심으로", 『국제법평론』, 통권 제58호 (2021-I), p. 8.
73 R. R. Churchill and A.V. Lowe, *supra* note 44, pp. 205 and 208.
74 R. Churchill, V. Lowe and A. Sander, *The Law of the Sea*, 4th ed. (Manchester University Press, 2022), p. 381. 2019년 M/V *Norstar* 사건 본안판결이 입장 선회의 계기였음을 알 수 있는데, 다수의견이 아니라 오히려 공동 반대의견의 입장을 지지하여 다수의견 판단을 간접적으로 비판하고 있다.

중심으로 논의되어온 사실 또한 부인하기 어렵다. 최근 공해상 행위에 대한 항만국 조치의 강화 추세를 볼 때[75] 이번 M/V "Norstar" 사건 판결이 시대를 역행하는 해석이라는 생각이 들 수도 있다.

그렇지만 공해상 외국 선박의 행위에 대한 입법관할권 적용을 긍정하는 입장과 부정하는 입장 모두 입법관할권이 전면 허용되거나 전면 금지된다고 보지는 않기 때문에 기국의 배타적 입법관할권이 현재 원칙이라는 M/V "Norstar" 사건 판결 다수의견의 결론이 크게 비판받을 사항은 아니라고 본다. 다수의견도 협약 또는 기타 국제조약에 의해 기국이 아닌 국가의 입법관할권 적용이 정당화될 수 있으며, 공해상 외국 선박의 '합법적' 활동에 대한 입법관할권을 확대하는 것을 금지한다고만 하였기 때문에[76] 모든 입법관할권 행사가 금지되는 것은 아니다. 즉, 국제법적으로 위법한 활동에 대한 공해상 입법관할권 확대 적용은 가능할 수도 있다는 것이다.[77] 기국이 아닌 국가의 공해 입법관할권 행사를 긍정하는 입장 또한 해당 국가가 문제의 공해상 행위와 일정한 연결이 존재하는 경우에 가능하다든지, 차단 효과가 발생하는 경우는 적용이 허용되지 않는다는 등, 일정한 요건

---

75 Arron N. Honniball, "Freedom of Navigation Following the M/V 'Norstar' Case (June 4, 2019)", in The JCLOS Blog (2019), p. 4 [available at SSRN: https://ssrn.com/abstract=3533794; (최종 방문일: 2024.01.02.)]; Arron N. Honniball, "The Exclusive Jurisdiction of Flag States: A Limitation on Pro-active Port States?", *supra* note 49, pp. 499-530; 김현정, "국제공역 보호를 위한 항만국 관할권", 서울국제법연구, 제19권 제1호 (2012), 83-108면.

76 *M/V "Norstar"*, *supra* note 29, para. 225.

77 Dissenting Opinion of Judge ad hoc Treves in *M/V "Norstar" (Panama v. Italy)*, *Preliminary Objections, Judgment, ITLOS Reports 2016*, para. 20[https://www.itlos.org/fileadmin/itlos/documents/cases/case_no.25/Preliminary_Objections/published/C25_PO_Judgment_20161104_DissOp_Treves.pdf (최종 방문일: 2024.01.02)]; 강우현, 앞의 주 72), pp. 32-33.

을 부과하고 있다.

기국의 배타적 관할권 원칙이 특정 국가(해양 강대국)의 입법, 집행관할권 확대 적용으로부터 공해활동을 보호하기 위해 도입되었다는 점을 상기할 때 한 국가의 일방적인 입법관할권 행사 금지 자체는 불합리한 판단은 아니라고 보인다. 항만국 협정 등에 따른 입법관할권 적용은 기국의 배타적 관할권 원칙하에서도 정당화될 수 있는 '협정에 따른 예외 사항'이기 때문에 국제적 합의에 따라 취해지는 항만국 조치가 국제법상 문제가 되지는 않을 것이다.

2. 기국의 배타적 관할권 원칙의 예외 확대

1) 마약 및 향정신성물질 대응

유엔해양법협약 외의 별도의 조약을 통한 기국관할권 예외 확대는 마약 및 향정신성물질의 불법거래방지에 관한 국제연합협약에서도 찾아볼 수 있다. 1988년 12월 20일 채택되고 1990년 11월 11일 발효된 마약 및 향정신성물질의 불법거래방지에 관한 국제연합협약(United Nations Convention Against Illicit Traffic in Narcotic Drugs and Psychotropic Substances)은 해상불법거래에 관한 규정을 두고 있다. 해당 협약 제17조에 따라 협약의 당사국은 다른 당사국을 기국으로 하는 선박이 마약 및 향정신성물질 불법거래에 관여하고 있다고 의심할 만한 합리적 근거가 있는 경우, 기국에 해당 사실을 통보하고 선박의 등록확인을 요청할 수 있다. 그리고 이러한 확인이 된 경우 당사국은 기국에 해당 선박에 대한 적절한 조치를 취할 수 있도록 요청할 수 있다. 기국은 해당 국가에 선박에의 승선, 선박의 수색, 불법거래에 관여한 증거 발견 시 선박, 승선자 및 화물에 대한 적절한 조치의 강구를 허가할 수 있다.

상기 예시는 유엔해양법협약 제110조(임검권)의 단서조항에 해당하는 것이다. 협약 제110조는 기국관할권에 따라 외국 선박에 대한 공해상 임검권은 열거된 행위에 한하여 제한적으로 허용하고 있는데 그럼에도 불구하고 "다만, 간섭행위가 조약에 따라 부여된 권한에 의한 경우는 제외"시킴으로써 비기국 임검이 조약에 의해 확대될 수 있음을 인정한다.

2) 생물자원 보존 및 관리

1995년 8월 4일 채택되고 2001년 12월 11일 발효된 공해어업협정 제21조 1항은 "소지역적·지역적 수산관리기구 또는 약정의 관할하에 있는 공해에서, 이 기구 또는 약정의 회원국이나 참가국인 당사국은 동 기구 또는 협정이 설정한 경계왕래어족 및 고도회유성어족에 관한 보존 및 관리 조치의 준수를 보장할 목적으로 정당한 권한을 부여받은 검색관을 통하여 이 협정의 타당사국 국기를 게양한 어선을 제2항에 따라 승선·검색할 수 있다. 그 타당사국이 해당 기구 또는 약정의 회원국이나 참가국인지의 여부는 무관하다"고 규정한다. 즉, 공해어업협정의 당사국이자 수산관리기구, 약정의 참가국, 회원국인 국가는 공해어업협정의 다른 당사국 선박에 대하여 경계왕래어족 및 고도회유성어족 보존 조치 준수를 목적으로 비기국 승선·검색이 가능하다. 승선·검색의 대상이 되는 선박의 기국이 수산관리기구, 약정의 참가국, 회원국일 필요가 없다는 점에서, 수산자원보호를 위한 상당히 획기적인 기국관할권의 예외라고 할 수 있다.

앞으로도 환경보호적 측면에서 불법·비보고·비규제IUU 어업 퇴치를 위한 국제적 노력, 해상 불법행위 진압 등의 이유로 공해상 기국관할권에 대한 예외 확대 시도는 지속될 것으로 보인다.

V. 결론

공해는 연안국의 관할수역에 "속하지 아니하는 바다의 모든 부분"[78]으로 규정된 바와 같이, 유엔해양법협약 성안 당시 주요 관심 대상은 아니었다. 협약에서 처음 도입되는 배타적 경제수역과 같은 수역에 대한 논의에 관심이 집중된 이유도 있지만, 공해의 법질서인 공해자유원칙은 오래전부터 확립된 원칙이기 때문이기도 하다.

협약 채택 이후 인간활동이 다양해지면서 공해자유원칙, 배타적 기국관할권의 해석이 필요한 상황이 발생하였다. 주로 국제판결을 통해 공해상 해상급유(벙커링), 내수에 위치한 항구로의 접근 및 항구를 떠날 수 있는 권리, 해상시위 등의 행위가 공해자유에 포함되는지가 확인되었다. 특히 ITLOS의 M/V "Norstar" 사건 판결에서의 협약 제87조 1항에 대한 해석 및 적용은 그간 당연한 듯 여겨졌던 공해상 항행의 자유 내용을 재검토할 기회였다. 그간 기국의 배타적 관할권 원칙보다는 원칙의 예외에 더 많은 관심이 있어왔는데 M/V "Norstar" 사건 판결은 위 원칙에 대해 해석을 하였다는 의의가 있다. 이 사건에서 공해상 외국 선박의 행위에 대한 입법관할권 적용이 원칙적으로 국제법상 가능한지, 아니면 금지이나 예외적으로 허용되는 것인지에 대해서 재판소 내에서도 많은 논의가 있었던 것으로 보인다. 양쪽 견해 모두 일정한 요건이 충족되어야 한다는 데 동의하고 있으며 어느 쪽을 따르든지 간에 현재 수산분야 등에서 국가 간 합의에 기초하여 발전 중인 비기국 조치 확대 경향에 미치는 부정적인 영향은 생각보다 크지 않으리라 본다. 공해자유원칙은 여전히 원칙으로

---

78 유엔해양법협약 제86조.

작동하고 있으며 그 예외로서 기국이 아닌 국가에 의한 공해상 관할권 행사는 유엔해양법협약 또는 다른 국제법규칙에 근거하여 행해질 것이다.

참고 문헌

■ 국내 문헌

〈단행본〉

김현수, 『해양법총론』 (청목출판사, 2010)

박찬호·김한택, 『국제해양법』 (서울경제경영, 2012, 제2판)

박춘호, 유병화, 『해양법』 (민음사, 1986)

〈논문〉

강우현, "공해에서의 선박·선원의 행위에 대한 항만국의 관할권 행사와 항행의 자유: 국제재판소의 최신 판례에 대한 비판적 분석을 중심으로", 『국제법평론』, 통권 제58호 (2021-I)

김현정, "국제공역 보호를 위한 항만국 관할권", 『서울국제법연구』, 제19권 제1호 (2012)

김현정, "국제해양법재판소의 2019년 M/V "Norstar"호 사건 본안판결에 대한 국제법적 분석", 『국제법평론』, 통권 제63호(2022)

■ 외국 문헌

〈단행본〉

R. R. Churchill and A. V. Lowe, *The Law of the Sea*, 3rd ed. (Manchester University Press, 1999)

R. Churchill, V. Lowe and A. Sander, *The Law of the Sea*, 4th ed. (Manchester University Press, 2022)

C. John Colombos, *The International Law of the Sea*, 3rd rev. ed. (Longmans, Green, 1954)

Myron Nordquist (ed.), *United Nations Convention on the Law of the Sea 1982: A Commentary*, vol. III (Martinus Nijhoff, 1995)

D. P. O'Connell, *The International Law of the Sea* (edited by I.A. Shearer), vol. II (Clarendon Press, 1984)

Jean-Paul Pancracio, *Droit de la mer* (Dalloz, 2010)

Donald Rothwell and Tim Stephens, *The International Law of the Sea*, 2nd ed. (Hart Publishing, 2016)

Malcolm N. Shaw, *International law*, 2014, 7th ed. (Cambridge University Press)

Yoshifumi Tanaka, *The International Law of the Sea*, 2019, 3rd ed. (Cambridge University Press)

〈논문〉

Arron N. Honniball, "The Exclusive Jurisdiction of Flag States: A Limitation on Pro-active Port States?", *The International Journal of Marine and Coastal Law*, vol. 31 (2016)

〈북챕터〉

Douglas Guilfoyle, "Article 92" in Alexander Proelss (ed.), *United Nations Convention on the Law of the Sea: A Commentary* (Bloomsbury, 2017)

Hyun Jung Kim, "Section 6: La haute mer" in Mathias Forteau and Jean-Marc Thouvenin (eds.), *Traité de droit international de la mer* (Pedone, 2017)

〈국제판결〉

M/V "Louisa" (Saint Vincent and the Grenadines v. *Kingdom of Spain)*, Judgment, ITLOS Reports 2013

M/V "Virginia G" (Panama/Guinea-Bissau), Judgment, ITLOS Reports 2014

PCA Case № 2014-02 in the *Matter of Arctic Sunrise Arbitration before an Arbitral Tribunal Constituted under Annex VII to the 1982 United Nations Convention on the Law of the Sea between the Kingdom of the Netherlands and the Russian Federation, Award on the Merits (14 August 2015)*

M/V "Norstar" (Panama v. Italy), Judgment, ITLOS Reports 2018-2019

Joint Separate Opinion of Judges Wolfrum and Attard *in M/V "Norstar" (Panama v. Italy), Preliminary Objections, Judgment, ITLOS Reports 2016*

〈기타자료〉

Arron N. Honniball, "Freedom of Navigation Following the M/V 'Norstar' Case (June 4, 2019)", in The JCLOS Blog (2019)

Doris König, "Flag of Ships", *Max Planck Encyclopedias of International Law* (April 2009)

Tullio Treves, "High Seas", *Max Planck Encyclopedias of International Law* (January 2009)

5장 해양경계획정의 이해
국제재판소 판례로부터의 교훈을 중심으로

이기범 • 연세대학교 법학전문대학원 부교수

I. 들어가며
II. 유엔해양법협약상 해양경계획정을 규율하는 규칙
   1. 영해의 경계획정을 규율하는 규칙
   2. 배타적 경제수역의 경계획정을 규율하는 규칙
   3. 대륙붕의 경계획정을 규율하는 규칙
III. 단일해양경계의 획정
   1. 단일해양경계의 획정의 이유
   2. 국가실행으로부터 유래한 단일해양경계의 획정
IV. 3단계 방법론의 확립과 구체적 내용
   1. 3단계 방법론의 개관
   2. 3단계 방법론의 분설
V. 경계미획정 수역의 규율
   1. 유엔해양법협약 제74조 제3항과 제83조 제3항
   2. '물리적 변화'라는 기준은 절대적인 기준인가?
VI. 동북아시아에서의 해양경계획정: 한국을 중심으로
   1. 한·중 해양경계획정
   2. 한·일 해양경계획정
VII. 나가며

I. 들어가며

지금으로부터 약 40년 전인 1982년 12월 10일 채택된 유엔해양법협약은 '해양경계획정maritime boundary delimitation' 문제를 규율하기 위해 '영해'의 경계획정, '배타적 경제수역'의 경계획정, '대륙붕'의 경계획정을 규율하는 규칙을 포함하고 있다. 그러나 유엔해양법협약이 이와 같은 규칙을 제공하고 있다고 하더라도 구체적인 사안에서 이러한 규칙을 해석하고 적용하여 해양경계획정을 실제로 수행하기는 쉽지 않다. 아래에서 다시 설명할 텐데, 무엇보다 해양경계획정을 규율하는 규칙 내에 '형평한 해결equitable solution'과 같이 적용하기 다소 어려운 모호한 개념이 포함되어 있기 때문이다. 더구나 1969년 국제사법재판소International Court of Justice: ICJ의 북해대륙붕 사건[1]을 필두로 2023년 국제해양법재판소International Tribunal for the Law of the Sea: ITLOS 특

---

1 *North Sea Continental Shelf*, Judgment, I.C.J. Reports 1969, p. 3.

별재판부의 모리셔스-몰디브 사건[2]에 이르기까지 정교한 분석을 요하는 20개가 넘는 국제재판소 판례가 축적되어 있다.

우선 간략히 해양경계획정이 무엇인지를 살펴보기로 한다. 해양경계획정이란 기본적으로 배타적 경제수역, 대륙붕 등에 대한 '(둘 이상, 즉) 복수' 국가들의 '권원entitlement'이 중첩하는 경우 그 국가들 간 해양경계선을 도출하는 것을 말한다. 이를 구체적으로 적용하면, 만약 서로 마주 보는 A국의 '관련 해안'과 B국의 '관련 해안' 간 거리가 320해리(1해리는 1,852미터)에 불과하다면, 최대 200해리에 이를 수 있는 배타적 경제수역에 대한 A국과 B국 각각의 권원은 중첩할 수 있고, 이는 A국과 B국 간 배타적 경제수역의 경계획정 문제의 발생으로 이어지게 된다는 의미이다.

해양경계획정 문제가 단시간 내에 주요 국제법 쟁점들 중 하나로 자리매김하게 된 계기는 바로 1945년 9월 28일 대륙붕에 관한 미국의 정책을 적극적으로 표방한 '트루먼 선언Truman Proclamation'[3]의 공포였다. 영해와 달리 대륙붕은 수백 해리에 이를 수도 있는 까닭에 복수 국가들의 대륙붕에 대한 권원이 중첩할 가능성은 사녕했기 때문이다. 1945년 이전, 즉 대륙붕 또는 배타적 경제수역 같은 국제법상 새로운 해양영역이 소개되기 이전에는 (접속수역 개념은 별론으로 하고) 해양영역으로는 크게 영해와 공해만이 존재했고, 따라서 1945년 이전에는 국가들의 관심사가 영해의 폭이 3해리인지 또는 12해리인지와 같은 영해의 (경계획정 문제가 아닌) '한계설정' 문제에 한정되

---

2 *Delimitation of the Maritime Boundary in the Indian Ocean (Mauritius/Maldives), Judgment, ITLOS Reports 2023.*
3 United Nations (ed.), *Laws and Regulations on the Regime of the High Seas* (New York: United Nations Publications, 1951), Vol. I, pp. 38-40.

었을 뿐이다.

    그런데 1945년 이후 1950년대가 거의 끝나갈 때까지 해양경계획정, 특히 대륙붕의 경계획정을 수행하기 위해 적용할 수 있는 관련 국제법 규칙은 불분명했다. 이와 같은 어려운 문제를 해결하고자 1958년 제1차 유엔해양법회의를 통해 채택된 '대륙붕협약Convention on the Continental Shelf' 제6조는 대륙붕의 경계획정을 규율하는 규칙으로 '등거리-특별 사정들 규칙Equidistance-Special Circumstances rule'을 규정했다. 하지만 '등거리-특별 사정들 규칙'은 상당수 국가들의 반발에 직면했을 뿐만 아니라 1969년 국제사법재판소의 북해대륙붕 사건에서 국제관습법customary international law으로 인정받지도 못했다. 국제사법재판소는 북해대륙붕 사건에서 등거리-특별 사정들 규칙 대신 대륙붕의 경계획정을 위한 규칙으로 '형평한 원칙들-관련 사정들 규칙 Equitable Principles-Relevant Circumstances rule'이라는 적용하기 상당히 쉽지 않은 규칙을 국제관습법이라고 간주하면서 오히려 대륙붕의 경계획정 문제를 더욱 미로 속에 빠뜨리는 결과를 초래했다.4 이러한 북해대륙붕 사건의 결론을 놓고 야기된 '등거리-특별 사정들 규칙'을 선호하는 국가들과 '형평한 원칙들-관련 사정들 규칙'을 주장하는 국가들 간 격렬한 대립은 대륙붕의 경계획정 문제에 대한 1970년대 당시, 특히 1973년부터 시작된 제3차 유엔해양법회의를 관통하는 하나의 어려움이었다.

    이와 같은 복잡한 상황을 뒤로 하면서 1982년 채택된 배타적 경제수역의 경계획정을 규율하는 유엔해양법협약 제74조 제1항과 대륙붕의 경계획정을 규율하는 유엔해양법협약 제83조 제1항은 '등거

---

4 ICJ, *supra* note 1, pp. 46-47, para. 85.

리-특별 사정들 규칙'도 아니고 '형평한 원칙들-관련 사정들 규칙'도 아닌 '형평한 해결의 도달to achieve an equitable solution'을 배타적 경제수역의 경계획정과 대륙붕의 경계획정을 수행하기 위한 규칙으로 받아들였다. 다시 말해, 배타적 경제수역의 경계획정과 대륙붕의 경계획정을 규율하는 규칙은 단지 해당 해양영역의 경계획정이 추구해야 하는 '목적 또는 목표'만을 성문화했다는 것이다. 하지만 위에서 이미 언급한 것처럼 유엔해양법협약 채택을 전후하여 2023년 현재까지 이미 상당수 국제재판소 판례가 축적되어 있다. 이는 비록 유엔해양법협약이 배타적 경제수역의 경계획정과 대륙붕의 경계획정과 관련하여 형평한 해결의 도달이라는 추상적인 규칙을 도입했을지라도 지금까지 축적된 국제재판소 판례는 이러한 규칙이 어떻게 해석되고 적용될 수 있는지를 살펴볼 수 있는 훌륭한 길잡이가 된다는 의미이다.

아래에서는 유엔해양법협약상 영해, 배타적 경제수역, 대륙붕 등 해양영역의 경계획정을 규율하는 규칙을 국제재판소 판례와 함께 살펴보고, 경계미획정 수역의 규율 문제 등 관련 문제도 추가적으로 검토하고자 한다. 그리고 한국이 당면하고 있는 해양경계획정 현안도 간략히 일별할 것이다.

II. 유엔해양법협약상 해양경계획정을 규율하는 규칙

1. 영해의 경계획정을 규율하는 규칙

> **유엔해양법협약 제15조(대향국 간 또는 인접국 간 영해의 경계획정)**
>
> 두 국가의 해안이 서로 마주 보고 있거나 인접하고 있는 경우, 양국 간 달리 합의하지 않는 한 양국 각각의 영해기선상의 가장 가까운 점으로부터 같은 거리에 있는 모든 점을 연결한 등거리선 밖으로 영해를 확장할 수 없다. 다만 위의 규정은 역사적 권원이나 그 밖의 특별 사정들에 의하여 이와 다른 방법으로 양국의 영해의 경계를 획정할 필요가 있는 경우에는 적용하지 아니한다.

영해의 경계획정을 규율하는 규칙은 유엔해양법협약 제15조를 통해 제공되고 있다. 영해의 경계획정을 규율하는 규칙은 배타적 경제수역의 경계획정 또는 대륙붕의 경계획정을 규율하는 규칙과 달리 그동안 큰 논란의 대상이 되지 않았다. 이는 지금까지 주장되었던 영해의 폭이 (배타적 경제수역의 한계 또는 대륙붕의 한계와 비교하여서는 미미하다 할 수 있는) 3해리 또는 12해리 등에 불과한 까닭에 유엔해양법협약 제15조에 포함된 규칙 이외의 다른 규칙이 적용된다 하더라도 유의미한 차이를 도출할 가능성이 거의 없기 때문이다.

따라서 2001년 카타르-바레인 사건[5]에서 국제사법재판소가 유엔해양법협약 제15조가 국제관습법을 반영한다고 언급한 것[6]은 충분히

---

[5] *Maritime Delimitation and Territorial Questions between Qatar and Bahrain, Merits, Judgment, I.C.J. Reports 2001*, p. 40.

예견될 수 있었다고 보아야 한다. 그리고 카타르-바레인 사건에서 국제사법재판소는 유엔해양법협약 제15조가 '등거리-특별 사정들 규칙'이라 불린다고 언급하면서, 이 규칙을 적용하는 논리적이고 실제적인 순서로 첫째, 잠정적인 등거리선을 설정하고, 둘째, 특별 사정(들)의 존재에 비추어 이미 설정된 잠정적인 등거리선을 조정해야만 하는지 여부를 고려하는 순서를 제시했다.[7]

다만 국제사법재판소가 2007년 니카라과-온두라스 사건[8]에서 유엔해양법협약 제15조를 적용하면서 잠정적인 등거리선을 설정하지 않는다 하더라도 이를 유엔해양법협약 제15조를 올바르지 않게 적용한 것이라 볼 수는 없다고 하면서, 잠정적인 등거리선을 설정하는 것이 의무적이지 않다는 점을 명백히 적시했다는 것[9]은 주지되어야 한다. 즉, 영해의 경계획정을 수행하면서 반드시 잠정적인 등거리선을 설정할 필요는 없고, 예를 들어 '잠정적인' '이등분선 bisector line'을 설정할 수도 있다는 것이다(〈그림 1〉 참조).

마지막으로 영해의 경계획정을 규율하는 유엔해양법협약 제15조와 관련하여 한 가지 유의해야 할 점이 시석되어야 한다. 권원의 중첩에 방점을 두고 있는 일반적인 해양경계획정의 개념과 달리 유엔해양법협약 제15조는 관련 국가들 간 합의가 이루어지지 않는 한 어떤 국가의 영해에 대한 권원이 등거리선 이원으로 확대될 수 없다는 내용으로 규정되어 있다. 이는 복수 국가들의 (영해에 대한) 권원

---

6 *Ibid.*, pp. 93-94, paras. 175-176.
7 *Ibid.*, p. 94, para. 176.
8 *Territorial and Maritime Dispute between Nicaragua and Honduras in the Caribbean Sea (Nicaragua v. Honduras), Judgment, I.C.J. Reports 2007*, p. 659.
9 *Ibid.*, pp. 743-745, para. 280.

⟨그림 1⟩ 영해의 경계획정 시 설정된 잠정적인 이등분선의 예

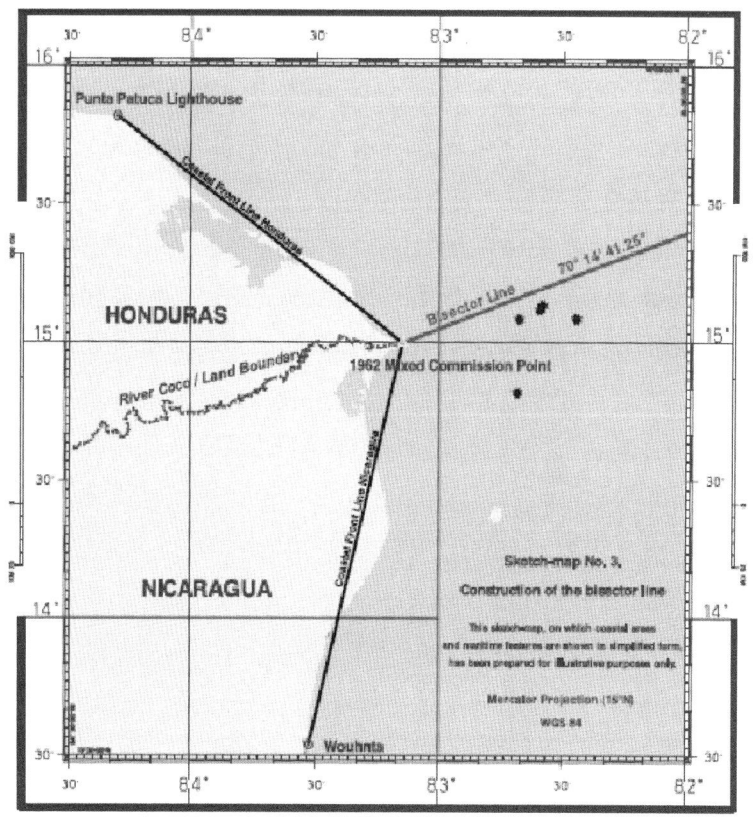

출처: I.C.J. Reports 2007, p. 750

이 중첩하기 때문에 영해의 경계획정이 수행되어야 한다는 방식의 이해는 유엔해양법협약 제15조에 관한한 올바른 방식의 이해가 아니라는 의미이다. 따라서 영해의 경계획정의 경우 아래에서 살펴볼 배타적 경제수역의 경계획정 또는 대륙붕의 경계획정에 비해 '등거리' 개념이 '규범성'을 지닌다고 볼 수 있을 것이다.

2. 배타적 경제수역의 경계획정을 규율하는 규칙

> **유엔해양법협약 제74조(대향국 간 또는 인접국 간 배타적 경제수역의 경계 획정)**
>
> 1. 서로 마주 보고 있거나 인접한 연안국 간 배타적 경제수역의 경계획 정은 형평한 해결에 이르기 위하여, 국제사법재판소규정 제38조에 언급된 국제법을 기초로 하는 합의에 의하여 이루어진다.

유엔해양법협약 제74조 제1항은 배타적 경제수역의 경계획정을 규율하는 규칙을 언급하고 있는데, 이 규칙이 바로 '형평한 해결의 도달'이다. 그런데 안타깝게도 유엔해양법협약 제74조 제1항의 의미를 오해하고 있는 경향이 상당하다. 즉, 유엔해양법협약 제74조 제1항 내에서 발견되는 "국제사법재판소규정 제38조에 언급된 국제법을 기초로(on the basis of international law, as referred to in Article 38 of the Statute of the International Court of Justice)"라는 표현이 추후 배타적 경제수역의 경계획정을 규율하는 국제관습법이 형성될 수 있는 가능성을 함축하고 있다는 오해이다. 그런데 유엔해양법협약 채택 직후 판결이 내려진 1984년 국제사법재판소 특별재판부의 메인만 사건[10]에서도 유엔해양법협약 제74조 제1항은 '형평한 해결의 도달'의 '의무'를 상기시키는 것이라 해석되었고,[11] 유엔해양법협약 제74조 제1항을 둘러싼 성문화 배경을 살펴보아도 추후 관련 국제관습법

---

10 *Delimitation of the Maritime Boundary in the Gulf of Maine Area, Judgment, I.C.J. Reports 1984*, p. 246.
11 *Ibid.*, p. 294, para. 95.

의 형성을 예정하고 이러한 표현이 포함된 것은 아니라는 점이 명백하다.

결국 2012년 국제사법재판소의 니카라과-콜롬비아 사건12에서 유엔해양법협약 제74조 제1항은 국제관습법을 반영하고 있다고 인정되었고,13 이는 유엔해양법협약의 당사국이 아닌 국가 또한 '형평한 해결의 도달'을 배타적 경제수역의 경계획정을 규율하는 규칙으로 준수해야 한다는 점을 함축하는 것이다. 다만 지금까지 국제재판소 판례 중 배타적 경제수역의 경계획정만을 다룬 판례는 존재하지 않는다는 점을 유념할 필요가 있다. 이는 유엔해양법협약 제57조가 배타적 경제수역의 최대 폭으로 (영해)기선으로부터 200해리라는 '거리distance' 개념을 받아들였고, 대륙붕의 외측한계와 관련하여 유엔해양법협약 제76조 제1항이 200해리라는 '거리'에 근거한 '기준'14을 제시하고 있는 것은 사실인 까닭에 영해의 한계선으로부터 200해리까지는 하나의 경계선을 두 개의 구별되는 해양영역인 배타적 경제수역과 대륙붕에 대한 경계선으로 기능하게 만드는 '단일해양경계single maritime boundary'의 획정이 국제재판소가 수행해야 하는 주요 과

---

12 *Territorial and Maritime Dispute (Nicaragua v. Colombia), Judgment, I.C.J. Reports 2012*, p. 624.
13 *Ibid.*, p. 674, para. 139.
14 이러한 '기준'을 대륙붕에 대한 '권원'으로 볼 수 있는지는 논란이 있다. 예를 들어, Xuexia Liao는 유엔해양법협약 제76조 제1항이 대륙붕에 대한 '권원'으로 간주되는 '자연적 연장'을 두 개의 대체할 수 있는 '기준', 즉 '거리' 기준 '또는(or)' '대륙변계의 바깥 끝' 기준을 통해 설명하고 있다고 언급했다. 이는 Liao가 거리에 근거한 기준과 대륙붕에 대한 권원을 같은 의미로 받아들이지는 않는다는 것을 의미한다. Xuexia Liao, *The Continental Shelf Delimitation beyond 200 Nautical Miles: Towards a Common Approach to Maritime Boundary-Making* (Cambridge: Cambridge University Press, 2022), p. 37.

제가 되었기 때문이다. 이와 같은 단일해양경계의 획정 문제에 대하여는 아래에서 자세히 살펴보기로 한다.

3. 대륙붕의 경계획정을 규율하는 규칙

> **유엔해양법협약 제83조(대향국 간 또는 인접국 간 대륙붕의 경계획정)**
> 1. 서로 마주 보고 있거나 인접한 연안국 간 대륙붕의 경계획정은 형평한 해결에 이르기 위하여, 국제사법재판소규정 제38조에 언급된 국제법을 기초로 하는 합의에 의하여 이루어진다.

유엔해양법협약 제83조 제1항은 대륙붕의 경계획정을 규율하는 규칙을 성문화했는데, 이 규칙은 강조하여 언급하지만 1958년 대륙붕협약 제6조를 통해 성문화되었던 '등거리-특별 사정들 규칙'과는 확실히 구분되는 '형평한 해결의 도달'이다. 그렇다면 '대륙붕'의 경계획정을 규율하는 규칙으로는 세 가지 규칙을 열거할 수 있다. 즉, (1)1958년 대륙붕협약상 '등거리-특별 사정들 규칙', (2)1969년 국제사법재판소의 북해대륙붕 사건에서 국제관습법으로 인정되었던 '형평한 원칙들-관련 사정들 규칙' 그리고 (3)1982년 유엔해양법협약상 '형평한 해결의 도달'이라는 규칙이다.

하지만 세 가지 규칙이 열거될 수 있다고 하더라도 유엔해양법협약 당사국들 간에 수행되는 대륙붕의 경계획정에 대하여는 유엔해양법협약 제83조 제1항이 언급하고 있는 '형평한 해결의 도달'이 적용될 것이다. 더구나 2012년 니카라과-콜롬비아 사건에서 국제사법재판소가 유엔해양법협약 제83조 제1항이 국제관습법을 반영하고 있다고 언급했기 때문에,[15] 유엔해양법협약 당사국이 아닌 국가가 관여된 대륙붕의 경계획정과 같이 국제관습법이 적용되는 경우에도 (국제관습법의 자격으로) '형평한 해결의 도달'이라는 규칙이 적용될 것이다. 이는 다른 두 가지 규칙, 즉 1958년 대륙붕협약에 포함되었던 등거리-특별 사정들 규칙 그리고 1969년 국제사법재판소의 북해 대륙붕 사건이 언급한 대륙붕의 경계획정을 규율하는 '구舊국제관습법인 형평한 원칙들-관련 사정들 규칙이 적용될 여지는 거의 없다는 것을 의미한다. 그런데 유엔해양법협약 발효 이후 국제재판소 판례 중 대륙붕의 경계획정만을 다룬 판례는 존재하지 않는다. 이는 위에서도 언급한 것처럼 영해의 한계선으로부터 200해리까지는 하나의 경계선을 두 개의 구분되는 해양영역인 배타적 경제수역과 대륙붕에 대한 경계선으로 기능하게 만드는 단일해양경계의 획정이 국제재판소가 수행해야 하는 핵심 과제로 부상했기 때문이다.

    그런데 유엔해양법협약 제83조 제1항을 준거법으로 적용하여 2012년 국제해양법재판소의 벵골만 사건[16]이 200해리 '이원beyond' 대륙붕의 경계획정을 '최초로' 수행한 이후 2021년 국제사법재판소의 소말리아-케냐 사건[17]까지 총 네 개의 사건이 200해리 이원 대륙붕의 경계획정을 수행했다는 점에 주목해야 한다. 각 사건마다 다소간 차이가 있으나 200해리 이원 대륙붕의 경계획정과 관련하여 중요한 점은 크게 두 가지이다. 하나는 관련 국제재판소가 200해리 한계선을 기준으로 '내측대륙붕inner continental shelf'과 '외측대륙붕separate

---

15 ICJ, *supra* note 12, p. 674, para. 139.
16 *Delimitation of the Maritime Boundary in the Bay of Bengal (Bangladesh/Myanmar), Judgment*, ITLOS Reports 2012, p. 4.
17 *Maritime Delimitation in the Indian Ocean (Somalia v. Kenya), Judgment*, I.C.J. Reports 2021, p. 206.

extended or outer continental shelf'의 구분을 부인하고 단일대륙붕single continental shelf 개념을 전제로 200해리 이원 대륙붕의 경계획정 문제에 대한 '관할권'을 행사했다는 것이고, 다른 하나는 200해리 이내 대륙붕의 경계선의 방향과 200해리 이원 대륙붕의 경계선의 방향이 '동일'하다는 결론에 이르렀다는 것이다.

다만 200해리 이원 대륙붕의 경계획정을 수행한 네 개의 사건은 관련 사정(들)의 '계속적 효과continuing effect'와 관련하여 두 가지 범주로 구분된다. 즉, 2012년 국제해양법재판소의 벵골만 사건과 2014년 유엔해양법협약 제7부속서 중재재판소의 방글라데시-인도 사건[18]이 관련 사정(들)의 계속적 효과를 근거로 삼아 200해리 이내 대륙붕의 경계선의 방향과 200해리 이원 대륙붕의 경계선의 방향에 대하여 '동일 방향 접근법'을 채택한 반면에, 2017년 국제해양법재판소 특별재판부의 가나-코트디부아르 사건[19]과 2021년 국제사법재판소의 소말리아-케냐 사건은 관련 사정(들)의 계속적 효과라는 논리와는 관계가 없다는 점이 인지되어야 한다는 것이다.

관련 사정(들)의 계속적 효과와는 무관한 2017년 가나-코트디부아르 사건에서 200해리 이내 대륙붕의 경계선의 방향과 200해리 이원 대륙붕의 경계선의 방향이 동일 방향으로 귀결된 것은 다음과 같은 논리적 단계를 밟았기 때문이다. 첫째, (아래에서 살펴볼) 3단계 방법론의 제1단계에서 '200해리 이원까지' 잠정적인 등거리선을 설정했다.[20] 둘째, 3단계 방법론의 제2단계에서 잠정적인 등거리선을

---

18 유엔해양법협약 제7부속서 중재재판소, *Bay of Bengal Maritime Boundary Arbitration between Bangladesh and India*, Award, 7 July 2014.
19 *Delimitation of the Maritime Boundary in the Atlantic Ocean (Ghana/Côte d'Ivoire)*, Judgment, ITLOS Reports 2017, p. 4.

움직이게 만들 수 있는 관련 사정(들)이 존재하지 않는다는 결론이 내려지면서 200해리 '이내' 대륙붕의 경계획정을 위해 설정된 잠정적인 등거리선은 이동하지 않았다.[21] 셋째, 이러한 200해리 '이내' 대륙붕의 경계획정을 위해 고려되어야 하는 관련 사정(들)의 '부존재'는 200해리 한계선으로부터 200해리 '이원' 대륙붕의 경계획정을 위해 이미 설정된 잠정적인 등거리선의 방향을 마찬가지로 변경시키지 않았다. 따라서 가나-코트디부아르 사건에서 동일 방향 접근법이 채택된 것은 관련 사정(들)의 '부존재'로 인해 200해리 이원까지 설정된 잠정적인 등거리선이 최종적인 경계선이 되면서 일어난 '우연적' 결과일 뿐이다.[22]

또한 2021년 국제사법재판소의 소말리아-케냐 사건의 논리 역시 관련 사정(들)의 계속적 효과와 연관성이 없다고 보아야 한다. 국제사법재판소는 소말리아와 케냐 모두 권원(주장)중첩수역의 상당 부분에서 350해리까지 200해리 이원 대륙붕을 주장한다는 (별다른 논리를 동반하지 않은 채) '사실'만을 그대로 받아들이면서 단지 동일 방향으로 200해리 이내 대륙붕의 경계선을 200해리 이원으로 연장시켰다.[23] 200해리 이내 대륙붕의 경계획정을 위해 고려된 관련 사정(들)이 200해리 이원 대륙붕의 경계획정을 위해서도 동일하게 관련 사정(들)으로 간주되었는지 여부조차 분명하게 적시되지 않았다는 차원에서 소말리아-케냐 사건에 대해서는 상당한 비판의 여지가 존재한다.

---

20 *Ibid.*, p. 113, para. 400.
21 *Ibid.*, p. 134, para. 480.
22 이기범, "국제재판소가 수행한 200해리 이원(以遠) 대륙붕의 경계획정에 대한 비판적 소고(小考): 관련 국제재판소 판례 분석을 중심으로", 『법학논총』, 제40집 제1호 (2023), p. 299.
23 ICJ, *supra* note 17, pp. 276-277, paras. 195-196.

III. 단일해양경계의 획정

1. 단일해양경계의 획정 이유

1994년 유엔해양법협약이 발효된 이후 '유엔해양법협약'을 '준거법 applicable law'으로 적용하여, 즉 유엔해양법협약 제74조 제1항을 적용하여 오로지 배타적 경제수역의 경계획정'만'을 다루거나 유엔해양법협약 제83조 제1항을 적용하여 오로지 대륙붕의 경계획정'만'을 다룬 국제재판소 판례는 존재하지 않는다. 그 이유는 위에서 이미 언급한 것처럼 유엔해양법협약이 배타적 경제수역의 최대 폭으로 (영해) 기선으로부터 200해리라는 '거리' 개념을 받아들였고, 대륙붕의 외측 한계와 관련하여 유엔해양법협약 제76조 제1항이 200해리라는 '거리'에 근거한 '기준'을 제시하고 있는 까닭에 영해의 한계선으로부터 200해리까지는 하나의 선을 이용하여 법적으로 구분되는 두 개의 해양영역인 배타적 경제수역과 대륙붕의 경계를 획정하는 '단일해양경계 single maritime boundary'의 획정이 해양경계획정에 관한한 국제재판소의 핵심 과제로 떠올랐기 때문이다.

단일해양경계를 '최초로' 획정한 1984년 국제사법재판소 특별재판부의 메인만 사건 이후 국제재판소 판례를 살펴보면 1985년 국제사법재판소의 리비아-몰타 사건[24] 그리고 2017년 중재재판소의 크로아티아-슬로베니아 사건[25]을 제외한 해양경계획정을 수행한 모든 국

---

24 *Continental Shelf (Libyan Arab Jarnahiriya/Malta), Judgment, I.C.J. Reports 1985*, p. 13.
25 *Arbitration under the Arbitration Agreement between the Government of the Republic of Croatia and the Government of the Republic of Slovenia, Signed on 4*

제재판소 판례는 단일해양경계의 획정과 관련이 있다. 특히 분쟁당사국들이 합의하여 단일해양경계의 획정을 요청한 사건이 아닌 2021년 국제사법재판소의 소말리아-케냐 사건과 같이 소송을 제기한 '일방' 분쟁당사국이 단일해양경계의 획정을 요청한 사건의 경우에도 국제(사법)재판소가 단일해양경계의 획정의 준거법이 유엔해양법협약 제74조 제1항과 제83조 제1항 그 자체라고 지적[26]할 정도로 '적극적으로' 단일해양경계의 획정이 수행되고 있다고 보아야 한다.

2. 국가실행으로부터 유래한 단일해양경계의 획정

유엔해양법협약이 전혀 그 용어를 언급하지 않고 있는 '단일해양경계'의 획정이 가능한지 여부에 대하여 (물론 그 당시에 유엔해양법협약이 발효하지는 않았지만) 1984년 메인만 사건을 다룬 국제사법재판소 특별재판부가 단일해양경계의 획정을 금지하고 있는 (유엔해양법협약을 포함한) 국제법은 존재하지 않으며, 단일해양경계를 획정하는 데 있어 실질적인 어려움은 없다는 이유를 들면서 다소 조심스럽게 단일해양경계의 획정이 가능하다고 언급했다는 점에 주목할 필요가 있다.[27] 메인만 사건 이후 국제법상 배타적 경제수역과 대륙붕은 법적으로 구분되는 해양영역이라는 것을 전제로, 유엔해양법협약이 단일해양경계의 획정을 직접적으로 규율하는 그 어떤 내용도 포함하고 있지 않음에도, 해양경계획정을 수행하기를 원했던 국가들은 '일반적으로' 국제재판소에 단일해양경계의 획정을 요청했다. 2001년 카

November 2009, *Final Award*, 29 June 2017.
26 ICJ, *supra* note 17, pp. 248-250, para. 120.
27 ICJ, *supra* note 10, p. 267, para. 27.

타르-바레인 사건에서 국제사법재판소는 단일해양경계의 획정은 '국가실행State practice'으로부터 유래했다고 지적했는데,28 이러한 국가실행은 지금까지 유엔해양법협약을 포함한 국제법과 별다른 엇박자를 드러내지 않고 있다고 보아야 할 것이다. 이는 단일해양경계의 획정이 각 국가의 해양영역을 명확하게 정의하여 그 국가가 관련 해양영역에서 주권적 권리 또는 관할권을 행사하는 데 별다른 어려움에 직면하지 않도록 만들 수 있기 때문이다.29

더구나 1993년 국제사법재판소의 그린란드-얀마옌 사건30은 단일해양경계의 획정이 아닌 '분리되었지만 일치하는 두 개의 선들two separate but coincident lines'을 그렸음에도, 이 사건에서 국제사법재판소는 배타적 어업수역의 경계선과 대륙붕의 경계선이 일치하고 있는 이유를 전혀 언급하지 않았다.31 따라서 그린란드-얀마옌 사건을 적극적으로 염두에 두면 배타적 경제수역(또는 배타적 어업수역)의 경계선과 대륙붕의 경계선이 법적 차원에서는 구분되지만, 국제재판소 판례를 통해 과연 이 두 개의 경계선들이 분리될 수 있는지 여부에 대하여는 부정적인 결론이 가능하다 할 수 있을 것이다. 결국 단일해양경계의 획정이라는 국가실행이 견고할 수밖에 없는 환경이 조성되어 있다는 의미이다.

참고로 단일해양경계는 기본적으로 해저와 그 상부수역의 경계를 하나의 선으로 획정하는 '수직적' 개념이지만, 2001년 국제사법재

---

28 ICJ, *supra* note 5, p. 93, para. 173.
29 Robin Churchill, Vaughan Lowe and Amy Sander, **The Law of the Sea**, 4th ed. (Manchester: Manchester University Press, 2022), pp. 326-327.
30 *Maritime Delimitation in the Area between Greenland and Jan Mayen, Judgment, I.C.J. Reports 1993*, p. 38.
31 *Ibid.*, p. 79, para. 90.

판소의 카타르-바레인 사건에서 영해의 경계선도 단일해양경계의 획정의 구성요소에 포함되었다는 점을 고려하면 단일해양경계가 '수평적' 개념으로 이해될 가능성도 존재한다는 점이 지적되어야 할 것이다.[32] 이는 영해의 경계획정부터 200해리 이원 대륙붕의 경계획정까지 수평적 차원에서 단일해양경계를 획정한 2021년 국제사법재판소의 소말리아-케냐 사건에서도 확인되고 있다.

IV. 3단계 방법론의 확립과 구체적 내용

1. 3단계 방법론의 개관

2009년 국제사법재판소의 흑해 사건[33]은 해양경계획정을 수행하기 위한 '3단계 방법론'[34]을 명시적으로 도입한 사건이다. 국제사법재판소의 설명에 의하면 3단계 방법론은 다음과 같이 적용된다. (3단계 방법론의) 제1단계에서는 기하학적으로 객관적일 뿐만 아니라 해양경계획정이 수행되는 해양영역의 '지리geography'를 고려했을 때 적절한 방법(들)을 사용하여 잠정적인 등거리선과 같은 잠정적인 경계선을 그린다.[35] 제2단계에서는 형평한 해결에 도달하기 위해 잠정적인 경계선을 이동시킬 수 있는 (관련) 사정들(또는 요소들)을 고려한다.[36]

---

32 ICJ, *supra* note 5, p. 91, para. 169.
33 *Maritime Delimitation in the Black Sea (Romania v. Ukraine), Judgment, I.C.J. Reports 2009*, p. 61.
34 *Ibid.*, pp. 101-103, paras. 115-122.
35 *Ibid.*, p. 101, para. 116.
36 *Ibid.*, pp. 101-103, paras. 120-121.

제3단계에서는 관련 해안의 길이 간 비율과 관련 영역의 면적 간 비율을 비교하는 '불균형성 점검 disproportionality test'을 수행한다.37

국제사법재판소가 흑해 사건에서 도입한 3단계 방법론과 관련하여서는 두 가지 주의할 점이 있다.38 첫째, 흑해 사건에서 국제사법재판소는 제1단계에서 잠정적인 경계선으로 잠정적인 등거리선이 설정되지 않을 수 있다는 가능성도 언급했다. 즉, 국제사법재판소는 관련 해안 간 관계가 '인접 adjacent' 관계인 경우 잠정적인 등거리선을 그리는 것을 가능하지 않게 만드는 '강력한 이유'가 존재하지 않는 한 잠정적인 등거리선이 그려질 것이라는 단서를 적시했던 것이다.39 국제사법재판소가 이렇게 단서를 덧붙인 이유는 2009년 당시를 기준으로 자신의 직전 해양경계획정 사건인 2007년 니카라과-온두라스 사건에서 잠정적인 경계선으로 잠정적인 '이등분선 bisector line'을 도출했기 때문이다. 이에 반해, 국제사법재판소는 관련 해안 간 관계가 '대향 opposite' 관계인 경우에는 잠정적인 경계선으로 잠정적인 등거리선이 설정될 것이라고 첨언했다.40

둘째, 국제사법재판소는 해양경계획정을 다룬 국제재판소 판례 역사상 최초로 흑해 사건을 통해 자신이 도입한 '제3단계'를 수행하는 이유와 제3단계를 수행하면서 유의해야 할 점을 언급했다. 즉, 국제사법재판소는 제3단계를 수행하는 이유로 관련 해안의 길이 간 비율과 관련 영역의 면적 간 비율을 비교하여 형평하지 않은 결과가

---

37 *Ibid.*, p. 103, para. 122.
38 3단계 방법론과 관련하여 두 가지 주의할 점은 이미 拙稿를 통해 소개되었다. 이기범, "해양경계획정에 적용할 수 있는 '3단계 방법론'에 대한 비판적 소고", 『국제법학회논총』, 제65권 제2호 (2020), pp. 163-164.
39 ICJ, *supra* note 33, p. 101, para. 116.
40 *Ibid.*

도출되지 않도록 한다는 점을 제시했다.41 그리고 제3단계는 '불균형성 점검'이라고 그 이름이 지어졌는데, 그 이유는 제3단계를 통해 관련 해안의 길이 간 비율과 관련 영역의 면적 간 비율을 비교하여 '상당한great' 또는 '실질적인significant' 불균형이 존재하는지 여부만을 살펴보고자 했기 때문이다. 이는 배타적 경제수역 영역 또는 대륙붕 영역의 경계를 획정하는 것이 관련 해안의 길이 간 수학적인 비율에 따라 수행되는 것은 아니라는 의미이다. 단지 제1단계 및 제2단계를 통해 이미 도출된 경계선의 형평성 여부를 '사후적 차원에서ex post facto' 점검할 뿐이다.42 그러므로 불균형성 점검은 각 사건에 따라 '대략approximate' 이루어진다.43 그런데 제3단계는 제1단계 또는 제2단계와 대등하지 않다. 불균형성 점검을 수행하는 제3단계의 함의를 좀 더 체계적으로 정리한 사건은 2012년 니카라과-콜롬비아 사건인데, 이 사건에서 국제사법재판소는 제3단계에서 제1단계 또는 제2단계에서 중요하게 고려했던 모든 것을 무시할 수 없다는 점을 강조했다.44 다시 말해, 제3단계에서는 제1단계와 제2단계를 통해 획정된 해양경계선이 완전히 달라질 수 없다는 말이다. 이는 제3단계를 제1단계와 제2단계에 '종속된' '부가적인' 단계로 평가할 수 있다는 의미가 된다.

국제사법재판소가 유엔해양법협약 제74조 제1항과 제83조 제1항이 언급하고 있는 '형평한 해결의 도달'이라는 모호한 규칙을 적용하기 위해 확립한 3단계 방법론은 이후 국제해양법재판소 등 다른

---

41 *Ibid.*, p. 103, para. 122.
42 *Ibid.*, p. 129, para. 211.
43 *Ibid.*, p. 129, para. 212.
44 ICJ, *supra* note 12, p. 715, para. 240.

국제재판소에 의해서도 수용되었다. 하지만 2014년 국제사법재판소의 페루-칠레 사건45에서 알 수 있는 것처럼 3단계 방법론이 제대로 적용되지 않은 사례도 존재할 수 있다는 점에 주목해야 한다.46 즉, 3단계 방법론은 해양경계획정을 수행하면서 반드시 적용해야 하는 규칙, 즉 법이 아니라 해양경계획정을 수행하기 위해 원용할 수 있는 여러 '방법method'들 중 하나에 불과한 것이다. 3단계 방법론 자체에 법적 구속력이 부여되어 있지는 않다는 것이다.

그럼에도 국제사법재판소가 국제관습법이 아닌 유엔해양법협약 제74조 제1항과 제83조 제1항 자체를 준거법으로 원용한 최초의 해양경계획정 사건인 2002년 카메룬-나이지리아 사건47 이후 약 7년도 지나지 않은 시점에 '방법론'을 확립했다는 점에 대해서는 의미 있는 평가가 부여되어야 한다. 그리고 이러한 3단계 방법론이 2009년 이후 국제사법재판소가 아닌 국제해양법재판소 또는 유엔해양법협약 제7부속서 중재재판소 판례에서도 별다른 반대 없이 적용되고 있다는 것은 '형평한 해결의 도달'이라는 다소 모호한 해양경계획정을 규율하는 규칙이 적용되는 데 있어 '예측가능성predictability'을 세고했나는 시각에서 무난한 방향이라 간주되어야 할 것이다.

---

45 *Maritime Dispute (Peru v. Chile), Judgment, I.C.J. Reports 2014*, p. 3.
46 *Ibid.*, pp. 69-71, paras. 193-194.
47 *Land and Maritime Boundary between Cameroon and Nigeria (Cameroon v. Nigeria: Equatorial Guinea intervening), Judgment, I.C.J. Reports 2002*, p. 303.

2. 3단계 방법론의 분설

1) 3단계 방법론의 제1단계: 등거리방법의 일반적 사용

3단계 방법론의 '제1단계'에서는 위에서 언급한 바와 같이 '일반적으로' 등거리'방법'을 사용하여 잠정적인 등거리선이 그려진다. 잠정적인 등거리선을 설정하는 것 자체는 그리 어려운 내용은 아니지만 등거리 개념의 법적 지위에 대하여는 정치한 이해가 필요하다.

    1958년 대륙붕협약 제6조를 통해 대륙붕의 경계획정을 위한 규칙으로 성문화되었던 '등거리-특별 사정들 규칙' 내에서 사실 등거리 개념은 '법적 구속력'을 함축하는 하나의 규범적 요소로 평가되었다. 그러나 1973년부터 1982년까지 약 9년 동안 열렸던 제3차 유엔해양법회의를 통해 등거리 개념을 법적 구속력 있는 규범적 요소로 유엔해양법협약 내에 포함시키려는 시도가 성공하지 못한 이후 등거리 '방법'은 법적 구속력을 함축하지 않는, 다시 말해 배타적 경제수역의 경계획정 또는 대륙붕의 경계획정을 규율하는 규칙을 적용하는 데 있어 선택할 수 있는 하나의 '방법'으로 그 지위가 격하되었다. 그리고 2007년 니카라과-온두라스 사건에서 국제사법재판소는 이러한 등거리방법이 다른 방법과 비교하여 우선적으로 사용되어야 하는 방법도 아니라고 언급했다.[48]

    하지만 등거리방법은 기하학적으로 객관적인 방법인 동시에 사용하는 데 있어 상대적으로 어렵지 않기 때문에, '형평한 해결의 도달'이라는 규칙을 적용할 때 등거리방법을 3단계 방법론의 제1단계에서 '잠정적으로' 사용하는 것은 적절하다고 보인다. 다만 2007년

---

48 ICJ, *supra* note 8, p. 741, para. 272.

국제사법재판소의 니카라과-온두라스 사건에서는 등거리방법이 아닌 이등분방법이 사용되었다는 점을 기억해야 한다. 이는 등거리방법이 아직 이 방법의 '의무적인' 사용을 함축하는 등거리'원칙'으로 격상되지는 않았다는 말이다. 따라서 소위 중간선'원칙' 또는 등거리 '원칙' 등의 용어를 사용하는 것은 오히려 유엔해양법협약 제74조 제1항과 제83조 제1항이 언급하고 있는 '형평한 해결의 도달'에 대한 오해를 가져오는 적절하지 못한 용어의 사용이라 할 수 있을 것이다.

2) 3단계 방법론의 제2단계: 관련 사정들의 고려

3단계 방법론의 제1단계에서 설정된 잠정적인 경계선(일반적으로 잠정적인 등거리선)을 이동시킬 수 있는 '관련 사정들relevant circumstances' 개념에 대하여는 포괄적인 논의가 필요하나 본서에서는 핵심적인 내용 위주로 간략히 기술하고자 한다. '관련 사정들'[49]이라는 용어가

---

[49] 잠정적인 경계선, 특히 잠정적인 등거리선을 이동시킨다는 관점에서 '특별 사정들'과 '관련 사정들'은 서로 구분이 어렵다고 해도 과언이 아니다. 즉, 두 용어가 혼용될 가능성이 현존한다는 것이다. 1993년 그린란드-얀마옌 사건에서 국제사법재판소는 관련 사정들을 "경계획정의 과정에서 고려될 필요가 있는 사실(fact necessary to be taken into account in the delimitation process)"이라 정의하는 동시에(ICJ, *supra* note 30, p. 62, para. 55) 특별 사정들과 관련 사정들이라는 두 용어는 동화되고 있다는 점을 지적했다(*ibid.*, pp. 62-63, para. 56). 그런데 그린란드-얀마옌 사건에서 국제사법재판소는 두 용어의 기원이 같지 않다는 점을 적시하면서 특별 사정들이라는 용어의 기원이 바로 1958년 대륙붕협약 제6조라고 강조했다. 즉, 1958년 대륙붕협약 제6조를 해석하고 적용하면 특별 사정들 개념은 규범적 요소인 등거리와 '결합된' 또 다른 규범적 요소였다. 하지만 2002년 국제사법재판소의 카메룬-나이지리아 사건이 "등거리/특별 사정들 '방법'(*Equidistance/Special Circumstances* method)"이라는 표현을 사용하며(ICJ, *supra* note 47, p. 441, para. 288), 등거리를 경계획정을 위한 '방법'을 구성하는 하나의 요소로 간주한 이후 특별 사정들 개념 또한 경계획정을 위한 '방법'을 구성하는 또 다른 하나의 요소로 격하되었다. 이러한 내용을 염두에 두면 오늘날 특별 사정들이라는 용어가 2002년 국제사법재판소의 카메룬-나이지리아 사건을

처음 나타난 국제재판소 판례는 바로 1969년 국제사법재판소의 북해대륙붕 사건이다. 따라서 이 용어를 강조하면서 북해대륙붕 사건을 통해 1969년 당시 국제관습법으로 인정된 대륙붕의 경계획정을 규율하는 규칙은 '형평한 원칙들-관련 사정들 규칙'이라고 불린다.

관련 사정들 개념과 관련해서는 두 가지 정도가 논의될 필요가 있다. 하나는 관련 사정들은 어떤 기준에 따라 구분될 수 있는지이고, 다른 하나는 관련 사정들의 구체적인 예는 무엇인지이다. 아래에서는 이러한 논의 과제를 분설할 것이다.

(1) 관련 사정들 개념의 구분

관련 사정들의 예가 처음 언급된 사건은 바로 관련 사정들이라는 용어를 처음 사용했던 1969년 국제사법재판소의 북해대륙붕 사건이다. 북해대륙붕 사건에서 국제사법재판소는 해안의 일반적인 모양 또는 특별한 지리적 요소의 존재, 대륙붕의 지질 구조 및 천연자원, 비례성 등을 분쟁당사국들이 대륙붕의 경계획정을 위한 교섭을 진행할 때 고려할 요소로 언급했다.[50] 다만 북해대륙붕 사건 이후 해양경계획정을 다룬 국제재판소 사건마다 어떤 특정 사실이 관련 사정들에 해당하는지를 놓고 분쟁당사국들 간 상당한 논란이 있었다는 것을 주지해야 한다.

더 나아가 1984년 국제사법재판소 특별재판부의 메인만 사건이 배타적 어업수역과 대륙붕의 경계획정에 '공통되는' 관련 사정들을 고려하여 단일해양경계가 획정되어야 한다는 점을 지적하며, '중립적인 사정들 neutral circumstances'[51] 개념을 제시한 점에도 주목해야 한 마지막으로 국제재판소 판례에서 사라진 이유를 이해할 수 있을 것이다.

50 ICJ, *supra* note 1, pp. 53-54, para. 101.

다.52 메인만 사건에서 국제사법재판소 특별재판부가 중립적인 사정들이라는 개념을 제시한 이유는 단일해양경계를 획정하는 데 있어 객체가 되는 상부수역(즉, 배타적 어업수역)과 대륙붕 중 어느 한 객체를 다른 객체와 비교하여 특별한(즉, 우월적인) 취급을 받도록 하는 사정들이 고려되면 안 된다고 생각했기 때문이다.53 이러한 중립적인 사정들의 가장 대표적인 예로는 '해안지리coastal geography'가 제시되었다.54 해안지리가 제시된 이유는 배타적 경제수역(또는 배타적 어업수역)과 대륙붕이라는 두 개의 법적으로 구분되는 해양영역에 대하여 어떤 국가가 '권원entitlement'을 주장할 수 있는 근본적인 이유는 바로 그 국가가 '해안'을 가지고 있기 때문이다. 다시 말해, 해안을 가진 국가는 자신의 (영해)기선으로부터 배타적 경제수역(또는 배타적 어업수역)은 물론 대륙붕을 주장할 수 있고, 따라서 해안지리는 배타적 경제수역(또는 배타적 어업수역)만의 경계획정 시에도 관련 사정들 중 하나가 될 수 있을 뿐 아니라 대륙붕만의 경계획정 시에도 관련 사정들 중 하나가 될 수 있기 때문이다.

결국 단일해양경계의 획정의 실행이 확립된 오늘날 관련 사정들 개념은 크게 중립적인 사정들의 대표적인 예인 '지리적 요소geographical factors'와 배타적 경제수역(또는 배타적 어업수역)과 대륙붕 중 오로지 하나의 해양영역에만 관련이 있는 '비지리적 요소non-geographical factors'로 구분할 수 있을 것이다.

---

51 '중립적인 사정들'에 대하여는 拙稿인 이기범, "단일해양경계 설정과 어업문제 고려의 양립가능성 문제", 『국제법학회논총』, 제61권 제2호 (2016), pp. 103-110 참조.
52 ICJ, *supra* note 10, p. 327, para. 194.
53 *Ibid.*
54 *Ibid.*, p. 327, para. 195.

(2) 관련 사정들의 구체적인 예: 지리적 요소

관련 사정들 중 지리적 요소는 위에서 지적한 것처럼 '해안지리'를 의미한다. 이러한 해안지리의 구체적인 예로는 해안의 일반적인 모양, 섬의 존재, 해안선 길이 간 격차 등이 제시되고 있다.

가. 해안의 일반적인 모양

해안의 일반적인 모양, 특히 그 모양이 '오목한' 경우가 관련 사정들 중 하나로 고려되곤 한다. 1969년 국제사법재판소의 북해대륙붕 사건에서 독일(당시는 서독) 해안의 '오목한concave' 모양이 관련 사정들 중 하나로 간주될 수 있다는 점이 함축된 이후 예를 들어, 2012년 국제해양법재판소의 뱅골만 사건, 2014년 유엔해양법협약 제7부속서 중재재판소의 방글라데시-인도 사건에서도 방글라데시 해안의 오목한 모양이 관련 사정들에 속하는 것으로 인정되었다. 더구나 2021년 국제사법재판소의 소말리아-케냐 사건에서는 '지역적 관점'에서의 해안의 오목한 모양이 거시적 측면에서 관련 사정들 중 하나로 인정되기도 했다.[55] 이와 같이 어떤 국가의 해안의 일반적인 모양이 오목한 경우가 관련 사정들 중 하나로 고려될 수 있는 이유는 해안의 오목한 모양에도 불구하고 (3단계 방법론의) 제1단계에서 설정된 잠정적인 경계선을 이동시키지 않는다면 그러한 잠정적인 결과는 형평한 해결에 도달한 것으로 인정되지 못할 가능성이 상당하기 때문이다. 따라서 해안의 오목한 모양은 북해대륙붕 사건을 시작으로 지금까지 잠정적인 등거리선을 이동시키는 가장 전형적인 관련 사정들 중 하나로 인정되고 있다(〈그림 2〉 참조).

---

55 ICJ, *supra* note 17, pp. 265-270, paras. 164-174.

〈그림 2〉 해안의 오목한 모양이 잠정적인 등거리선을 이동시킨 경우

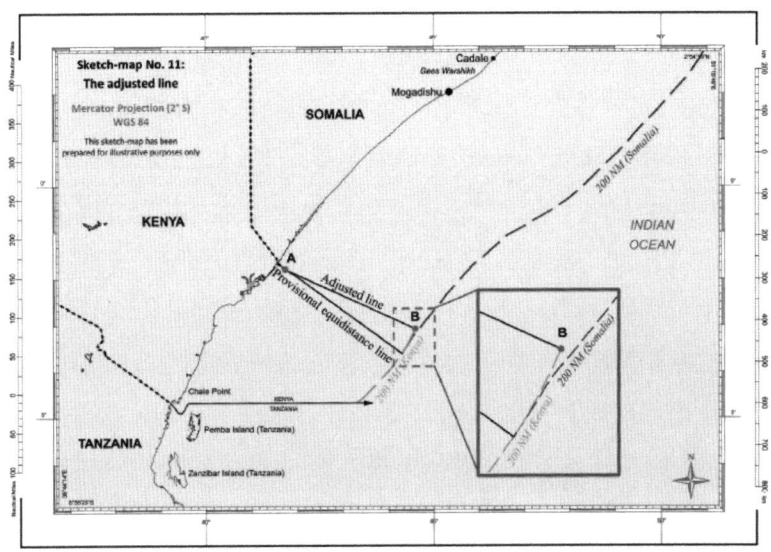

출처: I.C.J. Reports 2021, p. 271.

나. 섬의 존재

관련 사정들 중 하나로서 섬의 존재는 특히 어떤 특정 섬이 받는 '효과'와 관련이 있다. 그리고 '완전한 효과full-effect'가 아닌 '절반의 효과half-effect'를 받은 어떤 특정 섬의 존재는 잠정적인 경계선을 이동시킬 수 있다. 이와 같은 절반의 효과를 인정한 대표적인 국제재판소 판례는 1977년 중재재판소의 영국-프랑스 대륙붕 사건,56 1982년 국제사법재판소의 튀니지-리비아 사건,57 1984년 국제사법재판소 특별재판

---

56 *The Delimitation of the Continental Shelf between the United Kingdom of Great Britain and Northern Ireland, and the French Republic* (30 June 1977), *UNRIAA*, Volume XVIII, p. 3.
57 *Continental Shelf (Tunisia/Libyan Arab Jamahiriya), Judgment, I.C.J. Reports 1982,*

부의 메인만 사건, 2018년 국제사법재판소의 코스타리카-니카라과 사건58 그리고 2023년 국제해양법재판소 특별재판부의 모리셔스-몰디브 사건 등이다.

예를 들어, 절반의 효과를 언급한 최초의 국제재판소 판례인 1977년 영국-프랑스 대륙붕 사건에서 중재재판소는 영국의 'Scilly Isles'와 영국 본토 간 거리가 프랑스의 'Ushant Island'와 프랑스 본토 간 거리의 약 두 배라고 말하면서 Scilly Isles의 존재가 초래할 수 있는 불균형을 해결하고자 시도했다.59 이에 중재재판소는 Scilly Isles를 기점으로 사용한 등거리선과 Scilly Isles를 기점으로 사용하지 않은 등거리선을 각각 그려보고 이 두 개의 등거리선들 간 중간선(등거리선)을 경계선으로 획정하는 것이 Scilly Isles에 절반의 효과를 주는 방법이라고 결론지었다.60 즉, 이는 '각도angle' 또는 '방향 direction'의 관점에서 절반의 효과를 부여한 것이다. 다만 2023년 국제해양법재판소 특별재판부의 모리셔스-몰디브 사건에서는 상당한 영역의 '드러난 암초drying reefs'로 구성된 Blenheim Reef의 존재에 절반의 효과가 주어졌는데, 이 절반의 효과가 상당히 특이하다는 점에 주목할 필요가 있다. 이는 일단 Blenheim Reef가 섬이 아니라는 점에서 그리고 절반의 효과를 부여함으로써 문제가 되었던 해양영역을 '면적'의 관점에서 반분하는 것이기 때문이다.61

---

p. 18.

58 *Maritime Delimitation in the Caribbean Sea and the Pacific Ocean (Costa Rica v. Nicaragua) and Land Boundary in the Northern Part of Isla Portillos (Costa Rica v. Nicaragua)*, Judgment, I.C.J. Reports 2018, p. 139.
59 중재재판소, *supra* note 56, pp. 115-116, para. 248.
60 *Ibid.*, p. 117, para. 251.
61 ITLOS, *supra* note 2, paras. 245-247.

마지막으로 오해를 방지하기 위해 한 가지 유의해야 할 점은 형평한 해결에 도달하기 위해 어떤 특정 섬에 절반의 효과를 부여하는 것과 어떤 특정 섬에게 최소 12해리의 영해가 확보되어야 한다는 것은 다른 차원의 문제라는 것이다. 즉, 어떤 특정 섬에 절반의 효과를 부여하는 것은 (형평한 해결에 도달하기 위한) 관련 사정들의 고려 차원의 문제이지만, 어떤 특정 섬에 최소 12해리의 영해가 확보되어야 한다는 것은 형평한 해결에 도달했는지 여부를 확인하는 문제가 된다. 후자의 차원을 고려하여 2012년 니카라과-콜롬비아 사건에서 국제사법재판소는 어떤 특정 섬에게 최소 12해리에 이르는 영해를 보장하는 것은 형평한 해결의 한 예라고 적시했다.[62] 이는 유엔해양법협약 제121조 제3항에 규정된 '암석rock'에 해당하는 해양지형조차 해양경계획정을 수행할 때 최소 12해리에 이르는 영해를 보장받아야 한다는 것을 의미한다.

다. 해안선 길이 간 격차

해안선 길이 간 격차도 관련 사정들 중 하나에 해당하지만 예외 없이 모든 격차가 고려되는 것이 아니라 그 격차가 오로지 '실질적인' 경우에만 고려된다는 점에서 주의를 요한다. 그리고 그러한 격차는 수학적인 비례의 차원에서 고려되지도 않는다. 이런 이유로 해안선 길이 간 격차는 잠정적인 경계선을 국제재판소의 '재량' 내에서 '일정 범위' 정도로만 이동시킬 수 있는 관련 사정들 중 하나에 불과하다. 즉, 관련 사정들 중에서 다소 '제한적인' 성격을 가지고 있을 뿐이라는 평가가 가능하다.

---

62 ICJ, *supra* note 12, pp. 691-692, para. 180.

<그림 3> 실질적인 해안선 길이 간 격차의 예

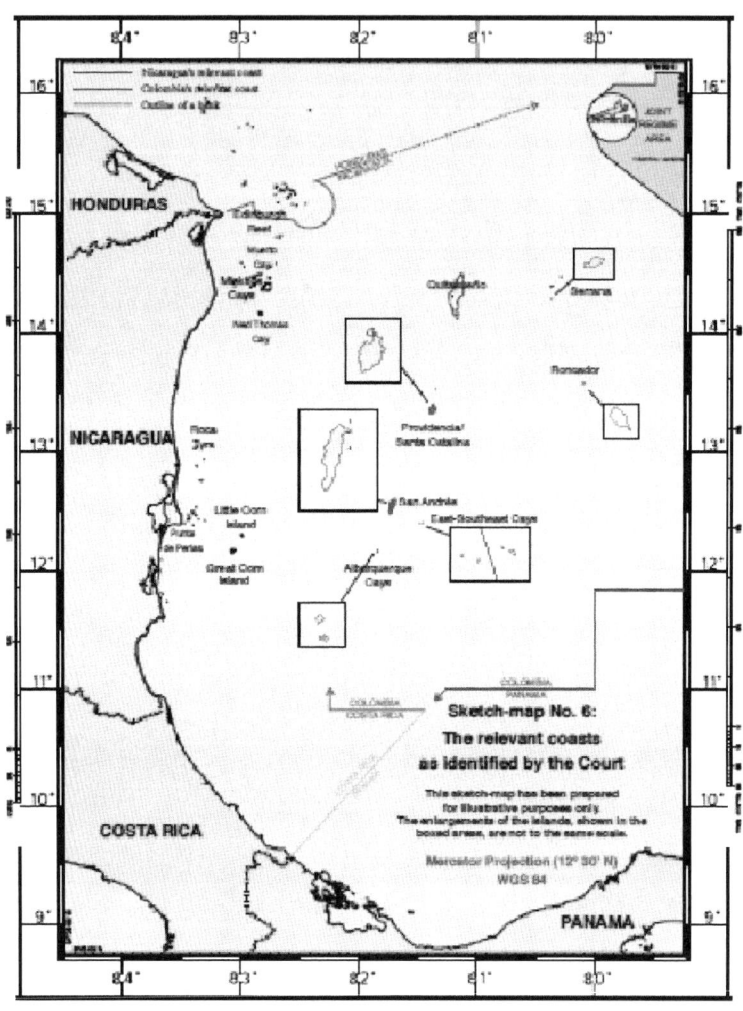

출처: I.C.J. Reports 2012, p. 681

그렇다면 격차가 '실질적인' 경우라는 것이 무엇을 의미하는지 의문이 제기될 수 있다. 이는 국제재판소 판례가 지금까지 제공한 구체적인 예를 통해 확인할 수 있는데, 예를 들어 1985년 국제사법재판소의 리비아-몰타 사건, 1993년 국제사법재판소의 그린란드-얀마엔 사건, 2012년 국제사법재판소의 니카라과-콜롬비아 사건 등에서 발견할 수 있듯이 1 대 8 이상의 격차는 잠정적인 등거리선을 이동시킬 수 있다고 인정되고 있다(〈그림 3〉 참조). 하지만 2009년 국제사법재판소의 흑해 사건에서 알 수 있는 바와 같이 1 대 2.8 정도의 격차는 잠정적인 등거리선을 이동시키는 격차가 아니다.

(3) 관련 사정들의 구체적인 예: 비지리적 요소

비지리적 요소의 대표적인 예로는 '경제적 요소 economic factors'와 '관련 국가들의 행위 conducts of the States concerned'를 들 수 있다. 사실 비지리적 요소는 배타적 경제수역(또는 배타적 어업수역)과 대륙붕 중 오로지 하나의 해양영역에만 관련이 있는 까닭에 중립적인 사정들에 해당하지 않는다고 볼 수 있으므로 단일해양경계를 획정하는 경우 고려되지 말아야 한다. 즉, 단일해양경계의 획정 시 원칙적으로 비지리적 요소는 관련 사정들 중 하나가 될 수 없다는 것이다. 그러나 국제재판소 역사상 최초로 단일해양경계를 획정했던 1984년 국제사법재판소 특별재판부의 메인만 사건에서조차 경제적 요소가 고려될 가능성이 있다는 점 자체는 인정되었다. 이 점에 대하여는 아래에서 다시 살펴보고자 한다.

가. 경제적 요소

1984년 국제사법재판소 특별재판부의 메인만 사건을 필두로 국제재판소 판례는 지금까지 '경제적 요소'와 관련하여 다음과 같은 유의미한 내용을 순차적으로 제시했다. 이러한 내용을 살펴보면 경제적 요소와 관련된 내용이 좀 더 쉽게 체계적으로 이해될 것이다.

첫째, 우선 1984년 국제사법재판소 특별재판부의 메인만 사건을 살펴볼 필요가 있다. 메인만 사건에서 국제사법재판소 특별재판부는 무엇보다 경제적 가치를 지닌 'Georges Bank'가 캐나다와 미국 간 분쟁의 실제적인 대상이라는 것을 확인했다.[63] 그러나 단일해양경계를 획정해야 했기 때문에 메인만 사건에서 국제사법재판소 특별재판부는 '지리적 요소'가 경제적 요소보다 중요하다는 점을 지적할 수밖에 없었다.[64] 다만 국제사법재판소 특별재판부는 해양경계획정이 어업에 의존하고 있는 어민들의 생계와 경제적 발전에 '재앙적 영향 catastrophic repercussions'을 초래하지는 않아야 한다고 함으로써 경제적 요소가 해양경계획정을 수행할 때 고려될 '가능성'이 있을 수 있다는 점을 함축했다.[65] 이는 '재앙적 영향'이라는 이름 하에 경제적 요소와 관련된 모든 주장이 포섭되는 것은 아니라는 의미이다.

둘째, 1993년 국제사법재판소의 그린란드-얀마옌 사건을 검토할 필요가 있다. 그린란드-얀마옌 사건은 경제적 요소가 실제로 고려된 유일한 사건이다. 그린란드-얀마옌 사건에서 덴마크는 'Zone 1'이라 불리는 해양영역에서 그린란드와 얀마옌의 등거리선과 그린란드로부터의 200해리 한계선, 즉 두 개의 선들 간 등거리선까지 얀마옌 방향으로 배타적 어업수역 및 대륙붕을 확보할 수 있었는데,[66] 이는

---

63 ICJ, *supra* note 10, p. 340, para. 232.
64 *Ibid.*
65 *Ibid.*, p. 342, para. 237.
66 ICJ, *supra* note 30, pp. 79-81, para. 92.

덴마크에게 '열빙어capelin'라는 '특정' 어류를 어획할 수 있는 '형평한 접근equitable access'을 보장하고자 했기 때문이다.67 하지만 만약 어류를 특정할 수 없었다면 과연 경제적 요소가 고려될 수 있었을지는 의문이라 하지 않을 수 없다.68 그리고 무엇보다 그린란드-얀마옌 사건은 단일해양경계를 획정한 사건이 아니다. 따라서 중립적인 사정들만 고려될 필요는 없었던 것이다.

셋째, 2006년 유엔해양법협약 제7부속서 중재재판소의 바베이도스-트리니다드토바고 사건69을 살펴보아야 한다. 바베이도스-트리니다드토바고 사건에서 유엔해양법협약 제7부속서 중재재판소는 침해injury가 존재한다는 것 자체가 1984년 국제사법재판소 특별재판부의 메인만 사건에서 제시된 '재앙catastrophe'을 의미하지는 않는다고 말했다.70 이는 '재앙적 영향'이라는 기준을 충족하여 경제적 요소가 고려되어야 하는 사건을 쉽게 만날 수는 없다는 것을 함축한다. 따라서 '재앙적 영향'이라는 이름 하에 경제적 요소와 관련된 주장이 제기될 수 있는 가능성 자체가 바베이도스-트리니다드토바고 사건을 통해 원천적으로 봉쇄되었다 해도 과언이 아닌 것이다.

나. 관련 국가들의 행위

1982년 국제사법재판소의 튀니지-리비아 사건은 '관련 국가들의 행

---

67 *Ibid.*, pp. 71-72, paras. 75-76.
68 Ki Beom Lee, *The Demise of Equitable Principles and the Rise of Relevant Circumstances in Maritime Boundary Delimitation* (Ph.D. Thesis, The University of Edinburgh, 2012), pp. 187-190.
69 유엔해양법협약 제7부속서 중재재판소, *Barbados* v. *Trinidad and Tobago*, *Award*, 11 April 2006.
70 *Ibid.*, p. 83, para. 267.

위'를 관련 사정들에 속하는 것으로 인정한 대표적인 사건이다. 튀니지-리비아 사건에서 국제사법재판소는 분쟁당사국들이 석유개발허가에 대한 입법을 하고, 석유개발양허를 부여하는 과정에서 형성된 튀니지와 리비아 간 '사실상 de facto'의 경계선에 의미를 부여했다.71 즉, 이는 관련 국가들의 행위를 관련 사정들 중 하나로 고려했다는 의미가 된다.

하지만 2014년 국제사법재판소의 페루-칠레 사건에 대하여는 조심스러운 접근이 필요하다. 페루-칠레 사건에서 국제사법재판소는 페루와 칠레 간 해양경계에 관한 묵시적 합의가 존재한다는 전제에서 그 범위를 결정하기 위해, 즉 해양경계선의 끝을 확인하기 위해 1950년대 양국의 '어업능력 및 활동 fishing potential and activity'을 고려했다. 국제사법재판소는 1950년대 페루와 칠레가 어획의 대상으로 삼았던 멸치, 다랑어, 가다랑어 bonito 등이 주로 양국 해안으로부터 60해리 내에서 발견되었고,72 이들을 어획하기 위해 칠레의 선단이 자신의 주요 항구인 'Arica'로부터 출항했을 때 해양경계선의 시작점 starting-point 으로부터 약 57해리 정도까지는 (묵시적 해양경계선인) 위도선 또는 평행선을 침범하지 않는다는 점을 중시했다.73 즉, 페루와 칠레 간 묵시적 합의에 의한 해양경계선의 끝이 시작점으로부터 80해리에 존재한다는 결론74을 내리는 데 있어 어업'활동(행위)'의 존재를 크게 고려한 것이다. 하지만 이러한 어업행위의 존재는 해양경계 획정을 위한 관련 사정들 중 하나로 고려된 것이 아니라 '이미' 존재

---

71 ICJ, *supra* note 57, pp. 83-84, paras. 117-118.
72 ICJ, *supra* note 45, p. 44, para. 108.
73 *Ibid.*
74 *Ibid.*, p. 57, para. 149.

하고 있는 '묵시적 합의'를 '해석'하기 위해 고려되었기 때문에 페루-칠레 사건에서 어업행위는 관련 사정들 중 하나가 아니라는 점을 지적할 수밖에 없을 것이다.

3) 3단계 방법론의 제3단계: 불균형성 점검

3단계 방법론을 적용할 때 제3단계에서 수행되는 '불균형성 점검 disproportionality test'은 제1단계에서 설정된 잠정적인 경계선(일반적으로는 잠정적인 등거리선)이 제2단계에서 관련 사정들을 고려하여 조정되었을 때 그러한 조정이 형평한 해결에 도달했는지 여부를 점검하는 것을 말한다. 이러한 불균형성 점검은 관련 해안들의 길이 간 비율과 관련 영역들의 면적 간 비율, 즉 두 비율들을 '비교'하는 것을 통해 이루어지고 있다. 따라서 단순히 '비례성 proportionality'이라는 이름 하에 논의할 수 있는 문제가 아닌 것이다. 국제사법재판소가 왜 '비례성 점검'이라는 이름 대신 '불균형성 점검'이라고 명명했는지에 대한 분석이 필요하다는 의미이다.

2009년 국제사법재판소의 흑해 사건 이전까지는 '불균형성 점검'이라는 용어조차 생소했다. '비례성'이라는 이름 하에 관련 내용이 논의되곤 했을 뿐이다. 하지만 흑해 사건부터 더 이상 비례성이라는 용어는 사용되지 않고 있다. 그 이유는 위에서 살펴본 관련 사정들 중 하나인 '해안선 길이 간 격차'와 제3단계에서 수행되는 불균형성 점검이 구분된다는 점이 명확히 확립되었기 때문이다. 그러나 1985년 국제사법재판소의 리비아-몰타 사건이 보여주듯이 한때는 비례성이라는 하나의 용어가 해안선 길이 간 격차라는 관련 사정들 중 하나[75]와 해양경계획정이 형평하게 이루어졌는지를 사후적으로 점검하는 수단[76]이라는 두 가지 개념을 동시에 가리킨 적도 있었다. 이와 같이 이중적으로도 볼 수 있는 비례성 개념의 사용은 국제사법재판소가 3단계 방법론을 확립하면서 그 모호성이 사라졌는데, 해안선 길이 간 격차는 관련 사정들 중 하나로서 제2단계에서 고려되는 것으로, 그리고 형평한 결과에 도달했는지를 최종적으로 점검하는 불균형성 점검은 제3단계에서 수행되는 것으로 정리되었던 것이다.

불균형성 점검과 관련하여서는 한 가지 생각해 볼 수 있는 측면이 있다. 즉, 불균형성 점검을 수행하면서 제2단계까지 통과한 해양경계획정의 (잠정적인) 결과가 변경된 국제재판소 판례가 존재하지 않는 것은 사실인 까닭에 제3단계인 불균형성 점검이 탄생과 동시에 이미 형해화된 절차인지의 문제가 제기될 수 있다는 것이다. 이에 대하여는 비록 불균형성 점검을 통해 제2단계까지 거친 잠정적인 결과가 변경된 국제재판소 판례가 존재하지 않을지라도 이는 오히려 각 사건에서 관련 사정들이 제대로 고려되었기 때문이라는 반론이 가능하다. 만약 제2단계에서 관련 사정들을 고려하여 도출한 결과가 불균형성 점검을 통해 변경된다면 이는 제2단계가 제대로 수행되지 않았다는 것을 의미할 뿐이다. 즉, 제1단계와 제2단계가 제대로 수행되었지 여부를 확인하기 위해서라도 제3단계가 필요한 것은 사실이다. 다만 제3단계가 실제로 기능했던 국제재판소 판례가 부재하다는 것을 언급하며 제3단계가 형식적인 단계에 지나지 않는다는 지적이 있는 경우 이에 대하여 반론을 취하기는 쉽지 않을 것이다.

---

75 ICJ, *supra* note 24, pp. 44-45, para. 57.
76 *Ibid.*, pp. 48-49, para. 66.

V. 경계미획정 수역의 규율

1. 유엔해양법협약 제74조 제3항과 제83조 제3항

배타적 경제수역, 대륙붕 등에 대한 복수 국가들의 권원이 중첩하는 경우 관련 국가들은 해양경계획정의 필요성을 느끼게 된다. 하지만 정치적 또는 전략적 이유 등으로 해양경계획정이 지체되는 경우 소위 '경계미획정 수역'이 존재할 가능성이 상당하다. 이러한 상태를 규율하기 위해 유엔해양법협약 제74조 제3항과 제83조 제3항은 "관련 국가들은 이해와 협력의 정신으로 실질적인 '잠정약정 provisional arrangements'을 체결할 수 있도록 모든 노력을 다해야 하며, 이 과도적인 기간 동안 최종적인 합의에 이르는 것을 위태롭게 하거나 방해하지 않도록 모든 노력을 다해야 한다"고 언급하고 있다. 따라서 경계미획정 수역의 규율 문제는 유엔해양법협약 제74조 제3항과 제83조 제3항의 해석 또는 적용 문제라 해도 과언이 아닌 것이다.

유엔해양법협약 제74조 제3항 혹은 제83조 제3항의 해석 또는 적용 문제를 정면으로 다룬 대표적인 국제재판소 판례는 2007년 유엔해양법협약 제7부속서 중재재판소의 가이아나-수리남 사건[77]과 2017년 국제해양법재판소 특별재판부의 가나-코트디부아르 사건이다. 가이아나-수리남 사건에서 유엔해양법협약 제7부속서 중재재판소는 제74조 제3항 또는 제83조 제3항이 관련 국가들에게 아직 해양경계획정이 이루어지지 않은 상황에서 경계미획정 수역을 놓고 '두

---

77 유엔해양법협약 제7부속서 중재재판소, *Guyana* v. *Suriname*, *Award*, 17 September 2007.

가지' 의무를 부여하고 있다고 언급했다.78 즉, 하나는 "실질적인 잠정약정을 체결할 수 있도록 모든 노력을 다해야 한다"는 것이고, 다른 하나는 "최종적인 합의에 이르는 것을 위태롭게 하거나 방해하지 않도록 모든 노력을 다해야 한다"는 것이다.79

특히 2007년 유엔해양법협약 제7부속서 중재재판소의 가이아나-수리남 사건은 유엔해양법협약 제74조 제3항 또는 제83조 제3항을 해석하고 적용하는 데 있어 다음과 같이 의미 있는 내용을 언급했다. 첫째, 가이아나-수리남 사건에서 유엔해양법협약 제7부속서 중재재판소는 '모든 노력'이라는 용어는 관련 국가들이 '선의로in good faith' '교섭'에 임해야 할 의무 하에 놓여 있다는 것을 의미한다고 지적했다.80 특히 모든 노력을 다해야 할 의무는 실효성 있는 실질적인 잠정약정을 체결할 수 있도록 모든 노력을 다해야 할 의무를 의미하기 때문에,81 유엔해양법협약은 비록 '잠정provisional'약정에 불과하다 하더라도 '실질적인'이라는 표현을 부가함으로써 잠정약정의 함의를 간과하지 않고 있다고 보아야 한다. 둘째, 유엔해양법협약 제7부속서 중재재판소는 최종적인 합의에 이르는 것을 위태롭게 하거나 방해하지 않아야 한다는 것과 관련하여 모든 행위가 금지된 것은 아니라는 입장을 취했다. 즉, 어떤 한 국가에 의해 일방적으로 이루어지는 '물리적 변화physical change'를 동반하는 '탐사굴착exploratory drilling'은 유엔해양법협약 제74조 제3항 또는 제83조 제3항에 위반되는 것으로 볼 수 있지만, '탄성파 시험seismic testing'과 같은 행위는 항구적인

---

78 *Ibid.*, pp. 152-153, para. 459.
79 *Ibid.*
80 *Ibid.*, p. 153, para. 461.
81 *Ibid.*, p. 154, para. 464.

물리적 변화를 가져오지 않으므로 최종적인 합의에 이르는 것을 위태롭게 하거나 방해하지 않도록 모든 노력을 다해야 한다는 의무를 위반하는 행위가 아닐 수도 있다고 언급했다.[82] 그러나 아래에서 언급하는 것처럼 '물리적 변화'라는 기준은 유엔해양법협약 제74조 제3항 또는 제83조 제3항 위반 여부를 판단하는 절대적인 기준이 아니다.

2. '물리적 변화'라는 기준은 절대적인 기준인가?

'물리적 변화' 여부만으로 유엔해양법협약 제74조 제3항 또는 제83조 제3항 위반 여부를 판단하고자 하는 입장이 우세한 것은 사실이나 이는 2007년 유엔해양법협약 제7부속서 중재재판소의 가이아나-수리남 사건의 내용을 다소 오해한 것이라 보아야 한다. 물론 가이아나-수리남 사건에서 유엔해양법협약 제7부속서 중재재판소가 해양환경에 '물리적 변화'를 야기하는지 여부 또는 '항구적인(영구적인)permanent' 물리적 변화를 야기하는지 여부 등의 기준[83]을 언급한 것은 사실이다.

하지만 가이아나-수리남 사건에서 유엔해양법협약 제7부속서 중재재판소 자신도 '물리적 변화'라는 기준을 유엔해양법협약 제74조 제3항 또는 제83조 제3항 위반 여부를 판단할 수 있는 절대적인 기준으로 제시하지는 않은 것으로 보인다. 일단 해양환경에 물리적 변화를 야기하는지 여부 또는 항구적인 물리적 변화를 야기하는지 여부 등과 같은 기준은 1976년 국제사법재판소의 에게해 대륙붕 사건에 대한 잠정조치 요청 문제에 대한 명령[84]에 그 기원을 두고 있다

---

82 *Ibid.*, pp. 161-162, paras. 479-482.
83 *Ibid.*, p. 155, para. 467.
84 *Aegean Sea Continental Shelf, Interim Protection, Order of 11 September 1976, I.C.J.*

는 점이 지적되어야 한다. 그런데 가이아나-수리남 사건에서 유엔해양법협약 제7부속서 중재재판소는 이와 같이 국제사법재판소에 의해 제시된 기준은 '예외적인' 성격의 잠정조치 명령을 내릴 것인지 여부를 결정하는 '더 엄격한' 기준에 해당한다고 생각했다. 즉, 항구적인 물리적 변화를 야기하는지 여부 등과 같은 더 엄격한 기준을 충족하는 활동은 최종적인 합의에 이르는 것을 위태롭게 하거나 방해하지 않는 활동 여부라는 '덜 엄격한' '기준threshold'을 쉽게 충족할 수 있다는 것이다.85

결론적으로 가이아나-수리남 사건에서 유엔해양법협약 제7부속서 중재재판소는 국제재판소 판례가 축적됨에 따라 항구적인 물리적 변화를 가져오지 않아도 최종적인 합의에 이르는 것을 위태롭게 하거나 방해하지 않을 의무 위반으로 간주되는 것을 가능하게 하는 '덜 엄격한' 기준이 충족될 수 있는 가능성 자체를 배제하지 않은 것이다. 즉, 물리적 변화 여부에 관계없이 유엔해양법협약 제74조 제3항 또는 제83조 제3항 위반 여부가 결론지어질 수도 있다는 의미이다.

VI. 동북아시아에서의 해양경계획정: 한국을 중심으로

1. 한·중 해양경계획정

한국과 중국 간에는 아직 해양경계획정이 이루어지지 않았다. 물론 지난 2001년 발효한 '대한민국 정부와 중화인민공화국 정부 간의 어

Reports 1976, p. 3.
85 유엔해양법협약 제7부속서 중재재판소, **supra** note 77, p. 156, para. 469.

업에 관한 협정'(이하 '한중어업협정')이 존재하는 것은 사실이다. 그러나 한중어업협정은 단지 '어업협정'에 불과하기 때문에 배타적 경제수역 및 대륙붕의 범위를 명확히 결론짓기 위해서는 양국 간 해양경계획정의 필요성이 상당하다고 할 수 있다.

다만 한국과 중국 간 해양경계획정 협정이 성공적으로 체결된다고 하더라도 기존 한중어업협정이 당연히 종료될 것이라고 단언하기는 어렵다. 한국과 중국 간 해양경계획정 협정에 어업문제를 규율하는 내용이 반영되지 않는다면 한중어업협정의 필요성은 여전히 상당하기 때문이다. 따라서 기존 한중어업협정이 종료될 것이라는 공감대가 형성된다면 한국과 중국 간 해양경계획정 협정 체결을 위한 교섭 과정에서 어업문제가 논의되어야 하는 쟁점에서 누락될 가능성은 거의 없다고 보아야 한다. 아래에서는 한국과 중국 간 교섭 과정에서 쟁점으로 떠오를 수 있는 사안으로 두 가지만 선별적으로 살펴보고자 한다.

1) '관련 해안'의 길이 간 격차

교섭 과정에서 중국이 한국과 중국의 '관련 해안relevant coasts'의 길이 간 격차를 고려되어야 하는 관련 사정들 중 하나로 주장할 가능성은 상당하다. 그런데 중국이 제기할 이러한 주장의 전제는 중국이 한국보다 실질적으로 긴 관련 해안을 가지고 있다는 것이다. 하지만 단순히 중국 해안의 길이가 길다는 사실과 양국 간 해양경계획정을 수행하면서 관련이 있는 중국 '관련 해안'의 길이가 한국 '관련 해안'의 길이보다 길다는 주장은 전혀 다른 차원의 문제라 할 수 있다.

관련 해안의 길이 간 격차 문제를 정확히 이해하기 위해서는 일단 2009년 국제사법재판소의 흑해 사건에서 정의된 '관련 해안' 개념을 알아야 한다. 흑해 사건에서 국제사법재판소는 배타적 경제수역 또는 내측대륙붕inner continental shelf의 한계라 할 수 있는 (영해기선으로부터) 200해리까지 다른 국가의 200해리에 이르는 권원과 중첩하는 해양영역을 창출할 수 없는 해안을 관련 해안으로 간주하지 않았다.86 이러한 국제사법재판소의 논리를 적용하면 한국의 200해리에 이르는 권원과 중첩하는 해양영역을 창출할 수 없는 중국 해안은 관련 해안으로 인정받을 수 없을 뿐만 아니라 오히려 중국의 200해리에 이르는 권원과 중첩하는 해양영역을 창출할 수 있는 한국의 '모든' 서해안은 물론 대부분의 남해안도 관련 해안에 포함될 수 있다. 따라서 한국 '관련 해안'의 길이가 반드시 중국 관련 해안의 길이보다 실질적으로 현저히 짧다고 말할 수는 없다는 것이다.

더 나아가 설령 관련 해안의 길이 간 격차가 존재한다고 해도 국제재판소가 격차 그 자체를 수학적인 관점에서 무조건 고려하지는 않는다. 예를 들어, 2012년 국제사법재판소의 니카라과-콜롬비아 사건에서 알 수 있는 것처럼 관련 해안의 길이 간 격차는 그 격차가 '상당한substantial' 격차인 경우에만 고려되고 있다. 니카라과-콜롬비아 사건에서 국제사법재판소는 관련 해안의 길이 간 '상당한' 격차를 3단계 방법론의 제2단계에서 관련 사정들 중 하나로 고려했는데,87 콜롬비아와 니카라과의 관련 해안의 길이 간 비율은 약 1 대 8.2라고 언급되었다.88 그러나 한국과 중국의 관련 해안의 길이 간 비율이 관련 사정들에 해당하는 것으로 고려될 수 있는 약 1 대 8 이상이 될 가능성은 그리 높지 않다. 따라서 설령 중국이 한국을 상대로 한

---

86 ICJ, *supra* note 33, pp. 96-97, para. 99.
87 ICJ, *supra* note 12, p. 702, paras. 209-211.
88 *Ibid.*, p. 680, para. 153.

국과 중국의 관련 해안의 길이 간 격차를 주장한다 하더라도 이는 국제재판소 판례의 태도와 어긋나는 주장에 불과하다. 무리한 주장일 뿐이라는 의미이다.

2) 지질학적 요소

동중국해에서 대륙붕을 최대한으로 확보하기 위해 교섭 과정에서 중국이 '지질학적 geological' 요소를 관련 사정들에 해당하는 것으로 강하게 주장할 것이라는 예상도 가능하다. 그러나 이러한 주장이 제기되는 경우 관련 국제재판소 판례 내용을 통해 단호한 반박이 이루어져야 할 것이다.

예를 들어, 1982년 튀니지-리비아 사건에서 국제사법재판소는 "법적 목적상 전적으로 혹은 주로 지질학적 고려에만 의존하여 튀니지와 리비아에 속하는 대륙붕 영역을 정의하는 것은 가능하지 않다. 재판소의 역할은 국제법의 적용을 위해 요구되는 한에서만 지질학을 이용하는 것이다"[89]라고 언급했다. 이는 논란의 소지가 상당한 지질학적 요소를 최대한 고려하지 않고자 하는 국제사법재판소의 의도를 함축한 것이다. 더 나아가 국제사법재판소는 설령 지질학적 요소를 고려한다 해도 (지질학적 요소의) '현재 present' 상태만 고려해야 한다고 언급하면서 과거의(즉, 역사적인) 지질학적 요소를 고려 대상으로부터 배제하고자 했다.[90] 국제재판소의 이러한 논리를 적극적으로 활용하면 중국이 중국 관련 해안으로부터 '해저지형'에 해당하는 '이어도'까지 지질학적으로 연결되고 있다고 주장할 가능성에 대하여 충분한 대응 논리를 세울 수 있을 것으로 보인다.

---

89 ICJ, *supra* note 57, pp. 53-54, para. 61.
90 *Ibid.*

2. 한·일 해양경계획정

한국과 일본 간 해양경계획정 관련 교섭이 진행되는 경우 아래와 같이 두 가지 문제가 제기될 수 있다.

1) 대륙붕 북부구역 경계선의 함의

1978년 발효한 '대한민국과 일본국 간의 양국에 인접한 대륙붕 북부구역 경계획정에 관한 협정'(이하 '한일대륙붕북부구역경계획정협정') 제1조 제1항은 35개의 점들을 직선으로 연결하여 (한국이 다른 국가와 수행한 '유일한' 해양경계획정이라 할 수 있는) 대륙붕 북부구역 경계선이라는 한국과 일본 간 대륙붕 경계선의 '일부'를 설정했다. 하지만 이 대륙붕 북부구역 경계선이 그대로 상부수역의 경계선으로도 사용될 수 있는지는 또 다른 문제가 된다.

이 대륙붕 북부구역 경계선이 그대로 상부수역의 경계선으로 사용될 수 있는지의 문제와 관련하여 한일대륙붕북부구역경계획정협정 제3조가 "본 협정은 상부수역 또는 상부공간의 법적 지위에 영향을 주지 아니한다"고 규정하고 있는 것을 고려하면, 일단 대륙붕 북부구역의 상부수역에서 한국과 일본 간 해양경계선이 아직 설정되지 않았다고 해석될 수 있다. 하지만 한국과 일본 간 1998년 체결된 '대한민국과 일본 간의 어업에 관한 협정'이 이 대륙붕 북부구역 경계선을 그대로 '어업에 관한' 경계선으로 인정하고 있는 것에 의미를 부여한다면, 이 대륙붕 북부구역 경계선이 추후 양국 간 배타적 경제수역의 경계선으로 합의될 가능성은 상당하다고 보아야 할 것이다.

〈그림 4〉 한국과 일본 간 대륙붕 북부구역 경계선[91]

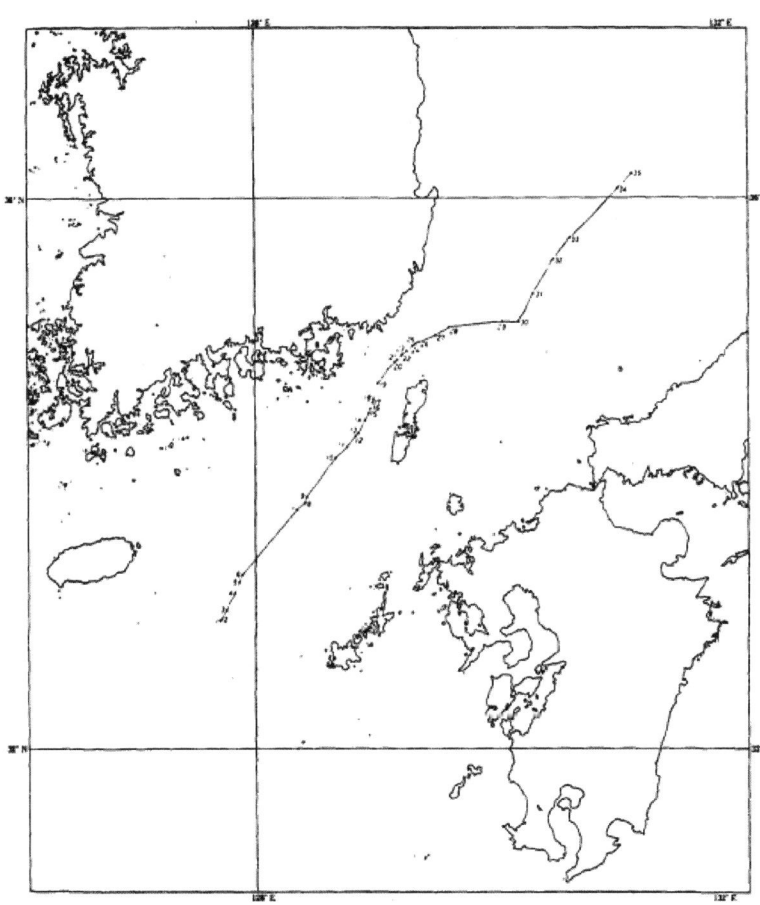

91 https://www.un.org/depts/los/LEGISLATIONANDTREATIES/PDFFILES/TREATIES/jap
-kor1974north.pdf (최종 방문일: 2023.12.22)

2) 대륙붕 남부구역 공동개발협정 종료에 수반되는 문제

한일대륙붕북부구역경계획정협정 이외에도 한국과 일본 간에는 1978년 발효한 '대한민국과 일본국 간의 양국에 인접한 대륙붕 남부구역 공동개발에 관한 협정'(이하 '한일공동개발협정')이 존재한다. 한일공동개발협정을 통해 제주 남동쪽에 '공동개발구역Joint Development Zone'이 만들어졌다. 하지만 한일공동개발협정 제31조 제2항에 따라 이 협정은 발효 후 50년이 되는 2028년 종료될 가능성이 상당하다. 이는 공동개발구역 자체가 사라질 수 있다는 의미가 된다.

만약 공동개발구역이 존재하지 않게 된 상황에서 한국과 일본이 해양경계획정을 위한 교섭을 진행하게 되는 경우 일본은 한국과 일본의 관련 해안 위에 존재하는 기점들을 사용하여 설정될 수 있는 '등거리선'을 기준으로 현재 공동개발구역에 해당하는 해양영역 중 상당 부분이 일본 쪽에 위치하게 되는 점을 강조할 것이다. 이는 일본의 공세적인 태도가 예상된다는 의미이다.

그러나 실제로 공동개발구역에 해당하는 해양영역을 대상으로 국제재판소에서 소송이 진행된다면 '등거리선'에 의존한 일본의 주장이 전적으로 받아들여질 것이라고 예단할 필요는 없다. 그 이유는 200해리를 기준으로 '외측대륙붕outer continental shelf'과 '내측대륙붕inner continental shelf'이 구분된다는 전제에서 내측대륙붕에 우월적 지위가 주어진다는 견해에 대응하여 국제재판소가 '단일대륙붕single continental shelf' 개념을 전제하고 있다는 견해도 만만치 않게 설득력이 있기 때문이다.

쉽게 풀어 설명하면, 공동개발구역에 해당하는 해양영역 중 상당 부분은 한국의 외측대륙붕에 해당하는 동시에 일본의 내측대륙붕에 해당하는데, 단일대륙붕 개념을 지지하는 국제재판소 판례의 논리를 적용하게 되면 일본의 내측대륙붕 확보가 반드시 우선시되지는 않는다는 것이다. 즉, 외측대륙붕과 내측대륙붕 간 우열이 존재하지 않는

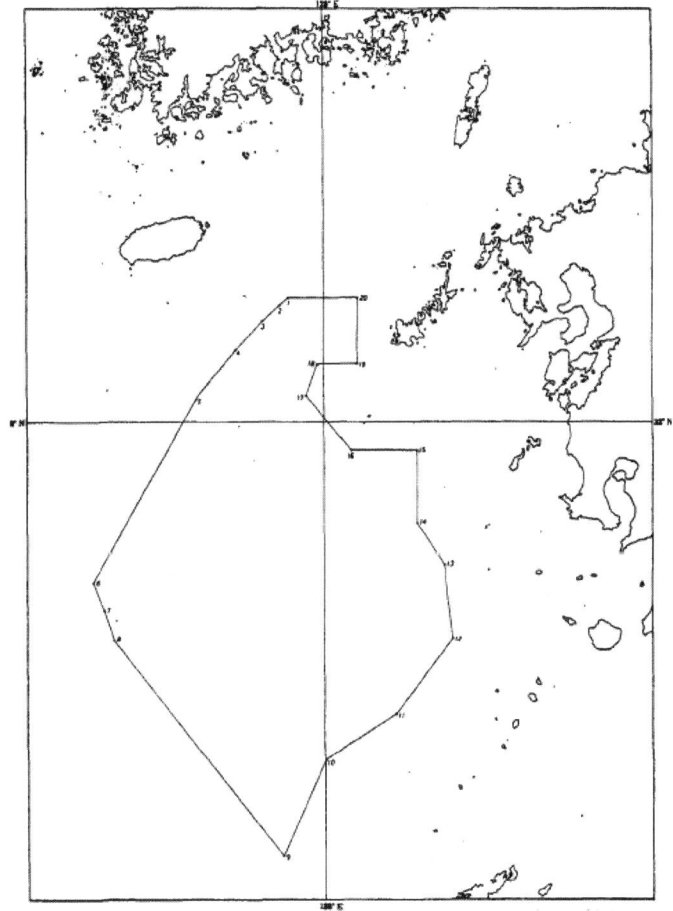

〈그림 5〉 한국과 일본의 공동개발구역[92]

---

92 https://treaties.un.org/doc/Publication/UNTS/Volume%201225/volume-1225-I-19778-English.pdf (최종 방문일: 2023.12.22)

다면 일본은 200해리까지조차도 자신의 대륙붕을 확보하지 못할 수 있다는 의미가 될 수 있다.

이와 같은 '외측대륙붕 대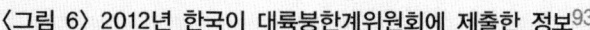 내측대륙붕'이라는 문제는 한국이 지난 2012년 12월 26일 대륙붕한계위원회에 제출한 정보가 포함하고 있는 내용과도 관련이 있다(〈그림 6〉 참조). 이 문서를 통해 한국

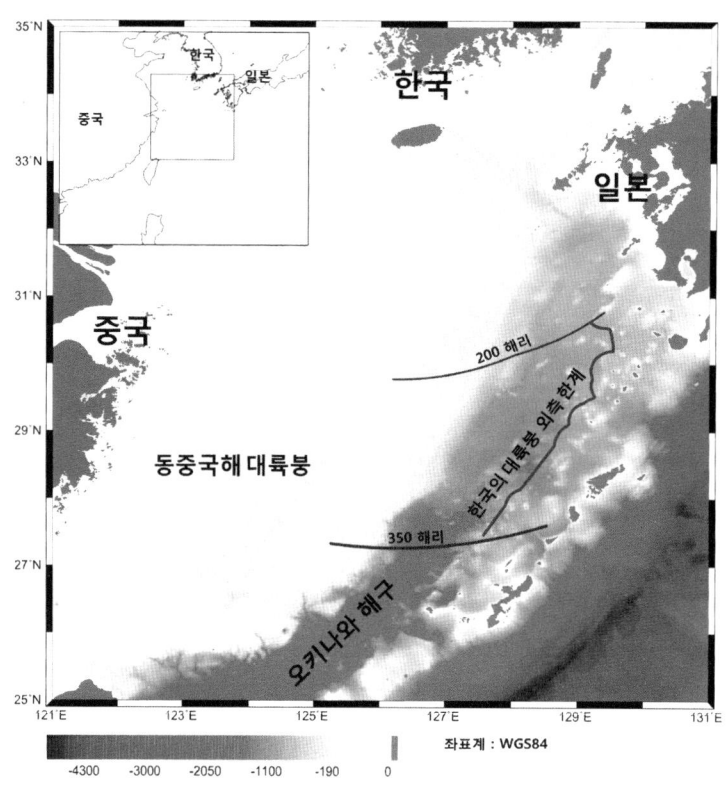

〈그림 6〉 2012년 한국이 대륙붕한계위원회에 제출한 정보[93]

---

93 http://news.mofa.go.kr/enewspaper/mainview.php?mvid=1619 (최종 방문일: 2023. 12.22)

은 이미 현재 공동개발구역에 해당하는 해양영역 중 상당 부분이 한국의 외측대륙붕에 해당한다고 주장했다. 이는 한국이 자신의 외측대륙붕이라 주장하는 해양영역이 일본의 내측대륙붕에 해당한다는 의미가 된다. 다시 말해, 공동개발구역에 해당하는 해양영역에서 한국과 일본의 대륙붕에 대한 권원은 '중첩'하고 있다는 말이다.

VII. 나가며

유엔해양법협약은 채택된 지 40년이 넘었다. 지난 약 40년 동안 유엔해양법협약 내 상당수 규칙이 많은 국제법학자들의 관심을 끌어왔으나 특히 '배타적 경제수역'의 경계획정, '대륙붕'의 경계획정을 규율하는 규칙만큼 치열한 논쟁의 대상이 된 규칙은 거의 없다고 해도 과언이 아니다. 이는 유엔해양법협약이 해양경계획정을 규율하는 규칙을 제공하고 있다고 하더라도 구체적인 사안에서 이러한 규칙을 해석하고 적용하여 해양경계획정을 실제로 수행하기가 쉽지 않았기 때문이다. 더구나 2023년 국제해양법재판소 특별재판부의 모리셔스-몰디브 사건에 이르기까지 해양경계획정을 주제로 한 20개가 넘는 국제재판소 판례가 이미 축적되어 있다는 것도 해양경계획정을 학자들의 관심으로부터 멀어지게 할 수 없었다.

위에서 자세히 논의한 것처럼 1982년 채택된 배타적 경제수역의 경계획정을 규율하는 유엔해양법협약 제74조 제1항과 대륙붕의 경계획정을 규율하는 유엔해양법협약 제83조 제1항은 많은 논란의 대상이 되었던 '등거리-특별 사정들 규칙' 또는 '형평한 원칙들-관련 사정들 규칙'도 아닌 '형평한 해결의 도달'을 배타적 경제수역의 경계획정과 대륙붕의 경계획정을 수행하기 위한 규칙으로 받아들였다. 적용하기 쉽지 않은 규칙이었지만 이는 역으로 국제재판소가 판례를 통해 해양경계획정을 수행하는 데 있어 하나의 '경향'을 확립하는 동인動因으로 작용했다. 그 결과 단일해양경계의 획정과 3단계 방법론의 적용은 이제 거스르기 어려운 하나의 경향으로 보아야 한다.

다만 3단계 방법론의 각 단계에서 논의될 수 있는 관련 문제가 상당하다는 점에서 3단계 방법론의 적용은 세밀한 주의를 요한다. 더구나 경계미획정 수역의 규율과 관련하여서도 아직까지 해결하지 못한 문제가 존재한다. 이는 유엔해양법협약 체제 내에서 해양경계획정이라는 주제는 여전히 미지의 영역을 개척하면서 관련 규칙이 해석되고 적용되고 있다는 의미이다.

한국의 경우에도 해양경계획정은 한국이 당면하고 있는 여러 국제법 과제들 중 '최우선' 순위에 놓여 있는 과제라 할 수 있다. 특히 한국은 중국 또는 일본과 해양경계획정 문제를 시급히 해결해야 함에도 위에서 논의한 바와 같은 몇몇 난관에 마주하고 있는 것이 현실이다. 하지만 유엔해양법협약 제74조 제1항과 제83조 제1항이 언급하고 있는 '형평한 해결의 도달'이 어떻게 적용되고 있는지를 증명하고 있는 최근 국제재판소 판례 및 다른 국가들이 이미 체결한 여러 양자협정들을 정교하게 분석한다면 중국 또는 일본과의 관계에서 한국은 국제법적 근거에 입각해 설득력 있는 주장을 펼칠 수 있을 것이라 기대된다.

참고 문헌

■ 국내 문헌

⟨논문⟩

이기범, "단일해양경계 설정과 어업문제 고려의 양립가능성 문제", 『국제법학회논총』, 제61권 제2호 (2016).

_____, "해양경계획정에 적용할 수 있는 '3단계 방법론'에 대한 비판적 소고", 『국제법학회논총』, 제65권 제2호 (2020).

_____, "국제재판소가 수행한 200해리 이원(以遠) 대륙붕의 경계획정에 대한 비판적 소고(小考): 관련 국제재판소 판례 분석을 중심으로", 『법학논총』, 제40집 제1호 (2023).

■ 외국 문헌

⟨단행본⟩

Churchill, Robin, Lowe, Vaughan and Sander, Amy. *The Law of the Sea*, 4th ed. (Manchester: Manchester University Press, 2022).

Liao, Xuexia. *The Continental Shelf Delimitation beyond 200 Nautical Miles: Towards a Common Approach to Maritime Boundary-Making* (Cambridge: Cambridge University Press, 2022).

United Nations (ed.). *Laws and Regulations on the Regime of the High Seas* (New York: United Nations Publications, 1951), Volume I.

⟨논문⟩

Lee, Ki Beom. *The Demise of Equitable Principles and the Rise of Relevant Circumstances in Maritime Boundary Delimitation* (Ph.D. Thesis, The University of Edinburgh, 2012).

⟨기타자료⟩

유엔해양법협약 제7부속서 중재재판소, *Barbados* v. *Trinidad and Tobago*,

Award, 11 April 2006.

유엔해양법협약 제7부속서 중재재판소, *Guyana* v. *Suriname*, *Award*, 17 September 2007.

유엔해양법협약 제7부속서 중재재판소, *Bay of Bengal Maritime Boundary Arbitration between Bangladesh and India*, *Award*, 7 July 2014.

Aegean Sea Continental Shelf, Interim Protection, Order of 11 September 1976, I.C.J. *Reports 1976*.

Arbitration under the Arbitration Agreement between the Government of the Republic of Croatia and the Government of the Republic of Slovenia, Signed on 4 November 2009, Final Award, 29 June 2017.

Continental Shelf (Tunisia/Libyan Arab Jamahiriya), Judgment, I.C.J. *Reports 1982*.

Continental Shelf (Libyan Arab Jarnahiriya/Malta), Judgment, I.C.J. *Reports 1985*.

Delimitation of the Maritime Boundary in the Gulf of Maine Area, Judgment, I.C.J. *Reports 1984*.

Delimitation of the Maritime Boundary in the Bay of Bengal (Bangladesh/Myanmar), Judgment, ITLOS *Reports 2012*.

Delimitation of the Maritime Boundary in the Atlantic Ocean (Ghana/Côte d'Ivoire), Judgment, ITLOS *Reports 2017*.

Delimitation of the Maritime Boundary in the Indian Ocean (Mauritius/Maldives), Judgment, ITLOS *Reports 2023*.

Land and Maritime Boundary between Cameroon and Nigeria (Cameroon v. *Nigeria: Equatorial Guinea intervening), Judgment*, I.C.J. *Reports 2002*.

Maritime Delimitation in the Area between Greenland and Jan Mayen, Judgment, I.C.J. *Reports 1993*.

Maritime Delimitation and Territorial Questions between Qatar and Bahrain, Merits, Judgment, I.C.J. *Reports 2001*.

Maritime Delimitation in the Black Sea (Romania v. *Ukraine), Judgment*, I.C.J. *Reports 2009*.

Maritime Dispute (Peru v. *Chile), Judgment, I.C.J. Reports 2014.*

Maritime Delimitation in the Caribbean Sea and the Pacific Ocean (Costa Rica v. *Nicaragua) and Land Boundary in the Northern Part of Isla Portillos (Costa Rica* v. *Nicaragua), Judgment, I.C.J. Reports 2018.*

Maritime Delimitation in the Indian Ocean (Somalia v. *Kenya), Judgment, I.C.J. Reports 2021.*

North Sea Continental Shelf, Judgment, I.C.J. Reports 1969.

The Delimitation of the Continental Shelf between the United Kingdom of Great Britain and Northern Ireland, and the French Republic (30 June 1977), *UNRIAA*, Volume XVIII.

Territorial and Maritime Dispute between Nicaragua and Honduras in the Caribbean Sea (Nicaragua v. *Honduras), Judgment, I.C.J. Reports 2007.*

Territorial and Maritime Dispute (Nicaragua v. *Colombia), Judgment, I.C.J. Reports 2012.*

6장 해양과학조사

박영길 • 한국해양수산개발원 연구위원

I. 서론

II. 해양법협약상 해양과학조사의 제정 배경과 주요 내용
   1. 제정 배경
   2. 주요 내용

III. 해양과학조사의 실행
   1. 국가실행
   2. 관련 협정
   3. 국제법원의 판결: 포경사건

IV. 해양과학조사와 유사 개념 구분
   1. 수로측량
   2. 군사측량
   3. 탐광(또는 탐사)과 생물탐사
   4. 해양 바이오로깅
   5. 운용해양학

V. 결론

I. 서론

일반적으로 해양과학조사Marine Scientific Research: MSR란 해양에 대한 지식을 증진시키기 위해 해양환경을 대상으로 하는 연구 혹은 이와 관련한 실험을 의미한다.1 바닷물의 물리적 성질, 파도, 조류와 해류, 해저의 지질과 지형, 해양 동식물과 서식지, 인간활동의 바다에 대한 영향 등이 모두 해양과학조사의 대상이 된다.2 해양과학조사는 항행을 비롯한 해양의 안전한 이용, 해양환경의 보호와 보전, 지속가능한

---

1 Tullio Treves, "Marine Scientific Research" in *Max Planck Encyclopedia of Public International Law* (2013); Robin Churchill, Vaughan Lowe and Amy Sander, *The law of the sea, Fourth edition* (Manchester University Press, 2022), p.779; Yoshifumi Tanaka, *The International Law of the Sea, Fourth Edition* (Cambridge University Press, 2023), p.468; Alfred H.A. Soons, *Marine Scientific Research and the Law of the Sea* (Antwerp: Kluwer, 1982), pp.6-7. 미국 국무부도 이와 같은 견해를 표시하였다. U.S. Department of State, "Marine Scientific Research Consent Overview" [https://www.state.gov/marine-scientific-research-consent-overview/(최종 방문일: 2024. 01.18)].
2 Robin Churchill et al., *ibid*, p.779.

해양생물자원의 이용, 해저자원의 탐사와 개발 등 해양에 관한 지식에 의존하는 활동의 기초가 된다. 이 점에서 해양과학조사는 모든 국가와 기구에 자유롭게 허용되고 권장되어야 하지만, 한편으로는 해양과학조사를 통해 습득된 연안국 해양에 대한 정보가 다른 국가의 경제적·군사적 목적으로 이용될 수 있다는 점에서 통제 필요성이 제기되기도 한다. 해양법협약은 특히 제13부(해양과학조사) 제238조부터 제265조에 걸쳐 해양과학조사에 관해 자세한 규정을 두고 있다. 그럼에도 불구하고 여전히 명확하지 않은 부분이 많아서 해양법협약상 해양과학조사를 '법적 회색지대'로 부르기도 한다.[3]

해양법협약상 해양과학조사 제도의 중요한 이슈 중 하나는 과학기술의 발전으로 인해 협약의 채택 당시에는 예상하지 못했던 사안들을 어떻게 수용하느냐 하는 점이다. 예컨대 무인잠수정과 같은 첨단과학장비를 활용한 해양과학조사를 관할권에 관한 현재 규정으로 규제할 수 있는지 여부나 국가관할권 이원에서의 해양생물자원에 대한 논의와 관련한 해양과학조사 문제 등을 들 수 있다. 또 다른 중요한 이슈는 해양과학조사와 유사한 활동들 사이의 구별 문제인데, 그 핵심은 연안국의 동의 여부이다. 해양법협약은 외국 또는 국제기구의 해양과학조사에 대해 연안국의 영해 내에서는 허가사항, 배타적 경제수역과 대륙붕에서는 동의사항으로 규정하고, 공해에서는 자유로운 활동을 보장하고 있다. 반면 해양과학조사와 유사한 개

---

[3] Paul Gragl, "Marine Scientific Research", in David Joseph Attard, Malgosia Fitzmaurice, and Norman A Martinez Gutierrez(eds.), *The IMLI Manual on International Maritime Law*, vol. I: The Law of the Sea(OUP, 2014), p.398; Chie Kojima, "12 Marine Scientific Research and Informal Lawmaking", in Natalie Klein, *Unconventional Lawmaking in the Law of the Sea* (OUP, 2022), p.234.

념들인 수로측량, 군사측량, 해양바이오로깅 등이 연안국의 배타적 경제수역이나 대륙붕에서 행해질 경우, 연안국의 동의 여부에 대해서 해양법협약은 아무런 규정을 두고 있지 않다. 사실, 해양법협약은 이들 개념에 대한 기술뿐만 아니라 해양과학조사에 대한 정의 규정도 없다. 해양법협약에 정의 조항을 두지 않음으로 인해 해석의 유연성을 제공한다는 나름의 의도한 측면도 있겠지만,[4] 그 결과 수로측량 등 여러 유사한 개념들과의 구별 문제를 야기한다.

　이 글은 해양법협약상 해양과학조사의 주요 내용을 살펴본(II절) 후 주요 국가들의 실행과 관련 협정(III절), 그리고 해양과학조사를 둘러싼 쟁점들을 유사 개념 위주로 검토(IV절)하고자 한다. 이를 통해 해양법협약이 발효(1994년)된 지 30년이 지난 현시점에서 해양법협약상 해양과학조사 제도가 국가들에서 어떻게 수용되고 있으며 주요 현안들은 무엇인지를 확인하도록 한다.

II. 해양법협약상 해양과학조사의 제정 배경과 주요 내용

1. 제정 배경

해양과학조사가 국제규범으로서 처음 규율된 것은 1958년 대륙붕협약에서이다. 영해와 공해로 해역이 양분되던 시기에 공해에서의 과학조사는 자유롭게 허용되었다. 해양과학조사에 관한 국제규범의 발달은 해양에서의 과학연구 활동의 발전 및 연안국의 해양 주권 및

---

4 Paul Gragl, *ibid.*, p.403; Chie Kojima, *ibid.*, p.236.

관할권의 확대와 궤를 같이한다. 특히 제2차 세계대전 이후 전반적인 과학기술의 발전과 함께 해양에서의 과학연구 활동이 증가하였으며, 많은 연안국들이 자국의 연안에서 외국이 행하는 과학조사에 대해 경제적(해양자원이용)·군사안보적 관점에서 우려를 가지기 시작하였다.5 이러한 배경 하에 제1차 해양법회의에서 해양과학조사가 논의되고, 그 결과 1958년 대륙붕협약에서 대륙붕에서의 해양과학조사에 대한 연안국의 동의를 처음 도입하였다.6 과학연구단체들은 대륙붕에서의 해양과학조사에 대한 연안국의 동의가 자유로운 조사활동을 위축시킬 것이라며 우려했지만, 오히려 1960년대 이후 많은 연안국들, 특히 개도국들은 연안국의 관할권 확대 주장과 함께 해양과학조사에 대해서도 더 강한 통제가 이루어져야 한다고 주장하였다.7 1968년 유엔 총회결의를 통해 설립된 해저위원회Committee on the Peaceful Uses of the Sea-Bed and Ocean Floor beyond the Limits of National Jurisdiction는 소위원회를 구성하여 심해저와 관련한 해양과학조사 문제를 다루었다.

---

5 Tullio Treves, *supra* note 1; Shabati Rosenne and Alexander Yankov (eds.), *United Nations Convention on the Law of the Sea 1982: A Commentary Volume IV* (Maritinus Nijhoff Publishers, 1991), p.429.

6 1958년 대륙붕협약 제5조 제1항은 "대륙붕의 탐사 및 그 천연자원의 개발은 항행, 어업 또는 해양생물자원의 보존에 대한 어떤 부당한 방해를 야기하거나 또는 공개적으로 발표할 목적으로 행하는 기초적인 해양학상 또는 그 밖의 과학상의 조사에 대하여 어떤 방해를 야기해서는 안된다"고 규정하여, 기초적인 과학조사를 보장하고 있다. 하지만 이어서 동조 제8항은 "대륙붕에 관해서 그리고 대륙붕에서 수행되는 조사는 연안국의 동의를 얻어야 한다. 그러나 당해 연안국이 원할 경우 그 조사에 참가하거나 대표를 파견할 권리를 가지며 또한 동 조사의 결과가 어떠한 경우에도 공개될 것을 조건으로, 연안국은 자격 있는 기관이 대륙붕의 물리학적 또는 생물학적 특질에 대해서 순전히 과학적인 조사를 할 목적으로 요청할 경우 통상적으로 거절하지 않아야 한다"고 규정함으로써, 해양과학조사에 대한 연안국의 동의를 명시하였다.

7 Robin Churchill et al., *supra* note 1, p.783.

당시 논의의 주된 쟁점은 '순수fundamental' 조사와 '응용applied' 조사를 어떻게 구분하고 이를 제도화할 것인지의 문제였다. 두 개념의 구분을 지지하는 측은 논의되는 연안국의 배타적 경제수역과 대륙붕에서의 '순수'과학조사는 공해상 자유로운 조사 원칙에 따라 수행되어야 한다고 주장했지만, 반대하는 측은 다양한 조사활동들을 개념상 위와 같이 구별하기가 매우 어렵다는 주장을 펼쳤다. 이어서 1973년부터 시작된 제3차 해양법회의에서는 배타적 경제수역과 대륙붕에서의 해양과학조사에 대한 연안국의 동의를 어떻게, 어느 정도의 수준에서 규율할 것인가가 핵심적인 쟁점이었다. 제3차 해양법회의 결과 채택된 해양법협약은 관할해역에 대한 더욱 강한 통제를 원했던 연안국들의 요구가 상당 부분 관철되어8 배타적 경제수역과 대륙붕에서의 과학조사에 대해 연안국의 동의를 명시하였다. 동시에 오로지 평화적 목적의 해양과학조사에 대해서는 연안국이 동의해야 한다고 함으로써 연안국의 동의 재량권에 제한을 가하는 조항을 둠으로써, 자유로운 해양과학조사 활동을 지지했던 국가와 과학연구 단체들의 의사가 일정 부분 수용되었다.9

---

8 Robin Churchill et al., *supra* note 1, pp. 782-3.
9 Shabati Rosenne and Alexander Yankov (eds.), *supra* note 5, p.435. 해양법협약 제246조(배타적 경제수역과 대륙붕에서의 해양과학조사) 제3항. "연안국은, 통상적 상황에서, 다른 국가 또는 권한 있는 국제기구가 오로지 평화적인 목적을 위하여, 또한 모든 인류에 유익한 해양환경에 대한 과학지식을 증진시키기 위하여 이 협약에 따라 자국의 배타적 경제수역과 대륙붕에서 수행하는 해양과학조사 사업에 동의한다. 이를 위하여 연안국은 이러한 동의가 부당하게 지연되거나 거부되지 아니하도록 보장하는 규칙이나 절차를 확립한다."

2. 주요 내용

1) 해양과학조사의 권리

해양법협약은 해양과학조사가 지리적 위치에 관계없이 '모든 국가'와 '권한 있는 국제기구'의 '권리'임을 선언하고 있다. 그러므로 연안국의 관할해역 내 해양과학조사도 연안국의 동의나 허가에 의해서 비로소 주어지는 것이 아니라 본래부터 모든 국가와 국제기구가 권리로서 가지고 있는 것이다. 다만, 이러한 권리는 해양법협약에 규정된 다른 국가의 권리와 의무를 존중할 것을 조건으로 한다.10 연안국이 자신의 관할해역 내에서의 과학조사에 대해 통제를 할 수는 있지만, 해양과학조사 수행주체의 권리로서 인정해야 한다는 점에서 인식의 차이가 있다. '권한 있는 국제기구competent international organizations'에는 정부 간 또는 비정부 간 국제기구를 포함한다.11 유네스코 산하 정부간해양학위원회Intergovernmental Oceanographic Commission: IOC가 주도적 역할을 하지만, 국제수로기구IHO, 유엔식량농업기구FAO, 국제원자력기구IAEA, 국제해사기구IMO, 유엔환경계획UNEP 등 많은 국제기구들도 IOC와 협력하거나 독자적으로 과학조사를 수행한다.12

    다만 이러한 해양과학조사 활동이 해양환경이나 그 자원의 일부에 대한 어떠한 권리 주장의 법적 근거가 되지는 않는다.13 예컨대 외국이 연안국의 대륙붕이나 공해에서 해양과학조사를 하고 어떤 자원의 분포를 발견했다고 해서 그에 대한 권리가 생성되는 것은 아니다.

---

10 해양법협약 제238조.
11 Shabati Rosenne and Alexander Yankov (eds.), *supra* note 5, p.437.
12 *Ibid.*
13 해양법협약 제241조.

2) 해양과학조사의 일반원칙

해양법협약 제240조는 해양과학조사의 수행을 위해 다음 네 가지 원칙을 제시한다. 첫째, 해양과학조사는 오로지 평화적 목적을 위해서만 수행되어야 한다. 해양법협약은 전문에서 '해양의 평화적 이용'을 강조하고, 심해저에 대해서도 오로지 평화적 목적을 위한 심해저 해양과학조사(제143조 제1항)와 심해저 활동시설 개방(제147조 제2항(d))을 규정하고, 당사국의 해양의 평화적 이용에 관한 일반적 의무(제301조)를 규정하고 있다. 위 조항들은 해양과학조사가 비평화적 목적으로 전용될 수 없음을 강조한 것이다. 하지만 '평화적 목적'의 의미가 군사적 목적의 조사를 금지하는 것인지 여부는 명확하지 않다. 이와 관련해서 Churchill 등은 '평화적'이란 말이 '비군사적non-military'이란 말은 아니기 때문에, 군사적 목적의 해양과학조사가 일반적으로 금지되지는 않으며, 금지되는 것은 유엔헌장 제7장에 따라 안보리가 허가하지 않은 군사력의 위협 또는 사용을 위한 조사활동이라고 본다. Rothwell과 Stephens도 이와 유사한 견해를 취하고 있다.[14] 둘째, 해양과학조사는 해양법협약에 합치하는 적절한 과학적 수단과 방법에 따라 수행되어야 한다. 이는 특히 조사를 위한 수단과 방법이 해양환경의 보호와 보전의 유지에 적합해야 한다는 것으로, 예컨대 폭발물을 사용한 과학조사는 허용되지 않는다. 셋째, 해양법협약에 합치하는 다른 적법한 해양이용을 부당하게 방해하지 않으며, 그러한 해양이용이 적절히 존중되어야 한다. 이는 1958년 대륙붕협약에도 있던 것으로, 해양과학조사가 항행, 어업 또는 해양생물자원의 보

---

14 Donald Rothwell and Tim Stephens, *The International Law of the Sea Third Edition* (Hart Publishing, 2023), p. 385.

존을 방해해서는 안 된다. 넷째, 해양과학조사는 해양환경의 보호
·보전을 위한 규정을 포함해서 해양법협약에 따라 제정된 모든 관련
규칙을 준수하면서 수행되어야 한다. 연안국이 제정한 영해 통과 선
박에 대한 해상교통관리, 연안국의 관할해역 내 해양환경보호 규정,
선박 배출 대기오염 기준 등을 예로 들 수 있다.

3) 해역별 해양과학조사의 주요 내용

(1) 내수와 영해에서의 해양과학조사

해양법협약은 연안국이 주권을 행사함에 있어서 영해에서의 해양과
학조사를 "규제, 허가 및 수행할 배타적 권리"를 가진다고 규정하고
있다.15 연안국 영해에서의 해양과학조사는 연안국의 명시적 동의를
받아야 하며, 연안국이 정한 조건에 따라 수행해야 한다.16 연안국의
이러한 권리는 명백히 영해에 대한 주권에 근거한다. 해양법협약은
영해에서 타국의 '조사활동'을 연안국의 평화, 공공질서 또는 안전을
해치는 행위로서 유해한 통항으로 보고,17 영해 무해통항에 관한 법
령에 해양과학조사에 관한 내용을 규율하도록 하고 있다.18 또한 해
양법협약은 해양과학조사선이나 수로측량선을 포함한 외국 선박이
해협을 통항하는 중인 때에 해협연안국의 사전허가 없이는 어떠한
조사활동이나 측량활동을 할 수 없도록 규정하고 있다.19

한편, 해양법협약은 내수에서의 해양과학조사에 대해서는 아무
런 규정을 두고 있지 않지만, 내수는 연안국의 주권이 미치는 곳이기

---

15 해양법협약 제245조 전반부.
16 해양법협약 제245조 후반부.
17 해양법협약 제19조 제2항(j).
18 해양법협약 제21조 제1항(g).
19 해양법협약 제40조.

때문에 영해에 적용되는 해양과학조사에 관한 규정이 내수에도 적용된다고 보아야 한다.20

(2) 배타적 경제수역과 대륙붕에서의 해양과학조사
가. 연안국의 동의
해양법협약은 연안국이 "자국의 배타적 경제수역과 대륙붕에서의 해양과학조사를 규제, 허가 및 수행할 권리를 가진다"고 규정함으로써, 해양과학조사가 연안국의 권리이며 통제 대상임을 명시하였다.21 따라서 다른 국가나 권한 있는 국제기구가 연안국의 관할해역에서 해양과학조사를 수행하기 위해서는 연안국의 동의를 받아야 한다.22

나. 해양과학조사의 목적에 따른 구분과 연안국의 동의
연안국의 동의와 관련해서 해양법협약은 해양과학조사를 수행 목적을 기준으로 다음 두 가지 범주로 나누고 있다. 첫째는 강학상 '순수' 해양과학조사로 불리는 것으로,23 "오로지 평화적인 목적을 위하여, 또한 모든 인류에 유익한 해양환경에 대한 과학지식을 증진시키기 위하여" 수행하는 해양과학조사이다. 해양법협약은 이러한 해양과학조사에 대해 "통상적 상황에서 […] 동의한다"고 하고24 '통상적 상황은' 연안국과 조사국 사이에 외교관계가 없는 경우에도 있을 수 있다25고 규정하였다. 그런데 "연안국이 […] 동의한다(Coastal States

---

20 Robin Churchill et al., *supra* note 1, p. 791.
21 해양법협약 제246조 제1항.
22 해양법협약 제246조 제2항.
23 Robin Churchill et al., *supra* note 1, p.791.
24 해양법협약 제246조 제3항.
25 해양법협약 제246조 제4항.

shall [···] grant their consent [···])"라고 하여, 동의가 연안국의 재량이 아니라 의무사항임을 나타내고 있다. 이와 관련해서 연안국이 동의 를 하지 않을 수 있는 '비통상적 상황'이 무엇인지와 관련해서 유엔이 발간한 MSR 지침은 무력분쟁의 급박한 위험 상황과 해양과학조사 신청 지역에 대해 관할권 분쟁이 있는 경우를 예로 들었다.26 해양법 협약은 연안국으로 하여금 이러한 동의가 "부당하게 지연되거나 거 부되지 아니하도록 보장하는 규칙이나 절차를 확립"하도록 규정하고 있다.27

둘째는 강학상 '응용'해양과학조사로 불리는 것으로,28 신청한 해양과학조사에 대해 연안국이 동의를 유보할 수 있는 재량권을 가 진다. 해양법협약은 이러한 경우를 다음과 같이 열거하고 있다.

(a) 생물 또는 무생물 천연자원의 탐사와 개발에 직접적인 영향을 미치는 경우
(b) 대륙붕의 굴착, 폭발물의 사용 또는 해양환경에 해로운 물질의 반입을 수반하는 경우
(c) 제60조와 제80조에 언급된 인공섬, 시설 및 구조물의 건조, 운용 또는 사용을 수반하는 경우
(d) 제248조에 따라 조사사업의 성질과 목적에 관하여 전달된 정보 가 부정확한 경우나 조사국이나 권한 있는 국제기구가 이전에

---

26 UN Division for Ocean Affairs and the Law of the Sea Office of Legal Affairs (UNDOALOS), "Marine Scientific Research: A revised guide to the implementation of the relevant provisions of the United Nations Convention on the Law of the Sea(이하에서는 "UN MSR 지침"으로 함)"(2010), para. 151.
27 해양법협약 제246조 제3항.
28 Robin Churchill et al., *supra* note 1, p. 792.

실시된 조사사업과 관련하여 연안국에 대한 의무를 이행하지 아니한 경우

다만 연안국은 '일정한 경우' 위 (a)항에 관한 동의유보 재량권을 200해리 밖의 대륙붕에서의 해양과학조사에 대해서는 행사할 수 없다.29 여기서 '일정한 경우'란 "200해리 밖의 대륙붕 중 연안국이 개발하거나 세부적 탐사작업이 수행되거나 또는 상당한 기간 내에 수행될 지역으로 언제든지 공적으로 지정할 수 있는 특정지역을 제외한 곳"을 의미하는 것으로, 이 경우 해양과학조사에 대해 동의를 해야 한다.30

한편 '순수'해양과학조사와는 달리 '응용'해양과학조사는 조사의 결과를 공개하지 않아도 된다는 점에서도 둘을 구분하기도 한다.31

다. 연안국의 동의 간주와 묵시적 동의

해양법협약은 신청한 해양과학조사에 대해 연안국이 명시적으로 동의를 하지 않더라도 다음 두 가지 상황에서는 동의가 있었던 것으로 본다.

a) 동의 간주: 국제기구의 회원국이거나 국제기구와 양자협정을 체결한 연안국의 배타적 경제수역이나 대륙붕에서 그 기구가 직접 또는 그 후원 하에 해양과학조사사업을 수행하는 경우, 연안국이 다

---

29 해양법협약 제246조 제5항과 제6항에서 사용된 'withhold'에 대해 외교부 홈페이지 조약정보에서 제공하는 해양법협약 번역본은 제5항은 '거부'로 제6항은 '유보'로 번역하였다. 한편, 번역본은 제3항에서 'denied'를 '거부'로 번역하였다. 이처럼 번역본상의 혼란을 피하기 위해서 이 글은 원문의 'withhold'를 '유보'로 통일하였다.
30 해양법협약 제246조 제6항.
31 Yoshifumi Tanaka, *supra* note 1, pp. 469-470.

음 3가지 경우에는 사업을 허가한 것으로 본다. ①그 국제기구가 사업의 실시를 결정할 때 연안국이 세부사업을 승인하거나, ②사업에 참여할 의사를 가지거나, ③그 국제기구가 연안국에 대하여 사업을 통보한 후 4개월 내에 연안국이 반대의사를 표명하지 아니한 경우.32

b) 묵시적 동의: 연안국의 배타적 경제수역과 대륙붕에서 해양과학조사를 수행하려는 국가와 권한 있는 국제기구는 적어도 해양과학조사 사업 개시예정일 6개월 이전에 사업의 성질과 목적 등 요청되는 정보를 연안국에게 제공해야 한다.33 각국과 권한 있는 국제기구는 이러한 정보를 제공한 날로부터 6개월이 경과하면 연안국의 명시적 동의가 없더라도 해양과학조사 사업을 시작할 수 있다. 연안국이 묵시적으로 동의한 것으로 보는 것이다. 다만, 연안국이 그러한 정보를 수령한 후 4개월 이내에 조사를 행하는 국가나 국제기구에 다음 중 어느 하나를 통보하는 경우에는 그러한 동의가 추정되지 않는다. 제246조의 규정에 따라 동의를 거부한다는 것, 제공한 정보가 명백히 사실과 합치하지 아니하다는 것, 제공한 정보와 조건에 관한 보충적 정보를 요구한다는 것, 그리고 이전에 실시한 해양과학조사 사업과 관련해서 제249조의 조건 중 이행하지 않은 의무가 있다는 것.34

---

32 해양법협약 제247조. "조사사업이 시행되도록 인가한 것으로 본다(…shall be deemed to have authorized the project…)."
33 해양법협약 제248조는 다음 6가지를 열거하고 있다. (a)사업의 성질과 목적, (b)사용될 수단과 방법 및 과학장비의 설명서(선박의 명칭, 톤수, 형태 및 선급을 포함), (c)사업이 수행될 정확한 지리적 위치, (d)조사선박의 최초 도착예정일과 최종 철수예정일, 또는 적절한 경우 장비의 설치 및 제거예정일, (e)후원기관 명칭과 기관장, 사업책임자의 성명, (f)연안국이 그 사업에 참여하거나 대표를 파견할 수 있다고 고려되는 범위.
34 해양법협약 제252조.

(3) 국가관할권 이원 지역에서의 해양과학조사

가. 심해저

지리적 위치에 관계없이 모든 국가와 권한 있는 국제기구는 해양법협약 제11부(심해저)의 규정에 따라 심해저에서 해양과학조사를 수행할 권리가 있다.35 해양법협약 제143조는 제1항에서 "심해저에서 해양과학조사는 제13부에 따라 오로지 평화적 목적과 인류 전체의 이익을 위하여 수행"된다고 하고, 제2항과 제3항에서 각각 국제해저기구와 당사국이 해양과학조사를 수행할 수 있음을 규정하고 있다.

해양법협약 제143조 제2항에 의하면 국제해저기구는 '심해저와 그 자원에 관한' 해양과학조사를 수행할 수 있다. 이 협약 제133조에 의하면 '자원'이란 "복합금속단괴를 비롯하여, 심해저의 해저나 해저 아래에 있는 자연상태의 모든 고체성, 액체성 또는 기체성 광물자원"을 말하며, 이 자원이 심해저에서 채취된 경우 이를 '광물'이라 한다. 즉, 협약 제133조의 자원은 광물 자원만을 의미하고 있다. 이와 관련해서 국제해저기구의 해양과학조사의 대상이 광물자원에 한정되는 것인지 의문을 가질 수 있다. 생각건대 해양과학조사의 대상이 '심해저와 그 자원'이고 심해저에는 광물자원뿐만 아니라 생물자원과 자연환경을 포함하므로, 대상을 광물자원으로만 한정해서 해석하는 것은 옳지 않다.36

이 글 IV절에서 다루는 수로측량과 생물탐사(bioprospecting)가 심해저에서 이루어질 때, 이를 해양과학조사로 볼 수 있는지는 명확하지 않다.37 한편 최근에는 심해저에서의 해양과학조사 또는 생물탐사

---

35 해양법협약 제256조.
36 Alexander Proelss (ed.), *United Nations Convention on the Law of the Sea: A Commentary* (Munich: C.H. Beck, 2017), p. 998.

활동이 심해저 유전자원genetic resources을 위험에 처하게 할 수 있다는 점에서 이슈가 되고 있다.38

나. 공해

1958년 공해협약과는 달리, 해양법협약 제87조는 해양과학조사를 공해의 자유의 하나로 인정하고 있다.3940 해양법협약 제257조는 모든 국가와 권한 있는 국제기구가 이 협약에 따라 배타적 경제수역 바깥 수역에서 해양과학조사를 수행할 권리를 가진다고 규정한다. 여기서 '수역water column'이란 말은 해양법협약 중 유일하게 이 조항에서만 사용된 용어로, 해저와 수면 사이의 공간을 의미하며, 해저와 하층토를 포함하지 않는다.41 그러므로 해양과학조사의 수행 장소를 "수역에서"라고 한 이유는 심해저 및 200해리 이원 대륙붕에서의 해양과학조사와 구별하기 위해서이다.42 '배타적 경제수역의 바깥 수역'이라고 하였지만 연안국이 배타적 경제수역을 선언하지 않은 곳에서는 영해의 바깥 수역이 된다.43

---

37 *Ibid.*, pp.993-994.
38 Yoshifumi Tanaka, *supra* note 1, p. 474.
39 해양법협약 제87조 제1항(f).
40 1958년 공해협약 제2조 참조. 공해협약 제2조는 공해의 자유로 항행의 자유, 어로의 자유, 해저케이블 및 관선부설의 자유 및 상공비행의 자유를 들고 있다. 반면, 1982년 해양법협약은 1958년 공해협약에서 규정한 것에 인공섬과 그 밖의 시설 건설의 자유와 과학조사의 자유를 추가하였다.
41 Alexander Proelss (ed.), *supra* note 36, p. 1728.
42 *Ibid.*
43 R. Churchill, V. Lowe and A. Sander, *supra* note 1, p. 798.

4) 해양과학조사에 관한 분쟁해결

해양과학조사에 관한 해양법협약 규정의 해석이나 적용에 관한 분쟁은 협약 제15부 제2절(구속력 있는 결정을 수반하는 강제절차)과 제3절(제2절 적용의 제한과 예외)에 따라 해결된다.44 해양과학조사 사업의 수행을 승인받은 국가나 권한 있는 국제기구는 앞서의 절차에 따라서 분쟁이 해결될 때까지는 관계 연안국의 "명시적 동의 없이는" 조사활동을 개시하거나 계속할 수 없다.45

해양과학조사에 관한 분쟁은 강제적 분쟁해결절차에 따라 해결되는 것이 원칙이지만, 해양법협약 제297조 제2항에 따라 연안국은 아래 두 가지 사항에 대해서는 그러한 절차에 회부하는 것을 수락하지 않을 수 있다.46

(i) 제246조(배타적 경제수역과 대륙붕에서의 해양과학조사)에 따르는 연안국의 권리나 재량권의 행사
(ii) 제253조에 따르는 조사계획의 정지나 중지를 명령하는 연안국의 결정에 관한 분쟁

협약 제246조는 배타적 경제수역과 대륙붕에서 외국이나 국제기구의 해양과학조사에 대한 연안국의 권리를 폭넓게 인정하고 있다. 이 조항과 관련해서 '연안국의 권리나 재량권의 행사'와 관련이 없는 분쟁을 생각하기 어렵기 때문에, 사실상 거의 모든 해양과학조사에 관한 분쟁은 강제적 분쟁해결절차에서 배제된다고 할 수 있다.

---

44 해양법협약 제264조.
45 해양법협약 제265조.
46 해양법협약 제297조 제2항(a).

나아가 해양법협약 제298조 제1항은 연안국이 강제적 분쟁해결절차를 수락하지 않는다는 선언을 언제든지 할 수 있는 경우를 열거하고 있는데, 이 중에는 해양과학조사도 포함된다. 즉, 이 조항은 강제적 분쟁해결절차 배제선언 대상으로 "주권적 권리나 관할권의 행사와 관련된 법집행활동에 관한 분쟁으로서 제297조 제2항 […]에 따라 재판소의 관할권으로부터 제외된 분쟁"을 기술하고 있다. 제297조 제2항에 따라 이미 해양과학조사에 관한 분쟁이 연안국의 동의 없이는 강제적 분쟁해결절차가 진행될 수 없기 때문에 제298조에 따른 선택적 배제는 전조의 규정과 일치시키기 위한 것으로,[47] 확인적 성격을 가진다.

자국의 배타적 경제수역에서 석유 시추에 항의하던 그린피스 대원들과 선박인 Arctic Sunrise호를 러시아가 나포하자 이 선박의 기국인 네덜란드가 러시아를 상대로 중재재판소에 제소하고 국제해양법재판소에 선박과 선원의 신속한 석방을 구하는 잠정조치를 신청하였다. 러시아는 1997년 2월 26일 해양법협약을 비준하면서 "주권적 권리나 관할권의 행사에 관련된 법집행에 관한 […] 분쟁에 대한 구속력 있는 결정을 수반하는 협약 제15부 제2절에 규정한 절차를 수락하지 않는다"고 하였다. 즉, 러시아는 해양법협약 제298조 제1항(b)에 따른 강제관할권 배제선언을 하면서 협약에 명시되어 있는 "제297조 제2항 또는 제3항에 따라 재판소의 관할권으로부터 제외된"이란 언급은 하지 않았다. 이와 관련해서 사건의 관할권 성립 여부를 검토한 국제해양법재판소와 중재재판소는 모두 협약 제298조 제1항(b)의 "주권적 권리나 관할권 행사에 관련된 분쟁"은 모두 제

---

47 Alexander Proelss (ed.), *supra* note 36, p. 1930.

297조 제2항(해양과학조사) 또는 제3항(어업)에 관한 분쟁이며, 본 사건은 해양과학조사 또는 어업과 관련이 없기 때문에 러시아의 강제관할권 배제선언이 적용되지 않는다고 판단하였다.48

국제법원에 의한 분쟁해결과 별개로, "특정 조사계획에 관하여 연안국이 제246조와 제253조에 의한 권리를 이 협약과 양립하는 방식으로 행사하고 있지 않다고 조사국이 주장함으로써 발생하는 분쟁"은 일방 당사국의 요청이 있으면 제5부속서 제2절에 규정된 조정에 회부되어야 한다. 이 경우 조정위원회는 제246조 제6항에서 언급된 특정 지역을 지정할 수 있는 연안국의 재량권 행사나 제246조 제5항에 따라 동의를 거부할 수 있는 연안국의 재량권 행사를 문제 삼지 않아야 한다.49 해양법협약 제5부속서에 따라 성립된 조정위원회에 위 분쟁이 회부되면 통고를 받은 분쟁당사자는 조정절차에 응할 의무가 있으며,50 조정절차에 불응하더라도 그 절차의 진행은 방해받지 않는다.51 다만 조정위원회에서 채택된 보고서는 당사자에 대한 구속력을 가지지 않는다.52

---

48 The "Arctic Sunrise Case" (Kingdom of the Netherlands v. Russian Federation) List of cases: No.22, Provisional Measures, Order of 22 November 2013, para. 45; PCA Case No 2014-02 in the Matter of the Arctic Sunrise Arbitration between the Kingdom of the Netherlands and the Russian Federation, Award on Jurisdiction, 26 November 2014, paras. 65-78.
49 해양법협약 제297조 제2항(b).
50 해양법협약 제5부속서 조정, 제11조 제2항.
51 해양법협약 제5부속서 조정, 제12조.
52 해양법협약 제5부속서 조정, 제7조 제2항.

III. 해양과학조사의 실행

1. 국가실행

1) 개관

비록 해양법협약 제13부에서 해양과학조사에 대해 상세한 규정을 두고 있지만, 이를 이행하는 국가들의 실행은 매우 다양하다.[53] 해양과학조사에 대한 규정을 두고 있지 않은 국가가 여전히 많이 있고, 규정을 두더라도 간략한 일반적인 조항을 두는 국가가 있는 반면 해양법협약의 내용을 그대로 국내법으로 수용하고 있는 국가도 있다.[54]

유네스코 정부간해양학위원회 UNESCO IOC 는 2004년과 2005년에 회원국들을 대상으로 해양과학조사에 관해 조사하였다. 당시 129개 회원국 중 61개 국가만 조사에 응했기 때문에 조사결과를 당시 국가들의 일반적인 실행으로 보기에는 무리가 있지만 어느 정도 경향은 파악할 수 있다. 조사에 의하면, 많은 국가들이 해양과학조사를 입법하거나 수정하기 위한 안내 도움을 받기를 원했다. 또한 자국의 관할해역에서 외국 등의 해양과학조사 신청에 대해 묵시적 동의를 하지 않는 국가들의 대부분이 안보를 이유로 들었으며, 묵시적 동의를 허용하는 국가들은 일반적으로 자국의 배타적 경제수역에서 해양과학조사를 수행하기 위한 자원이 부족한 국가들이었다.[55] 또한

---

[53] Donald Rothwell and Tim Stephens, *supra* note 14, p. 397. 해양과학조사에 관한 국가들의 다양하고 구체적 실행에 대해서는 출간한 지 오래되었지만 다음 책을 참조. Montserrat Gorina-Ysern, *An International Regime for Marine Scientific Research* (Transnational Publishers, 2003).

[54] *Ibid.* 호주와 캐나다는 일반적인 조항을 두고 있는 반면, 폴란드, 한국 등은 해양법협약의 내용을 대부분 수용한 규정을 두고 있다.

2000년대 초까지 해양과학조사에 관한 법령을 제정한 국가가 39개 국가에 불과했으며, 내륙국가들이 해양과학조사 참가를 신청한 사례는 없었으며, 수행 중인 해양과학조사를 연안국이 정지시키는 사례는 매우 드물었으며, 해양과학조사에 관해 해양법협약 제15부 분쟁해결제도를 이용한 사례는 없었다.56

유엔은 해양과학조사에 관한 국가실행에 있어서의 일관성 결여 또는 국내법 규정의 미비를 고려하고, 자료 취득에 무인의 자율기기 사용 증가 등 변화된 조사 환경을 반영해서 1991년 지침을 수정한 지침을 2010년에 내놓았다.57 이 지침은 해양과학조사의 계획단계에서부터 연안국에 동의 요청서 제출, 연안국의 대응, 해양과학조사 동안의 행위, 조사 후의 권리와 의무 등 단계별로 고려사항들을 안내하고, 부록에서는 해양과학조사 동의 신청서의 표준양식을 담고 있다.

2) 주요 국가들의 실행

(1) 미국

미국은 해양법협약의 당사국은 아니지만 해양과학조사를 포함해서 이 협약의 주요 내용을 국제관습법으로 준수하고 있다. 해양과학조사에 관한 정책 수립과 실행은 국무부 산하 해양극지국에서 맡고 있다. 국무부는 해양의 활동 중에서 해양과학조사에 포함되지 않는 활동들로서 자연자원의 탐광prospecting 또는 탐사exploration, 수로측량(항

---

55 Elizabeth J. Tirpak, "Results of IOC Questionnaire N°3 on the Practice of States in the Fields of Marine Scientific Research and Transfer of Marine Technology: An update of the 2003 analysis by Lt. Cdr. Roland J. Rogers" (IOC/ABE-LOS V/7 Agenda item: 3.2 Paris, 25 February 2005), p .9.
56 UN MSR 지침, *supra* note 26, p. 28, 32, 35.
57 UN MSR 지침, *supra* note 26.

행의 안전강화 목적), 군사측량을 포함한 군사활동, 해저케이블의 배설 및 운영 활동, 해양법협약 제12부(해양환경 보호와 보전) 제4절(감시와 영향평가)에 따른 해양오염의 환경감시와 평가, 해양기상자료와 기타 일상적 해양관측자료 수집 및 고고학적 및 역사적 성질의 해양 대상물에 대한 활동을 제시하였다.58 미국이 해양과학조사 개념에서 배제한 이러한 활동들은 해양법협약의 다른 곳의 규율을 받거나(예: 자원탐사와 개발은 대륙붕 및 심해저 관련 조항), 또는 수로측량이나 군사활동 등 연안국의 동의를 받지 않고 배타적 경제수역에서 수행할 수 있음을 의미한다.

미국의 해양과학조사에 관한 법적 근거는 1983년 배타적 경제수역 선언59과 1988년 영해선언,60 그리고 1983년 미국의 해양정책에 관한 대통령 선언61이다. 대통령 선언은 배타적 경제수역에 대한 권리를 천명하는 등 미국의 해양관할권에 대한 정책 일반을 밝힌 것으로, 이 선언을 기초로 미국은 외국의 해양과학조사에 대해 비교적 관대한 정책을 펼쳐왔었다. 즉, 영해와 해양야생보호지역, 해양보호구역, 해양국가기념물, 해양포유류 또는 멸종위기종 연구 관련 배타적 경제수역 내 해양과학조사, 해양생물의 상업적 채취 지역, 대륙붕과 접한 부분, 해양덤핑연구 지역 등을 제외하고는 미국 정부의 허가가 필요하지 않다고 보았었다.62

그러나 2020년 당시 트럼프 대통령은 해양과학조사 정책에 관

---

58 U.S. Department of State, *supra* note 1.
59 Proclamation 5030(1983.3.10).
60 Proclamation 5928(1988.12.27).
61 Statement on United States Oceans Policy(1983.3.10).
62 Ashley Roach, *Excessive Maritime Claims Fourth edition* (Brill, 2020), pp. 509-510.

한 수정선언을 통해 미국의 관할해역에서 외국의 해양과학조사를 제한하는 조치를 취하였다.63 전문과 6개 조항으로 된 이 선언은 해양과학조사를 통해 수집된 정보가 해양영역인식Maritime Domain Awareness: MDA을 증가시키고, 이로 인해 안보, 경제 및 환경적 위험요인에 노출될 수 있음을 지적하면서, 이를 이유로 외국이 미국의 배타적 경제수역과 대륙붕에서 해양과학조사를 하고자 할 때에는 미국의 허가를 받도록 하였다.64 다만 미국의 관할해역 내 해양과학조사에 대해 미국의 허가(동의)를 받도록 하는 것은 해양법협약에는 부합하는 조치이다.

 미국의 이러한 입장 변화는 연안국의 관할해역에 대한 관할권 강화를 보여주는 경향이라 할 수 있다. 하지만 이러한 변화가 곧 미국이 전통적인 항행의 자유의 하나로 인정하고 있는 군사측량이나 수로측량 등에 대해서도 미국의 허가사항으로 본다는 것을 의미하지는 않는다. 왜냐하면 미국은 이들 행위들을 해양과학조사와 구별하고 있기 때문이다. 다만, 트럼프 대통령이 해양과학조사에 관해 수정선언을 하면서 안보와 경제적 이슈를 통제의 근거로 들었는데, 미국이 전통적 항행의 자유로 주장하고 있는 군사측량 등이 안보적 성격이 강하다는 점에서 비판의 여지가 있다.

---

63 Proclamation on Revision to United States Marine Scientific Research Policy (September 15, 2020)https://trumpwhitehouse.archives.gov/presidential-actions/proclamation-revision-united-states-marine-scientific-research-policy/(최종 방문일: 2024.01.18).
64 2020년 대통령 선언. Section 1. Policy. "The United States will exercise its right to regulate, authorize, and conduct marine scientific research, with a specific requirement to authorize, in advance, all instances of foreign marine scientific research, in the United States EEZ and on its continental shelf to the extent permitted under international law."

(2) 영국과 스페인

영국은 외국이 자국의 해역에서 해양과학조사를 하고자 할 때는 수행일 기준 6개월 전에 외교부 산하 해양정책국에 신청하도록 하고 있다. 서류가 접수되면 해양정책국은 심의를 위해서 국방부·해양관리국·해양경비대 등 최대 12개 부처 또는 기관에 자문을 구한다.65 영국의 해외영토에서 해양과학조사를 하려는 경우에도 동일한 절차를 거쳐야 한다. 영국이 지정한 보전 혹은 보호 구역에서 해양과학조사를 할 수 있지만,66 계획된 해양과학조사가 유럽보호종European Protected Species에 해를 끼치는 등의 영향이 있다고 판단되면 별도의 심사를 받을 수 있다. 또한 영국은 해저케이블 부설을 위한 경로 조사는 해양과학조사에 해당되지 않고, 해양관리국의 허가를 받도록 명시하고 있다.67 영국은 해양과학조사 대상 해역이 영해, 대륙붕 등 영국의 관할해역에 속하는지를 확인할 수 있도록 수로국을 통해 상세한 지도 정보를 제공한다.68

한편 영국은 자국의 관할해역 내에 있는 해양유전자원에 대해서는 자유로운 접근과 이용을 허용하면서 아무런 규제를 하지 않고 있다. 다만, 영국의 해외 영토령에 있는 유전자원에 대한 조사와 이용은 해당 해외영토 당국의 규정을 따라야 한다.69

---

65 영국 정부 안내 참조. https://www.gov.uk/government/publications/marine-science-research-msr-guidance/marine-science-research-msr-guidance(최종 방문일: 2024.01.18).
66 해양과학조사 대상 지역의 보호구역 여부는 공동자연보존위원회의 홈페이지(https://jncc.gov.uk/)에서 확인할 수 있다.
67 *Ibid.*
68 *Ibid.*
69 *Ibid.*

스페인에서 해양과학조사에 대한 규율은 1981년 제정된 칙령을 기초로 한다.70 이 칙령은 일반조항, 영해, 배타적 경제수역과 대륙붕, 그리고 항구 정박으로 구성되어 있다. 규정 내용은 대체로 해양법협약의 내용과 유사하지만 일부 차이점들도 있다. 예컨대 칙령은 해양과학조사를 수행하지 않거나 하려고 하지 않는 선박이 스페인의 항구로 들어오고자 할 때 스페인의 동의를 구하기 위한 임시 절차에 관한 규정을 두고 있다. 또한 통상적 상황에서 평화적 목적을 위한 그리고 과학지식 증진을 위한 해양과학조사 신청에 동의한다고 하는 해양법협약 제246조 제3항과 같은 조항을 두지 않고 있다.71

한편 외국 또는 국제기구의 해양과학조사에 대한 스페인의 권한행사가 느슨한 측면도 있다. 예컨대, 스페인은 해양과학조사에 대한 동의를 부여할 때 자국 과학자의 참여를 전제조건으로 하지는 않는다.72 그리고 스페인이 어떤 국제기구의 회원국이고 스페인이 파견한 사람이 그 국제기구가 수행하는 해양과학조사 사업에 참여한 적이 있는 경우, 해당 국제기구가 신청하는 해양과학조사는 묵시적 동의가 있는 것으로 본다.73 외국이 해양과학조사를 신청하고도 4개월 이내에 스페인 당국이 거절의 답을 하지 않으면 동의가 있는 것으로 본다.74

---

70 Spain Royal Decree 799/1981 of 27 February(concerning the Rules Applicable to Marine Scientific Research Activities in Areas under Spanish Jurisdiction (BOE no.110, 8 May 1981).
71 Elena Conde Pérex, "Spain and the Law of the Sea: 20 years under LOSC", **Spanish Yearbook of International Law,** Vol. 21(2021), p. 365.
72 *Ibid.,* p. 367.
73 Spain Royal Decree, *supra* note 70; **Ibid.**
74 *Ibid.*, Article 10(2).

(3) 호주와 뉴질랜드

호주 외교부는 외국의 해양과학조사 절차와 내용에 대해 홈페이지를 통해 상세히 안내하고 있다.[75] 호주는 일반적으로 외국의 해양과학조사에 대해 국제적으로 통용되는 절차를 따르고 있다. 다만, 해양과학조사를 통해 수집한 자료는 조사 완료 후 6개월 이내에 호주 외교부로 송부하도록 하고 있다.[76] 호주의 해양과학조사와 관련한 특이한 점은 외국 '공공선박public vessels'에 의해 수행하는 해양과학조사만 허용하고 있다는 것이다. '공공선박'이란 국가에 의해서 소유되거나, 전세를 냈거나, 임시로 사용하거나, 계약했거나 혹은 위탁한 선박으로서 어떠한 상업적 활동에도 종사하지 않은 선박을 말한다.[77]

뉴질랜드의 배타적 경제수역과 대륙붕에서의 해양과학조사는 2012년 제정된 「배타적 경제수역 및 대륙붕(환경적 효과)에 관한 법률」에 의해 규율된다.[78] 이 법은 외국 정부가 "전적으로 정부 목적"을 위해 수행하는 해양과학조사가 정부가 소유하거나 운영하는 선박에 의해 수행되는 경우에는 해양과학조사에 필요한 요건들을 면제한다." 뉴질랜드의 영해, 배타적 경제수역 및 대륙붕에서 해양과학조사를 하고자 하는 외국은 6개월 전에 외교부에 신청하는 등의 절차를 거쳐야 한다. 제출된 신청서는 협의를 위해 정부 내 관련 부서 및

---

75 호주 외교부 홈페이지 참조. https://www.dfat.gov.au/international-relations/themes/environment-sea-law/marine-scientific-research/Pages/marine-scientific-research(최종 방문일: 2024.01.18).

76 *Ibid.*

77 *Ibid.*

78 뉴질랜드 외교통상부 홈페이지 참조. https://www.mfat.govt.nz/en/environment/oceans-and-fisheries/marine-scientific-research(최종 방문일: 2024.01.18). Exclusive Economic Zone and Continental Shelf (Environmental Effects) Act 2012.

기관들에 제공된다.

또한 뉴질랜드의 수역에서 해양과학조사를 수행하는 선박은 1993년 제정된 「생물보안법Biosecurity Act」과 관련 규정을 준수해야 한다.79 이 법은 뉴질랜드에 도착하려는 선박이 사전에 정부 운영 웹사이트에 접속해서 필수 정보를 입력하도록 하고 있다. 2018년부터는 해양 페스트와 질병 등 외국 선박으로부터 유입되는 생물학적 피해를 줄이기 위해 뉴질랜드에 입항하는 모든 선박이 "깨끗한 선체clean hull"일 것을 요구하고 있다.80 이에 대한 구체적 절차와 내용은 산업부에서 정하고 있는데, 외국 어선이 뉴질랜드 항구에 입항하고자 할 때 선체부착생물biofouling의 제거 방법 등을 안내한다.81

(4) 중국

중국은 1992년 2월 25일 제정한 「영해 및 접속수역법」과 1998년 6월 26일 제정한 「배타적 경제수역 및 대륙붕법」에서 해양과학조사에 대한 일반적 규정을 두고 있다. 두 법률은 과학조사와 해양작업에 대하여 규정하고 외국인이 중국 영해 내 활동을 하고자 할 경우 관련 기관의 허가에 대해 규정하고 있다.82 보다 상세한 규정은 하위법령인 1996년 제정된 「중화인민공화국 섭외 해양과학조사 관리규정」(국무원령 제199호)에서 정하고 있다.83 이 규정은 해양 광산자원(해양

---

79 Biosecurity Act 1993.
80 뉴질랜드 외교통상부 홈페이지, *supra* note 79; *ibid*.
81 뉴질랜드 산업부(Ministry for Primary Industries) 홈페이지 참조. https://www.mpi.govt.nz/import/border-clearance/ships-and-boats-border-clearance(최종 방문일: 2024.02.11).
82 「영해 및 접속수역법」 제11조 및 「EEZ 및 대륙붕법」 제9조.
83 섭외 해양과학조사 관리규정 제1조.

석유자원 포함) 탐사, 해양어업자원 조사 및 국가가 중점 보호하는 해양 야생동물 고찰 등을 위한 활동은 중국의 관련 법률·행정법규 규정의 적용을 배제한다고 함으로써,[84] 해양과학조사의 대상에서 제외하고 있다.

중국은 외국인의 해양과학조사에 대해 내해와 영해, 중국이 관할하는 기타 해역으로 구분하고 있는데, 전자의 경우 반드시 중국측과 공동조사 방식으로 진행하고, 후자에 대해서는 외국인이 단독 혹은 중국측과 공동으로 조사할 수 있도록 하고 있다.[85] 공동조사인 경우 중국측이 해양과학연구계획서를 국가 해양행정 주관부서에 서면으로 신청해야 하며, 신청서는 외교부·군사 주관부서, 국무원 기타 관련 부서와 함께 심사를 진행하는데, 동의 여부는 4개월 내에 결정해야 한다.[86] 외국이 외국 선적을 활용하여 단독 혹은 중국측과 공동조사를 진행하는 경우에는 중국 정부에 대한 보고를 보다 엄격히 하고 있으며, 관할 부서 또는 위탁기관은 외국 국적의 조사선에 대해 해상 감시 및 승선 검사를 할 수 있으며,[87] 외국의 조사선은 조사활동이 종료된 후에도 위 기관의 검사를 받아야 한다.[88]

또한 중국은 자국 관할해역에서의 모든 측량활동을 규율하는 「측량법」을 개정하여,[89] 수로측량을 포함한 모든 측량행위에 대해 엄격히 규제하고 있다. 특히 해역의 위치·깊이·높이·면적·길이와

---

84 섭외 해양과학조사 관리규정 제2조.
85 섭외 해양과학조사 관리규정 제4조.
86 섭외 해양과학조사 관리규정 제5조.
87 섭외 해양과학조사 관리규정 제9조.
88 섭외 해양과학조사 관리규정 제11조.
89 2002년 8월 제9기 전국인민대표대회 상무위원회 통과, 동년 12월 1일 시행. 중국 주석령 제75호.

같이 중요한 지리정보 데이터는 국무원 측량행정 주관부서의 심사와 확인, 관련 부처와 군 측량 부서와의 협의, 국무원 허가라는 절차를 거치도록 하고 있다.90 요컨대 중국은 외국의 수로측량을 항행의 자유로서 인정하지 않고 있다. 중국의 「측량법」 제7조와 제32조, 제51조는 최소한 중국의 영역과 관할해역에서 행해지는 외국인(기관)의 제반 측량활동은 반드시 합자 또는 합작 형식을 통해야 하며, 주관부서의 승인을 받도록 하고 있으며, 법 위반 시 측량성과와 측량도구의 몰수 등의 조치를 취할 수 있다. 중국의 배타적 경제수역에서의 모든 측량행위와 도면작성행위에 대해서도 동일한 승인과 제재조치가 가능하다.91

(5) 일본

일본은 해양과학조사에 대해 별도의 법률을 제정하지 않고 1996년 관계부처 합동으로 제정한 「우리나라의 영해, 배타적 경제수역 또는 대륙붕에서의 외국에 의한 과학조사 취급」(이하 '일본 해양과학조사 지침')92이라는 지침으로 처리하고 있다.

이 지침에 의하면 외국인은 "일본의 영해, 배타적 경제수역 또는 대륙붕에서 해양과학조사를 수행하기 전에 일본정부의 동의"를 받아야 한다.93 해양과학조사를 수행하려는 외국인 등은 일본의 영해, 배타적 경제수역 또는 대륙붕에서 계획 중인 조사활동 실시 6개월 전

---

90 「측량법」 제32조.
91 Jon M. Van Dyke, "Military ships and planes operating in the exclusive economic zone of another country", **Marine Policy**, Vol.28(2004), p. 34.
92 「我が国の領海、排他的経済水域又は大陸棚における外国による科学的調査の取扱いについて」(1996.7.20. 관계부처 합동).
93 일본 해양과학조사 지침 제1조.

까지 일본 외무성에 외교경로를 통해 일정한 신청서를 갖추어 동의 요청을 해야 한다.[94] 지침상 묵시적 동의제도가 인정되는지는 명확하지 않지만, 아직까지 일본이 이 제도를 이용한 사례가 없는 것을 볼 때 동의 신청 후 4개월 이내에 대응하고 있는 것으로 보인다.[95] 조사 동의 신청서는 유엔의 표준양식을 따르고 있다.[96] 신청에 대한 동의 여부는 일본 외무성이 관계부처와의 협의를 통해 결정하는데, 신청한 해양과학조사가 오로지 평화적 목적으로 인류 전체의 이익에 기여하는지 여부, 해양법협약이 정하는 재량적 동의 거절사유에 해당하는지 여부 그리고 미일 안전보장조약의 저촉 여부 등이 기준이 된다.[97]

일본의 배타적 경제수역 등에서 사전 동의 없이 이루어지는 조사활동에 대해서는 경고방송, 중지 및 퇴거 요청, 외교경로를 통한 항의 등이 이루어지고 있으나, 일본 해양과학조사 지침은 법적 구속력이 없기 때문에 형사 제재를 가할 수는 없다.[98] 물론 외국의 조사활동이 「해상보안청법」 등의 법률을 위반한 경우에는 해당 법률에 따른 처벌이 가능하다.

외국의 해양과학조사 신청이 해양과학조사를 가장한 자원탐사라고 판단될 경우에는 별도의 법령이 적용될 수 있다. 예컨대 해양동물이나 식물의 포획, 채취 또는 탐사 등 생물자원의 탐사인 경우에는 「배타적 경제수역의 어업 등에 관한 주권적 권리의 행사 등에 관한 법률」에 따라

---

94 일본 해양과학조사 지침 제2조.
95 榎 孝浩, "排他的経済水域及び大陸棚における海洋の科学的調査—我が国の取組み状況と諸外国の法制度", 『海洋開発をめぐる諸相: 総合調査報告書』(2013), p. 132.
96 Ibid.
97 Ibid.
98 Ibid., p. 133.

농림수산대신의 허가 또는 승인을 받아야 한다.99 비생물자원의 탐사의 경우에는 2011년 「광업법」 개정을 통해 광물자원 개발에 필요한 지질구조 조사 등 일정한 비생물자원 탐사에 대해 경제산업대신의 허가를 받도록 하고 있다.100

한편 일본은 법령의 규정은 없으나 군사조사에 대해서는 사전 동의를 요구하지 않는 것으로 보이며, 수로측량에 대해서 「수로업무법」은 해상보안청 이외의 자가 국가 또는 지방자치단체가 비용을 부담하는 수로측량을 실시하는 경우 해상보안청 장관의 허가를 받아야 하는데, 외국에 의한 것도 포함되는지는 명확하지 않다.101

(6) 한국

한국은 해양과학조사에 대해 「영해 및 접속수역법」102과 「배타적 경제수역 및 대륙붕에 관한 법률」103에도 관련 조항을 두고 있지만, 「해양과학조사법」을 통해 포괄적으로 규정하고 있다.

가. 정의 및 적용범위

한국의 「해양과학조사법」은 총 4개 장, 25개 조문과 부칙으로 구성되어 있는데, 이 중 제1장은 총칙, 제2장은 외국인 등의 해양과학조사, 제3장은 대한민국 국민의 해양과학조사, 제4장은 벌칙에 관해 규정하고 있다. 이 법은 해양과학조사를 "해양의 자연현상을 연구하

---

99 *Ibid.*, p. 131.
100 *Ibid.*
101 *Ibid.*
102 「영해 및 접속수역법」 제5조 제11호. 무해통항의 제외 사유로서 기술.
103 「배타적 경제수역 및 대륙붕에 관한 법률」 제3조 제1항 2호 나목. 연안국의 관할권 내용.

고 밝히기 위하여 해저면·하층토·상부수역 및 인접대기를 대상으로 하는 조사 또는 탐사 등의 행위"로 정의한다.104 이는 법 적용의 해석상 혼란을 피하기 위한 것으로, 해양법협약에서 해양과학조사에 대한 정의 규정을 두고 있지 않은 점과는 구별된다. 동법 제3조에서 "해양광물자원의 개발사업과 관련된 조사 또는 탐사 등"에 대해서는 이 법을 적용하지 않는다고 함으로써, 자원개발을 위한 조사나 탐사를 해양과학조사와 구분하고 있다.

동법에서 말하는 외국인은 "대한민국 국적을 가지지 아니한 사람", "외국의 법률에 따라 설립된 법인" 또는 "외국정부" 중 하나인데, '외국의 법률에 따라 설립된 법인'에는 한국의 법률에 따라 설립된 법인이지만 "외국에 본점 또는 주된 사무소가 있는 법인이나 그 법인의 주식 또는 지분의 2분의 1 이상을 외국인이 소유하고 있는 법인"을 포함한다.105 이는 해양과학조사와 관련된 외교적 마찰을 피하기 위해 외국인의 범위를 보다 넓게 인정한 것으로 2013년 개정되었다. 그 이전에는 "외국의 국적을 가진 사람, 외국의 법률에 의하여 설립된 법인 및 외국정부"로 한정했었다.

나. 해양과학조사 실시 원칙

외국인 또는 국제기구의 해양과학조사는 '평화적 목적을 위해서만 실시할 것', 해양에 대한 다른 적법한 이용을 부당하게 방해하지 말 것, 해양과학조사에 관한 국제협약에 합치되는 과학적 방식 또는 수단으로 실시할 것, 해양환경의 보호 및 보전을 위한 관련 국제협약에

---

104 「해양과학조사법」 제2조 제1호.
105 「해양과학조사법」 제2조 제2호 및 제3호.

위배되지 않을 것 등 4가지 원칙을 따라야 한다.106

다. 영해에서의 해양과학조사

외국인 등이 한국의 영해에서 해양과학조사를 실시하려면 해양수산부장관의 '허가'를 받아야 한다. 허가를 받으려는 외국인 등은 해양과학조사 실시 6개월 전까지 조사계획서를 외교부장관을 거쳐 해양수산부장관에게 제출해야 하며, 해양수산부장관은 관계 중앙행정기관의 장과 협의하여 신청일로부터 4개월 이내에 허가 여부를 결정하고, 지체 없이 그 결정사항을 신청인에게 알려야 한다.107

「해양과학조사법」은 허가받지 않고 영해에서의 해양과학조사를 실시한 자에 대해 5년 이하의 징역 또는 2억 원 이하의 벌금을 부과한다.108 「영해 및 접속수역법」은 한국 정부의 허가 없이 외국선박이 영해에서 '조사 또는 측량'을 실사하는 것을 "대한민국의 평화·공공질서 또는 안전보장을 해치는" 통항으로 보고,109 위반행위에 대해 해당 "외국선박의 승무원이나 그 밖의 승선자는 5년 이하의 징역 또는 3억 원 이하의 벌금에 처하고, 정상을 고려하여 필요할 때에는 해당 선박·기재器材·채포물採捕物 또는 그 밖의 위반물품을 몰수할 수 있다"110고 규정하고 있다. 2018년 6월 「영해법」 개정을 통해 위반행위에 대해 '5년 이하의 징역 또는 3억 원 이하의 벌금'으로 벌금액을 2억 원에서 3억 원으로 상향한 것인데,111 벌금액이 위

---

106 「해양과학조사법」 제4조.
107 「해양과학조사법」 제6조.
108 「해양과학조사법」 제24조 제1항.
109 「영해 및 접속수역법」 제5조 제2항.
110 「영해 및 접속수역법」 제8조 제1항.
111 「영해 및 접속수역법」 2018년 3월 13일 개정, 2018년 6월 14일 시행. 법률 제15429호.

「해양과학조사법」과 일치하지 않는 문제가 있다.

라. 배타적 경제수역 및 대륙붕에서의 해양과학조사
한국의 배타적 경제수역과 대륙붕에서 해양과학조사를 실시하려는 외국인 등은 해양수산부장관의 '동의'를 얻어야 한다. 조사계획서의 제출 등 나머지 절차는 영해에서와 동일하다.[112] 「해양과학조사법」은 동의 사유로 해양법협약에서 규정하고 있는 사항에 추가해서 "국민 등의 해양과학조사를 정당한 이유 없이 거부한 국가의 국가기관 또는 국민이 조사계획서를 제출하는 경우"와 "조사계획서의 내용이 제4조에 따른 해양과학조사 실시 원칙에 위배되는 경우"를 규정하고 있다.[113]

마. 묵시적 동의 여부
「해양과학조사법」은 외국 등의 배타적 경제수역과 대륙붕에서의 해양과학조사 신청과 관련해서 해양법협약 제252조 '묵시적 동의'에 관련해서는 아무런 규정을 두고 있지 않다. 그런데 이 법에 의하면 농의를 받지 않은 배타적 경제수역과 대륙붕에서의 해양과학조사에 대해 1억 원 이하의 벌금에 처할 수 있다. 하지만 묵시적 동의를 인정한 해양법협약 제252조는 한국 「헌법」 제6조 제1항에 따라 국내적으로 효력을 가진다.[114] 따라서 외국인 또는 국제기구의 해양과학조사 신청에 대해 동의 여부를 조사계획서 제출 후 6개월 이내에 결정하

---

112 「해양과학조사법」 제7조.
113 「해양과학조사법」 제7조 제4항.
114 「헌법」 제6조 제1항. "헌법에 의하여 체결·공포된 조약과 일반적으로 승인된 국제법규는 국내법과 같은 효력을 가진다."

지 않는 등 협약 제252조의 조건을 충족하는 경우에는 '묵시적 동의'가 있었다고 보아야 하며, 「해양과학조사법」에 따른 처벌은 하지 못한다는 해석이 가능하다.

바. 「해양조사정보법」과의 관계

한국은 해양조사의 실시와 해양정보의 활용에 관한 사항을 규정하기 위해 2021년 「해양조사와 해양정보 활용에 관한 법률」(이하 「해양조사정보법」)을 제정하였는데,115 해양조사·해양관측·수로측량 등에 대해 정의하고 실시 방법을 정하고 있다. '해양조사'란 선박의 교통안전, 해양의 보전·이용·개발 및 해양관할권의 확보 등에 이용하기 위해 이 법에 따라 실시하는 "해양관측, 수로측량 및 해양지명조사"를 말한다. 해양조사의 하나인 '해양관측'이란 "해양의 특성 및 그 변화를 과학적인 방법으로 관찰·측정하고 관련 정보를 수집하는 것"을 말한다. 그리고 '수로측량'이란 "가. 해양 등 수역의 수심·지구자기·중력·지형·지질의 측량과 해안선 및 이에 딸린 토지의 측량, 나. 선박의 안전항해를 위하여 실시하는 항해목표물, 장애물, 항만시설, 선박편의시설, 항로 특이사항 및 유빙流氷 등에 관한 자료를 수집하기 위한 항로조사, 다. 연안(「연안관리법」 제2조 제1호에 따른 연안을 말한다. 이하 같다)의 자연환경 실태와 그 변화에 대한 조사"를 의미한다.116

「해양조사정보법」은 「해양과학조사법」에 따른 해양과학조사 등 순수 학술연구를 위한 해양조사와 군사활동을 위한 해양조사, 그

---

115 「해양조사와 해양정보 활용에 관한 법률」. 2020년 2월 18일 제정, 2021년 2월 19일 시행. 법률 제17063호.
116 「해양조사정보법」 제2조(정의).

리고 「해저광물자원 개발법」에 따라 실시하는 탐사에는 적용하지 않는다.117 요컨대 「해양조사정보법」에 따라 실시하는 해양관측과 수로측량을 해양과학조사와 구분하고 있다.

2. 관련 협정

1) 북극과학협력강화협정

북극이사회의 8개 회원국은 2017년 알래스카에서 열린 각료회의를 통해 북극과학협력강화협정Agreement on Enhancing International Arctic Scientific Cooperation에 서명하였다.118 이 협정은 전문에서 해양법협약 제13부 해양과학조사를 주목하고, 본문에서는 북극과학연구의 협력을 위해 연구기반시설, 연구지역, 자료에 대한 접근 촉진, 교육과 훈련, 비당사국과의 협력 강화 등을 규정하고 있다.

2) BBNJ협정

유엔의 주도로 10년 이상의 논의 끝에 2023년 6월 19일 국가관할권 이원의 해양생물다양성에 관한 협정(BBNJ협정)119이 채택되었다. 이

---

117 「해양조사정보법」 제4조(적용범위).
118 북극이사회 홈페이지 참조. https://2017-2021.state.gov/agreement-on-enhancing-international-arctic-scientific-cooperation/(최종 방문일: 2024.01.18) 2017년 5월 11일 채택, 2018년 5월 23일 발효.
119 협정의 공식 명칭은 "국가관할권 이원의 해양생물다양성의 보존과 지속가능한 이용에 관한 유엔해양법협약 하의 협정(Agreement under the United Nations Convention on the Law of the Sea on the conservation and sustainable use of marine biological diversity of areas beyond national jurisdiction)"이며, 약칭으로 BBNJ협정, BBNJ조약 또는 공해조약으로도 불린다. 2023년 9월 20일 서명을 위해 개방되었으며, 60개국이 비준하고 120일이 지나면 발효한다.

협정은 공해에 대규모 해양보호구역 설정, 해양유전자원으로부터의 혜택 공유, 환경영향평가 수행을 위한 명확한 규칙, 역량강화와 당사국들 사이의 해양기술의 이전 등을 주요 내용으로 담고 있다. 협정상 국가관할권 이원의 지역은 공해와 심해저를 의미한다.[120] 협정의 일반원칙 중 하나로서 해양과학조사의 자유를 기술하고,[121] 해양과학조사에 관한 당사국들의 국제적 협력 촉진 의무를 규정하고 있다.[122] 이 협정의 목적 수행을 위해서는 해양에 관한 지식을 증진하는 해양과학조사의 역할이 중요할 수밖에 없기 때문에 국가관할권 이원 지역에서의 해양과학조사 촉진과 함께 국제적 협력을 강조하고 있다. 또한 역량강화와 해양기술의 이전 유형에 관한 부속서II는 역량강화와 해양기술 이전에 해양과학조사를 포함시키고 있다.

3. 국제법원의 판결: 포경사건

해양과학조사와 관련 있는 국제법원의 대표적 사건으로 국제사법재판소가 2014년 판결한 포경사건을 들 수 있다. 이 사건은 일본의 포경행위가 국제포경규제협약International Convention for the Regulation of Whaling[123]을 위반한다는 이유로 호주가 일본을 상대로 제소하고, 뉴질랜드가 소송참가한 사건이다.[124] 이 협약 제8조 제1항은 "[…] 체약국정

---

120 BBNJ 협정 제1조 제2항.
121 BBNJ 협정 제7조(c).
122 BBNJ 협정 제8조 제3항.
123 1946년 12월 2일 워싱턴에서 서명, 1948년 11월 10일 발효. 한국에는 1978년 12월 29일 발효.
124 *Whaling in the Antarctic (Australia v. Japan: New Zealand intervening), Judgment, I.C.J. Reports 2014*, p. 226.

부는 수량제한 및 동 정부가 적절하다고 인정하는 기타 조건에 따라 과학조사를 목적으로 for the purpose of the scientific research 자국민에게 고래의 살해·포획·처리를 인가하는 특별허가를 부여할 수 있으며, 본 조의 규정에 따른 고래의 살해·포획·처리는 본 협약의 적용으로부터 제외된다"고 규정하고 있다.

일본은 국제포경규제협약이 과학적 연구의 포경은 허용하고 있는 위 제8조 제1항을 들어 일본포경연구프로그램 Japan's Research Whaling in the Antarctic: JARPA 이라는 이름으로 대규모 포경을 하여 샘플만 채취하고 나머지는 식용으로 판매해오고 있었다. 이에 대해 호주와 뉴질랜드가 소송을 제기한 것이다. 이 사건에서 쟁점은 과연 일본의 이러한 포경 행위가 해양과학조사에 해당하는지의 여부였다. 이에 대해 국제사법재판소는 해양과학조사를 정의하는 대신 일본의 샘플을 채취하여 연구하는 행위 자체는 과학조사에 포함된다고 하면서,[125] 일본이 특별허가를 통해서 고래를 포획하고, 죽이고 하는 행위는 국제포경규제협약 제8조에서 말하는 "과학조사를 목적으로" 하는 행위에 해당하지 않는다고 판단하였다.[126] 이후 일본은 2019년 6월 30일 국제포경위원회를 탈퇴하고 7월부터 상업적 포경을 재개하였다.[127]

---

125 *Ibid.*, para. 127.
126 *Ibid.*, para. 227.
127 일본 외무성 홈페이지에서 포경에 대한 일본의 입장 참조. https://www.mofa.go.jp/policy/economy/fishery/whales/japan.html (최종 방문: 2024.2.12). 일본은 상업적 포경에 대한 모라토리엄을 반대하고, 과학적 자료에 기초로 고래의 지속가능성이 가능한 범위에서 상업적 포경이 허용되어야 한다는 입장을 취한다.

IV. 해양과학조사와 유사 개념 구분

해양법협약은 해양과학조사를 정의하지 않고 있지만 해양에 대한 지식 증진을 위한 활동이라고 하는 해양과학조사의 기본 개념에 대한 논란은 없다. 하지만 수로측량·군사측량·탐광(또는 탐사)과 같은 해양과학조사와 유사한 개념들과의 구별 문제가 중요한 이슈가 되고 있다. 그 이유는 해양과학조사뿐만 아니라 다른 개념들도 해양법협약에서 정의하고 있지 않을 뿐만 아니라, 해양법협약이 배타적 경제수역과 대륙붕에서의 해양과학조사에 대해 연안국의 동의를 요구하는 반면 유사한 활동들에 대해서는 그러한 동의 여부가 명확하지 않기 때문이다. 이 문제를 더욱 어렵게 하는 것은 이 분야에서의 과학기술이 발전하면서 외관상 해양과학조사와 이와 유사한 다른 활동을 구별하기가 갈수록 어렵다는 점이다.

1. 수로측량

수로측량hydrographic survey은 바다 수심, 해저의 형상과 성질, 해류의 방향과 세기, 조류의 높이와 횟수, 항행에 위험한 물질 등을 정하는 활동을 포함한다.[128] 수로측량에서 수집된 자료는 주로 항행의 안전을 위한 해도 작성에 사용된다. 해양법협약은 제19조, 제21조 및 제40조 등에서 "조사research"와 "측량survey"을 구별하여 사용함으로써, 해양과학조사와 수로측량이 별개의 제도임을 나타내고 있다. 미국,

---

[128] Ashley Roach, *supra* note 62, p. 490; Sam Bateman, "Hydrographic surveying in the EEZ: differences and overlaps with marine scientific research", *Marine Policy*, Vol. 29(2005), p. 167.

영국 등 여러 선진국들과 다수의 학자들은 수로측량이 해양과학조사에 포함되지 않는다고 본다. 한국 또한 「해양조사정보법」에서 수로측량을 해양과학조사와 명확히 구분하고 있다.[129]

　해양과학조사와의 개념상 구별 문제와 별개로 배타적 경제수역에서의 수로측량이 연안국의 동의가 필요한 사항인지에 대해서도 견해가 대립하고 있다. 연안국 동의 없이 수로측량을 자유롭게 할 수 있다고 보는 견해는 특히 수로측량을 해양법협약 제58조에서 모든 국가에게 인정하는 '그 밖의 국제적으로 적법한 해양이용의 자유'에 해당된다고 본다. 수로측량이 항행의 안전을 목적으로 행해지는 것이라는 점도 이 입장의 지지 근거가 된다. 반면, 수로측량이 연안국의 동의가 필요한 사항이라고 보는 견해는 수로측량을 통해 획득한 자료는 경제적 가치가 있기 때문에 배타적 경제수역에서의 경제적 이용 및 탐사를 위한 활동이라는 점을 근거로 든다.[130]

2. 군사측량

군사측량(또는 군사조사)은 잠수함의 운용 및 탐지 등 군사적 목적으로 해양에 관한 자료를 수집하는 일체의 행위를 말한다. 수로측량과 매우 유사하지만 특히 군사적 목적을 가진다는 점에서 구별된다. 미국과 영국 등 해양강국들은 앞서 수로측량과 같이 군사측량도 해양과학조사의 범주 밖에 있으며 연안국의 동의 없이 연안국의 배타적 경제수역에서 자유롭게 할 수 있다고 본다. 하지만 중국과 인도는 자국 배타적 경제수역 내에서 미국과 영국의 이러한 군사측량에 대

---

129 「해양조사정보법」 제2조 제3호(수로측량의 정의), 제4조(적용범위) 참조.
130 Sam Bateman, *supra* note 129, p. 170; Robin Churchill et al., *supra* note 1, p. 786.

해 자국의 안보에 위협이 된다는 이유로 강하게 항의해 왔다.[131] 이와 관련해서 해양과학조사를 규율하는 해양법협약 제13부에서 조사를 민간 목적과 군사 목적으로 구분하지 않는 점을 들어서, 군사측량도 해양과학조사의 범주에 포함되는 것으로 보는 견해도 있다.[132] 한편, 한국의「해양조사정보법」은 군사활동을 위한 해양조사를 법의 적용범위에서 제외하고 있다.[133]

3. 탐광(또는 탐사)과 생물탐사

탐광(prospecting, 또는 탐사)이란 유전 등의 개발을 위해 광상을 발견하고, 광상의 상태와 규모 등을 알아내는 작업을 말한다. 지질학·지구물리학·지구화학·해양학 등의 종합적 지식을 이용해서 정밀한 조사가 이루어진다. 해저의 석유가스 자원은 광상의 탐광, 자원의 탐사 그리고 자원 개발의 단계를 거친다. 이렇듯 탐광은 해양과학조사와는 성질상 구별되지만, 겉으로 보이는 해저에 대한 조사활동 자체만으로는 양자의 구별이 어려울 수 있다.

생물탐사bioprospecting는 화장품·화학제품·효소제품 등의 상품의 개발을 위해 해양생물 조직체를 조사하고 수집하는 초기의 활동을 말한다.[134] 생물탐사가 해양과학조사의 개념에 포함되는지 또는

---

131 ***Ibid.*** 예를 들어 2001년 미국 해군 소속의 측량선 Bowditch호가 황해에서 중국이 주장하는 배타적 경제수역에서 측량활동을 벌이는 것에 대해 중국은 중지와 퇴거 조치를 취하였고, 2002년 측량법을 개정하는 등 '측량활동'에 대한 연안국 통제권에 대한 입장을 분명히 하였다.
132 ***Ibid.;*** Sam Bateman, ***supra*** note 129, p. 167.
133 「해양조사정보법」제4조(적용범위). '해양조사' 개념에는 수로측량과 해양관측이 포함된다.
134 Robin Churchill et al., ***supra*** note 1, p. 788.

해양과학조사가 아닌 생물자원의 탐사와 이용 활동에 해당하는지에 대해 견해의 대립이 있다. 전자의 견해는 해양생물 조직체의 수집이 처음에는 비상업적 과학연구 목적에서 수집이 이루어질 수 있고 상업적 고려는 나중에 이루어진다는 점을 든다. 반면 후자는 생물탐사의 상업적 목적의 특징을 강조한다.[135]

4. 해양 바이오로깅

해양 바이오로깅Bio-logging은 물고기 등 동물의 몸에 소형기록장치를 부착해서 동물의 행동반경, 잠수 깊이와 이동경로 등을 조사하는 연구방식을 말한다. 생물을 뜻하는 바이오와bio 기록하다logging를 결합한 개념이다. 주로 GPS를 통해서 소형기록장치에서 발신하는 신호를 추적한다. 해양 바이오로깅은 물고기 몸에 부착하여 이동경로를 파악하는 등 해양동물 연구에서 폭넓게 이용되고 있다.

해양 바이오로깅이 새로운 형태의 해양과학조사라는 데에는 의견이 일치하면서도, 연안국의 동의 여부에 대해서는 이견이 대립하고 있다. 연안국의 규제 대상이 아니라고 보는 견해는 물고기 등 소형기록장치를 몸에 부착한 해양동물은 조사자의 의도대로 움직이는 것이 아니라 자율적으로 움직이기 때문에, 즉 전통적인 해양과학조사의 수행방법과 다르기 때문에 통상적인 해양과학조사와는 구별되며, 연안국의 통제 대상이 아니라는 점을 근거로 든다.[136] 반면 연안

---

135 *Ibid.*
136 James Kraska, Guillermo Ortuno Crespo, David W. Johnson, "Bio-logging of marine migratory species in the law of the sea", ***Marine Policy***, Vol. 51(2015), p. 400.

국의 규제대상으로 보는 견해는 바이오로깅을 해양과학조사에 관한 연안국의 통제에서 제외할 만한 규정을 찾기 어렵기 때문에 여전히 연안국의 통제 대상이 되어야 한다는 점을 근거로 든다.137

5. 운용해양학

일반적으로 운용해양학operational oceanography은 "해양 및 대기에 대한 체계적이고 장기적인 정례 측정행위와 관련 자료의 신속한 해석과 전파"를 의미한다.138 운용해양학은 획득된 자료가 실시간으로 무료로 제공되며, 자료의 분석과 결과가 전 인류를 위해 공개되며 조사해역이 광범위하고 기간도 장기간에 걸쳐 진행된다는 점에서 해양에 대한 지식증진을 목적으로 조사하는 해양과학조사와 구별된다. 하지만 조사행위의 외형상으로는 운용해양학인지 해양과학조사인지 구분하기 어려운 문제가 있다.139

운용해양학이 연안국의 동의 또는 통제 없이 자유롭게 할 수 있는지 여부가 주된 쟁점이다. 이에 대해 미국 등 해양선진국들은 운용해양학상의 자료수집을 해양과학조사로 볼 만한 법적 근거가 없으며, 운용해양학은 항행의 안전 수행에 기여하는 목적이 있으므로 공해의 자유원칙 중 항행의 자유로 인정되어야 하며, 제3차 해양법회의에서

---

137 Richard J. McLaughlin, "Bio-logging as marine scientific research under the law of the sea: A commentary responding to James Kraska, Guillermo Ortuno Crespo, David W. Johnson, bio-logging of marine migratory species in the law of the sea, Marine Policy 51(2015) 395-400", **Marine Policy,** Vol. 60(2015), p. 181.
138 이용희, "해양과학조사", 한국해양수산개발원 편, 『대한민국의 해양법 실행: 유엔해양법협약의 국내적 이행과 과제』(일조각, 2017), p. 436.
139 *Ibid.*

세계기상기구가 장기간 연안국의 배타적 경제수역에서 수행해 온 기상자료 수집행위가 해양과학조사에 포함되지 않는다고 밝혔다고 주장한다.140 반면 중국, 인도, 칠레, 아르헨티나 등의 개발도상국들은 운용해양학을 해양과학조사의 하나로 보기 때문에 운용해양학에 따른 자료수집활동은 연안국의 동의를 받아야 한다고 주장한다.141

이와 관련해서 유네스코 정부간해양학위원회IOC는 2008년 국제적인 해양과학연구 프로그램으로서 연안국의 배타적 경제수역에서 부유식 부이와 글라이드를 사용하는 것에 관한 지침을 발표하였다. 이 지침에 의하면 특정 상황 하에서 연안국이 해당 이동식 장비를 운용하는 기관에 통지를 요구할 수 있으며, 공해상에서 출발한 부이나 글라이드가 연안국의 배타적 경제수역에 진입할 수 있는 가능성이 있으면 그 장치의 운용기관이 해당 연안국에 통보하도록 하고 있다.142 요컨대 '통보'만 하도록 할 뿐 연안국의 동의가 필요한 사항으로는 보지 않았다. 한편 세계기상기구는 해양관측에 대해 일련의 결의를 채택해 오고 있는데, 2018년에는 "연안 및 해안지역에서 항행의 안전과 생명 및 재산의 보호를 위해 해양기상학적 및 해양학적 관측 및 자료 보급 보장"이라는 제목의 결의를 채택하였다.143 이 결의는

---

140 *Ibid.*, pp. 436-437.
141 *Ibid.*, p. 437.
142 UNESCO IOC, Resolution EC-XLI.4. "Guidelines for the Implementation of Resolution XX-6 of the IOC Assembly Regarding the Deployment of Profiling Floats in the High Seas within the Framework of the Argo Programme" (adopted by the IOC Executive Council at its 41st session, Paris 24 June-1 July 2008).
143 WMO, Resolution 45(Cg-18), "Ensuring Adequate Marine Meteorological and Oceanographic Observations and Data Coverage for the Safety of Navigation and the Protection of Life and the Protection of Life and Property in Coastal and Offshore Areas"(2019).

관측지원선박Voluntary Observing Ship: VOS 제도144와 수면에 있는 관측 플랫폼은 해양법협약 제13부 해양과학조사에 의해 규율되지 않으며 그 결과 연안국의 배타적 경제수역에서 자유롭게 운용될 수 있다고 하였다.145 이는 많은 유형의 해양운용학 중에서 관측지원선박 제도와 수면에 있는 관측 플랫폼이 해양과학조사의 규율대상이 아니라고 한 것으로, 다른 유형의 해양운용학은 해양과학조사의 개념에 포함될 여지를 남겨 둔 것으로 해석된다.

V. 결론

해양법협약은 해양과학조사에 대해 제13부를 할애하여 규정하고 있지만 해양과학조사의 시행과 관련해서는 절차적·내용적으로 명확하지 않은 부분들이 많이 있다. 특히 해양과학조사에 대한 정의 조항의 부재는 여러 해석의 여지를 남겼다.

해양법협약의 해양과학조사 제도에 대한 국가들의 수용은 매우 다양한 방식으로 나타났다. 국내적 시행을 위해 입법화를 한 국가가 많지만 그렇지 않은 국가도 상당하며, 특히 연안국의 관할해역 내 해양과학조사에 대한 동의 절차는 국가마다 상이하였다. 이로 인한

---

144 관측지원선박(VOS) 제도는 상대적으로 부족한 해양 기상관측자료를 확보하기 위해 해양을 운항하는 민간 선박을 최대한 활용하여 많은 해양기상관측 데이터를 수집하고자 운영되는 제도를 말한다. https://www.kma.go.kr/w/ocean/vos/vos01.do (최종방문: 2024.2.12).

145 Chuxiao Yu, "Operational oceanography as a distinct activity from marine scientific research under UNCLOS?-An analysis of WMO Resolution45(Cg-18)", *Marine Policy* 143(2022), p. 3.

불편함을 줄이고 해양과학조사를 촉진하기 위해 유엔은 두 차례에 걸쳐 해양과학조사 지침서를 발간하고 연안국의 동의를 위한 표준 신청서 양식을 만들어 국가들의 사용을 장려하였다.

해양과학조사를 둘러싼 가장 중요한 쟁점은 연안국의 동의를 기초로 하는 해양과학조사와 연안국의 동의 여부에 대해 침묵하고 있는 유사 개념들을 어떻게 구분할 것인지의 문제라 할 수 있다. 해양과학기술이 발전하고 조사 방법도 다양해지면서 외관상으로는 구분이 어렵다는 점이 이 문제의 해결을 더욱 어렵게 한다. 이 문제의 근간에는 가능한 연안국의 관할해역에 대한 통제를 확대 또는 강화하고자 하는 측과 공해의 자유의 하나인 항행의 자유로서 해양을 자유롭게 이용하고자 하는 측 간의 대립이 있다. 국제적인 추세가 어느 한쪽으로 기울었다고 단정하긴 어렵지만, 전통적으로 자유로운 해양 이용을 강조해 온 미국이 2020년 대통령 선언을 통해서 미국의 배타적 경제수역과 대륙붕에서의 외국의 해양과학조사 활동에 대해 비교적 자유로운 이용을 허용했던 기존 입장을 바꾸어, 안보와 경제적 이유를 들어 미국 정부의 통제를 강화했다는 점은 시사하는 바가 크다.

참고 문헌

■ 국내 문헌

〈단행본〉

이용희. "해양과학조사". 한국해양수산개발원 편. 『대한민국의 해양법 실행: 유엔 해양법협약의 국내적 이행과 과제』(일조각, 2017).

■ 외국 문헌

〈단행본〉

榎 孝浩. "排他的経済水域及び大陸棚における海洋の科学的調査——我が国の取組み状況と諸外国の法制度". 『海洋開発をめぐる諸相: 総合調査報告書』(2013).

Churchill, Robin. Lowe, Vaughan. Sander, Amy. *The law of the sea*, Fourth edition (Manchester University Press, 2022).

Gorina-Ysern, Montserrat. *An International Regime for Marine Scientific Research* (Transnational Publishers, 2003).

Proelss, Alexander (ed.). *United Nations Convention on the Law of the Sea: A Commentary* (Munich: C.H. Beck, 2017).

Roach, Ashley. *Excessive Maritime Claims*, Fourth edition (Brill, 2020).

Rosenne, Shabati and Yankov, Alexander (eds.). *United Nations Convention on the Law of the Sea 1982: A Commentary*, Volume Ⅳ (Maritinus Nijhoff Publishers, 1991).

Rothwell, Donald and Stephens, Tim. *The International Law of the Sea*, Third Edition (Hart Publishing, 2023).

Soons, Alfred H.A. *Marine Scientific Research and the Law of the Sea* (Antwerp: Kluwer, 1982).

Tanaka, Yoshifumi. *The International Law of the Sea*, Third Edition (Cambridge University Press, 2023).

Gragl, Paul. "Marine Scientific Research" in David Joseph Attard, Malgosia Fitzmaurice, and Norman A Martinez Gutierrez(eds.), *The IMLI Manual on International Maritime Law*, vol. I: The Law of the Sea(OUP, 2014).

Kojima, Chie. "12 Marine Scientific Research and Informal Lawmaking" in Natalie Klein, *Unconventional Lawmaking in the Law of the Sea* (OUP, 2022).

Treves, Tullio. "Marine Scientific Research" in *Max Planck Encyclopedia of Public International Law* (2013).

⟨논문⟩

Bateman, Sam. "Hydrographic surveying in the EEZ: differences and over laps with marine scientific research", *Marine Policy*, Vol. 29(2005).

Chuxiao Yu. "Operational oceanography as a distinct activity from marine scientific research under UNCLOS?–An analysis of WMO Resolution 45(Cg-18)", *Marine Policy* 143(2022).

Kraska, James. Guillermo Ortuno Crespo, David W. Johnson, "Bio-logging of marine migratory species in the law of the sea", *Marine Policy*, Vol. 51(2015).

McLaughlin, Richard J. "Bio-logging as marine scientific research under the law of the sea: A commentary responding to James Kraska, Guillermo Ortuno Crespo, David W. Johnson, bio-logging of marine migratory species in the law of the sea, Marine Policy 51(2015) 395-400", *Marine Policy*, Vol. 60(2015).

Pérex, Elena Conde. "Spain and the Law of the Sea: 20 years under LOSC", *Spanish Yearbook of International Law*, Vol. 21(2021).

Van Dyke, Jon M. "Military ships and planes operating in the exclusive economic zone of another country", *Marine Policy*, Vol.28(2004).

⟨기타사료⟩

PCA Case No 2014-02 in the Matter of the Arctic Sunrise Arbitration between the Kingdom of the Netherlands and the Russian Federation, Award on Jurisdiction, 26 November 2014.

Proclamation on Revision to United States Marine Scientific Research Policy (September 15, 2020) https://trumpwhitehouse.archives.gov/presi dential-actions/proclamation-revisionstates-marine-scientific-research-policy/.

Spain Royal Decree 799/1981 of 27 February(concerning the Rules Applicable to Marine Scientific Research Activities in Areas under Spanish Jurisdiction (BOE no.110, 8 May 1981).

The "Arctic Sunrise Case" (Kingdom of the Netherlands v. Russian Federation)

List of cases: No.22, Provisional Measures, Order of 22 November 2013.

Tirpak, Elizabeth J. "Results of IOC Questionnaire N°3 on the Practice of States in the Fields of Marine Scientific Research and Transfer of Marine Technology: An update of the 2003 analysis by Lt. Cdr. Roland J. Rogers" (IOC/ABE-LOS V/7 Agenda item: 3.2 Paris, 25 February 2005).

UN Division for Ocean Affairs and the Law of the Sea Office of Legal Affairs(UNDOALOS), "Marine Scientific Research: A revised guide to the implementation of the relevant provisions of the United Nations Convention on the Law of the Sea (2010).

UNESCO IOC, Resolution EC-XLI.4. "Guidelines for the Implementation of Resolution XX-6 of the IOC Assembly Regarding the Deployment of Profiling Floats in the High Seas within the Framework of the Argo Programme"(adopted by the IOC Executive Council at its 41st session, Paris 24 June~1 July 2008).

U.N. Office for Ocean Affairs and the Law of the Sea, Law of the Sea Bulletin, No. 33, 1997.

U.S. Department of State, "Marine Scientific Research Consent Overview" https://www.state.gov/marine-scientific-research-consent-overview/

Whaling in the Antarctic (Australia v. Japan: New Zealand intervening), Judgment, I.C.J. Reports 2014.

WMO, Resolution 45(Cg-18), "Ensuring Adequate Marine Meteorological and Oceanographic Observations and Data Coverage for the Safety of Navigation and the Protection of Life and the Protection of Life and Property in Coastal and Offshore Areas"(2019).

7장 해양환경 보호 및 보전

최지현 • 제주대학교 법학전문대학원 부교수

I. 서론
II. 협약의 문언과 규범의 발전
   1. 오염에 대한 대응: 제12부의 구조
   2. 해양환경의 보호 목적 확대
   3. 해양환경 보호의무의 대상 해역
III. 국제법원의 협약 적용 및 발전 1: 사건을 중심으로
   1. ITLOS 사건
   2. ITLOS 이외 사건
IV. 국제법원의 협약 적용 및 발전 2: 국제환경법상의 원칙 및 규범을 중심으로
   1. 사전주의
   2. 협력의무
   3. 환경영향평가
   4. 상당주의 의무
   5. 검토
V. 해양환경의 새로운 이슈와 협약
   1. 국가관할권 이원 지역의 해양생물다양성(BBNJ)
   2. 기후변화
   3. 미세 플라스틱
VI. 결론

I. 서론

유엔해양법협약이 1982년 채택된 이후로 40년이 지났다. 그동안 유엔해양법협약은 협약의 규정을 토대로 진일보한 모습을 갖추게 되었다. 특히 유엔해양법협약은 바다의 헌법으로서 해양에 대한 기본적인 법적 토대를 제공해 주었다. 해양환경 분야에서도 마찬가지이다. 협약 제12부는 해양환경 오염에 대한 대응을 목표로 문안이 채택되었지만, 국제사회는 이에 멈추지 않고 협약이 해양환경 보호 및 보전을 위한 기본적인 법체제로서 자리매김할 수 있도록 발전시켜 왔다. 해양환경 분야에서 협약의 발전 과정을 파악하기 위해서는 우선적으로 협약을 적용한 재판 사례를 검토할 필요가 있다.

협약에 대한 권위 있는 해석을 제시하면서 동시에 협약 발전의

---

* 이 글은 최지현, "유엔해양법협약 40년간의 발전에 대한 평가: 제12부 해양환경 보호 및 보전을 중심으로", 『국제법학회논총』, 제67권 제4호 (2022) 논문을 수정·보완한 글이라는 점을 밝힙니다.

역사를 기록하고 있는 것은 유엔해양법협약 제15부의 분쟁해결절차에 따라 제기된 여러 사건들이다. 해당 판결 및 판정은 협약을 해석 및 적용하면서 유엔해양법협약의 해양환경 분야에서 발전을 추동해 왔다. 따라서 지난 40년간의 해양환경 분야에서 협약의 발전 과정을 이해하기 위해서는 필수적으로 유엔해양법협약이 문제되었던 관련 판례의 검토가 필수적이다. 이 검토는 사례별 접근 및 규범의 내용별 접근을 필요로 한다. 유엔해양법협약은 본안 소송 이외에, 잠정조치를 비롯한 부수적 소송절차와 즉시석방 소송절차를 마련하고 있으며, 계쟁사건 이외에 권고적 의견 절차도 마련하고 있다. 개별 사건 유형별로 어떠한 사건에서 해양환경이 문제 되었는지 검토하는 것은 지난 40여 년간 해양환경 분야에서의 발전의 외형적 모습을 파악하는 데 도움을 줄 것이다. 더불어서 규범적 내용의 검토는 중요한 해양환경법 분야의 원칙이 유엔해양법협약 체제 내에서 어떻게 구현되고 있는지를 확인하게 해주어 그 실질적 모습을 파악하는 데 도움을 줄 것이다. 이를 통하여 국제환경법 및 유엔해양법협약의 해양환경 분야 규범들이 40여 년간 어떻게 발전해 왔는지 파악할 수 있을 뿐만 아니라 그동안의 성과를 평가하는 데 지침을 제공받을 수 있다.

II. 협약의 문언과 규범의 발전

1. 오염에 대한 대응: 제12부의 구조

제12부Part XII 제1절Section 1 의 규정은 해양환경 보호에 대한 일반적 의무에 관한 규정이며, 동시에 준헌법적quasi-constitution 원칙을 담고

있는 조항들이다.[1] 유엔해양법협약 제192조는 일반적 의무로 해양환경 보호 및 보전 의무를 부과하고 있으며, 동시에 제193조에서는 해양환경 보호의무에 따라서 천연자원을 개발할 주권적 권리를 가진다는 점을 확인하고 있다. 제194조는 해양환경 오염의 방지·경감·통제를 위하여 필요한 조치를 취하고 각국의 정책을 조화시킬 의무를 부과하고 있다. 이러한 기본적 의무를 제12부 제1절에서 기술하고 있으며, 이후 제2절에서는 지역적 협력, 제3절에서는 기술지원, 제4절에서는 감시 및 환경영향평가에 대해서 규정하고 있다. 제5절은 해양환경 보호와 관련된 핵심적인 내용 중 하나로 해양환경 오염의 방지·경감·통제를 위하여 국내법을 제정할 의무 및 조치를 취할 의무를 오염원별로 규정하고 있다. 제6절 역시 핵심적 사항으로 제5절의 의무에 따라 제정된 국내법 규정을 집행할 의무를 부과하고 있으며 이를 오염원별로 그리고 회원국의 관할권의 행사 방법에 따라 기국(제217조), 기항국(제218조), 연안국(제220조)의 경우로 나누어 법령집행 의무에 대해서 규율하고 있다. 제7절에서는 해양환경 보호와 관련하여 진행될 수 있는 국내 민·형사 등 각종 소송 절차와 관련한 사항, 법집행을 위한 외국선박에 대한 조사에 관한 사항(제226조, 제227조)에 대해서 규정하고 있다. 제8절은 특수문제로 남극과 북극의 결빙해역에서의 해양환경 보호 문제에 대해서 검토하고 있다. 제9절은 국제책임 문제, 제10절은 해양환경 관련 사항에 있어서 외국 군함 및 비상업용 정부 선박에 대한 주권면제, 제11절은 다른 협약과의 관계에 대해서 규정하고 있다.

---

[1] Tomas Heidar, "The Contribution of the International Tribunal for the Law of the Sea to the Protection of the Marine Environment", *Korean Journal of International and Comparative Law*, Vol. 9 (2021), pp. 356-357.

2. 해양환경의 보호 목적 확대

유엔해양법협약은 해양환경 보호 및 보전과 관련하여 제12부에서 규정하고 있다. 하지만 정작 해양환경이 무엇을 의미하는지에 대해서 협약은 침묵하고 있다. 제1조 제1항(4)는 해양환경 오염에 대해서만 정의를 하고 있을 뿐이다. 하지만 이것만으로는 해양환경이 무엇인지 명확히 확인할 수 없다. 제1조 제1항(4)는 오염행위에 초점을 맞추어 규정되어 있기 때문이다. 해양환경에 "해로운 결과를 가져오거나 가져올 가능성이 있는 물질이나 에너지를 인간이 직접적으로 또는 간접적으로" 들여오는 것을 오염으로 정의하고 있을 뿐이다. 제12부 역시 "해양환경의 보호 및 보전"이라는 목차로 구성되어 있지만 '해양환경'이 무엇을 의미하는 것인지 적극적으로 규정하고 있지 않다.[2] 이러한 사실은 유엔해양법협약이 해양환경 '오염'에 대응하기 위한 체제로 기술되었음을 확인시켜 준다.[3] 제12부의 핵심적 규정에 해당하는 제5절 및 제6절이 오염원별 해양환경 오염의 방지 경감 통제 의무를 규정하고 있는 것과 이를 위한 국내법 제정 및 집행 의무를 부과하고 있다는 점에서 이를 재차 확인할 수 있다.

유엔해양법협약 문언이 '오염'에 대한 대응에 초점을 맞춰 채택되어 있는 것과는 달리 협약의 규범 체제는 해양환경 보호를 종합적

---

2 환경조약이 환경에 대한 정의를 정확히 하지 않고 있는 점에서 오는 정의 규정 부재에도 불구하고 조약의 관련 조항을 통하여 환경에 대한 지침을 어느 정도 추론할 수 있다는 입장도 있다(박기갑, "환경오염으로 인한 손해의 국제법적 구제방안", 『환경법연구』, 제23권 제1호 (2001), pp. 167-168 참조). 이러한 입장에 비추어보면, 해양환경이 무엇을 의미하는지에 대해서도 협약 제1조 제1항(4)를 통해서 확인할 수 있을 것이다.
3 Alan Boyle, "Marine Pollution under the Law of the Sea Convention", *American Journal of International Law*, Vol. 79, Issue 2 (1985), pp. 348-351.

으로 증진시키는 방향으로 지난 40여 년간 발전해 왔다. 일단 해양환경의 보호 범주를 확대하는 입장을 취하였다. 「남방 참다랑어 사건」 잠정조치에서 ITLOS는 해양환경 보호의 범주에 생물자원의 보전 역시 포함된다고 판단한 바 있다.4 「차고스 해양보호구역 사건」에서도 중재재판부는 일반조항인 제194조 제5항을 해석하면서 제12부의 규정이 해양오염에 대해서만 규율하는 것이 아니라 해양환경 보호도 그 목적으로 하고 있다는 점을 보여주고 있다고 하였으며, 더 나아가 '생태계'의 보호 및 보전을 목적으로 하고 있다고 하였다.5 또한 「가나-코트디부아르 해양경계획정 사건」에서 ITLOS는 비생물자원의 이용행위 역시도 해양환경의 관점에서 검토되어야 한다고 하였다.6 생물자원 및 비생물자원의 이용행위를 단순히 자원의 활용행위만으로 이해해서는 안 되며 해양환경의 보호 측면에서도 함께 검토해야 한다는 점을 보여주고 있다. 요약하자면 유엔해양법협약 제12부가 채택될 당시에는 분명 해양환경 '오염'에 대한 당사국의 대응 조치 및 방식에 초점을 맞추어 협약의 운용을 예정하고 있었다. 그렇지만 협약 채택 이후 국제재판을 통하여 해결된 사건들을 보면 제12부가 해양 생물·비생물 자원의 보호 및 보전뿐만 아니라, 해양 생태계 전체의 보호를 위한 규정으로 이해되고 있음을 확인할 수 있다.

---

4 *Southern Bluefin Tuna (New Zealand v. Japan; Australia v. Japan), Provisional Measures, Order, 27 August 1999, ITLOS Report 1999*, para. 70.

5 *Chagos Marine Protected Area Arbitration (Mauritius v. United Kingdom), Award, 18 March 2015*, paras. 320, 538.

6 석유의 개발과 관련하여서도 해양환경에 심각한 손상을 줄 수 있다는 이유로 석유 굴착 행위 중단을 요구하는 코트디부아르의 잠정조치 신청을 ITLOS는 인용해주지 않았다. *Delimitation of the maritime boundary in the Atlantic Ocean (Ghana/Côte d'Ivoire), Provisional Measures, Order, 25 April 2015, ITLOS Reports 2015*, paras. 99-102.

3. 해양환경 보호의무의 대상 해역

유엔해양법협약은 해양환경 보호의무의 대상이 되는 해역을 전체 해양으로 상정하여 발전해 왔다. 유엔해양법협약이 적극적 해양환경 보호체제를 구축하는 방향으로 발전하고 있음을 보여주는 것이다. 제12부는 해양환경 보호 및 보전 의무를 당사국에게 부과하고 있다. 그런데 해당 국가의 관할해역(EEZ 및 대륙붕, 영해)을 대상으로 이러한 의무를 부담하는 것인지, 다른 국가의 관할해역, 혹은 더 나아가 공해를 포함한 해양 전체를 대상으로 해양환경 보호 및 보전 의무를 부담하는 것인지 협약은 명확하게 규정하고 있지 않다. 제12부의 적용 범위와 관련하여 지침을 제공한 것은 「SRFC 권고적 의견 사건」과 「남중국해 사건」이다. 「SRFC 권고적 의견 사건」에서 ITLOS는 제192조가 모든 해양영역에 대해서 적용된다고 하였으며, 따라서 타국 EEZ에 있는 선박의 기국 역시 해당 선박이 그 국가가 제정한 생물자원에 관한 조치를 이행하도록 확보할 의무를 진다고 하였다.[7] 즉 연인국의 EEZ에서도 기국은 제192조를 이행할 의무를 진다는 것이다.

「남중국해 사건」에서는 문제가 된 남중국해 여러 해양지형물들의 영토 권원 귀속이 소송의 재판 대상이었는지 여부가 중재재판부의 재판관할권 행사와 관련하여 핵심 쟁점이었다. 중재재판부는 협약 제288조에 따라 영토 권원 문제에 대해서는 재판관할권을 가지고 있지 않다. 따라서 해양환경 보호의무 적용 여부를 확정하기 위하여 해양지형물의 영토 권원이 누구에게 귀속되는지를 먼저 확정해야 한

---

[7] *Request for Advisory Opinion submitted by the Sub-Regional Fisheries Commission (SRFC) (Request for Advisory Opinion submitted to the Tribunal), Advisory Opinion, 2 April 2015 ITLOS Reports 2015,* para. 120.

다면 이에 대해서는 재판관할권을 행사할 수 없게 되는 것이다. 결국 이 문제는 해양환경 보호와 관련하여서 문제 수역의 법적 지위가 확정되어야 하는 것인지의 문제로 귀결된다. 그러나 중재재판부는 제12부의 적용과 관련하여 남중국해에 있는 해양지형물의 주권 귀속은 아무런 관련이 없다고 하였다.8 즉 중재재판부는 제12부 적용과 관련하여 유해한 활동이 어디서 발생하는지를 묻지 않으며, 중국의 권원이 미치는지 필리핀의 권원이 미치는지 여부를 판단할 필요가 없이 개별 국가에게 해양환경 보호의무가 적용된다고 보았다.9 「SRFC 권고적 의견 사건」에서도 ITLOS 제192조의 적용 대상 해역이 전체 해양이라는 점을 확인한 바 있다.10 이러한 국제재판소의 판단은 해양환경 보호 및 보전 의무는 자신이 관할하는 수역만을 대상으로 부담하는 것이 아니며, 제12부가 적용되는 대상 해역은 해양 전체라는 점을 시사하고 있다는 것이다.

III. 국제법원의 협약 적용 및 발전 1: 사건을 중심으로

유엔해양법협약은 제3차 유엔해양법회의의 발전 성과, 즉 1970년대 해양환경법의 발전 성과를 담고 있다.11 협약 채택 이후 40여 년이 지난 현시점에서 인류의 해양에 대한 이해는 급속도로 발전하였으

---

8 *Ibid.*, para. 940.
9 *Ibid.*, para. 927.
10 ITLOS, *supra* note 7, para. 120.
11 Alan Boyle, "The Environmental Jurisprudence of the International Tribunal for the Law of the Sea", *The International Journal of Marine and Coastal Law,* Vol. 22, Issue 3 (2007), p. 380.

며, 이전의 이해보다 훨씬 진일보해 있다. 해양환경 분야도 마찬가지다. 유엔해양법협약은 해양 문제에 대해서 포괄적 규율을 하고 있으며, 발전적 해석을 통하여 협약을 통한 분쟁해결을 도모해 왔다. 협약 채택 이후 40여 년 동안 문제되었던 유엔해양법협약상의 분쟁은 이 점을 충분히 보여주고 있다.

1. ITLOS 사건

ITLOS의 관할 사건 중 가장 많이 제기되었던 사건은 전속관할권이 있는 즉시석방 사건과 제290조 제5항의 잠정조치 사건이다. 그리고 제290조 제1항상의 잠정조치 사건도 많이 제기되었다. 특히 잠정조치 단계에서는 해양환경 보호 및 각국의 어족자원과 관련된 잠정조치가 신청되었다. 권고적 의견 사건의 경우 2건이 있었는데 심해저 해양환경 보호 및 어족자원의 관리 및 보호와 각각 문제 되었던 사건으로 모두 해양환경 보호가 핵심 쟁점이었던 사건이다.

(1) 즉시석방

유엔해양법협약 제292조는 특별 절차로써 즉시석방 사건에 대해서 규율하고 있다. 협약상 특정 사안의 경우(제73조, 제220조, 제226조)에 ITLOS의 특별 절차를 활용할 수 있도록 하였다(제290조).[12] 연안국의 어업법령을 선박이 위반한 경우(제73조), 선박이 오염에 관한 법령을

---

[12] 제292조의 절차적 의의는 공해 및 EEZ에서 항해의 자유를 보장하기 위한 것으로 연안국이 관할권을 행사하여 해당 선박을 나포하더라도 간략한 절차를 통하여 합리적 담보금을 제출할 경우에는 선박에 대한 나포 및 체포 상태를 벗어날 수 있도록 해주는 데 있다. 따라서 연안국으로서는 법집행의 실효성을 확보할 수 있도록 해주면서도 기국으로서는 간단한 절차를 통해서 항해의 자유를 회복하도록 할 수 있는 장점이 있다.

위반한 경우(제220조), 해양환경에 대한 불합리한 피해가 초래될 위험이 있는 경우(제226조)에 제기된다. 현재 9건의 즉시석방 사건이 있었지만 모두 어업과 관련한 문제였으며, 해양환경에 관한 문제로 즉시석방 사건이 개시된 경우는 없었다.

(2) 잠정조치

유엔해양법협약 제290조에 따라 제15부에 따른 강제적 분쟁해결절차에서 잠정조치를 지시할 수 있다. ITLOS의 경우나 제7부속서의 중재재판, 제8부속서의 특별중재재판, ICJ의 경우에도 제290조에 따른 잠정조치를 내릴 수 있다(제1항). 이와 별개로 제7부속서의 중재재판, 제8부속서의 특별중재재판 절차가 개시되었다고 하더라도 중재재판소가 아직 구성되지 않았지만 긴급한 필요가 있는 경우에는 ITLOS가 잠정조치를 내릴 수 있다(제5항).

협약 채택 이후 40년 동안 11건의 잠정조치 신청이 있었는데 이 중 9건이 제5항에 따른 잠정조치였다. 해양환경과 관련이 있던 사건은 「남방 참다랑어 사건」, 「MOX Plant 사건」, 「조호르 해협과 주변에서의 싱가포르 간척 사건」이다. 이 3개의 사건은 제5항에 따라 잠정조치 절차가 진행되었다. 「M/V루이자호 사건」과 「가나-코트디부아르 해양경계획정 사건」 역시 해양환경과 관련이 있는 사건이며, 제1항에 따라 ITLOS에 잠정조치가 신청된 사건이다.

1) 제290조 제5항상의 잠정조치

「남방 참다랑어 사건」에서 호주와 뉴질랜드는 일본의 시험조업이 남방 참다랑어의 존속에 위협이 될 수 있으므로 시험조업을 중지시킬 것을 요구하는 잠정조치를 신청하였고, 이에 ITLOS는 사전에 합의한 쿼터 이외에 시험조업을 금지하는 잠정조치를 내렸다.[13] 이 사건에서 ITLOS는 생물자원의 보존을 "해양환경에 대한 보호 및 보존의 요소"에 해당한다고 하여 간접적으로나마 시험조업 금지를 명하는 잠정조치가 해양환경을 위한 것이라는 점을 밝혔다.[14]

「MOX Plant 사건」에서 아일랜드는 영국이 아일랜드해에서 MOX 재처리 공장을 운영함으로써 해양환경이 위협받을 수 있다는 이유로 공장의 가동 중단을 잠정조치로 요구하였지만, ITLOS는 다른 내용의 잠정조치를 내렸다.[15] 영국이 2002년 여름까지 MOX 연료를 운송하지 않겠다고 한 점을 이유로 긴급성이 없다고 판단하고 공장 가동 중단을 요구하는 잠정조치를 기각한 것이다.[16] 다만 중재재판 사건이 계속되는 동안 두 당사국은 협력을 하며 동시에 환경 보호와 관련된 조치를 위한 협의를 시작할 것을 명령하여 신청 내용과는 다른 내용의 잠정조치가 내려진 바 있다.[17]

「조호르 해협과 주변에서의 싱가포르 간척 사건」에서 싱가포르의 간척활동이 말레이시아의 해양환경에 영향을 미친다는 이유로 말레이시아가 소를 제기하면서 간척활동의 중단을 요구하는 잠정조치를 신청하였다.[18] ITLOS는 간척행위 중단에 대해서는 긴급성 요건 및 회복 불가능한 손해 요건 충족 여부가 확실하지 않다는 이유로

---

13 ITLOS, *supra* note 4, paras. 74, 90[주문(d) 참조].
14 *Ibid.*, para. 70.
15 *MOX Plant (Ireland v. United Kingdom), Provisional Measures, Order, 3 December 2001, ITLOS Reports 2001*, para. 29.
16 *Ibid.*, para. 81.
17 *Ibid.*, para. 89 [주문 1(a)(b)(c)].
18 *Land Reclamation in and around the Straits of Johor (Malaysia v. Singapore), Provisional Measures, Order, 8 October 2003, ITLOS Reports 2003*, paras. 22, 23.

그 잠정조치 신청을 기각하였다.19 다만, 이 사건 구두변론 중 상호간에 양해―간척공사의 중요성 및 해양환경에 대한 우려―가 있었다는 점을 지적하고 협의를 통하여 전문가 그룹을 설치하고, 정보교환, 전문가 보고서 보고 전 작업 중지에 관한 사항을 정할 것을 잠정조치로 명령하였다.20

2) 제290조 제1항상의 잠정조치

유엔해양법협약 제290조는 개별 국가의 이익을 보호하기 위하여 잠정조치를 신청할 수 있다는 점을 명확히 했을 뿐만 아니라 이와 별개로 '해양환경' 보호를 목적으로 잠정조치를 신청할 수 있도록 하였다. 이것이 개별국가의 이익이 아니라 국제공동체 전체의 이익인 해양환경 보호를 목적으로 하는 잠정조치를 인정한 것인지 문제 된다. 「M/V루이자호 사건」에서 세인트빈센트 그레나딘은 자국 선박인 M/V루이자호를 스페인이 나포한 것은 협약 위반이라는 점을 확인해 줄 것을 요구하는 본안 청구를 하고 선박의 석방을 요구하는 잠정조치를 신청하였다.21 이때 세인트빈센트 그레나딘은 스페인 항구에 M/V루이자호를 장시간 정박시켜둠으로써 해양환경에 명백한 위협 definite threat이 가해질 수 있다고 주장하였다.22 ITLOS는 개별 국가, 즉 잠정조치를 신청한 세인트빈센트 그레나딘의 권리에 회복불가능한 손해의 위험이 있다는 점을 발견하지 못하였기 때문에 잠정조치를 받아들일 수 없다고 하였다.23 그렇지만 해양환경의 위협이 있는

---

19 *Ibid.*, paras. 72-73.
20 *Ibid.*, paras. 76-106.
21 M/V *"Louisa"* (Saint Vincent and the Grenadines v. Kingdom of Spain), *Provisional Measures, Order, 23 December 2010, ITLOS Reports 2008-2010*, paras. 33-35.
22 *Ibid.*, para. 73.

지 없는지, 그리고 해양환경에 대한 위협이 세인트빈센트 그레나딘의 개별 이익을 넘어서 국제공동체 전체의 이익에 해당하는지, 그리고 더 나아가 이를 위하여 잠정조치를 신청할 수 있는지 여부에 대해서는 명시적인 판단을 하지 않았다.24 다만, 스페인이 적재된 연료유와 기름의 관리를 위하여 지속적인 모니터링을 보장한 점을 들어 ITLOS는 이러한 스페인의 확언 때문에 해양환경 보호를 위한 잠정조치를 지시하지 않겠다는 점을 암묵적으로 제시하였을 뿐이다.25

요약하자면, ITLOS는 개별 국가의 이익과 상관없이 해양환경 보호만을 목적으로 하는 잠정조치가 가능한지는 명확한 판단을 내리지 않았지만, 개별 국가의 이익을 위한 잠정조치 가능성과 해양환경 보호를 위한 잠정조치 가능성을 구분하여 판단하였다는 점을 확인할 수 있다. 주목할 부분은 소수의견 중에 백진현 재판관이 별개의견 Separate Opinion을 통하여 제290조의 해양환경 보호를 위한 잠정조치는 새로운 적극적 시도로서 개별 국가의 이익을 넘어서서 국제공동체the international community의 이익을 위한 목적에서 요청되는 잠정조치라는 사실을 확인하여 주었다는 것이다.26 유엔해양법협약상의 잠정조치 절차가 국제공동체 전체의 이익 보호를 위하여 활용될 수 있다는 의견을 피력하여 개별 국가의 이익을 넘어서 국제공동체 이익 보호를 위한 잠정조치 신청도 가능하다는 점을 보여준 것이다.

「가나-코트디부아르 해양경계획정 사건」에서 코트디부아르는 미경계획정 지역에서 가나가 석유에 대한 탐사 및 이용 행위를 하고

---

23 *Ibid.*, para. 72.
24 *Ibid.*
25 *Ibid.*, paras. 74, 75, 78.
26 *Ibid.*, Separate Opinion of Judge Paik, para. 12.

있다는 점을 지적하고 이에 대한 중지를 요청하는 잠정조치를 신청하였다.27 코트디부아르는 해양환경에 대한 심각한 손해 방지를 목적으로 잠정조치를 신청하였지만, ITLOS 특별재판부는 이를 증명할 수 있는 증거가 제시되지 못하였다는 이유로 기각하였다.28 또한 ITLOS 특별재판부는 당시 진행 중이던 석유 탐사 및 이용 행위를 중단시키는 명령을 내릴 경우 오히려 해양환경에 대한 심각한 손해가 야기될 수 있어 당시 진행 중인 석유 개발 및 이용 행위를 중단시킬 수 없다고 하였다.29 특이한 지점은 ITLOS가 잠정조치로 해양환경에 대한 심각한 손해를 방지하기 위하여 미경계획정인 분쟁수역에서 엄격한 모니터링을 실시할 것을 명령하였다는 점이다.30 당사국이 신청하지 않은 잠정조치를 ITLOS가 직권으로 명령하면서 해양환경 보호를 중요한 보호 법익으로 판단한 사례라고 해석할 수 있을 것이다.

(3) 권고적 의견

「심해저활동과 관련한 보증국의 의무와 책임에 관한 권고적 의견 사건」(이하 「심해저활동 보증국 권고적 의견 사건」)은 협약 제191조에 따라 협약이 예정하고 있던 권고적 의견 사건이다.31 이 사건에서 해저

---

27 ITLOS, *supra* note 6, paras. 1, 12.
28 *Ibid.*, paras. 64, 67.
29 *Ibid.*, paras. 99, 101.
30 *Ibid.*, para. 166.
31 심해저개발 활동은 협약상 당사국이 직접 할 수도 있지만, 당사국이 보증하는 국영기업, 자연인, 법인(피보증계약자)이 참여하는 것도 가능하다. 문제는 당사국이 직접 심해저개발 활동을 하게 될 경우 환경상의 손해가 발생한다면 해당 국가가 이에 관한 책임을 직접 이행하겠지만, 이와 달리 당사국이 보증하는 경우에는 환경상의 손해에 대해서 보증국의 지위에서 어떠한 범위까지 책임을 지게 될 것인지에 대해서 협약이

분쟁재판부는 심해저활동을 보증하게 되는 경우 당사국이 부담하는 법적 의무의 내용, 유엔해양법협약 및 1994년 이행협정 이행 실패 시 책임의 범위, 그리고 의무 이행을 위하여 취하여야 할 적절한 조치에 대해서 권고적 의견을 전달하였다.32 심해저개발 활동을 앞두고 있는 개발도상국의 경우 선진국 기업을 통하여 심해저개발 활동에 참여할 수밖에 없다. 이 사건은 나우루와 통가가 보증하는 피보증 회사가 탐사사업계획서를 신청한 것이 계기가 되었다. 나우루는 보증하는 회사를 통하여 심해저활동에 참여하는 경우 최종적으로 보증국들이 환경상의 손해에 대해서 어떠한 책임을 부담할 것인지 권고적 의견을 통하여 명확히 파악해 줄 것을 국제해저기구 사무총장에게 요구하였다.33 해저분쟁재판부는 당사국들이 심해저활동에 보증국으로 참여하는 경우에는 피보증계약자들이 협약 및 계약상의 의무를 잘 이행할 수 있도록 보증하는 행위의무를 부담하면서도 동시에 사전주의 의무의 경우 보증국이 직접 부담한다는 점을 확인하여 주었다.34 피보증계약자들이 계약을 불이행한다고 해서 보증국이 환경상의 손해에 관한 책임을 곧바로 지는 것이 아니라 손해 발생 및 불이행 사이의 인과관계 요건이 충족되어야 책임을 진다고 파악하였다.35 또한 보증국은 협약 제153조 제4항 및 제3부속서 제4조 제4항

명확하게 규정하고 있지 않아, 이 점에 관하여 국제해저기구가 이사회 결정(ISBA/16/C/13)에 따라 권고적 의견을 'ITLOS의 해저분쟁재판부'(이하 해저분쟁재판부)로 요청한 사건이다.

32 *Responsibilities and obligations of States with respect to activities in the Area(Request for Advisory Opinion submitted to the Seabed Disputes Chamber), Advisory Opinion, 1 February 2011, ITLOS Reports 2011*, para. 1.
33 ISBA/16/C/6, para. 1; 특히 보증국들로서는 책임의 범위가 명확하지 않을 경우 보증을 통한 심해저활동 참여를 사전에 재고할 필요가 있었기 때문이다. *Ibid.*, para. 4.
34 ITLOS, *supra* note 32, para. 242(주문 3).

에 따라서 "필요하고 적절한 모든 조치"를 취하면 발생한 손해에 대해서 책임을 지지 않는데, 이렇게 책임을 면제받기 위해서는 자국 법령 내에서 관련 법령을 채택하고 행정조치를 취해야 한다고 하였다.36

두 번째 권고적 의견 사건은 「SRFC 권고적 의견 사건」이다. 서부아프리카 지역수산기구Sub-Regional Fisheries Commission, 이하 SRFC는 회원국의 EEZ에서 이루어진 불법어업에 대해서 기국이 부담하는 의무 내용, 그 범위, 국제기구가 어업허가를 주는 경우의 문제, 공유자원의 지속 가능한 관리를 위한 연안국의 권리 등을 묻는 권고적 의견을 요청하였다.37 첫 번째 권고적 의견 요청 사항인 어선 기국이 부담하는 의무와 관련하여 ITLOS는 SRFC 회원국들의 EEZ 내에서 타국의 어선이 불법어업에 관여하지 않도록 보장하기 위하여 어선의 기국이 적절한 조치를 취할 의무가 있으며 그 근거로 ITLOS는 타국 EEZ에서 개별 국가들의 의무에 대해 규정하고 있는 협약 제58조 제3항, 제62조 제4항과 더불어 해양환경의 보호 및 보전에 관한 일반적 의무를 부과하고 있는 제192조를 근거로 제시하였다.38

이 권고적 의견 사건에서 ITLOS는 제192조상의 해양환경 보호 및 보전 의무는 모든 해양영역을 대상으로 적용되는 의무라는 점을 지적하였다.39 동시에 EEZ 내에서 생물자원의 보존은 해양환경의 보호 및 보전에 있어서 필수적 요소integral element라고 하여40 생물, 특히

---

35 *Ibid.*, para. 242(주문 4).
36 *Ibid.*, para. 242(주문 5).
37 ITLOS, *supra* note 7, paras. 1-2.
38 *Ibid.*, para. 124.
39 *Ibid.*, para. 120.
40 *Ibid.*

어족 자원의 보호 및 보존이 연안국의 자원관리 측면과 아울러 해양환경 보호 측면도 함께 가지고 있다는 점을 보여 주었다. 따라서 협약 제192조 및 천연자원의 개발에 있어서 해양환경을 보호할 의무를 부과하고 있는 제193조에 따라서 기국은 자국 선박들이 연안국—이 사건에서는 SRFC 회원국—이 채택한 보호 및 보존 조치를 준수할 의무가 있다고 하였다.[41]

(4) 검토

ITLOS가 협약상 해양환경 보호 및 보전의 발전에 기여한 사건들은 잠정조치와 권고적 의견 사건들이다. 특별히 협약 제290조는 개별 국가의 이익 이외에 해양환경 보호를 위한 목적의 잠정조치도 지시할 수 있다고 하여, 해양환경 보호만을 위한 잠정조치도 허용하였다. 비록 현재까지 해양환경 보호를 유일한 목적으로 하는 잠정조치가 명령된 바는 없지만, 「M/V루이자호 사건」과 「가나-코트디부아르 해양경계획정 사건」에서 해양환경을 고려한 잠정조치가 명령된 바 있다는 점은 부인힐 수 없다. 이는 해양환경이라는 국제공동체 전체의 이익을 목적으로 하는 잠정조치가 내려질 수 있다는 점을 시사하고 있다. 검토되었던 2건의 권고적 의견 사건은 계쟁사건보다 더욱 직접적으로 해양환경 보호 및 보전 문제가 검토될 수 있다는 점을 보여 주었다. 특히나 권고적 의견의 목적이 국제분쟁에 대한 일도양단의 판단을 제기하는 것이 아니라 법적문제에 대한 국제재판소의 유권적 법해석을 전달해 줄 수 있는 제도라는 점 때문에 더욱 그러하다. 불법어업에 관한 판단을 요구한 권고적 의견 사건에서 ITLOS는 해양환

---

41 *Ibid.*, para. 136.

경 측면에서도 해당 문제에 대한 법적 의견을 전달하였으며, 이는 전 세계 해양에서 발생하는 여러 현안들이 해양환경과 밀접하게 연관되어 있다는 점을 보여주고 있는 것이다.

2. ITLOS 이외 사건

(1) 제15부 강제적 분쟁해결절차에 따른 계쟁사건

「차고스 해양보호구역 사건」은 영국이 차고스 군도 주변 해역에 해양보호구역을 설정한 것이 유엔해양법협약 위반인지 여부가 문제되었던 사건이었다. 영국의 '해양보호구역'이 문제되었지만, 사건의 핵심은 차고스 군도의 영토 권원 귀속 여부에 관한 재판관할권을 유엔해양법협약상의 분쟁해결기관이 가지는지 여부였다. 중재재판부는 영토 주권 분쟁에 대해서는 재판관할권을 행사할 수 없다는 취지의 판정을 내렸지만,[42] 동시에 차고스 군도 주변에 해양보호구역을 설정한 영국의 행위는 이전에 모리셔스에 약속해 주었던 사항을 지키지 못한 것으로 금반언에 반하여 모리셔스의 권리를 적절히 고려하지 않은 조치라는 이유로 유엔해양법협약 위반이라는 판단을 하였다.[43]

「남중국해 사건」에서 필리핀은 청구11에서 환경적으로 유해한 어로활동을 대상으로, 청구12(b)에서는 인공섬 건설행위를 대상으로 중국이 해양환경 보호 및 보전 의무를 위반하고 있다는 점을 확인해

---

42 PCA Case No. 2011-03, *Chagos Marine Protected Area Arbitration, (The Republic of Mauritius v. the United Kingdom of Great Britain and Northern Ireland)*, Award, 18 March 2015, paras. 203-221, 228-230.
43 *Ibid.*, paras. 499-544.

줄 것을 청구하였다.44 중재재판부는 중국의 어획활동이 멸종위기종을 대상으로 한 것이어서 멸종위기에 처한 야생동식물협약Convention on International Trade in Endangered Species of Wild Fauna and Flora, 이하 CITES협약에 해당하는 어종이라고 판단하였다.45 다만 CITES협약 위반 여부는 유엔해양법협약상 분쟁해결절차의 재판대상이 될 수 없는데 이와 관련하여 중재재판부는 유엔해양법협약 제192조와 제194조 제5항의 내용을 구성하는 국제법의 일반법general corpus을 형성한다는 이유로 협약 제192조와 제194조 제5항 위반을 인정하였다.46 인공섬 건설행위와 관련해서는 중국의 대규모 준설을 통한 건설이 문제가 되었다. 중재재판부도 남중국해 상 다른 연안국들도 인공시설물 등을 건설하고 있지만 당시 중국의 대규모 준설활동은 이전의 건설활동을 훨씬 능가하는 환경손해를 야기시킨다고 보아 차이를 인정하였다.47 그리고 제출된 증거와 재판부가 임명한 감정인, 중국 측 주장의 비판적 평가를 토대로 중국의 인공섬 건설행위가 제192조를 위반하였을 뿐만 아니라, 제194조 제1항, 제194조 제5항을 위반하였다고 결론내렸다.48

(2) 이외 사건

ICJ 「포경 사건」은 선택조항 수락에 의하여 개시되었던 사건이다.

---

44 PCA Case No. 2013-19, *The South China Sea Arbitration (The Republic of Philippines v. The People's Republic of China), Award, 12 July 2016,* paras. 112, 818, 994-995.
45 *Ibid.*, paras. 956-957.
46 *Ibid.*, para. 956.
47 *Ibid.*, para. 979.
48 *Ibid.*, para. 983.

호주가 일본을 상대로 제기한 이 사건은 양 당사국이 모두 유엔해양법협약 당사국이었기 때문에 유엔해양법협약이 적용되는 사건이었다. 그러나 이 사건에서 유엔해양법협약 위반 여부는 논하여지지 않았다. 일차적으로는 호주가 일본의 JARPAII Japan's Research Program in the Antarctic 프로그램이 국제포경규제협약International Convention for the Regulation of Whaling 위반인지 아닌지 여부에 대한 판단만 구했기 때문이다. 유엔해양법협약 제65조와 해양포유동물에 관한 제120조 위반 여부도 함께 확인해 줄 것을 적극적으로 청구하는 것도 가능하였을 것으로 판단되나, 호주가 묻지 않은 이상 ICJ가 이를 답할 이유가 없었던 사건이다.49

(3) 검토

ITLOS 이외에 중재판정을 통해서도 유엔해양법협약상의 분쟁이 제기된다. 이 중에서도 해양환경이 문제 된 사건으로는「차고스 해양보호구역 사건」과「남중국해 사건」이 있다. 특히「남중국해 사건」에서 환경에 유해한 방식의 어로행위와 대규모 준설을 포함하는 중국의 인공섬 건설행위가 협약 제192조와 제194조를 위반했다고 판단한 것은 상당히 중요한 의미를 가진다. 즉, 일반적이며 추상적인 내용의 의무를 부과하고 있는 조항의 위반이 인정되었다는 점에서 그러하다. 이는 자신의 관할해역에 해양환경 오염이 발생해야만 국

---

49 하지만 가정적인 판단을 해본다면 호주가 유엔해양법협약 제65조 및 제120조 위반을 이유로 유엔해양법협약상 강제적 분쟁해결절차에 회부하였다면, 일본의 제65조 및 제120조 위반 여부를 판단하기 위하여 해당 재판기관이 재판규범으로 포경협약상의 스케줄과 과학조사에 관한 제8조를 적용할 수 있는지 여부와 그 해당 조항 위반 여부를 검토하였을 수도 있었을 것이다.

제 책임을 물을 수 있는 것이 아니라는 점을 시사하는 것이다. 자신의 EEZ를 비롯한 관할해역에서 손해 발생을 입증하지 않고도 개별 국가들의 해양환경 관련 협약 규정 위반을 제기할 수 있도록 한다는 점에서 큰 의미가 있다.

IV. 국제법원의 협약 적용 및 발전 2: 국제환경법상의 원칙 및 규범을 중심으로

ITLOS를 비롯한 위의 유엔해양법협약에 관한 사건들은 해양환경 관련 사건을 통하여 국제환경법의 실체적 규범의 내용을 발전시켜 왔다. 위의 사건들은 사전주의, 협력의무, 해양환경영향평가, 상당주의 의무 등의 내용을 확인하고, 구체화시켰다는 점에서 지난 40년간의 유엔해양법협약 해양환경 분야 발전에 있어서 크나큰 업적이라고 할 수 있다.[50]

1. 사전주의

「남방 참다랑어 사건」에서 ITLOS는 일본의 시험조업 중단을 요구하는 잠정조치를 지시한 바 있다. 잠정조치에 관한 판단의 이유 중에 ITLOS가 남방 참다랑어 어족에 대한 심각한 손해를 방지하기 위하여

---

50 De Herdt and T. M. Ndiaye, "The International Tribunal for the Law of the Sea and the Protection and Preservation of the Marine Environment: Taking Stock and Prospects", *The Canadian Yearbook of International Law*, Vol. 57 (2019), p. 356 참조.

실효적 보전조치가 확보되도록 당사국들이 신중하고 주의 깊게with prudence and caution 행동해야 한다고 판단한 바 있다.51 과학적 증거가 부족한 상황이라고 하더라도 남방 참다랑어 어족에 대하여 쿼터 이상의 어획 활동을 할 경우 어족에 대한 심각한 피해를 야기시킬 수 있어 더 이상의 어획을 잠정조치로 중단시킨 것이다.52 별개의견에서 Laing 재판관은 해당 판단이 사전주의 원칙을 '품고 있다pregnant with meaning'고 판단하였으며, Shaearer 재판관은 잠정조치 명령이 사전주의 접근precautionary approach에 기반하고 있다고 판단하였다.53 이 견해에 따른다면 「남방 참다랑어 사건」에서 ITLOS가 사전주의 원칙에 기반하여 시험조업 중단이라는 잠정조치를 내린 것이라고 볼 수 있으나, ITLOS 다수의견이 명시적으로 '사전주의 원칙' 혹은 '사전주의 접근'을 인정한 것은 아니었다.

그 이후 사건에서도 당사국이 사전주의 원칙을 주장한 바는 있었으나, 명시적으로 그에 기반하여 판단을 내린 바는 없었다. 「MOX Plant 사건」에서 아일랜드는 사전주의 원칙에 따라서 영국이 MOX 공장을 운영해도 해를 끼치지 않을 것이라는 점을 증명할 증명책임이 있다고 주장하였으며, 동시에 사전주의 원칙이 MOX 공장의 운영과 관련한 잠정조치의 긴급성 평가에 있어서 정보를 제공해 준다고 주장하였다.54 반면 영국은 아일랜드가 주장한 증명책임 전환에 반

---

51 ITLOS, *supra* note 4, para. 77.
52 Cho Yoona, "Precautionary Principle in the International Tribunal for the Law of the Sea", *Sustainable Development Law & Policy,* Vol. 10, Issue 1 (2009), p. 90; Tim Stephens, *International Courts and Environmental Protection* (Cambridge: Cambridge Univ. Press, 2010), p. 225.
53 ITLOS, *supra* note 4, Separate Opinion of Judge Laing, paras. 13, 17; ITLOS, *supra* note 4, Separate Opinion of Judge Ad hoc Shearer p. 327.

대하여 두 당사국의 입장이 충돌하는 상황이었다.55 ITLOS는 이 사건에서 긴급성 요건이 충족되지 않는다는 이유로 신청을 기각하였다.56 따라서 손해 존재 증명과 관련한 증명책임 전환에 관한 ITLOS의 판단은 볼 수 없게 되었다. 「조호르 해협과 주변에서의 싱가포르 간척 사건」에서도 말레이시아는 싱가포르가 간척행위 등을 통하여 협약의 여러 규정과 함께 '사전주의 원칙precautionary approach'을 위반하였다고 주장했지만, 싱가포르는 이에 반대하였다.57 사건의 본안 절차가 진행되지 않아 중재재판부의 판단을 볼 기회는 없게 되었다.

위의 계쟁사건과 비견되게 「심해저활동 보증국 권고적 의견 사건」에서 해저분쟁재판부는 명시적으로 사전주의 원칙을 그 판단 과정에서 언급하였다. 이 사건에서 보증국이 피보증계약자들의 심해저활동과 관련하여 협약상 직접적 의무를 부담하는데 직접적 의무에는 협약 및 계약상의 의무를 잘 이행할 수 있도록 보증할 보증의무obligation to ensure뿐만 아니라 다른 의무를 부담하는데, 그중의 하나가 '사전주의 접근을 적용할 의무obligation to apply a precautionary approach'라고 하였다.58 망간단괴 규정59 제31조 제2항과 해저열수광상 규정60 제33조 제2항이 명시적으로 환경과 개발에 관한 리우선언(이하 리우선언) 제15원칙의 사전주의 접근을 적용해야 한다고 규정하고 있었다는 점도 해당

---

54 ITLOS, *supra* note 15, paras. 71-72.
55 *Ibid.*, para. 76.
56 *Ibid.*, para. 81.
57 ITLOS, *supra* note 18, para. 75.
58 ITLOS, *supra* note 32, para. 122.
59 심해저 망간단괴 개괄탐사 및 탐사 규정(the Regulations on Prospecting and Exploration for Polymetallic Nodules in the Area)
60 심해저 해저열수광상 개괄탐사 및 탐사 규정(Regulations on Prospecting and Exploration for Polymetallic Sulphides in the Area)

판단의 중요한 요인이었다.61 이 규정들이 리우선언의 비구속적 규범의 내용을 구속적 규범으로 변경시켜 주었다고 해저분쟁재판부는 판단하였다.62 또한 리우선언 제15원칙이 사전주의 접근과 관련하여 개별 국가의 능력에 따라서(according to their capabilities) 적용될 것을 규정하고 있기 때문에 심해저에서 망간단괴 및 해저열수광상의 개괄탐사 및 탐사와 관련하여서도 당사국들은 그 능력에 따라 차별적인 사전주의 의무를 진다는 점을 확인하였다.63

무엇보다도 이 사건 권고적 의견에서 해저분쟁재판부가 사전주의 원칙을 국제관습법의 일부라고 확인한 점은 유엔해양법협약의 해석 및 적용에 있어서 매우 중요한 판단으로 기록될 것이다. 해저분쟁재판부는 사전주의 원칙이 여러 국제조약에 수용됨에 따라서 국제관습법의 일부가 되었다는 점을 확인하였다.64 특히나 「펄프밀 사건」에서 ICJ가 사전주의 원칙과 관련하여 판단하면서 재판의 근거 및 대상이 되고 있는 조약65의 해석 및 적용에 관한 지침이 될 수 있다고 판단한 점66을 ITLOS는 지적하면서, 조약법에 관한 비엔나협약 제31조 제3항의 "당사국 간의 관계에 적용될 수 있는 국제법의 관계규칙"에 사전주의 원칙이 포함된다고 하였다. 이는 사전주의 원칙이 국제법상 법적 구속력이 있는 법규범이 될 수 있음을 ITLOS가 직접 확인한 것이다. 해저분쟁재판부의 이러한 판단은 비록 그것이 법적 구속

---

61 ITLOS, *supra* note 32, para. 125.
62 *Ibid.*, para. 127.
63 *Ibid.*, para. 129.
64 *Ibid.*, para. 135.
65 The Statute of the River Uruguay, ICJ 판례는 이를 'The 1975 Statute'로 표현하였다.
66 *Pulp Mills on the River Uruguay (Argentina v. Uruguay), Judgment, I.C.J. Reports 2010,* para. 164; ITLOS, *supra* note 32, para. 135.

력이 없는 권고적 의견을 통하여 확인되었다고 하더라도 국가 간의 관계를 규율하는 상설 국제재판소에서 내려진 판단이라는 점에서 충분한 법적 권위를 가지고 있다.

　사전주의 원칙은 「심해저활동 보증국 권고적 의견 사건」을 통하여 중요한 국제관습법의 일부로 확인되었다. 「MOX Plant 사건」에서 아일랜드의 주장처럼 사전주의 원칙에 근거하여 증명책임의 전환이 허용될 것인지 여부는 명확하지 않다. 「펄프밀 사건」에서도 ICJ는 사전주의 원칙에 따른 입증책임의 전환을 인정할 수 없다고 하였다.[67] 「조호르 해협과 주변에서의 싱가포르 간척 사건」에서 말레이시아의 주장처럼 유엔해양법협약 위반과 더불어 재판부가 사전주의 원칙 위반 여부까지 확인할 수 있을 것인지도 의문이다. 이러한 영역에까지 사전주의 원칙의 내용이 발전할 것인지 여부는 아직 알 수 없다.

2. 협력의무

협력의무와 관련하여 ITLOS는 협력의무가 제12부에서 유래하고 있으며 따라서 그 의무로부터 유엔해양법협약 체제에서 보호될 권리가 발생한다고 판단하였다. 「MOX Plant 사건」에서 ITLOS는 협력의무가 협약 제12부 해양환경 오염 예방에 있어서 중요한 원칙이자 국제법상의 중요 원칙이라고 하였으며, 따라서 잠정조치에 관한 제290조에 의하여 보호할 권리가 발생한다고 하였다.[68] 해양환경 오염 예방에 관한 의무가 협약 제12부에서 유래한다고 판단하였으며 이러한

---

[67] ICJ, *supra* note 66, para. 164.
[68] ITLOS, *supra* note 15, para. 82.

판단은 추후 ITLOS의 「조호르 해협과 주변에서의 싱가포르 간척 사건」 및 「SRFC 권고적 의견 사건」, 「가나-코트디부아르 해양경계획정 사건」(잠정조치)에서 그대로 원용되었다.[69]

「남중국해 사건」에서 중재재판부는 협력의무 위반만을 단독으로 인정하지는 않았지만, 협력의무에 기반하여 유엔해양법협약을 해석하고 해당 규정의 위반을 적극적으로 인정한 점에서 협력의무가 협약의 중요한 해석 원칙으로 자리잡고 있음을 확인할 수 있다. 남중국해 사건에서 중재재판부는 중국이 필리핀을 비롯한 다른 국가와 남중국해에서 협력을 시도하였다고 볼 만한 증거가 없다고 지적하였다.[70] 중재재판부는 협약 제197조가 해양환경 보호를 위한 지역적 차원에서 협력을 요구하고 있다는 점과 제123조가 반폐쇄해의 경우에 자신의 권리 행사와 관련하여 협력을 위해 노력해야 한다고 규정하고 있다는 점을 지적하였다.[71] 또한 이전의 사건에서 협력의무의 존재를 확인할 수 있다는 점을 이유로 중국이 협력에 관한 노력을 불충분하게 하였다는 점을 지적하였다.[72] 그러나 단지 그 사실만을 토대로 협약 제197조 혹은 제123조를 위반하였다고 판단하지는 않았다. 이러한 협력 시도에 관한 증거가 없다는 점이 제206조의 감시 및 환경영향평가와 관련된 의무위반과 연관되어 있다는 점을 지적한 후에야, 제206조를 위반하였다는 판단과 함께 제197조와 제123조 위반까지도 함께 인정하였다.[73] 중재재판부가 협력의무를 확인하고 있

---

69 ITLOS, *supra* note 18, para. 92; ITLOS, *supra* note 7, para. 140; ITLOS, *supra* note 6, para. 73.
70 PCA, *supra* note 44, para. 986.
71 *Ibid.*, para. 984.
72 *Ibid.*, para. 985.
73 *Ibid.*, paras. 986, 993. 중재재판부는 제206조의 위반만을 인정하였으나, 제206조가

는 제197조와 제123조 위반을 제206조의 위반을 전제로 인정했다는 점에서 협력의무를 단독적인 의무위반의 근거로 확인하지 않고 있다는 점을 알 수 있다.

「남중국해 사건」에서 확인한 바와 같이 해양환경 관련 개별 조항이 협력할 의무에 대해서 규정하고 있으며, 이는 단순한 주의적 규정이거나 혹은 지시적 규정이 아니라 실질적인 재판규범으로 작용하고 있다. 또한 협력의무는 잠정조치의 보호대상이 되는 권리를 창출하고 있다. 즉 협력의무의 상대방은 협력을 요구할 수 있는 권리가 있으며 이에 따라서 ITLOS 혹은 중재재판부는 협력에 관한 체제 구축을 잠정조치로 명령할 수 있는 것이다. 이러한 두 가지 의미에서 협력의무는 구체적인 내용을 가지는 재판규범으로 발전하였다고 평가할 수 있다.[74]

제205조를 전제로 하고 있다는 점에서 제206조 위반은 제205조 위반을 포함하고 있다고 할 수 있다.

[74] 이와 관련하여 Treves는 잠정조치 요건인 회복불가능한 손해, 긴급성이 없음에도 당사국 상호 간에 협력을 요구하는 내용의 잠정조치 명령이 내려졌다는 점에 주목한 바 있다. Tullio Treves, "The Settlement of Disputes concerning the Protection of the Marine Environment and the Exploitation of Marine Resources: The Practice of ITLOS" in Marta Chantal Ribeiro(ed.), *30 anos de assinatura da Convenção das Nações Unidas sobre o Direito do Mar: protecção do ambiente e o future do direito do mar, actas da Conferência Internacional, Faculdade de Direito da Universidade do Porto (15-17 November 2012)* (Coimbra: Coimbra Editora, 2014), pp. 148-149; Tomas Heidar, *supra* note 1, p. 359 재인용. 이러한 Treves의 지적에 따른다면 과연 협력의무로부터 도출되는 권리를 보호하기 위한 잠정조치가 가능하다는 ITLOS의 판단이 합리적인지 의문이 제기될 수 있다. 왜냐하면 다른 권리의 보호를 위해서 회복불가능한 손해 및 긴급성을 요구하고 있기 때문이다.

3. 환경영향평가

환경영향평가와 관련하여서는 유엔해양법협약상 관련 규정이 명시적으로 존재한다는 점에서 다른 국제환경법상의 원칙과 다르다. 협약 제206조는 해양환경에 대한 실질적인 오염이나 중대하고 해로운 변화를 가져올 것이라고 믿을 만한 합리적 근거가 있는 경우에는 해양환경에 관한 영향평가를 해야 한다고 규정하고 있으며, 이를 제205조에서 정한 방식으로 즉 국제기구에 보고서를 송부해야 한다고 규정하고 있다.

「남중국해 사건」에서 중재재판부는 중국이 감시 및 환경영향평가와 관련된 의무를 이행하지 않아 협약 제205조 및 제206조를 위반하였다고 판단하였다.[75] 간척의 규모를 보았을 때 중국이 "해양환경에 중대하고 해로운 변화를 야기할"(제206조) 것이라는 점을 알 수 있었고, 따라서 환경영향평가를 실행 가능한 한 수행해야 한다고 판단하였다.[76] 그러나 중국이 이를 수행하였다는 점을 확인할 수 없을 뿐만 아니라 제205조에 따라 권한 있는 국제기구에 보고서를 제출할 의무가 있음에도 이를 이행하였다는 점을 확인할 수 없다는 이유로 중재재판부는 중국의 제205조 및 제206조 위반을 인정하였다.[77] 환경영향평가는 유엔해양법협약상 구체성을 가지고 그 내용이 규범화되어 있는 원칙이다. 특히 「남중국해 사건」에서는 환경영향평가 의무에 관한 제206조 위반을 인정하였다는 점에서 의미가 있다.[78]

---

75 PCA, *supra* note 44, para. 991.
76 *Ibid.*, para. 988.
77 *Ibid.*, para. 991.
78 「Mox Plant 사건」에서도 제206조 위반을 확인해 줄 것을 아일랜드가 본안으로 청구

더 나아가 「심해저활동 보증국 권고적 의견 사건」에서 해저분쟁재판부는 환경영향평가 의무가 보증국이 직접적으로 부담하는 의무라는 점을 확인하고 그 근거로 유엔해양법협약 제206조뿐만 아니라 국제관습법상의 일반의무를 제시하였다.[79] 또한 그것이 일반의무이며, 선례인 「펄프밀 사건」에서 ICJ가 국가관할권 영역을 넘어서서 초국경적 영역에서 행해지는 활동에도 적용하고 있다는 점을 근거로 환경영향평가 의무는 망간단괴 규정 및 해저열수광상 규정에서 정하고 있는 범위를 넘어서까지도 적용된다는 점을 확인하여 주었다.[80] 이러한 판단은 심해저를 대상으로 한 것이지만 환경영향평가 의무는 국가관할 해역을 넘어서는 해역에서도 준수되어야 할 필요가 있다는 점을 지적한 것으로 BBNJ Biodiversity Beyond National Jurisdiction 협상에서 국가관할 이원 해역의 활동에 대해서도 당사국들이 환경영향평가를 수행할 의무가 있다는 사실에 대한 법적 근거로 활용된다.

4. 상당주의 의무

「심해저활동 보증국 권고적 의견 사건」에서 해저분쟁재판부는 보증국의 의무를 i)피보증계약자들이 계약 및 협약상의 의무를 이행하도

하였으나, 이 사건 본안 소송이 진행되지 않아 이에 대한 판단은 이루어지지 못하였다(ITLOS, *supra* note 15, para. 26 참조). 또한 「조호르 해협과 주변에서의 싱가포르 간척 사건」에서는 말레이시아가 싱가포르를 상대로 환경영향평가 실시 전까지 간척 작업을 중단할 것을 본안으로 청구하였으며, 사실상 이는 간접적으로나마 환경영향평가를 요구한 것이라고 할 수 있다. 물론 이 사건도 본안 소송이 진행되지 않아 이에 대한 판단은 이루어지지 않았다(ITLOS, *supra* note 18, para. 22 참조).
79 ITLOS, *supra* note 32, paras. 146, 147.
80 *Ibid.*, paras. 148-150.

록 보증할 '보증의무obligation to ensure'와 ii)보증국이 부담하는 직접의무로 구분하였다. 이러한 구분을 바탕으로 피보증계약자가 의무를 위반했다고 해서 그것이 보증국의 의무위반으로 귀속되는 것은 아니라고 하였다.[81] 반대로 피보증계약자의 의무위반이 보증국에 어떠한 경우에도 귀속되지 않는다고 볼 수 없다고 하여 일정한 경우에는 보증국도 보증의무에 기반하여 국제책임을 질 수 있다고 하였다.[82] ITLOS는 이러한 보증의무를 결과의무는 아니지만 행위의무에 해당하는 것으로 '상당주의 의무an obligation of due diligence'라고 하였다.[83] 요약하자면 국가(보증국)가 직접적으로 지고 있지 않으며, 국가가 아닌 개체가 협약이나 관련 규범을 준수해야 하는 상황에서는 그 개체가 협약이나 관련 규범을 준수하도록 확보할 의무가 있는데, 이 의무를 상당주의 의무라고 한 것이다.

상당주의 의무에 대해서 ITLOS는 그 개념이 ICJ「펄프밀 사건」에서 먼저 확립되었으며, 국제법위원회International Law Commission: ILC의 국가책임법 초안 제8조 제1항 및 협약 제194조에서도 그 내용을 확인할 수 있다고 하였다.[84] 그러면서 상당주의 의무 내용을 다음과 같이 확인하였다. 우선 상당주의 의무의 내용이 가변적인variable 개념이라는 점을 인정하였다.[85] 즉 상당주의 의무를 다하기 위한 조치는 시간에 따라 가변적이어서 한때에는 충분했던 조치도 새로운 과학과 기술의 출현에 따라 충분하지 않을 수 있다고 하였다.[86] 그리고

---

81 *Ibid.*, para. 109.
82 *Ibid.*, para. 112.
83 *Ibid.*, para. 110.
84 *Ibid.*, paras. 111-116.
85 *Ibid.*, para. 117.
86 *Ibid.* 특히나 이 점을「심해저활동 보증국 권고적 의견 사건」에서는 개괄탐사의 경우,

상당주의 의무를 다하기 위해서는 이를 확보하기 위한 조치를 취해야 하며, 그 조치는 그 국내법 체제 내에서 해당 보증계약자들의 이행을 확보할 수 있을 정도로 합리적이고 타당해야 한다고 하였다.[87]

「SRFC 권고적 의견 사건」에서는 기국에게 선박이 불법어업을 하지 않도록 예방조치를 취할 의무가 있으며, 이를 상당주의 의무라고 하였다.[88] 이 사건에서 ITLOS는 상당주의 의무의 내용이 「심해저활동 보증국 권고적 의견 사건」에서 확립되었으며 동일하지는 않더라도, 심해저활동과 관련하여 보증국과 피보증계약자들의 관계는 불법어업과 관련하여 기국과 선박 사이 관계와 유사하다고 하였다.[89] 결국 「심해저활동 보증국 권고적 의견 사건」에서 해저분쟁재판부가 인정하고 확립한 상당주의 의무 내용을 「SRFC 권고적 의견 사건」에서 ITLOS 전원합의체가 다시 한번 확인한 것이다.

「남중국해 사건」에서 중재재판부는 해양환경 보호와 관련하여 제192조에 주목한다. 제192조는 일반조항으로서 "각국은 해양환경을 보호하고 보전할 의무를 진다"고 규정하고 있는데, 이 제192조가 상당주의 의무를 부과하고 있다고 파악하였다.[90] 또한 제194조 제5항은 이 제192조를 구체화하는 조항인데, 제5항은 희귀하거나 손상되기 쉬운 생태계의 보호 및 해양생물체 서식지의 보호와 보존에 대해서 규정하고 있으며, 이를 위하여 필요한 조치를 취할 '상당주의' 의무를 제192조가 부과하고 있다고 하였다.[91] 「남중국해 사건」에서

    탐사의 경우, 이용의 경우에 따라서 각각 상당주의 의무 내용이 달라질 수 있으며, 또한 광물의 종류에 따라서도 달라질 수 있다고 하였다.
87 *Ibid.*, paras. 119-120.
88 ITLOS, *supra* note 69, para. 129.
89 *Ibid.*, para. 125.
90 *Ibid.*, para. 959.

중재재판부가 사법활동이 아니라 입법활동을 했다는 비판이 있으나,[92] 이미 이전 2번의 권고적 의견 사건을 통하여 ITLOS가 상당주의 의무의 내용을 확립한 것을 고려한다면, 유엔해양법협약의 개별 규정, 제192조 및 제194조 제5항으로부터 상당주의 의무의 내용을 찾는 것이 과도하게 진일보한 해석이라고 보기는 어려울 것이다. 다만 제192조가 일반조항이라는 점을 고려할 필요는 있으며, 이 점을 중재재판부가 제194조 제5항과 함께 고려하여 상당주의 의무를 도출한 것으로 파악해야 할 것이다.

5. 검토

위의 해양환경에 대한 실체적 규범은 재판소가 유엔해양법협약의 해석 및 적용에 관한 사건을 통하여 발전시켜 온 규범 목록이다. 그러나 협약에 관련 규정이 있는 경우—예를 들어 환경영향평가와 협력 의무의 경우—를 제외하면 위의 원칙들에 기반하여 소를 제기할 수는 없다. 즉, 사전주의 원칙, 상당주의 의무에 기반하여 그 의무위반을 이유로 유엔해양법협약상의 소를 제기할 수는 없을 것이다. 유엔해양법협약 제288조는 분쟁해결절차의 대상 분쟁을 협약의 해석 및 적용에 관한 분쟁으로 한정하고 있기 때문이다. 다만, 제293조 제1항이 관련 국제법 규칙을 재판에 적용할 수 있다고 하였으므로 이 원칙을 적용하여 사건을 검토할 수 있으며, 여러 사건에서 비록 명시적으

---

91 *Ibid*.
92 Zhang Hua, "The Development of International Law of the Sea by International Courts and Tribunals: A Case Study of Due Diligence Obligation", *Korean Journal of International and Comparative Law*, Vol. 9, Issue 1 (2021), pp. 148-149.

로 제293조를 근거로 제시하지는 않았지만, 제293조에 따라 관련 국제법 규칙을 적용한 것으로 볼 수 있다. 국제환경법상 원칙들의 지난 40년간의 발전은 유엔해양법협약상 해양환경 규범의 발전에 있어 중요한 비중을 차지하고 있다. 협약 문언은 주요 국제환경법상의 원칙을 수용하지 못하고 있다. 하지만 그 이후 국제 재판은 국제환경법상의 원칙을 유엔해양법협약상의 중요 내용으로 수용해 왔으며 유엔해양법협약의 발전에 있어 중요 성과라고 할 수 있다.

V. 해양환경의 새로운 이슈와 협약

1. 국가관할권 이원 지역의 해양생물다양성(BBNJ)

국가관할권 이원 지역의 해양생물다양성BBNJ이란 2017 유엔총회 결의 제72/249호에 의하여 시작된 협상 체제 및 그 결과물로 채택된 문서를 일컫는다.93 공식 정부 간 협상은 2018년부터 시작되어 총 4회가 기획되었다. 코로나 팬데믹의 여파로 4번째 마지막 정부 간 협상이 연기되었다.94 이후 다시 재개되었으나, 4번째 협상으로도 결과가 도출되지 않아 5번째 협상을 개최하는 것으로 유엔총회가 다시 결정하였고95 5번째 협상이 개최되었다. 공식협상 개시 전 2006~2015년간 9차례의 작업반Working Group 회의가 있었으며,96 2016~2017년간 4차례의 준비위원회Preparatory Committee97 회의가 있었다. 특히 준

---

93 UN doc. A/RES/72/249 (2017).
94 UN doc. A/RES/74/543 (2020).
95 UN doc. A/RES/76/L.46, 24 March 2022 (2022).
96 UN doc. A/RES/60/30 28 January 2005 (2005).

비위원회가 법적 구속력을 가지는 문서, 즉 조약 채택을 위한 협상이 필요하다는 결론을 내리고 이를 유엔총회에 권고하였고, 유엔총회가 이를 수용하면서 공식 협상이 개시된 것이다. 2011년 작업반은 국가관할권 이원 지역에 대한 논의를 진행하면서, i)이익공유 문제를 포함한 해양유전자원, ii)해양보호구역을 포함한 지역기반 관리수단, iii)환경영향평가, iv)역량강화 및 해양기술이전 등 4가지 주제를 패키지로 검토하기로 합의하였으며. 이는 BBNJ 공식 협상에서도 그대로 지켜졌다.98 4가지 주제 중 해양환경과 관련된 것은 ii)와 iii) 주제인 '해양보호구역을 포함한 지역기반 관리수단'과 '환경영향평가' 문제이다. 5번째 공식협상 전에 회람된 협정 초안에 따르면 다음과 같은 내용으로 규정되어 있다.99

5번의 공식협상 결과 일정한 지역을 국가들이 사무국에 제안하면100 당사국 회의에서 결정을 통하여 해양보호구역을 포함한 지역기반 관리 체제를 수립할 수 있도록 하였다.101 결정이 내려지면 개별 회원국들은 자신들의 관할권 혹은 통제 아래에서 이루어지는 활동이 그 결정에 따라 이루어지도록 보장할 의무가 있다.102 또한 국가들이 국가관할권 이원 지역에서 활동을 할 때 환경에 영향을 미치는 행위를 하게 될 경우 환경영향평가를 해야 한다.103

---

97 UN doc. A/RES/69/292 (2015).
98 UN doc. A/RES/72/249 (2017), para. 2.
99 UN doc. A/CONF.232/2022/5 (2022), United Nations General Assembly, Further revised draft text of an agreement under the United Nations Convention on the Law of the Sea on the conservation and sustainable use of marine biological diversity of areas beyond national jurisdiction, Fifth Session.
100 Article 17, *ibid.*
101 Article 18, *ibid.*
102 Article 29, *ibid.*

이러한 국가관할권 이원 지역에서 활동에 대한 환경적 통제는 물론 공해의 자유에 대한 침해 논란을 불러일으킬 수 있다. 하지만 협상 결과 문서는 이를 차단하기 위한 목적에서 이 협정의 어떠한 규정도 유엔해양법협약상의 국가의 권리, 의무 및 관할권에 영향을 미치지 못한다고 하여 유엔해양법협약과의 충돌 가능성을 사전에 차단하였다. 그러나 공해의 자유의 원칙이 적용되는 범위 및 영역이 계속적으로 축소되고 있다는 평가를 부인하기는 어려울 것이다. Hugo Grotius가 자유해론을 주창한 이래로 그것이 해양법의 기반을 형성하였으나, 다른 한편 유엔해양법협약상 연안국의 관할권 확대 경향은 사실상 Grotius의 자유해론을 사장시키고 있는 것이며, 이에 더 나아가 BBNJ협상은 자유해론의 입지를 더욱 악화시키고 있는 것으로 볼 수 있다.

2. 기후변화

지구 온난화에 대처하기 위한 기후변화협약[104]은 인간활동이 대기 중의 온실가스 농도를 증가시켜, 온실효과가 증대되고 그 결과 지구 표면 및 대기 온도를 상승시켜 생태계와 인간에게 부정적인 영향을 주었다는 인식에 기초하고 있다.[105] 따라서 협약의 목적은 대기 중 온실가스 농도의 안정화에 있다.[106] 하지만 협약은 해양에 대해서는 전혀 관심을 기울이지 않았으며 오로지 육지에 기반한 감축 및 대응

---

103 Article 24, *ibid.*
104 기후변화에 관한 국제연합 기본협약(United Nations Framework Convention on Climate Change)
105 *Ibid.*, 서문(Preamble).
106 *Ibid.*, 제2조.

조치에만 관심을 가졌다.107 반대로 유엔해양법협약도 기후변화에 대해서 어떠한 규율도 하고 있지 않다. 유엔해양법협약이 기후변화와 관련하여 어떠한 규정도 담고 있지 않은 것은 유엔해양법협약 제12부 채택 협상이 진행되던 1970년대의 해양환경에 대한 관점을 담고 있기 때문이다.108 하지만 40년이 지난 현시점에서 해양은 기후변화에 있어서 중요한 역할을 담당하고 있는 것으로 밝혀지고 있다. 우선 해양은 가장 중요한 이산화탄소CO_2 흡수원이다. 이산화탄소 배출 중 25퍼센트를 바다가 흡수하며, 산소의 50퍼센트는 바다에서 공급되고 있다. 또한 지구에서 생산되는 잉여 열의 90퍼센트는 바다가 흡수하고 있다. 오늘날 기후변화에 있어서 핵심 요인인 해양에 대해서 유엔해양법협약은 채택 회의 당시 인류 인식의 한계로 아무런 관련 규정을 두지 못하였으며, 기후변화협약 역시 해양에 대해서는 전혀 주목하지 않았던 것이다.

이에 대응하기 위하여 유엔은 유엔총회 결의를 통하여 형성된 회의체를 중심으로 대응하고 있다. 우선 매년 유엔총회가 채택하고 있는 '바다 및 해양법에 관한 결의'는 2009년 결의에서 기후변화의 시급성을 인정하였고, 특히 극지 생태계에 대한 위협과 산호의 백화 현상에 대해서 우려를 표시한 바 있다.109 이에 따라서 유엔총회는 기후변화가 해양에 미치는 영향을 파악하기 위하여 과학적 연구를

---

107 Millicent McCreath and Amber Rose Maggio, "Introduction: Climate Change and the Law of the Sea: Adapting the Law of the Sea to Address the Challenges of Climate Change", *The International Journal of Marine and Coastal Law*, Vol. 34, Issue 3 (2019), p. 387.

108 Alan Boyle, "Law of the Sea Perspectives on Climate Change", *The International Journal of Marine and Coastal Law*, Vol. 27, Issue 3 (2012), p. 831.

109 UN doc. A/RES/64/71 (2009).

진행하고 기후변화 적응을 위한 방안을 개발할 것을 장려하였다.110 또한 2015년 BBNJ 작업반 결과물에서도 기후변화가 해양에 대해서 미치는 영향에 대해서 우려를 표시한 바 있다.111 이에 따라 작업반 결과물은 기후변화에 해양의 영향에 대한 추가 연구 필요성을 강조하고 이를 위하여 재정적·기술적 지원이 필요하다는 점을 강조하였다.112

기후변화는 기온상승으로 이어지고 그 결과 해안침식과 더불어 해수면 상승으로 인한 해안선의 변화를 야기한다. 이는 필연적으로 EEZ 및 대륙붕, 영해의 관할수역 변화를 불러일으키고 또한 해양경계획정에도 영향을 미치게 된다. 해수면 상승으로 인한 해안선의 변화 문제를 국제해양법을 포함한 국제법상 어떻게 평가할 것인가의 문제에 대해서 유엔 국제법위원회ILC가 현재 검토를 진행하고 있다. '국제법 관련 해수면 상승Sea-level rise in relation to international law' 주제는 2018년 제70차 회기에서 국제법위원회 장기작업주제로 채택되었다.113 이후 2019년 제71차 회기에서 작업주제로 선정되어 스터디 그룹Study Group 형태로 신행하기로 하였다.114 그 결과 2021년 1차

---

110 *Ibid.,* paras. 114, 119.
111 UN doc. A/69/780 (2015), United Nations General Assembly, Letter dated 13 February 2015 from the Co-Chairs of the Ad Hoc Open-ended Informal Working Group to the President of the General Assembly, Sixty-ninth Session.
112 *Ibid.,* paras. 19, 35, 42.
113 UN doc. A/73/10 (2018), Report of the International Law Commission, 70th session, Official Records of the General Assembly, Seventy-third Session, Supplement No. 10, paras. 368-370.
114 박기갑, "2018년 제70차 회기 유엔 국제법위원회 작업현황과 제73차 유엔총회 제6위원회 논의결과", 『국제법평론』, 제52호(2019), pp. 200-203; 박기갑, "2019년 제71차 회기 유엔 국제법위원회 작업현황과 제74차 유엔총회 제6위원회 논의결과", 『국제법평론』, 제55호(2020), pp. 197-199; 박기갑·민혜영, "2020년 유엔 국제법위원회

보고서가 검토되었으며, 2022년 2차 보고서가 검토되었다. 해수면 상승을 국제해양법의 관점에서 검토한 것은 1차 보고서이다. 2차 보고서는 국가성 문제와 인권 문제에 대해서 검토하였다.

또한 기후변화 문제는 연쇄적으로 해양 산성화 문제를 야기시킨다. 산업혁명으로 과다배출된 이산화탄소를 지속적으로 바다가 흡수하여 왔다. 그 결과 바닷물 속의 수소이온 농도가 증가되게 되었고 결과적으로 해수의 pH가 낮아지게 되어 해양이 산성화된다. 이는 해양 생태계에 변화를 주게 되고 결과적으로 어족 자원에도 영향을 미치게 된다. 이 문제에 대해서도 유엔은 유엔총회의 결의를 통하여 비공식협의 회의를 2013년에 개최하였다.[115]

유엔해양법협약은 직접적으로 기후변화 문제에 대해서 규율하고 있지 않다.[116] 그렇다고 기후변화가 주는 전 지구적 변화와 이에 따른 국제법의 발전을 수용하는 적극적인 조치, 즉 협약의 개정이라든가 이행협정 채택이 추진되든가, 아니면 제4차 유엔 해양법회의를 준비하든가 하는 적극적인 조치를 취하고 있지 않다. BBNJ 논의가 기후변화와 연관은 되어 있다고는 하지만, 기후변화 대응 및 적응을 직접적인 목표로 하고 있는 것은 아니다.

이와 관련하여 유엔해양법협약이 기후변화 문제에 대응할 수 있는 법적 틀을 부족하나마 그 해석을 통하여 제공할 수 있다는 견해도 존재한다. 특히 이 견해는 제12부의 일반규정이 기후변화에 대응

의 활동: 제72차 회기 연기 결정 관련 'silence procedure'와 '국제법 관련 해수면 상승' 주제 제1차 보고서 분석을 중심으로", 『국제법평론』, 제58호(2021), p. 153.
115 UN doc. A/RES/68/71 (2012).
116 House of Lords, *International Relations and Deference Committee, 2nd Report of Session 2021-22, UNCLOS: the law of the sea in the 21st century* (2022), para. 132.

할 수 있는 법적 내용을 제공할 수 있다고 보고 있다.117 제194조가 "모든 오염원으로부터" 해양환경의 오염을 방지할 조치를 취할 것을 당사국에게 요구하고 있다는 점, 온실가스 역시 제194조 제3항이 규제하고 있는 "유독·유해하거나 해로운 물질의 배출"에 해당할 수 있다는 점, 이산화탄소 방출 행위 역시 제1조 제1항 제4호의 "해양환경에 대한 오염"에 해당할 수 있다는 점을 근거로 삼고 있다.118 또한 이 견해는 당사국들이 기후변화와 관련하여 직접적인 의무를 부담하는 것이 아니라 상당주의 의무를 부담하고 있다는 점을 지적한다. 즉 당사국은 제194조에 따라서 개인의 기후변화를 야기하는 활동으로 타국에 손해가 발생하지 않도록 보증하고, 필요한 조치를 취할 의무를 부담한다는 것이다.119 제212조가 대기로부터 해양환경이 오염되는 것을 방지, 경감 및 통제하기 위한 조치를 취할 의무를 당사국에게 부여하고 있으며, 또한 권한있는 국제기구나 외교회의를 통하여 이를 실현하도록 노력할 의무를 부과하고 있다는 점에 주목한다. 즉 제212조 해석 및 적용에 있어서 기후변화협약, 더 나아가 최근의 파리협정 Paris Agreement 까지도 중요한 기준이 될 수 있는 것이다.120

하지만 현재 유엔해양법협약 체제만으로는 그리고 기후변화협

---

117 *Ibid.*; Alan Boyle, *supra* note 108, p. 833, p. 834.
118 Alan Boyle, *ibid.*, pp. 832-833.
119 *Ibid.*, pp. 833-834.
120 *Ibid.*, p. 834; James Harrison, *Saving the Oceans through Law: The International Legal Framework for the Protection of the Marine Environment* (Oxford: Oxford Univ. Press, 2017), p. 256; Catherine Redgwell, "Treaty Evolution, Adaptation and Change: Is the LOSC 'Enough' to Address Climate Change Impacts on the Marine Environment?", *The International Journal of Marine and Coastal Law,* Vol. 34, Issues 3 (2019), p. 449.

약 및 최근 파리협정만으로 해양에 관한 기후변화 문제를 검토하기에 부족하다는 견해도 존재한다. 즉, 두 조약 체제와 관련하여 유엔해양법협약 제237조는 유엔해양법협약이 '해양환경의 보호·보전과 관련하여 이미 체결된 특별 협약과 협정'에 영향을 미치지도 않으며 특별 협약상의 의무는 유엔해양법협약에 합치하는 방식으로 이행되도록 규정하고 있으나, 기후변화협약 및 관련 협정은 해양환경의 보호·보전을 목적으로 하고 있지 않기 때문에, '특별 협약이 될 수 없으며, 제237조가 적용되지 않는다는 것이다.[121] 더불어서 공기 중의 온실가스가 해양환경에 대한 오염원 혹은 오염이 될 수 있을 것인지에 대해서도 그 포섭이 용이하지 않을 수 있다는 점도 검토해야 할 지점이다. 대기 중의 온실가스가 제1조 제1항(4)의 '오염'으로 포섭될 수 있다면, 인간이 숨을 통하여 내뱉는 이산화탄소도 해양환경에 대한 오염원이 된다는 의미로 확장될 수 있다는 점 때문이다.

　유엔해양법협약이 기후변화에 대응할 수 있는 법적 체제를 제공할 수 있다는 것은 해석을 통한 적극적 접근법이다. 실제 의미가 있는 접근법이 되기 위해서는 유엔해양법협약 제12부의 규정들이 기후변화에 대응할 수 있는 실효적 규정이라는 실행이 형성되어야 할 것이다. 의미 있는 실행이 되기 위해서는 유엔해양법협약상 분쟁해결기구가 이와 관련한 사법결정을 내리거나 혹은 권고적 의견 제시가 필요하다. 혹은 유엔해양법협약상 기관인 당사국 회의 등에서 유의미한 결의가 도출되어야 한다. 이러한 점에서 채택 이후 40년이 지난 현재 시점에서 유엔해양법협약이 기후변화에 대응할 수 있는 법적 기반을 제공해 줄지 여부는 미래에 맡겨진 과제라고 할 것이다.

---

121 Catherine Redgwell, *ibid.*, pp. 454-456.

3. 미세 플라스틱

유엔사무총장의 2016년 해양 및 해양법에 관한 보고서의 주제는 '해양 쓰레기, 플라스틱, 마이크로 플라스틱'이었다. 이 보고서에서는 해양 쓰레기가 증가하고 있으며, 플라스틱과 같은 쓰레기는 분해되지도 않으며, 현재 26만 8,940톤에 상당하는 5.25조 개의 플라스틱 잔여물이 해양에서 유동하고 있다고 하였다.[122] 이 보고서에 따르면 많은 해양생물종이 플라스틱에 걸려들거나, 플라스틱을 먹이로 오인하고 삼키고 있는데, 특히나 먹이로 오인하여 삼키는 플라스틱 때문에 해양 동물에 크나큰 해악이 발생하고 있다고 보고하고 있다.[123] 이에 대응하기 위하여 유엔총회 '해양 및 해양법에 관한 결의'에서는 해양 쓰레기를 관리하기 위한 국내 체제를 마련할 것을 요구하고 있으며 또한 지역수산기구Regional Fisheries Management Organisation: RFMO 등 국제기구를 통한 대응도 촉구하고 있다.[124]

해양 플라스틱에 대한 전 세계적 관심이 증대되고 있는 가운데 2022년 3월 2일 유엔환경총회United Nations Environment Assembly[125] 결의를 통하여 플라스틱 문제에 대응하기 위한 국제조약 체결을 추진하

---

122 UN doc. A/71/74 (2016), United Nations General Assembly, Oceans and the law of the sea: report of the Secretary-General, Seventy-first Session.
123 *Ibid.*, paras. 16-20.
124 UN doc. A/RES/60/30 (2005), paras. 65-66. 이후 지속적으로 관련 내용이 포함되고 있음. 예를 들어 UN doc. A/RES/71/30 (2016), para. 31.
125 2012년 6월 유엔지속가능발전정상회의(Rio+20)에서 유엔환경계획(UNEP)이 국제환경 사안에 대해서 실질적인 권한이 필요하다는 데에 의견의 일치를 이루었다. 2013년 2월 제27회 UNEP 관리이사회는 국가를 비롯한 국제 회원들로 구성되는 유엔환경총회로 개편하기로 결정하였다. 2013년 3월에 유엔총회 결의를 통하여 UNEP 관리이사회를 유엔환경총회로 개편하였다(UN doc. A/67/784).

기로 결정하였다.126 이 결의는 UNEP 사무총장Executive Director에게 2024년까지는 조약 채택을 마무리할 것을 요구하고 있다.127 플라스틱 문제에 해양 플라스틱 문제가 포함되어 있어 이 문제에 관한 실질적 진전이 기대되고 있다. 다만, 협상이 유엔해양법협약의 틀에서 이루어지고 있는 것이 아니기 때문에 유엔해양법협약과 새롭게 체결될 조약과 관계가 어떻게 정립되게 될 것인지, 협상 과정에서 유엔해양법협약에 대한 고려가 어느 정도 이루어질 것인지는 아직 확정되어 있지 않은 상황이다.

그러한 의미에서 유엔해양법협약 제12부의 해양환경의 보호 및 보전에 관한 의무, 특히 일반적 의무를 부과하고 있는 제192조 및 제194조가 해양 플라스틱과 관련하여서도 법적으로 유의미한 규정으로 작용할 수 있다는 견해를 경청할 필요가 있다.128 이산화탄소를 오염원으로 규정할 수 있다면, 해양 플라스틱도 충분히 오염원으로 규정할 수 있다. 특별히 플라스틱의 경우 출처가 육상이기 때문에 육상 기인 오염원과 관련된 규정이 적용될 수 있다. 따라서 연안국들은 제207조에 따라 강이나 하구를 통한 플라스틱의 해양 유입을 통한 오염을 방지, 경감 및 통제하기 위하여 법령을 제정할 의무가 있다고 볼 수 있으며, 또한 제213조에 따라 이 법을 집행할 의무가 있다고 할 수 있다. 더 나아가 제213조는 육상 기인 오염원에 대해서 "권한있는 국제기구나 외교회의를 통하여 수립된 적용가능한 국제규칙과 기준을 시행하는 데 필요한 법령을 제정하고" 조치를 취할 의무

---

126 UN doc. UNEP/EA.5/Res.14
127 *Ibid.*, para. 1.
128 Judith Schäli, *The Mitigation of Marine Plastic Pollution in International Law* (Leiden: Brill Nijhoff, 2022), pp. 161-166.

를 부과하고 있는 것으로 해석할 수 있다.

VI. 결론

유엔해양법협약과 관련한 여러 국제 소송 사건에서 해양환경 문제는 중요한 쟁점이 되었다. 특히 ITLOS의 잠정조치는 해양환경 보호와 관련된 사건에서 양 당사국이 협력을 추구할 것을 명령하였으며, 또한 해양환경 보호를 목적으로는 잠정조치 명령도 가능하다는 점을 보여주었다. 권고적 의견 사건을 통하여서는 심해저활동에 보증국의 형태로 참여하는 당사국에게도 해양환경 보호를 위한 직접적·간접적 의무가 부과된다는 점을 확인시켜 주었다. 협약상 어업 활동에 대한 규제는 어족 자원의 개발 및 이용이라는 관리 측면과 아울러 해양환경 보호의 측면도 함께 내포하고 있음을 권고적 의견 사건을 통하여 확인할 수 있다. 더 나아가 「남중국해 사건」에서는 일반규범이라고 할 수 있는 유엔해양법협약 제192조 및 제194조 위반이 명시적으로 확인되었다. 이는 유엔해양법협약 제12부의 규정, 특히 일반규정이 중요한 재판규범으로 작동할 수 있다는 점을 보여준 것이며, 해양환경 규범이 국가에 법적 구속력 있는 의무로 작동할 수 있다는 점을 보여준다.

유엔해양법협약상의 분쟁에 관한 국제 판례에서는 국제환경법상 중요한 원칙들이 해양환경 분야에서 구체적 지침으로 작동할 뿐만 아니라 재판규범이 될 수 있다는 점을 보여주었다. 사전주의 원칙은 「심해저활동 보증국 권고적 의견 사건」에서 국제관습법적 지위를 가진다는 점이 확인되었다. 협력의무는 유엔해양법협약 제12부에서 유래하고 있기 때문에 그 논리의 필연적 결과로 협력의무 추구 역시 협약 체제 내에서 보호받을 수 있는 권리가 될 수 있다고 인정 받았다. 실제 협약 제206조는 당사국들에게 환경영향평가를 실시할 의무를 부과하고 있으며, 「남중국해 사건」 중재재판부는 대규모 간척행위가 제206조 위반이라는 점을 확인하였다. 더군다나 중재재판부는 제206조가 적용되는 해역을 관할해역으로 한정하지도 않았다. 이는 제206조상의 의무가 전체 해양을 대상으로 부과될 수 있다는 점을 보여준 것으로 일반규범임에도 구체적인 재판규범이 될 수 있다는 점을 확인시켜 준 것이다. 마지막으로 상당주의는 해양환경에 대한 오염 및 위험이 국가에 의하여 직접적으로 이루어지기보다는 국가관할권 아래 있는 개인 혹은 단체를 통하여 이루어진다는 점에서 의미가 큰 원칙으로 작용할 수 있다. 국가가 개별 개인의 행위에 대해서도 국제법상 책임을 지는 것은 아니지만, 개인의 행위에 대한 상당주의 의무를 부담하기 때문에 개인의 행위가 해양환경에 해를 가하지 않도록 보증할 의무를 부담하게 된다. 이는 일정한 한도를 넘어서지 않는 한 개인의 해양환경 침해행위에 대한 국가의 국제책임 면책 논리로도 작용할 수 있다.

유엔해양법협약은 채택 당시 해양환경 '오염'에 대한 대응을 제12부의 목표로 했으며, 이를 위하여 오염원별 대응 수단을 중심으로 관련 협약 문언이 채택되었다. 채택 40년이 지난 현시점에서 유엔해양법협약상 해양환경 분야의 발전은 협약 문언이 초점을 두고 있는 해양오염에 대한 대응이 아니라 해양환경 전 분야에서 그 보호 및 보전을 위한 실질적 규범력을 제고시키는 방향으로 발전하여 왔다. 이는 왜 유엔해양법협약이 '살아 있는 문서'일 뿐만 아니라,[129] 해양의 헌법[130]으로 불리고 있는지를 보여주는 좋은 예시이다. ITLOS와 유엔해양법협약상 다른 분쟁해결기관의 판례는 협약 제12부의 일반 규정인 제192조가 전체 회원국에 해양환경에 대한 보호의무를 부과하고 있을 뿐만 아니라 그 위반 시에는 국제재판을 통하여 소구될 수 있다는 점을 보여주었다. 더불어서 국제환경법상의 주요 원칙들이 유엔해양법협약 개별 규정의 해석 원칙으로 작동할 뿐만 아니라 구체적 재판규범으로 작동한다는 점을 보여주었다. 이는 유엔해양법협약이 새로운 해양 현안, 즉 생물다양성, 기후변화, 플라스틱 문제에 있어서도 충분한 법적 규율 체제가 될 수 있음을 보여주는 것이라고 할 수 있다. 더군다나 협약이 채택된 지 40년이 지났지만, 발효된 후로는 아직 30년이 채 되지 못하였음에도 해양환경 분야에서 보여준 성과를 상기한다면 다소 많은 기대를 품는 것이 무리라고 비난하기는 어려울 것이다.

---

129 Jill Barrett, "The UN Convention on the Law of the Sea: A "Living" Treaty?", in J Barrett and R Barnes (eds.), ***Law of the Sea: UNCLOS as a Living Treaty*** (London: BIICL, 2016), pp. 3-40 참조.

130 Tommy Koh가 제3차 유엔해양법회의 마지막 회의에서 성명을 발표한 바 있다. 그 성명의 제목이 "A Constitution of Ocean"이었다. Tommy T.B. Koh, "Remarks by Tommy T.B. Koh of Singapore, President of the Third United Nations Conference on the Law of the Sea, Montego Bay, Jamaica, 11 December 1982", in ***The Law of the Sea Compendium of Basic Document*** (Kingston: International Seabed Authority in collaboration with The Caribbean Law Publishing Company, 2001), p. Ix 참조.

참고 문헌

■ 국내 문헌

〈논문〉

박기갑, "환경오염으로 인한 손해의 국제법적 구제방안", 『환경법연구』, 제23권 제1호 (2001).

_____, "2018년 제70차 회기 유엔 국제법위원회 작업현황과 제73차 유엔총회 제6위원회 논의결과", 『국제법평론』, 제52호(2019).

_____, "2019년 제71차 회기 유엔 국제법위원회 작업현황과 제74차 유엔총회 제6위원회 논의결과", 『국제법평론』, 제55호(2020).

박기갑·민혜영, "2020년 유엔 국제법위원회의 활동: 제72차 회기 연기 결정 관련 'silence procedure'와 '국제법 관련 해수면 상승' 주제 제1차 보고서 분석을 중심으로", 『국제법평론』, 제58호(2021).

■ 외국 문헌

〈단행본〉

Harrison, James. *Saving the Oceans through Law: The International Legal Framework for the Protection of the Marine Environment* (Oxford: Oxford Univ. Press, 2017).

House of Lords. *International Relations and Deference Committee, 2nd Report of Session 2021-22, UNCLOS: the law of the sea in the 21st century* (2022).

Schäli, Judith. *The Mitigation of Marine Plastic Pollution in International Law* (Leiden: Brill Nijhoff, 2022).

Stephens, Tim. *International Courts and Environmental Protection* (Cambridge: Cambridge Univ. Press, 2010).

Barrett, Jill. "The UN Convention on the Law of the Sea: A 'Living' Treaty?" in J Barrett and R Barnes (eds.), *Law of the Sea: UNCLOS as a*

Living Treaty (London: BIICL, 2016).

Koh, Tommy T.B. "Remarks by Tommy T.B. Koh of Singapore, President of the Third United Nations Conference on the Law of the Sea, Montego Bay, Jamaica, 11 December 1982" in *The Law of the Sea Compendium of Basic Document* (Kingston: International Seabed Authority in collaboration with The Caribbean Law Publishing Company, 2001).

Treves, Tullio. "The Settlement of Disputes concerning the Protection of the Marine Environment and the Exploitation of Marine Resources: The Practice of ITLOS" in Marta Chantal Ribeiro(ed.), *30 anos de assinatura da Convenção das Nações Unidas sobre o Direito do Mar: protecção do ambiente e o future do direito do mar, actas da Conferência Internacional, Faculdade de Direito da Universidade do Porto (15-17 November 2012)* (Coimbra: Coimbra Editora, 2014).

〈논문〉

Boyle, Alan. "Marine Pollution under the Law of the Sea Convention", *American Journal of International Law*, Vol. 79, Issue 2 (1985).

____. "The Environmental Jurisprudence of the International Tribunal for the Law of the Sea", *The International Journal of Marine and Coastal Law*, Vol. 22, Issue 3 (2007).

____. "Law of the Sea Perspectives on Climate Change", *The International Journal of Marine and Coastal Law*, Vol. 27, Issue 3 (2012).

Cho, Yoona. "Precautionary Principle in the International Tribunal for the Law of the Sea", *Sustainable Development Law & Policy*, Vol. 10, Issue 1 (2009).

Davis, Kimberly S. "International Management of Cetacean under the New Law of the Sea Convention", *Boston University International Law Journal*, Vol. 477 No. 3 (1985).

Heidar, Tomas. "The Contribution of the International Tribunal for the Law of the Sea to the Protection of the Marine Environment", *The Korean*

Journal of International and Comparative Law, Vol. 9 (2021).

Herdt, De and T. M. Ndiaye. "The International Tribunal for the Law of the Sea and the Protection and Preservation of the Marine Environment: Taking Stock and Prospects", *The Canadian Yearbook of International Law*, Vol. 57 (2019).

Hua, Zhang. "The Development of International Law of the Sea by International Courts and Tribunals: A Case Study of Due Diligence Obligation", *Korean Journal of International and Comparative Law*, Vol. 9, Issue 1 (2021).

McCreath, Millicent and Amber Rose Maggio. "Introduction: Climate Change and the Law of the Sea: Adapting the Law of the Sea to Address the Challenges of Climate Change", *The International Journal of Marine and Coastal Law*, Vol. 34, Issue 3 (2019).

Redgwell, Catherine. "Treaty Evolution, Adaptation and Change: Is the LOSC 'Enough' to Address Climate Change Impacts on the Marine Environment?", *The International Journal of Marine and Coastal Law*, Vol. 34, Issues 3 (2019).

〈기타자료〉

Chagos Marine Protected Area Arbitration (Mauritius v. United Kingdom), Award, 18 March 2015.

Delimitation of the maritime boundary in the Atlantic Ocean (Ghana/Côte d'Ivoire), Provisional Measures, Order, 25 April 2015, ITLOS Reports 2015.

Land Reclamation in and around the Straits of Johor (Malaysia v. Singapore), Provisional Measures, Order, 8 October 2003, ITLOS Reports 2003.

MOX Plant (Ireland v. United Kingdom), Provisional Measures, Order, 3 December 2001, ITLOS Reports 2001.

M/V "Louisa" (Saint Vincent and the Grenadines v. Kingdom of Spain), Provisional Measures, Order, 23 December 2010, ITLOS Reports 2008-2010.

Pulp Mills on the River Uruguay (Argentina v. Uruguay), Judgment, I.C.J.

Reports 2010.

PCA Case No. 2011-03, Chagos Marine Protected Area Arbitration, (The Republic of Mauritius v. the United Kingdom of Great Britain and Northern Ireland), Award, 18 March 2015.

PCA Case No. 2013-19, The South China Sea Arbitration (The Republic of Philippines v. The People's Republic of China), Award, 12 July 2016.

Responsibilities and obligations of States with respect to activities in the Area (Request for Advisory Opinion submitted to the Seabed Disputes Chamber), Advisory Opinion, 1 February 2011, ITLOS Reports 2011.

Request for Advisory Opinion submitted by the Sub-Regional Fisheries Commission(SRFC) (Request for Advisory Opinion submitted to the Tribunal), Advisory Opinion, 2 April 2015 ITLOS Reports 2015.

Southern Bluefin Tuna (New Zealand v. Japan; Australia v. Japan), Provisional Measures, Order, 27 August 1999, ITLOS Report 1999.

Separate Opinion of Judge Ad hoc Shearer, Southern Bluefin Tuna (New Zealand v. Japan; Australia v. Japan), Provisional Measures, Order, 27 August 1999, ITLOS Report 1999.

Separate Opinion of Judge Laing, Southern Bluefin Tuna (New Zealand v. Japan; Australia v. Japan), Provisional Measures, Order, 27 August 1999, ITLOS Report 1999.

Separate Opinion of Judge Paik, M/V "Louisa" (Saint Vincent and the Grenadines v. Kingdom of Spain), Provisional Measures, Order, 23 December 2010, ITLOS Reports 2008-2010.

Whaling in the Antarctic (Australia v. Japan: New Zealand intervening), Judgment, I.C.J. Reports 2014.

기후변화협약 (United Nations Framework Convention on Climate Change).

유엔해양법협약 (United Nations Convention on the Law of the Sea).

심해저 망간단괴 개괄탐사 및 탐사 규정(the Regulations on Prospecting and Exploration for Polymetallic Nodules in the Area).

심해저 해저열수광상 개괄탐사 및 탐사 규정(Regulations on Prospecting and Exploration for Polymetallic Sulphides in the Area).

ISBA/16/C/13.

ISBA/16/C/6.

UN doc. A/RES/60/30 (2005).

UN doc. A/RES/64/71 (2009).

UN doc. A/RES/68/71 (2012).

UN doc. A/RES/69/292 (2015).

UN doc. A/RES/71/30 (2016).

UN doc. A/RES/72/249 (2017).

UN doc. A/RES/74/543 (2020).

UN doc. A/RES/76/L.46 (2022).

UN doc. UNEP/EA.5/Res.14.

UN doc. A/69/780 (2015), United Nations General Assembly, Letter dated 13 February 2015 from the Co-Chairs of the Ad Hoc Open-ended Informal Working Group to the President of the General Assembly, Sixty-ninth Session.

UN doc. A/71/74 (2016), United Nations General Assembly, Oceans and the law of the sea: report of the Secretary-General, Seventy-first Session.

UN doc. A/73/10 (2018), Report of the International Law Commission, 70th session, Official Records of the General Assembly, Seventy-third Session, Supplement No. 10.

UN doc. A/CONF.232/2022/5 (2022), United Nations General Assembly, Further revised draft text of an agreement under the United Nations Convention on the Law of the Sea on the conservation and sustainable use of marine biological diversity of areas beyond national jurisdiction, Fifth Session.

8장 유엔해양법협약 분쟁해결제도

김두영 • 전 국제해양법재판소 사무차장

I. 들어가는 말
II. 포괄적·강제적 해양분쟁해결 규범 성안
   1. 비공식 작업반 활동(1974~1975)
   2. 전체회의 의장 주도 성안(1976~1980)
III. 분쟁해결절차의 선택 및 강제절차
   1. 분쟁해결수단의 자유 선택
   2. 대안 절차 우선 적용
   3. 법정 선택
   4. 강제절차 적용 및 배제
IV. 분쟁해결조항의 해석 및 적용 사례
   1. 평화적 수단에 의한 분쟁해결 의무
   2. 대안 절차
   3. 의견교환
   4. 관할권
   5. 잠정조치
   6. 선박·선원의 신속석방
   7. 적용 법규
   8. 예비절차
   9. 국내 구제 완료
   10. 사법적 결정의 최종성과 구속력
   11. 자동적 강제절차 적용 배제 사안
   12. 선택적 강제절차 적용 배제 사안
   13. 조정
V. 평가 및 전망

I. 들어가는 말

유엔해양법협약 제15부에는 당사국 간 협약의 해석과 적용에 관한 분쟁의 해결 절차가 규정되어 있다. 당사국 간 분쟁해결절차의 근간인 제15부에는 3자가 관여하는 분쟁해결절차로 조정conciliation, 중재arbitration, 사법적 해결judicial settlement 및 특별중재special arbitration를 상정하고 있다. 이런 절차의 세부적 시행은 일차적으로 해양법협약의 해당 부속서에 따른다. 즉 조정調停은 제5부속서의 규정, 중재는 제7부속서의 규정, 특별중재는 제8부속서의 규정에 따라 각각 이루어진다. 유엔해양법협약에 따라 신설된 국제해양법재판소는 제6부속서가 정하고 있는 재판소 규정Statute에 따라 운영된다.

심해저를 다루고 있는 유엔해양법협약의 제11부는 제5절에서 심해저의 탐사 또는 개발과 관련하여 발생하는 분쟁의 해결절차에 관하여 규정한다. 제5절은 심해저분쟁에 대해 전속적 관할권을 행사하는 국제해양법재판소 내 해저분쟁재판부Seabed Disputes Chamber의 관할권, 국제해저기구 총회와 이사회의 권고적 의견 요청권 등에 관한 조항을 포함한다.

유엔해양법협약상 분쟁해결은 제15부(21개 조항)와 4개 부속서(73개 조항) 및 제11부 제5절(6개 조항)에 따른다. 총 100개의 조항으로 이루어진 유엔해양법협약의 분쟁해결제도는 협약의 해석과 적용에 관한 분쟁해결에 필요한 국제법상 이용 가능한 모든 절차를 망라하고 있다는 점에서 포괄적이며, 외교협상과 같은 비강제적 절차로 분쟁이 해결되지 않는 경우 일부 배제 사안을 제외한 거의 모든 사안에 강제절차가 적용된다는 점에서 강제적이라고 할 것이다.

제3차 유엔해양법회의 기간 중 유엔해양법협약의 해석이나 적용에 관한 분쟁해결제도의 문안 성안 작업은 2단계로 이루어졌다. 초기 1974년과 1975년에 개최된 제2, 3회기에서는 '분쟁해결에 관한 비공식 작업반Informal Working Group on Settlement of Disputes'에서 초안을 준비하였다. 그러나 1976년 제4회기부터는 아메라싱게Amerasinghe 전체회의 의장President의 주도로 문안작업이 진행되었으며, 이 작업은 협약 채택 2년 전인 1980년 여름 제네바에서 개최된 제9회기 속개회기(7. 28~8. 29)에서 사실상 마무리되었다.

유엔해양법협약은 1994년 11월 16일 발효하였다. 그 후 지금까지 협약의 분쟁해결제도는 근 30년간 운영되어 왔다. 현재까지 협약의 해석과 적용에 관한 분쟁은 제287조에 열거된 4개의 강제절차 중 상설기구로서 사법적 해결judicial settlement 임무를 수행하는 국제해양법재판소, 국제사법재판소와 함께 개별 사건이 회부될 때마다 제7부속서에 따라 구성되는 중재재판소가 다루어 왔다. 지금까지 제8부속서에 따라 구성되는 특별중재재판소에 회부된 사건은 없다.

유엔해양법협약의 해석과 적용에 관한 분쟁해결절차를 규정한 제15부는 제279조부터 시작하며 제299조까지 총 21개 조항으로 구성되어 있다. 이 21개 조항 중 3개 조항—제285조(제11부에 따라 회부된 분쟁에 대한 이 절의 적용), 제289조(전문가) 및 제299조(분쟁해결절차에 관하여 합의할 수 있는 당사국의 권리)—을 제외한 나머지 18개 조항이 상설 재판이나 중재재판에서 원용되거나 해석 적용된 것으로 파악되며, 국제해저기구 이사회는 제11부 제5절의 제191조(권고적 의견)에 따라 국제해양법재판소 내 해저분쟁재판부에 권고적 의견을 한차례 요청하였다. 이하 본문에서는 유엔해양법협약 분쟁해결제도의 성립과정과 협약 발효 후 제15부 조항이 어떻게 해석되고 적용되어온지를 살펴보려고 한다.

II. 포괄적·강제적 해양 분쟁해결 규범 성안

1. 비공식 작업반 활동(1974~1975)

제3차 유엔해양법회의(1972. 12~1982. 12) 개최에 앞서 준비위원회 임무를 수행하였던 '심해저위원회'[1]는 1972년 두 차례 회의[2]를 개최하

---

[1] 유엔은 1967년 인류공동유산(common heritage of mankind)이라는 개념을 바탕으로 심해저의 평화적 이용 문제를 다룰 임시위원회(*Ad Hoc* Committee to Study the Peaceful Uses of the Sea-Bed and the Ocean Floor beyond the Limits of National Jurisdiction')를 설립하였다. 이 임시위원회의 보고서를 바탕으로 유엔은 이듬해인 1968년에 상설체인 '심해저의 평화적 이용 위원회'를 설립하였으며, 이 위원회는 1973년까지 활동하였다. 이 상설위원회의 영어 명칭은 'Committee on the Peaceful Uses of the Sea-Bed and Ocean Floor beyond the Limits of National Jurisdiction'이며 줄여서 'Sea-Bed Committee'로 불렸다.

였다. 2차 회의를 마무리한 후 발표한 '심해저위원회'의 보고서[3]에서 위원회는 제3차 유엔해양법회의가 다루어야 할 주제로 25개[4]를 선정하였다. 분쟁해결Settlement of disputes은 선정된 25개 주제 목록에서 21번째 주제로 열거되었다.

〈제2회기: 1974. 6. 20~8. 29〉[5]

제3차 유엔해양법회의 제1회기는 1973년 12월 뉴욕 유엔본부에서 개최되었다. 제1회기의 논의는 회의의 운영 및 조직 등에 관한 절차 문제에 집중하였으며, 선정된 주제에 대한 실질적인 논의는 베네수엘라 카라카스에서 개최된 제2회기에서 처음 이루어졌다. 다른 주제들과 마찬가지로 이 회기에서 처음 다루어진 해양법협약의 해석과 적용에 관한 분쟁해결 문제는 주요위원회 대신 37개국 대표단이 참여한 비공식 작업반Informal Working Group에서 논의되었으며[6] 그 논의 결과는 회의 종료 전에 문서[7]로 작성되어 배포되었다.

최초 논의 결과를 조문 형태로 반영한 이 문서에는 11개의 쟁점

---

[2] 제1차 회의는 1972년 2월 28일부터 3월 30일까지 개최되었으며 제2차 회의는 7월 17일부터 8월 18일까지 개최되었다.
[3] 이 보고서의 명칭은 "Report on the Peaceful Uses of Sea-Bed and Ocean Floor beyond the National Jurisdiction"이며 유엔총회의 공식문서(***Official Records***: ***Twenty-Seventh Session Supplement No. 21*** (A/8721)로 발간되었다.
[4] 이 25개 주제는 위 보고서 제23항(pp. 4-8)에 수록되었다.
[5] See A. O. Adede, *The System for Settlement of Disputes under the the United Nations Convention on the Law of the Sea: A Drafting History and a Commentary*, pp. 13-41.
[6] Shabtai Rosenne, "UNCLOS III The Montreux (Riphagen) Compromise" in *An International Law Miscellany,* pp. 497-498.
[7] 논의 결과를 바탕으로 호주, 벨기에, 볼리비아, 콜롬비아, 엘살바도르, 룩셈부르크, 네덜란드, 싱가포르, 미국 9개국이 주도로 작성한 문서는 "Third United Nations Conference on the Law of the Sea", A/CONF.62/L.7이다.

이 다루어졌으며 각 쟁점마다 복수의 대안이 제시되었다.8 이 대안들 중 현 분쟁해결제도의 요소로 남게 된 주요 사항으로는 첫째, '협약상 분쟁의 평화적 수단에 의한 해결 의무(Obligation to settle disputes under the Convention by peaceful means)'를 정한 조문을 들 수 있을 것이다. 두 개의 대안이 제시된 이 조문에서 대안 A는 체약국은 협약의 해석이나 적용에 관한 분쟁을 유엔헌장 제33조에 제시된 평화적 수단에 의해 해결한다고 정하였다.9 둘째, 당사자가 선택한 수단에 의한 분쟁해결(Settlement of disputes by means chosen by the Parties)방식이 제시되었다. 이를 위해 두 가지 대안이 제시되었으며 당사자는 다양한 수단에 대해 협의하거나(대안 A) 합의할 수 있도록(대안 B) 하였다.10 '다른 의무와 관련된 조문(Clause relating to other obligations)'이라는 제목으로 세 번째로 제시된 문안은 협약에 우선하여 적용되는 절차로 세 개의 대안을 제시하였다. 이 중 대안 A는 일반, 지역 또는 특별 협정이나 다른 문서에 중재나 사법적 해결을 정하는 경우 협약 절차 대신 그러한 해결 절차에 회부하도록 하였다.11 넷째로 제시된 문안은 '구속력 있는 결정을 수반하지 않는 해

---

8 See, Loius B. Sohn, "Settlement of Disputes Arising Out of the Law of the Sea Convention", *San Diego Law Review,* Vol. 12 (1975), pp. 495-517.
9 대안 A의 영어 문안은 'The Contracting Parties shall settle any dispute between them relating to the interpretation or application of this Convention through the peaceful means indicated in Article 33 of the Charter of the United Nations.'이며, 현 유엔해양법협약 제279조 문안의 요소를 담고 있다.
10 대안 B는 현 유엔해양법협약 제279조와 제280조의 요소를 포함하며, 그 영어 문안은 다음과 같다. The parties to the dispute may agree to settle the dispute by any peaceful means of their own choice, including negotiation, mediation, inquiry, conciliation, arbitration, judicial settlement, or recourse to special procedures provided for by an international or regional organization. *Ibid.*
11 대안 A의 영어 문안은 'If the parties to a dispute [agree to resort to a procedure

결 절차와 관련된 조문(Clause relating to settlement procedures not entailing a binding decision)'으로 세 개의 대안을 제시하였다. 이 중에서 대안 A는 분쟁의 일방 당사자가 구속력 있는 결정을 수반하지 않는 절차에 협약의 해석 또는 적용에 관한 분쟁을 회부할 경우, 당사자 간에 달리 합의가 이루어지지 않는 한 타방 당사자가 분쟁을 협약에 정해진 절차에 회부할 수 있다고 하였다.12 다섯째로 제시된 조문은 '구속력 있는 결정으로 이어지는 해결수단에 회부할 의무 (Obligation to resort to a means of settlement resulting in a binding decision)'에 관한 내용으로, 구속력 있는 결정을 낼 수 있는 강제적 해결 수단으로 중재, 해양법재판소Law of the Sea Tribunal13 및 국제사법

---

    entailing a binding decision or] have accepted, through a general, regional, or special agreement, or some other instruments, an obligation to resort to arbitration or judicial settlement, any party to the dispute shall be entitled to refer it to [such procedure or to] arbitration or judicial settlement in accordance with that agreement or instruments in place of the procedures specified in this Convention.'이며 이는 해양법협약 제282조의 문안과 유사하다. *Ibid*.

12 대안 A의 영어 문안은 다음과 같다. Where a Contracting Party which is a party to a dispute relating to the interpretation or application of this Convention has submitted that dispute to a dispute settlement procedure not entailing a binding decision, the other party or parties to the dispute may at any time refer it to a dispute settlement procedure provided for by this Convention, unless the parties have agreed otherwise. *Ibid*.

13 해양법재판소 설립은 미국이 1973년에 해저위원회(Seabed Committee)에서 처음 제안하였다. 미국은 9개 조항으로 된 분쟁해결의 장에 관한 조문 초안(Draft articles for a chapter on the settlement of disputes)의 제2조(Notwithstanding the provisions of article 1, any Contracting Party which is a party to a dispute relating to the interpretation or application of this Convention which is required by this Convention to be submitted to compulsory dispute settlement procedures on the application of one of the parties, may refer the dispute at any time to the Law of the Sea Tribunal (the Tribunal).)에서 해양법재판소 명칭을

재판소를 제시하였다.14

〈제3회기: 1975. 3. 17~5. 7〉15

비공식 작업반은 록펠러재단의 지원을 받아 1975년 제네바에서 제3회기 개최 직후인 3월 22일과 23일 양일간 공식 회의 장소에서 떨어진 레만호반의 소도시 몽트뢰Montreux에서 별도로 비공식 회의를 개최하였다. 60개국의 대표단이 참여한 이 비공식 작업반 회의는 이 작업반이 직전 카라카스 회기에서 제출한 문서에서 다섯 번째 쟁점으로 제시하였던 강제적 해결수단—중재재판소 · 해양법재판소Law of the Sea Tribunal16 · 국제사법재판소—에 대하여 집중적으로 논의하였

처음 사용하였다. See Report of the Committee on the Peaceful Uses of the Sea-Bed and the Ocean Floor beyond the Limits of National Jurisdiction, Vol. II, General Assembly, Official Records: Twenty-Eighth Session, Supplement No. 21(A/9021), pp. 22-23.

14 다섯째 조문은 중재 · 해양법재판소 · 국제사법재판소 회부에 대해 각각 2가지 대안을 제시하였다. 첫째 대안으로 제시된 A1, B1, C1의 영어 문안은 다음과 같다.
- **Alternative A.1**: Any dispute which may arise between two or more Contracting Parties regarding the interpretation or application of this Convention shall be submitted to arbitration at the request of one of the Parties to the dispute.
- **Alternative B.1**: Any dispute between two or more Contracting Parties relating to the interpretation or application of this Convention shall be submitted, at the request of any of the parties to the dispute, to the Law of the Sea Tribunal to be established in accordance with the annexed statute.
- **Alternative C.1**: Any dispute arising between Contracting Parties concerning the interpretation or application of this Convention which is not settled by negotiation shall be referred to the International Court of Justice by the application of any party to the dispute.

15 See A. O. Adede, *supra* note 5, pp. 43-69
16 Adede에 의하면 1975년 몽트뢰 회의 당시 국제사법재판소 재판관을 역임한 Oda Shigeru(일본)가 이태리 대표단의 Malintoppi 교수에게 해양법재판소의 이니셜이

다. 네덜란드 대표단의 단장이었던 리파겐Willem Riphagen 교수는 이 논의에서 강제적 해결수단인 법정 선택에 관한 제안을 내놓았다. 나중에 '몽트뢰안Montreux formula'17으로 지칭된 리파겐 교수의 제안은 첫째, 체약국이 해양법협약을 비준 또는 다른 방식으로 협약에 기속적 동의를 표명할 때 선언을 통해 세 개의 법정 중 하나 또는 그 이상을 선택하도록 하며, 둘째, 분쟁 당사국이 서로 상이한 법정을 선택한 경우에는 피고국defendant이 선택한 법정을 강제적 해결 수단으로 한다는 것이었다. 피고국이 선택한 법정에 우선권을 주어야 하는 이유로는 리파겐 교수는 피제소에 대한 동의를 근거로 국제재판이 성립된다는 점을 지적하였다.

법정 선택 선언과 피고국이 선택한 법정에 우선권을 주어야 한다는 그의 제안은 비공식 작업반이 제출한 조문 초안(제9조 제2항 a 및 d)18에 반영되었다. 그러나 체약국이 법정 선택 선언을 하지 않는 경우에는 중재재판소 또는 해양법재판소의 관할권에 회부되는 안(제

LOST'인 점에 착안하여 해양법재판소는 약자 그대로 'lost' 될 것이다는 농담을 느드코 주고 받았다고 하며, 이를 의식한 아메라싱게 의장이 제3차 유엔해양법회의 막바지에 가서 명칭을 국제해양법재판소(International Tribunal for the Law of the Sea)로 변경하였다고 한다. See *Ibid.*, p. 10, footnote no. 7.

17 Adede에 따르면 몽트뢰안은 처음에는 리파겐안(Riphagen formula)으로 알려졌다고 한다. See *Ibid.*

18 법정 선택 및 피고국이 선택한 법정에 우선권 부여 안(제9조 제2항 a 및 d)의 영문은 다음과 같다. a. A Contracting Party, when ratifying this Convention, or otherwise expressing its consent to be bound by this Convention, shall make a declaration that it accepts with respect to decisions to be made in accordance with Article 10 of this Chapter the jurisdiction of an arbitral tribunal, or the Law of the Sea Tribunal or the International Court of Justice, or any two or three of them.
d. Unless the parties agree otherwise, any case against a Contracting Party can be submitted only to the tribunal the jurisdiction of which has been accepted by that Party at the time the proceedings are being instituted. See *Ibid.*, pp. 50-51.

9조 제2항 b)[19]을 포함하고 있었다. 비공식 작업반이 최종적으로 제3회기에 제출한 분쟁해결에 관한 초안은 17개 조문으로 되어 있었다.[20] 이 17개 조문은 평화적 분쟁해결, 의견교환, 대안 절차, 조정調停, 강제적 분쟁해결(중재, 사법적 해결) 및 3개의 분쟁해결수단(중재·해양법재판소·국제사법재판소), 관할권, 강제절차 예외, 강제절차 접근, 잠정조치, 신속 절차, 과학적·기술적 사안의 전문가 위원회 이첩 등을 다루고 있었으며, 3개의 부속서[21]가 첨부되어 있었다.[22]

2. 전체회의 의장 주도 성안(1976~1980)

〈제4회기: 1976. 3. 15~5. 7 및 제5회기: 1976. 8. 2~9. 17〉[23]

제3차 유엔해양법회의는 1976년에 뉴욕에서 제4회기와 제5회기를 개최하였다. 아메라싱게 전체회의 의장president은 비공식 작업반의 차원을 넘어 회의 참가국 전원을 분쟁해결 주제에 관여시킬 목적으

---

19 법정 선택 선언을 하지 않은 체약국의 경우 중재재판소 또는 해양법재판소의 관할권에 회부되는 안(제9조 제2항 b.)의 영문은 다음과 같다. b. If a Contracting Party has not made such a declaration, it shall be subject to the jurisdiction of [an arbitral tribunal][the Law of the Sea Tribunal]. See *Ibid*.
20 17개 조문 초안 및 부속서는 1975년 5월 1일 3명의 공동의장 명의 서한으로 아메라싱게 의장에게 제출되었으며, 이 문서의 심볼은 SD.Gp/2nd Session/No.1/Rev.5다. 이 문서는 1975년 5월 7일자 ICNT(A/CONF.62/SWP.8)에 첨부되었다. 17개 조문과 부속서가 별도로 추가된 이 ICNT에는 PRT I, II, III만 포함되어 있으며 분쟁해결에 관한 ICNT Part IV는 심볼 A/CONF.62/WP.9으로 발행되었다.
21 3개의 부속서는 조정(conciliation)에 관한 부속서, 중재에 관한 부속서 및 새로이 설립될 해양법재판소 규정 초안(draft Statute)이다.
22 몽트뢰안(Montreux formula) 및 1975년 제3회기에서 분쟁해결 주제 논의에 관해서는 Shabtai Rosenne, *supra* note 6, pp. 500-503 및 Adede, *supra* note 5, pp. 53-69를 참조하였다.
23 See Adede, *Ibid*.

로 제4회기 개최에 앞서 자신이 직접 이 주제에 관한 비공식 문서를 준비하였다. 이 비공식 문서는 비공식 작업반의 논의를 거쳐 제4회기 전체회의 일반토의에서 논의되었으며 추후 조문 작성 작업은 아메라싱게 의장이 주도하는 비공식 전체회의Informal Plenary of the Conference에 배당되었다.

아메라싱게 의장은 비공식 작업반의 17개 조문 초안을 바탕으로 18개 조문 초안을 준비하였으며 이 초안은 ISNTInformal Single Negotiating Text의 제4부24가 되었다. 아메라싱게 의장 초안에서 평화적 해결 의무, 해결절차 선택, 조정調停 등을 다룬 첫 8개 조항은 비공식 작업반 초안과 큰 차이가 없었다. 그러나 강제적 분쟁해결수단을 다룬 제9조는 3개의 법정 중에서 신설될 해양법재판소에 우선적으로 관할권을 부여하였다.25 이는 피고국이 선택한 법정이 관할권을 행사하도록 한 비공식 작업반의 초안26과 비교할 때 중요한 차이였다. 강제적 분쟁해결기관의 관할권 범위에 대하여 비공식 작업반 초안의 제10조는 4종류의 관할권27을 상정하고 있었으나, 아메라싱게 의장

---

24 A/CONF.62/WP.9.
25 해양법재판소의 우선적 관할권을 규정한 조문 초안의 조항은 제9조 제1항이며, 영문은 다음과 같다. 1. In any dispute arising between Contracting Parties relating to the interpretation or application of the present Convention, the Law of the Sea Tribunal constituted in accordance with annex I C shall have jurisdiction, to the extent and in the manner provided for in this chapter, to decide upon the matters in dispute. The parties to the dispute shall be bound by the decisions of the Tribunal made in accordance with this chapter. [UNCLOS III, A/CONF.62/WP.9, Informal single negotiating text (part IV), p. 112]
26 상기 주 18에 언급된 제9조 2항 d.
27 제10조에 상정된 관할권은 1차 관할권(primary jurisdiction), 2차 관할권(secondary jurisdiction), 항소관할권(appellate jurisdiction), 특별관할권(special jurisdiction) 등 4종류다.

은 이를 단순화하였다.28 강제절차 예외에 대하여 비공식 그룹 초안은 제17조 제3항 (a)~(d)에서 연안국의 재량사항에서 발생한 분쟁, 해양경계획정 분쟁, 군사활동에 관한 분쟁 및 유엔안전보장이사회가 다루고 있는 분쟁 또는 상황 등 4종류를 열거한 후 추가의 여지를 남겨두고 있었다. 그러나 아메라싱게 의장은 그의 초안 제18조 제2항에서 강제절차에서 제외되는 분쟁을 위 4개 종류로 한정하여 마감하고 추후 새로이 추가될 여지를 차단하였다.

ICNT 제4부는 제4회기 중 1976년 4월 5일부터 12일까지 전체회의에서 논의되었다. 이 일반토의에서는 4가지 핵심 쟁점이 집중적으로 다루어졌다.29

첫째, 분쟁해결제도에 기능적으로 접근하여 비사법적 절차the non-judicial functional approach만을 정할 것이냐 아니면 비사법적 절차와 함께 강제적 절차인 복수의 법정 선택 방안이 포함된 '포괄적 접근법the comprehensive approach'을 택할 것이냐에 대해 동구권은 기능적 접근을 선호하였지만 다수의 개발도상국들은 포괄적 접근법을 선호하였다.30 포괄적 접근방식의 핵심인 강제절차에서 분쟁해결수단인 법정의 선택과 관련 아메라싱게 의장이 제안한 해양법재판소에 우선적으로 관할권을 부여하는 방안은 일반적으로 지지를 받지 못하였다. 한편 해저기구 내에 설치가 상정되었던 해저재판소the Sea-Bed Tribunal에 대해서는 이를 해양법재판소로 통합하고 해양법재판소 내에 두 개의 재판부Chamber를 두고 국제 심해저의 탐사 개발을 다루는 재판부와

---

28 아메라싱게 의장은 그의 초안 제10조 제1항에서 제1차, 제2차, 특별관할권이라는 표현을 삭제하였으며, 항소절차에 관해서는 4항에 규정하였다.
29 See Adede, *supra* note 5, pp. 82-88.
30 *Ibid.*, pp. 82-83.

해양법협약의 이행을 다루는 재판부를 설치하자는 제안이 대두되었다.[31]

두 번째 쟁점은 재판소에 대한 접근권이었다. 아메라싱게 의장은 사인私人과 그 밖의 다양한 '비국가 실체non-State entities'에도 재판소 접근을 허용하자고 제안하였다(제13조 4항 ~9항). 이 제안에 대해서는 압도적 다수가 반대하였다. 그러나 일부 대표단은 국제 해저와 관련된 분쟁에서 사인과 비국가 실체에게 접근을 허용하자는 주장을 하였으며, 억류된 선박의 소유주나 운영자의 접근권에 대해서는 실용적 접근을 선호하였다.[32]

셋째, 비공식 작업반 조문 초안[33]과 아메라싱게 의장 조문 초안[34]은 강제절차가 적용되지 않는 몇 가지 예외를 상정하고 있었다. 연안국이 경제수역에서 행사하는 주권적 재량권을 강제절차에서 제외하는 문제에 대하여 다수의 개발도상 연안국들은 어업, 환경오염, 해양과학조사에 강제절차 적용을 반대하였다. 이 연안국들은 경제수역에서 제약이 없는 완전한 관할권 행사를 주장하고 3자를 통한 강제절차 적용에서 제외를 주장하였다. 반면에 동구권은 이 주장을 반대하였으며 서구도 연안국의 재량권 보호와 국제사회의 권리 간에 적절한 균형이 이루어져야 한다는 견해를 표명하였다. 나아가 연안국에 협약 관련 규정에 대해 견제 장치가 없이 일방적 해석권을 부여하게 되면 경제수역에서 경합하는 권리와 이익의 균형이 파괴될 것이라는 우려도 표명되었다.[35] 강제절차에서 해양경계, 역사적 만

---

31 *Ibid.*, pp. 84-85.
32 *Ibid.*, pp. 85-86.
33 제17조 3항.
34 제18조 2항(a).

historic bay 및 권원titles에 관한 분쟁, 유엔안전보장이사회가 다루고 있는 분쟁을 제외하는 안에 대해서는 분쟁해결제도를 무력화할 것이라는 점이 지적되었다.36

네 번째로는 해양법협약과 분쟁해결제도와의 관계를 어떻게 설정할 것이냐에 대한 이견이었다. 비공식 작업반과 아메라싱게 의장의 초안은 분쟁해결조문 초안이 협약의 불가분일부를 구성한다는 걸 전제로 하고 있었다. 그러나 중국 등 일부 국가들은 1958년 제네바 제1차 유엔해양법회의에서 예를 따라 분쟁해결 조문을 선택 의정서 형태로 채택하자는 의견을 제시하였다. 반면 선택 의정서로는 불충분하여 받아들일 수 없다는 의견이 다수 개진되었다. 또한 최종적으로 채택될 협약의 조문들은 타협을 통해 도달할 세심한 균형의 결과물일 것이므로 신중하게 해석되고 적용되어야 한다는 점에는 일반적인 합의가 이루어졌다.

전체회의는 4월 12일 아메라싱게 의장에게 일반토의 결과와 77그룹 콘택트 그룹의 제안을 바탕으로 분쟁해결 조문 초안의 수정을 요청하였다. 이 요청을 반영하여 아메라싱게 의장은 1차 수정안을 준비하였으며 이 수정 조문 초안은 RSNTthe Revised Single Negotiating 의 제4부가 되었다.37 18개 조문으로 구성된 수정 조문 초안은 2개의

---

35 Adede, *supra* note 5, pp. 86-87.
36 *Ibid.*, pp. 87-88.
37 1976년 5월 6일자로 발행된 의장의 1차 수정안은 A/CONF.62/WP.9/Rev.1과 A/CONF.62/WP.9/Corr.1이며, 18개 조문과 7개 부속서로 구성되어 있었다. 7개 부속서는 다음과 같다. Annex I A. Conciliation; Annex I B. Arbitration; Annex I C. Statute of the Law of the Sea Tribunal; Annex II. System of Special Procedures: Annex II A. Fisheries; Annex II B. Pollution; Annex II C. Scientific Research; Annex II D. Navigation.

절section로 구분하여 배치되었다.

　　제1조부터 제6조까지 6개 조문으로 구성된 제1절Section 1은 평화적 분쟁해결 의무, 분쟁해결수단의 자유로운 선택, 대안 절차 우선 적용, 의견교환 의무, 선택된 수단으로 분쟁이 해결되지 않을 경우 절차, 조정調停 등으로 이견이 없었던 만큼 이전 초안과 별 차이가 없었다.

　　수정 조문 초안이 2개의 절로 나누어짐에 따라 제2절(제7조~18조)의 첫 조문인 제7조에는 비강제절차와 강제절차 간 연결 고리 역할이 규정되었다. 특히 제7조 제1항은 "이 협약과 부속서에 규정된 분쟁해결절차는 제1절의 규정에 따라 해결되지 않는 경우에 적용되며 이 장 제18조 규정의 적용을 조건으로 한다"[38]고 정하였으며 이는 최종적으로 확정된 협약 제286조의 취지를 반영하고 있는 첫 번째 초안이었다.

　　우선 관할 법정과 관련 아메라싱게 의장의 이전 초안은 해양법재판소에 우선적 역할을 부여하고 있었으며 또한 사인私人과 비정부 실체의 접근을 허용하고 있었는데 논의 과정에서 이 점들에 대한 이견이 강하게 표출되었다. 따라서 아메라싱게 의장은 수정 초안 제9조 제1항[39]에서 협약 비준 시 또는 다른 방식으로 기속적 동의를 표

---

38 제7조 1항의 영문안은 다음과 같다. 1. Any procedure for the settlement of disputes provided for in the present Convention or an annex thereto shall apply only where no settlement has been reached by recourse to the provisions of Section 1, and shall be subject to the provisions of article 18 of this Chapter.
39 유엔해양법협약 제287조 제1항의 첫 초안인 제9조 제1항의 영문안은 다음과 같다. 1. A Contracting Party, when ratifying or otherwise expressing its consent to be bound by the present Convention, or at any time thereafter, shall be free to choose, by means of a special declaration, one or more of the following procedures for the settlement of disputes relating to the interpretation or

명할 때, 또는 그 이후 어느 때나 특별선언으로 해양법재판소·국제 사법재판소·중재재판소 특별 절차 중 하나 또는 그 이상을 선택할 수 있도록 하였으며, 몽트뢰안Montreux formula으로 다시 돌아가 제9조 제7항40에서 분쟁 당사국들의 선택을 하지 않았거나 선택이 동일하지 않을 경우에는 피소국이 선택한 절차에 회부하도록 하였다. 강제 절차에 대한 접근 문제에 대하여 아메라싱게 의장은 수정 초안 제13조41에서 협약에 정해진 분쟁해결절차는 체약 당사국들에게 개방되며(제1항), 협약 제1장(해저) 분쟁해결절차에 대한 접근은 제1장에 정해진 규정에 따르며(2항), 제13조의 규정은 제15조(선박 억류)의 규정을 해하지 않는다(제3항)고 하였다.

아메라싱게 의장의 이전 초안처럼 수정 초안의 강제절차 배제 역시 '자동적으로 배제automatic exclusion'되는 사안과 선언을 통해 '선택적으로 배제optional exclusion'되는 사안이 제18조에 포함되었다. 다만 자동 배제 사안을 정한 제1항의 수정 초안에서 자동적으로 배제되지

---

application of the present Convention.
(a) The Law of the Sea Tribunal
(b) The International Court of Justice
(c) An arbitral tribunal constituted in accordance with annex I B
(d) The system of special procedures provided for in annex II.

40 제9조 제7항의 영문안은 다음과 같다. 7. If the parties to a dispute have not accepted or are not deemed to have accepted the same procedure, such dispute may only be submitted to the procedure chosen by the party against which the proceedings are instituted.

41 제13조 영문 안은 다음과 같다. 1. All the dispute settlement procedures specified in the present Convention shall be open to the Contracting Parties. 2. Access to the dispute settlement procedures with respect to disputes arising under Chapter I of the present Convention, shall be open in accordance with the provisions of that chapter 3. The provisions of this article shall be without prejudice to article 15 of this Chapter

않는 사안(연안국에 의한 항행 및 상공비행의 자유 침해, 해저전선 또는 파이프라인 부설 자유 침해, 이용국의 연안국 법령 위반, 연안국의 해양환경 보호 의무 위반)의 문안은 좀 더 정교하게 다듬어졌다.42 자동적으로 배제되는 사안의 경우에도 이전 초안에는 '연안국의 배타적 관할권 행사로부터 발생하는 분쟁(any dispute arising out of the exercise by a coastal State of its exclusive jurisdiction)'이라고 표현되어 있었으나 수정 초안에는 '연안국의 주권적 권리, 배타적 권리 또는 배타적 관할권 행사와 관련된 분쟁(any dispute in relation to the exercise of sovereign rights, exclusive rights or exclusive jurisdiction of a coastal State)'이라는 표현으로 수정되었다. 선택적 배제 사안으로는 역사적 만historic bay 또는 권원權原을 포함한 해양경계획정 분쟁, 군사활동에 관한 분쟁, 및 유엔안전보장이사회가 권능을 행사하고 있는 분쟁으로 한정하였으며, 이전 초안에 있던 연안국의 재량사항으로부터 발생한 분쟁은 삭제되었다.

잠정조치 관할권은 이전 안에서처럼 수정안 제12조에서 다루어졌으며 내용면에서는 별 차이가 없었으나 문언 수정이 이루어졌다. 아메라싱게 의장은 수정안에서 분쟁이 이미 법정(해양법재판소 또는 국제사법재판소)에 회부되어 있는 경우 그 법정이 잠정조치를 명하며 (제1항), 분쟁이 회부된 법정(중재재판소)이 아직 구성되지 않았거나 잠정조치 명령권한이 없는 경우 또는 잠정조치의 필요성이나 범위에

---

42 자동 배제 사안에 관한 영문 안은 다음 같다. 1. Nothing contained in the present Convention shall empower any Contracting Party to submit to the dispute settlement procedures provided for in the present Convention any dispute in relation to the exercise of sovereign rights, exclusive rights or exclusive jurisdiction of a coastal State, except in the following cases:

관해 당사자 간에 다툼이 있는 경우 추후 권한있는 법정의 재심을 조건으로 해양법재판소가 잠정조치 관할권을 행사한다(제2항43)고 정하였다.

이상 살펴본 쟁점들 외에 적용 법규(제16조), 국내 구제(제14조), 과학적 기술적 사안의 전문가 위원회 회부(제11조), 결정의 구속력(제17조) 등 역시 이전 안의 문안과 큰 차이가 없었다.

제5회기 첫날인 8월 2일 전체회의는 1차 수정안A/CONF.62/WP.9/Rev.1에 대한 비공식 협상 개최를 통해 2차 수정안을 마련하자는 아메라싱게 의장의 제안을 승인하였다.44 제5회기에서는 아메라싱게 의장의 1차 수정안을 조문별로 심의하였으며, 의장은 그 결과를 바탕으로 2차 수정안을 준비하였다. 2차 수정안A/CONF.62/WP.9/Rev.2은 1976년 11월 23일 발행되었다.

〈제6회기: 1977. 5. 23~7. 15〉45

아메라싱게 의장의 2차 수정안은 제6회기 비공식 전체회의에 회부되어 논의되었으며, 비공식 전체회의는 다섯 가지 쟁점을 선별하여 집중적으로 토의를 진행하였다.

---

43 협약 제290조 제5항의 모태인 제2항의 영문 안은 다음과 같다. 2. If proceedings have commenced for the settlement of a dispute under the present Convention, and the forum to which such dispute has been submitted has not been constituted or does not have the power to prescribe provisional measures and if two or more parties are in dispute as to the need for such provisional measures or as to the content or extent of such measures, the Law of the Sea Tribunal, acting in conformity with paragraph 1, shall have jurisdiction to prescribe such measures, which shall remain in force subject to review by the competent forum.
44 A/CONF.62/ SR.71, paras. 44 and 45 at. p.7.
45 See Adede, *supra* note 5, pp. 121-164.

첫째, 1차 수정안은 강제절차가 배제되는 두 종류의 사안—자동적 배제 사안과 선택적 배제 사안—을 제18조 한 조항에서 함께 다루었으나 2차 수정안에서는 자동적 배제 사안과 선택적 배제 사안을 분리하여, 자동적 배제 사안은 제17조에, 선택적 배제 사안은 제18조에 각각 배치하였다. 1차 수정안에서 선택적 배제 사안을 정하고 있던 제18조 제1항은 수정을 거쳐 제17조가 되었으며 선택적 배제를 규정하였던 제18조 제2항은 제18조 제1항으로 번호가 조정되며 문안도 일부 수정되었다.

두 번째 쟁점은 제9조에서 다루어졌던 법정 선택 문제였다. 분쟁 당사자가 선택한 법정이 없거나 일치하지 않는 경우 1차 수정안에서 복원되었던 몽트뢰안Montreux formula은 재차 수정되었다. 2차 수정안에서 '잔여 관할권residual jurisdiction'은 중재재판소에 부여되었다. 이때까지 잔여 관할권은 비공식 작업반의 두 가지 안(①중재재판소·해양법재판소 또는 ②피소국이 선택한 법정(몽트뢰안)] → 의장 최초 초안의 해양법재판소 → 의장 1차 수정안의 몽트뢰안 → 의장 2차 수정안의 중재재판소로 여러 차례 변경을 거쳤다. 한편 1차 수정안에서는 어업·환경오염·과학조사·항해 등 4개 사안을 법정이 아닌 특별절차special procedures에서 다루는 걸로 상정하고 있었으나 2차 수정안에서 이 특별절차는 특별중재절차로 변경되었으며 특별중재절차에도 여타 3개 법정과 동등한 관할권이 부여되었다.

셋째, 해저분쟁은 해저기구the Sea-Bed Authority의 기관으로 설립될 특별해저재판소a special Sea-Bed Tribunal가 취급한다는 전제하에, 해저분쟁해결 초안은 해저 분야의 초안 준비를 맡았던 제1위원회First Committee가 제5회기 때까지 준비하였다. 한편 제6회기 비공식 전체회의가 법정 선택 문제에 관한 의장의 2차 수정안 제9조를 논의하는 과정에서 개발도상국들은 제1위원회 안을 따를 경우 해양 분쟁에 관하여 일반적 관할권을 행사하는 해양법재판소와는 별도로 해저분쟁에 한하여 특별관할권을 행사하는 해저재판소를 설립하는 문제에 재차 관심을 기울이게 되었다. 개발도상국들은 당초 해저재판소 설립안을 지지하였으나 제6회기 비공식 전체회의 의장 2차 수정안 논의 과정에서 입장을 선회하여 해저재판소 설립안을 포기하였다. 이에 따라 제1위원회는 해저분쟁을 해양법재판소의 특별재판부를 통하여 해결하기로 하고 해저분쟁해결기구 설립과 관련된 전반적인 제도적 문제는 비공식 전체회의로 이관하기로 결정하였다. 제1위원회는 다만 해저분쟁 특별재판부에 대한 접근권, 특별재판부의 관할권 등 실질적인 문제에 대하여는 계속 관심을 갖기로 하였다.

 넷째, 억류 선박의 신속한 석방 절차를 다룬 의장의 1차 수정안 제15조는 '선박 억류Detention of vessels'라는 제목으로 되어 있었으나 2차 수정안에서는 제14조로 위치가 바뀌며 '선박의 신속석방Prompt release of vessels'으로 변경되었다. 제1항은 석방 조건과 관련하여 '합리적 보석금a reasonable bond'이나 '그 밖의 보증other security'의 예치를 조건으로 상정하였으나 비공식 전체회의 논의 과정에서 제2위원회Second Committee46와 제3위원회Thrid Committee47에서 준비한 문안48과

---

46 제2위원회는 협약의 제2부(영해 및 접속 수역)부터 제10부(내륙국의 해양 출입권과 통과의 자유)까지 주제에 대한 성안 작업을 수행하였다. 제3차 유엔해양법회의 3개 주요위원회별 성안 임무를 부여한 주제 목록은 문서 A/CONF.62/29에 실려 있다.
47 제3위원회가 성안을 맡은 주제는 협약 제12부(해양환경의 보호와 보전), 제13부(해양과학 조사), 제14부(해양기술의 개발과 이전)이다.
48 제2위원회의 문안은 'bonds or other appropriate financial securities'였으며 제3위원회의 문안은 'bond or other security'였다.

의 조화 문제가 제기되었다. 신속석방을 결정하는 법정으로 2차 수정안은 일차적으로 해양법재판소가 제시되었으나 항행과 관련된 분쟁을 다룰 특별 법정으로 당사자들이 합의한 법정도 신속석방 문제를 다룰 수 있도록 하였다. 그러나 논의 과정에서 해양법재판소를 우선적으로 고려한 방안이나 특별 법정에 회부하는 방안에 대한 이의가 제기되었으며, 재판 회부 전 당사자 간에 합의할 시간이 주어져야 한다는 의견이 제시되었다. 소송을 개시하는 주체로 기국 이외에 기국을 대신하여(on behalf of the flag State of the vessel) 사인私人이 제기하는 방안에 대해서도 이의가 제기되었다. 한편, 신속석방 소송은 '위반 주장alleged violation'에 근거하여 제기할 수 있도록 하자는 제안도 있었다. 이처럼 논의 과정에서 제기된 쟁점들은 이후 수정과정에서 고려되었다.

다섯째, 잠정조치를 다룬 제12조와 관련하여 첫 번째로 거론된 쟁점은 1차 수정안에 사용된 'indicate or prescribe'에서 국제사법재판소 규정 제41조를 고려하여 유지한 'indicate' 단어는 2차 수정안에서는 삭제되고 'prescribe'만을 유지하였다. 이는 협약은 국제사법재판소 규정과는 별도로 잠정조치를 'prescribe'할 수 있다는 결정에 따른 조치였다. 잠정조치는 당사자의 요청(upon the request of a party)으로만 부여될 수 있다는 문안과 관련하여 국제사법재판소 규칙49을 따라 분쟁을 다루는 법정이 직권으로motu proprio도 잠정조치를 부여할 수 있도록 하자는 제안이 있었으나 이 제안은 수용되지 않았다. 분쟁이 회부된 법정이 회부 시점에 설립되지 않고 당사자 간에 합의

---

49 국제사법재판소(Rules of Court) 규칙 제75조 1항에 따르면 재판소는 언제든지 사건의 상황이 잠정조치를 필요로 하는지 직권으로(proprio motu)으로 결정할 수 있다.

가 이루어지지 않는 경우 잠정조치를 부여할 수 있는 잔여 관할권을 해양법재판소에 부여한 1차 수정안 논의 과정에서 당사자 간 합의에 필요한 기간으로 2주를 부여하자는 제안은 2차 수정안에 반영되었다. 그러나 2차 수정안 논의 과정에서 2주 기간이 시작되는 시점을 정확히 하자는 제안이 있었다. 끝으로 잠정조치를 요청받은 법정이 잠정조치를 부여하기 전에 관할권 존부 여부를 어느 수준까지 확인하여야 하는 문제가 제기되었다. 특히 중재재판소처럼 구성이 완결되지 않은 법정에 분쟁이 회부되고 해양법재판소와 같이 다른 법정이 잠정조치 요청을 받은 경우 그 법정은 분쟁의 본안이 회부된 법정의 물적 관할권을 우선 확인해야 한다는 점이 제기되었다.

〈통합본 준비〉

제6회기를 종료한 후 제3차 유엔해양법회의는 그때까지 위원회별로 준비해 4개의 부로 나누어져 있던 협약문RSNT을 통합하여 하나의 통합본Informal Composite Negotiating Text: ICNT을 준비하였다. 이 통합본은 협약 초안draft convention 형식을 취하게 되었다. 통합본에서 분쟁해결 초안은 제15부에 배치되었으며 초안을 구성하고 있던 19개 조문에는 279부터 297까지 조문 번호가 부여되었다. 한편 분쟁해결 조문과 함께 준비되었던 분쟁해결 관련 4개의 부속서는 번호 변경에 따라 제4부속서부터 제7부속서가 되었다.50 이미 언급했듯이 제6회기 논의 과정에서 해저기구 내에 두기로 했던 해저재판소 설립안이 철회되고 이를 해양법재판소로 통합하여 해저분쟁재판부Seabed Disputes Chamber

---

50 4개 부속서는 제4부속서: 조정(Conciliation), 제5부속서: 해양법재판소 규정(Statute of the Law of the Sea Tribunal), 제6부속서: 중재(Arbitration), 제7부속서: 특별중재 절차(Special Arbitration Procedure)였으며 통합본에 첨부되었다.

명칭으로 설치하기로 함에 따라 해저분쟁재판부의 구성, 접근권, 적용 법규, 재판부 판결의 집행, 재판소 절차의 해저재판부에 적용 등에 관한 조문 초안은 해양법재판소 규정의 일부가 되어 제4절에 배치되고 관련 5개 조항에는 37부터 41까지 조문 번호가 부여되었다. 한편 해저분쟁재판부의 물적 및 인적 관할권, 해저분쟁의 중재 회부, 권고적 의견, 해저기구 총회 또는 이사회가 채택한 결정에 관한 관할권의 범위, 자국민이 당사자인 경우 후원국의 권리 등에 관한 조문 초안은 통합본 제11부의 마지막 제6절(분쟁해결)에 배치되었으며 6개 조항에는 187부터 192까지 조문 번호가 부여되었다.

강제절차 배제 사안은 앞에서 언급하였듯이 의장의 2차 수정안에서 자동적 배제 사안과 선택적 배제 사안으로 분리되어 각각 제17조와 제18조에 배치되었다. 수정본 제17조의 자동적 배제 사안은 통합본에서는 제296조가 되었다. 이 조문의 제1항은 배타적 경제수역에서 연안국의 권리와 그 밖 국가들의 권리보호에 초점을 맞춰 새로이 성안되었다. 이 제1항은 배타적 경제수역을 이용하는 연안국 이외의 국가들이 연안국에 대해 사소한 사안을 가지고 불필요하게 소송을 남발하는 사태abuse of process로부터 연안국의 권리를 보호하고[51] 동시에 연안국의 권리남용abuse of powers으로부터 다른 국가들을 보호하기 위한 목적을 띠고 있었다. 아메라싱게 의장의 2차 수정안 제17조 제1항에서 사용되었던 '주권적 권리, 배타적 권리 또는 배타적 관할권sovereign rights, exclusive rights or exclusive jurisdiction'이라는 표현은 '주권적 권리 또는 관할권sovereign rights or jurisdiction'으로 단순화되었다. 이는

---

51 신설된 제1항에서 소송절차 남용과 관련된 부분은 최종적으로 협약 제294조 제1항의 내용이 되었다.

제2위원회 안에서 배타적 경제수역을 다룬 제56조의 문안 수정에 따른 결과였다. 제1항이 새로이 신설됨에 따라 2차 수정안 제17조의 제1항부터 제3항은 제296조의 제2항부터 제4항이 되었으며 제5항이 추가로 신설되었다. 이 제5항은 배제된 사안과 관련된 분쟁의 경우 당사자 간 합의로만 강제절차에 회부될 수 있다고 정하였다.52

아메라싱게 의장의 2차 수정안에서 제9조에 규정된 법정 선택 조항은 통합본에서 제287조가 되었으며 제9조 제1항(d)의 '특별중재절차the special arbitration procedure'는 특별중재재판소a special arbitral tribunal로 수정되었다. 2차 수정안 제9조 제2항에 따르면 특별중재절차를 선택하는 당사국은 분쟁해결을 위해 해양법재판소, 국제사법재판소, 중재재판소 중에서 하나 또는 그 이상을 선택하여야 한다. 그러나 통합본에서 '특별중재절차'가 '특별중재재판소'로 수정되면서 아메라싱게 의장 2차 수정안의 제9조 제2항은 삭제되었으며 이에 따라 특별중재 역시 다른 강제적 분쟁해결수단과 동등한 강제적 분쟁해결수단이 되었다.

선택적 배제를 정한 아메라싱게 의장 2차 수정안의 제18조 제1항(a)는 배제선언을 통해 강제절차가 배제되는 사안으로 해양경계획정sea boundary delimitation 분쟁, 역사적 만 또는 권원historic bays or titles을 포함하는 분쟁을 열거하고 있었다. 그러나 통합본 제297조 제1항(a)에는 위 두 가지 사안 외에 '대륙 또는 도서 영토와 관련된 주권 또는 그 밖의 권리에 관한 청구에 대한 결정(the determination of any claim

---

52 제5항의 영문안은 다음과 같다. 5. Any dispute excluded by the previous paragraph may be submitted to the procedures specified in Section 2 only by agreement of the parties to such dispute. (See Adede, *supra* note., p. 152) 이 문안은 유엔해양법협약 제299조 제1항의 모태가 되었다.

to sovereignty or other rights with respect to continental or insular land territory)'도 선택적 강제절차 배제 사안으로 추가되었다.

끝으로 국가 이외 다른 실체의 강제절차 접근 문제에 대해 통합본은 제291조에서 제11부 제6절에 정해진 심해저분쟁 절차에 따른 경우에 한정하여 국가 이외 실체의 접근을 인정하였으며 제292조에서 억류된 선박의 신속석방 절차 개시의 경우 기국을 대신한(on behalf of the flag State) 제소를 인정하였다.

〈제7회기: 1978. 3. 28~5. 19 및 속개 회기: 1978. 8. 21~9. 15〉[53]
제6회기까지 논의 결과를 바탕으로 제3차 유엔해양법회의는 제7회기 중 7개 핵심 난제seven core issues를 식별하고 이 난제 해결에 집중하기로 하였다.[54] 이 7개 핵심 난제에 집중하기 위해 전체회의는 7개 협상그룹negotiating groups을 구성하고 각 그룹에 한 개씩 쟁점을 배정하였다. 7개 핵심 난제에는 분쟁해결 조문 초안에 관한 쟁점이 2개 포함되어 있었는데 다섯 번째와 일곱 번째가 분쟁해결에 관한 쟁점이다. 다섯 번째 쟁점은 '배타적 경제수역에서 연안국의 주권적 권리행사와 관련된 분쟁해결 문제(The question of the settlement of disputes relating to the exercise of the sovereign rights of coastal States in the exclusive economic zone)'였으며 일곱 번째 쟁점은 '인접국과 대향국 간 경계획정과 분쟁해결(Delimitation of maritime boundaries between adjacent and opposite States and settlement of disputes thereon)' 이었다. 이 두 쟁점은 제5 협상그룹과 제7 협상그룹에 각각 배정되었다.

---

53 See Adede *supra* note 5, pp. 165-174.
54 7개 핵심 난제는 1978년 4월 13일자 제3차 유엔해양법회의 문서 A/CONF.62/62의 5항 참조.

다섯 번째 쟁점과 관련된 문안은 통합본 제296조 제4항이었다. 제4항의 영어 문안은 다음과 같다.

> 4. No dispute relating to the interpretation or application of the provisions of the present Convention with regard to the living resources of the sea shall be brought before such court or tribunal unless the conditions specified in a paragraph 1 have been fulfilled; provided that:
> (a) when it is alleged that there has been a failure to discharge obligations arising under articles 61, 62, 69 and 70, in no case shall the exercise of a discretion in accordance with articles 61 and 62 be called in question and
> (b) the court or tribunal shall not substitute its discretion for that of the coastal State and
> (c) in no case shall the sovereign rights of a coastal State be called in question

이 조항에 따르면 해양생물자원과 관련하여 연안국을 강제절차에 제소하려면 제296조 제1항의 조건―제소국Applicant은 자국의 청구가 일응 충분한 근거가 있음을 입증하여야 하고, 재판소가 판단하기에 제소가 법절차 남용이거나 제소에 적시된 사안이 경미하거나 쟁송 자체를 목적으로 제기된 경우 제소를 수리하지 않으며, 피소국은 이의를 제기할 수 있음―이 우선 충족되어야 하며, 이어 제61조(생물자원의 보존)와 제62조(생물자원의 이용)에 정해진 연안국의 재량권은 문제 삼지 않아야 하고 재판소의 재량권은 연안국의 재량권을 대체하지 못하며 연안국의 주권적 권리도 문제 삼지 않아야 한다.

개발도상 연안국들은 분쟁해결 조항에 따라 배타적 경제수역에 대한 자신들의 권리가 사법적 절차를 통한 도전으로 잠식되는 걸 허용할 수 없다는 입장을 확고하게 견지해 오고 있었다. 위 통합본 제296조 제4항의 문안은 그러한 입장을 반영하여 준비된 안이었으나 여전히 강제적 성격의 사법적 절차의 가능성을 내포하고 있었는데 제5 협상그룹의 논의 과정에서 다수의 연안국들은 제4항을 수용할 수 없다는 입장을 표명하였다. 이에 따라 제5 협상그룹 의장 —콘스탄틴 스타브로풀로스Constantin Stavropoulos(그리스)— 은 강제절차가 적용되는 사안과 강제조정compulsory conciliation이 적용되는 사안을 분리하였으며 이는 그가 준비한 제296조 수정안 제1, 2, 3항에 반영되었다.[55]

스타브로풀로스 의장안은 항행 또는 상공비행의 자유, 해저전선 및 파이프라인 부설에 관하여 이용국인 타국의 자유를 연안국이 침해하였다거나 반대로 연안국이 정한 법령을 이용국인 타국이 위반하였다거나 또는 연안국이 해양환경 보호 및 보존에 관한 국제적 기준을 위반하였다고 이용국인 타국이 주장하는 경우에는 강제절차를 적용하게 하였다(제1항). 그러나 해양과학조사의 경우에는 연안국이 해양과학조사와 관련된 협약 조항(통합본 제247조, 제254조)을 위반하였다고 타국이 주장하더라도 새로이 성안된 제296조의 2(예비절차) 요건을 충족하여야만 사법 절차에 회부하도록 하였다. 나아가 어떤 경우에도 제247조 상 연안국의 재량권이나 제254조에 따른 연안국의 조치는 문제 삼지 않아야 하며 연안국의 재량권도 대체할 수 없도록 하였다(제2항). 마찬가지로 해양생물자원의 경우 배타적 경제수역에

---

55 Rosenne, *supra* note 6, pp. 89-104.

서 연안국이 향유하는 생물자원에 대한 주권적 권리와 그 권리의 재량적 행사는 강제절차에서 배제하였으며[제3항(a)], 비강제적 절차에 따라 해결이 안 되는 경우에는 강제조정에 회부될 수 있도록 하였다[제3항(b)]. 이처럼 강제적 사법 절차가 적용되는 사안과 강제조정이 적용되는 사안을 분리하는 안은 광범위한 지지를 받았다. 이는 '전반적 패키지 딜overall package deal'을 조건으로 수락된 조건부 컨센서스 conditional consensus를 형성하였으며 이로써 '미니 패키지 딜mini package deal'이 달성되었다.56

스타브로풀로스 의장이 처음 마련한 제296조의 2(예비절차)는 제1항57에서 본안 심리에 앞서 청구의 수리 적격을 미리 판단하는 예비절차를 정하였다. 이 절차에 따르면 재판소가 피제소국의 요청에 따라 법 절차가 남용되었거나 제소국의 청구가 일응 상당하지 않다고 결정하는 경우 재판소는 더 이상 조치를 취하지 않는다.

해양경계분쟁의 경우 이를 강제절차에 회부하는 것이 부적절하기 때문에 강제절차에서 완전히 배제해야 한다는 주장과 반대로 이 분쟁도 협약상 강제절차를 적용받게 해야 한다는 주장이 대립하고 있었다. 이러한 대립에 대한 타협책으로 통합본은 강제절차 배제를

---

56 Adede, *supra* note 5, p. 174.
57 예비절차(Preliminary proceedings)를 정한 제296조의 2, 제1항의 영문 문안은 다음과 같다.

1. A court or tribunal provided for in Article 287 to which an application is made in respect of a dispute referred to in Article 296 shall determine at the request of a party, or may determine on its own initiative, whether the claim constitutes an abuse of legal process or whether it is established **prima facie** to be well founded. If the court or tribunal determines that the claim constitutes an abuse of legal process or is **prima facie** unfounded, it shall take no further action in the case.

선택하는 국가는 지역 기구나 그 밖의 3자를 통해 구속력 있는 결정에 이르는 절차를 밟되 육지나 도서에 대한 주권이나 그 밖의 권리에 대한 결정을 배제하는 방안을 제시하였다. 그러나 이 문제를 맡은 제7 협상그룹은 제7회기 기간에 영해, 배타적 경제수역, 대륙붕의 경계에 관한 통합본의 실체 규정인 제15조, 제74조와 제83조에 대한 논의에 집중하였으며 그로 인해 해양경계분쟁에 관해서는 충분한 논의를 하지 못하였다. 이에 따라 이 문제는 14개국으로 구성된 비공개 소그룹에서 별도로 논의되었으며 이 소그룹의 의장을 맡은 미국의 손Sohn 교수가 참가자들의 요청을 받아들여 해양경계 분쟁해결에 대한 접근 방법에 관한 비공식 문서를 준비하고 토의를 거쳐 수정하였으며 이 수정 문서가 제7회기 속개회의 시 제7 협상그룹 논의에 제출되었다. 그러나 속개 회의기간 동안 제7 협상그룹이 여전히 해양경계에 관한 실체 규정 논의에 대부분의 시간을 보냄에 따라 손 교수의 수정안은 충분히 논의되지 못하였으며, 그 결과 강제절차에서 완전히 배제하자는 주장과 강제절차를 받게 하자는 주장이 여전히 대립하고 있었다.

〈제8회기 및 속개 회기: 1979. 3. 19~4. 27; 7. 19~8. 24,
 제9회기 및 속개 회기: 1980. 3. 3~4. 4; 7. 28~8. 29〉[58]

제네바에서 열린 제8회기에서 제7 협상그룹은 손 교수의 안을 중심으로 경계획정 분쟁 논의를 계속하였으나 의미 있는 진전은 이루어지지 않았다. 손 교수의 안은 네 가지 근본적 질문을 기반으로 하고 있었다. 그 네 가지 질문은 첫째, 3자를 통한 경계획정 분쟁해결절차

---

58 See Adede, *supra* note 5, pp. 175-184.

가 강제적이어야 하느냐 아니면 비강제적이어야 하느냐, 둘째, 3자를 통한 절차가 분쟁 당사자들이 적용할 특정 상황, 원칙 및 방법을 제시하는 수준의 제한적 관할권만을 행사해야 하느냐 아니면 경계분쟁을 실질적으로 해결하는 수준의 관할권을 행사해야 하느냐, 셋째, 주권에 대하여 이미 오래된 상충하는 주장으로부터 발생하는 모든 경계획정 분쟁은 3자를 통한 절차로부터 자동적으로 배제되어야 하느냐, 넷째, 협약 발효 이전의 경계획정 분쟁과 발효 후 분쟁은 구별되어야 하느냐 등이었다. 뉴욕에서 속개된 회의에서 제7 협상그룹은 매너Manner 의장이 제시한 초안을 중심으로 논의를 이어갔다. 속개 회기 논의를 통해 분명해진 것은 강제조정compulsory conciliation에 대한 지지가 확대되고 있다는 점이었다. 이를 바탕으로 매너 의장은 제298조 제1항(a)의 수정안을 제출하였다. 이 수정안은 2차 수정 통합본A/CONF.62/WP.10/Rev.2에 포함되었으며 그 영문 문안은 다음과 같다.

1. Without prejudice to the obligations arising under section 1, a State Party when signing, ratifying or otherwise expressing its consent to be bound by this Convention, or at any time thereafter, may declare that it does not accept any one or more of the procedures for the settlement of disputes specified in this Convention with respect to one or more of the following categories of disputes:

   (a) (i) Disputes concerning the interpretation or application of articles 15, 74 and 83 relating to sea boundary delimitations, or those involving historic bays or titles, provided that the State having made such a declaration shall, when such a dispute arises subsequent to the entry into force of this Convention and where no agreement within a reasonable period of time is reached in negotiations between the parties, at the request of any party to the dispute, and notwithstanding article 284, paragraph 3, accept submission of the matter to conciliation provided for in annex V; and provided further that there shall be excluded from such submission any dispute that necessarily involves the concurrent consideration of any unsettled dispute concerning sovereignty or other rights over continental or insular land territory

(ii) after the Conciliation Commission has presented its report, which shall state the reasons on which it is based, the parties shall negotiate an agreement on the basis of that report; if these negotiations do not result in an agreement, the parties shall, by mutual consent, submit the question to one of the procedures provided for in section 2 of part XV, unless the parties otherwise agree

(iii) the provisions of this subparagraph shall not apply to any sea boundary dispute finally settled by an arrangement between the parties, or to any such dispute which is to be settled in accordance with a bilateral or multilateral agreement binding upon those parties.

위 문안은 유엔해양법협약 제298조 제1항(a)의 최종 문안에 근접해 있으며, 협약 초안draft convention 형식으로 발행된 3차 통합본

A/CONF.62/WP.10/Rev.3에는 경미한 수정을 거친 문안이 반영되었다.

〈심해저 탐사 및 개발 분쟁 해결〉[59]

1979년 제8회기 및 속개 회기와 1980년 제9회기 및 속개 회기 기간 심해저 탐사 및 분쟁과 관련된 분쟁해결제도는 아메라싱게 의장이 설치한 법률전문가그룹Group of Legal Experts이 중심이 되어 다루었다. 이 그룹은 통합본 제11부에 포함된 해저분쟁해결규정 초안을 검토하였으며 그 결과 초안이 수정되었다.

앞에서 언급하였듯이 1977년 제7회기에서 해저재판소를 해저기구에 설치하는 안은 폐기되었으며 대신에 해저재판부를 해양법재판소 안에 설치하기로 하는 결정이 채택되었다. 그러나 해저재판부와 해저기구 간 제도적 연계를 유지하는 방안으로 해저기구 총회가 해양법재판소의 21명의 재판관 가운데 해저재판부의 11명 재판관을 선정하는 안을 유지하고 있었다[60]. 그러나 이 안은 전문가 그룹의 검토 결과 폐기되었으며, 이에 따라 1979년 발행된 통합본 1차 수정본ICNT/Rev.1에서부터 해저기구 총회의 해저분쟁재판부 재판관 선임 권한은 삭제되었다.

둘째로는 국가 간 해저 관련 분쟁의 경우 제287조에 열거된 다른 법정도 이용할 수 있어야 한다는 주장이 제기되었다. 이 주장은 해저분쟁재판부의 전속적 관할권이 유지되어야 한다는 주장과 대립하였는데 이에 대한 타협안으로 해저분쟁재판부의 재판관으로 구성

---

[59] See *Ibid.*, pp. 185-200.
[60] 해저기구 총회의 권한과 기능을 정한 ICNT 제158조 2항(iii)은 해저분쟁재판부 재판관 선정 기능을 규정하였다. (iii) Selection of the 11 members of the Sea-Bed Disputes Chamber from among the members of the Law of the Sea Tribunal.

되는 임시소재판부ad hoc chamber 설치안이 대두하였다. 논의 결과 해저분쟁재판부 외에도 심해저 개발 및 탐사와 관련된 분쟁을 해양법재판소의 특별소재판부special chamber, 해저분쟁재판부의 임시 소재판부ad hoc chamber 또는 구속력이 있는 결정을 내리는 중재에 회부할 수 있도록 하는 안이 최종적으로 채택되었다.

셋째, 심해저 탐사 및 개발에는 국가 이외의 실체entities의 참여가 허용됨에 따라 해저분쟁해결 법정에는 이러한 실체의 접근이 허용되어야 했다. 이에 따라 1979년과 1980년 회기에서는 해저분쟁재판부가 관할권을 행사하는 분쟁의 종류가 좀 더 세분화되고 명확하게 기술되었다.

넷째, 제187조 제2, 3, 4항에 따라 해저분쟁재판부는 해저기구의 작위 또는 부작위를 포함하는 분쟁에 대한 관할권을 갖는다. 그러나 해저기구가 협약의 규정 안에서 재량권을 행사하는 경우 이는 해저분쟁재판부의 사법적 심사에서 제외된다. 이에 관한 규정인 제190조는 그 점을 보다 명확히 하는 방향으로 재구성되었다.

끝으로, 통합본ICNT은 제190조에서 해저기구 총회와 이사회뿐만 아니라 기구 내 다른 기관(any of its organs)도 해저분쟁재판부에 권고적 의견을 요청할 수 있도록 정하고 있었으나 총회와 이사회만 권고적 의견을 요청할 수 있도록 수정하였다.

III. 분쟁해결절차 선택 및 강제절차

제3차 유엔해양법회의 초기의 분쟁해결에 관한 비공식 작업반의 문안 작성 노력에 이어 아메라싱게 전체회의 의장 주도로 작성된 분쟁의 해결에 관한 유엔해양법협약(이하 "해양법협약" 또는 "협약") 제15부는 3개 절(section) — 제1절(총칙), 제2절(구속력 있는 결정을 수반하는 강제절차), 제3절(제2절 적용의 제한과 예외) — 로 구성되어 있다.

총칙을 담고 있는 제1절은 해양법협약의 해석이나 적용에 관한 분쟁 발생 시 이를 평화적으로 해결해야 하는 당사국의 의무와 평화적 분쟁해결수단을 열거하고 있으며, 자유로이 분쟁해결수단을 선택할 수 있는 당사국의 권리를 정하고 있다. 또한 분쟁 당사국들이 제15부의 절차 대신 다른 해결 수단을 통해 분쟁을 해결하기로 합의한 경우 그러한 수단이 우선적으로 적용된다고 규정한다. 이처럼 평화적으로 분쟁을 해결하는 수단의 선택에 관한 한 분쟁 당사국은 완전한 선택의 자유를 향유한다. 그러나 자유로이 선택한 평화적 수단을 통하여 분쟁이 해결되지 못하면 구속력있는 결정을 수반하는 제2절의 강제절차가 작동하게 된다. 강제절차로는 국제해양법재판소, 국제사법재판소, 제7부속서 중재재판소, 제8부속서 특별중재재판소 등 4개의 법정이 있으며 당사국은 이들 중 하나 또는 그 이상의 법정을 선택하거나 아무 법정도 선택하지 않을 수 있다. 마지막으로 강제절차 적용의 제한 및 예외를 정한 제3절에 따라 해양법협약의 해석이나 적용에 관한 특정 종류 분쟁 중 일부의 경우 강제절차 적용이 자동적으로 제한되며, 또 다른 일부의 경우 당사국이 배제선언을 하게 되면 선언에서 배제한 분쟁에 대하여는 강제절차가 적용되지 않는다.

1. 평화적 분쟁해결수단의 자유 선택

해양법협약 제279조는 "당사국은 이 협약의 해석이나 적용에 관한 당사국 간의 모든 분쟁을 국제연합헌장 제2조 제3항에 따라 평화적 수단에 의하여 결정하여야 하고 이를 위하여 헌장 제33조 제1항에 제시된 수단에 의한 해결을 추구한다"고 규정한다. 이어 제280조는 "이 부의 어떠한 규정도 당사국이 언제라도 이 협약의 해석이나 적용에 관한 당사국 간의 분쟁을 스스로 선택하는 평화적 수단에 의하여 해결하기로 합의할 수 있는 권리를 침해하지 아니한다"고 규정한다. 국제연합헌장 제33조 제1항에 제시된 평화적 분쟁해결수단은 협상, 사실조사enquiry, 중개mediation, 조정conciliation, 중재arbitration, 사법적 해결judicial settlement, 지역 기구 또는 약정에 회부resort to regional agencies or arrangements, 회원국이 선택하는 그 밖의 평화적 수단 등이다. 따라서 해양법협약의 해석이나 적용에 관한 분쟁의 당사국은 합의가 이루어지면 협약 제15부가 정하고 있는 분쟁해결수단과 함께 그 밖의 어떠한 해결수단도 자유롭게 선택할 수 있다.

 국제해양법재판소에 지금까지 제출된 11개의 본안 사건 중 8개의 본안 사건은 해양법협약 제287조에 따라 처음에는 제7부속서 중재재판소에 회부되었다가 그 후 분쟁 당사국들이 합의를 통해 국제해양법재판소로 이첩되었다.61 제287조에 따라 관할권을 가진 중재

---

61 특별협정을 통해 국제해양법재판소로 이첩된 8개 사건은 다음과 같다. ①*The M/V "SAIGA" (No. 2) Case (Saint Vincent and the Grenadines v. Guinea)*, ②*Case concerning the Conservation and Sustainable Exploitation of Swordfish Stocks in the South-Eastern Pacific Ocean (Chile/European Union)*, ③*Dispute concerning delimitation of the maritime boundary between Bangladesh and Myanmar in the Bay of Bengal (Bangladesh/Myanmar)*, ④*The M/V "Virginia G" Case (Panama/Guinea-Bissau)*, ⑤ *Dispute concerning delimitation of the maritime boundary between Ghana and Côte d'Ivoire in the Atlantic Ocean (Ghana/Côte d'Ivoire)*, ⑥*Dispute concerning delimitation of the maritime boundary between Mauritius and Maldives in the Indian Ocean (Mauritius/Maldives)*, ⑦*The M/T "San Padre Pio"(No. 2) Case (Switzerland/Nigeria)*. ⑧*The M/T "Heroic Idun"(No. 2) Case (Marshall Islands/Equatorial Guinea)*.

재판소를 분쟁 당사국들이 합의를 통해 포기하고 국제해양법재판소로 이송한 이 사건들은 분쟁 당사국에 부여된 분쟁해결수단에 대한 완전한 선택의 자유를 보여주는 사례라고 할 수 있을 것이다.

2. 대안 절차 우선 적용

해양법협약은 제280조에 규정된 분쟁해결수단의 자유로운 선택 원칙의 선상에서 분쟁의 당사국이 제15부가 정하고 있는 절차 밖에 있는 다른 절차를 적용하기로 선택하고 있는 경우에 그 절차가 대안 절차로서 제15부 절차에 우선하여 적용된다고 정하고 있다. 이러한 취지는 우선 제281조에 제1항에 규정되어 있으며 문안은 다음과 같다.

> 이 협약의 해석이나 적용에 관한 분쟁의 당사자인 당사국이 스스로 선택한 평화적 수단에 의한 분쟁해결을 추구하기로 합의한 경우, 이 부에 규정된 절차는 그 수단에 의하여 해결이 이루어지지 아니하고 당사자 간의 합의로 그 밖의 다른 절차를 배제하지 아니하는 경우에만 적용된다(If the States Parties which are parties to a dispute concerning the interpretation or application of this Convention have agreed to seek settlement of the dispute by a peaceful means of their own choice, the procedures provided for in this Part apply only where no settlement has been reached by recourse to such means and the agreement between the parties does not exclude any further procedure).

이 조문은 분쟁 당사국이 선택할 평화적 수단의 구체적 형태에 관하여는 언급하지 않고 있다. 따라서 분쟁 당사국들은 조약과 같이 법적 구속력을 수반하는 형식을 갖추지 않은 분쟁해결수단에 합의하였더라도 그 형식과는 관계없이 그러한 수단이 제15부 절차에 우선하여 적용된다. 다만 그러한 수단이 제15부 절차에 우선하는 대안 절차로서 효력을 가지려면 그러한 수단으로 분쟁이 최종적으로 해결될 수 있어야 하며 그 밖의 다른 절차를 배제하지 않아야 한다. 그러나 그러한 절차를 통해 분쟁이 최종적으로 해결되지 못하거나 그 밖의 다른 절차를 배제하지 않고 있는 경우 제15부 제2절의 강제절차가 작동하게 될 것이다.

　제281조에 이어 제282조도 제15부 절차에 우선하는 대안 절차를 정하고 있으며 그 문안은 다음과 같다.

> 이 협약의 해석이나 적용에 관한 분쟁의 당사자인 당사국들이 일반협정·지역협정·양자협정을 통하여 또는 다른 방법으로 어느 한 분쟁 당사자의 요청에 따라 구속력 있는 결정을 초래하는 절차에 그 분쟁을 회부하기로 합의한 경우, 그 분쟁 당사자가 달리 합의하지 아니하는 한, 이 부에 규정된 절차 대신 그 절차가 적용된다(If the States Parties which are parties to a dispute concerning the interpretation or application of this Convention have agreed, through a general, regional or bilateral agreement or otherwise, that such dispute shall, at the request of any party to the dispute, be submitted to a procedure that entails a binding decision, that procedure shall apply in lieu of the procedures provided for in this Part, unless the parties to the dispute otherwise agree).

　제281조와 달리 제282조는 제15부 절차에 대한 대안 절차의 형태로 일반협정, 지역협정 및 양자협정에 정해진 절차 '또는 다른 방

법으로(or otherwise)'를 제시한다. 여기서 '또는 다른 방법으로' 표현은 국제사법재판소 규정 제36조 제2항에 따라 규정 당사국들이 행하는 선택조항 수락 선언을 염두에 둔 표현이다.[62] 일반협정·지역협정·양자협정 또는 그 밖의 다른 방법이 제15부 절차에 우선하는 대안 절차가 되려면 그 절차의 결과가 구속력 있는 결정을 수반하여야 한다. 그렇지 않을 경우 제281조의 대안 절차와 마찬가지로 제282조의 대안 절차 역시 최종적인 절차가 되지 못하며 제15부 제2절의 강제 절차가 원용될 수 있을 것이다.

3. 법정 선택[63]

해양법협약 제287조에는 협약의 해석과 적용에 관한 분쟁에 대하여 관할권을 행사하는 사법기구로 국제해양법재판소[ITLOS], 국제사법재판소[ICJ], 제7부속서 중재재판소, 제8부속서 특별중재재판소 등 4개의 재판소가 열거되어 있다. 협약의 당사국은 협약을 서명하거나 비준 시에 또는 가입 시에 또는 그 이후 어느 시점에서나 서면으로 이 4개 재판소 중 하나 또는 그 이상을 협약의 해석과 적용에 관한 분쟁 해결의 수단으로 자유롭게 선택하는 선언을 할 수 있다(제1항). 다만 그러한 선언을 하더라도 국제해양법재판소 내 해저분쟁재판부가 국가관할권 이원의 심해저에 대하여 행사하는 전속적 관할권을 수락하여야 하는 당사국의 의무에는 영향을 미치지 아니한다(제2항). 이는

---

[62] Center for Oceans Law and Policy, University of Virginia, ***United Nations Convention on the Law of the Sea: A Commentary,*** Vol. V. ed. by Myron H. Norquist, Shabtai Rosenne and Louis B. Sohn, pp. 26-27.

[63] 김두영, "해양분쟁 해결", 『해양법실행2』(서울: 일조각, 2022), pp.397-399

당사국이 국제해양법재판소를 선택하지 않고 국제사법재판소나 중재재판소를 선택하더라도 국가관할권 이원의 심해저에 관한 한 해저분쟁재판부가 전속적 관할권을 행사하는 걸 의미한다.

재판소를 선택하는 당사국은 서면 선언을 유엔사무총장에게 기탁하여야 한다(제8항). 선택 선언을 행한 당사국이 이를 철회하는 통고를 유엔사무총장에게 기탁하는 경우에 철회 통고는 통고 시점부터 3개월 후에 효력을 발생한다(제6항). 4개 재판소 중 하나에 사건이 접수되어 소송절차가 진행 중에 새로운 선언을 하거나 기존의 선언을 철회하는 경우에 또는 기존 선언의 효력 기간이 도과하는 경우에, 당사자들 사이에 달리 합의가 이루어지지 않는 한 진행 중인 소송은 영향을 받지 않는다(제7항).

벵골만 해양경계획정 사건은 2009년 12월 14일에 국제해양법재판소에 공식 접수되었다.64 그러나 사건 접수 후 한 달이 경과 한 2010년 1월 14일 미얀마는 2009년 11월 4일 행한 국제해양법재판소의 관할권 수락 선언을 철회하는 선언을 2010년 1월 14일에 유엔사무총장에게 전달하였다고 재판소에 통보하였다.65 이에 대해 방글라데시는 1월 18일 미얀마의 선언 철회 통고는 제287조 제6항과 제7항에 따라 국제해양법재판소에서 이미 진행 중인 소송에 영향이 없다는 입장을 표명하였다.66 그 후 일주일 후인 1월 25일과 26일 양일간 국제해양법재판소장과 양국 대표 간 진행된 협의에서 양국은 사건이 2009년 12월 14일에 재판소에 공식 접수되었다는데 최종적으로 동

---

64 *Delimitation of the maritime boundary in the Bay of Bengal (Bangladesh/Myanmar), Judgment, ITLOS Reports 2012*, p. 12, para. 5
65 *Ibid.*, para. 8.
66 *Ibid.*, para. 9.

의함으로써67 사건은 재판소에서 순조롭게 진행되었다.

해양법협약 제287조 제1항에 따라 현재까지 강제절차를 선택한 당사국은 53개국이다. 협약의 총 당사국이 현재 169개국임에 비추어 선택 선언을 한 국가는 3분의 1에 조금 못 미치고 있으며 선택 현황은 아래 표와 같다.

선택	국가 수	국가
ITLOS만을 선택한 당사국	14개국	알제리, 앙골라, 방글라데시, 나이지리아, 불가리아, 콩고민주공화국, 피지, 파나마, 그리스, 마다가스카르, 스위스, 탄자니아, 우루과이, 세인트빈센트그레나딘
ICJ만을 선택한 당사국	6개국	니카라과, 노르웨이, 덴마크, 스웨덴, 온두라스, 영국
ITLOS와 ICJ를 선택한 당사국	15개국	호주, 카보베르데, 크로아티아, 콩고, 에스토니아, 핀란드, 이태리, 라트비아, 리투아니아, 몬테네그로, 네덜란드, 오만, 스페인, 토고, 트리니다드토바고
ITLOS와 제7부속서 중재재판소를 선택한 당사국	2개국	캐나다, 튀니지
ITLOS와 제8부속서 특별중재재판소를 선택한 당사국	2개국	아르헨티나, 칠레
ITLOS, ICJ 및 제7부속서 중재재판소를 선택한 당사국	1개국	독일
ITLOS, ICJ 및 제8부속서 특별중재재판소를 선택한 당사국	5개국	벨기에, 오스트리아, 에콰도르, 멕시코, 헝가리

---

67 *Ibid.*, p. 13, para. 10.

ITLOS, 제7부속서 중재재판소 및 제8부속서 특별중재재판소를 선택한 당사국	2개국	쿠바, 기니비사우
ITLOS, ICJ, 제7부속서 중재재판소 및 제8부속서 특별중재재판소를 선택한 당사국	2개국	포르투갈, 동티모르
제7부속서 중재재판소만을 선택한 당사국	1개국	이집트, 슬로베니아
제7부속서 중재재판소 및 제8부속서 특별중재재판소를 선택한 당사국	3개국	벨라루스, 우크라이나, 러시아

국제해양법재판소만을 선택한 14개국 중 방글라데시는 미얀마, 인도와의 해양경계획정 문제에 한해서만 재판소의 관할권을 수락하였으며, 나이지리아는 산페드로피오호 사건에 한하여, 파나마는 노스타Norstar호 사건에 한하여 재판소의 관할권을 수락하였다. 이 사건들에 대한 국제해양법재판소에서 절차는 이미 종결되었으므로 이 국가들이 국제해양법재판소의 관할권을 수락하려면 새로운 선언을 하여야 한다. 이를 고려할 때 현 시점에서 국제해양법재판소만을 선택한 국가는 11개국이라고 할 것이다. 세인트빈센트그레나딘은 선박의 나포와 억류에 한정하여 국제해양법재판소 관할권을 수락하였다.

4. 강제절차 적용 및 배제[68]

해양법협약 제286조는 "이 협약의 해석이나 적용에 관한 분쟁이 제1절에 따른 방법으로 해결이 이루어지지 아니하는 경우, 제3절에 따를 것을 조건으로, 어느 한 분쟁 당사자의 요청이 있으면 이 절에

---

68 김두영, 앞의 주 63), pp. 402-404.

의하여 관할권을 가지는 재판소에 회부된다(Subject to section 3, any dispute concerning the interpretation or application of this Convention shall, where no settlement has been reached by recourse to section 1, be submitted at the request of any party to the dispute to the court or tribunal having jurisdiction under this section)"고 정하고 있다. 이 조항에 따라 협약의 해석이나 적용에 관한 분쟁이 강제절차에 회부되려면 그 분쟁의 당사자는 자발적으로 선택한 분쟁해결방식이나 일반협정, 지역협정 또는 양자협정에 정해진 절차에 따라 먼저 해결을 추구하는 노력을 기울여야 한다. 그러나 그러한 노력에도 불구하고 구속력있는 결정을 수반하는 결과가 도출되지 못하고 그로 인해 분쟁이 해결되지 못하는 경우 그 분쟁은 일방 당사자의 요청이 있으면 강제절차에 회부된다.

  1994년 11월 해양법협약 발효 이후 제286조에 따라 강제절차에 회부된 사건으로는 국제해양법재판소에 제출된 11개의 본안 사건 중 3개의 본안 사건—루이자Louisa호 사건, 노스타호 사건, '젱헤Zheng He'—과 제7부속서 중재재판소에 제출된 15개의 사건을 들 수 있다. 국제해양법재판소가 다룬 3개의 본안 사건은 분쟁의 양 당사자들이 협약 제287조에 따라 국제해양법재판소를 선호 법정으로 선택한 선언을 바탕으로, 한 당사자가 일방적으로 해양법재판소에 제소하여 성립된 사건이다. 중재재판소에 제출된 15개 사건은 양 당사자들이 제287조에 따라 법정 선택 선언을 하지 않았거나 아니면 선택한 법정이 동일하지 않았거나 제7부속서 중재재판소를 선호 법정으로 선택하여 성립되었다. 국제해양법재판소에 제출된 11개 본안 사건 중 위 3개 사건을 제외한 나머지 8개 사건은 제286조와 제287조에 따라 일차적으로 중재재판소에 회부되었으나 추후 양 당사자들이 특별협정을 체결하여 국제해양법재판소로 이첩하기로 합의함에 따라 국제해양법재판소가 다루었다.

　해양법협약 제286조는 제2절의 강제절차 회부요건으로 제3절에 따를 것을 조건으로 정함으로써 제3절에 정해진 사안에는 강제절차가 적용되지 않는다. 제3절에는 두 종류의 강제절차 예외가 정해져 있으며 그 중 첫 번째 예외는 제297조에 규정된 자동적 예외이며 두 번째 예외는 제298조에 규정된 선택적 예외이다.

　제297조가 정하고 있는 강제절차 예외는 당사국이 별도의 선언을 하지 않아도 적용된다는 점에서 자동적 예외라고 할 수 있다. 첫 번째 자동적 예외가 적용되는 사안으로는 배타적 경제수역에서 해양과학 조사에 대한 연안국의 권리나 재량권의 행사와 해양과학조사계획의 정지나 중지를 명령하는 결정을 들 수 있다. 이 예외에 따라 당사국은 다른 연안국의 배타적 경제수역에서 해양과학조사를 신청하였으나 이 신청이 거절되었을 때 이를 이유로 그 연안국을 제286조에 따라 제2절의 강제절차에 회부할 수 없으며 이미 허가된 해양과학조사계획을 그 연안국이 정지하거나 중지하더라도 그 연안국을 강제절차에 회부할 수 없다. 강제절차에 대한 자동적 예외가 적용되는 또 다른 사안으로는 배타적 경제수역 내 생물자원에 대한 연안국의 주권적 권리 및 그 행사와 관련된 분쟁이다. 즉 다른 연안국의 배타적 경제수역에서 허가를 받아 조업하는 국가는 그 연안국이 재량으로 허용어획량allowable catch, 자국의 어획 능력harvesting capacity 및 다른 국가에 대한 잉여량 할당에 대하여 내리는 결정과 연안국이 자국의 보존관리법령에 정해진 조건에 관하여 내리는 결정을 제2절의 강제절차에 회부할 수 없다.

　제297조의 자동적 예외와 달리 제298조가 정하고 있는 예외는

선택적 예외이다. 이 예외를 적용받고자 하는 당사국은 서면으로 제298조 제1항에 열거된 사안에 대하여 강제절차 적용을 받지 않겠다는 의사를 서면으로 선언하여야 한다. 당사국이 선언을 통하여 강제절차에서 배제할 수 있는 사안은 (a)영해, 배타적 경제수역 및 대륙붕에 관한 해양경계획정 분쟁과 역사적 만 및 권원과 관련된 분쟁, (b)군사활동에 관한 분쟁과 배타적 경제수역에서 해양과학조사 및 생물자원에 대한 주권적 권리나 관할권 행사와 관련된 법집행 활동에 관한 분쟁, (c)유엔 안전보장 이사회가 유엔헌장에 따라 부여받은 권한을 수행하고 있는 분쟁 등이다. 당사국은 언제든지 이들 분쟁 중 전체 또는 일부를 선언을 통해 제2절의 강제절차로부터 배제할 수 있으며 이미 행한 선언을 언제든지 철회할 수 있다. 다만 새로운 선언이나 이미 행한 선언의 철회는 당사자가 달리 합의하지 않는 한 재판소에 계류 중인 소송절차에는 영향을 미치지 않는다. 제298조에 따라 행하는 강제절차 배제선언이나 이미 행한 선언의 철회는 유엔 사무총장에게 기탁해야 한다. 현재까지 한국을 포함하여 아래 표의 34개국이 제298조 제1항 (a)(b)(c)에 열거된 분쟁 중 전체 또는 일부에 대해 제287조의 어떤 강제수단도 적용받지 않는다는 배제선언을 하였다.[69]

배제 대상	국가 수	국가
(a), (b), (c)를 모두 배제한 당사국	19개국	알제리, 아르헨티나, 벨라루스, 캐나다, 칠레, 중국, 에콰도르, 이집트, 프랑스, 가봉, 그리스, 케냐, 포르투갈, 한국, 러시아, 슬로베니아, 태국, 토고, 튀니지

69 제298조에 따른 각국의 강제절차 배제선언은 유엔법률국 홈페이지에 게시되어 있다. https://treaties.un.org/Pages/ViewDetailsIII.aspx?src=TREATY&mtdsg_no=XXI-6&chapter=21&Temp=mtdsg3&clang=_en (최종 방문일: 2024.1.3)

(a)와 (b)를 배제한 당사국	3개국	멕시코, 사우디아라비아, 우크라이나
(b)와 (c)를 배제한 당사국	1개국	영국
(a)만을 배제한 당사국	9개국	호주, 이태리, 케냐, 말레이시아, 몬테네그로, 팔라우, 싱가포르, 스페인, 트리니다드토바고
(b)만을 배제한 당사국	2개국	카보베르데, 우루과이

위 국가들과는 달리 콩고민주공화국, 덴마크, 니카라과, 노르웨이 등 4개국은 제298조에 열거된 분쟁 중 일부 또는 전체에 대해 제287조의 강제수단 중 일부를 배제하거나 일부만 수용하는 방식으로 배제선언을 하였다.[70] 콩고민주공화국의 경우 (a)에 열거된 분쟁에 대하여만 제7부속서 중재재판소 절차를 배제하였으며, 덴마크와 노르웨이는 (a)(b)(c)에 열거된 분쟁에 대하여 제7부속서 중재재판소 절차를 배제하였다. 니카라과는 (a)(b)(c)에 열거된 분쟁에 대한 국제사법재판소 절차만을 수용하였다.

IV. 분쟁해결조항의 해석 및 적용 사례

1. 평화적 수단을 통한 분쟁해결 의무

해양법협약은 제279조에서 협약의 해석 또는 적용에 관한 분쟁을 유엔헌장 제2조 제3항에 따라 국제 평화와 안전 및 정의가 위험해지지 않게 평화적으로 해결하도록 정하고 이를 위하여 헌장 제33조 제1항에 열거된 수단—협상, 사실조사 enquiry, 중개 mediation, 조정 conciliation,

---

70 *Ibid*.

중재arbitration, 사법적 해결judicial settlement, 지역 기구 또는 약정에 회부resort to regional agencies or arrangements, 또는 분쟁 당사자가 선택한 그 밖의 평화적 수단―을 통한 해결을 추구하도록 정하고 있다. 이어 제280조에서 협약 제15부의 어떠한 규정도 당사국 간의 분쟁을 당사국이 스스로 선택하는 평화적 수단을 통해 해결하기로 합의할 수 있는 권리가 침해되지 아니한다고 규정한다.

제279조에 규정된 평화적 해결 의무의 위반이 재판에서 처음으로 원용된 사건은 가이아나 수리남 간 해양경계획정 제7부속서 중재재판에서였다. 가이아나는 자국이 허가한 석유 굴착 장비 운영자operator를 무력으로 위협하여 떠나도록 명령을 내린 수리남 해군의 조치가 제279조의 평화적 해결 의무를 위반한 것이라고 주장하였다.[71] 이에 대해 제7부속서 중재재판소(이하 '중재재판소')는 수리남 해군의 조치는 단순한 법집행 활동이라기보다는 군사행동 위협에 더 가깝다고 보았으며, 해양법협약과 유엔헌장 및 일반국제법을 위반한 무력사용 위협에 해당한다고 판시하였다.[72]

제279조는 필리핀과 중국 간 남중국해 중재 사건에서도 원용되었다. 필리핀은 스카버러 암초Scarborough Shoal 주변에 중국이 선박을 배치·정박시켜 필리핀 어민의 접근을 막아 그들의 전통적 조업권을 방해하고 국제해양법재판소에 회부하여 분쟁을 해결하자는 필리핀의 제안을 거부함으로써 유엔헌장 제2조 제3항 및 해양법협약 제279조가 정하고 있는 분쟁의 평화적 해결 의무를 위반한 것이라고 주장

---

71 *Arbitration between Guyana and Suriname(Guyana v. Suriname)*, *Award of 17 September 2007*, p. 78, para. 263. https://pcacases.com/web/sendAttach/902(최종 방문일: 2023.11.4).
72 *Ibid.*, p. 147, para. 445.

하였다.73 이 주장에 대해 중재재판소는 양측 모두 상대방에 대하여 각각 과실이 있다고 보았으며 각자의 주장을 뒷받침할 충분한 증거가 없다고 보았다.74 다음으로 필리핀은 자국에 분쟁의 평화적 해결에 대한 권리가 있으며 이에 따라 중국은 분쟁이 해결될 때까지 분쟁을 악화시키지 않고 연장하지 않을 의무를 부담하고 있다고 주장하였다.75 필리핀은 이어 분쟁을 악화시키고 연장하는 행위를 금지하는 건 분쟁의 평화적 해결 의무의 당연한 귀결이나 중국이 분쟁을 악화시키고 연장하고 있다고 하였다.76 구체적으로 필리핀은 세컨드 토머스 암초Second Thomas Shoal 인근에서 중국의 행위와 시행 중인 건설 활동이 해양법협약 제279조에 따른 분쟁의 평화적 해결 및 분쟁 악화 연장 방지에 대한 필리핀의 권리를 침해한 것이라고 주장하였다.77 이 주장에 대해 중재재판소는 분쟁의 악화 또는 연장 방지는 다수 다자 조약의 분쟁해결 규정에 포함되어 있으며78, 분쟁의 악화 및 연장 방지 의무는 신의성실good faith의 중요한 부분이라고 보았다.79 중재재판소는 이러한 취지가 해양법협약 제279조에 표명되어 있으며 당사자들은 협약의 분쟁해결절차를 수행하면서 협약 제300조에 규정된 신의성실 의무를 준수해야 한다고 하였다.80

---

73 *The South China Sea Arbitration(The Republic of Philippines v. The People's Republic of China), Award of 12 July 2016*, p. 307, para. 780. https://pcacases.com/web/sendAttach/2086 (최종 방문일: 2023.11.4).
74 *Ibid*. p. 317, para. 813.
75 *Ibid*. p. 447, para. 1134.
76 *Ibid*., p. 447, para. 1135.
77 *Ibid*., p. 448, para. 1138.
78 *Ibid*., p. 459, para. 1170.
79 *Ibid*., pp. 459-460, para. 1171.
80 *Ibid*. p. 460. para. 1172.

해양법협약 제279조는 우크라이나가 러시아를 상대로 제기한 '우크라이나 해군함 및 승조원 억류 분쟁'에서 러시아가 제기한 선결적 항변에서도 쟁점이었다. 우크라이나에 따르면 러시아는 국제해양법재판소의 잠정조치 명령 이후에도 우크라이나 승조원을 계속 억류하고 석방 후에도 형사 소송을 취하하지 않고 분쟁을 악화시킴으로써 해양법협약 제279조를 위반하였다고 주장하였다.[81] 이에 대해 러시아는 협약 제279조에는 분쟁 악화에 대한 언급이 없으며, 따라서 이 조항은 중재재판소에 관할권을 제공하는 근거가 되지 못한다고 하였다.[82] 중재재판소는 분쟁의 악화 및 연장이 협약 제279조의 위반에 해당하는지 여부는 전적으로 선결적인 성격을 가진 쟁점이 아니라고 보아 본안에 병합하여 판단하기로 하였다.[83]

남방참다랑어 중재사건에서 일본은 당사국들이 자신들이 선택한 수단을 통해 해양법협약의 해석 또는 적용에 관한 분쟁을 해결하기로 언제든지(at any time) 합의할 수 있는 권리를 인정한 제280조를 원용하였다. 응소국Respondent이었던 일본은 제280, 281조에 따라 분쟁의 당사국들은 분쟁해결수단을 자유롭게 선택할 수 있고 분쟁 발생 이전 또는 이후에 언제든지 이를 합의할 수 있으며, 이에 입각하

---

81 *Dispute Concerning the Detention of Ukrainian Naval Vessels and Servicemen (Ukraine v. Russian Federation)*, Written observations and submissions of Ukraine on the Preliminary objections of the Russian Federation Preliminary objections of 27 January 2021, pp. 1-2, para. 3.

82 *Dispute Concerning the Detention of Ukrainian Naval Vessels and Servicemen (Ukraine v. Russian Federation)*, Preliminary objections of the Russian Federation of 24 August 2020, p. 41, para. 98.

83 *Dispute Concerning the Detention of Ukrainian Naval Vessels and Servicemen (Ukraine v. Russian Federation)*, Award on Preliminary Objections of 22 June 2022, p. 65, para. 185.

여 해양법협약 제15부의 강제절차를 포함하지 않는 남방참다랑어 보존협약 제16조[84]에 열거된 절차를 분쟁의 당사국들이 선택하였다고 주장하였다.[85] 반면 제소국이었던 호주와 뉴질랜드는 남방참다랑어 보존협약 제16조가 해양법협약 제280, 281조가 정한 수단으로 볼 수 없으며 해양법협약의 해석 또는 적용에 관한 분쟁을 포함하는 합의가 아니라고 주장하였다.[86] 중재재판소는 이러한 주장을 받아들이지 않았으며, 남방참다랑어 보존협약 제16조는 당사국 자신들이 선택한 평화적 수단을 통한 분쟁해결에 관한 합의라고 인정하고 제16조는 해양법협약 제281조 제1항과 제280조의 '조건과 의도terms and intent' 안에 있다고 판단하였다.[87]

---

84 제16조의 영어 문안은 다음과 같다.
  1. If any dispute arises between two or more of the Parties concerning the interpretation or implementation of this Convention, those Parties shall consult among themselves with a view to having the dispute resolved by negotiation, inquiry, mediation, conciliation, arbitration, judicial settlement or other peaceful means of their own choice.
  2. Any dispute of this character not so resolved shall, with the consent in each case of all parties to the dispute, be referred for settlement to the International Court of Justice or to arbitration; but failure to reach agreement on reference to the International Court of Justice or to arbitration shall not absolve parties to the dispute from the responsibility of continuing to seek to resolve it by any of the various peaceful means referred to in paragraph 1 above.
  3. In cases where the dispute is referred to arbitration, the arbitral tribunal shall be constituted as provided in the Annex to this Convention. The Annex forms an integral part of this Convention.
85 *Southern Bluefin Tuna Case (New Zealand v. Japan; Australia v. Japan)*, Award on Jurisdiction and Admissibility of 4 August 2000, RIAA Vol. XXIII, pp. 25-26, paras. 38(g), (h) and 39(a), (b). https://legal.un.org/riaa/cases/vol_XXIII/1-57.pdf(최종 방문일: 2023.11.4).
86 *Ibid.*, p. 34, para. 41(i).
87 *Ibid.*, p. 42, paras. 54 and 55.

2. 대안 절차

해양법협약 제281조에 따르면 분쟁 당사국들이 협약의 해석 또는 적용에 관한 분쟁을 그들이 선택한 평화적 수단을 통해 해결하기로 합의하는 경우 협약 제15부의 절차 대신에 그 수단이 먼저 적용된다. 그러나 그러한 대안 수단을 통해 분쟁이 해결되지 못하거나 당사국들이 합의에서 추가 절차를 배제하지 않고 있는 경우에는 협약 제15부의 절차가 적용된다. 해양법협약 제282조는 협약의 해석 또는 적용에 관한 분쟁의 당사국들이 일반협정, 지역협정, 양자협정 또는 '그 밖의 방법(otherwise)'으로 구속력 있는 결정을 수반하는 절차에 회부하기로 합의하거나 달리 합의하지 않는 경우, 협약의 절차 대신에 그 절차가 적용된다고 규정한다. 제282조가 지속적 성격의 양자 또는 다자 분쟁해결협정(standing bilateral or multilateral dispute settlement agreement)이 있는 경우에 적용되는 반면 제281조는 특정 분쟁의 해결을 위한 수단에 관하여 임시적 합의(ad hoc agreement)가 있는 경우에 그 합의를 우선 적용하도록 의도한 조항이다.[88] 한편 제282조에서 '그 밖의 방법'으로 구속력 있는 절차라고 언급된 절차는 국제사법재판소 규정 제36조 제2항에 따라 행해진 재판소의 관할권 수락 선언을 염두에 두고 성안된 문안이다.[89]

국제해양법재판소에 제기된 남방참다랑어 잠정조치 사건에서 응소국 일본은 남방참다랑어보존협약 제16조에 따라 제소국인 호주와 뉴질랜드가 신의성실에 입각하여 일본과 합의에 이르기 위한 노

---

[88] Andrew Serdy, Article 281, Margin Number 10, in ***Proeless, United Nations Convention on the law of the Sea***, 1st Edition 2017.

[89] Center for Oceans Law and Policy. ***supra*** note 62, pp. 26-27.

력을 지속할 의무가 있다고 주장하고, 제281조의 규정에 비추어 재판소에 어떠한 조치도 취하지 말도록 요청하였다.[90] 반면 호주와 뉴질랜드는 남방참다랑어 보존협약 제16조 절차에는 해양법협약 제282조가 요구하는 구속력 있는 결정을 수반하는 강제절차가 부재하기 때문에 중재재판소에 회부할 수 있다고 주장하였다.[91] 당사자 간에 대립한 이 쟁점에 관해 국제해양법재판소는 양 당사자 간에 협상과 협의가 있었고, 호주와 뉴질랜드가 협상이 종료되었다고 선언하였으며, 당사자가 해결의 가능성이 소진되었다는 결론에 이른 경우 제281조가 포함된 제15부 제1절의 절차를 더 이상 추진할 의무가 없으므로 제15부 제2절의 강제절차를 원용할 요건이 충족되었다고 판단하였다.[92]

이 사건의 본안을 다룬 중재재판소는 국제해양법재판소와는 다른 판단을 하였으며 관할권 부재를 선언하고 국제해양법재판소의 잠정조치 명령을 철회하였다.[93] 중재재판소의 이런 판단은 해양법협약 제281조를 바탕으로 이루어졌다. 중재재판소는 남방참다랑어 보존협약 제16조가 해양법협약 제281조 제1항과 제280조의 '요건과 의도

---

90 *Southern Bluefin Tuna Cases (New Zealand v. Japan; Australia v. Japan), Provisional Measures*, Response and Counter-Request for Provisional Measures submitted by Japan, ITLOS Reports 1999, p.180, para. 66. https://itlos.org/fileadmin/itlos/documents/cases/case_no_3_4/statement_response_japan_eng.pdf(최종 방문일: 2023.11.4).
91 *Southern Bluefin Tuna Case(New Zealand v. Japan; Australia v. Japan), Provisional Measures, Order of 27 August 1999, ITLOS Reports 1999*, p. 294, para. 54. https://itlos.org/fileadmin/itlos/documents/cases/case_no_3_4/published/C34-O-27_aug_99.pdf(최종 방문일: 2023.11.4).
92 *Ibid.*, pp. 294-295, paras. 57-61
93 PCA, *supra* note 85, pp. 48-49, para. 72.

terms and intent' 안에 있다고 보았다.94 나아가 중재재판소는 해양법협약 제281조 제1항에 따라 협정이 협약의 강제절차를 포함한 추가 절차를 배제하지 않는 경우 해양법협약의 강제절차가 적용된다는 점을 지적하였다. 중재재판소는 남방참다랑어 보존협약 제16조 역시 추가 절차를 명시적으로 배제하지 않았다는 점은 인정하였으나 이 점이 결정적이지 않다고 판단하였다.95 이어 중재재판소는 남방참다랑어 보존협약 제16조는 해양법협약 제281조 제1항의 관점에서 고려해 볼 때(within the contemplation of Article 281(1) of UNCLOS) 추가 절차를 배제하고 있다고 다소 모호하게 결론짓고96 '자신들이 선택하는 평화적 수단에 의한(by a peaceful means of their own choice)'이라는 표현에 비추어 제281조 제1항은 강제절차 회부를 모든 당사자들이 합의하는 경우에 적용이 제한된다고 판단하였다.97 즉 중재재판소는 이 사건의 한 당사국인 일본이 해양법협약의 강제절차 회부에 합의하지 않았기 때문에 이 사건은 강제절차의 적용대상이 되지 않는다고 보았다. 중재재판소의 이러한 해석은 해양법협약의 해석이나 적용에 관한 분쟁을 제281조가 포함된 제15부 제1절의 절차에 회부하였으나 해결에 이르지 못하는 경우 어느 한 당사자의 요청에 따라 강제절차에 회부된다고 정하고 있는 제286조의 규정과 배치된다고 보인다.

아일랜드가 영국을 상대로 중재재판에 제기한 우라늄 플로토늄 혼합연료공장(이하 "Mox Plant") 사건에서는 해양법협약 제282조가

---

94 *Ibid.*, p. 42, para. 55.
95 *Ibid.*, p. 43, paras. 56-57.
96 *Ibid.*, p. 44, para. 59.
97 *Ibid.*, p. 45, para. 62.

쟁점이 되었다. 아일랜드는 본안에 대한 중재재판에 앞서 국제해양법재판소에 잠정조치를 요청하였다. 영국은 중재재판소가 관할권이 없다고 보고 국제해양법재판소에 아일랜드의 요청을 기각해 주도록 요청하였다.98 중재재판소의 관할권 부재의 근거로 영국은 해양법협약 제282조에 언급된 지역협정 3개—OSPAR Convention, Euratom Treaty, EC Treaty—를 제시하였다.99 국제해양법재판소는 이 3개 지역협정의 분쟁해결절차는 해당 조약의 해석이나 적용에 관한 분쟁을 다루는 절차이며 해양법협약 제282조에서 말하는 협약의 해석이나 적용에 관한 분쟁해결절차가 아니라고 보고 중재재판소의 일응관할권prima facie jurisdiction이 존재한다고 판단하였다.100

해양법협약의 강제절차에 우선하는 대안 절차의 존재 여부는 필리핀이 중국을 상대로 제기한 남중국해 중재재판에서도 쟁점이 되었다. 중국은 이 재판에 공식적으로 참여하지 않았으나 입장문position paper을 통해 필리핀의 중재재판 회부가 허용되지 않는다고 주장하며 해양법협약 제281조를 원용하였다. 중국은 2002년 11월 4일 서명된 '남중국해에서 당사자들의 행동에 관한 중국-아세안 선언The China-ASEAN Declaration on the Conduct of Parties in the South China Sea'에서 필리핀과 중국은 남중국해에서 분쟁을 우호적인 협의와 협상(friendly consultations and negotiations)을 통해 해결하기로 약속하였으며(undertake), 이로

---

98 *MOX Plant (Ireland v. United Kingdom), Order of 13 November 2001, ITLOS Reports 2001*, p. 103, para. 30. https://itlos.org/fileadmin/itlos/documents/cases/case_no_10/published/C10-O-3_dec_01.pdf(최종 방문일: 2023.11.4).
99 *Ibid.*, *Written Response of the United Kingdom of 15 November 2001*, pp. 60-61, paras. 164-166. https://itlos.org/fileadmin/itlos/documents/cases/case_no_10/published/C10_Response_UK_20011115.pdf(최종 방문일: 2023.11.4).
100 ITLOS, *supra* note 98, p. 106, paras. 48-53.

인해 제281조의 의미에서 '스스로 선택한 평화적 수단을 통해 분쟁 해결을 추구하기로 합의했다(agreed to seek settlement of the dispute by a peaceful means of their own choice)'고 주장하였다.101 이어 중국은 제281조의 목적상 구속력 있는 협정이 되기 위하여는 당사자의 권리와 의무를 설정하려는 의도가 명확하게 표명되어야 한다는 점에 주목하고, 세르비아-보스니아 간 제노사이드협약 사건에서 국제사법재판소가 'undertake'를 의무를 수락하는 의미로 해석하였음을 인용하면서 중국-아세안 선언에도 '약속한다(undertake)'는 단어가 사용되었고 따라서 이 선언이 협정을 구성한다고 주장하였다.102 중국은 제281조의 또 다른 요건인 추가 절차의 배제 여부에 대해서 명시적 배제가 꼭 필요한 게 아니라고 보고, "명시적인 추가 절차 배제의 부재가 결정적이지 않다(the absence of an express exclusion of any procedure is not decisive)"고 한 남방참다랑어 중재재판소의 판결을 원용하였다.103 중재절차를 개시한 필리핀은 중국-아세안 선언이 중재재판소의 관할권 행사에 장애가 되지 않는다며 그 이유로 첫째, 중국-아세안 선언은 해양법협약 제281조의 의미에서 법적으로 구속력을 가진 협정이 아닌 구속력이 없는 정치적 문서이며, 둘째, 그 선언이 구속력을 가진 협정이라고 하더라도 선언에 언급된 협의와 협상을 통해 분쟁이 해결되지 않았고, 셋째, 그 선언이 구속력을 가진 문서라고 하더라도 해양법협약 제15부 제2절의 강제절차를 배제하지 않고 있으며, 넷째, 그 선언이 제281조의 의미에서 구속력을 가진 문서이며 추가 절차 배제를 의도하였다고 하더라도 중국은 그

---

101 PCA, *supra* note 73, p. 78, para. 202.
102 *Ibid.*, para. 203.
103 *Ibid.*, p. 79, para. 204.

선언을 노골적으로 무시(flagrant disregard)해 왔다는 점을 지적하였다.104

중재재판소는 중국-아세안 선언의 성격에 대해 분쟁해결에 관하여 법적 구속력이 부여된 협정이 아니라고 보았으며 그 이유로 첫째, 선언의 입안 과정에서 중국측 초안 작성자들이 선언은 원칙을 담은 정치적 문서라고 기술하였으며, 둘째, 중국 외교부 대변인 역시 선언이 특정 분쟁을 해결하기 위한 법적 문서가 아니라 선린과 지역 안정을 촉진하기 위한 정치적 문서라고 밝혔고, 셋째, 선언을 입안한 작업반의 3차 회의 후 보고서도 선언이 법적 문서가 아닌 정치적 문서로서 특정 분쟁해결을 목표로 하고 있지 않았다고 재확인하였으며, 넷째, 선언 채택 당시 아세안 사무총장 역시 참가자들이 초기에는 선언을 법적 구속력이 있는 행동강령으로 구상하였으나 2002년 채택 서명된 최종본은 정치적 선언으로 낙착되었다고 기억하고 있는 점을 지적하였다.105 중재재판소는 이어 중국-아세안 선언 채택 이후 후속 행동 역시 선언이 법적 구속력을 가진 문서가 아니라는 점을 확인하고 있다고 보았으며 이로 인해 제281조에 대한 양측 간의 중요 쟁점은 해결되었다고 보았다.106 한편 중국-아세안 선언으로 제281조에 언급된 추가 절차가 배제되었는지와 관련하여, 추가 절차의 명시적 배제가 결정적이지 않다고 한 남방참다랑어 중재재판소의 판시를 따르지 않고 대신 제281조는 추가 절차의 명시적 배제를 요건으로 제시하고 있는 게 더 적절한 해석이라는 입장을 표명하였다.107

---

104 *Ibid.*, pp. 79-81, paras. 207-211.
105 *Ibid.*, pp. 84-85, para. 217.
106 *Ibid.*, p. 85, para. 218.
107 *Ibid.*, pp. 86-87, para. 223.

대안 절차의 우선 적용 여부는 해양법협약의 당사국인 소말리아가 역시 협약의 당사국인 케냐를 상대로 국제사법재판소에 제기한 해양경계획정 사건의 선결적 항변에서도 쟁점이 되었다. 앞서 언급했듯이 해양법협약 제282조에는 '일반협정·지역협정·양자협정'에 바로 이어 '다른 방법으로(otherwise)'가 언급되어 있는데, 이 다른 방법에는 국제사법재판소 규정 제36조 제2항에 따른 재판소의 관할권 선택 수락 선언이 포함된다. 즉 재판소 관할권 선택 수락 선언에 해양법협약의 강제절차를 배제하는 취지가 포함되면 협약의 강제절차보다 재판소 관할권 수락 선언이 대안 절차로 우선 적용된다. 케냐는 1963년에 행한 자국의 국제사법재판소 관할권 수락 선언에서 재판소의 관할권에 우선하는 대안 절차로 '보다 특화된 분쟁해결제도 및 절차more specialized dispute settlement systems and procedures'를 인정하였고 이에 따라 해양법협약 제15부가 특별법lex specialis이자 사후법lex posterior으로서 관할권 수락 선언에 우선한다고 선결적 항변에서 주장하였다.108 케냐의 관할권 수락 선언은 상호주의를 바탕 및 조건(on the basis and condition of reciprocity)으로 하고 있었으며 '분쟁의 당사자가 다른 방법이나 다른 분쟁해결절차에 회부하였거나 회부하기로 동의한 분쟁은' 국제사법재판소의 관할권 수락에서 제외한다는 유보를 포함하고 있었다.109 이를 근거로 케냐는 해양법협약 제15부가 자국 유보의 의미 안에서 양국 간에 합의된 분쟁해결절차를 제공하고 있고, 양국의 국제사법재판소 관할권 수락 범위가 겹치지 않으므

---

108 *Maritime Delimitation in the Indian Ocean (Somalia v. Kenya), Preliminary Objections, Judgment, I.C.J. Reports 2017*, p. 44. para. 109. https://icj-cij.org/public/files/case-related/161/161-20170202-JUD-01-00-EN.pdf(최종 방문일: 2023.11.4).
109 *Ibid.*, p. 17, para. 31.

로 양국의 관할권 수락은 해양법협약 제282조에 따른 협정을 구성하지 않는다고 주장하였다.110

반면 소말리아는 양국이 선택조항 수락 선언을 함으로써 국제사법재판소의 관할권에 합의를 하였으며 이 합의가 해양법협약 제287조에 포함된 분쟁해결절차에 우선한다고 주장하였다.111 소말리아는 케냐의 수락 선언에 포함된 유보와 해양법협약 제282조로 인해 양국의 수락 선언과 해양법협약 제15부는 순환논법circularity의 관계가 될 수 있으나 제282조가 선택조항 수락 선언에 우선권을 주고 있기 때문에 순환 문제는 없다고 주장하였다.112 이에 대해 케냐는 순환 가능성에 대해 자국의 수락 선언에 포함된 유보로 인해 해양법협약 제15부의 절차에 회부되면 국제사법재판소로 회송되지는 않을 것이라고 반박하였다.113

케냐의 선택조항 수락 선언에 포함된 유보로 인해 국제사법재판소의 관할권보다 해양법협약의 절차가 우선하느냐의 여부와 관련하여 재판소는 제3차 유엔해양법회의 시기(1973~1982) 선택조항 수락 선언의 반 이상에 케냐의 유보와 유사한 유보가 포함되어 있었으나 당시 준비문서travaux préparatoires 어디에도 그러한 유보가 포함된 선택조항 수락 선언을 해양법협약 제282조의 범주에서 배제한다는 시사가 없었다고 설명하고114 케냐의 항변을 기각하였다.115 국제사법재판소의 다수 의견이 케냐의 항변을 기각한 데 대해 로빈슨

---

110 *Ibid.*, pp. 43-44, para. 110.
111 *Ibid.*, para. 111.
112 *Ibid.*, pp. 44-45, para. 113.
113 *Ibid.*, p. 45, para. 114.
114 *Ibid.*, p. 49, para. 129.
115 *Ibid.*, p. 51, para. 134.

Robinson 재판관은 그의 반대 의견에서 케냐의 선택조항 수락 선언에 포함된 유보에 비추어 보아 케냐의 수락 선언과 소말리아의 수락 선언이 해양법협약 제15부 제282조의 합의agreement를 구성한다는 결론은 전적으로 비합리적(wholly unreasonable)이라고 평가하고, 그러한 결론은 유보국인 케냐가 추구한 효과와 양립하지 않으며, 케냐 선언의 불가분의 일부인 유보의 자연스럽고 합리적 해석에 정면으로 반한다고 비판하였다.116

3. 의견교환

해양법협약 제283조는 제1항에서 협약의 해석이나 적용에 관한 분쟁 발생 시 당사국들에게 교섭negotiation이나 '그 밖의 평화적 수단(other peaceful means)'을 통해 분쟁해결에 관하여 신속히 의견을 교환하도록 요구한다. 이 조항이 처음으로 원용된 건 1999년 국제해양법재판소에 제기된 남방참다랑어 잠정조치 사건에서였다. 이 사건에서 응소국인 일본은 제소국인 뉴질랜드와 호주가 제283조의 의견교환 의무를 이행하지 않았다고 주장하였다.117 그러나 국제해양법재판소는 당사자들 사이에 협상과 협의가 있었으며 제시된 기록에 따르면 호주와 뉴질랜드가 그 협상을 남방참다랑어 보존협약 및 해양법협약에 따른 절차로 간주하였다는 점을 지적하였다.118 이를 바탕으로 국제해양법재판소는 "당사국은 해결의 가능성이 소진되었다고

---

116 *Ibid.*, Dissenting Opinion of Judge Robinson, p. 72, para. 17.
117 ITLOS, *supra* note 90, p. 182, para. 74. See also p. 183., paras., 75 and 77 and p. 184., para. 8
118 ITLOS, *supra* note 91, p. 294, para. 57,

결론지으면 더 이상 협약 제15부 제1절의 절차를 추구할 의무를 지지 않는다(a State Party is not obliged to pursue procedures under Part XV section 1, of the Convention when it concludes that the possibilities of settlement have been exhausted)"며 일본의 주장을 받아들이지 않았다.[119] 이 사건의 본안을 다룬 중재재판에서도 일본은 분쟁해결에 관한 의견교환을 규정한 제283조의 요건이 충족되지 않았다고 주장하였다. 일본은 분쟁 당사자들 사이에 교환된 외교문서에 제283조에 따라 협상이 진행되었다는 구절이 없었으며, 나아가 제283조 어디에도 한 당사자가 협상이 종료되었다고 일방적으로 결정하면 그로 인해 협상이 결론에 도달하게 된다고 상정할 만한 문구가 없다는 점을 지적하였다.[120] 중재재판소 역시 제283조의 요건이 충족되지 않았다는 일본의 주장을 받아들이지 않았다. 중재재판소는 분쟁 당사자들이 협상을 장기간 강도 높고 진지하게 진행하였으며 협상 중 제소국인 호주와 뉴질랜드가 해양법협약의 규정을 원용한 점에 비추어 제283조의 요건이 충족되었다고 판단하였다.[121]

국제해양법재판소에 제기된 Mox Plant 잠정조치 사건에서 응소국인 영국은 제소국인 아일랜드와 주고받은 외교 서신 correspondence 이 해양법협약 제283조의 의견교환에 해당하지 않는다고 주장하고 제283조에 따라 의견교환을 하자는 자국의 주장을 아일랜드가 거부하였다고 지적하였다.[122] 이에 맞서 아일랜드는 중재재판 회부 2년여 전인 1999년 7월 이미 영국에 분쟁에 관해 주의를 환기시켰고

---

119 *Ibid.*, p. 295, para. 60.
120 ITLOS, *supra* note 93, p. 27, para. 39(d).
121 *Ibid.*, pp. 42-43, para. 55.
122 ITLOS, *supra* note 100, p. 107, paras. 56-57.

중재재판 회부 시점까지 서신 교환이 이루어졌으며 중재재판 회부는 영국이 Mox Plant 허가를 정지할 의향이 없다는 걸 안 후에야 이루어졌다고 주장하였다.123 양 당사자 간 이 쟁점에 관해 국제해양법재판소는 "한 당사국이 합의에 도달할 가능성이 소진되었다고 결론지으면 더 이상 의견교환을 지속하여야 할 의무는 없다(A State Party is not obliged to continue with an exchange of views when it concludes that the possibilities of reaching agreement have been exhausted)"고 판시하였다.124

국제해양법재판소가 남방참다랑어 잠정조치 사건에 이어 Mox Plant 잠정조치 사건에서 유사한 내용으로 제시한 이 기준은 말레이시아-싱가포르 간 조호르 해협 간척(land reclamation)에 관한 잠정조치 사건에서도 원용되었으며,125 그 후 국제해양법재판소에 제기된 잠정조치 사건과 일방 당사자의 제소로 제기된 다른 사건에서도 지속적으로 원용되었다. 그중에서도 의견교환 의무 요건의 충족 여부가 특히 쟁점이 되었던 사건으로는 루이자호 사건을 들 수 있을 것이다. 이 사건의 제소국인 세인트빈센트그레나딘(이하 '세인트빈센트')은 사건 제소 직후 잠정조치를 국제해양법재판소에 요청하였으며, 응소국인 스페인은 협상이나 그 밖의 평화적 수단을 통한 분쟁해결에 관한 의견교환이 전혀 없었기 때문에 제283조의 요건이 충족되지 않았다고 주장하였다.126 스페인의 주장을 국제해양법재판소는 받아들이

---

123 *Ibid.*, paras. 58-59.
124 *Ibid.*, para. 60.
125 Land Reclamation in and around the Straits of Johor (Malaysia v. Singapore), Provisional Measures, Order of 8 October 2003, ITLOS Reports 2003, pp. 19-20, para. 47. https://itlos.org/fileadmin/itlos/documents/cases/case_no_12/12_order_081003_en.pdf(최종 방문일: 2024.1.6).

지 않았는데 기존의 판례들을 바탕으로 세인트빈센트가 제283조의 요건을 충족하였다고 판단하였다.127 국제해양법재판소는 이러한 판단의 근거로 소송절차 개시에 앞서 세인트빈센트의 해양청이 스페인 항만 당국에 여러 차례 억류 선박에 대한 추가 정보를 요청하였으나 회신이 없었고, 세인트빈센트 주유엔대표부가 스페인 주유엔대표부에 외교 공한으로 루이자호 및 부속 선박의 억류에 대해 이의를 제기하면서 억류 선박이 즉시 석방되지 않을 경우 국제해양법재판소에 소를 제기할 계획이라고 밝혔으나 스페인의 반응이 없었음을 지적하였다.128

    강제절차 회부에 앞서 행해져야 하는 의견교환 의무 요건의 충족 여부는 남방참다랑어 사건 이후 제7부속서에 따라 제기된 여러 중재재판에서도 당사자들이 다툰 쟁점이었다. 바베이도스가 트리니다드토바고를 상대로 제기한 해양경계획정 중재재판에서 바베이도스는 의견교환 의무 요건 충족 여부와 관련 5년간 광범위하고 비생산적인 의견교환을 포함하여 협상을 9차례 하였으나 성과가 없었으며, 이에 비추어 충분한 시간이 경과하였고 해결의 가능성이 소진되었다는 합리적 결론에 도달하게 되었다고 주장하였다.129 반면 트리니다드토바고는 배타적 경제수역과 대륙붕의 경계획정에 관한 해양

---

126 "Louisa" (Saint Vincent and the Grenadines v. Kingdom of Spain), Provisional Measures, Order of 23 December 2010, ITLOS Reports 2008-2010, p. 67, para. 54. https://itlos.org/fileadmin/itlos/documents/cases/case_no_18_prov_meas/18_order_231210_en.pdf(최종 방문일: 2024.1.6).
127 *Ibid.*, p. 68, paras. 62-63.
128 *Ibid.*, pp. 67-68, paras. 60-61.
129 *Barbados v. Trinidad and Tobago, Award of 11 April 2006*, p. 18, para. 69. https://pcacases.com/web/sendAttach/1116(최종 방문일: 2024.1.6).

법협약의 제74조와 제83조에 따라 이루어진 협상과 제283조 제1항의 의견교환은 동일하지 않으며, 따라서 경계획정 협상을 한 결과 분쟁의 존재가 명확해진 시점에 양 당사자가 공동으로 의견교환 절차를 진행해야 한다고 주장하였다.130 트리니다드토바고는 이어 양국이 제74조 제1항과 제83조 제1항에 따라 협상을 진행하는 중에 분쟁 상황에 처해 있다고 판명난 경우에도 바베이도스는 제283조 제2항에 따라 먼저 협상 중단 선언을 해야 하며 이어 양 당사자가 신속히 의견교환 절차를 진행해야 한다는 의견을 피력하였다.131 중재재판소는 제74조와 제83조는 반드시 협상을 포함하는 합의 의무를 부과하고 있어 다른 절차이며, 그 협상을 통해 합의에 이르지 못할 경우 제15부 절차로 진행하게 되며, 이 상황에서 제283조의 의견교환은 첫 단계 조치가 아니라고 설명하였다.132 이어 중재재판소는 이 사건의 진행 과정을 보았을 때 수년에 걸쳐 협상이 진행되었으나 해결에 이르지 못한 상황에서 추가로 별도의 의견교환을 시작해야 한다고 요구하는 건 제283조 제1항에 대한 합리적인 해석이 아니라고 판단하였다.133

모리셔스가 영국을 상대로 제기한 차고스 해양보호구역 중재에서 모리셔스는 네 개의 최종 청구취지final submissions에 대한 판결을 요청하였다.134 이 중에서 중재재판소가 관할권을 인정한 건 네 번째

---

130 *Ibid.*, pp. 20-21, para. 76.
131 *Ibid.*, p. 21, para. 77.
132 *Ibid.*, pp. 62-63, para. 201.
133 *Ibid.*, p. 62, para. 202.
134 *Chagos Marine Protected Area Arbitration (Mauritius v. United Kingdom), Award of 18 March 2015*, p. 69, para. 158. https://files.pca-cpa.org/pcadocs/MU-UK%2020150318%20Award.pdf(최종 방문일: 2024.1.6).

최종 청구취지[135]다. 모리셔스는 이 청구취지에서 영국이 설치하려고 의도한 해양환경 보호구역(이하 'MPA')이 해양법협약 특히 제2조(영해, 영해의 상공·해저 및 하층토의 지위), 제55조(배타적 경제수역의 특별한 법제도), 제56조(배타적 경제수역에서 연안국의 권리, 관할권 및 의무), 제63조(2개국 이상 연안국의 배타적 경제수역에 걸쳐 출현하거나 배타적 경제수역과 그 바깥의 인접수역에 걸쳐 출현하는 어족), 제64조(고도회유성어종), 제194조(해양환경 오염의 방지, 경감 및 통제를 위한 조치), 및 제300조(신의성실과 권리남용)와 양립하지 않는 점을 판결·선언해 주도록 중재재판소에 요청하였다.

영국은 이 청구취지와 관련 모리셔스는 그 어떤 성명에서도 해양법협약의 특정 규정을 근거로 영국이 설정한 MPA의 적법성을 문제 삼고 이어 특정 형식의 의견교환을 요청하지 않았으며[136] 또한 모든 외교문서에서 모리셔스가 분쟁의 존재와 해양법협약 위반 주장 목적으로 제안한 의견교환은 어업권과 관련되어 있고 이는 결론적으로 주권의 문제로 귀착되기 때문에 MPA의 해양법협약 위반 쟁점과 관련하여 모리셔스는 의견교환 실적을 제시할 수 없다고 하였다.[137] 반면에 모리셔스는 영국의 MPA 제안이 나온 2009년 2월 이전에 어업권을 포함하여 차고스 군도에 대한 권리를 주장하였는데 이는

---

[135] 네 번째 최종 청구취지는 다음과 같다. (4)The United Kingdom's purported "MPA" is incompatible with the substantive and procedural obligations of the United Kingdom under the Convention, including *inter alia* Articles 2, 55, 56, 63, 64, 194 and 300, as well as Article 7 of the Agreement for the Implementation of the Provisions of the United Nations Convention on the Law of the Sea of 10 December 1982 Relating to the Conservation and Management of Straddling Fish Stocks and Highly Migratory Fish Stocks of 4 August 1995. *Ibid.*

[136] *Ibid.*, p. 143, para. 364.

[137] *Ibid.*, pp. 143-144, paras. 365-366.

MPA 선포로 어업권이 종료되기 때문에 해양법협약의 위반 주장과 관련이 있었다고 지적하고 2009년 2월 MPA 선포 후에도 이에 대해 외교 공한으로 항의를 하였음을 지적하였다.138 양측의 이견에 대해 중재재판소는 제283조는 분쟁해결수단에 관한 의견교환을 요구하고 있을 뿐 협상이나 그 밖의 평화적 해결 수단을 통한 직접적 분쟁해결에 관여할 것을 요구하지 않는다고 하고 제283조의 문언적 해석은 분쟁의 실체에 관한 협상 의무를 부과한 것으로 이해될 수 없다고 판단하였다.139 이를 바탕으로 중재재판소는 모리셔스가 제283조의 요건을 충족하였다고 판시하였다.140

'우크라이나 해군함 및 승조원 억류' 사건의 본안은 현재 중재재판소에 계류 중이다. 우크라이나와 러시아는 국제해양법재판소에 제기된 잠정조치와 중재재판소에 제기된 선결적 항변에서 해양법협약 제283조 요건의 충족 여부를 두고 다투었다. 잠정조치 단계에서 러시아는 국제해양법재판소에서 진행된 절차에 불참하였으나 2019년 5월 7일자 주독러시아대사관의 재판소 앞 외교 공한에 첨부된 각서 Memorandum에서 우크라이나는 제283조의 요건을 충족하지 못했다고 주장하였다. 그 이유로 러시아는 우크라이나가 2019년 3월 15일에 외교 공한을 보내 협상이나 그 밖의 평화적 수단으로 분쟁해결에 관한 의견교환을 요구하면서 10일이라는 촉박한 시한을 자의적으로 설정하였다고 지적하였다.141 러시아는 일단 3월 25일에 추후 실질적

---

138 *Ibid.*, pp. 144-145, paras. 367-369.
139 *Ibid.*, para. 378.
140 *Ibid.*, p. 152, para. 386.
141 *Case concerning the detention of three Ukrainian naval vessels (Ukraine v. Russian Federation), Provisional Measures, Memorandum of the Russian Federation, ITLOS Reports 2019*, p. 16, para. 37. https://itlos.org/fileadmin/itlos/documents/cases/

회신을 전제로 서면 답신(a written holding response)을 보냈으나 우크라이나가 실질적 회신을 기다리지 않고 3월 31일에 분쟁을 중재재판에 회부한 점도 지적하였다.142

국제해양법재판소는 러시아의 주장을 수용하지 않고 우크라이나가 의견교환 의향을 분명하게 표명하였고 10일 시한도 자의적이라고 볼 수 없다고 판단하였으며, 기존의 판례에서 반복적으로 언급된 "당사자가 합의에 도달할 가능성이 소진되었다고 결론지었을 때 의견교환을 지속할 의무가 없다"는 문구를 언급하고143 우크라이나는 중재절차 개시 전에 제283조의 요건을 충족하였다고 판시하였다.144 반면에 중재재판소는 2022년 6월에 발표한 러시아의 선결적 항변에 대한 판결에서 우크라이나의 제283조의 요건 충족 여부에 대해 다르게 판단하였다. 우크라이나가 3월 15일 외교 공한에서 제283조를 원용하였고 러시아가 3월 25일에 회신하고 그 후 추가 교신이 이루어지지 않은 상황에서 우크라이나가 4월 1일145에 중재절차를 개시한 점과 관련, 중재재판소는 3월 15일 우크라이나의 의견교환 제안과 3월 25일 러시아의 회신이 제283조의 의미에서 의견교환에 해당하느냐, 즉 이 과정을 통해 제283조가 준수되었느냐 여부에 대해 중재절차 개시 시점에 사실상 의견교환이 없었으며 제283조도 준수되지 않았다고 판시하였다.146 그 이유로 중재재판소는 우크라이나가 3월

26/C26_RF_NV_Memo_070519.pdf(최종 검색일: 2024.1.6).

142 *Ibid*.
143 *Ibid*., Order of 25 May 2019, p. 304, paras. 86-87.
144 *Ibid*., p. 305, para. 89.
145 우크라이나가 중재를 요청한 문서에 표시된 일자는 2019년 3월 31일이었으나 이 문서가 상설중재재판소에 정식 접수된 일자는 하루 늦은 4월 1일이었다.
146 *Dispute Concerning the Detention of Ukrainian Naval Vessels and Servicemen*

15일 외교 공한에서 '분쟁해결수단에 관한 협의consultations between the Parties on the means to resolve the dispute'를 요청한 부분과 관련147 우크라이나가 분쟁해결에 관해 어떠한 의견도 표명하지 않았다고 보았다.148 의견교환이 이루어지지 않았다는 판단에도 중재재판소는 우크라이나 승조원들이 형사재판을 앞두고 있던 상황의 긴급성과 억류된 함정과 승조원들에 관한 우크라이나 권리에 대한 당면한 위험에 비추어 우크라이나가 중재절차를 개시하였다고 보고 제283조가 중재재판소의 관할권 행사에 장애가 되지 않는다고 판단하였다.149 이처럼 중재재판소는 제283조 요건의 충족 여부에 대해 기존의 판례에서 통상 적용해온 기준을 벗어나 이례적인 판단을 하였다. 이는 잠정조치 부여 판단의 기준인 긴급성과 당면한 권리침해 위험이 있을 시 의견교환 요건은 고려하지 않을 수도 있다는 것으로 이해되는데 서로 상이한 기준이 상황에 따라 치환될 수 있다고 본 점에서 설득력이 없어 보인다.

4. 관할권

해양법협약 제288조 제1항과 제2항은 제287조 제1항에 열거된 4개의 재판소가 행사하는 관할권의 대상subject-matter, 즉 물적 관할권 ratione materiae을 규정한다. 제1항에 규정된 관할권 행사의 대상은 해양법협약의 해석이나 적용에 관한 분쟁이며 제2항에 규정된 관할권

(Ukraine v. the Russian Federation), Award of 27 June 2022, pp. 74-75, paras. 200-204. https://pcacases.com/web/sendAttach/38096(최종 검색일: 2024.1.6).
147 *Ibid.*, p. 71, para. 193.
148 *Ibid.*, p. 75, para. 203.
149 *Ibid.*, p.p. 75-76, paras. 205-206.

행사의 대상은 해양법협약의 목적과 관련된 국제협정의 해석이나 적용에 관한 분쟁이다. 지금까지 협약 제15부의 절차에 따라 국제해양법재판소나 중재재판소에 회부된 사건에서 실제 다루어진 사안은 모두 제1항에 규정된 해양법협약의 해석이나 적용에 관한 분쟁이었으며, 제2항에 규정된 협약의 목적과 관련된 국제협정의 해석이나 적용에 관한 분쟁이 사안으로 제기된 사건은 없다. 해양법협약의 해석이나 적용에 관한 분쟁이 발생하였을 때 분쟁이 회부된 재판소는 제291조(분쟁해결절차의 개방)에 따라 당사자의 '인적 관할권^{ratione} $_{personae}$'을 먼저 확인한다. 이어 재판소는 사건의 내용이 당사자가 제시한 해양법협약의 구체적 조문들의 해석이나 적용에 관한 것인지를 검토하고 판단한다. 그 결과 사건이 당사자가 제시한 해양법협약 조문의 해석이나 적용에 관한 것이라고 판단하면 재판소는 물적 관할권을 행사하게 된다.

　해양법협약의 해석이나 적용에 관한 분쟁으로 국제해양법재판소에 회부된 11건의 본안 사건과 중재재판소에 회부된 15건의 본안 사건 중 물적 관할권 부재 난난에 따라 기각된 사건으로는 국제해양법재판소가 다룬 루이자호 사건을 들 수 있을 것이다. 잠정조치 단계에서 제소국인 세인트빈센트는 최종 청구취지에서 국제해양법재판소 관할권의 근거로 해양법협약 제287조(절차의 선택)과 제290조(잠정조치)를 제시하였다.[150] 국제해양법재판소는 응소국인 스페인이 이의를 제기한 제283조(의견교환) 요건을 세인트빈센트가 충족시켰다고 보아[151] 일응 관할권을 갖는다고 판단하였으나[152] 세인트빈센

---

150 ITLOS, *supra* note 126, p. 63, para. 33(a).
151 *Ibid.*, p. 68, para. 65.
152 *Ibid.*, p. 69., para. 70.

트가 제290조 제1항에 따라 요청한 잠정조치는 거부하였다.153 이 사건의 본안 단계에서 세인트빈센트는 최종 청구취지의 하나로 국제해양법재판소에 스페인이 해양법협약의 제73조(연안국 법령의 시행) 제2항 및 제4항, 제87조(공해의 자유), 제226조(외국 선박 조사), 제227조(외국 선박 차별금지), 제300조(신의성실과 권리남용) 및 제303조(해양에서 발견된 고고학적·역사적 유물)를 위반하였다고 판결해 줄 것을 요청하였다.154 국제해양법재판소는 위 4개 조항―제73조, 제87조, 제226조 및 제227조―이 세인트빈센트의 청구의 근거가 될 수 없다고 판시하였다.155 세인트빈센트는 위 4개 조문 외에 제245조(영해에서 해양과학조사)도 청구의 근거로 원용하였는데 국제해양법재판소는 이 조항 역시 청구의 근거가 될 수 없다고 판시하였다.156 세인트빈센트가 원용한 제303조에 대해서 국제해양법재판소는 이 조항은 본 사건과 관련이 없다고 보았다.157 제300조의 경우 국제해양법재판소는 세인트빈센트가 서면 절차 종료 후 이 조항을 근거로 청구를 제기하였기 때문에 이 청구는 제소장Application에 포함되지 않은 새로운 청구에 해당한다고 판단하고158 이 조항을 근거로 한 청구는 또 다른 분쟁으로서 이 사건에서 세인트빈센트 청구의 근거가 될 수 없다고 판시하였다.159 이러한 판단에 따라 국제해양법재판소는 최종적으

---

153 *Ibid.*, pp. 70-71., para. 83.
154 M/V "Louisa" (Saint Vincent and the Grenadines v. Kingdom of Spain), Judgment, *ITLOS Reports 2013*, pp. 19-20, para. 43.
155 *Ibid.*, pp. 35-37, paras. 104, 109, 113.
156 *Ibid.*, pp. 38-39, paras. 114, 117.
157 *Ibid.*, p. 39, para. 119.
158 *Ibid.*, p. 44, paras. 141-142.
159 *Ibid.*, p. 45, paras. 149-150.

로 이 사건에 대한 관할권이 부재한다고 판결하였다.160

우크라이나 해군함 및 승조원 억류 사건에서 선결적 항변을 제기한 러시아는 우크라이나가 해양법협약의 해석이나 적용에 관한 분쟁이라며 적시한 조문 중 영해에서 군함과 그 밖의 비상업용 정부선박의 면제를 다루고 있는 제32조에 대해서 중재재판소가 관할권을 갖지 않는다는 이의를 제기하고, 그 이유로 제32조와 해양법협약의 그 어디에도 영해에서 군함에 대한 면제가 규정되어 있지 않다는 점을 지적하였다.161 러시아는 해양법협약 제32조의 문안에 통상적 의미를 부여해 해석하였을 때 제32조는 영해에서 군함의 면제권을 창설한 조항이 아니라 군함의 잠재적 면제권potential immunity에 대한 예외exceptions만을 규정한 조항이라고 주장하였다.162 러시아는 제32조의 문언에 비추어 볼 때 영해에서 군함이 향유하는 면제권의 해석이나 적용 문제는 해양법협약의 해석이나 적용 문제가 아니라 국제관습법의 해석이나 적용에 관한 문제이며, 따라서 제288조 제1항에 입각하여 해양법협약의 해석이나 적용에 대해 관할권을 갖는 중재재판소는 관할권을 갖지 않는다고 하였다.163 즉 해양법협약 제32조는 제288조에 언급된 해양법협약의 해석이나 적용에 관한 규정이 아니기 때문에 중재재판소 관할권 행사의 근거가 되지 않는다는 것이었다. 반면에 우크라이나는 제32조가 영해에서 군함의 면제권에 관한 국제관습법을 법전화하였다는 견해를 표명하고 "영해에 대한 주권은 이 협약과 그 밖의 국제법 규칙에 따라 행사된다(The sovereignty over

---

160 *Ibid.*, p. 47, para. 160.
161 PCA, supra note 146, pp. 45-46, para. 131.
162 *Ibid.*, p. 46, para. 132.
163 *Ibid.*, pp. 47-48, paras. 135-136.

the territorial sea is exercised subject to this Convention and to other rules of international law)"고 한 해양법협약 제2조 제3항에 따라 중재재판소가 관할권을 가진다고 주장하였다.164 중재재판소는 러시아의 이의가 전적으로 선결적 성격만을 갖지 않는다고 판단하고 이 쟁점을 본안과 병합하여 판단하기로 결정하였다.165

　　제288조 제2항에서 언급하고 있는 해양법협약의 목적과 관련된 국제협정으로는 다자협정, 수산을 규율할 목적으로 체결된 지역수산기구 설립 협정, 양자협정 등 다양한 종류의 국제협정을 들 수 있을 것이다. 이런 협정들의 해석과 적용에 관한 분쟁 발생 시 제287조에 열거된 강제절차를 이용하는 절차가 규정되어 있다면 그러한 분쟁에는 규정된 강제절차가 적용될 수 있을 것이다. 해양법협약 발효 후 그 목적과 관련된 국제협정 중 해양법협약의 분쟁해결절차를 규정한 다자협정은 현재까지 유엔공해어업협정을 포함하여 어업 분야와 해양환경보호 분야에서 10여 개 정도가 채택되었다. 그러나 지금까지 이런 다자협정의 해석과 적용에 관한 분쟁으로 해양법협약의 강제절차에 회부된 사례는 없다. 제288조 제3항에 따라 심해저분쟁에 대한 관할권은 국제해양법재판소 내 해저분쟁재판부나 그 밖의 소재판부와 중재재판부가 행사한다. 현재까지 심해저 활동 관련 쟁송사건으로 재판 절차에 회부된 분쟁은 없다. 끝으로 분쟁을 의뢰받은 재판부의 관할권에 대한 다툼이 있을 시 관할권 존부 여부는 제288조 제4항에 따라 사건을 맡은 재판부가 결정한다. 해양법협약 제294조 제3항에 따라 분쟁 당사자는 선결적 항변을 제기할 수 있는 권리를 갖는

---

164 *Ibid.*, p. 56, para. 151.
165 *Ibid.*, p. 57, paras. 154-155.

다. 선결적 항변이 제기될 시 해당 재판소는 본안 단계에 앞서 제288조 제4항에 따라 자신의 관할권을 판단한다. 선결적 항변이 제기된 두 사건—노스타호 사건 및 모리셔스와 몰디브 간 해양경계 사건—에서 국제해양법재판소는 제288조 제4항에 따라 자신의 관할권을 판단하였다.

5. 잠정조치

해양법협약 제290조는 잠정조치 명령을 요청받은 법정이 본안을 다루는 법정과 동일한 경우와 본안을 다루는 법정이 상이한 경우를 구별하여 규정한다. 전자에는 이 조항의 제1항이 적용되며 후자에는 제5항이 적용된다.

1) 제290조 제1항 잠정조치

본안을 다루는 법정에 제출된 잠정조치 요청에 적용되는 제1항에 따르면 잠정조치를 요청받은 법정은 자신의 일응 관할권 향유 여부를 우선 판단하여야 한다. 또한 그 법정은 사건의 상황에 비추어 최종 결정에 앞서 부여하게 될 잠정조치가 당사자들 각각의 권리를 보전하거나 해양환경에 대한 심각한 피해를 방지하는 데 적절한지를 판단하여야 한다. 국제해양법재판소에 본안이 제출된 11개 사건 중 제1항에 따라 잠정조치가 요청된 사건은 사이가호 사건의 잠정조치, 루이자호 사건의 잠정조치, 가나-코트디부와르 해양경계획정사건의 잠정조치, 젱혜Zheng He호 사건의 잠정조치 등 4건이었다. 사이가호 사건에서 제기된 잠정조치의 경우 본안이 중재재판소에 먼저 회부되고 이어 국제해양법재판소에 잠정조치 요청이 접수되었던 관계로 이 요청은 처음에는 제290조 제5항에 따라 제출된 잠정조치로 분류되었다. 그러나 당사자들이 특별협정을 체결하여 본안을 중재재판에서 국제해양법재판소로 이첩한 후에는 제1항에 따라 제출된 잠정조치 요청으로 재분류되었으며 그 결과 본안 소송에 대한 '부수 소송 incidental proceeding'으로 변경되면서 별도의 사건 번호는 부여되지 않았다.166 국제해양법재판소는 본안에 대한 부수 절차로 제출된 잠정조치 요청에 대한 일응관할권을 판단할 때 국제사법재판소가 사용해 온 '제소국이 원용한 규정들이 재판소 관할권 확립의 근거를 제공하는지 여부'를 기준으로 하였다.167

중재재판소에 회부된 15개 사건 중에서는 Mox Plant 사건과 엔리카렉시호 사건에서 제290조 제1항에 따라 잠정조치 요청이 제출되었다. 이 두 사건의 경우 중재재판소가 구성되기 전에 제290조 제5항에 따라 이미 국제해양법재판소에 잠정조치가 요청되었기 때문에 중재재판소에 대한 잠정조치 요청은 두 번째 요청이 되었다. Mox Plant 사건의 중재재판에서 아일랜드는 해양법협약에 따른 자국의 권리를 보호하고 해양환경에 대한 심각한 피해 방지를 추가적 잠정조치 요청 사유로 적시하였다.168 그러나 중재재판소는 국제해양법재판소가 2001년 12월 3일 채택한 기존 잠정조치 명령만을 확인하였으며 추가 요청 사항은 기각하였다.169

엔리카렉시호 사건에서 이탈리아는 해양법협약상 자국의 권리보

---

166 See List of Cases of ITLOS.
167 Tullio Treves, Article 290, Margin Number 10 in Proeless, **United Nations Convention on the law of the Sea,** 1st Edition 2017.
168 PCA, *supra* note 100, p. 2, para. 9.
169 *Ibid.*, p. 20.

존을 잠정조치 요청 사유로 적시하고 인도가 억류 중인 지로네[Girone] 상사가 이탈리아로 돌아올 수 있도록 보석 조건 완화에 필요한 조치를 인도가 취하도록 잠정조치를 명령해 달라고 중재재판소에 요청하였다.[170] 중재재판소는 지로네 상사에 대한 인도적 고려와 함께 인도의 권리보존을 위해서는 인도 대법원이 지로네 상사에 대한 관할권을 행사할 수 있는 상황을 변경시켜서는 안 된다는 점을 동시에 감안하여[171] 양국이 지로네 상사의 보석 조건 완화를 위해 협조할 것을 명령하였다.[172]

2) 제290조 제5항 잠정조치

해양법협약 제287조에 따라 분쟁 당사자들이 강제절차로 선택한 법정이 동일하지 않거나 법정을 선택하지 않는 경우 분쟁은 중재재판소에 회부된다. 분쟁이 회부된 후 구성 절차가 시작되며 구성에는 통상 3개월 이상이 소요된다.[173] 중재재판소가 구성을 완료하는 시점까지 이르는 기간에 분쟁 당사자가 잠정조치를 요청하고자 하는 경우, 그 요청은 양 당사자가 합의한 법정에 제출되거나 2주 안에 법정에 대한 합의를 이루지 못하는 경우 그 요청은 국제해양법재판

---

170 *The 'Enrica Lexie' Incident (Italy v. India), Italy's Request for the Prescription of Provisional Measures under Article 290, Paragraph 1, of the United Nations Convention on the Law of the Sea of 11 December 2015*, p. 33, para. 112. https://www.pcacases.com/pcadocs/Request/Italys%20Request%20for%20Provisional%20Measures.pdf(최종 방문일: 2024.1.7).

171 *The 'Enrica Lexie' Incident (Italy v. India), Provisional Measures*, Order of 29 April 2016, p. 27, paras. 104-107. https://pcacases.com/web/sendAttach/1707(최종 방문일: 2024.1.7).

172 *Ibid.*, p. 33, para. 132.

173 제7부속서 제3조 참조.

소에 제출된다. 지금까지 제290조 제5항에 따라 제출된 잠정조치 요청은 9건이며 이 9건은 예외 없이 모두 국제해양법재판소에 제출되었다. 중재재판소에 분쟁을 회부한 당사자가 잠정조치를 희망하는 경우 통상 그 당사자는 중재 회부 통고서에 첨부되는 '중재 청구 및 사유서(a statement of the claim and the grounds on which it is based)'174에 잠정조치 요청을 포함시키며 2주가 지난 후에 국제해양법재판소에 잠정조치 요청서를 제출한다. 이렇게 제출되는 잠정조치는 중재재판소가 구성되기 이전 기간에 제출되는 요청인 만큼 제5항에는 '상황의 긴급성을 요한다(the urgency of the situation so requires)'는 문언이 잠정조치 부여 요건으로 들어가 있다. 긴급성 요건은 국제해양법재판소에 제출된 잠정조치 사건에서 모두 다루어졌다. 한편 제1항에는 긴급성 요건이 언급되지 않았으나 긴급성은 모든 잠정조치 요청에 내재 되어 있다고 볼 수 있을 것이다. 이 점과 관련 엔리카렉시호 사건을 다룬 중재재판소는 "긴급성은 잠정조치 요청 검토에서 중요한 요소이며 국제재판소가 발전시켜온 국제판례는 그러한 견해를 지지하고 있다"고 하였다.175

6. 선박·선원의 신속석방

해양법협약 제292조에 따르면 연안국이 다른 기국의 선박을 억류한 상황에서 '적정한 보석금이나 그 밖의 재정보증(a reasonable bond or other financial security)'을 예치하였음에도 불구하고 그 연안국이 선

---

174 제7부속서 제1조 참조.
175 Treves, *supra* note 167.

박이나 선원을 신속히 석방하지 않고 있을 경우 선박의 기국이나 기국의 대리인은 국제법정에서 신속석방절차를 개시할 수 있다. 신속석방절차는 억류국과 억류된 선박의 기국이 합의한 국제법정에서 개시될 수 있으나 억류일로부터 10일 안에 그러한 합의가 이루어지지 않거나 또는 달리 합의가 이루어지지 않는 경우 제287조에 따라 억류국이 수락한 재판소나 국제해양법재판소에서 개시될 수 있다. 신속석방절차는 상당 시간이 경과한 후에 억류의 적법성 판단이 가능한 억류국의 국내 절차와는 별개로 억류된 선박의 선주에게 기국을 통하여 신속한 국제절차를 제공함으로써 장기 억류에 따르는 금전적 부담을 경감시켜주는 장치다.176 이처럼 적정한 보석금이나 그 밖의 재정보증을 통해 억류된 선박과 선원의 신속한 석방을 맞바꾸도록 정한 제292조의 목적에 대하여 국제해양법재판소는 몬테콘푸르코Monte Confurco호 신속석방사건에서 "협약 제292조의 목적은 선박과 선원의 신속한 석방을 확보해야 하는 기국의 이익과 자국의 법정에 선장과 선원의 출석을 확보하고 벌금을 징수해야 하는 억류국의 이익을 조화시키는 것(the object of article 292 of the convention is to reconcile the interest of the flag state to have its vessel and its crew released promptly with the interest of the detaining state to secure appearance in its court of the Master and the payment of penalties)"이라고 판시하였다.177 해양법협약 제292조에 정해진 신속석방절차는 억

---

176 *Tullio Treves, Article 292, Margin Numbers 1 and 2* in Proeless, United Nations Convention on the law of the Sea, 1st Edition 2017.
177 "*Monte Confurco*" *(Seychelles v. France), Prompt Release, Judgment, ITLOS Reports 2000*, p. 108, para. 71. https://itlos.org/fileadmin/itlos/documents/cases/case_no_6/published/C6-J-18_dec_20.pdf(최종 방문일: 2024.1.7).

류된 모든 선박에 적용되는 제도가 아니며 연안국이 해양법협약에 따라 채택한 배타적 경제수역에서 어업 관련 법령을 위반하여 나포·억류되었거나(제73조) 또는 해양환경 법령을 위반하여 나포·억류된(제220조 7항, 제226조 1항(b)(c)) 선박에 한하여 적용되는 제도이다.

현재까지 제292조에 따라 신속석방이 요청된 사건은 10건이며 모두 국제해양법재판소에 제기되었다. 이 10건 중 9건은 1997년부터 2007년 사이에 국제해양법재판소에 제기되었다. 이들 사건은 해양법협약 제73조를 근거로 연안국의 배타적 경제수역에서 어업 관련 법령 위반으로 나포·억류된 선박과 선원의 석방에 관한 것이었으며, 현재까지 해양환경 보호법령 위반으로 나포 억류된 선박과 선원에 대하여 협약 제220조나 제226조를 근거로 신속석방을 요청한 사례는 없다. 2022년 11월 10일 제기된 1건은 마셜제도가 적도기니를 상대로 국제해양법재판소에 억류된 유조선 히로익 이둔 Heroic Idun 호와 선원의 신속석방을 요청한 사건이다. 이 사건은 신속석방 요청 다음날인 11월 11일 적도기니가 억류 중인 선박과 선원에 대한 관할권을 나이지리아에 이관하고 마셜제도가 소송 종료를 요청함에 따라 11월 15일 종료되었다.178 소송제기서 Application 에서 마셜제도는 신속석방에 관한 해양법협약 제292조를 원용하였으나 히로익 이둔호의 나포 근거가 제73조, 제220조, 제226조 중 어느 조항인지를 특정하지 않고 추후 소송 진행 과정에서 정보가 확보되면 소송제기서를 수정하겠다는 입장을 표명하였다.179 히로익 이둔호가 석유 선적을 위해 나이지

---

178 *M/T "Heroic Idun" (Marshall Islands v. Equatorial Guinea), Order of 15 November 2022, ITLOS Reports 2022-2023*, to be published. https://itlos.org/fileadmin/itlos/documents/cases/30/RMI_PromptRelease_09112022_Redacted.pdf(최종 방문일: 2024.1.7).

리아 항구로 진입하던 중 항만으로부터 입항을 연기하라는 지시를 받고 항로를 바꾸어 항행하다 나이지리아 해군의 정선 명령 통고를 준수하지 않았다는 이유로 나이지리아의 요청으로 적도기니에 나포·억류되어 있었던 상황에 비추어 이 사건이 제292조에 따른 신속석방에 해당하는지는 다소 불투명해 보인다.

    국제해양법재판소에 제출된 10건의 신속석방 사건 중 신속석방 판결이 내려진 사건은 6건이다.180 억류된 선박과 선원에 대한 신속석방 판결이 내려지려면 적정한 보석금과 그 밖의 재정보증이 예치되어야 하는데 국제해양법재판소는 카무코호 신속석방 사건에서 적정성reasonableness 평가에 관련되는 요소로 위반의 정도gravity of the alleged offences, 억류국이 부과한 또는 부과할 수 있는 벌금, 억류된 선박 및 압수된 화물의 가치, 억류국이 부과한 보석금 및 그 형식 등을 제시하였다.181 적정한 보석금 또는 그 밖의 재정보증 외에 다른 조건으로 볼가Volga호 신속석방 사건에서 억류국인 호주는 볼가호

---

179 M/T "Heroic Idun" Case (Marshall Islands v. Equatorial Guinea), Prompt Release, Application for the Prompt Release of a Vessel and Her Crew of 9 November 2022 by Marshall Islands, ITLOS Reports, p. 14, para. 59. https://itlos.org/fileadmin/itlos/documents/cases/30/RMI_PromptRelease_09112022_Redacted.pdf(최종 방문일: 2024.1.7).

180 6개 사건: The M/V "SAIGA" Case (Saint Vincent and the Grenadines v. Guinea), Prompt Release (1997); The "Camouco" Case (Panama v. France), Prompt Release (2000); The "Monte Confurco" Case (Seychelles v. France), Prompt Release, (2000), The "Volga" Case (Russian Federation v. Australia), Prompt Release, (2003); The "Juno Trader" Case (Saint Vincent and the Grenadines v. Guinea-Bissau), Prompt Release (2004); The "Hoshinmaru" Case (Japan v. Russian Federation), Prompt Release (2007).

181 "Camouco" (Panama v. France), Prompt Release, Judgment, ITLOS Reports 2000, p. 31, para. 67. https://itlos.org/fileadmin/itlos/documents/cases/case_no_5/published/C5-J-7_feb_20.pdf(최종 방문일: 2024.1.7).

의 석방 후 추가적 불법조업을 방지하기 위하여 선박 감시장치vessel monitoring system: VMS 장착을 석방 조건으로 추가하였다.182 호주는 선박 감시장치 장착을 '선량 행위 보석금a good behavior bond'이라고 하였으나 국제해양법재판소는 그러한 보석금의 추가가 배타적 경제수역에서 연안국의 정당한 주권적 권리행사인지 여부에 대해서 입장을 취할 수 없다고 하고183 추후 불법조업을 방지를 목적으로 하는 '선량 행위 보석금'은 해양법협약 제73조 제2항과 제292조의 의미 안에서 보석금이나 재정보증으로 간주할 수 없다고 판시하였다.184

신속석방 결정이 내려지지 않은 3건 중 그랜드프린스Grand Prince호 사건의 경우 그랜드프린스호의 선적이 말소되어 관할권, 수리 적격 및 본안을 다룰 여지가 없다고 보아 관할권 부재로 판명되어 기각되었으며185 채지리리퍼 2Chaisiri Reefer 2호 사건은 당사자인 파나마와 예멘이 법정 밖 합의를 이룸으로써 절차가 중단되었다.186 일본과 러시아 간 토미마루Tommimaru호 사건의 경우 러시아 대법원이 국제해양법재판소의 판결 직전에 토미마루호의 불법조업에 대하여 하급심 법원이 내린 선박 몰수 조치를 확인하고 그로 인해 소송물이 사라

---

182 *(Russian Federation v. Australia), Prompt Release, Judgment, ITLOS Reports 2002,* p. 434, para. 75. https://itlos.org/fileadmin/itlos/documents/cases/case_no_11/11_judgment_231202_en.pdf(최종 방문일: 2024.1.7).
183 *Ibid.*, pp. 35-36, para. 79.
184 *Ibid.*, p. 36, para. 80.
185 "Grand Prince" (Belize v. France), Prompt Release, Judgment, ITLOS Reports 2001. pp..44-45, paras. 93-95. https://itlos.org/fileadmin/itlos/documents/cases/case_no_8/published/C8-J-20_apr_01.pdf(최종 방문일: 2024.1.7).
186 *"Chaisiri Reefer 2" (Panama v. Yemen), Order of 13 July 2001, ITLOS Reports 2001*, pp. 83-84. https://itlos.org/fileadmin/itlos/documents/cases/case_no_9/published/C9-O-13_jul_01.pdf(최종 방문일: 2024.1.7).

지게 됨에 따라 기각되었다.187

7. 적용 법규

해양법협약 제287조에 열거된 재판소는 제288조에 따라 협약의 해석이나 적용에 관한 분쟁과 협약의 목적과 관련된 국제협정의 해석이나 적용에 관한 분쟁에 대하여 관할권을 갖는다. 그러한 분쟁에 대하여 관할권을 행사하는 재판소는 협약 제293조에 따라 협약과 함께 협약과 상충하지 않는 그 밖의 국제법 규칙을 적용하여 사건을 판결한다. 이는 어떤 조약 체계도 그 자체로 '자기 완성적self-contained'이 될 수 없기 때문이다.188 '그 밖의 국제법 규칙'으로는 해양법협약과 상충되지 않는 '그 밖의 다른 조약(other treaties)', 국제관습법, 법의 일반원칙 등을 들 수 있을 것이다.189

국제해양법재판소는 사이가호 본안 판결에서 다른 협약과 그 밖의 일반 국제법 규칙을 원용하였다. 이 사건에서 응소국인 기니는 사이가호와 기국인 세인트빈센트 긴의 '진정한 연관genuine link'이 없다고 주장하고, 이어 한 국가가 선박의 소유주와 운영자에 대하여 입법 및 집행 관할권을 행사하지 않는다면 기국의 의무가 완수될 수 없다고 하면서 세인트빈센트는 사이가호에 대해 그러한 관할권이 없

---

187 *"Tomimaru" (Japan v. Russian Federation), Prompt Release, Judgment, ITLOS Reports 2005-2007,* p. 90, para. 46 and pp. 97-98, paras. 79-82. https://itlos.org/fileadmin/itlos/documents/cases/case_no_15/15_judgment_060807_en.pdf(최종 방문일: 2024.1.7).

188 Pablo Ferrara, **Article 293**, **Margin Number 6** in Proeless, United Nations Convention on the law of the Sea, 1st Edition 2017.

189 *Ibid.*

다고 지적하였다.190 이에 대해 세인트빈센트는 선박과 국가 간에 '진정한 연관'이 있어야만 국기 게양권을 부여할 수 있다는 주장을 뒷받침할 만한 근거가 해양법협약에는 없다고 반박하였다.191 국제해양법재판소는 해양법협약에 선박과 기국 사이에 '진정한 연관'의 필요성이 규정된 건 기국의 의무이행을 보다 효과적으로 확보하기 위함이며 기국의 선박 등록에 대해 다른 국가가 그 유효성을 판단할 수 있는 기준을 설정하는 게 아니라고 판시하고.192 이 점은 '선박 등록 조건에 관한 유엔협약United Nations Convention on Conditions for Registration of ships'에서도 문제가 되지 않았으며, '유엔공해어업협정'과 '어선의 공해에서 국제적 보존 관리 조치의 준수 촉진을 위한 협정 Compliance Agreement: the Agreement to Promote Compliance with International Conservation and Management Measures by Fishing Vessels on the High Seas'에 의해서도 뒷받침된다고 하였다.193

국제해양법재판소 내 해저분쟁재판부는 국제해저기구 이사회가 2010년 5월 문의한 심해저 활동을 후원하는 국가의 책임과 의무(Responsibilities and obligations of States sponsoring persons and entities with respect to activities in the Area)에 대하여 2011년 2월 권고적 의견을 발표하였다. 이 권고적 의견에서 해저분쟁재판부는 국제해저기구 광물 규칙에 반영된 리우 선언의 제15원칙인 예방적 접근precautionary approach에 대하여 이 원칙은 점증하는 다수의 국제조약과 그 밖의

---

190 *M/V "SAIGA" (No. 2) (Saint Vincent and the Grenadines v. Guinea), Judgment, ITLOS Reports 1999,* p. 39, paras. 75-76. https://itlos.org/fileadmin/itlos/documents/cases/case_no_2/published/C2-J-1_Jul_99.pdf(최종 방문일: 2024.1.7).
191 *Ibid.*, p. 40, para. 77.
192 *Ibid.*, p. 42, para. 83.
193 *Ibid.*, paras. 84-85.

문서에 포함되고 있음을 지적하고, 이로 인해 이 원칙은 국제관습법의 지위를 향해 나아가고 있다고 평가하였다.194 해저분쟁재판부는 또한 해양법협약 제139조 제2항이 언급하고 있는 '국제법 규칙rules of international law' 및 제304조에 언급된 '국제법상 책임에 관한 기존 규칙의 적용과 장래 이러한 규칙의 발전(the application of existing rules and the development of further rules regarding responsibility and liability under international law)'이라는 표현과 관련, 국제관습법상 그러한 규칙과 특히 국제법위원회의 '국가책임 조항Articles on State Responsibility'을 고려해야 한다고 하였다.195

8. 예비절차

국제재판에서 사건 담당 재판소의 관할권이나 청구의 수리 적격에 이의를 제기하는 절차는 선결적 항변이다. 해양법협약 제294조의 제1항과 제2항은 전통 국제법상 선결적 항변과는 다른 예비절차preliminary를 규정한다. 이 예비절차는 제297조 제1항에 규정된 분쟁 —연안국과 이용 간 사이에 배타적 경제수역에서 항행, 상공비행, 해저케이블 및 파이프라인 부설 등에 관한 분쟁과 해양환경 보호 및 보존에 관한 국제 규칙 및 기준의 위반 여부에 대한 분쟁—에 관한 제소application가 재판소에 제출되었을 때 적용된다. 그러한 제소가 접수되었을 때 재판소는 당사자의 요청이나 재판소의 직권으로 제소

---

194 *Responsibilities and obligations of States with respect to activities in the Area, Advisory Opinion, 1 February 2011, ITLOS Reports 2011*, p. 47, para. 135. https://itlos.org/fileadmin/itlos/documents/cases/case_no_17/17_adv_op_010211_en.pdf (최종 방문일: 2024.1.7).
195 *Ibid.*, p. 56, para. 169.

에 포함된 청구가 법절차의 남용에 해당하는지 여부나 또는 청구에 일응 충분한 근거가 있는지(well founded) 여부를 결정하며 법절차 남용이나 일응 근거가 없다고 결정하면 더 이상 추가 조치를 취하지 않는다. 이 조항은 새로이 창설된 배타적 경제수역에서 연안국이 향유하는 주권적 권리와 재량이 법적 절차의 남용과 소송 남발 시 효과적으로 행사될 수 없으리라는 우려를 감안하여 성안되었다. 현재까지 제294조에 따라 예비절차가 제기된 사례는 없다.

예비절차와는 별도로 제294조는 제3항에서 분쟁의 당사자가 적용되는 절차 규칙에 따라 선결적 항변을 제기할 수 있는 권리는 예비절차로 인해 영향을 받지 않는다(Nothing in this article affects the right of any party to a dispute to make preliminary objections in accordance with the applicable rules of procedure)고 정한다. 따라서 해양법협약 제15부에 따라 강제절차에 회부된 분쟁에서 당사자는 다른 국제재판에서처럼 선결적 항변을 제기할 수 있다. 파나마가 이탈리아를 상대로 국제해양법재판소에 제기한 노스타Norstar호 사건에서 이탈리아는 제294조 제3항에 따라 재판소의 관할권 및 파나마 청구의 수리 적격에 대해 항변을 제기하였다. 이탈리아는 파나마가 쟁점으로 제기한 사실 관계에서 분쟁이 없으며 이탈리아가 노스타호의 나포·억류를 하지 않았기 때문에 이탈리아는 적절한 응소국proper Respondent 이 아니라는 점 등을 항변의 이유로 제시하였다.196 이 항변은 받아들여지지 않았으며 국제해양법재판소는 분쟁의 존재와 관할권을 확인하였

---

196 *M/V "Norstar" (Panama v. Italy), Preliminary Objections, Order of 15 March 2016, ITLOS Reports 2016,* pp. 4-7. https://itlos.org/fileadmin/itlos/documents/cases/case_no.25/Preliminary_Objections/published/C25_PO_Preliminary_Objections_Italy.pdf(최종 방문일: 2024.1.7).

다.197 해양법협약 제294조 제3항에 따른 선결적 항변은 국제해양법재판소 특별소재판부에 제출된 모리셔스와 몰디브 간 해양경계획정 사건에서도 제기되었다. 이 사건은 제7부속서에 따라 중재재판에 회부되었으나 양국이 이후 특별협정을 체결하여 국제해양법재판소 특별소재판부로 이첩하였다. 몰디브는 이 사건의 '불가결한 당사자indispensable party'인 영국이 빠져 있고 차고스제도의 영유권에 대한 재판소의 관할권이 없다는 점을 항변의 주요 사유로 제시하였다.198 특별소재판부는 몰디브가 제기한 이 두 가지 항변을 기각하였다.199

중재재판소에 제기된 사건 중에서는 세 사건-남중국해 중재, 흑해·아조프해·케르치 해협에서 연안국 권리분쟁, 우크라이나 해군함 및 승조원 억류 분쟁-에서 선결적 항변이 제기되었다. 이들 사건의 관할권 항변에서 해양법협약 제294조는 원용되지 않았다. 남중국해 중재에서 중국은 소송절차에 불참하였으나 중재재판소에 제출한 입장문에서 중국이 해양법협약 제298조에 따라 행한 배제선언 등을 이유로 관할권에 대한 이의를 제기하였으며, 이를 근거로 재판소는 관할권 및 수리 적격에 대한 판결을 내렸다. 우크라이나가 러시아를 상대로 제출한 연안국 권리분쟁과 해군함 및 승조원 억류 분쟁에서 러시아는 중재절차 규칙Rules of Procedure을 근거로 선결적 항변을 제기하였다.

---

197 *Ibid.*, Judgment of 4 November 2016, pp. 111-112.
198 *Delimitation of the maritime boundary in the Indian Ocean (Mauritius/Maldives), Preliminary Objections, Order of 19 December 2019, ITLOS Reports 2019*, pp. 15-21. https://itlos.org/fileadmin/itlos/documents/cases/28/preliminary_objections/C28_PO_Preliminary_Objections_Maldives.pdf(최종 방문일: 2024.1.7).
199 *Ibid., Judgment of 28 January 2021, ITLOS Reports 2021*, pp. 98-99.

9. 국내 구제 완료

해양법협약 제295조는 협약의 해석이나 적용에 관한 당사자 간 분쟁에서 국제법상 국내 구제가 완료되어야 하면 그러한 절차를 완료한 후에야 강제절차에 회부될 수 있다고 정한다. 기니는 국제해양법재판소가 다룬 사이가호 사건에서 제소국인 세인트빈센트가 주장한 피해의 경우 관련자들이 국내 구제절차를 완료하지 않았기 때문에 수리될 수 없다(inadmissible)고 주장하였다.[200] 즉 기니는 사이가호 선장과 선주가 기니법상 이용 가능한 국내 절차를 이용하지 않았다고 지적하였다.[201] 이에 대해 세인트빈센트는 국내 구제 완료 규칙이 이 사건에서는 적용되지 않는다고 주장하고 그 이유로 기니가 침해한 권리는 기국인 세인트빈센트의 권리라는 점을 지적하였다.[202] 세인트빈센트의 권리-항행의 자유 및 그 밖의 국제적 해양이용에 관한 권리, 기니의 관세 및 밀수 법령의 적용을 받지 않을 권리, 불법적 추적권을 적용받지 않을 권리, 1997년 12월 4일 국제해양법재판소의 판결에 대한 신속 준수를 확보할 권리, 기니 형사법원에 출석하지 않을 권리-침해에 대한 국내 구제 완료 규칙의 적용 여부와 관련 국제해양법재판소는 국제법위원회가 1독회에서 채택한 '국가책임에 대한 조항 초안Draft Articles on State Responsibility'의 제22조를 원용하였다.[203] 이 조항 초안 제22조에 따르면 국가의 행위가 외국인 처우에 관한 국제적 의무의 불이행에 해당할 때 국내 구제 완료 원칙이 적용

---

200 ITLOS, *supra* note 190, p. 39, paras. 75-76; *Ibid.*, p. 43, para. 89.
201 *Ibid.*, para. 90.
202 *Ibid.*, para. 91.
203 *Ibid.*, p. 45, paras. 97 and 98.

된다. 국제해양법재판소는 세인트빈센트가 침해받은 권리는 외국인 처우와는 관계가 없으며 국가로서 직접 침해를 받은 권리이기 때문에 국내 구제 완료 규칙이 적용되지 않는다고 판시하였다.204

파나마가 기니비사우를 상대로 국제해양법재판소에 제기한 버지니아 G^{Virginia G}호 사건에서 기니비사우는 파나마가 옹호한 일부 청구는 사인^{individuals or private entities}의 이익에 관한 것이라며 그 사인이 국내 구제를 완료하지 않았음을 이유로 수리 적격^{admissibility}에 이의를 제기하였다.205 기니비사우는 특히 국내 구제 완료를 규정한 해양법협약 제295조 요건의 충족 여부와 관련 버지니아 G호의 소유주가 기니비사우에서 이용 가능한 국내 구제를 완료하지 않았다고 지적하였다.206 반면에 파나마는 사건이 특별협정을 통해 제기되었기 때문에 국내 구제 완료 규칙은 적용되지 않는다고 주장하고 이어 국가로서 자신의 권리인 항행의 자유에 대한 침해를 이유로 청구를 하는 것이라고 하였다.207 즉 침해된 파나마의 주된 권리^{primary right}는 항행의 자유이며 또한 해양법협약의 제56조(배타적 경제수역에서 연안국의 권리, 관할권 및 의무), 제58조(배타적 경제수역에서 다른 국가의 권리와 의무), 제73조(연안국 법령의 시행) 및 제90조(항행의 권리)에 규정된 파나마의 권리가 침해되었다고 주장하였다.208 당사자 간 이러한 상반된 주장과 관련 국제해양법재판소는 우선 특별협정으로 인해 기

---

204 *Ibid.*, pp. 44-45, para. 98.
205 M/V "Virginia G" (Panama/Guinea-Bissau), Judgment, ITLOS Reports 2014, p. 49, para. 131. https://itlos.org/fileadmin/itlos/documents/cases/case_no.19/judgment_published/C19_judgment_140414.pdf(최종 방문일: 2024.1.7).
206 *Ibid.*, pp. 49-50, para. 135.
207 *Ibid.*, pp. 51-52, paras. 141-142.
208 *Ibid.*

니비사우가 국내 구제 완료 규칙을 이유로 파나마의 일부 청구에 대해 이의를 제기할 수 없다는 파나마의 주장은 받아들이지 않았다.209 다음으로 국제해양법재판소는 파나마의 청구가 기니비사우에 의한 파나마 권리의 직접적 침범direct violation과 관련되어 있는지에 대해 국가의 권리와 사인의 권리가 동시에 침해된 경우 어느 권리가 우세한지preponderant를 판단하여 국내 구제 완료 규칙의 적용 여부를 결정하여야 한다고 하였다.210 이를 기초로 국제해양법재판소는 파나마가 기니비사우로부터 침범당했다고 주장하는 권리는 항행의 자유와 배타적 경제수역에서 향유하는 그 밖의 합법적 권리 및 연안국의 합법적 법령 집행에 대한 파나마의 권리 등을 포함하며, 이러한 권리는 파나마라는 국가에 속하므로 파나마에 대한 직접적 피해에 해당한다고 보고211 파나마의 청구는 국내 구제 완료 규칙의 적용을 받지 않는다고 하였다.212

국내 구제 완료 규칙의 적용 여부는 몰타가 제7부속서에 따라 중재재판에 회부한 두지트 인테그러티Duzgit Integrity호 사건에서도 쟁점이었다. 이 사건의 응소국인 상투메프린시페는 엄격하게 말해 이 사건이 외교적 보호에 관련된 사건이 아니라고 하더라도 몰타 청구의 우세 요소preponderant element가 국가에 직접적인지 아니면 몰타는 선박과 승무원을 대신하여 청구를 하고 있는 것인지를 결정해주도록 중재재판소에 요청하였다.213 상투메프린시페는 이어 몰타의 청구

---

209 *Ibid.*, p. 53, para. para. 151.
210 *Ibid.*, p. 54, para. 157.
211 *Ibid.*
212 *Ibid.* p. 55, para. 158.
213 *The Duzgit Integrity Arbitration (Malta v. São Tomé and Príncipe), The Award of 5 September 2016*, pp. 36-37, para. 82. https://pcacases.com/web/sendAttach/

는 국가 자신의 권리침해와 관련이 없으며 비록 직접적 및 간접적 피해 요소를 다 포함하고 있다고 하더라도 몰타 청구의 중점은 선주와 선장 및 승무원을 대신하는 것이기 때문에 국내 구제 완료 규칙이 적용된다고 주장하였다.214 이에 대해 몰타는 자신의 청구는 전체적으로 상투메프린시페의 불법행위로 자신이 입은 피해를 바탕으로 제기되었으므로 국내 구제 완료는 적용되지 않는다고 주장하고, 해양법협약 제91조(선박의 국적)와 제94조(기국의 의무) 상 몰타의 권리에 대한 피해를 바탕으로 인人과 물物에 관한 국제법 규칙에 대한 존중을 확보하기 위해 자신의 권리를 주장하는 것이라고 하였다.215 이 쟁점에 대해 중재재판소는 상투메프린시페가 군도국가로서 해양법협약 제49조(군도수역과 그 상공·해저 및 하층토법적 지위) 제3항과 제300조(신의성실과 권리남용)에 따라 자신의 군도수역에서 몰타 기를 게양한 선박에 대하여 법집행을 하려면 협약을 준수했어야만 한다고 지적하고, 기국인 몰타는 연안국인 상투메프린시페의 의무위반에 대해 국제책임을 물을 수 있다고 하였다.216 결론적으로 중재재판소는 두지트인테그러티호와 승선한 모든 인원은 선박 단위(the unit of the ship)의 부분을 구성하며, 몰타는 기국으로서 해양법협약상 청구를 제기할 자격을 갖고 있고 피해에 대한 몰타의 직접적 청구가 우세하다는 점을 바탕으로 국내 구제 완료 규칙이 적용될 필요가 없다고 판단하고 상투메프린시페의 수리 적격에 대한 이의를 기각하였다.217

1915(최종 방문일: 2024.1.7).
214 *Ibid*.
215 *Ibid*., pp. 37-38, para. 145.
216 *Ibid*., pp. 38-39., para. 149.
217 *Ibid*. pp. 39-40, paras., 150, 156-157.

10. 사법적 결정의 최종성과 구속력

해양법협약 제296조는 관할권을 가진 재판소가 내린 결정은 최종적final이며 분쟁의 모든 당사자는 이를 준수하여야 하며(제1항) 재판소의 결정은 해당 분쟁의 당사자 사이에서만 구속력을 가진다(제2항)고 규정한다. 그러한 결정에는 국제해양법재판소와 국제사법재판소와 같은 상설재판소가 내린 판결judgment, 중재재판소가 내린 판정award, 잠정조치provisional measures 명령, 절차 관련 명령procedural order 등이 포함된다. 잠정조치 명령 준수 여부는 우크라이나 해군함 및 승조원 억류 사건 중재재판의 선결적 항변에서 우크라이나와 러시아가 다툰 쟁점이었다. 우크라이나는 중재재판소에 제출한 청구서Memorial에서 러시아가 2019년 5월 국제해양법재판소가 채택한 잠정조치 명령을 준수하지 않음으로써 분쟁의 당사자는 잠정조치 명령을 준수하여야 한다고 정한 해양법협약 제290조 제6항과 제296조를 위반하였다고 주장하였다.218 우크라이나는 특히 러시아가 국제해양법재판소 잠정조치 명령 후 근 4개월 후에 승조원을 석방하였으며 해군함은 근 6개월 후에 수리가 거의 불가능한 상태로 석방하였음을 지적하였다.219 이에 대해 러시아는 사건에 대한 중재재판소의 관할권이 없으며 그로 인해 러시아의 잠정조치 비준수에 대해서도 관할권을 갖지 않는다는 주장을 하였다.220 중재재판소는 러시아의 이러한 주장을 기각하였다.221

---

218 PCA, *supra* note 161,, p. 58, para. 158.
219 *Ibid.*, pp. 59-60, para. 162.
220 *Ibid.*, pp. 58-59, paras. 158-159.
221 *Ibid.*, p. 61, para. 168.

11. 자동적 강제절차 적용 배제 사안

해양법협약 제297조 제2항과 제3항에 따라 배타적 경제수역에서 해양과학 조사에 관한 연안국의 주권적 재량사항과 해양생물자원에 관한 연안국의 주권적 재량사항은 당사국이 별도로 서면으로 배제선언을 하지 않아도 강제절차로부터 자동적으로 배제된다.

세인트빈센트가 스페인을 상대로 국제해양법재판소에 제기한 루이자호 사건의 잠정조치 단계 및 본안 단계에서 재판소 관할권 행사의 근거 중 하나로 스페인의 해양법협약 제245조(영해에서 해양과학조사)의 위반을 제시하였다. 제297조 제2항(a)에 따른 강제절차 적용 배제는 제246조(배타적 경제수역과 대륙붕에서 해양과학조사)에 따른 연안국의 권리나 재량권 행사 또는 제253조(해양과학 조사의 정지나 중지)에 따른 조사계획의 정지나 중지를 명령하는 연안국의 결정에 적용되는 만큼 세인트빈센트의 주장은 제297조 제2항과는 무관하였으며 재판소는 본안 판결에서 제245조는 세인트빈센트 청구의 근거가 될 수 없다고 판단하였다.[222] 이 점과 관련 볼프럼Wolfrum 재판관은 잠정조치 명령에 첨부된 그의 반대 의견에서 영해에서 해양과학조사에 대한 연안국의 권리는 배타적이므로 청구의 근거가 될 수 없고 또한 제297조 제2항(a)에 따라 재판소의 관할권이 제한된다는 점을 잠정조치 명령에서 언급했어야 한다는 의견을 표명하였다.[223]

해양법협약 제297조 제3항(a)에 따른 배타적 경제수역에서 어

---

222 ITLOS, *supra* note 154, p. 38, para. 117.
223 ITLOS, *supra* note 126, p. 84, para. 24.

업에 관한 연안국의 주권적 권리와 그 행사에 대한 강제절차 예외는 바베이도스와 트리니다드토바고 간 해양경계획정 분쟁 중재 사건에서 제기되었다. 바베이도스는 해양경계획정 시 자국 어민들의 전통적 어업권이 특별사정 special circumstances 으로 고려되어야 한다고 주장하였다.224 자국 어민들의 트리니다드토바고 경제수역 내 어족 자원에 대한 접근이 허용되어야 한다는 바베이도스의 주장에 대해 트리니다드토바고는 강제절차로부터 배제를 규정한 제297조 제3항(a)를 원용하였다.225 중재재판소는 경계획정에서 어업활동을 관련 상황 relevant circumstances 으로 고려하는 것과 획정의 결과로 일방의 배타적 경제수역으로 확정된 수역에서 타방이 갖는 어업에 관한 권리와 의무를 판단하는 것은 별개라고 지적하고 제297조 제3항에 비추어 그러한 권리와 의무에 관한 분쟁은 재판소의 관할권을 벗어난다고 판시하였다.226

차고스 해양보호구역 중재사건에서 제소국인 모리셔스는 최종청구취지 final submissions 네 번째 항목에서 차고스제도 주변 해역에 영국이 설정하고자 하는 해양보호구역 Marine Protected Area: MPA 은 해양법협약 중 특히 제2조(영해, 영해의 상공·해저 및 하층토의 법적 지위), 제55조(배타적 경제수역의 특별한 법제도), 제56조(배타적 경제수역에서 연안국의 권리, 관할권 및 의무), 제63조(2개국 이상 연안국의 배타적 경제

---

224 *Barbados v. Trinidad and Tobago, Memorial(Barbados) of 30 October 2004*, Chpater 6, pp. 53-67. https://pcacases.com/web/sendAttach/1116(최종 방문일: 2024.1.8).
225 *Ibid, Counter-Memorial(Trinidad and Tobago)*, p.44, para. 135. https://pcacases.com/web/sendAttach/1072(최종 방문일: 2024.1.8), *Award of 11 April 2006*, p. 21, para. 79. https://pcacases.com/web/sendAttach/1116(최종 방문일: 2024.1.8).
226 *Ibid.*, *Award of 11 April 2006*, p. 85, para. 276.

수역에 걸쳐 출현하거나 배타적 경제수역과 그 바깥의 인접수역에 걸쳐 출현하는 어족), 제64조(고도회유성어족), 제194조(해양환경 오염의 방지, 경감 및 통제를 위한 조치), 제300조(신의성실과 권리남용)와 유엔공해어업협정 제7조(보존 및 관리 조치의 양립)에 따르는 영국의 의무와 양립하지 않는다고 판결·선언해 주도록 중재재판소에 요청하였다.227 중재재판소는 이 청구취지가 당사자들의 분쟁에 대한 성격 규정의 문제이자 제297조의 해석과 적용 문제라고 보았으며,228 MPA가 해양환경의 보호 및 보존에 관한 조치이기 때문에 재판소의 관할권은 제297조 제1항(c)에 근거한다고 한 모리셔스의 주장과 MPA는 배타적 경제수역의 생물자원에 대한 주권적 권리의 행사이므로 제297조 제3항에 따라 재판소의 관할권이 배제된다고 한 영국의 주장을 검토하였다.229 중재재판소는 차고스제도와 관련 영국이 모리셔스에 한 약속undertaking 중 어업권에 관한 약속은 생물자원living resources과 명확히 관련되어 있으므로 제297조 제3항(a)의 예외에 해당한다고 보았으며, 또한 차고스 배타적 경제수역에서 모리셔스가 주장하는 권리에 대한 분쟁과 생물자원에 대한 영국의 주권적 권리행사 문제는 분리될 수 없다고 하였다.230

---

227 PCA, *supra* note 134, p. 69, para. 158.
228 *Ibid.*, p. 111, para. 283.
229 *Ibid.*, paras. 284 and 285.
230 *Ibid.*, p. 116, para. 297.

12. 선택적 강제절차 적용 배제 사안

1) 해양경계획정 또는 역사적 만·권원에 대한 분쟁

해양법협약의 당사국은 서면 선언으로 영해, 배타적 경제수역, 대륙붕의 경계획정에 관한 분쟁 또는 역사적 만이나 역사적 권원에 관한 분쟁을 강제절차로부터 배제할 수 있다[제298조 제1항(a)]. 당사국이 해양경계획정에 관한 분쟁을 강제절차에서 제외하면 그 결과 해양경계획정에 부수되는 육지나 도서의 영유권 분쟁도 강제절차에서 제외된다. 남중국해 중재 사건의 한 당사자인 중국은 2006년 8월 25일 제298조에 따른 배제선언을 하였으며 이를 통해 제298조 제1항 (a),(b),(c)에 열거된 분쟁을 강제절차로부터 배제하였다.[231] 이를 바탕으로 중국은 2014년 12월 7일 중재재판소에 제출한 입장문에서 필리핀 청구의 핵심이 해양법협약의 범주를 벗어나 있는 남중국해의 해상지형물 maritime features 의 영유권이라는 입장을 표명하였다.[232] 중국은 또한 필리핀이 제기한 쟁점은 중국이 선언을 통해 배제한 양국 간 해양경계획정의 불가분의 일부로서 실제로는 위장된 경계획정 요청이므로 중재재판소는 관할권이 없다고 주장하였다.[233] 그러나 중

---

231 중국의 배제선언문의 영어 문안은 다음과 같다. The Government of the People's Republic of China does not accept any of the procedures provided for in Section 2 of Part XV of the Convention with respect to all the categories of disputes referred to in paragraph 1 (a) (b) and (c) of Article 298 of the Convention. available at https://treaties.un.org/Pages/ViewDetailsIII.aspx?src=TREATY&mtdsg_no=XXI-6&chapter=21&Temp=mtdsg3&clang=_en#EndDec(최종 방문일: 2024.1.8).
232 Position Paper of the People's Republic of China on the Matter of Jurisdiction in the South China Sea Arbitration Initiated by the Republic of the Philippines, para. 9.
233 *Ibid.*, paras. 68, 69, 86.

재재판소는 분쟁이 해양경계획정에 관한 것이라는 중국의 주장이 설득력이 없다고 보았으며234 필리핀은 중국이 남중국해에서 주장하는 권리entitlements의 존재와 범위에 대해 이의를 제기하였을 뿐 경계획정을 요청하지 않았음을 지적하였다.235 필리핀 청구의 핵심이 해상지형물의 영유권에 관한 것이라는 중국의 주장에 대해 중재재판소는 영유권에 관한 결정을 하지 않고도 해상지형물이 갖는 권리에 관한 결정을 할 수 있다는 입장을 표명하였다.236 필리핀은 최종 청구취지 B.(2)에서 중국의 9단선 안에 포함된 남중국해 수역에 대하여 중국이 주장하는 주권적 권리와 관할권 및 역사적 권리historic rights가 해양법협약과 상충되며 협약이 허용하는 범위를 벗어난 부분에 대해서는 법적 효과가 없다고 판정해 주도록 중재재판소에 요청하였다.237 남중국해 9단선 안 수역에 대한 중국의 역사적 권리 주장에 대해 중재재판소는 제298조 제1항(a)(i)에 규정된 예외는 역사적 권원historic titles에 관한 예외이나 중국은 역사적 권원을 주장하지 않고 역사적 권원에 못 미치는 역사적 권리historic rights를 주장하였다고 결론짓고 필리핀의 청구취지에 대하여 관할권을 갖는다고 판시하였다.238

2) 군사활동 및 법집행 활동

해양법협약의 당사국이 행한 강제절차 배제선언에 군사활동military activities에 관한 분쟁과 제297조 제2항과 제3항에 따른 주권적 권리 및 관할권 행사와 관련된 법집행 활동law enforcement activities에 관한 분

---

234 PCA, *supra* note 101, pp. 60-61, para. 155.
235 *Ibid.*, p. 61, para. 157.
236 *Ibid.*, para. 158.
237 PCA, *supra* note 73, p. 41, para. 112.
238 *Ibid.*, p. 97, para. 229.

쟁이 포함되는 경우 이 두 종류의 분쟁도 강제절차에서 배제된다(제298조 제1항(b)). 필리핀-중국 간 남중국해 중재 사건에서 군사활동과 법집행 활동의 강제절차 적용으로부터 예외는 해양경계획정 예외에 이어 또 다른 쟁점이었다. 중국이 해양법협약 제298조에 따라 행한 선언에는 군사활동과 법집행 활동이 포함되어 있었기 때문이다. 필리핀은 최종 청구취지final submissions의 14번째 항목으로 2013년 1월 중재 개시 이후 중국이 불법적으로 분쟁을 악화·연장시켜 왔음을 판결·선언해 주도록 중재재판소에 요청하고, 세항 (a)(b)(c)에서 세컨드토머스 암초Second Thomas Shoal 주변 수역에서 필리핀의 항행의 권리를 간섭하고, 세컨드토머스 암초에 주둔하는 필리핀 인력의 순환배치와 물자공급을 방해하고 인력의 건강과 복지를 위험에 빠뜨리고 있다는 점을 지적하였다.239 필리핀은 이 청구취지에 해양법협약 제297조와 제298조의 예외가 적용되지 않는다고 주장함으로써240 군사활동 예외와 무관하다는 입장이었다. 그러나 중재재판소는 제298조 제1항(b)가 '군사활동military activities' 자체가 아닌 '군사활동에 관한 분쟁disputes concerning military activities'에 적용된다고 지적하고241 세컨드토머스 암초와 그 주변에서 중국이 취한 조치와 세컨드토머스 암초에 주둔 중인 필리핀군에 대한 대응은 그 결과로 야기될 수 있는 분쟁 악화 문제와는 별개로 제298조 제1항(b)의 목적상 군사활동에 관한 분쟁에 해당하는지로 평가해야 한다고 보았다.242 이어 중재재판소는 제출된 기록을 바탕으로 볼 때 필리핀군 분견대의 세컨드토머

---

239 *Ibid.*, pp. 41-42, para. 112.
240 *Ibid.*, p. 455, para. 1157.
241 *Ibid.*, para. 1158.
242 *Ibid.*, para. 1160.

스 암초 배치와 중국 해군, 해안경비대 및 그 밖 정부기관 소속 선박 간의 대치가 핵심적 사실이며, 그 대치 상황에서 최소한 2회에 걸쳐 중국 정부 선박이 필리핀군의 순환 배치와 물자 공급의 저지를 시도하고 해군함은 인근에서 이를 관찰하고 있었다고 지적하였다.[243] 중재재판소는 이처럼 일방의 군과 타방의 군·준군사 합동단위 간 대치는 전형적인 군사 상황 quintessentially military situation 으로서 군사활동에 관한 분쟁의 예외에 속한다고 판단하였으며, 필리핀의 최종 청구취지 14번째 항목의 (a)(b)(c)에 대한 재판소의 관할권 부재를 선언하였다.[244]

우크라이나가 러시아를 상대로 제7부속서 중재에 회부한 흑해·아조프해·케르치해협에서 연안국 권리에 관한 분쟁(이하 '연안국 권리분쟁')에서 러시아는 선결적 항변을 제기하고 중재재판소의 관할권에 이의를 제기하였다. 러시아의 여러 항변 중 일부는 양국이 해양법협약 제298조 제1항(b)에 언급된 군사활동 및 법집행 활동의 분쟁을 강제관할에서 배제한 선언에 바탕을 두고 있었다.[245] 군사활동 예외와 관련 러시아는 우선 우크라이나가 청구서 Memorial 에서 기술한 청구의 핵심이 크림반도에서 러시아의 군사행위 military conduct 와 관련되어 있으며 우크라이나는 이를 '군사침략 military aggression', '불법적 무력사용 unlawful use of force', '병합 annexation', '불법점령 unlawful occupation', '불법침략 unlawful invasion' 등으로 묘사하고 있음을 지적하였다.[246] 러

---

243 *Ibid.*, para. 1161.
244 *Ibid.* p. 473, para. 1203A(6)a.
245 *Dispute Concerning Coastal State Rights in the Black Sea, Sea of Azov, and Kerch Strait (Ukraine v. the Russian Federation), Preliminary Objections of the Russian Federation of 19 May 2018*, pp. 45-52. https://pcacases.com/web/sendAttach/2617 (최종 방문일: 2024.1.8).

시아는 이어 우크라이나가 설명하고 있는 러시아의 모든 해양법협약 위반은 러시아의 소위 직접적 군사행동의 결과이며,247 우크라이나 청구의 핵심은 러시아군의 크림반도 개입과 관련되어 있고, 청구의 세부 사항도 직·간접적으로 군사활동과 관련이 있으며, 또한 우크라이나가 크림반도에 대한 러시아의 주권 획득이 군사력의 불법적 사용을 통해 이루어졌다고 주장하고 있는 만큼 분쟁 전체가 강제관할에서 배제되어 있다고 주장하였다.248

반면 우크라이나는 자국의 청구가 러시아의 크림반도 불법 침략 및 병합 이후에 러시아가 반복적으로 해양법협약이 정한 우크라이나의 해양에 관한 권리를 침해해 온 것과 관련된 것임을 지적하고, 따라서 분쟁에 대한 재판소의 결정은 군사활동의 적법성에 관하여 결정하는 것이 아니라고 반박하였다.249 우크라이나 청구의 세부 사항이 러시아의 불법적 무력 사용에 바탕을 두고 있어 군사활동과 관련되어 있다는 러시아의 주장에 대해 우크라이나는 그 세부 사항은 군사적 쟁점에 관한 것이 아니며 석유 및 어족 자원에 대한 양국 각각의 권리, 해양환경에 대한 러시아의 의무, 케르치해협 통항 및 해저 고고학 장소에 대한 러시아의 방해에 관한 것이라고 주장하였다.250

중재재판소는 이 사건에서 러시아의 행위를 보다 넓은 맥락에

---

246 *Ibid.*, p. 47, para. 140.
247 *Ibid.*, p. 48, para. 144.
248 *Ibid.*, p. 50, para. 148.
249 *Ibid.*, *Written Observations and Submissions of Ukraine on Jurisdiction of 27 November 2018,* p. 56, para. 124. https://pcacases.com/web/sendAttach/2618(최종 방문일: 2024.1.8).
250 *Ibid.*, p. 60, para. 134.

서 볼 때 군사활동 예외는 단순히 군사 충돌에 기원하고 있다거나 그를 배경으로 이루어졌다는 이유로는 적용되지 않는다고 보고 특정한 개별적 행위가 군사활동을 구성하는지 여부를 평가하여 군사활동 예외를 판단하여야 한다고 보았다.251 한편 군사활동을 행하는 주체에 대하여 중재재판소는 반드시 군함이나 군용기일 필요가 없으며 정부 선박이나 항공기도 군사활동을 행할 수 있으며 군함의 개입이나 출현 그 자체로 군사활동이 충분히 촉발되는 것은 아니라고 보았다.252 이러한 판단에 기초하여 중재재판소는 러시아가 물리력으로 유전과 어족 자원에 대한 우크라이나의 접근을 배제하고 물리력 사용을 근거로 군사활동 예외를 주장한 데 대해 물리력을 사용했다는 사실만으로 군사활동이 되지 못하며 법집행 부서에게도 물리력 사용이 허용되고 있다는 점을 지적하였다.253 중재재판소는 보다 넓은 맥락에서 러시아의 물리력 사용은 군사활동에 관한 분쟁을 촉발했다기보다 석유 자원과 어족 자원 이용을 둘러싼 민간 활동을 겨냥한 것으로 보고254 러시아가 민간 선박의 선장을 억류하였다가 벌금 납부 후 석방한 것은 군사활동이 아니라 법집행 활동으로 보는 게 적절하다고 보았으며 석유 굴착용 플랫폼을 감시하고 작업을 감독하는 것 역시 군사활동이 아니라고 판단하였다.255

군사활동 예외 적용 여부는 제7부속서에 따라 중재재판이 진행 중인 우크라이나와 러시아 간 우크라이나의 해군함 및 승조원 억류

---

251 *Ibid.*, *Award on Preliminary Objections of 21 February 2020*, p. 96, para. 331. https://pcacases.com/web/sendAttach/9272(최종 방문일: 2024.1.8).
252 *Ibid.*, p. 96, paras. 333-335.
253 *Ibid.*, p. 97, para. 336.
254 *Ibid.*
255 *Ibid.*, para. 338.

에 관한 분쟁에서도 쟁점이 되었다. 러시아가 불참한 국제해양법재판소의 잠정조치 절차에서 국제해양법재판소는 군사활동과 법집행활동은 해당 활동에 군함정이 동원되었느냐 법집행 함정이 동원되었느냐로 구별되지 않으며[256] 해당 활동의 성격을 객관적으로 평가하여 구별하여야 한다고 하였다.[257] 이어 제출된 사실관계를 바탕으로 국제해양법재판소는 분쟁이 케르치해협을 통항하는 우크라이나 해군함 및 승조원을 러시아가 나포 및 억류함으로써 발생하였으며 이에 비추어 해군함정의 통항 자체를 군사활동으로 보기는 어렵다고 보았다.[258] 국제해양법재판소는 러시아가 우크라이나 해군함정의 통항을 거부하였으나 우크라이나가 통항를 시도한 것이 구체적인 사건 발단의 원인이라고 진단하고, 분쟁의 핵심은 케르치해협 통항에 관한 양 당사자 간 해석의 차이인 만큼 군사활동에 관한 분쟁의 성격이 없다고 보았다.[259] 이를 바탕으로 국제해양법재판소는 사건의 전개 과정에서 러시아는 군사활동보다 법 집행활동의 맥락에서 무력을 사용하였다고 판단하였으며 승조원들에 대한 국내 형사절차 진행은 법집행 활동이라는 점을 들어 해양법협약 제298조 제1항(b)의 군사활동 예외가 적용되지 않는다고 판시하였다.[260]

군사활동 예외의 적용 여부는 본안을 다룰 중재재판소에 러시

---

256 *Detention of three Ukrainian naval vessels (Ukraine v. Russian Federation), Provisional Measures,* Order of 25 May 2019, ITLOS Reports 2019, pp. 299-300, para. 64. https://itlos.org/fileadmin/itlos/documents/cases/26/published/C26_Order_20190525.pdf (최종 방문일: 2024.1.8).
257 *Ibid.,* p. 300, para. 66.
258 *Ibid.,* para. 68.
259 *Ibid.,* p. 301, paras. 71-72.
260 *Ibid.,* p. 302, paras. 74-77.

아가 제기한 선결적 항변에서 재차 쟁점이 되었다. 러시아는 양측의 군대가 관여되었고 우크라이나 군함을 러시아 군함이 억류하였으며, 양측의 군대가 대치하였고 러시아군이 우크라이나 함정과 승조원들에 대해 무력 사용을 위협하고 사용하였음을 들어 군사활동 예외가 적용되어야 한다고 주장하였다.261 우크라이나는 군대가 관여되었다고 하여 군사활동이 되지 않으며262 무력은 법집행 활동에서도 사용된다는 점을 들어 러시아의 주장을 반박하고 군사활동 예외가 적용되지 않는다고 주장하였다.263 중재재판소는 우크라이나군이 러시아군의 경고를 무시하고 해협에 진입하여 러시아군 및 국경경비대와 대치하고 정박을 한 후 정박장을 떠나 귀환하는 과정에서 러시아군 및 국경경비대에 의해 나포·억류 되는 과정을 포함하는 일련의 상황을 세 단계로 세분하고 일방이 정선을 명령하고 타방이 이를 무시하면서 대치 상황이 발생하고 이런 대치 상황이 지속된 과정을 첫 번째 단계로 보았으며 이 단계를 해양법협약 제298조 제1항(b)의 의미에서 군사활동이라고 판단하였다.264 이어 정박장에 머물던 우크라이나 군함이 정박장을 떠나 정선 명령을 받았으나 계속 항행하던 중 러시아가 승선하여 군함과 승조원을 억류하기까지 기간을 두 번째 단계로 보았으며 중재재판소는 이 단계가 군사활동에 해당하는지는 본안 단계에서 판단하기로 하였다.265 우크라이나 군함과 승조원이 나포·억류된 이후는 세 번째 단계로 중재재판소는 이 단계는 법

---

261 PCA, *supra* note 161, pp. 24-26, para. 84.
262 *Ibid.*, pp. 29-30, para. 90.
263 *Ibid.*, p. 35, para. 97(d).
264 *Ibid.*, p. 44, para. 122.
265 *Ibid.*, par. 123.

집행활동에 해당한다고 보았다.266 이러한 분석을 토대로 중재재판소는 첫 번째 단계에 대해서는 관할권 부재를 선언하였으며 두 번째 단계에 대한 관할권 존부는 본안에서 검토하기로 하였고 세 번째 단계에 대해서는 관할권을 행사하기로 하였다.267

13. 조정

해양법협약 제284조에 따르면 협약의 해석이나 적용에 관한 분쟁의 당사자는 제5부속서(조정) 제1절(제15부 제1절에 따른 조정절차)의 규칙이나 그 밖의 조정절차에 따라 조정에 회부하도록 요청할 수 있으며(제1항) 이 요청이 수락되고 조정절차에 합의하면 조정절차에 회부될 수 있으나(제2항) 요청이 수락되지 않거나 조정절차에 대한 합의가 이루어지지 않으면 조정은 종료된다(제3항). 이 조항에 따라 협약 제15부 제1절이나 그 밖의 절차에 따라 조정에 회부된 사례는 지금까지 없다. 반면에 제5부속서 제2절(제15부 제3절에 따른 조정절차에의 강제 회부)에 따른 강제조정은 한 차례 있었다. 호주는 2002년 3월 22일 제15부 제3절에 속하는 제298조(제2절 적용의 선택적 예외)에 따라 영해, 배타적 경제수역 및 대륙붕 경계획정 분쟁과 역사적 만과 역사적 권원에 관한 분쟁을 강제절차에서 배제하는 선언을 하였다.268. 호주의 해양경계 문제에 대한 강제절차 배제에 따라 동티모르—2002년 5월 20일 독립한 동티모르는 2013년 1월 8일 해양법협약

---

266 *Ibid.*, para. 124.
267 *Ibid.*, par. 125.
268 UN Treaty Collection, https://treaties.un.org/Pages/ViewDetailsIII.aspx?src=TREATY&mtdsg_no=XXI-6&chapter=21&Temp=mtdsg3&clang=_en#EndDec (최종 방문일: 2024.1.8).

에 가입하였다―는 2016년 4월 11일 이 문제를 해양법협약 제298조 제1항(a)(i)에 따라 제5부속서 제2절의 강제조정 절차에 회부하였으며 두 달 반 후인 그해 6월 25일 5명의 위원으로 구성된 조정위원회가 설치되었다. 그 후 조정위원회는 근 2년의 활동을 거쳐 2018년 5월 9일 동티모르-호주 간 조정위원회의 보고서를 발표하고 활동을 종료하였다.269

V. 평가 및 전망

1996년 10월 국제해양법재판소 출범에 앞서 국제사회는 발칸 반도에서 발생한 전쟁 범죄와 관련 유고전범재판소의 설립을 목격하였으며, 2000년대 들어서는 국제형사재판소가 출범하였다. 이로써 국제사회는 범세계적 관할권을 부여받은 복수의 상설 국제재판소―국제사법재판소, 국제해양법재판소 및 국제형사재판소―가 본격적으로 활동하는 시대에 접어들었다. 복수의 새로운 국제재판소 출범은 국가들이 법적 구속력을 부여받은 다양한 사법적 해결 방안을 수락했다는 점에서 긍정적이나, 반면에 상이한 재판소들이 발표하는 상충하는 판례로 인해 국제법의 단일성unity이 잠식되고 결과적으로 상충되거나 상호 배타적인 법이론이 나타날 수 있으며, 궁극적으로 국제법의 보편성university이 위협받게 될 것이라는 점이 주요 위험요인으로 지적되었다.270

---

269 조정위원회 보고서는 PCA 홈페이지에 게재되어 있다. https://pcacases.com/web/sendAttach/2327(최종 방문일: 2024.1.8).
270 Thomas Buergenthal, "Proliferation of International Courts and Tribunals: Is It

위에서 살펴본 바와 같이 해양법협약 제15부 조항의 해석과 적용에 관한 지금까지 판례에 비추어 볼 때 구속력 있는 결정을 수반하는 대안 절차가 마련되어 있을 경우 그 절차가 우선 적용된다. 그러나 구속력 있는 결정을 수반하는 대안 절차가 없으면 제15부 제2절의 강제절차가 적용된다. 이러한 취지를 규정한 해양법협약 제281조와 제282조를 해석·적용하며 국제해양법재판소와 중재재판소는 남방참다랑어 사건에서 상충하는 입장을 취하였다. 국제해양법재판소는 잠정조치 단계에서 중재재판소의 일응 관할권을 판단하면서 1993년 남방참다랑어 보존협약의 분쟁해결절차가 강제적이지 않으므로 해양법협약 제15부 제2절의 강제절차가 배제되지 않으며,271 따라서 중재재판소가 일응 관할권을 갖는다고 판단하였다.272 반면에 본안을 다룬 중재재판소는 해양법협약 제281조 제1항의 마지막 문장의 "당사자 간 협정이 추가 절차를 배제하지 않는 경우 제15부의 절차가 적용된다"는 문언을 언급하며, 남방참다랑어 보존협약의 분쟁해결조항인 제16조가 추가 절차 배제를 명시적으로 규정하지 않고 있으나 이는 결정적이 아니라고 판단하고 제16조의 문언의 통상적 의미에 비추어 볼 때 현 분쟁이 제286조에 따라 일방의 요청으로 국제사법재판소, 국제해양법재판소 및 중재재판소에 회부될 수 없음은 명백하다고 판시하였다.273 이처럼 국제해양법재판소와 중재재판소는 동일한 쟁점에 대하여 상반된 해석을 하였다. 이 쟁점에 대한 중재재판소의 판결은 추가 절차가 명시적으로 배제되지 않았으나 이는 결

Good or Bad?", ***Leiden Journal of International Law*** 14, no. 2 (2001), p. 273.
271 ITLOS, ***supra*** note 91, p. 294, paras. 54-55.
272 ***Ibid.***, p. 295, para. 62.
273 PCA, ***supra*** note 85, p.43, paras. 56-57.

정적이지 않다고 함으로써 모순적인 입장을 드러내 보였다고 판단된다. 이 쟁점은 남중국해 중재에서도 다루어졌는데 이 사건의 중재재판소는 관할권 및 수리 적격 단계에서 추가 절차가 명시적으로 배제되지 않은 게 결정적이지 않다는 남방참다랑어 중재재판소의 해석이 제281조가 의도하고 있는 의미(intended meaning)와 일치하지 않는다고 판단하였다.274

국제사법재판소에 제기된 소말리아와 케냐 간 해양경계획정 사건의 선결적 항변 단계의 '최종 청구취지final submissions'에서 케냐는 소말리아가 케냐를 상대로 제기한 사건은 재판소의 관할권에 포함되지 않으며 수리 적격도 충족하지 못하므로 기각판결을 해주도록 재판소에 요청하였다.275 케냐는 양국의 선택조항 수락 선언에 국제사법재판소의 관할권을 배제하는 유보가 포함되지 않았다면 해양법협약 제282조에 따라 국제사법재판소가 관할권을 가질 것이나, 자국 선언에 포함된 유보로 인해 선택조항 수락 선언은 해양법협약 제282조에 언급된 협정에 해당하지 않으므로 국제사법재판소는 이 사건에 대한 관할권을 갖지 않는다고 주장하였다.276 1965년 4월 19일 행한 선택조항 수락 선언에서 케냐는 "분쟁의 당사자들이 다른 방법이나 다른 해결방식에 합의하였거나 합의하는 분쟁(Disputes in regard to which the parties to the dispute have agreed or shall agree to have recourse to some other method or methods of settlement)"을 국제사법재판소의 관할권에서 배제하였다.277 즉 소말리아와 케냐는 해양법협

---

274 PCA, *supra* note 101, pp. 86-87, para. 223.
275 ICJ, *supra* note 108, p. 13, para. 14.
276 *Ibid.*, pp. 43-44, para. 110.
277 *Ibid.*, p. 17, para. 31.

약의 당사국으로 협약의 해석이나 적용에 관한 분쟁을 협약의 해결 절차에 따르기로 합의하였기 때문에 국제사법재판소의 관할권이 배제된다는 게 케냐의 논리였다. 그러나 국제사법재판소는 케냐가 수락 선언의 본문에서 "1963년 12월 12일 이후 발생하는 모든 분쟁에 대한 관할권(the jurisdiction over all disputes arising after 12th December, 1963)"을 수락하였으며, 해양법협약 제15부는 케냐 유보에 언급된 다른 해결 방법을 제공하고 있지 않으므로 유보의 범주 밖에 있지 않다고 판시하였다.278 이에 대해 로빈슨Robinson 재판관은 그의 반대 의견에서 케냐의 유보 문언이 투명하고 모호하지 않은(lucid and unambiguous) 점에 비추어 케냐와 소말리아의 선택조항 수락 선언이 해양법협약 제282조의 범주에 속하는 협정에 해당한다는 건 전적으로 불합리한(wholly unreasonable) 결론이라는 의견을 표명하였다.279

강제절차 회부에 앞서 분쟁 당사자들 간 신속한 의견교환 의무를 규정한 해양법협약 제283조의 요건 충족 여부에 대해 국제해양법재판소가 남방참다랑어 잠정조치 사건에서 "당사국이 합의에 도달할 가능성이 소진되었다고 결론지으면 더 이상 의견교환을 지속하여야 할 의무는 없다"280고 판시한 이래 다른 사건에서도 이 기준은 조금씩 표현을 달리하며 유지되어 왔다. 그러나 우크라이나 해군함 및 승조원 억류 중재 사건의 선결적 항변 판결에서 중재재판소는 우크라이나가 2019년 4월 중재 회부에 앞서 러시아에 의견교환을 요구하고 러시아가 실질적 회신을 전제로 답신을 보낸 점을 판단하며 이 과정이 의견교환 의무를 충족하지 못하였다고 하였으며, 그럼에도

---

278 *Ibid.*, p. 51, para. 131.
279 *Ibid.*, *Dissenting Opinion of Judge Robinson*, p. 74, para. 17.
280 ITLOS, *supra* note 271, p. 295, para. 61.

다른 사정인 긴급성에 비추어 재판소의 관할권 행사에 장애가 되지 않는다는 견해를 표명하였다.[281] 중재재판소의 이러한 판단은 동일한 과정에 대해 국제해양법재판소가 잠정조치 단계에서 내린 판단과 정면으로 배치되었다. 우크라이나 해군함 및 승조원 억류 사건을 다루고 있는 중재재판소는 해양법협약 제298조 제1항(b)에 언급된 군사활동military activities에 대해서도 국제해양법재판소와 다른 판단을 하였다. 국제해양법재판소는 우크라이나 해군함의 아조프해 진입 후 정박하기까지 과정을 통항에 대한 양측의 해석상 이견으로 발생한 상황으로 보고 군사활동의 성격이 없다고 보았으나 중재재판소는 우크라이나 해군의 해협 진입 후 양측 군이 대치하고 대치가 지속된 상황을 군사활동으로 판단하였다.

이상 살펴본 바와 같이 동일한 쟁점이나 동일한 상황에 대하여 해양법협약의 관련 규정을 적용하면서 사안을 다룬 재판소에 따라 상충하는 해석을 내놓은 게 국제법의 단일성을 잠식하고 나아가 국제법의 보편성을 위협하는 정도까지는 이르지는 않았다고 하더라도 관련 규정의 해석 및 적용에 대해 어느 정도 혼선을 야기하고 향후 예측 가능성을 어렵게 만들었다는 점은 부인하기 어려워 보인다. 이러한 문제점은 향후 사법 절차에 회부된 분쟁에서 사건을 맡은 재판소가 상충하는 기존 판례에 대해 어떠한 판단을 하느냐에 따라 정리될 걸로 기대해 볼 수 있으나 반대로 혼선이 더욱 가중될 수도 있을 것이다.

국제해양법재판소 출범 이후 현재까지 국제해양법재판소에는 33건의 사건이 제출되었다. 이 중에서 권고적 의견을 요청받은 3

---

281 PCA, *supra* note 161, pp. 75-76, paras. 203-206.

건282을 제외한 30건이 쟁송 사건이며 이들 쟁송 사건은 해양법협약 제292조에 따라 제기된 선박·선원 신속석방 사건이 10건, 제290조 제5항에 따라 제기된 잠정조치 사건이 9건이고 본안 사건이 11건으로 분류된다. 신속석방 사건과 잠정조치 사건의 잔여 관할권(residual jurisdiction)은 국제해양법재판소에 부여되어 있다. 따라서 이 사건들에 관한 한 국제해양법재판소는 사실상 강제 관할권을 갖고 있으며 제287조에 열거된 국제사법재판소·중재재판소·특별중재재판소와 관할권을 경합하지 않는다. 그러나 이들 재판소와 관할권을 경쟁하는 본안의 경우, 국제해양법재판소에는 지금까지 11건의 본안 사건이 회부된 반면에 해양법협약의 당사국이 선택한 법정이 동일하지 않거나 당사국이 어떤 선택도 하지 않는 경우 선택되는 법정(default forum)인 중재재판소에는 15건의 본안 사건이 회부되었다.

이 같은 결과는 해양법협약에 따라 신설된 상설재판소인 국제해양법재판소가 사건에 따라 구성되는 임시적 성격의 중재재판소에 비해 본안 사건을 회부받는 데 불리하다는 걸 보여준다. 국제해양법재판소에 회부된 11건의 본안 중에서도 양 분쟁 당사국이 국제해양법재판소를 선호법정으로 선택하여 회부된 사건은 3건에 지나지 않으며, 나머지 8건은 중재재판소에 회부되었다가 추후에 특별협정을 통해 국제해양법재판소에 이첩되었는데, 이는 국제해양법재판소가

---

282 1건은 국제해저기구 이사회가 2010년 5월에 해저분쟁재판부에 요청하였다. 국제해양법재판소 전원재판부에 제출된 2건의 권고적 사건 중 1건은 서부아프리카 국가들로 구성된 소지역수산위원회(Sub-Regional Fisheries Commission)가 2013년 4월에 요청하였으며 1건은 '기후변화와 국제법에 관한 소도서국 위원회'(Commission of Small Island States on Climate Change and International Law)가 2022년 12월 12일 요청하였다.

본안 사건을 회부받는 데 중재재판소와 비교해 현격히 불리한 위치에 있음을 잘 보여준다. 이와 같은 상황은 다수의 해양법협약 당사국들이 국제해양법재판소를 선호법정으로 선택하지 않는 한 변하지 않을 걸로 전망된다. 국제사법재판소에도 해양법협약 발효 후 10건의 해양 관련 분쟁이 제출되었으나283 이 분쟁들은 해양법협약 제15부 절차가 아닌 다른 다자조약이나 양자조약에 규정된 약정 관할 조항이나 선택조항 수락 선언에 바탕을 두고 제출되었다. 해양법협약 제287조에 따라 국제사법재판소를 선택한 협약 당사국이 30개국에 못 미치고 있고 지금까지 해양법협약의 해석이나 적용에 관한 분쟁이 제15부 절차에 따라 국제사법재판소에 제출된 사례가 없는 점에 비추어 볼 때 지금까지 추세는 그대로 지속될 걸로 전망된다. 제8부속서 특별중재재판소에 회부된 분쟁 사례는 현재까지 없다. 국제해양법재판소와 중재재판소에 회부된 총 26건의 본안 사건 중 특별중재재판소의 관할 사안—어업, 해양환경 보호 및 보존, 해양과학조사,

---

283 영유권이 포함된 혼합사건을 포함하여 국제사법재판소에 제기된 10건의 해양 관련 사건은 다음과 같다. ①*Territorial and Maritime Dispute between Nicaragua and Honduras in the Caribbean Sea (Nicaragua v. Honduras)* (1999~2007) ②*Maritime Delimitation in the Black Sea (Romania v. Ukraine)* (2004~2009) ③*Territorial and Maritime Dispute (Nicaragua v. Colombia)* (2001~2012) ④*Maritime Dispute (Peru v. Chile)* (2008~2014) ⑤*Whaling in the Antarctic (Australia v. Japan: New Zealand intervening)* (2010~2014) ⑥*Maritime Delimitation in the Caribbean Sea and the Pacific Ocean (Costa Rica v.Nicaragua)* (2014~2018) ⑦*Maritime Delimitation in the Indian Ocean (Somalia v. Kenya)* (2014~2021) ⑧*Question of the Delimitation of the Continental Shelf between Nicaragua and Colombia beyond 200 nautical miles from the Nicaraguan Coast (Nicaragua v. Colombia)* (2013~2023) ⑨*Guatemala's Territorial, Insular and Maritime Claim* (Guatemala/Belize) (2019~) ⑩*Land and Maritime Delimitation and Sovereignty over Islands (Gabon/Equatorial Guinea)* (2021~)

항행-에 관련된 사건은 2건이다. 어업과 관련된 두 사건-남방참다 랑어 사건, 남동태평양 황새치swordfish 자원의 보존 및 지속적 이용 사건-중 남방참다랑어 사건은 중재재판소에 회부되었으며 황새치 사건은 당초 중재재판소에 회부되었다가 당사자 간 특별협정 체결로 국제해양법재판소로 이첩되었다. 이 두 사건의 당사자들 중 특별중 재재판소를 선택한 국가가 없어 특별중재재판소는 사건을 다룰 강제 절차가 될 수 없었으며 이에 따라 일차적으로 중재재판소가 이용 가능한 유일한 절차였다. 지금까지 특별중재재판소를 선택한 해양법협 약의 당사국은 12개국이다. 이 국가들 사이에 해양법협약의 조항 중 특별중재재판소의 관할에 속하는 사안과 관련된 조항의 해석이나 적 용에 관한 분쟁 발생 시 이 국가들 사이에는 특별중재재판 절차가 고려될 수 있을 것으로 본다.

참고 문헌

■ 국내 문헌

〈단행본〉

김기순·김두영, "해양분쟁 해결", 김 민, 김민수, 김민철 외 7명, 『대한민국의 해양 법 실행 2』(서울: 일조각, 2022).

〈논문〉

이석용, "유엔해양법협약상 분쟁해결제도", 『국제법학회논총』, 제49권 제3호 (2004).

_____, "유엔해양법협약 분쟁해결 강제절차와 관련 실행에 관한 고찰", 『국제법 학회논총』, 제62권 2호 (2017).

이기범, "유엔해양법협약 제7부속서 중재재판소의 관할권 문제에 관한 소고", 『영토 해양연구』, 제13권 (2017).

■ 외국 문헌

〈단행본〉

A. O. Adede, *The System for Settlement for Disputes under the United Nations Convention on the Law of the Sea,: A Drafting History and a Commentary* (M. Nijhoff, 1987)

Alexander Proelss (ed.), *United Nations Convention on the Law of the Sea: A Commentary* (C. H. Beck·Hart·Nomos, 2017)

Andrew Serdy, Article 281, Margin Number 10 in Proeless, *United Nations Convention on the law of the Sea*, 1st Edition (2017)

Myron H. Norquist, Shabtai Rosenne and Louis B. Sohn (eds), *United Nations Convention on the Law of the Sea: A Commentary*, Vol. V. (M. Nijhoff, 1989)

R. R. Churchill and A. V. Lowe, *The Law of the Sea*, (4th ed.) (UK: Manchester University Press, 2021)

Shabtai Rosenne, "UNCLOS III The Montreux (Riphagen) Compromise" in *An International Law Miscellany* (M. Nijhoff, Dordrecht, 1993).

Tullio Treves, Article 290, Margin Number 10 in Proeless, *United Nations Convention on the law of the Sea*, 1st Edition (2017)

Tullio Treves, Article 292, Margin Numbers 1 and 2 in Proeless, *United Nations Convention on the law of the Sea*, 1st Edition (2017)

Pablo Ferrara, Article 293, Margin Number 6 in Proeless, *United Nations Convention on the law of the Sea*, 1st Edition (2017)

〈논문〉

Louis B. Sohn, "Settlement of Disputes Arising Out of the Law of the Sea Convention", *San Diego Law Review*, Vol. 12 (1975)

S. Rosenne, "Settlement of Fisheries Disputes in the Exclusive Economic

Zone", *Amercan Journal of International Law*, Vol. 89 (1979)

Thomas Buergenthal, "Proliferation of International Courts and Tribunals: Is It Good or Bad?", *Leiden Journal of International Law*, Vol. 14 (2001)

〈기타자료〉

Arbitration between Guyana and Suriname(Guyana v. Suriname), Award of 17 September 2007.

Barbados v. Trinidad and Tobago, Memorial(Barbados) of 30 October 2004.

Barbados v. Trinidad and Tobago, Award of 11 April 2006.

Barbados v. Trinidad and Tobago, Counter-Memorial(Trinidad and Tobago), 16 february 2004.

Case concerning the detention of three Ukrainian naval vessels (Ukraine v. Russian Federation), Provisional Measures, Memorandum of the Russian Federation, ITLOS Reports 2019.

"Camouco" (Panama v. France), Prompt Release, Judgment, ITLOS Reports 2000.

Chagos Marine Protected Area Arbitration (Mauritius v. United Kingdom), Award of 18 March 2015.

"Chaisiri Reefer 2" (Panama v. Yemen), Order of 13 July 2001, ITLOS Reports 2001.

Detention of three Ukrainian naval vessels (Ukraine v. Russian Federation), Provisional Measures, Order of 25 May 2019, ITLOS Reports 2019.

Delimitation of the maritime boundary in the Bay of Bengal (Bangladesh/Myanmar), Judgment, ITLOS Reports 2012.

Delimitation of the maritime boundary in the Indian Ocean (Mauritius/Maldives), Preliminary Objections, Order of 19 December 2019, ITLOS Reports 2019.

Delimitation of the maritime boundary in the Indian Ocean (Mauritius/Maldives), Judgment of 28 January 2021, ITLOS Reports 2021.

Dispute Concerning Coastal State Rights in the Black Sea, Sea of Azov, and Kerch Strait (Ukraine v. the Russian Federation), Preliminary Objections of the Russian Federation of 19 May 2018.

Dispute Concerning Coastal State Rights in the Black Sea, Sea of Azov, and Kerch Strait (Ukraine v. the Russian Federation), Written Observations and Submissions of Ukraine on Jurisdiction of 27 November 2018.

Dispute Concerning Coastal State Rights in the Black Sea, Sea of Azov, and Kerch Strait (Ukraine v. the Russian Federation), Award on Preliminary Objections of 21 February 2020.

Dispute Concerning the Detention of Ukrainian Naval Vessels and Servicemen (Ukraine v. Russian Federation), Preliminary objections of the Russian Federation of 24 August 2020.

Dispute Concerning the Detention of Ukrainian Naval Vessels and Servicemen(Ukraine v. Russian Federation), Written observations and submissions of Ukraine on the Preliminary objections of the Russian Federation Preliminary objections of 27 January 2021.

Dispute Concerning the Detention of Ukrainian Naval Vessels and Servicemen(Ukraine v. Russian Federation), Award on Preliminary Objections of 22 June 2022.

Dispute Concerning the Detention of Ukrainian Naval Vessels and Servicemen (Ukraine v. the Russian Federation), Award of 27 June 2022.

"Grand Prince" (Belize v. France), Prompt Release, Judgment, ITLOS Reports 2001.

Land Reclamation in and around the Straits of Johor (Malaysia v. Singapore), Provisional Measures, Order of 8 October 2003, ITLOS Reports 2003.

Maritime Delimitation in the Indian Ocean (Somalia v. Kenya), Preliminary Objections, Judgment, I.C.J. Reports 2017.

"Monte Confurco" (Seychelles v. France), Prompt Release, Judgment,

ITLOS Reports 2000.

MOX Plant (Ireland v. United Kingdom), Order of 13 November 2001, ITLOS Reports 2001.

MOX Plant (Ireland v. United Kingdom), Written Response of the United Kingdom of 15 November 2001.

M/T "Heroic Idun" (Marshall Islands v. Equatorial Guinea), Order of 15 November 2022, ITLOS Reports 2022-2023.

M/T "Heroic Idun" Case (Marshall Islands v. Equatorial Guinea), Prompt Release, Application for the Prompt Release of a Vessel and Her Crew of 9 November 2022 by Marshall Islands, ITLOS Reports.

M/V "Louisa" (Saint Vincent and the Grenadines v. Kingdom of Spain), Provisional Measures, Order of 23 December 2010, ITLOS Reports 2008-2010.

M/V "Louisa" (Saint Vincent and the Grenadines v. Kingdom of Spain), Judgment, ITLOS Reports 2013.

M/V "Norstar" (Panama v. Italy), Preliminary Objections, Order of 15 March 2016, ITLOS Reports 2016.

M/V "SAIGA" (No. 2) (Saint Vincent and the Grenadines v. Guinea), Judgment, ITLOS Reports 1999.

M/V "Virginia G" (Panama/Guinea-Bissau), Judgment, ITLOS Reports 2014.

Position Paper of the People's Republic of China on the Matter of Jurisdiction in the South China Sea Arbitration Initiated by the Republic of the Philippines.

"Report on the Peaceful Uses of Sea-Bed and Ocean Floor beyond the National Jurisdiction"(Official Records: Twenty-Seventh Session Supplement No. 21 (A/8721).

Responsibilities and obligations of States with respect to activities in the Area, Advisory Opinion, 1 February 2011, ITLOS Reports 2011.

Southern Bluefin Tuna Cases (New Zealand v. Japan; Australia v. Japan), Provisional Measures, Response and Counter-Request for Provisional Measures submitted by Japan, ITLOS Reports 1999.

Southern Bluefin Tuna Case(New Zealand v. Japan; Australia v. Japan), Provisional Measures, Order of 27 August 1999, ITLOS Reports 1999.

Southern Bluefn Tuna Case (New Zealand v. Japan; Australia v. Japan), Award on Jurisdiction and Admissibility of 4 August 2000.

"Tomimaru" (Japan v. Russian Federation), Prompt Release, Judgment, ITLOS Reports 2005-2007.

The Duzgit Integrity Arbitration (Malta v. S o Tomé and Príncipe), The Award of 5 September 2016.

The 'Enrica Lexie' Incident (Italy v. India), Italy's Request for the Prescription of Provisional Measures under Article 290, Paragraph 1, of the United Nations Convention on the Law of the Sea of 11 December 2015.

The 'Enrica Lexie' Incident (Italy v. India), Provisional Measures, Order of 29 April 2016.

The South China Sea Arbitration(The Republic of Philippines v. The People's Republic of China), Award of 12 July 2016.

U.N., SCIR, 71st plenary meeting, Summary records of meetings of the Plenary, A/CONF.62/ SR.71.

U.N., SCIR, Volume V: Fourth Session, Working papers of the Plenary, A/CONF.62/WP.9.

"Volga" (Russian Federation v. Australia), Prompt Release, Judgment, ITLOS Reports 2002.

9장 유엔해양법협약과 한국외교

배종윤 • 연세대학교 정치외교학과 교수

I. 서론
II. 제1차(1958년) 및 제2차(1960년) 유엔해양법회의와 한국외교
   1. 유엔해양법 제1, 2차 회의 진행과 한국의 참가
   2. 냉전 심화와 생존 및 정통성 확보를 위한 한국의 대UN 외교
   3. 1950~60년대 한국외교와 제1, 2차 유엔해양법회의
III. 1973년 제3차 해양법회의와 한국외교
   1. 제3차 해양법회의와 합의에 대한 한국의 복잡한 계산
   2. 제3세계의 세력화와 1970년대 한국외교의 위기
   3. 남북한 외교전쟁과 한국의 대UN 외교전략
IV. 유엔해양법협약 채택과 한국외교
   1. 한국의 유엔해양법협약 서명
   2. 한국의 유엔해양법협약 비준과 신중한 접근
   3. 유엔해양법회의와 한국외교의 대응
V. 결론: 유엔해양법과 한국외교의 과제

I. 서론

지리적으로는 반도이지만, 지정학적으로는 섬에 해당하는 한국에 있어 해양이 가진 국가적 차원의 전략적 중요성은 절대적이다. 어업을 포함한 수산 분야는 물론이고, 한국 수출입 운송의 99퍼센트 이상을 해운이 담당하고 있다는 점을 고려하면, 경제적 측면에서 해양이 가진 전략적 가치는 한국이 항상 주목하고 있어야만 한다. 더욱이 1950년 한국전쟁 당시 UN연합군의 한반도 접근과 인천상륙을 통한 군사적 반격의 성공 사례 등을 고려하면, 한국의 군사안보적 측면에서 동맹국 및 국제사회와의 물리적 연결 또는 접촉이 해양을 통해 이루어졌다는 점도 주목해야만 한다. 그리고 21세기 현재에도 한반도의 위기가 재연될 경우에 한국이 군사안보적으로 지원받을 수 있는 통로로서 해양이 가진 전략적 중요성은 여전히 지속하고 있다는 점은

---

* 본 연구는 방대한 규모의 1차 자료를 조사하고 수집하는 데 큰 도움을 준 연세대학교 대학원 정치학과 박사과정 임재현 군의 학술적 지원에 기반하여 진행되었습니다.

결코 간과되어서는 안 된다. 이러한 측면에서, 경제적 측면뿐만 아니라 군사안보적 측면에서도 해양에 대한 한국외교의 전략적 고려와 접근은 매우 신중하면서도 비중 있게 다루어져야만 하며, 한국 외교정책의 결정과 집행 과정에서 유의미한 내용으로 적극 검토되어야만 한다.

한국에 간절한 해양의 전략적 가치와 적극적인 활용의 필요성에도 불구하고, 한국외교가 반복적으로 직면하게 되는 정책적 딜레마의 상황은 해양과 관련한 한국외교의 선택을 어렵게 만들고 있고, 효과적인 정책적 대응과 집행을 힘들게 하고 있다. 이러한 양상은 대한민국 정부가 수립된 이후부터 21세기 현재까지 지속되고 있다. 이러한 측면에서 해양에 대한 직접적인 국가이익 또는 해양을 활용하거나 해양을 통해 확보할 수 있는 간접적인 국가이익을 한국이 안정적으로 확보할 수 있도록 제도적으로 지원받을 수 있다는 점에서 해양과 관련한 국제법이 존재한다는 것은 국제사회 약소국으로서 오랜 시간을 보내온 한국에는 매우 의미 있는 관심의 대상이다. 그러나 국제사회의 속성상 강대국들이 국제적 가치와 질서를 주도하기니 만들어가는 경향이 강하다는 점을 고려하면, 비록 최근에 국력을 키웠지만 여전히 세계적 강대국들을 주변국가로 두고 있는 한국의 상대적인 약소국 위상은 국제법의 등장과 운용에 대해 신중한 접근을 요구하게 만드는 것이 현실이다. 국제법의 존재가 세계 10위권의 경제력을 가진 한국의 외교적 선택에 대한 제도적 보호장치가 될 수도 있지만, 동시에 상대적 강대국들의 압력 수단으로서 한국외교의 선택을 강요하거나 압박하는 제약 요인이 될 수도 있기 때문이다. 이러한 양면성은 시기별·사안별로 그 모습이 달라질 수 있기 때문에 한국외교에는 적절한 대응이 쉽지 않았다. 비록 과거와 현재의 시점까지는 국제법이 한국의 국익을 제약하는 요인이 될 수 있다 하더라도 미래에는 한국 국익의 보호장치가 될 수도 있고, 또는 역의 관계가 전개될 수도 있기 때문이다.

국제법에 대한 대응 과정에서 발생하는 한국외교의 고민과 선택은 유엔해양법협약을 위한 회의 과정에서도 반복되었다. 해양법 논의가 본격화되기 시작한 1958년 2월 제1차 유엔해양법회의 때부터, 최종 합의된 해양법에 한국 정부가 서명하는 1983년 3월을 거쳐, 한국 국회가 해양법 비준에 동의하여 국내 비준 절차를 완료하는 1995년 12월의 시점까지 한국외교의 고민과 신중함은 지속되고 있었기 때문이다. 심지어 유엔해양법이 실질적으로 발효된 이후의 시점에서도 한국외교는 유사한 모습을 지속하고 있다. 해양법 관련 협의가 국제사회에서 진행되고 합의되는 과정에서, 국제사회의 주도적 역할에 대한 경험이 많지 않았던 한국은 관련 부처 실무자들을 중심으로 구성한 TF팀을 통해 어떠한 판단과 선택이 한국의 국익을 가장 안정적으로 확보할 수 있을 것인지, 국제적 정세와 부합할 수 있는 어떤 반응과 대책이 필요한지를 신중하게 살펴보고 있었다. 국제법에 대한 합의와 발효 등에 대한 절차의 전반에 있어 주도적 역할을 수행하는 것이 쉽지 않았던 한국외교의 위상을 고려하면, 이러한 조심스럽고 다소 소극적인 대응 양상의 유지는 불가피한 측면도 있었다. 해양법협약에 대한 참여가 필요한 것인지, 필요하다면 얼마나 적극적으로 참여해야 할 것인지, 그리고 해양법이 한국의 국익을 보호해줄 것인지 아니면 제약할 것인지를 다양한 시각에서 살펴보아야 할 필요가 있었고, 국제정세의 주된 흐름이 어떠한지는 확인해야 했으며, 국가 내부의 다양한 입장들도 고려해야 할 필요도 있었기 때문이다. 특히 국제사회에서 동맹국인 강대국 미국과 어떻게 입장을 조율할 것인지의 문제는 물론이고, 저발전 국가들의 모임이었던 77그룹과의 입장 조율 및 공동대응을 통해 약소국들의 공통된 입장을 함께 반영하는 문제, 체제경쟁의 대상이었던 북한의 반응에 대한 즉각적인 대응과 사회주의 국가들의 반응에 대해서까지도 신경을 써야 했던 한국의 입장을 고려하면, 새롭게 합의되는 국제법에 대한 선제적 판단은 한국 정부에게는 쉽지 않은 과제였다. 특히 유엔해양법협약이 채택되는 시기와 관련하여, 1970년대 중반 최고조에 달했던 남북한 간의 '외교전쟁'은 한국외교의 정책결정과정에서 고려해야 하는 요소들을 더욱 복잡하게 만들었고, 이러한 모습은 유엔해양법회의 참석에 대한 한국의 판단과 반응에도 직간접적으로 투사되고 있었다는 점에 주목해야만 한다. 유엔해양법 연구에 있어 합의된 내용에만 집중하기보다는, 한국외교가 직면하고 있었던 국제정치적 정책환경과 함께 합의채택과정 등을 검토해야만 하는 이유라 할 수 있다.

덧붙여, 국제법의 하나로서 해양법협약의 체결 및 운용 등과 관련하여, 한국외교의 판단 및 대응을 분석함에 있어 함께 주목해야 하는 중요한 요인들 중의 하나가 해양법이 UN이라는 국제기구를 중심으로 진행되는 국제법이라는 점이다. 국제사회의 다른 국가들과 달리, 한국의 외교와 안보 등에 있어 UN이 갖고 있는 매우 절대적인 존재감은 1947년 총회 때부터 지속되고 있었고, 제3차 유엔해양법협약 논의가 구체화되기 시작한 1970년대와 1980년대에는 남북한 간의 '외교전쟁'이 전개되는 공간으로서 UN이 갖고 있는 한국외교에 대한 존재감과 전략적 필요성의 문제는 더욱 큰 비중을 차지하고 있었다. 1991년까지 UN 회원국이 아님에도 불구하고, 한국의 생존과 안보, 외교적 측면에서 UN이 제공해준 다양한 긍정적 영향력과 비중 있는 지원 등을 고려하면, UN이 주도하는 유엔해양법협약 논의에 대한 한국의 대응은 국제사회의 다른 국가들과 다소 차별적일 수밖에 없었다. 이러한 점에서 유엔해양법에 대한 한국외교의 대응양상을 고려하기 위해서는 UN이라는 국제기구의 존재와 역할, 특히 UN총회와 안전보장이사회의 운영 및 한국외교와의 연계성, 한국전쟁을 포함한 한국의 외교안보적 측면, 남북한의 체제경쟁 등과의 관련성 등을 함께 고찰하면서 살펴볼 필요가 있는 것이다.

　　결국, 유엔해양법협약과 관련된 다양한 국제정치적 상황 및 국제적 환경들은 유엔해양법협약의 필요성에도 불구하고, 협약이 채택될 때까지 상당히 오랜 시간과 많은 노력들을 요구하게 만드는 주요한 요인이 되었던 것처럼, 유엔해양법협약에 참여하는 한국외교에 대한 분석에서도 단순한 법률적 측면보다는 외교정책적 측면에서 접근해야 할 필요성을 요구하고 있다. 본 장에서는 유엔해양법협약 채택 40주년을 맞이하게 된 상황과 관련하여, 법률적인 접근을 통해 협약의 내용을 분석하는 다른 장들과 다소 구별하여 UN 및 국제정치적 상황과 한국외교의 정책적 대응과의 관련성을 중심으로 유엔해양법협약의 논의 및 채택과정에서 전개된 한국외교의 전략적 대응방안들을 함께 살펴보고자 한다.

II. 제1차(1958년) 및 제2차(1960년) 유엔해양법회의와 한국외교

해양과 관련된 행위자들은 해양을 이용하고, 해양에서 이익을 확보하기 시작하면서부터 발생할 수밖에 없는 다양한 분쟁과 갈등을 해소하고, 긴장을 완화시키며, 세계적 수준의 보편적 질서와 평화적인 관계를 유지하는 데 도움이 될 수 있는 공고한 규범, 특히 모두가 수긍하고 만족할 수 있는 해양 관련 규칙이나 법률적 구속력과 내구성을 갖춘 규범의 필요성을 간절하게 인식하기 시작하였다. 그러나 해양에서 이익을 얻는 행위자와 방식의 다양성, 국가 또는 집단이나 개인과 같은 개별 행위자들이 처한 지리적·정치적·경제적·역사적 상황과 이해관계의 차별성 등은 해양과 관련한 공통된 규칙을 만들고 성문화하는 작업을 지속적으로 방해해 왔다. 인류가 해양을 이용해온 오랜 시간에 비해, 직간접적으로 관련된 대다수의 행위자들에게 공통적으로 적용할 수 있는 법률적 성격의 규범에 합의하는 작업은 20세기 초반부터 본격화되었지만, 이는 오랜 시간과 반복적인 노력을 요구하였다.[1]

근대적인 성문법으로서 관습법을 뛰어넘는 해양법의 출현을 위한 노력이 1차 세계대전 이후 국제연맹League of Nations을 통해 시도되었으나, 보편적 성격의 국제기구가 주도하고, 전문가들로 구성된 위원회를 활용하여 성문화하는 작업이 상대적으로 효용성이 있다는 점을 확인한 측면과 달리, 그 실질적 결과는 만족스럽지 못하였다. 그러나 2차 세계대전 이후 설립된 국제연합United Nations: UN을 통해 다시 시도된 성문화 작업은 비록 초기 두 차례의 회의에서는 완전한 합의에 실패하였지만, 1973년부터 1982년까지 진행된 제3차 회의를 통해 마침내 320개 조문의 유엔해양법협약을 채택하였고, 1994년 11월 16일에 협약을 공식 발효시키는 성과를 확보하였다.

---

[1] 해양과 관련한 초기 규범의 형성 및 내역에 대해서는, 양희철, "국제해양법 형성과 발전", 양희철·이문숙 엮음, 『해양법과 정책』 (부산: 해양과학기술원, 2020), pp. 12-23 참조.

1. 유엔해양법 제1, 2차 회의 진행과 한국의 참가

1945년 출범한 UN의 헌장 제13조 1항에는 UN총회가 연구를 주도하고 권고해야 하는 대상으로서, (a)국제법과 (b)인권 및 자유 관련 규정의 성문화를 제시하고 있다. 그리고 그중의 하나로서, '정치 분야에 있어서 국제적 협력을 촉진하고, 국제법의 점진적 발전과 성문화 작업을 독려하고 장려할 것'을 명기하였다. 이에 근거하여, 1948년 UN 산하에 '국제법위원회'가 설치되었고, 우선적으로 처리해야 할 14개 과제에 해양법이 포함되었으며 신속하게 처리해야 할 우선순위를 부여받았다. 1950년부터 국제법위원회가 연구하여 마련한 해양법 관련 보고서에는 '대륙붕 보고서', '공해와 영해 관련 보고서' 등이 포함되었다. 국제법위원회는 1953년 12월 7일 통과된 제8차 UN총회 '결의안 798(VIII)'에 의거하여, '영해에 관한 조약' 초안을 마련하여 UN총회에 보고하였다. 1954년 12월 14일, 제9차 UN총회는 '결의안 899(IX)'를 통해 그 내용을 확인하면서, 해양과 관련된 규정들을 모두 포괄하는 단일한 최종 초안을 제11차 UN총회에 제출할 것을 결정하였다. 국제법위원회는 이를 근거로 1956년에는 73개 조문의 최종 초안을 마련하여 UN총회에 제출하였고, 1957년 2월 21일 제11차 UN총회는 해양법협약 제정을 촉구하는 '결의안 1105(XI)'을 채택하면서, 1958년 3월 초에 관련 국제회의를 공식 개최할 것을 결의하였다.[2]

UN총회 '결의안 1105(XI)'에 의거하여, UN 사무총장은 당시 회원국 및 관심 국가들과 관련 국제기구 등에 초청서한을 발송하여 참

---

[2] UN총회 결의안 번호 A/RES/1105(XI) [https://digitallibrary.un.org/record/668491?ln=en(최종 방문일: 2023.12.12).]

석을 요청하였고, 1958년 2월 24일부터 4월 26일까지 제네바에서 제1차 유엔해양법회의를 개최하였다. 제1차 회의에서는 5개 위원회를 중심으로 논의가 진행되었고, 제1위원회는 영해와 접속수역 문제, 제2위원회는 공해 문제, 제3위원회는 공해 어업문제, 제4위원회는 대륙붕 문제, 제5위원회는 내륙국의 해상진출권 문제를 주제로 설정하였으나, 이후 제2위원회와 제5위원회가 통합되어 진행되었다. 제1차 회의의 성과로는 기존 관습국제법의 성문화 성격이 강한 '영해 및 접속수역에 관한 협약'에는 41개국, '공해에 관한 협약'에는 49개국, '대륙붕에 관한 협약'에는 49개국이 서명하여 합의되었고, 그 외에 32개국이 서명한 '어업 및 공해생물자원 보호에 관한 협약과 별도의 '분쟁의 의무적 해결에 관한 선택서명의정서' 등이 합의되었다.3

'선택서명의정서' 이외에 4개의 의미있는 합의를 도출했다는 점에서 상당한 성과를 거둔 것은 사실이지만, 제1위원회에서 논의된 주된 안건 중 하나였던 '영해의 폭'에 대한 논의는 개별 국가들의 이견이 심하여 합의 도출에 실패하였고, 어업수역 문제도 냉쾌한 합의가 이루어지지 못하였다. 그리고 1954년 제9차 UN총회의 '결의안 899(IX)'에서 지적된 단일 해양법협약 채택을 실현하지 못한 채, 4개로 분할된 협약체계를 만들었다는 점에서는 다소 한계가 지적될 수 있었다. 국제사회의 개별 국가들이 4개 협약을 선택적으로 수용하거나 선별하여 서명하게 되면서 초기에 의도했던 모습과 다소 상이한 결과를 초래하였기 때문이다. 이러한 점들과 관련하여, 1958년 4월

---

3 "United Nations Conference on the Law of the Sea" 참조. https://legal.un.org/diplomaticconferences/1958_los/docs/english/vol_2/a_conf_13_l_56.pdf(최종 방문일: 2023. 12.12).

27일, 제1차 회의는 결의안을 통해, 추가적인 논의와 합의의 필요성 때문에 1958년 제13차 UN총회에서 제2차 회의 개최를 제안하기로 결의하였다.4 그리고 1958년 12월 10일 UN총회는 '결의안 1307(XIII)'을 통해 1960년 3월 또는 4월에 제2차 유엔해양법회의 개최를 결정하였다.

제1차 회의의 연장선상에서 1960년 3월 17일부터 4월 14일까지 제네바에서 진행된 제2차 회의에서는 제1차 회의에서 합의를 이루지 못한 '영해의 폭'과 '어업수역의 외측 한계 문제'를 중심으로 집중적인 논의가 진행되었음에도 불구하고, 결과적으로는 다양한 입장차이로 인해 2개 사안에 대한 합의 도출에 또다시 실패하였다. 당시 영해 범위에 대한 대립 주장들은 해양안보 문제와 연안의 어업자원 확보 문제가 연계되는 양상을 보였는데, 전 세계적으로 해양이용이 많은 전통적 해양강대국들은 대체로 자유로운 해양의 이용과 공해 항행의 자유 원칙에 기반한 전통적인 '3해리 영해' 입장을 견지하고 있었다. 반면, 대체로 약소국인 신생 연안국들은 자국의 해양안보를 안정적으로 확보하고, 어업자원을 보호한다는 이유 등으로 최대한 확장된 '12해리 영해' 입장을 주장하고 있었다. 제1차 회의는 물론이고 제2차 회의 동안에도 강대국의 '최소 영해, 최대 공해' 주장과 약소국의 '최대 영해' 주장이 대치되는 가운데, 양측 입장은 쉽게 조율되지 못했다. 이 과정에서 미국과 캐나다는 두 입장을 절충하여, '6해리의 영해와 영해기선으로부터 12해리 이내의 어업수역'이라는 중재안을

---

4 "United Nations Conference on the Law of the Sea,"의 결의안 VIII "Convening of a Second United Nations Conference of the Law of the Sea" 참조. https://legal.un.org/diplomaticconferences/1958_los/docs/english/vol_2/a_conf_13_l_56.pdf(최종 방문일: 2023.12.12).

제안하였다. 제2차 회의에서 최종적으로 "(1)영해 폭은 기선으로부터 6해리를 넘지 못하며, 이 협약에서 '해리'라 함은 1,852미터이다. (2)영해에 인접한 어업수역의 폭은 영해기선으로부터 12해리를 넘지 못한다"는 내용이 미국-캐나다 안으로서 표결에 부쳐졌으나, 채택에 필요한 2/3 다수표 확보에 실패하였고, 결과적으로 제2차 유엔해양법회의도 영해 폭과 어업수역 범위에 합의하지 못한 채 종료되었다.

　당시의 한국은 UN 회원국이 아니었지만, 제1차와 제2차 회의에 참석하기로 결정하였다. 그러나 한국 정부는 UN 사무총장을 대리한 법률고문 명의로 1957년 8월 26일자로 발송된 제1차 유엔해양법회의 참석 요청 초청장을 받은 뒤에도 참석을 즉시 결정하지는 못했다. 8월 26일자 서신은 1957년 3월 25일자의 서신에서 1957년 2월 21일에 열렸던 제11차 UN총회에서 채택된 '결의안 1105(XI)'에 의거하여 1958년 2월에 제1차 유엔해양법회의가 개최된다는 사실을 공지한 것의 후속 내용으로서, 한국대표단의 참석을 요청한 것이었다.[5] 그리고 이와 관련하여, 당시 주UN 한국대표단 임병직 대사도 UN사무국이 사무총장을 시원할 10명의 국제해양법 관련 전문가들을 임명한 것을 확인하고, 외무부장관에게 보낸 1957년 10월 8일자 서신을 통해 해양법 채택 문제는 한국의 국익에 매우 중요한 사안이 될 수 있다는 점을 강조하며, 한국 정부의 관심과 참여 및 적극적 역할 수행이 필요함을 강조하였다.[6] 그리고 임병직 대사가 2개월이 지난 1957년 12월 10일자 서신에서 제1차 유엔해양법회의에 대한 한국의 참석 여부를 1957년 12월 31일까지는 결정하여 UN 사무총장에게 통지하

---

[5] 외교문서 [J-0009-02/322/741.71], "유엔해양법회의, 제1차, Geneva, 1958.2.24~4.26, 전4권(V.1 기본문서)", pp. 349-350.
[6] 위의 주, p. 48.

여야 한다는 점을 재차 확인시키고 있는 점을 고려하면, 당시 회의 참석을 즉시 결정하지 못하고 있던 한국 정부의 조심스러운 태도를 엿볼 수 있는 부분이라 하겠다.7 결국 1957년 12월 19일 한국 정부는 제1차 유엔해양법회의 참석을 결정하여 UN사무국에 통보하였고, 1958년 2월 초에는 당시 김용우 주영 대사를 수석대표로 하는 5명의 대표단을 파견하였다. 결과적으로 한국을 포함하여 총 85개국이 대표단을 보냈고, 에티오피아와 수단 2개국은 초청을 받았으나 참석하지 않았다.

1958년 4월 26일 제1차 유엔해양법회의가 공식 종료된 이후, 1958년 8월 5일자로 외무부 정무국이 작성한 평가 보고서 "'영해 및 접속수역에 관한 협약'의 검토"에서는 기존의 전통적 국제법에 비해서는 한국과 같은 약소 해운국가의 이익 보호에 유리하다는 점에서 회의 결과에 대해 긍정적 평가를 내렸다. 특히 '평화선' 설정의 의도와 같이, 연안국의 권한을 가능한 확대하려는 한국의 기본 입장과 부합한다는 점에서 긍정적 평가를 내렸다. 한국이 주목하고 있던 현안들과 관련하여, 첫째, 영해의 폭과 어업수역 문제가 합의되지는 못했다는 점에서 한국의 '평화선' 등이 영해범위 책정 문제와 관련하여 구속받지 않을 것이며, 둘째, 당사국간 분쟁에 대한 별도의 규정이 없다는 점에서 해양법에 서명해도 국제사법재판소의 강제관할권에 의한 분쟁해결 의무를 부담하지 않을 수 있다는 점 등을 지적하며, 제1차 유엔해양법회의 결과에 동의하는 것을 적극 고려할 필요가 있다는 결론을 내렸다.8

---

7 위의 주, p. 353.
8 외교문서 [J-0009-05/325/741.71], "유엔해양법회의, 제1차, Geneva, 1958.2.24~4.26, 전4권(V.4 종합보고서)", pp. 1599-1612.

제2차 회의에서도 한국 정부는 UN 사무총장을 대리한 법률고문 명의의 1959년 11월 19일자 초청장을 받았고, 초대 해군참모총장으로서 국방부장관을 역임했던 손원일 주독일 대사를 수석대표로 하는 6명의 대표단을 파견하였다. 한국 정부는 제2차 회의 참석을 준비하면서 영해의 폭과 관련한 '평화선'의 정당성과 유지에 초점을 맞추고 있었다.9 그리고 한국의 구체적 입장은 제1차 회의와 마찬가지로 영해 폭과 어업수역을 최대한 확보하는 데 주목하였고, '12해리 원칙 지지'를 제2차 회의 시작 전부터 주된 입장으로 설정하였다.10

2. 냉전 심화와 생존 및 정통성 확보를 위한 한국의 대UN 외교

유엔해양법협약에 대한 논의가 시작되고 제1차, 제2차 회의가 진행된 1950년대 후반과 1960년의 시기는 국제사회에서 냉전적 갈등과 구조화가 본격화되는 시점이었고, 한반도 차원에서도 한국전쟁 이후 남북한 간의 치열한 생존경쟁이 진행된 시기였다. 그리고 남북한 간의 외교경쟁과 대립의 중심에 UN이 위치하고 있었다. 태평양전쟁 종전 및 한반도의 식민지 독립과 관련한 3년간의 신탁통치를 종료하고 한국이 독립된 국가로 출발하는 문제에서부터 한국과 UN의 인연은 시작된다. 미·소가 합의한 3년 신탁통치의 종료 시점이 다가오게 되면서, 1947년 제2차 UN총회는 '결의안 112(II)'를 통해 한반도 내 독립정부 수립을 지원하기 위한 '유엔한국임시위원회UNTCOK' 구성 및 활동을 결정하였다. 그리고 1948년 12월 제3차 UN총회는 '결의안

---

9 외교문서 [J-0022-01/1245/742.71], "UN(유엔)해양법회의, 제2차, Geneva, 1960.3.17.~4.27, 전4권(V.1 사전준비, 1958-60)", pp. 21-22.
10 위의 주, p. 60.

112(II)'에 따라 UNTCOK의 감시 감독 아래 성공적으로 총선을 치르고, 국회를 구성했으며, 헌법을 만들고, 정부를 수립한 대한민국을 "한반도 내 38도선 아래에서 '결의안 112(II)'의 내용에 따라 정부가 수립된 유일한 합법정부"로 인정하는 '결의안 195(III)'을 채택하고, 대한민국 정부를 공식 승인하였다. 이후 한국은 비록 UN 가입을 위한 반복된 노력에도 불구하고 회원 가입에는 실패했지만, 대한민국의 정통성에 대한 국제사회의 인정을 확인시켜 주는 공식적 문서와 공신력 있는 기구로서 UN의 지지를 확보하게 되었다.

한국외교에 있어 UN의 절대적 위상은 1950년 한국전쟁으로 더욱 강화되었다. 6월 25일 개최된 UN안전보장이사회는 '결의안 82호'를 통해 북한의 남침 사실을 확인하면서, 한반도에서의 전쟁 성격을 국제적으로 규정하였다. 이는 한국이 UN총회 '결의안 195(III)'을 통해 확보했던 한국의 정치적 정통성 문제에 더하여 안보적 생존의 문제까지 UN에 의존할 수 있는 근거가 발생하였음을 의미한다. UN안보리 '결의안 82호'가 북한에게 권고한 내용, 즉 무력사용을 중단하고 38도선 이북으로 즉각 철수하라는 권고를 받아들이지 않았던 북한의 지속적인 전쟁행위로 인해 한국의 체제생존은 절박해진 상황이었고, UN안보리는 1950년 6월 27일 '결의안 83호', 7월 7일 '결의안 84호'를 통해 한반도의 안보적 위기에 대한 우려를 반복해서 표명하였다. 그리고 UN안보리 '결의안 84호'에서는 집단안전보장체제를 발동시켜, 한반도에 UN군의 파병을 결정했다는 점에서 한국에 UN의 존재가 더욱 절대적인 상황이 전개되었다. 이후 UN연합군의 파병과 인천상륙, 서울수복 등으로 38도선 아래에서의 북한군을 몰아내었지만, 여전히 요원했던 한반도 통일에 대한 한국의 희망은 1950년 10월 7일자 UN안보리 '결의안 376호'로 인해 현실성을 가지게 되었고, 국제적 지지도 확보하게 되었다. 'UN 한반도 통일 및 재건위원회UNCURK' 설치와 지원에 대한 UN안보리의 결정은 국제사회에 있어 대한민국의 존재를 다시 한번 공식적으로 인정함과 동시에, 북한의 행동을 불법으로 규정하고, 한국 주도의 한반도 통일과 경제 회복 및 성장을 UN을 중심으로 한 국제사회가 지원하는 것을 의미하기 때문이다.

이러한 점을 고려하면, 1950년대 한국에 있어 UN의 존재는 비록 한국이 UN 회원국은 아니지만, 국제사회에서 한국의 존재와 정통성을 인정받고, 안보적 생존을 보장받을 수 있는 국제기구로서 절대적으로 의존하고 있었던 대상이었다. 더욱이 이승만 대통령이 1950년 7월 14일자로 한국의 군사통제권을 이양한 대상도 UN연합군 총사령관 맥아더이었다는 점을 고려하면, 한국이 신뢰하고 의존했던 UN의 위상과 존재감은 절대적이었다고 할 수 있다.

한편, 식민지 해방 이후 한반도 남쪽에서 군정을 통해 치안을 유지하고 정부수립을 지원했으며, UN총회를 통해 한반도 내 독립정부 수립을 지원했고, 한국전쟁이 발발하자 UN안보리 이사국으로서 한국을 지원했으며, UN연합군 창설 및 한국전에서 한국의 방어를 위해 주도적으로 참여했던 미국의 존재는 한국으로서 군사안보는 물론이고, 경제적·정치적·외교적으로도 절대적으로 의존해야만 했던 국가였다. 결국 미국의 소극적 반응에도 불구하고, 미국 이외의 행위자에 대한 안보적 신뢰감을 가지지 못했던 이승만 행정부는 미국에 한미상호방위조약 체결을 강력하게 요구했고, 논란 끝에 1953년 10월 1일 조인, 1954년 11월 18일에 발효시키는 결과를 얻었다. 그리고 이후 진행된 미국의 경제적 원조와 지원도 한국의 생존에는 절대적으로 필요한 내용이었다. 더욱이 UN총회에 '한국문제' 해결을 촉구하는 결의안을 매년 제출하여 국제사회에서 한국의 정통성과 존재감을 반복적으로 확인시키는 데 주도적인 역할을 했던 미국의 존재를 고려하면, 한국이 국제사회에서 의미있는 외교활동을 진행하기 위해서는 미국과 UN에 절대적으로 의존할 수밖에 없었다.

한국외교의 선택에 있어 절대적인 영향력을 행사하고 있던 미국 및 UN과 관련한 이상의 내용이 결국 남북한 간의 전쟁과 생존경쟁, 체제경쟁 등과 긴밀하게 연계된 현상들이었다고 한다면, 국제사회의 냉전적 구조는 이를 강화시키고 있었다. 1947년 3월 국제사회에 대한 미국의 개입주의를 선언한 트루먼 독트린,[11] 1947년 6월의 마셜 플랜 등을 계기로 본격화되기 시작한 냉전은 1948년 6월부터 1949년 5월까지 진행된 베를린 봉쇄와 1950년 한국전쟁 등으로 대립이 구체화되었고, 서방진영의 NATO와 GATT 시스템, 공산진영의 바르샤바조약기구와 COMECON 시스템의 운영으로 분열과 대립은 구조화되기 시작하였다. 그리고 2차 세계대전 패전국이었던 서독이 1955년 NATO에 가입하게 되면서 냉전시대의 본격화가 확인되었다. 한반도에서의 남북한 대치와 경쟁, 국제사회에서의 냉전적 대립구조는 한국외교의 선택과 외교적 행보에 강한 영향을 미쳤고, 이는 1958년 2월부터 시작된 제1차 유엔해양법회의에 대한 한국의 전략적 선택에도 직간접적인 압박을 가하였다. 한국에게 군사적·경제적·외교적으로 절대 필요하며, 한국의 정치적 정통성을 부여하고 있고, 안보적 생존의 문제를 지속적으로 확인시켜주고 있는 UN이 주도하는 다자간 국제회의였을 뿐만 아니라, 자유주의 진영과 사회주의 진영 간의 대립이 UN에서도 본격화되고 있었기 때문이다.

---

11 이는 1945년 9월 28일 '대륙붕은 연안국의 소유'라고 선언한 트루먼 선언과 구별되는 내용으로서, 미국의 고립주의 외교정책을 상징하는 먼로 독트린에 대비되는 미국의 국제적 개입주의 외교정책이다.

결국, 유엔해양법회의에 참석하는 한국의 입장은 ①비회원국으로서 UN활동에 적극 참여하여 UN의 지속적 관심을 유지하는 가운데, ②냉전적 대립구조 속에서 적대적 국가인 북한과 소련 등에 대한 강한 경계심을 유지하면서, ③안보적 생존과 경제적 발전 문제를 지원해주고 있는 동맹국 미국의 입장에 적극 동조해야 하고, ④식민지 시대의 불편한 관계였던 일본에 대해서는 해양경계 문제와 어업자원 보호 등과 관련한 강력한 견제를 진행하면서, ⑤약소 연안국으로서 반드시 확보해야 하는 이익들에 주목해야 하는 상당히 다중적이고, 다면적인 전략을 추진하는 것이었다. 그러나 이러한 측면들은 유엔해양법협약 채택을 위한 제1차, 제2차 회의를 준비하는 과정에서, 첫째, 한국이 해양 선진국가인 미국의 요구사항과 미국의 입장 및 선택에 우선 주목하여 그 내용을 적극 수용하고 지지하는 한편, 제3세계 중소 연안국가들의 입장과 보조를 맞추어 약소국의 이익을 확보해야 하는 모순적 상황에 직면하게 만들었다. 이는 제1차 회의를 종료하면서 영해의 폭을 둘러싼 표결과정에서 미국의 입장과 관련한 한국의 딜레마 상황을 노출시켰다. 둘째, 냉전적 구조 속에서 북한과 사회주의권의 주장에 반대하고 자유주의 진영 입장에 동조하여 보편적 질서와 규칙의 수립을 지지해야만 하면서도, 다른 한편으로는 일본과의 관계를 고려할 때 한국 이익의 최대한 확보와 양보 불가라는 차별성 및 예외성을 주장해야 하는 또 다른 모순적 상황에 직면하고 있었다. 이는 회의가 진행되는 동안 한국은 '평화선'의 유지 필요성을 강조하며, '평화선' 설정의 이유와 배경을 반복적으로 설명하는 상황에서 확인될 수 있었다. 셋째, 2차 세계대전이 종료된 이후, 비록 냉전적 구조가 심화되고 있기는 했지만, 한국은 해양법협약을 경제적·환경적 측면에서의 평화로운 질서와 규범의 생성이라는 입장에서 그 필요성을 인정하면서도, 동시에 휴전 상태이고 전쟁 중인 적성국가에 대한 군사안보적 관계도 주장해야 하는 또 다른 모순적 상황을 안고 있었다. 결국, 이러한 다면적인 딜레마 상황에 직면해 있던 한국외교는 유엔해양법회의에 대한 적극적 참여와 달리, 실질적인 의사결정이나 내용 주도의 측면에서는 활동이 한계적일 수밖에 없는 구조에 직면해 있었다 하겠다.

3. 1950~60년대 한국외교와 제1, 2차 유엔해양법회의

다면적인 딜레마 상황에 직면해 있던 한국외교가 유엔해양법을 대하는 입장은 크게 4가지의 흐름으로 정리된다. 우선 1953년 체결된 한미동맹을 고려할 때, 국제사회에서 한국외교가 크게 의존하고 있는 미국의 주장과 제안을 쉽게 거부하기 힘든 상황이라는 점이다. 둘째, 결코 양보할 수 없는 일본과의 적대적인 경쟁적 관계이다. 셋째, 휴전 상태에 놓여 있는 남북한 간의 체제경쟁 및 외교전쟁의 연장선상에서 접근하는 문제이다. 넷째, 냉전적 구도 하에서 한반도 주변 및 해양법협약에 투사되는 냉전적 가치에 한국도 동참하고 지지하는 문제라 할 수 있다. 이러한 4가지의 흐름 속에서 한국이 가장 우선했던 가치는 1952년 1월 18일 이승만 대통령이 선포한 '인접해양의 주권선언('평화선')'을 국제사회로부터 인정받고, 유지함으로써 북한과 공산주의 국가들의 한반도 접근을 차단하고, 일본의 해양자원 남획을 차단함으로서 한국의 존재감과 어업자원을 보호하겠다는 것이었다. 그리고 이러한 '평화선'으로 대표되는 한반도의 안보적·경제적 보호라인을 미국과 국제사회로부터 공감대를 얻거나, 또는 유엔해양법에서 논의되는 내용이 이와 상충된다면 예외적인 특수 상황으로서 '평화선'의 존재를 인정받기 위해 노력하는 것이었다. 이러한 한국의 기본적 입장은 제1차 및 제2차 유엔해양법회의에서 영해의 폭과 어업수역을 최대한 확장할 수 있는 해양법의 제정에 주목하게 만든 이유라고 할 수 있다.12

한국에 있어 '평화선'과 최대한의 영해 폭 및 어업수역 확보 이유는 국가안보적 이유에서 출발했다. 우선 한국전쟁의 경험 등을 고려할 때, 북한과 소련, 중국 등의 공산주의 국가들이 한국의 영해를 침범할 경우에 발생할 수 있는 안보적 위협의 문제가 심각할 수 있다는 점이었다. 특히 공산주의 국가들의 선박 대부분은 실질적인 정부 소유라는 점에서 민간 선박의 공해자유 원칙을 한반도 주변 해역에 적용하는 것은 한국의 안보를 위협할 개연성이 크다는 점을 강조하였다. 그리고 이와 연계하여 어업수역의 범위 또한 최대한 넓게 확보해야 하는 이유에는 일본과의 해양경계 문제와 관련된 측면이 있었다. 일제시대 일본의 식민지 정책과 한반도 인근의 어업자원 남용 및 착취적 행태 등에 대한 이승만 정부의 반감과 정책적인 반일주의 원칙과 함께, 해방 이후 한반도 인근 해역에서 진행되는 일본 국적 어선들의 일방적 어로행위를 법률적으로 차단하여 한반도 연안의 해양자원을 보호할 필요가 있다는 점에 대한 판단이 있었기 때문이다.13

'평화선' 설정의 배경이 되는 한국의 전략적 계산은 한국전쟁을

---

12 "Text of the Statement before the First Committee by the Korean Delegation to the Conference on the Law of the Sea, March 14, 1958", 외교문서 [J-0009-04/324/741.71], "유엔해양법회의, 제1차, Geneva, 1958.2.24~4.26, 전4권(V.3 대표단 보고서)", pp. 1059-1062.
13 평화선 설정과 운용에 대한 당시 한국 정부의 입장에 대해서는, "The Korean Position on the Peace Line", 앞의 주 10), pp. 44-148.

겪고 있던 한반도와 달리, 태평양전쟁을 종결하기 위한 샌프란시스코 강화조약이 1951년 9월 서명되고 1952년 4월 28일자로 발효되면서 일본이 주권을 회복할 수 있는 상황의 전개와도 관련되어 있다. 샌프란시스코 강화조약 체결 소식은 이승만 정부에게 상당한 위기감을 초래하였는데, 1945년 8월 이후 일본의 해양 팽창과 독도 진출을 법률적·정치적으로 차단하고 있던 소위 'MacArthur Line'인 연합군 최고사령관 '각서 677호'와 '각서 1033호'가 샌프란시스코 조약으로 대체될 경우에는 동해와 독도 등에 대한 일본의 진출 및 영향력 행사가 일본의 판단에 따라 자의적으로 진행될 개연성이 발생하였기 때문이다. 이를 의식하여 이승만 대통령은 1952년 1월 18일에 '한일간 평화를 유지하기 위해'라는 목적을 강조하며, '대한민국 인접해양의 주권에 대한 대통령 선언'이라는 대통령령을 통해 영해로서 독도가 포함되는 최대 60해리에 이르는 안전선을 선포하였다. 당시 관행 국제법상 영해 기준이 3해리에 불과했고, 1958년 2월 12일 미국 당국도 '평화선'을 수용할 수 없다는 입장을 이승만 대통령에게 통보하기도 했으나, 이승만 정부는 '평화선'의 경제적·정치적·군사안보적 필요성을 강조하며 입장을 유지하였다. 당시 한국 정부는 유엔군사령관 마크 클라크가 한반도 상황을 고려하여 북한군의 해상침투 및 밀수활동 등을 차단하기 위한 해상방어선으로서 1953년에 선포한 'the Clark Line'이 이승만의 '평화선'과 상당 부분 비슷한 경계를 갖고 있었다는 점에서 '평화선'의 정당성을 강조하기도 하였다.[14] 이후 이승만 정부는 '평화선'을 강력하게 적용하였는데, 실제로 한국 해군 및

---

14 "Basic Information on Korea's 'Peace Line'", 외교문서 [J-0009-03/323/741.71], "유엔해양법회의, 제1차, Geneva, 1958.2.24~4.26, 전4권(V.2 본회의 공동보도 및 평화선 지지교섭)", pp. 810-820.

해경이 '평화선'을 침범하는 중국과 일본 어선들을 나포하여 재산몰수 및 구금하기도 하였다. 그리고 1965년 한일 국교수립 및 한일어업협정이 체결될 때까지 '평화선'은 실효의 위상을 유지하고 있었다.

이승만 정부가 제시한 '평화선'에 대한 국제사회의 동조 및 지지 확보는 유엔해양법회의가 진행되는 과정에서 한국대표단이 추진해야 하는 주된 업무 중의 하나로 설정되어 있었다.[15] 특히 칠레, 페루, 에콰도르 등의 남미 및 베트남 등의 동남아시아 지역 국가들과 호주 등과 같이 신생 중소국인 연안국가들과의 다양한 정책 공조와 협조를 진행하여, '평화선'에 대한 일본의 반발과 문제 제기를 저지하고, 한국 측 입장의 정당성을 설파하여 지지 확보를 위해 노력해야 한다는 점이 훈령을 통해 반복적으로 강조되고 있었다.[16] 실제로 이승만 대통령은 해양법회의 준비가 본격화되자, 주이탈리아 한국공사관 김영기 공사에게 1958년 1월 28일자 서신을 보내 회의 과정에서 일본이 '평화선'의 부당성을 강조하고 미국을 포함한 전통적인 주요 해양국가들이 일본의 주장에 동조함으로써 한국의 이익에 상반되는 상황이 전개될 가능성이 크다는 점을 강조하며 경계를 낭부하였다. 이에 대한 대응으로서 이승만 대통령은 한국의 입장을 지지해줄 것으로 예상되는 국가들의 이름을 나열하면서, '평화선'의 정당성을 국제사회로부터 지지받을 수 있도록 노력해 줄 것을 강조하였다. '평화선' 확보가 어려워진다면, 공산주의 세력의 도발과 밀수는 물론이고, 일본의 어업자원 남획 등이 심각하게 전개될 것이라는 점을 강조하였다.[17] 당시 유엔해양법회의에 대한 일본의 행보에 민감하게 반응하

---

15 위의 주, pp. 774-958.
16 위의 주, pp. 775-801.
17 앞의 주 6), p. 413.

였던 점, 한미상호방위조약을 체결한 지 몇 년 지나지 않았지만 미국이 해양법 문제와 관련하여 결코 한국의 입장을 지지하지 않을 것이라는 점 등에 대한 한국 정부의 불안감과 위기감이 구체적으로 담겨 있는 서한이었다. 그리고 제1차 회의에 차석대표로 참석하고 있던 한표욱 주미 공사가 조정환 외무부장관에게 보낸 서신에서도 실제로 평화선에 대해 일본이 문제 제기할 가능성과 미국이 한국의 입장과 상반되게 일본의 입장을 지지할 가능성이 농후하다며 우려하고 있었다.[18] 한편, 이승만 대통령은 유엔해양법회의가 진행되는 동안 자신의 승인 또는 허락 없이 외무부가 자의적으로 3해리 또는 6해리에 동의하거나 서명할 가능성을 우려하였고, '외국인과 협의하거나 협의된 것에 서명할 시'에는 반드시 이승만 대통령의 '허락'을 받도록 하라는 지시를 1958년 4월 14일에 전 국무위원과 실, 청장들에게 명령하기도 하였다.[19] 즉, 자신이 설정한 '평화선'이 관습국제법과 상충된다는 점에서 비판받고 12해리 주장이 훼손될 가능성을 크게 우려하고 있었던 것이다.

　제1차, 제2차 유엔해양법회의에서 합의가 이루어지지 못했던 영해의 폭과 관련하여, 한국 정부는 회의 참석 때부터 최대한의 범위로서 12해리를 강조하고 있었고, 이를 1958년 2월 10일자 외무부 훈령으로서 대표단에 전달하였다. 당시 이승만 정부는 비록 1948년 5월 미 군정이 발표한 '재조선미국육군사령부군정청법령' 제189호에는 영해를 3해리로 규정하고 있지만, 대한민국 정부가 수립된 이후인 1948년 11월에 공포된 대한민국 법률 제9호에 따라 해당 내용은

---

18 위의 주, p. 539.
19 위의 주, p. 663.

전부 무효화되었으며, 이후 한국 정부는 12해리 영해를 원칙으로 하고 있다는 점을 강조하였다.[20] 그러나 미국은 1958년 2월 15일 주한 미국대사를 통해 한국에게 해양법회의에서 미국의 3해리 영해 입장을 지지해 줄 것을 요청하였고, 만약 한국이 미국의 3해리 입장을 지지한다면, 미국은 어업수역문제 등에 있어서 한국 입장을 지지할 것이라고 제안하였다.[21] 이러한 미국의 압박에 대해 한국은 '평화선'의 불가피성을 강조하면서, 소련 및 북한 등의 공산국가들과 일본의 접근을 우려하며 12해리를 선호한다는 점을 지속적으로 강조하였으나, 회담 초기 미국의 3해리 압박을 쉽게 거부하기는 힘들었다. 결국, 회담 초기에는 자유주의 진영과 보조를 맞추어 미국의 3해리 입장을 지지할 것인지, 한국의 안보적 이슈와 어업자원의 확보를 위해 12해리 입장을 주장할 것인지에 대한 갈등이 한국 정부와 대표단에 존재하였다. 주한 미국대사 Walter Dowling의 직접적인 요구에 대한 김동조 외무부 차관의 1958년 2월 26일자 답장이나[22] 1958년 2월 28일자 답장,[23] 그리고 한국대표단에게 보낸 김동조 외무부 차관의 1958년 3월 7일 서신[24] 등에서는 미국의 3해리 입장을 지지하겠다는 의사를 피력하고 있었기 때문이다. 실제로 1958년 3월 13일 김영우 수석대표에게 보낸 외무부 본부의 비밀 훈령에는 '12해리가 한국의 이익에는 부합되고 절실하지만, 3해리안이 미국과 자유주의 진영의 안보를 위해 채택될 가능성이 높으면 찬성하라'는 지시가 담겨 있었

---

20 위의 주, pp. 474-475.
21 위의 주, pp. 546-556.
22 위의 주, pp. 563-564.
23 위의 주, pp. 599-600.
24 위의 주, pp. 597-598.

다.25 결국, 회의 초기의 한국 입장은 영해의 폭은 미국의 입장을 지지하여 3해리로 하되, 어업수역은 12해리로 정리되는 양상이었다.

그러나 회의가 진행되고 다양한 입장들이 제기되자, 한국은 최대한 영해를 확대시키고 확실하게 보장받는 방안에 주목하게 된다. 실제로 미국이 라틴아메리카 지역의 국가들과 영해의 폭 및 어업수역 문제에 대한 협상을 진행하는 것을 확인한 한국대표단은 1958년 3월 24일자 공지를 통해, 12해리 영해에 대한 지지 입장을 해양법회의 제1위원회에 전달하였다.26 이후 한국의 입장은 3해리안을 거부하고 12해리안에 집중하는 양상을 보였다. 그리고 4월에 접어들면서 영국이 3해리안 대신 6해리 절충안을 제안한 점, 미국이 '6해리 영해와 추가 6해리 어업수역' 또는 '12해리 영해와 추가 6해리 어업수역'이라는 절충안을 검토 중이라는 점을 한국 정부에 제공한 이후,27 한국 외무부 본부에서는 미국 안에 대한 지지 입장을 결정하였으나, 제네바에 있는 한국대표단은 다소 혼란스러운 가운데 미국의 입장 변화를 관찰하였다. 그리고 제네바의 한국대표단은 제1차 회의에서 표결 결과 찬성 36, 반대 38, 기권 9로 부결된 미국 안인 '6해리 영해와 추가 6해리 어업수역'안에 대해, 어업수역 12해리가 확보되지 못하고, 무엇보다 한국이 양보할 수 없는 조건이었던 '배타적인 독점적' 어업권한을 확실하게 보장받지 못한다는 이유로 반대표를 던졌다.28 '영해 6해리와 연안국이 통제하는 추가적인 조건부 어업수역 6해리'라는 일부 수정된 미국의 두 번째 안도 표결에서 45표를 얻는 데

---

25 위의 주, pp. 609-610.
26 위의 주, p. 631.
27 위의 주, pp. 667.
28 위의 주, pp. 720-725, pp 742-743.

그쳐 2/3에 해당하는 득표에 실패하여 부결되었다. 한편, 한국대표단은 어업수역으로서 최소한 12해리를 확보하겠다는 한국의 입장에 가장 근접한 '영해 6해리와 추가적인 배타적 어업수역 6해리'를 제시한 캐나다의 주장에는 적극 동조하는 양상을 보였다.[29]

제1차 회의 결과에 대한 한국 정부의 전반적 평가는 긍정적이었다. 국익에 직접적인 손실을 끼치거나 불리할 수 있다고 단정할 만한 조항이 합의되지 않았다는 점, 그리고 가장 논쟁적인 사안이었던 영해의 폭과 어업수역 문제는 아직 한국의 입장에 반하는 결론이 나오지 않았다는 점 때문이었다. 그러나 제1차 회의가 종료된 이후, 미국 안에 대한 한국대표단의 반대 표결과 관련하여, 미국은 미국 안에 대해 대부분의 동아시아지역 국가들이 찬성했지만 버마·인도네시아·한국만이 공산주의 국가들과 입장을 맞추어 반대했고, 마치 '영해 12해리'안을 제안한 소련의 주장에 동조하는 듯했다며 강한 불만을 표시하였다.[30] 미국의 강력한 불만 표시에 대해 한국 외무부는 현지 대표단의 반대 결정이 본부 훈령과 다소 차이가 있었다며, 유감을 표하였다.[31] 한국대표단은 '배타적인 어업권'의 확보가 보상되지 못했다는 점을 강조하였지만, 한국 외무부 본부는 1958년 5월 26일자 메모랜덤을 통해 미국의 공식적·비공식적 문제 제기에 대해 '6해리 영해와 추가적인 조건부 6해리 어업수역'이라는 미국 안에 대해 한국 정부는 지지했고 이와 관련한 훈령을 전달했다는 점을 강조하였다. 단지, 문제는 적절한 시간에 훈령이 도착하지 못해서 발생한 오해의 결과라는 점을 해명하면서, 이와 관련하여 김용우 대표를 교

---

29 위의 주, pp. 686-687, pp. 742-743; 앞의 주 12), pp. 1215-1218.
30 앞의 주 6), pp. 703-704.
31 위의 주, p. 706.

체한다는 점을 미국에 관련 상황에 대한 설명과 함께 전달하였다.32

한편, 제2차 회담을 앞두고, 한국 정부가 한국대표단에게 훈령으로 전달한 'position paper'에도 선택의 딜레마가 반영되어 있었다. 제2차 회담에서 제시될 것으로 예상되는 제안들에는, (1)영해 6해리와 추가적인 배타적 어업수역 6해리의 캐나다 안, (2)영해 12해리의 소련 안, (3)영해 6해리와 조건 있는 어업수역 추가 6해리라는 영국·미국 공동안으로 정리하였다.33 이 중에서 동맹관계를 고려하면, 미국 측 주장을 가장 우선적으로 판단하여 지지해야 하지만, 양보할 수 없는 '평화선'과 관련한 한국의 현실적 이해관계, 한일관계의 역사, 이승만 정부의 정치적 이해관계 등을 고려하면, 미국 안에 단순히 동의하기가 힘들었다. 반면, 실질적 이익 차원에서는 한국이 소련의 안에 관심을 가질 수도 있었지만, 이는 냉전적인 진영 논리를 고려하면 절대 찬성할 수 없는 상황이었다. 이러한 점은 제2차 회담을 앞두고 1960년 2월에 하달된 훈령에서도 반복적으로 확인된다.34 해당 훈령에는, '영해 6해리, 추가로 배타적인 어업수역 6해리'의 캐나다 안이 한국 입장에서는 가장 긍정적이지만, 다소 차별적인 미국 안과 충돌할 경우에는 채택될 가능성이 낮다는 점에 주목해야 한다. 그리고 '영해 6해리, 연안국 통제 하의 추가적인 조건부 어업수역 6해리'의 미국 안에 대해서 우선적으로 지지해야 하지만, 상황에 따라 기권할 수도 있다. 이러한 점을 토대로 '평화선'의 유지 및 공고화를 위하여, (1)어업수역의 존재는 당사자 간 문제로 규정되어야 하며,

---

32 위의 주, pp. 756-757.
33 외교문서 [J-0022-02/1246/742.71], "UN(유엔)해양법회의, 제2차, Geneva, 1960. 3. 17~4. 27, 전4권(V.2 훈령집)", p. 46.
34 위의 주, pp. 6-13.

(2)분쟁 당사자 간 '중재'가 강제적인 의무조항이 될 경우에는 한국은 서명을 유보하며, (3)만약 연안국의 어업자원에 대한 권리 확보에 영향을 미친다면, 어업수역 12해리 주장은 채택하지 않는다는 조건들을 나열하였다. 추가적으로 '영해 12해리'에 대한 소련 안은 현실적으로 한국에 가장 긍정적인 내용이지만, 사회주의권의 제안이라는 점에서 결코 지지해서는 안 된다는 원칙들을 설정하였다.

제2차 회담을 앞두고, '영해 6해리, 연안국 통제 하의 추가적인 어업수역 6해리'안과 관련하여, 미국은 1960년 1월 13일 주한 미국대사관을 통해 제2차 회담에서 '영해 6해리'안을 영국·미국 공동제안으로 진행할 예정이라며, 한국이 지지해 줄 것을 요청하였다. 반면, 한국의 입장은 영해의 폭보다 '배타적인 어업수역의 확보'가 더 중요한 관심사라는 점을 강조하면서, '배타적인 어업수역 12해리'가 한국의 주장이며, 이를 가장 적극적으로 반영할 수 있는 '영해 6해리, 배타적인 어업수역 추가 6해리'의 캐나다 안에 동의한다는 입장이 제1차 회의와 동일하다는 점을 확인시켜 주었다.[35] 이러한 '배타적 어업수역'의 최대한 확보는 이승만 정부가 주목하던 '평화선'의 설정 논리와도 일관된다는 점에서 한국대표단이 집중하는 부분이었다. 미국의 입장과 한국의 선호도가 일치하지 않는 점을 확인한 미국은 1960년 2월에 동아시아 국가들을 방문하여 '영해 6해리'의 안보적·경제적 중요성에 대한 미국 측 입장을 설명하기 위한 특별대표단의 순방 일정에 한국을 포함시켰고, 한국의 지지를 재차 요청하였다. 1960년 2월 10일 개최된 회담에서 한국의 입장은 가능한 확대된 어업수역의

---

35 외교문서 [J-0022-01/1245/742.71], "UN(유엔)해양법회의, 제2차, Geneva, 1960. 3. 17~4. 27, 전4권(V.1 사전준비, 1958~60)", pp. 153-154.

확보이며, 만약 한국이 미국 안을 지지할 경우에 미국으로부터 '평화선'을 법률적으로 보장받을 수 있는 방안에 주목하는 전략을 준비하고 있었다.36 한국은 실제 회담에서 '평화선'의 전략적 필요성을 반복적으로 강조하면서 '배타적인 어업수역의 최대한 확보'에 관심을 집중하였다. 결국, 한국은 미국이 영국과 함께 제안하는 '영해 6해리와 연안국 통제 하의 추가적인 어업수역 6해리' 안에 대해 적극적인 반대 입장은 아니었고, 한미동맹과 미국의 우호적인 위상을 고려할 때 필요 시 찬성할 수도 있다는 입장을 정리하였다. 그러나 무엇보다도 한국이 우려한 것은 '배타적인 12해리'의 개념이 보장되지 못한다면, 60해리의 '평화선'이 정당성을 확보하지 못하는 치명적인 상황이 전개되는 것인 만큼, 결국 '배타적인 권한'을 명기한 캐나다 안에 한국은 더 호의적인 반응을 보일 수밖에 없었던 것이다.

결국 한국 정부가 제2차 회담 전에 훈령으로 설정한 투표 전략은 (1)미국 안 또는 영국·미국 안에 대해 가장 우선적으로 지지하고 투표한다. (2)그러나 만약, 영국·미국 안이 한국의 '평화선'을 지지하거나 보장해주지 못한다면, 해당 표결에서 '기권할 수도 있다'고 정리하였다. (3)캐나다 안에 대해서는 한국 입장에 가장 긍정적이지만, 한미관계를 고려할 때, 미국 안과 상충될 가능성이 있을 때에는 기권한다. (4)단, 영국·미국 안이 표결에서 거부된 이후에는 캐나다 안에 대해 지지를 표명한다. (5)소련이 제안하는 12해리안은 어떤 형태이건 반대한다. (6)만약, 제2차 회의에서 어떠한 조건이나 유보를 허락하지 않는다는 결정이 내려지더라도 한국은 '평화선'의 유효성과 지속성을 선언한다37로 정리되었다. 그리고 실제로 1960년 3월 22일,

---

36 위의 주, p. 183.

제2차 유엔해양법회의에서의 지지를 요청하기 위해 한국 외무부를 방문한 주한 미대사관 Donald Ranard 1등서기관과 최규하 외무부 차관과의 대화에서, 한국은 미국 안을 지지할 것이지만, 만약 미국이 '평화선'을 인정하지 않고 일본의 입장에 동조하여 '평화선'을 공격한 다면, 한국은 미국을 지지하지 않을 것이라는 점을 강조함으로써 '평화선'의 유지에 대한 강력한 의지를 전달하기도 하였다.[38]

당시 미국 정부는 한국이 '평화선'을 통해 선언한 어업수역 경계가 일본으로부터 침해당할 가능성과 당사국 간 분쟁 시 중재의 의무 등에 대해 크게 우려하고 있다는 점을 충분히 인지하고 있었다. 1960년 4월 12일, 제2차 회의에서 미국·캐나다가 공동으로 제안한 안에 대한 한국의 지지를 확보하기 위해 한국 외무부를 방문한 Walter P. McConaughy 주한 미대사는 한국의 우려가 기우에 불과하며, 우려하는 내용이 현실적으로 발생할 가능성은 매우 낮다는 점을 강조하였다. 그리고 새롭게 제안된 미국·캐나다의 공동제안에 대해 한국이 지지를 해 준다면, 미국은 한국이 '평화선' 등과 관련한 별도의 선언을 제2차 회담에서 진행해도 반대하지 않을 것이라는 입장을 전달하였다.[39] 실제로 한국 정부는 제2차 회담에서 '영해 6해리와 추가적인 어업수역 6해리'의 영국·미국 안이 통과될 가능성이 크다는 점을 고려할 때, 대마도와의 거리가 3해리밖에 되지 않는 점, 서해 연평도를 포함한 황해도와의 좁은 거리 등으로 인해 '평화선'의 수정이 불가피해지는 상황이 전개될 수도 있다는 것을 우려하고 있었다.[40]

---

37 앞의 주 34), pp. 52-53, pp. 83-84.
38 외교문서 [J-0022-03/1247/742.71], "UN(유엔)해양법회의, 제2차, Geneva, 1960. 3. 17~4. 27, 전4권(V.3 대표단 활동보고)", pp. 52-53.
39 위의 주, pp. 224-226.

따라서 한국에게는 해양법회의에서 '평화선'의 예외를 주장하는 데 미국이 반대하지 않겠다는 미국의 제안을 적극 검토할 가치가 있었다.

제2차 회의가 실제로 진행되자, 초기에는 미국·캐나다·멕시코·구소련이 각자의 안을 제안하였고, 미국과 캐나다는 1960년 4월 8일 각자의 안을 통합하여, '영해 6해리와 비연안국이 10년간 타연안국 영해 6해리 밖의 어업수역 6해리 내 조업이 가능하다는 조건 하의 연안국의 어업수역 12해리'안을 공동제안하였다. 4월 8일 당시 이승만 대통령에게 전달된 한국대표단 김원일 수석대표의 서신에서는 해당 안이 통과될 가능성이 상당히 높다는 점이 평가되고 있었다.[41] 이에 대해 한국 외무부는 1960년 4월 11일자 문서에서 '평화선' 유지에 대한 한국의 입장 표명을 전제로 미국·캐나다 안을 지지할 것을 훈령하였다.[42] 보다 구체적으로는 공동제안 안을 일괄적으로 지지하는 것은 아니며, 기본적 지지 이유는 영해 6해리 보장 때문이며, 갈등 발생 시 중재의 문제에 대해서는 여전히 유보적인 입장을 유지하라는 훈령으로 전달되었다.[43]

1960년 4월 13일에 진행된 제2차 유엔해양법회의 제28차 전체위원회 회의의 표결에서는 당시 정리된 5개의 제안들 중에서 미국·캐나다 안이 찬성 43표, 반대 33표, 기권 12표로 가장 많은 득표를 기록하였으나, 법안 채택의 기준이었던 2/3 득표에 해당하는 56표 내지 57표에는 찬성 수가 미치지 못해 통과되지 못하였다. 당시 한국

---

40 앞의 주 34), pp. 53-54.
41 앞의 주 39), pp. 180-182.
42 위의 주, p. 194.
43 위의 주, p. 210.

대표단은 미국·캐나다 안과 아이슬란드 안에 각각 지지를 표하였고, 18개국 공동제안과 미국·캐나다 안의 분리 제안에는 반대, 아르헨티나와 과테말라의 수정안 등에는 각각 기권을 하였다. 그리고 한국 대표단은 미국·캐나다 안에 대한 지지 투표 이후에 이미 한미 양국 간에 합의된 바와 같이, 분쟁은 중재가 아닌 당사자 간에 해결되어야 한다는 입장을 추가로 피력하였다.44 그리고 이러한 한국의 투표 내용과 관련하여, 회의 이후 주한 미대사관에서 한국 정부의 지지에 대한 감사를 표시하기도 하였다.

이상의 과정을 살펴볼 때, 제1차와 제2차 회의에서 한국은 북한을 포함한 공산주의 국가들의 해양 도발을 차단하고, 일본의 우월한 해양활동을 억제할 수 있는 수단으로서 배타적 주권개념이 반영된 '평화선'을 최대한 확보하고 유지하기 위한 노력을 지속하였다. 경제적·안보적인 다양한 전략적 목표가 반영된 평화선이 비록 국제사회에서 보편적으로 인정받지 못하는 상황이라 하더라도 한반도적 상황의 특수성을 제시하며 최대한 지지를 확보하기 위해 노력하는 모습이었다. 그러나 또 다른 차원에서는 냉전적 대립 구도 속에서 사유주의 진영과의 입장을 공유해야 하는 문제가 유엔해양법협약에 대한 한국의 선택을 압박하고 있었음을 알 수 있다. 다소 복잡한 한국외교의 딜레마 상황을 잘 설명해 주고 있다 하겠다.

---

44 위의 주, pp. 242-243.

III. 1973년 제3차 해양법회의와 한국외교

1958년 제1차 회의에서 4개의 협약이 체결되었으나, 실질적 운용 차원에서 몇 가지의 심각한 문제가 노정되었다. 우선 제2차 회의에서도 합의를 보지 못했던 영해의 폭과 어업수역의 범위에 대한 국제적 합의가 여전히 절실했으며, 대륙붕 개념에 대한 논란과 생물자원의 보존 및 이용 문제, 그리고 새롭게 제기된 심해저 개발 및 해양오염 문제에 대한 분쟁이 심각해질 수 있고, 이를 규제할 수 있는 국제적 규범이 필요하다는 점에 대한 공감대가 형성되고 있었던 것이다. 1960년대 후반부터 국제사회에는 주목해야 할 변화가 다수 발생했는데, 그중 하나가 유럽의 선진 산업화 국가들의 식민지로부터 독립한 신생국의 수가 30여 개국에 이르고 있었다는 점이다.

신생독립국들은 '반제국주의 반식민주의'의 구호 아래 선진 산업국가들에 대응하는 약소국들의 집단적 이익을 확보하기 위한 단체 행동을 보이기 시작했다. 이들의 대부분은 과거 제국주의 시절의 유럽 국가들이 안정적인 해양항로를 확보하기 위한 해외기지 운영 차원에서 식민지화한 경우들이 많았기 때문에, 신생독립국의 다수는 바다를 접하고 있는 연안국들이었다. 따라서 '항행의 자유'나 '최소한의 영해 폭' 등과 같이 기존의 해양강국들이 주도하고 있던 해양 관련 규범과 질서들이 기술적 선진강국들에게 유리한 반면, 신생 독립한 약소 연안국들에게는 상당히 불리한 내용들이 많다는 점에서 새로운 질서와 규범을 요구하는 경향이 강해지기 시작하였다.

특히 어업 및 해양생물자원의 보전과 해저광물자원의 개발 등과 관련한 신생 약소국들의 요구는 새로운 규범 형성을 위한 신생독립국들의 단체행동을 구체화시키는 요인이 되기도 하였다. 이들의 집단적 움직임과 다소 '자의적'인 선언들은 1970년대부터 본격화되기 시작하였다. 이러한 움직임은 1960년 제2차 유엔해양법회의에서 협약을 완결짓지 못한 국제사회에 새로운 해양법 합의에 대한 압력으로 작동되었고, 결국 UN총회는 제3차 유엔해양법회의를 새롭게 개시하기 위한 결의를 진행하게 된다.

1. 제3차 해양법회의와 합의에 대한 한국의 복잡한 계산

1960년 제2차 유엔해양법회의가 성과 없이 종료된 이후, 특별한 추동력을 얻지 못하고 있던 해양법협약 관련 움직임은 1966년 제21차 UN총회에서 다시 한번 국제적 관심을 집중시킬 수 있는 계기를 맞이하게 된다. 알비드 파르도(Arvid Pardo) 몰타 대사가 '인류공동의 유산' 개념을 제안하면서 심해저의 공동관리를 강조했는데, 제21차 UN총회가 '결의안 2172(XXI)'를 통해 이를 주요 의제로 수용했기 때문이다.[45] 파르도 대사의 지적은 결국 공해자유의 원칙과 심해저 자원에 대한 공동관리 방식 등과 관련된 것이었고, 이는 유엔해양법협약의 일부로서 합의를 마무리해야 한다는 필요성을 다시 부각시키는 결과를 초래하였다. 1967년 12월 19일 제22차 UN총회는 '결의안 2340(XXII)'을 통해 해당 문제를 다루기 위한 특별위원회를 35개국으로 구성하였고, 사무총장과 협력하여 해당 문제에 대한 보고서를 작성하여 제출할 것을 결정하였다.[46] 1968년 12월 21일의 제23차 UN총

---

45 UN총회 홈페이지 참조. https://documents-dds-ny.un.org/doc/RESOLUTION/GEN/NR0/004/75/IMG/NR000475.pdf?OpenElement(최종 방문일: 2023.12.16).
46 UN총회 홈페이지 참조. https://daccess-ods.un.org/tmp/2442323.71449471.html(최종 방문일: 2023.12.16).

회에서는 '결의안 2467(XXIII)'을 채택하여, 42개국으로 구성되는 '국가관할권 이원의 심해저와 대양저의 평화적 이용을 위한 위원회'를 설치하고, 본격적인 연구를 진행할 것을 결정하였다. 1969년 12월 14일의 제24차 UN총회는 '결의안 2574(XXIV)'를 통해 위원회가 제출한 보고서에 만족감을 보이면서, 심도 있는 연구의 지속 필요성과 지속적인 지원을 결정하였다.

제25차 UN총회는 1970년 12월 17일 채택된 '결의안 2749(XXV)'를 통해 해당 위원회가 준비한 '국가관할권 이원의 심해저, 대양저, 하층토를 지배하는 원칙에 대한 선언'을 채택하였고, 함께 채택한 '결의안 2750(XXV)'을 통해 해당 문제들을 본격적으로 다루게 될 새로운 국제법 회의를 1973년에 개최할 것을 결정하였다.47 이에 근거하여, 1973년 제28차 UN총회는 위원회가 지속적으로 연구해 온 보고서 내용을 검토하고, 1973년 11월 16일 '결의안 3067(XXVIII)'을 통해 제3차 유엔해양법회의 개최를 결정하였다.48 제3차 유엔해양법회의에서는 최종 협약이 채택된 1982년 제11회기까지 유엔회원국 157개국과 비회원국 9개국 등 166개 국가와 자치령, 다수의 민족해방전선 PLO, UN 산하 전문기구 및 비정부 간 국제기구 등이 참여하여, 역사상 최대 규모의 다자회의로 진행되었다.

1973년 12월부터 뉴욕에서 개최된 제3차 유엔해양법회의가 제1차 및 제2차 회의와 다소 차별적인 절차상 문제를 합의한 것에 주목

---

47 상세 내용은 다음 참조. https://documents-dds-ny.un.org/doc/RESOLUTION/GEN/NR0/350/15/IMG/NR035015.pdf?OpenElement(최종 방문일: 2023.12.16).

48 제3차 유엔해양법회의와 관련한 1967년부터 1983년까지의 UN총회 결의안들에 대해서는 다음 참조. https://legal.un.org/diplomaticconferences/1973_los/resolutions.shtml(최종 방문일: 2023.12.18).

할 필요가 있다. 우선, 과반수 또는 2/3 이상의 득표를 기준으로 하는 '표결'에 의한 법안채택방식이 아닌 '합의제consensus' 채택방식을 원칙적으로 적용하는 것에 대한 신사협정에 합의한 것이다. 그리고 이전의 선택적 수용 또는 선별적 서명 방식과 달리 '일괄타결package deal'을 진행하기로 하였다. 그러나 제3차 회의가 당시 국제사회 역사상 가장 많은 160개 이상의 국가 또는 지역대표들이 참여하는 세계적 수준의 다자회의였던 점을 고려하면, 현실적으로 합의제 적용은 실현 가능성이 높지 않았다. 결국, 10년 가까운 논의를 통해 1981년 제10회기 속개회의에서 '공식협약 초안Official Draft Convention'이 채택될 당시에도 합의제는 적용되지 못했고, 1982년 제11회기에서도 합의제 대신 미국 대표단의 제안으로 표결을 진행하여 찬성 130표, 반대 4표, 기권 17표로 최종안이 채택되었다. 한편, 제3차 회의의 또 다른 차별적 모습은 회의에 참여하는 국가 또는 지역대표들의 이해관계가 선진 해양강대국 그룹, 내륙국 또는 해양 접근이 지리적으로 불리한 국가그룹, 신흥 후진 연안국을 포함하여 저개발국가인 77그룹, 이외에 지역별 특수한 이해관계를 갖고 있는 지역그룹들로 구분되어 대립하고 있었다는 점이다. 결국 해양법회의는 이를 의식하여 합의 채택을 위해 그룹별로 사전에 서로 이해관계를 조율할 수 있는 비공식 협상을 진행하도록 하였다.49

 다양한 입장에 따른 대립과 논란이 오랫동안 진행되었고, 쉽게 합의가 이뤄지지 못했지만, 제3회기에서는 304개 조항의 '비공식 단일교섭안Single Negotiating Text: SNT'을 배포하는 성과를 거두었고, 제4회

---

49 양희철, "UN해양법회의와 해양법협약", 양희철·이문숙 엮음, 『해양법과 정책』 (부산: 해양과학기술원, 2020), p. 32.

기에서는 365개로 구성된 '수정된 단일교섭안Revised Single Negotiating Text: RSNT'이 제시되는 진전을 보았다. 제6회기부터는 303개 조항의 본문과 7개 부속서로 구성된 '비공식 통합교섭안Informal Composite Negotiating Text: ICNT'을 중심으로 미합의된 조항들에 대한 논의와 타협이 진행되었다. 제7회기부터는 심해저 개발, 경제수역, 대륙붕, 분쟁의 사법적 해결 문제 등 미합의된 내용을 집중적으로 논의하는 양상으로 진행되었다. 제8회기에서는 비공식 통합교섭안에 대한 수정안(ICNT/Revision 1)이 채택되는 진전을 보였고, 제9회기에서는 ICNT/Revision 1을 수정한 '비공식 통합교섭 제2수정안ICNT/Revision 2'을 도출해 내었고, 제9회기 속개회의에서는 '비공식통합교섭 제3수정안 ICNT/Revision 3'을 만들어서 이를 '비공식협약 초안Informal Text of Draft Convention'으로 공식화하는 성과를 이루었다. 그리고 제10회기 속개회의에서는 비공식 문서의 위상에서 '공식협약초안Official Draft Convention'으로 문서의 지위를 격상시키는 성과를 거두었고, 제11회기를 마친 1982년 4월 30일 유엔총회에서 최종안이 채택되었다.

최종적으로 총 17개 장으로 구분된 320개 조문과 8개 부속서, 4개 결의로 구성된 유엔해양법협약은 60개 국가가 비준한 1993년 11월 16일로부터 12개월이 지난 1994년 11월 16일에 공식 발효되었다. 이후 '심해저'와 '수산자원 보호' 문제와 관련한 2개 협정이 추가로 채택되었다. 유엔해양법협약에서는 영해의 범위를 12해리로 확대하였고, 접속수역 및 대륙붕과 배타적 경제수역의 범위가 설정되었으며, 군도수역제도가 신설되었고, 해양환경 보호 및 보전, 해양생물자원의 보존 및 관리 방안 등이 규정되었으며, 관습법적으로 인정되고 있던 무해통항권과 국제해협의 통과통항권을 적용하였다. 그리고 유엔해양법협약에 근거하여 국제해저기구, 국제해양법재판소, 대륙붕

한계위원회 등이 실행 기구로서 설립되었다.

한국 정부는 제3차 유엔해양법회의에 적극적으로 준비하고 참여하였다. 외무부는 해양법회의를 대비하기 위해 방교邦交국장이 총괄하는 TF를 1972년에 구성하였고,50 관련 업무가 상대적으로 많은 수산청에서는 실무자 중심의 '연구 작업반'을 구성하여 회의에 대비하였다.51 1976년 제4회기와 제5회기가 진행된 이후 '수정된 단일교섭안RSNT'이 제시되자, 해양법협약의 실질적 체결 가능성을 확인하게 되었고, 정부 차원의 대응방안을 논의하기 위한 공식적인 위원회 설치를 추진하였다. 1976년 12월 21일에 개최된 제95회 국무회의에서는 '해양법대책위원회 규정'을 심의하였고, 1976년 12월 30일에는 대통령령 제8324호 공포를 통해 국무위원급의 대책 논의 및 마련을 위한 제도적 장치를 법제화하였다. 존속기간을 2년으로 설정했던 대책위원회는 1978년 11월에 2년을 연장했다가, 해양법협약의 초안 등이 마련되자 1981년 9월에 대통령령 제10470호에 따라 폐지되었다. 당시 해양법대책위원회는 국무총리실 산하에 국무총리를 위원장으로 하고, 경제기획원장관, 외무부장관, 내무부장관, 법무부장관, 국방부장관, 농수산부장관, 교통부장관, 과학기술처장관, 국토통일원장관, 중앙정보부장 등으로 구성하였다. 당시 외무부가 실무자급의 범정부적 대책위원회를 구성하여 운영하고 있었다면, 국무총리실에서는 장관급 대책위원회를 운영하였던 것이다.

한국 정부는 제3차 유엔해양법회의의 진행 과정에서 비록 자유

---

50 조약과, "제3차 해양법회의 대책", 외교문서 [J-0088-04/6341/742.71], "UN(유엔)해양법회의, 제3차, 제1회기, New York, 1973. 12. 3~15, 전3권(V.1 사전준비, 1971~72)", pp. 61-65.
51 위의 주, pp. 22-23.

진영과 공산진영 간의 대립 구도는 다소 약화되었지만, 선진 해양강국들과 중소 후진 연안국들 간 입장차이는 쉽게 조율되기 어려울 정도로 분명하게 대치되고 있었고, 내륙국을 포함한 지리적으로 불리한 국가들은 연안국들의 입장과 반대되는 별도의 주장을 전개하고 있는 형국에 주목하여, 해양법협약이 쉽게 합의되지 못할 가능성을 전제로 장기적 대비책과 전문적인 연구의 진행에 주목하여 대비하고 있었다.52 실제로 1976년 제4회기 때까지는 제3차 회의의 협약 채택 가능성에 대해 회의적이었고, 향후에도 더 많은 시간이 소요될 것으로 분석하고 있었으나, 제3회기에서 SNT와 제4회기에서 RSNT 등이 제시된 이후에는 정부 차원의 입장을 더욱 구체화시켜 준비하게 된다.53 1976년 제5회기를 마치고 1977년 제6회기를 준비하면서부터 ICNT를 중심으로 합의 내용이 증가한 점을 의식하여 최종안에 대한 합의 가능성이 조심스럽게 평가되기 시작했다.54 1978년 제7회기부터 회의 사무국이 사전 배포하는 의제들의 내용 중에 '최종합의안에 대한 서명' 항목이 공식 일정으로 포함되어 있었고, 실제 논의의 의미 있는 진행상황을 관찰한 한국 정부는 몇 개의 핵심 사안들에 대한 합의가 어려운 점도 있으나 1980년경에는 협약 합의가 가능할 것이라고 분석하였다.55 그리고 이러한 평가는 국내적으로 법률적·정치

---

52 "제3차 유엔해양법회의(제2차회기) 결과보고", 외교문서 [J-0094-01/7428/742.71], "UN(유엔)해양법회의, 제3차, 제2회기, Caracas(베네수엘라), 1974. 6. 20~8.2 9, 전 11권(V.5 회의경과 및 결과보고)", pp. 135-141.

53 외교문서 [J-0107-02/9708/742.71], "UN(유엔)해양법회의, 제3차, 제5회기, New York, 1976. 8. 2~9. 17, 전8권(V.2 훈령 및 기본입장, 1976-1977)", pp. 24-119, pp. 123-161, pp. 180-200.

54 주유엔대표부, "제3차 유엔해양법회의 제6회기 전망", 외교문서 [2007-0046-06/10837/742.71], "UN(유엔)해양법회의, 제3차, 제6회기, New York, 1977. 5. 23~7. 15. 전5권(V.1 사전준비), 1976~1978", p. 233.

적 준비를 본격적으로 진행하도록 만들었다.

한국은 1973년 12월에 개시된 제1회기에는 박동진 주유엔대사를 대표로 하는 3명의 대표단을, 1974년 6월에 개시된 제2회기 회의에는 박동진 주유엔대사를 수석대표로 하고 민간인 교수 2명을 자문으로 참여시킨 13명으로 대표단을 구성하였고, 1975년 3월에 개시된 제3회기 회의에는 문덕주 주제네바대사를 수석대표로 하는 10명의 대표단을, 1976년 3월의 제4회기에는 안병기 주유엔대사를 수석대표로 하는 14명의 대표단, 1976년 8월의 제5회기에는 문덕주 주유엔대사를 수석대표로 하는 12명의 대표단을, 1977년 5월의 제6회기에는 함병춘 대사를 수석대표로 하는 15명의 대표단을 참여시켰다. 1978년 3월의 제7회기에는 함병춘 대사를 수석대표로 하는 15명의 대표단을 구성하였고, 일부 합의에도 불구하고, 심해저 개발과 같이 협약 중에서 핵심적인 미결문제를 논의하기 위해 1978년 8월에 개회한 제7회기 속개회의에는 함병춘 대사를 수석대표로 하고 법무부 등의 관련 부처 인사를 포함한 12명을 대표단으로 구성하였다. 1979년 3월에 개회한 제8회기에는 송광정 대사를 수석대표로 하는 11명의 대표단을, 7월에 다시 개회한 제8회기 속개회의에는 문덕주 대사를 수석대표로 하는 11명의 대표단을, 1979년 3월의 제9회기에는 문덕주 대사를 수석대표로 하는 15명의 대표단을, 1981년 3월의 제10회기에는 함병춘 대사를 수석대표로 하는 14명의 대표단을, 비공식 협약 초안을 공식문서화한 1981년 8월의 제10회기 속개회의에는 문철순 대사를 수석대표로 하는 8명의 대표단을, 해양법협약 최종안이

---

55 조약국, "제3차 유엔해양법회의: 경과 및 문제점", 외교문서 [2008-0056-06/12070/742.71], "UN(유엔)해양법회의, 제3차, 제7회기 속개회의, New York, 1978. 8. 21~9. 15. 전3권(V.1 기본문서), [1978/국제법규]", p. 168.

채택된 1982년 3월의 제11기 회의에는 김경원 주유엔 대사를 수석대표로 하는 13명의 대표단을 파견하였다.56 자메이카에서 개최된 최종의정서에 대한 서명식을 진행한 1982년 12월의 최종 회기에서도 김경원 주유엔대사를 수석대표로 하는 5명의 대표단을 파견하였다.

  제3차 유엔해양법회의 결과와 관련하여, 한국은 유엔해양법협약과 심해저 이행협정 및 공해어업협정을 모두 서명하고 비준하였다. 우선 한국은 유엔해양법협약을 1983년 3월 14일에 서명하고, 1996년 1월 29일에 비준하였다. 또한 한국 정부는 심해저 협정은 1994년 11월에 서명하고 1996년 1월 29일에 비준하였으며, 1995년 수산자원 보호를 위한 공해어족협정은 1996년 11월에 비준하였다. 그리고 한국 정부는 제1차, 제2차 회의에서 합의되지 못했던 영해 폭 문제는 접속수역 문제와 함께 1996년 8월 1일에 비준하였고, 배타적 경제수역은 1996년 8월 8일 선포하고 1996년 9월 10일에 시행하였다. 서해와 남해안의 해안선 구조가 다소 복잡하고 섬이 많은 한국은 통상기선과 직선기선을 혼합하여 사용하고 있는데, 직선기선제도는 1978년 4월 30일에 이미 시행을 진행하고 있었다. 전반적으로 한국은 채택된 유엔해양법협약 결과를 수용하는 데 큰 문제는 없었다. 실제로 1983년 협약의 주요 내용들은 이미 국내 법규와 규정들을 통해 대부분 수용되어 있었기 때문이다. 예를 들어, 1970년 1월 1일 해저광물자원개발법 제정 및 공포의 경우와 1977년 12월 31일 제정된 영해법에서는 영해의 폭을 '기선으로부터 12해리'로 규정하여 적

---

56 대표단 구성 내용에 대해서는, 국제법규과, "제3차 유엔해양법회의 제11회기 아국 대표단 구성(안), 81. 1. 7", 외교문서 [22967/742.71], "UN 해양법회의, 제3차, 제11회기, New York, 1982. 3. 8~4. 30, 전3권(V.1 사전준비, 1981~1982)", pp. 232~248 참조.

용하고 있었다. 그리고 직선기선제도도 1978년 4월부터 이미 적용하여 시행함으로써 해양법협약의 진행상황에 주목하여 적극 대응하고 있었다.57

해양법협약의 전반적인 내용이 한국 정부가 기존에 주장하던 입장들과 비교할 때, 크게 상충되거나 역행되지 않았다는 점에서 한국으로서는 제3차 유엔해양법회의에 적극적으로 참여하였다. 그리고 한국 정부는 영해 등의 문제뿐만 아니라, 해양오염과 해양자원 개발 문제 등에 대해서도 분명한 상황 판단과 구체적인 입장 정리를 위한 준비에 적극적인 행보를 보였다. 유엔해양법협약에서 채택된 영해의 폭 12해리와 접속수역 24해리, 그리고 배타적 경제수역 200해리 개념 등은 60해리 '평화선'의 유효성을 강조하던 한국 입장에서는 매우 긍정적이었고, 해당 개념들을 적극적으로 국내 법률에 반영하였다. 1977년 영해법 제정을 통해 영해 12해리 개념을 실행하였고, 1995년에는 영해법을 '영해 및 접속수역법'으로 개정하면서 접속수역 개념을 도입하였다. 1996년에는 '배타적 경제수역법'을 제정하면서 유엔해양법협약 비준과 함께 실행하였다. 이후 대륙붕 문제는 한중일 3국 간에 마찰이 일어날 수 있는 내용이지만, 한국 정부는 2017년 배타적 경제수역법을 '배타적 경제수역 및 대륙붕에 관한 법률'로 개정하면서, 대륙붕 개념도 적극 수용하였다.58 이러한 과정에서 한국 정부가 기존에 집착하고 있던 60해리 '평화선'의 개념은 자연스럽

---

57 박영길, "국제해양법의 발전과 유엔해양법협약의 국내적 이행", 한국해양수산개발원 (편), 『대한민국의 해양법 실행: 유엔해양법협약의 국내적 이행과 과제』 (서울: 일조각, 2017), pp. 27-40.
58 한국의 유엔해양법 규정 반영 및 법률적 후속조치 등에 대해서는 이창열, "해양법의 형성과 발전", 양희철·이문숙 엮음, 『해양법과 정책』 (부산: 해양과학기술원, 2020), pp. 70-75 참조.

게 소멸되었다고 할 수 있다. 그리고 당시 가장 관심이 집중되었던 심해저 자원개발 문제와 관련하여, 1995년 1월 5일 '해양과학조사법'을 제정하였다.

2. 제3세계의 세력화와 1970년대 한국외교의 위기

제3차 회의가 시작된 1970년대 국제정세는 여러 측면에서 많은 변화가 있었고, 이들은 모두 한국외교에 상당한 영향을 미쳤다. 미·중 간 화해와 데탕트는 냉전체제에 상당한 영향을 미쳤고, 제3세계를 중심으로 한 비동맹운동은 미·소 중심의 냉전적 진영정치 구조를 흔들었으며, 베트남전쟁 종전과 중동지역 국가들의 오일파워 부상, 미국의 경제력 하락 등은 미국의 지도력과 세계적 위상에 대한 새로운 평가를 요구하였다. 한반도에서는 한국의 경제성장이 주목할 만한 상황이었지만, 남북한 간의 체제경쟁은 주도권 확보를 놓고 더욱 심화되고 있었다. 1968년 1·21사태와 푸에블로호 납치사건 등은 한반도의 안보적 긴장을 크게 악화시키기도 하였다.

해양법협약 논의와 관련하여, 1973년 제3차 회의가 시작된 배경 중 하나가 국제사회에서 1960년대 후반부터 새로 독립한 약소 연안국들이 해양 선진국 중심의 해양질서에 반발하며 새로운 질서와 규범의 형성을 요구하기 시작한 것이었는데, 국제사회에 새롭게 등장한 제3세계의 정치적 영향력은 한국외교에도 상당한 영향을 미쳤고, 치명적인 외교적 위기를 초래하였다. 제3세계 국가 대부분은 서구 국가들의 식민지 경험을 갖고 있었기 때문에 서구의 산업화된 자본주의 국가에 대한 정치적 반감이 심하였다. 따라서 비동맹운동으로 대표되는 제3세계 국가들에게는 '반제국주의·반식민주의·반봉건이라는 북한의 이념적 정치 구호가 더 쉽게 공감되었고, 이는 한국외교에게 치명적인 결과를 초래하고 있었다. 특히 제3세계 국가들이 UN회원으로 가입하기 시작한 1960년대 후반부터 UN총회는 시간이 경과할수록 친북 성향의 국가 수가 늘어나기 시작하였고, UN총회는 더이상 한국에 호의적이지 않은 구성으로 변해가기 시작하였다. UN 안전보장이사회를 구성하던 중국이 1971년부터 대만의 중화민국 정부에서 중국 본토의 중화인민공화국 정부로 바뀌게 된 점도 한국외교에게는 치명적이었다. 이는 국제사회에서 한국의 정치적 정통성을 인정하고, 안보적 생존과 경제적 재건을 지원하는 근거로서 UN이 갖고 있던 존재적 가치가 크게 훼손되는 것을 의미하기 때문이다. 실제로 북한은 1973년 UN총회 때부터 정식으로 초청을 받았으며, WHO 등 UN 산하 국제기구에 회원으로 가입하기 시작하였고, 1974년 UN총회부터는 북한이 한국문제와 관련한 결의안을 제출하여 상당한 지지를 얻는 상황이 전개되었다. 한국이 주도하는 한반도 통일을 UN이 지지한다는 것을 의미하는 UNCURK가 북한의 집요한 요구로 인해 한국의 의사와 무관하게 UN총회에서 강제로 해체될 수도 있다는 우려에 직면하였고, 결국 한국과 미국은 스스로 UNCURK를 해체하는 선택을 하였다.59 이러한 UN을 둘러싼 심각한 환경변화는 한국외교를 매우 힘들게 했고, 심각한 위기감에 직면하게 만들었다. 문제는 더이상 한국을 일방적으로 지지하지 않는 UN총회와 안전보장이사회이었지만, 한국외교는 UN을 포기할 수 없다는 점이었다. 한국을 정치·외교적으로 지지하는 UN의 행보를 더이상 크게 기대

---

59 박재영, "북한의 대유엔 및 국제기구정책", 양성철·강성학 공편, 『북한외교정책』(서울: 서울프레스, 1995), pp. 273-296; 백진현, "유엔과 한국", 운영관·황병무 외, 『국제기구와 한국 외교』(서울: 민음사, 1996), pp. 121-144..

할 수가 없는 상황이었지만, 역설적으로 1950년대에 진행되었던 기록들은 아직도 폐기되지 않은 채 남아 있었고, 한국은 그 결의안들의 내용을 포기할 수 없었기 때문이다. 결국, 해양문제에 대한 한국의 이익이 상당한 점도 주요하게 작용했지만, 여전히 UN이 주도하는 해양법협약이라는 점에서 한국은 회의 참여에 결코 소극적인 모습을 보일 수가 없었던 것이다.

둘째는 UN총회와 안전보장이사회의 구성이 변하면서 UN에서 진행되는 남북한 간의 외교전쟁에서 한국은 패배에 해당하는 결과에 반복적으로 직면하였다. 그런데 남북한의 외교전쟁은 UN 밖에서도 한국에게 부정적인 결과를 가져다 주었다. 우선, 제3세계 진영에 대한 북한의 침투와 외교적 영향력 확산을 차단하기가 쉽지 않았다. 물론 한국도 해양법협약 논의 당시 77그룹의 구성원으로 참여하기도 했지만, 제3세계 국가들에 대한 북한의 영향력을 제압하는 데에는 실패하고 있었기 때문이다. 대표적인 사례가 1975년 8월 페루 리마에서 개최되었던 비동맹외무장관회의에서 북한은 비동맹회의의 정식회원국이 되었지만, 한국은 가입에 실패한 것이다. 결과적으로 한국외교는 비동맹회의 가입 실패는 물론이고, 최소한의 달성 목표였던 북한의 가입 차단에도 실패하였다. 결국, 1970년대 국제사회에서 한국이 정통성을 인정받고, 북한보다 우세한 외교적 위상을 확보하기 위해서는 제3세계 국가들과의 정치적 공감과 외교적 협력이 절실해지게 되었다. 그런데 제3차 유엔해양법회의에서는 한국의 입장이 77그룹으로 대표되는 약소 연안국의 입장과 조화될 수 있다는 점에서 한국외교로서는 매우 긍정적인 기회를 확보할 수 있었다. 개발도상국으로서 한국이 해양 이익을 확보하는 수단으로서, 한국외교가 절실히 필요했던 제3세계 국가들과 정치·외교적 협력과 유대를 강화하고, 그들과 공동보조를 맞추어 가면서 회의를 진행하는 것이 가능해졌기 때문이다.

셋째, UN 및 UN 산하기구들과 제3세계는 물론이고, 1970년대 자유주의 진영 국가들에 대한 북한의 외교적 공세도 상당한 성과를 내고 있었다는 점은 한국외교에게는 또 다른 위기였다. 남북한이 각자 국교를 수립한 국가의 수를 기준으로 외교전쟁에서의 우위를 평가하던 1970년대 상황을 고려하면, 북한이 자유주의 국가들과 외교관계를 수립하고, 국제사회에서 국교수립 국가의 수를 늘려가는 모습을 한국외교는 방치할 수가 없었기 때문이다. 결국 1973년 6·23선언을 통해 한국도 사회주의 국가들과의 외교관계 수립을 진행하겠다고 선포하는 것은 물론이고,[60] 국제사회의 다자간 협의체와 다자기구 활동에 적극 참여해야만 했다. 여기에는 한국이 외교적 역량을 과시하고 존재감을 부각시키는 동시에 북한의 일방적인 외교활동을 차단하고 한반도 상황이 왜곡되는 것을 방지하고자 하는 전략적 의도가 작동하고 있었다. 이러한 점에서 새로운 해양질서를 규정하기 위한 유엔해양법회의에 한국은 참여해야만 했다. 해양법협약 채택에 있어 한국의 국익을 반영하는 것은 물론이고, 국제사회의 보편적 가치와 질서 형성에 대한 한국의 외교적 역량과 협상력을 과시하고, 북한을 견제한다는 당시의 외교전략을 실현할 수 있는 아주 적절한 세계적 수준의 다자회의 공간이었기 때문이다.

넷째, 1970년대 진행된 제3차 회의가 한국에게 더욱 매력적이었던 것은 국가들의 행동을 규제하고 통제할 국제적 규범과 제도를 새

---

[60] 배종윤, "한국대외정책의 정책기조 전환에 관한 연구: 6·23선언과 정책의 실효성 상실 여부를 중심으로", 『동서연구』 제28권 1호 (2016), pp. 143-173.

롭게 만든다는 것이었고, 이는 국제질서가 소수의 패권국가가 아니라 다수 국가들의 합의에 의해 운영된다는 점을 의미했기 때문이다. 이는 베트남전쟁 이후 한국이 절대적으로 의존하던 미국이 경제적·군사적·정치적·외교적 역량의 한계를 노출하게 된 것을 한국이 직접 목격한 점과도 관련되어 있다. 베트남에서 철수를 결정한 미국의 선택에서 한국은 심각한 안보적 불안감을 가지게 되었기 때문이다. 즉, 미국이 베트남을 포기한 것처럼 한국도 미국의 안보적 보호대상에서 배제될 수 있으며, 미국이 베트남전쟁에서 고전한 것처럼 한반도에서의 새로운 전쟁에서 미국과 한국의 승리를 장담하지 못할 수도 있다는 불안감을 가지게 된 것이다. 결국 박정희 대통령이 '자주국방'의 구호를 내걸며, 미국을 포함한 외부의 지원이 없이도 한국이 스스로를 방어할 수 있는 국방력의 확보를 주문했던 것과 같이, 국제사회에서 미국의 지원과 지지가 없는 상황을 상정하는 한국외교의 독자적 행보가 필요해지게 되었던 것이다. 비록 한국에게 있어 미국은 대체 불가한 동맹국으로서 결코 무시할 수 없는 국가였지만, 국제사회에서 한국외교가 무조건 미국의 요구를 수용하고 미국의 입장을 지지하기보다는 한국의 실익을 확보하는 데 주목하는 모습이 필요하게 된 것이다. 이러한 측면은 제3차 유엔해양법회의에서 미국의 주장과 요구들이 77그룹의 주장과 상충되는 상황에 대해 77그룹의 입장을 우선적으로 지지하는 한편, 제10회기에서 제안된 '공식협약초안'을 부정하고 재협상을 요구한 미국의 주장에 동조하지 않는 한국의 입장을 적절히 설명해 주는 부분이라 하겠다.

    이상의 내용들을 고려할 때, 제3차 회의에 임하는 한국외교는 제1차와 제2차 회의 당시에 직면하였던 딜레마 상황의 내용과 다소 달라진 정책 환경에 직면했던 것은 사실이었지만, 딜레마 상황에 노출되어 있는 상황은 크게 달라지지 않았다. 첫째, 해양법협약 채택을 주도하는 UN총회와 안전보장이사회가 더이상 한국에게 호의적이지 않다는 점에서 다소 불편한 상황이 전개되고 있었지만, 한국외교는 UN의 존재감과 위상을 결코 거부하거나 일방적으로 비판할 수 없었다는 점이다. 오히려 한국은 불편한 상황이었지만, 더 적극적으로 UN 관련 행사에 참여하고 호응해야만 했다. 둘째, 미국에 대한 일방적 의존이 한계가 있다는 점을 확인한 이상 한국은 국제사회에서 경제적 외교적 대안을 찾거나 실익을 확보하기 위한 대안들을 검토하는 과정에서 미국의 의사에 반하는 선택을 할 수도 있는 상황에 직면하였다. 그러나 다른 한편으로서는 안보적 측면에서는 미국만큼 유효하고 효과적인 대안을 국제사회에서 찾을 수가 없다는 점에서 여전히 동맹국 미국에게 조언을 구하고, 미국과 협력하며, 미국의 요구를 적극 검토해야만 한다는 점이었다. 셋째, 국익의 확보라는 측면에서 1970년대 한국은 여전히 개발도상국가로서 77그룹과 같이 국제사회의 약자들과 입장을 공유하며 이익을 확보하기 위한 선택을 하게 된다. 그러나 다른 한편으로는 경제적으로 급성장하던 한국의 입장에서는 선진 산업국가의 입장이 미래 한국에게 유리할 수도 있다는 점에 대해 주목하고 관심을 가질 수밖에 없었다는 점이다. 특히 해양법협약이 체결되면, 그 유효성은 상당기간 지속될 수밖에 없다는 점에서 해양법협약이 논의되는 과정에서 한국은 과거와 현재의 약소국 입장도 중요하지만, 곧 다가올 미래의 한국에는 강대국에 유리한 협약 내용도 고려해야만 하는 상황에 직면하고 있었기 때문이다. 이러한 한국외교의 딜레마적 상황은 10년 가까운 시간 동안 진행된 제3차 회의 과정에서 한국의 쉬운 선택을 방해하면서 한국외교의 고민을 가중시키고 있었다.

3. 남북한 외교전쟁과 한국의 대UN 외교전략

제3차 유엔해양법회의 개최와 관련하여, 한국은 다수 신생독립국의 등장과 같은 국제사회의 구조적 변화와 심해저 및 해양자원을 둘러싼 자원 민족주의의 등장, 과학기술의 발달로 인한 자원 남획 및 해양오염의 심각성 대두, 해양을 둘러싼 군사전략의 변화 등으로 인해 새로운 해양법과 국제사회 해양질서의 존재가 절실하게 된 것을 직간접적인 배경으로 이해하였다.61 그리고 이러한 점을 고려할 때, 한국 정부는 제3차 회의에 참석하는 것이 국익에 도움이 된다는 점에 주목하고 적극 준비하여 참석하기로 결정하였다. 당시 외무부는 제3차 유엔해양법회의에 대한 한국의 인식은 무엇보다도 안보 및 경제 문제와 직결된 영해의 폭이 논의된다는 점, 항행의 문제 및 해양자원 관리 문제 등은 한국의 이해에 직접적인 영향을 미친다는 점, 그리고 해양에서의 무질서 상태는 일본과 중국, 소련 등의 강대국들과 북한의 안보적 위협을 가중시킬 수 있다는 점에서 국제사회의 해양법질서가 확립될 필요가 있다는 측면에 주목하고 있었다.62 그리고 1974년 5월, 제3차 회의에 임하는 한국의 세부적인 정책대안은 다음과 같이 정리되었다. (a)영해의 폭 12해리 지지, (b)국제해협에서의 무해통항권 인정, (c)배타적 경제수역 200해리 조건부 수용, (d)선박 항행을 제약하는 연안국 통제는 반대, (e)해양의 과학적 조사는 연안국 및 국제기구의 통제 지지, (f)심해저 자원에 대한 국제기구의 강력

---

61 국제기구조약국, "제3차 UN 해양법회의, 1982.1", 앞의 주 57), p. 34.
62 외무부 방교국, "제3차 유엔해양법회의: 아국의 기본입장(안)", 외교문서 [J-0093-12/7 426/742.71], "UN(유엔)해양법회의, 제3차, 제2회기, Caracas(베네수엘라), 1974.6.20 -8.29, 전11권(V.3 훈령 및 기본입장, 1974)", pp. 88-89.

한 통제 지지 등이었다.63

    결국, 제3차 회의에 임하는 한국 정부는 변화된 해양 문제와 관련된 국익을 최대한 확보하되 국제적 흐름과 조율하여 진행한다는 점, 그리고 전통적 우방국인 미국과의 입장 공조를 유지하되 제3세계 국가그룹인 77그룹과 입장을 공조하든지, 최소한 77그룹의 입장과 정면으로 상치되는 주장을 적극 추진하지 않는다는 점, 남북한의 외교전쟁 차원에서 북한에 대한 적극적 견제를 진행한다는 점에 주목하였다.64 이러한 점에서 한국이 특별히 주목하는 국가에는 동맹 차원에서 적극 동조해야 하는 미국의 입장, 한국의 국익에 손해가 발생하지 않도록 적극적으로 주목하고 경계해야 하는 일본과 북한의 입장, 국익 확보에 필요하다면 적극적 협력방안을 고려해야 하는 77그룹 등이 거론되었다. 그리고 당시 한국이 참가했던 이해관계 그룹에는 77그룹, 연안국그룹, 아시아그룹 등이 있었는데, 그중에서도 한국의 이익을 확보하는 데 가장 유용한 그룹으로서 77그룹을 적극 활용하였다.

    한국외교를 힘들게 했던 남북한 경쟁 및 한반도의 안보적 위협은 제3차 회의가 진행되는 기간 동안에도 지속되었다. 1970년대 남북한 외교전쟁에서 한국이 수세에 몰려 있었고, 북한의 무력도발이 지속되고 있었으며, 제3세계를 포함한 국제사회에 대한 북한의 적극

---

63 위의 주, pp. 122-124.
64 외무부 방교국, "제3차 UN해양법회의: UN해저위원회 회의를 중심으로, 1973. 8", 외교문서 [J-0088-05/6342/742.71], "UN(유엔) 해양법회의, 제3차, 제1회기, New York, 1973.12.3.-15. 전3권(V.2 사전준비, 1973)", pp. 99-100; "제3차 유엔해양법회의(제3회기) 대표단에 대한 훈령, 1975. 3~75. 5", 외교문서 [J-0100-01/8599/742.71], "UN(유엔) 해양법회의, 제3차, 제3회기, Geneva, 1975. 3. 17~5. 10 전4권(V.1 사전준비, 1974-75)", pp. 96-100.

적 외교 공세가 한국외교를 위협하고 있었던 점은 제3차 유엔해양법 회의에 임하는 한국 정부에게는 정책적 선택과 활동을 크게 제약하는 요인이었다.65 제3차 회의가 진행되는 동안, 현지의 한국대표단은 북한의 행보와 발언 등을 의식해야만 했고, 그 내용에 대해 구체적으로 반박하는 연설을 진행하거나 북한의 발언 내용들을 본부에 보고하는 것이 회의 진행 상황에 대한 업무보고 내용 중에서 상당히 비중 있는 주요 업무로 설정되어 있었기 때문이다.66 한국대표단은 해양법회의에서 북한이 제기하는 주장들에 주목하는 한편, 77그룹을 포함하여 제3세계 국가들의 주장에 동조하는 북한의 입장을 의식하고 견제하는 모습들을 보였다. 해양법 논의와는 별개로 1976년 제5회기 회의 때부터 북한대표단은 한국을 비방하는 발언을 반복하는 양상을 보였고, 제6회기에서는 한국대표단이 북한대표단의 비방성 발언을 문제 삼는 일이 빈번하게 발생하기도 하였다. 한국이 북한 측의 입장과 발언을 의식하여 반응했던 만큼, 북한도 한국에 대한 견제를 심하게 진행하고 있었던 것이다. 남북한 간의 외교전쟁이 UN총회에서는 1975년에 절정에 달했지만, 유엔해양법회의에서는 그 이후에도 계속되고 있었다고 할 수 있다.67 특히 1981년 3월에 개최된 제10회기 기간 동안 별도로 개최된 아시아그룹 회의에서, 알파벳 순서에 따라 윤번제로 진행하던 아시아그룹 의장직 수행과 관

---

65 외교문서 [2007-0047-06/10845/742.71], "해양법에 관한 북한의 입장, 1974~1977", 참조.
66 외교문서 [J-0094-02/7429/742.71], "UN(유엔) 해양법회의, 제3차, 제2회기, Caracas (베네수엘라), 1974.6.20.-8.29 전11권(V.6 한국대표단 연설문)", pp. 6-7, pp. 9-11 등, 북한대표단의 발언에 대한 한국대표단의 공식 반박 내용 참조.
67 외교문서 [2007-0046-08/10839/742.71], "UN(유엔)해양법회의, 제3차, 제6회기, New York, 1977. 5. 23~7. 15. 전5권(V.3 회의보고, 6. 16~7. 4), 1976~1978", p. 246, pp. 251-252 등의 한국대표단 보고 내용 참조.

련하여, 카타르의 의장직 수행 포기 선언으로 인해 순서가 된 한국의 의장직 수행 여부를 둘러싼 북한의 강력한 반대와 중국의 북한 동조로 인한 해프닝이 발생했던 점은[68] 당시의 긴장 상황을 잘 보여주고 있다.

　이러한 모습은 77그룹에 대한 한국의 접근과 관계개선이라는 부담감을 가중시켰다. 1982년 4월 31일 제11회기에서 최종 협약안이 채택되는 표결이 진행될 당시, 미국은 베네수엘라, 튀르키예, 이스라엘과 함께 반대표를 던졌지만, 한국이 찬성한 것과 관련하여, 주유엔 한국대사의 본부 보고에는 '훈령에 따라 77그룹에서 이탈한 국가가 태국만이 기권한 점을 고려하여, 77그룹의 입장에 따라 찬성투표를 하였음'[69]이라고 명기되어 있는 점에 주목할 필요가 있다. 이는 해양법과 관련한 한국의 국익 확보 문제도 있었지만, UN과 국제사회에서 상당한 정치력을 발휘하고 있는 제3세계권에 접근하고 유대관계를 강화하기 위한 정치적·외교적 전략과도 연계되어 있었기 때문이다.[70] 특히 1970년대 한국외교의 핵심이 UN총회에서 약화되고 있는 지지세력을 만회하고, UN과 국제사회에서 진행되는 북한과의 외교전쟁에서 승리하면서, 북한의 영향력을 차단하는 것이었던 만큼, 제3세계 국가들에 대한 접근과 유대감 강화는 한국외교에게 중요한 과

68　외무부, "제3차 유엔 해양법회의 제10회기 참가보고", 외교문서 [18897/742.71], "UN 해양법회의, 제3차, 제10회기, New York, 1981. 3. 3~4. 6. 전3권(V.2 경과보고), 1980~1981", pp. 93-94.
69　외교문서 [22968/742.71], "UN 해양법회의, 제3차, 제11회기, New York, 1982. 3. 8~4.30. 전3권(V.2 경과보고)", 67, pp. 70-71.
70　1974년 3월에 개최되었던 '해양법에 관한 77개국 그룹회의'에 참석하는 한국대표단에 내려진 훈령 내용 참조. 외교문서 [J-0093-10/7424/742.71], "UN(유엔)해양법회의, 제3차, 제2회기, Caracas(베네수엘라), 1974. 6. 20~8. 29 전11권(V.1 해양법에 관한 77그룹 회의)", pp. 50-55; "제3차 UN해양법회의 정부기본입장", 앞의 주 63), p. 186.

제였던 것이다.

한편, 제3차 회의가 본격화되는 시점을 즈음하여 한국 안보가 직면했던 위기적 상황들은 안보적 이슈에 민감하게 반응하던 해양 약소국들이 배타적 영해를 최대한 확보하려는 입장과 연계되는 상황을 가중시켰다. 1968년 1월에 발생한 미국 해군 정찰함 푸에블로호가 북한에 납치된 사건과 북한의 간첩 침투, 베트남전쟁 등은 한국이 영해에 대한 주권적·사법적 권한이 확실하게 보장받을 수 있는 문제, 동시에 한국의 배타적 권한이 침해당할 수 있는 개연성을 사전에 방지하는 문제에 주목하게 만들었다.[71] 이러한 한국의 안보위기적 상황은 해양법회의에서 77그룹의 주장과 정책연합을 가능하게 하는 또 다른 요인으로 작용하고 있었다.

제1차 및 제2차 회의와 비교할 때, 제3차 회의에 임하는 한국의 입장과 반응은 더욱 복잡해졌다. 최종 합의된 협약 내용 자체만으로는 한국의 기존 주장과 크게 상반되지는 않지만, 최대한 이익을 확보하기 위한 방안으로서 한국외교가 고려해야 할 변수와 대상자가 많아졌기 때문이다. 또한 1960년대와 달리 1970년대 국제사회의 정치 안보적 상황과 한국의 국제적 위상이 변하고 있었던 점도 한국외교에게는 선택의 고민을 심화시키고 있었다.

첫째, 한국외교가 검토해야 하는 업무의 현실적 범위와 수준이 크게 확대, 확장되고 있었다. 국내적으로는 국제적 합의에 수세적으로 대응하기보다는, 국익 확보를 위한 적극적 판단과 선제적 움직임

---

[71] "Texts of Major Speeches made by Representatives of the Republic of Korea at the Third UN Conference on the Law of the Sea (during the second and fourth session)", 외교문서 [J-0106-07/9702/742.71], "UN(유엔) 해양법회의, 제3차, 제4회기, New York, 1976. 3. 15~5. 7 전11권(V.7 연설문), 1975~1976", pp.89-149.

이 요구되고 있었다. 그리고 이러한 국익의 개념에는 경제적·외교적 이익과 함께 군사안보적·과학기술적 이익 등의 다양한 개념들이 함께 고려되고 있었고, 내부적으로 다양한 부처 입장들을 함께 조율하고 반영하는 작업들이 필요하게 되었다.

유엔해양법협약에서 다루어질 내용들이 단순히 외무부만의 업무가 아니라는 점에서, UN총회에서 제3차 회의 개최 결정이 전망되자, 1973년 하반기부터 정부 조직 내 관련 부처들과의 협력 및 의견 청취와 조율 작업도 본격적으로 진행되었다. 국방부, 수산청(농림수산부), 상공부, 보건사회부, 교통부, 과학기술처, 중앙정보부 등이 참여하는 TF를 구성하여, 개별 부처들이 판단하는 내용들을 취합하고 조율하여 해양법협약 체결에 실질적으로 대비하는 준비작업을 진행하였다.72 그리고 전문적으로 판단해야 하는 상황이 전개되는 것과 관련하여, 외무부는 국내외의 국제법 학자 및 학회 등과의 세미나 개최 및 자문 등 민간영역과의 의견 조율과 조언 청취 작업을 주도적으로 진행하거나 지원하였다.73 외무부는 정부 부처들의 입장들을 적극적으로 수용하면서, 1974년 4월 30일자 "기본입장(안)"이라는 단일 정부안을 마련하여 1974년 6월 카라카스에서 개최되는 제3차 제2회기 회의에 대비하였다.74 1976년 1월부터는 제3회기 회의에 대비하면서, 정부 부처들의 입장을 조율하여 '단일교섭안'을 작성하였다. 이러한 모습은 해양법협약 최종안이 도출될 때까지 매회기를 준비할

---

72 "제3차 UN 해양법회의 (1973. 11)", 외교문서 [J-0093-11/7425/742.71], "UN(유엔)해양법회의, 제3차, 제2회기, Caracas(베네수엘라), 1974. 6. 20~8. 29, 전11권(V.2 훈령 및 기본입장, 1973)", pp. 71-79; 앞의 주 63) 참조.
73 위의 주, [J-0093-11/7425/742.71], pp. 88-101.
74 앞의 주 63), pp. 86-121, pp. 207-216.

때마다 반복되었고, 1982년 최종안에 대해서도 내무부, 법무부, 국방부, 상공부, 동력자원부, 과학기술처, 보건사회부, 국가안전기획부, 수산청, 환경청, 해운항만청 등 관련 부처들의 입장과 의견을 확인하고, 조율하는 작업을 진행하였다.[75] 회기가 진행되면서 경과 사항들에 대한 개별 부처별 입장을 재확인하고 조율하여 범정부적인 결정을 유도하는 한편, 정부 차원의 최종적인 입장을 확정하기 이전에 민간 자문회의를 반복적으로 진행하면서,[76] 정부의 대응방안을 민간 차원에서 점검하고 적실성 여부를 확인하였다.[77]

둘째, 보편성과 특수성의 조화 문제에 대한 고민이 심화되었다. 그런데 유엔해양법협약의 채택에 있어 양보할 수 없는 한반도적 상황이 우선적으로 고려되어야 한다는 입장에서, 세계적인 보편적 질서와 규칙의 합의를 수용하는 가운데, 한반도적 특수상황 또는 예외적 조건들이 최대한 반영될 수 있도록 고려한다는 입장으로 변화가 발생한 것은 주목할 필요가 있다. 이는 해양법과 관련한 한국 정부의 위상이 세계화되고 국제화되어가는 과정의 결과로 판단되며, 폐쇄적이고 다소 배타적인 기존 태도의 변화로 평가할 수 있다.

제1, 2차 회의 당시 북한 및 공산주의 국가들 그리고 일본과의 관계를 고려한 '평화선'의 절대성에 우선적으로 주목했던 경우와 달

---

75 앞의 주 57), pp. 256-314.
76 외무부 조약과, "해양법에 관한 전문가의 자문회의 경과보고서", 외교문서 [J-0106-01/9696/742.71], "UN(유엔)해양법회의, 제3차, 제4회기, New York, 1976. 3. 15~5 .7, 전11권(V.1 사전준비, 1975~1976)", pp. 71-78; 외교문서 [J-0106-03/9698/742.71], "UN(유엔)해양법회의, 제3차, 제4회기, New York, 1976. 3. 15~5. 7, 전11권(V.3 단일교섭안에 대한 의견, 1975~1976)", pp. 121-140.
77 외교문서 [18813/742.71], "해양법에 관한 국제워크샵(Workshop), 서울, 1981. 7. 1~3 전2권(V.1 사전준비)"와 외교문서 [18814/742.71], "해양법에 관한 국제워크샵(Workshop), 서울, 1981.7.1.-3 전2권(V.2 결과보고)" 참조.

리, 제3차 회의에 임하는 한국은 국제적 공감대가 형성되고 있는 보편적 규범의 수용을 전제로 하는 가운데, 한·중 간 또는 한·일 간의 해양경계획정 및 통항상의 예외성 문제에 주목하고 있었다. 특히 대한해협과 제주해협에서의 통항 및 영해 획정 문제, 서해 5개 도서 등과 관련한 남북한 군사분계선 획정의 문제 등에 대한 보완적 대응을 논의하고 있었기 때문이다.[78] 특히 제7회기와 제8회기를 거치면서, 최종적인 합의안 도출 가능성이 높아지고 ICNT와 ICNT/Revision 1이 UN에 의해 제시되자, 한국 정부는 전반적인 합의 내용들을 수용하는 가운데, 한·중 간, 한·일 간, 남북한 간의 해양경계획정 및 대륙붕 경계 설정 문제 등과 같이 갈등 유발 사항 등에 대한 대비와 한일대륙붕협약 등과 같이 기존 양자 간 합의의 유효성을 지속시키는 문제를 검토하기 시작하였다. 전반적으로는 한국의 차별적인 특수성을 일방적으로 주장하고, 이를 국제규범화하거나 예외적으로 인정받는 것이 힘든 상황이라는 점에 대한 한국 정부의 현실적 판단이 작용한 것으로 분석된다.

셋째, 다양한 정책 딜레마에 직면하고 있었던 배경으로 인해 이중적이고 양면적 성격이 불가피했던 한국외교의 모습은 더 복잡해지고 있었다. 1970년대 한국은 약소국의 입장에만 집중하고 있었던 이전과 달리, 세계적 수준에서 해양을 다양하게 이용하는 해양강국의 모습도 갖추어가기 시작했기 때문이다. 즉, 한국은 약소국으로서 연안국의 방어적 입장을 유지해야 하는 경우도 있었지만, 항행자유와 원양어업의 활성화 등의 경우처럼 해양강국으로서 공세적 입장을 취

---

78 외무부, "제3차 유엔해양법회의에 있어서 아국의 안보와 관련되는 문제점의 검토 및 대책 (74. 6. 12)", 앞의 주 63), pp. 177-184.

해야 하는 서로 상충되는 내용을 함께 확보해야 하는 문제에 직면해 있었던 것이다.79 예를 들어, 협약의 80~90퍼센트가 합의되고 있던 제8회기부터 제9회기와 그 이후에 대표단에게 내려진 훈령에는 한반도의 해상안보 유지가 우선적으로 거론되며 한반도 주변 해역에서의 어업자원 보존이 중요함을 강조하였지만, 동시에 국제사회에 대한 한국의 원양어업상의 권익과 수출입통로로서의 해운업 발전에 도움이 되는 권한도 최대한 확보할 것을 지적함으로써, 약소 연안국의 이익과 해양강대국의 이익을 동시에 추구할 것을 강조하는 다소 모순적인 목표들이 제시된 것이 대표적이라 할 수 있다.80

넷째, 정책 딜레마의 구조적 환경 속에서도 제3차 회의에 임하는 한국은 이념보다는 실익 확보에 집중하는 변화된 모습을 보이기도 한 점은 주목할 필요가 있다. 우선, 한국 정부는 저개발국가 모임인 77그룹에 참여하여, 약소국들이 진행하는 공통된 입장 조율 과정에서 한국의 국익을 최대한 확보하는 방안에 집중하였다. 비록 UN 총회에서는 '반제국주의·반식민주의'를 강조하는 북한의 주장을 지지하는 제3세계 국가들로 인해 한국외교가 난처해진 것은 사실이지만, 유엔해양법회의에서는 수적으로 우세한 77그룹과 공조하여 한국의 이익을 효과적으로 확보하기 위한 시도를 진행하였다.81 약소국이면서 개발도상국으로서의 국익 확보에 더 용이하다고 판단한 한국

---

79 외무부 조약과, "제3차 해양법회의 대책", 외교문서 [J-0106-02/9697/742.71], "UN(유엔) 해양법회의, 제3차, 제4회기, New York, 1976. 3. 15~5.7. 전11권(V.2 대책 및 기본입장, 1975~1976)", p. 2.
80 외무부, "제3차 유엔해양법회의 제9회기 아국대표단에 대한 훈령", 외교문서 [2010-57-01/14731/742.71], "UN 해양법회의, 제3차, 제9회기, New York, 1980. 2. 27~4.4, 전6권(V.1 대표단 구성 및 훈령), 1980~1980", p. 74.
81 앞의 주 65), [J-0088-05/6342/742.71], pp. 99-100.

정부는 다른 그룹들의 모임보다도 77그룹의 모임에 적극적으로 참여하고 있었고, 77그룹의 입장을 적극 활용하는 모습을 지속하였다. 특히 제7회기와 제8회기를 거치면서, 해양 선진국과 후진국 간의 입장 차이로 합의되지 않고 있던 사안들과 관련하여, SNT와 ICNT, 그리고 ICNT/Revision 1 등으로 최종안이 조정되어 가는 과정에서 77그룹의 주장들이 대체로 반영되는 것을 확인한 한국 정부는 77그룹의 수적 위력에 더욱 주목하고 이를 활용하는 양상을 보였다.[82]

당시, 제3세계 국가들은 1960년 제2차 유엔해양법회의가 끝난 이후, 해양법 규정 등과 관련하여, 1970년 중남미 국가 20개국이 진행한 'Lima 선언'과 비동맹국가 53개국 정상회담에서 채택된 해양 관련 'Lusaka 성명', 1971년 후진국들의 공동입장을 정리한 77그룹 제2차 각료회의 결의안, 1972년 6월 카리브연안 국가들이 영해를 선언한 'Santo Domingo 선언', 1973년 5월 200해리 배타적 경제수역을 주장한 아프리카 OAU 각료회의가 채택한 'Addis Ababa 선언' 등을 통해 기존의 규범과 차별되는 새로운 해양법의 채택 필요성을 반복적으로 압박하고 있었다. 그리고 1974년 6월 베네수엘라 카라카스에서 개최될 제3차 유엔해양법회의 제2회기 회의를 앞두고, 77그룹들은 입장을 통일하기 위해 1974년 3월 케냐 나이로비에서 사전 모임을 가졌다. 1960년대 후반부터 제3세계 국가들의 움직임에 민감하게 반응하고 있던 한국 정부는 '해양법에 관한 77개국 그룹회의'에 정일영 대사를 수석대표로 하는 대표단을 파견하였다. 특히 해당 회의에는 외무부 소속 인사 이외에 수산청 소속 인사를 대표단에 포함시켜

---

82 외교문서 [2009-65-01/13455/742.71], "UN(유엔)해양법회의, 제3차, 제8회기, Geneva, 1979. 3. 14~4. 27. 전7권(V.4 경과보고 II: 경과보고서), 1978~1979", p. 41.

원양어업 등과 관련한 이해관계에도 주목하고 있었다.[83] 이후 77그룹 회의는 본 회의를 앞두고 사전 조정회의나 실무회의를 반복적으로 개최하게 되는데, 이전과 다른 결집력과 추진력을 보여주고 있던 77그룹의 움직임에 대해 한국은 지속적으로 대표단을 참석시켜 진행 상황을 확인하고, 77그룹의 결정에 대한 원칙적인 지지 입장을 통해 유대를 확인시켰다. 한국대표단에 대한 반복되는 본부 훈령에서도 77그룹의 주장이나 입장에 대한 한국의 기본적 입장은 강력한 반대를 하지 않으며, 긍정적 관계를 유지한다는 내용을 견지하고 있었다. 유엔해양법협약이 합의를 위한 최종단계가 진행되던 1979년의 제8회기 이후에도 77그룹의 입장 변화 및 조율과정에 대한 한국 정부의 관심은 지속되었고, 1982년 3월의 제11회기 회의를 앞두고 뉴욕에서 먼저 열린 77그룹 토의와 같이 최종 합의 시점까지도 77그룹의 입장을 확인하고, 정치적 관계를 고려하여 지지하는 입장을 유지하였다. 추가적으로 북한도 77그룹의 멤버로 참여하고 있었다는 점에서 북한의 국제적 행보와 제3세계권 내에서의 영향력 확대를 견제하기 위한 목적도 작동하고 있었다.

한편, 또 다른 고민으로서 세계적인 무역과 거래 활성화 및 제3세계 국가들과의 관계 개선 필요성 등과 관련하여, 국제화를 추진하고 있던 한국외교는 의견충돌이 발생하는 국제사회의 양측 당사자들 모두와 우호적인 긍정적 관계를 유지해야 할 필요가 있었다. 즉 한국외교는 이스라엘과 중동지역 국가들 간의 관계와 같이 한쪽을 선택하는 것은 다른 쪽을 상실하게 된다는 외교적 손실을 우려하여, 가능

---

83 외교문서 [J-0093-10/7424/742.71], "UN(유엔)해양법회의, 제3차, 제2회기, Caracas (베네수엘라), 1974. 6. 20~8. 29 전11권(V.1 해양법에 관한 77그룹 회의)", 참조.

한 절충적이고 중재적인 입장을 지지하거나, 극단적인 주장을 자제하면서, 대립적 관계에 대한 입장 표명을 유보하며 전반적인 대세를 수용하고 추종하는 모습을 보이는 것이 통상적이었다.

그러나 해양법 협상 과정에서 한국외교가 실리를 선택하는 또 다른 모습을 발견할 수 있다. 제3차 유엔해양법회의 후반부터 논란의 대상이 되었던 다수의 민족해방전선PLO들에 대한 '협약당사자' 지위 인정 문제와 관련하여, 그동안 한국 정부는 이스라엘과 중동지역 국가들 간의 관계를 고려하여 입장 표명에 소극적이거나 침묵을 지키고 있었다. 그러나 해양법협약의 최종 합의와 서명이 예상되던 제11회기를 앞두고서는 대중동 실리외교에 부합하며, 비동맹외교에 기여하고, 북한의 외교적 공세 차단에 도움이 될 수 있다며, 이스라엘의 반대에도 불구하고 '인정'에 적극 지지할 것을 훈령으로 제시하기도 하였다.[84]

그리고 추가적인 한국외교의 실리 추구 내용으로서, 당시 미국과 77그룹 간에는 심해저 개발 문제, PLO에 대한 협상당사자 인정 문제, 심해저자원에 대한 사전투자 보호 문제 등으로 쉽게 조율되지 못하는 입장차를 갖고 있었던 점과 관련하여, 한국은 미국의 반복적인 지원 요청이 있었음에도 불구하고, 내부적인 사전 결정과 최종적인 선택에서는 미국보다 77그룹을 포함한 다수의 입장을 지지하였다.[85] 특히 1979년 8월 미국이 3해리 영해를 주장하며, 그 이원 영역

---

84 "협조문: 해양법회의에서 PLO에 대한 아국입장", 앞의 주 57), pp. 77-78; "주요사항 훈령 요지", 앞의 주 57), p. 132.
85 "제3차 유엔 해양법회의 제7회기 아국대표단에 대한 훈령, 1978. 3", 외교문서 [2008-0056-10/12074/742.71], "UN(유엔) 해양법회의, 제3차, 제7회기, Geneva, 1978. 3. 28~5. 19, 전9권(V.2 대표단 구성 및 훈령), [1977~78/국제법규]", pp. 108-111; "주요사항 훈령 요지", 위의 주, pp. 132-146.

에 대해서는 연안국의 영해로 인정하지 않는다는 입장이 논란이 되었을 당시에도 한국은 12해리 영해 원칙을 유지하고 있다는 점에서 제8회기 속개회의가 진행되는 동안 '연안국그룹'의 반박 성명서 채택에 동참하기도 하였다. 비록 적극적인 미국 비판에 동참하지는 않았지만, 동맹국이라는 이유만으로 국제적 추세와 부합되지 못하는 미국의 입장을 일방적으로 지지하는 행태도 보이지 않았던 것이다.[86] 특히 최종 협상안이 도출되던 제10회기부터 미국의 레이건 행정부가 출범하면서 관련 기구의 권한 및 의사결정방식과 심해저 광물의 생산제한 문제, 선진국의 기술이전 의무조항 문제 등에 반대하며 미국 대표단이 '협약안 재검토'를 요청한 것과 관련해서도, 한국 정부는 미국 입장에 대한 적극적 지지보다는 객관적 입장에서 판단하거나 반대 입장인 77그룹의 입장을 지지하라는 훈령을 내렸다.[87] 더욱이 제11회기 회의를 전후하여, 미국 외무부와 국방부, 주한미군사령부, 주한 미국대사관 등을 통해 심해저 개발 문제와 PLO 문제 등에 대한 미국의 반복적인 입장 설명과 이해 촉구를 위한 접촉 및 대화가 있었지만,[88] 한국 정부의 선택은 실익이었으며 미국에 동조하는 것이 아니었다.

---

86 외무부, "제3차 유엔해양법회의 제8회기 속개회의 경과보고, 1979. 8. 31.", 외교문서 [2009-65-08/13462/742.71], "UN 해양회의, 제3차, 제8회기 속개회의, New York, 1979 7. 19~8. 24. 전5권(V.4 경과보고 II: 보고서 및 미국대표 연설문), 1979~1979", pp. 15-20.
87 "제3차 유엔해양법회의 제10회기 속개회의 아국대표단에 대한 훈령", 외교문서 [18899/742.71], "UN 해양회의, 제3차, 제10회기 속개회의, Geneva, 1981 .8. 3~9. 4, 전3권(V.1 사전준비), 1981~1981", pp. 46-47; "주요사항 훈령 요지", 앞의 주 57), p. 132, p. 136.
88 외교문서 [22969/742.71], "UN 해양회의, 제3차, 제11회기, New York, 1982. 3. 8~4. 30. 전3권(V.3 각국의 입장), 1981~1982", pp. 3-93.

IV. 유엔해양법협약 채택과 한국외교

유엔해양법협약이 채택된 1982년을 즈음한 국제사회의 분위기는 제3차 회의가 시작된 1973년과 크게 달라져 있었다. 1970년대의 데탕트는 1979년 소련의 아프가니스탄 침공을 계기로 미·소 간의 냉전적 대립양상으로 다시 전환된 가운데, 1981년 출범한 미국의 레이건 행정부가 보수적 외교정책을 강력하게 추진하면서 신냉전적 관계가 심화되고 있었다. 비록 1950~60년대와 비교할 때 그 강도가 다르다 하더라도 국제사회의 안보적 긴장은 높아지고 있었고, 한국외교도 영향을 받을 수밖에 없었다. 해양법협약의 서명 이후 비준과정에서 미국을 포함한 자유주의 진영의 행보를 의식하면서, 국제사회의 분위기 파악에 주목하고 있는 한국외교의 행보에도 이러한 국제정세가 투영되고 있었기 때문이다. 한편 국내적으로는 1970년대부터 진행해온 경제적 고도성장의 다양한 성과들을 확인하게 되면서 1980년대 한국외교는 과거에 비해 자신감을 가지기 시작했다는 점이 주목된다. 경제적 여력도 생겼고, 반복되는 국제사회에서의 외교적 경험 축적 등으로 인해 한국외교는 여유를 가지고 자신의 역량을 과시하는 모습을 보이게 된다. 그리고 국제사회에서 확인되기 시작한 한국외교의 역량과 여유는 남북한의 경쟁에서 우월한 위치를 확보하게 되었고, 1970년대와 달리 체제 우월성과 외교전쟁에서의 승리에 대한 확신을 가지게 되면서 더욱 강화된다. 이러한 모습은 제3차 회의 후반부의 한국대표단 모습에서 쉽게 확인된다.

1983년 3월 협약 서명 이후, 한국이 협약을 비준한 1996년 1월까지의 국내외 정세는 협약이 논의되던 1970년대와 더욱 차별적이었다는 점에 주목하면서, 당시 한국외교의 대응과 결정을 검토해야 할 필요가 있다. 무엇보다 냉전이 종식되었고, 소련이 해체되었다. 이는 한국외교가 더이상 이념적 대립이나 냉전적 가치에 구속받지 않아도 되며, 독자적이고 창의적인 외교정책을 선택하고 추진할 수 있는 기회를 갖게 되었음을 의미한다. 그리고 한국은 북방외교의 성과로서 1990년 한·소 수교, 1992년 한·중 수교를 진행하였고, 1989년 헝가리를 시작으로 대다수 동유럽 국가들과 국교를 수립하였다. 세계적 수준에서 한국과 국교를 수립하지 않은 국가를 헤아리는 것이 더 빠른 상황이 되었고, 이는 진정으로 세계화된 한국외교가 높은 자신감과 의욕을 가지게 만들었다. 특히 1991년 한국이 북한과 함께 UN에 가입하게 된 것은 한국외교의 오랜 숙원을 달성한 것으로서, 이후부터는 UN 회원국으로의 의무를 수행한다는 차원에서 유엔해양법협약을 평가하게 된 것이다. 그리고 국내적으로는 민주화의 달성과 경제성장 및 고도화, 그리고 남북한 관계에서의 확실한 우위 확인 등은 한국외교의 역량강화와 한국형 외교 추진에 대한 자신감을 가지게 만들었다. 결국, 이러한 한국외교의 국내외 환경변화와 조건들의 변화는 유엔해양법협약에 대한 한국 정부의 서명과 비준에도 영향을 미치게 되며, 1970년대와 다소 차별적인 행보를 보이게 만드는 요인이 된다.

1. 한국의 유엔해양법협약 서명

1982년 4월 30일, 제3차 제11회기에서 표결로 채택된 유엔해양법협약에 대해, 한국대표단은 표결 후 회의장에서 "일부 조항은 한국의 이익과 부합되는 것은 아니지만, 77그룹 등 대다수 국가의 희망을 감안하여 협약 채택에 찬성하였다"고 추가적인 입장을 밝혔다. 그러나 채택된 유엔해양법협약 내용에 대한 한국의 전반적 평가는 부정적이지 않았다. 회의 종료 후 대통령에게 보고된 회의경과보고서에서는 협약 채택의 의의를 국제적 해양 관련 현안들에 대한 기본적 규범이 확립되었고, 심해저 문제와 같이 그동안 다루지 못했던 내용들에 대한 법적 제도를 만들었다는 점을 지적하며, 한국의 입장에서는 '법적 보장'이 가능해졌다는 점을 중심으로 회의 결과를 긍정적으로 평가하였다.[89] 외무부 내의 실국장 회의에서도 '해양법협약의 채택으로 별다른 불이익은 없다'고 진단하였다.[90]

이러한 점에서 1982년 7월에 외무부가 해양법협약에 대한 서명 및 비준 문제와 관련하여 작성한 보고서에서도 심해저 문제에 대한 한국의 기술 수준이 미흡한 점이 가장 우려되지만, 영해와 대륙붕, 배타적 경제수역 문제, 어업규제, 오염규제, 선박의 무해통항, 통과통항 등의 문제는 이미 국제적 관행이 있다는 점에서 큰 문제가 아니며, 원양어업과 해운업이 다소 불리할 수는 있지만 심각한 불이익은 아니라며, 한국의 이해관계와 관련하여 전반적인 긍정적 평가를 진행하였다.[91] 따라서 채택된 유엔해양법협약이 성지·셩세석으로 상당한 긍정적 효과가 있는 만큼, 한국은 협약 비준 문제는 상황을 고려하여 신중하게 진행하더라도 협약 서명은 적극적으로 신속하게 진

---

89 외무부 장관, "대통령 보고: 제3차 유엔해양법회의 제11회기 참가 보고, 1982. 5. 6", 앞의 주 70), p. 97.
90 외무부 국제기구조약국, "실국장회의 보고, 토의안건: 해양법협약 서명, 비준 여부 검토, 1982 .6", 외교문서 [29554/742.71], "UN 해양법협약 채택(82. 4. 30)에 따른 국내 후속조치, 1982~83, 전4권(V.1 신해양법 질서에 따른 종합 검토 및 대책 수립, 1982), 1982~1983", pp. 146-147.
91 외무부 국제기구조약국, "해양법협약 서명, 비준문제, 1982. 7", 앞의 주 70), pp. 63-64.

행해야 한다는 점이 강조되었다.92

그러나 1982년 12월 자메이카에서 개최된 최종회기에서 한국은 주한미대사관을 통해 미국의 협약 서명 연기 요청을 받은 점,93 군함 통항 등의 문제는 한국 입장과 완전히 부합되지 않는 점, 한국이 서명하지 않아도 서명할 국가들의 수가 충분할 것이라는 점 등을 고려하여, 1983년 2월까지는 해양법협약에 서명하겠지만, 1982년 12월의 최종회기에는 현장에서 최종의정서에는 서명하되, 유엔해양법협약에 대한 서명은 일단 보류하는 것으로 훈령이 정해졌다.94 자메이카 회의 후 60일 이내에만 협약에 서명한다면, 국제해저기구 설립 준비위원회에 참여할 수 있는 정회원 자격 획득은 무리 없이 진행할 수 있다는 점도 영향을 미쳤다.

이와 관련하여, 한국 정부는 내부적으로 논란에 직면하였다. 1980년대 당시, 한국에게 있어 어업 문제와 200해리 경제수역 활용 및 원양어업 확대, 해양안보 등의 문제는 당장 확보해야 할 내용이었고, 심해저 문제와 해양오염 문제, 해양자원 확보 등도 결코 포기할 수 없는 현안이었다. 따라서 한국이 적극적으로 참여하여 선점하고 우선권 확보를 통해 실질적 이익을 확보해야 하는 대상이라는 점에서 해양법협약 서명과 비준 작업을 신속하게 진행할 필요가 있다는 점이 반복적으로 지적되었다.95 특히 서명과 관련하여, 1983년 3월

---

92 위의 주, p 65.
93 외교문서 [29557/742.71], "UN 해양법협약 채택(82. 4. 30)에 따른 국내 후속조치, 1982~83, 전4권(V.4 한국의 UN해양법협약 서명, 1983. 3. 14), 1982~1983", pp. 102-112.
94 "유엔해양법협역에 관한 기본대책", 외교문서 [17779/742.71], "UN해양법회의, 제3차, 최종회기, Montego Bay(자마이카), 1982. 12. 6~10, 1982~1982", pp. 146-149.
95 국제법규과, "해양법 협약 서명 검토, 1983. 2. 15", 앞의 주 94), pp. 21-24.

15일부터 자메이카 킹스턴에서 해저 문제를 다루기 위해 개최되는 준비위원회에 참여하기 위해서는 정회원국 자격이 필요하고, 이를 위해서는 준비위원회 개최 이전에 해양법협약에 서명하는 것이 필요하다는 것이었다. 1982년 12월 당시 협약에 서명한 국가가 119개국이었고, 1983년 2월 현재, 일본 등이 추가로 서명하여, 121개국이 협약에 서명한 상태라는 점에서 외무부는 1983년 2월 당시 오히려 서명을 서둘러야 한다고 강조하였다. 외무부는 대통령 보고 등에서도 서명의 필요성, 특히 1983년 3월 이전의 조속한 서명을 반복적으로 강조하였다. 결국, 한국 정부는 1983년 3월 4일자 전권위임장을 통해 김경원 주유엔대사에게 유엔해양법협약에 서명할 권한을 부여하였고,96 실제로 1983년 3월 15일 준비위원회가 개최되기 하루 전인 3월 14일 해양법협약에 123번째로 서명하고, 정회원국 자격을 확보하여 3월 15일 개회한 국제해저기구 설립 준비위원회에 참여하였다.

제3차 회의가 진행되는 과정에서 협약서명 논의가 본격화되기 시작하자, 부처 내에서는 협약 발효 이후에 대한 국내 차원의 대비책 준비가 거론되었고 실무적인 준비 작업도 논의되었다. 제8회기를 지나고, 제9회기 때부터 협약의 합의 가능성이 높아지자 외무부는 '신해양질서의 수립'에 대한 대책 마련에 주목하였고, 1982년 제11회기를 앞두고 구체적인 업무 내용과 방식 등을 준비하기 시작하였다. 최종 협약과 관련한 국내 법령의 정비를 포함하여 해양법 전문가의 육성 및 학술적 연구 지원, 정부부처 내 관련 준비 진행 및 테스크포스 운영, 관련 직원들의 해외 연수 및 교육, 협약 관련 민간업체들에 대한 자료 제공과 협력방안 모색 등에 대한 구체적 방안들을 검토하

---

96 "전권위임장", 위의 주, p. 63.

기 시작하였다.97 국무회의에서 관련 내용을 보고한 이후, 관련 부처 실무자 회의를 통해 조항별 및 현안별 현황 파악 및 의견 조율을 통해 공감대를 형성하기도 하였다. 이 과정에서 대한해협 통과통항 문제, 제주해협에 대한 군함 통항 문제, 서해 5도 주변수역과 정전협정 문제, 원양어업 활로 문제, 배타적 경제수역 문제, 대륙붕 설정 문제 등이 직접적인 현안으로 제기되었고, 국내 관련 제도와 법률의 재개정 문제, 심해저 개발에 대한 적극적 참여와 활동, 해양환경 보호에 대한 적극적 참여 등에 대한 조처가 필요하다는 점에 의견이 모이기도 하였다.98

그러나 해양법협약의 채택과 관련하여, 한국 정부는 해양법이 매우 필요하고, 한국의 어업과 해운사업 등에 반드시 필요한 국제법이라고 평가하고 있었고, 다양한 실무 준비의 필요성이 반복적으로 제기되었음에도 불구하고, 현실적으로는 다양한 해양 문제와 관련한 정부 차원의 실질적 준비는 부재했고, 준비의 필요성에 대한 각성도 높지 않았다고 판단된다. 1982년 해양법협약의 초안이 통과된 이후에서야 정부 차원의 실질적 움직임이 확인되기 때문이다. 외무부는 해양법 서명 이후에서야 국제사회에서 해양 문제를 전담하는 기구를 운용하거나 관련 법규를 갖고 있는 해외 사례들을 수집하기 시작했고, 다양한 사례에 기반하여 해양법과 관련한 다양한 정책들을 종합적으로 조정하고 결정하며 관리하는 실체로서 소위 '해양법운용위원회'의 개설을 제안하기도 했다.99 그리고 외무부 내에서는 해양법협

---

97 "신해양법질서 수립에 따른 대책", 앞의 주 91), pp. 4-9.
98 "신해양법 질서와 한국", 위의 주, pp. 93-138; 외무부장관 이범석, "신해양법협약 채택에 따른 종합대책보고, 1982. 12 24 보고", 위의 주, pp. 365-377.
99 국제기구조약국장, "해양법 운용위원회 설치", 외교문서 [29555/742.71], "UN 해양법

약 발효에 대비하여, 1989년 4월부터 '해양법 연구대책반'이라는 모임을 통해 세부사항을 점검하기도 했고, 1983년부터 해양연구소에 관련된 학술연구 용역사업을 발주하며, 해양법에 대한 학술적·법률적 연구 활동을 진행하였다.

2. 한국의 유엔해양법협약 비준과 신중한 접근

한국이 협약에 서명한 이후, 외무부는 가능한 빨리 비준할 필요가 있다는 점을 강조하였고, 1980년대 후반부터 관련 부처들도 비준에 대해 긍정적인 반응을 보였다. 그러나 한국 정부의 결정은 신중했고, 실질적 비준 작업은 국제사회의 움직임을 관찰하며, 지연시키는 양상을 보였다. 1990년 1월 1일을 기준으로 42개국이 비준하는 상황에 도달한 것과 관련하여, 3~4년이 더 경과해야 협약 발효가 가능해질 것이라는 예측 하에서 한국의 실질적인 비준 작업은 1990년 이후에도 지연되고 있었다. 결국, 1992년경에 협약비준 국가가 60개국에 이를 것이라는 전망 속에서 빠르면 1993년에는 해양법협약이 발효될 수 있을 것이라는 평가가 대체로 진행되자, 1991년 UN 회원국이 된 한국도 비준을 준비해야 한다는 지적이 다시 거론되었다. 그런데 1990년 당시에 비준 국가의 수가 여전히 적다는 것 이외에 제기되는 또 다른 문제 제기는 해양강국인 미국·영국 등이 비준에 소극적이고, 특히 미국은 협약에 서명하지도 않은 상태이기 때문에 협약의 발효 및 집행 추진력이 제한받을 가능성이 우려된다는 점과 비준 국가 대부분이 개도국들이며 해양 약소국들이라는 점에서 해양법협약

협약 채택(82.4.30)에 따른 국내 후속조치, 1982~83, 전4권(V.2 각국의 해양법 특별기구 및 전담기구 운용사례 조사, 1982), 1982~1983", pp. 58-66.

관련 기구와 기관들이 운영비를 확보하는 문제가 어려워지게 되면서 해양법 자체가 유명무실해질 가능성에 대한 우려가 제기되고 있었다.[100] 이러한 점은 1995년 9월, 제177회 국회에서 해양법협약 비준 동의안 처리와 관련하여, 법제처 예산정책과에서 검토한 문제점의 내용에서도 동일하게 지적되었다.[101]

한편, 심해저 개발 및 어업자원과 해양자원에 대한 선진국들의 일방적 개발로부터 국제적인 법률 보호가 절실하다고 판단한 약소국들, 특히 77그룹은 유엔해양법협약의 조속한 발효가 필요했다. 이를 위해 77그룹은 1986년 3월 킹스턴 회의를 계기로 '회원국 60개국의 비준' 조건을 충족시키기 위해 그룹 소속 국가들에게 조속한 협약 비준을 촉구하였다. 한국도 1986년 이후 협약 비준을 촉구하는 서한을 77그룹 의장으로부터 반복적으로 전달받았다.[102] 1987년 11월 3일까지 협약 비준 국가가 예상과 달리 35개국에 그치고 있었던 점이 이러한 독촉의 배경이 되었다고 할 수 있다. 1987년 11월 제42차 유엔총회에서는 유엔해양법협약의 비준을 촉구하는 '결의안A/RES/42/20' 이 채택되기도 하였다.[103]

결국, 1993년 11월 16일 가이아나가 60번째로 비준하면서 협약 발효의 조건을 충족시키게 되었고, 1년 후인 1994년 11월 16일로 협

---

100 외교문서 [2017090011/742.71], "유엔해양법협약 비준관련 실무대책회의, 1989~90", pp. 85-86.
101 "법제예산정책현안: 유엔해양법협약비준동의와 영해법개정에 관련된 문제점 검토, 1995.9.23.", 제177회 국회(정기회) 제13호, p. 1.
102 외교문서 [2014100062/742.71], "유엔해양법협약 비준관련 검토, 1982~1990", pp. 104-109.
103 상세 내용은 다음 참조. https://documents-dds-ny.un.org/doc/RESOLUTION/GEN/NR0/512/52/IMG/NR051252.pdf?OpenElement(최종 접속일: 2023.12.18).

약 발효일이 확정되자 한국 정부도 비준 절차를 실제로 추진한다. 1995년 10월 10일 제41회 국무회의에서 유엔해양법협약에 대한 비준 심의를 거쳤고, 정부는 1995년 10월 26일에 "해양법에 관한 국제연합협약 및 1982년 12월 10일자 해양법에 관한 국제연합협약 제11부 이행에 관한 협정비준동의서"를 국회에 제출하였고, 1995년 11월 29일, 제177회기 국회(정기회) 제11차 통일외무위원회에 상정되어 토론되고 의결되었다. 1995년 12월 1일 제177회 국회 제15차 본회의에서 비준받았고,[104] 한국 정부는 1996년 1월 29일 비준서를 UN사무총장에게 기탁하였다. 국내적으로는 1996년 2월 28일자 조약 제1328호로서 "해양법에 관한 국제연합협약 및 1982년 12월 10일자 해양법에 관한 국제연합협약 제11부 이행에 관한 협정"이 공포되어 발효되었다.

비록 국회 본회의에서는 별다른 이의 없이 해당 안건이 통과되었지만, 통일외무위원회에서는 12해리 영해와 200해리 배타적 경제수역 등의 설정에 있어서 한·중 간, 한·일 간, 남북한 간의 해양경계획정과 관련한 시비의 발생 문제에 대한 우려와 정부의 대책 마련이 지적되었다.[105] 국회 본회의에 제출된 심사보고서에서는 '해양국가인 한국에게는 안정적인 해양질서의 확립이 긴요하므로 협약과 협정을 비준해야 한다'는 점이 주요하게 지적되었다. 그리고 전문위원의 검토내용에서는, 한국이 '국제법상의 권리를 갖게 된다'는 점이 지적되었지만, 한국이 부담해야 하는 의무적 사항이 상당하고, 해양법협

---

104 대한민국국회사무처, 『제177회국회 국회본회의회의록, 제15호』 (서울: 국회 사무처, 1995), pp. 21-22.
105 대한민국국회사무처, 『제177회국회 통일외무위원회회의록, 제11호, 1995년 11월 29일』 (서울: 국회사무처, 1995), pp. 5-19 중에서 주된 논의내용은 pp. 16-18 참조.

약에 맞춘 국내 법률과 제도의 개정 필요성도 존재한다는 점도 지적되었다.106 실제로 한국 정부는 유엔해양법협약 비준 이후, 국내 해양관련 법률 65개에 대한 개정 여부를 검토하여, 필요한 내용들을 개정하여야만 했다.

1983년 채택된 유엔해양법협약의 서명 및 국내 비준 이외에도 1994년 7월 UN총회에서 채택된 '심해저이행협정'과 관련하여, 한국은 1994년 11월 7일에 서명하였다. 그리고 1995년 8월에 채택되어 2001년 12월 11일 발효된 '공해어업협정'과 관련하여, "1982년 12월 10일 해양법에 관한 국제연합협약의 경계왕래어족 및 고도회유성어족 보존과 관리에 관한 조항의 이행을 위한 협정"을 조약 1886호로서 2008년 2월 21일에 비준하여, 3월부터 발효시켰다.

한편, 한국 정부는 분쟁 해결 문제와 관련하여, 유엔해양법협약 제298조 (a), (b), (c) 조항에 명기된 분쟁의 범주들에 대한 '적용의 선택적 예외'를 적용받기 위하여, 타 조항에서 규정된 모든 분쟁해결 절차를 수락하지 않는다는 서면 선언을 진행하였다. "해양법에 관한 국제연합 협약의 제298조 제1항에 따른 선언"을 2006년 4월 24일 관보 제16240호에 게재함으로써 비준된 조약 제1776호에 따라 2006년 4월 18일부터 발효시켰다. 이는 2005년 1월 14일 일본 시마네현 의회가 2월 22일을 '다케시마의 날'로 정하는 조례안을 상정하고, 3월 16일 이를 통과시킨 것과 관련된 것으로서 한·일 간의 독도 영유권 분쟁과 같이 해양경계와 관련한 분쟁의 발생 가능성을 염두에 둔 조

---

106 통일외무위원회, "38. 해양법에관한국제연합협약및1982년12월10일자해양법에관한국제연합협약제11부이행에관한협정비준동의안 심사보고서, 1995.11", 대한민국국회사무처, 『제177회국회 국회본회의회의록, 제15호(부록)』 (서울: 국회 사무처, 1995), pp. 782-787.

치라 할 수 있으며, 이는 독도 문제 등을 영토분쟁의 대상으로 인정하지 않는다는 한국 정부의 입장과 연계되어 있다.

3. 유엔해양법회의와 한국외교의 대응

1958년 제1차 회의가 시작된 이후부터 1995년 12월 유엔해양법협약 비준을 위한 국내절차를 마무리하고, 1996년 1월 비준서를 UN 사무국에 기탁할 때까지 유엔해양법협약 채택을 위해 장기간 진행된 회의 과정에서 확인할 수 있었던 한국외교의 모습에는 외교역량의 성장에 따른 긍정적 변화와 의미있는 발전적 모습들이 있었다. 첫째, 유엔해양법협약을 위한 회의와 관련하여, 무엇보다도 국제회의에 참여하는 한국외교의 기본적 인식이 수세적인 국익의 '보호'라는 입장에서 적극적이고 공세적인 국익의 '확보' 및 '실현'이라는 입장으로 발전해가는 양상을 보였다. 국제법으로서 유엔해양법협약이 과연 약소국인 한국의 해양 관련 이익을 보호해줄 것인지, 아니면 강대국들의 입장만을 대변하게 되면서 한국의 이익을 제약하게 될 것인지에 대한 판단에 주력하던 모습이 제1차 및 제2차 회의에 임하는 한국외교의 모습이었다면, 제3차 회의에 임하는 모습은 상당히 달라졌기 때문이다. 즉, 해양과 관련한 다양한 이익들을 최대한 확보하기 위한 계산을 진행하고, 이를 위해 77그룹과의 입장 조율에 전략적으로 집중하면서, 77그룹의 수적 우세를 적절히 활용하는 모습을 보이기도 했기 때문이다. 1950년대 약소국 대한민국은 국제사회에서의 외교활동 경험이 충분하지 못했고, 특히 다자회담에 임하는 노하우와 다양한 현장 경험이 아쉬울 수밖에 없었던 점을 고려하면, 1970년대 이후 한국외교의 모습은 그동안의 경험과 역량을 적극 활용하려는 모습으로 달라져 있었다. 둘째, 해양법회의 협상과정에서 확인되는 1950년대 한국외교는 한국이 필요해서 미국을 포함한 국제사회에 협력을 요청하고 관심을 구애하는 모습이었다면, 1980년대 이후의 한국외교는 국제사회가 한국에 접근하고 한국에게 협조를 요청하는 양상으로 변하기 시작했다는 점을 확인할 수 있었다. 이는 국내외적인 외교환경이 변했고, 한국의 정치적 민주화와 경제적 산업화의 성공이 국제사회의 관심을 끌기 시작했기 때문에 초래된 현상일 수도 있다. 그러나 제3차 해양법회의의 경우에는 다자회의에 임하는 한국외교가 국제사회의 관심 속에서 자신감 있는 정책 결정 및 집행을 진행하는 모습을 보일 정도로 발전했다는 점도 주목해야 한다. 제1차와 제2차 회의에 임하는 한국외교의 매우 조심스럽고 수동적인 태도와는 상당히 달라진 모습이라 하겠다. 셋째, 세계화와 국제화에 적극 참여해 온 한국외교는 생존과 관련하여 양보할 수 없는 한국의 특수성과 예외성을 인정받기 위해 국제사회의 일반적 흐름조차 수용하지 못하던 양상에서 국제사회의 전반적 흐름과 공감대에 적극 동참하고 지지하는 기조로 변해가고 있음을 확인할 수 있었다. 이는 비록 안보적 문제 등이 완전히 해결된 것은 아니지만, 군사안보적 측면은 물론이고, 경제적·정치적으로 국제사회에서의 한국 위상이 성장하고 안정화된 결과이며, 국제사회의 약소국 행태보다는 선진 주도국가들의 행태와 닮아가고 있다는 점을 확인시켜 주는 것이었다.

 이러한 발전적인 성장의 모습을 확인할 수 있었던 한국외교와 외교적 대응의 내용들과 달리, 유엔해양법회의에 대한 한국의 대응 준비과정에서는 여전히 심각한 문제점들과 한계점들이 발견되기도 하였다. 첫째는 협상에 임하는 대표단의 구성을 포함하여, 해양법회의가 진행되는 과정에서 다양한 정부 부처 관계자들 간의 업무 분담 및 유기적인 협업이 유용하게 진행되지 못하고 있었다는 점이다. 이는 1958년의 제1차 회담 때는 물론이고, 제3차 회담이 종료되는 시점까지도 해결되지 못한 채, 반복되고 있었던 것으로 판단된다. 협상이 마무리되어가던 제3차 제10회기 회의를 준비하면서 외무부가 내부적으로 진행한 대표단 구성에 대한 평가 내용을 살펴볼 필요가 있다. 무엇보다도 회의에 대비하는 외무부 본부 인력의 구성에 있어 전문성을 갖춘 인력의 절대적 확보와 해당 업무를 수행한 경험이 있는 인력의 계속적 활용을 통해 업무의 지속성을 확보하는 것이 장기간 지속되고 있는 해양법협약에 대한 대응에서 절대적으로 필요하다는 점을 반복적으로 강조하고 있음에도 불구하고, 실제로는 그 요청이 실현되지 못한 듯하기 때문이다.

외무부가 희망사항이 반영된 분석적 평가 보고서를 내부적으로 작성하고, 회의 개최 전의 사전준비 기간 동안 기획안에 지속적으로 반영했음에도 불구하고, 현실적인 대표단 구성은 이 문제를 해결하지 못했던 것 같다. 결국, 대표단 구성에 있어 약 10년의 기간 동안 해양법과 관련한 전문성을 갖춘 외무부 본부의 실무식원 확보에 성공하지 못했다. 따라서 지속적인 동일 업무 담당자의 존재가 필요했지만, 전문성이 부족했기 때문에 매번 실무인력을 교체하게 되었고, 결국 매번 교체되어 참여하는 외무부 인력들은 전문성의 한계 및 회의 경험의 부재와 함께 업무의 지속성 문제도 해결하지 못하는 악순환에 노출되어 있었던 것이다. 이로 인해 보고서는 실질적인 회담 준비도 부족했고, 회의 진행 과정에서 신속한 반응과 대처에도 심각한 지장을 받았다는 점을 인정하고 있다. 더욱이 외무부 이외의 대표단 일원으로서 다양한 해양 관련 전문 분야들을 각자 담당해서 판단해야 할 비외무부 소속 지원 인력들조차도 전문성 결여 및 국제회의 관련 업무대처 능력의 한계 등으로 인해 회의 진행 과정에서는 실질적인 도움이 되지 못했다는 점이 지적되었다. 오히려 호텔 섭외 및 현지 체류 지원 등과 같이, 타 부처 대표단 인력들을 지원해야 하는 외무부 직원들의 행정 부담만 가중시켰다는 점이 반복적으로 지적되고 있었던 것은 주목할 필요가 있다. 심지어 학계의 외부 자문위원들의 경우에도 국내에 해양법 및 국제법 전문가들이 있음에도 불구하고, 대표단에 참여하는 인사들은 해양법과 '다소 무관한 인사'들이 정치적으로 임명되는 경향 때문에, 현장에서는 대표단에 포함된 학계 출신 자문인사들이 회의 대비에 전혀 도움이 되지 못한 채, 이들 역시 외무부 직원들의 행정적 부담만 가중시키고 있다는 불만이 반복적으로 제기되었기 때문이다.107 결국, 제3차 회의 제10회기 까지 진행되는 동안, 학계 자문위원이 대표단에 참여한 경우는 제2회기 2명, 제4회기 1명뿐이었다는 점을 고려하면, 외무부가 공개적으로는 전문성을 갖춘 자문인력의 참여 필요성을 강력하게 요청하고 있었음에도 불구하고, 내부적으로는 학계 전문가들을 대표단 구성에서 배제시키고 있었던 배경을 유추해볼 수 있는 부분이라 하겠다. 그리고 이러한 평가보고서와 문제 제기는 1981년 1월의 제11회기 대표단 구성에서도 동일하게 지적되고 있었다는 점을 고려하면,108 해당 문제는 협약이 마무리될 때까지도 해결되지 못한 채, 반복되었다는 점을 유추하게 한다.

---

107 외무부, "제3차 유엔해양법회의 (제10회기) 참가 아국 대표단 구성(안)", 외교문서 [18896/742.71], "UN해양법회의, 제3차, 제10회기, New York, 1981. 3. 3~4. 6, 전3권(V.1 사전준비), 1980~1981", pp. 227-231.
108 국제법규과, "제3차 유엔해양법회의 제11회기 아국 대표단 구성(안), 1981.1.7", 앞의 주 57), p. 67, pp. 70-71.

결국, 이러한 외무부 내부의 평가서 내용을 고려하면, 외형상의 피상적 모습들과 달리 정부 조직 내 부처 간의 상호 신뢰 부족 및 협업의 부재가 상시화되어 있었다는 점, 정부대표단은 해양법 관련 전문성보다 언어 구사 능력 및 해외 체류 경험 등과 같은 기준으로 구성되었을 가능성, 회의 진행 과정에서 민간 전문가들로부터의 의미 있는 조언과 민관 협력이 의미 있게 진행되지 못했다는 점 등과 함께, 결국 대표단이 해양법회의에 참여하지만 전문성 있는 지식과 경험이 절대 부족한 채 전문적 이해에 기반한 정확한 판단을 실시간으로 진행하는 것은 현실적으로 불가능했다는 점 등을 유추하게 한다. 그리고 짧게는 10년, 길게는 25년의 기간 동안 반복되는 해양법회의에도 불구하고, 실패와 한계에 대한 반성과 보완, 이를 통한 조직들간 협업의 성공적인 성과 확보에 대한 긍정적 경험의 축적에도 실패하였다고 판단된다.

둘째는 해양법회의에 임하는 한국외교가 직면하였던 정책적 딜레마 상황이 비록 제1차 및 제2차 해양법회의 당시의 내용에 비해 제3차 회의 당시의 구조나 내용들은 변경된 것은 사실이지만, 딜레마적 상황이나 구조를 완전히 해소하고 극복한 것은 아니라는 점이다. 비록 한국의 정치적·경제적·외교적 역량의 강화와 국제적 위상의 강화, 국제사회의 구조적 특성 변화 등으로 인해 제1차와 제2차 회의 당시 한국외교가 직면했던 정책적 딜레마의 내용들은 21세기 현재 상당 부분 극복되었거나 해결된 상태이다. 그러나 달라진 한국외교의 위상에도 불구하고 한국외교정책의 결정을 어렵게 하고, 불편하게 하는 딜레마 상황으로부터 완전히 자유로워진 것은 아니었다. 더욱이 해양법협약이 비준되고 적용되고 있는 21세기 현재에도 유엔해양법의 적용 및 해양 관련 현안들과 관련한 딜레마 상황에 직면해 있는 한국외교의 모습은 여전히 발견되고 있기 때문이다.

국제사회의 대부분 국가들이 정책을 결정함에 있어 딜레마적 상황에 직면하는 것은 일상적인 것이라 할 수도 있다. 그러나 해양문제와 관련하여 한국외교가 직면하고 있는 딜레마적 상황은 여전히 지속되거나 더 악화되고 있는 듯하다는 점에서 경계심을 가질 수밖에 없다. 1950년대부터 지속되어 오던 해양 관련 현안과 안보적 이슈의 연계성은 비록 냉전구조의 해체와 한국의 경제력 및 군사력의 신장으로 다소 해소되기는 했으나, 북한의 미사일 개발 및 핵개발프로그램 등은 '대북봉쇄'라는 UN안보리 결의안들을 반복적으로 생산하게 만들었고, 이는 한국의 대응을 힘들게 하고 있다. 그리고 한국이 주변국가인 일본 및 중국과 해양경계획정을 아직 확정하지 못하고 있는 한편, 한반도 주변의 대륙붕 설정 문제와 관련한 현안도 잠복되어 있는 상황이다. 주변국가들과의 관계가 결코 단순하지 않다는 점에서 한국외교에게는 상당한 정책적 딜레마 상황을 초래하고 있다. 특히 '일대일로'로 표현되는 중국의 해양 팽창과 '인도태평양전략'으로 개념화한 미국과 일본의 대중 봉쇄정책이 충돌하는 양상은 해양문제와 관련한 한국의 정책 결정뿐만 아니라, 한국외교 전반을 힘들게 하는 딜레마 상황을 악화시키고 있다. 남중국해 지역을 둘러싼 필리핀과 중국 사이의 분쟁에 대한 해양법협약의 적용 및 2015년 중재재판소의 판결과 관련하여, 한국 외교부가 분명한 지지 또는 반대의 입장을 피력하지 못한 채, 제3자적인 매우 원칙론적인 입장만을 언급한 점은 해양 문제와 관련한 한국외교의 딜레마적 상황이 지속되고 있음을 확인시켜주고 있다.

V. 결론: 유엔해양법과 한국외교의 과제

국제사회의 갈등과 대립을 법과 제도를 통해 평화적으로 해결하고, 인류의 평화와 안전을 유지한다는 UN의 정신은 1948년 수립된 대한민국에게 절실한 것이었고, UN의 정신에 따라 시도된 유엔해양법협약은 한국에 필요한 것이었다. 따라서 한국은 비회원이었지만, 유엔해양법회의에 참여해야 하는 이유를 갖고 있었다. 특히 한국의 체제생존과 정통성 확보에 UN은 매우 큰 도움을 주고 있었고, 그 UN이 주도하는 해양법협약이었기 때문이다. 그러나 1945년 식민지 상태에서 독립한 한국은 국제사회의 일원으로서 완전한 민족국가를 구성하여 주권국가로서의 안정적 위상을 유지하려는 희망과 달리, 현실은 호락호락하지 않았다. 한국은 한반도의 분단과 신탁통치를 경험해야만 했고, 3년간의 고통스러운 전쟁을 수행해야만 했다. 그리고 한국의 외교안보정책은 70년에 가까운 정전체제 속에서 안정적인 국가 안보를 확보해야만 했다. 또한 국제사회의 약소국으로서 저발전 상태를 극복하기 위한 다양한 발전 선략을 시도해야만 했고, 정치적 민주화를 추진하려는 움직임도 지속해 왔다. 그리고 이러한 과제들은 1958년 제1차 회의 때부터 장기간 계속된 유엔해양법협약에 임하는 한국 정부의 태도와 입장에도 강하게 반영되어 왔다.

다양한 분야에서 시도된 한국의 노력들은 냉전이 종식되는 1980년대 후반부터 거의 동시적으로 성과를 확보하게 된다. 1987년 민주화와 함께 경제발전을 이룩하게 된 한국은 외교적 측면에서도 1991년 UN 가입과 함께 해양과 관련한 다양한 영역에서도 성공적인 적응과 의미 있는 성과를 거두었다. 1994년 11월에 발효된 유엔해양법협약에 근거하여 포괄적인 해양분쟁을 해결하기 위해 21명의 재판관으로 구성되는 국제해양법재판소ITLOS가 1996년 10월 1일 출범한 이후부터 한국의 고려대학교 박춘호 교수가 9년 임기의 재판관으로서 당선되어 기념비적인 성과를 거두었다. 박춘호 교수는 2005년 재선에도 성공하여 유엔해양법 운용에 중요한 공헌을 하였다. 2008년 진행된 보궐선거에서는 서울대학교 백진현 교수가 선출되어 박춘호 재판관의 업무를 연이어 담당하였고, 2014년에 재선에 성공하여 2023년까지 재판관 업무를 수행하였다. 그리고 새로운 투표 결과 2023년 10월부터는 이자형 외교부 국제법률국장이 9년 임기의 재판관 임기를 새로 시작하게 됨으로써, 한국은 1996년부터 유엔해양법 운용에 중요한 역할을 담당해오고 있다. 특히 백진현 재판관은 2017년 10월부터 2020년 10월까지 재판소장직을 수행함으로써 유엔해양법 및 국제해양법재판소와 관련한 한국의 위상을 국제사회에서 인정받기도 하였다. 한편, 2002년 6월부터 2017년 6월까지 김두영 사무차장이 재판소 사무차장직을 역임함으로써 해양법과 관련한 한국 전문가들의 다양한 역량을 국제사회에서 인정받았다. 이와 관련하여, 정부 차원에서는 2004년 11월 13일 조약 제1693호를 제정하여 2001년 12월 30일자로 발효시킨 "국제해양법재판소의 특권과 면제에 관한 협정"을 통해 재판소의 활동을 지원하였다. 이 외에도 또 다른 UN 산하 전문기구로서 해상안전을 기본 목적으로 1958년 설치되어 1982년 현재의 모습을 갖추게 된 국제해사기구IMO와 관련하여, 2016년부터 4년 임기를 시작한 임기택 사무총장이 연임에 성공하면서 해양과 관련한 한국의 전문성과 국제적 위상을 입증하기도 하였다.

이처럼 한국은 해양과 관련한 다양한 영역에서 한국 전문가들이 우수성을 과시하는 한편, 유엔해양법 등의 국내법 반영 작업도 적극적으로 수행함으로써 한국의 전문 역량과 외교적 위상을 국제사회에 과시하는 동시에 국제사회에 성공적으로 적응하는 모습을 보이고 있다. 그러나 다른 한편으로는, 한국외교가 다수의 해양 관련 현안들과 연계되어 악화되고 있는 딜레마 상황에 직면해 있는 것이 현실이다. 한반도 주변의 해양경계획정 문제를 포함하여, 해양대륙붕 경계 문제와 제주도 남쪽의 7광구 개발 문제, 독도를 둘러싼 논란 등은 한반도 주변 당사국들과 쉽게 해결하기 힘든 난제이기 때문이다. 최근에는 일본의 후쿠시마 오염수 방류 시도와 관련하여, 해양오염 차원에서 국제해양법재판소 제소 문제가 거론되면서 새로운 현안으로 등장하기도 하였다. 이 외에도 남중국해 지역의 영유권 분쟁이나 중·일 간의 센카쿠열도/다오위다오 지역에 대한 영유권 분쟁 등과 같은 사안들도 간접적이기는 하지만, 한국외교에게는 큰 영향을 미칠 수 있는 내용들이다. 결국 이는 해양과 관련된 현안들, 그리고 해당 문제들과 관련된 유엔해양법협약에 대한 한국외교의 관심은 지속되어야 하고, 관련된 다양한 전문성은 강화되어야 하며, 적극적인 참여와 활용은 확대되어야 할 이유라 할 수 있다. 그리고 유엔해양법협약을 포함하여 국제법을 대하는 한국외교의 태도와 인식은 국익 보호를 위한 수동적이고 다소 소극적인 접근에서 국익 확보 및 확대를 위한 적극적이고 공세적인 접근으로 지속적으로 강화되어야 할 필요가 있다.

참고 문헌

■ 국내 문헌

⟨단행본⟩

박영길, "국제해양법의 발전과 유엔해양법협약의 국내적 이행", 한국해양수산개발원 (편), 『대한민국의 해양법 실행: 유엔해양법협약의 국내적 이행과 과제』 (서울: 일조각, 2017).

박재영, "북한의 대유엔 및 국제기구정책", 양성철·강성학 공편, 『북한외교정책』 (서울: 서울프레스, 1995).

백진현, "유엔과 한국", 윤영관·황병무 외, 『국제기구와 한국 외교』(서울: 민음사, 1996).

양희철, "UN해양법회의와 해양법협약", 양희철·이문숙 엮음, 『해양법과 정책』 (부산: 해양과학기술원, 2020).

_____, "국제해양법 형성과 발전", 양희철·이문숙 엮음, 『해양법과 정책』 (부산: 해양과학기술원, 2020).

이창열, "해양법의 형성과 발전", 양희철·이문숙 엮음, 『해양법과 정책』 (부산: 해양과학기술원, 2020).

⟨논문⟩

배종윤, "한국대외정책의 정책기조 전환에 관한 연구: 6.23선언과 정책의 실효성 상실 여부를 중심으로", 『동서연구』. 제28권 1호 (2016).

⟨기타자료⟩

대한민국 국회 통일외무위원회, "38. 해양법에관한국제연합협약및1982년12월10일자해양법에관한국제연합협약제11부이행에관한협정비준동의안 심사보고서, 1995.11", 대한민국국회사무처, 『제177회국회 국회본회의회의록, 제15호(부록)』(서울: 국회 사무처, 1995).

대한민국 국회, "법제예산정책현안: 유엔해양법협약비준동의와 영해법개정에 관련된 문제점 검토, 1995.9.23", 제177회 국회(정기회) 제13호.

대한민국국회사무처, 『제177회국회 국회본회의회의록, 제15호』(서울: 국회 사무처, 1995).

_____, 『제177회국회 통일외무위원회회의록, 제11호, 1995년 11월 29일』(서울: 국회사무처, 1995).

외교문서 [17779/742.71], "UN해양법회의, 제3차, 최종회기, Montego Bay (자마이카), 1982.12.6~10, 1982-1982".

외교문서 [18813/742.71], "해양법에 관한 국제워크샵(Workshop), 서울, 1981.7.1~3, 전2권(V.1 사전준비)".

외교문서 [18814/742.71], "해양법에 관한 국제워크샵(Workshop), 서울, 1981.7.1~3, 전2권(V.2 결과보고)".

외교문서 [18896/742.71], "UN해양법회의, 제3차, 제10회기, New York, 1981.3.3~4.6, 전3권(V.1 사전준비), 1980-1981".

외교문서 [18897/742.71], "UN해양법회의, 제3차, 제10회기, New York, 1981.3.3~4.6, 전3권(V.2 경과보고), 1980-1981".

외교문서 [18899/742.71], "UN 해양법회의, 제3차, 제10회기 속개회의, Geneva, 1981.8.3~9.4, 전3권(V.1 사전준비), 1981-1981".

외교문서 [2007-0046-06/10837/742.71], "UN(유엔)해양법회의, 제3차, 제6회기, New York, 1977.5.23~7.15, 전5권(V.1 사전준비), 1976-1978".

외교문서 [2007-0046-08/10839/742.71], "UN(유엔)해양법회의, 제3차, 제6회기, New York, 1977.5.23~7.15, 전5권(V.3 회의보고, 6.16-7.4), 1976-1978".

외교문서 [2007-0047-06/10845/742.71], "해양법에 관한 북한의 입장, 1974-1977".

외교문서 [2008-0056-06/12070/742.71], "UN(유엔)해양법회의, 제3차, 제7회기 속개회의, New York, 1978.8.21~9.15, 전3권(V.1 기본문서), [1978/국제법규]".

외교문서 [2008-0056-10/12074/742.71], "UN(유엔) 해양법회의, 제3차, 제7회기, Geneva, 1978.3.28~5.19, 전9권(V.2 대표단 구성 및 훈령), [1977-78/국제법규]".

외교문서 [2009-65-01/13455/742.71], "UN(유엔)해양법회의, 제3차, 제8회기, Geneva, 1979.3.14~4.27, 전7권(V.4 경과보고 II: 경과보고서), 1978-

1979".

외교문서 [2009-65-08/13462/742.71], "UN 해양법회의, 제3차, 제8회기 속개회의, New York, 1979.7.19~8.24, 전5권(V.4 경과보고 II: 보고서 및 미국대표 연설문), 1979-1979".

외교문서 [2010-57-01/14731/742.71], "UN 해양법회의, 제3차, 제9회기, New York, 1980.2.27~4.4, 전6권(V.1 대표단 구성 및 훈령), 1980-1980".

외교문서 [2014100062/742.71], "유엔해양법협약 비준관련 검토, 1982-1990".

외교문서 [2017090011/742.71], "유엔해양법협약 비준관련 실무대책회의, 1989-90".

외교문서 [22967/742.71], "UN 해양법회의, 제3차, 제11회기, New York, 1982.3.8~4.30, 전3권(V.1 사전준비, 1981-1982".

외교문서 [22968/742.71], "UN 해양법회의, 제3차, 제11회기, New York, 1982.3.8~4.30, 전3권(V.2 경과보고)".

외교문서 [22969/742.71], "UN 해양법회의, 제3차, 제11회기, New York, 1982.3.8~4.30, 전3권(V.3 각국의 입장), 1981-1982".

외교문서 [29554/742.71], "UN 해양법협약 채택(82.4.30)에 따른 국내 후속조치, 1982~83, 전4권(V.1 신해양법 질서에 따른 종합 검토 및 대책 수립, 1982), 1982-1983".

외교문서 [29555/742.71], "UN 해양법협약 채택(82.4.30)에 따른 국내 후속조치, 1982~83, 전4권(V.2 각국의 해양법 특별기구 및 전담기구 운용사례 조사, 1982), 1982-1983".

외교문서 [29557/742.71], "UN 해양법협약 채택(82.4.30)에 따른 국내 후속조치, 1982~83, 전4권(V.4 한국의 UN해양법협약 서명, 1983.3.14.), 1982-1983".

외교문서 [J-0009-02/322/741.71], "유엔해양법회의, 제1차, Geneva, 1958.2.24~4.26, 전4권(V.1 기본문서)".

외교문서 [J-0009-03/323/741.71], "유엔해양법회의, 제1차, Geneva, 1958.2.24~4.26, 전4권(V.2 본회의 공동보도 및 평화선 지지교섭)".

외교문서 [J-0009-04/324/741.71], "유엔해양법회의, 제1차, Geneva, 1958.2.24~4.26, 전4권(V.3 대표단 보고서)".

외교문서 [J-0009-05/325/741.71], "유엔해양법회의, 제1차, Geneva, 1958.2.

24~4.26, 전4권(V.4 종합보고서)".

외교문서 [J-0022-01/1245/742.71], "UN(유엔)해양법회의, 제2차, Geneva, 1960.3.17~4.27, 전4권(V.1 사전준비, 1958-60)".

외교문서 [J-0022-02/1246/742.71], "UN(유엔)해양법회의, 제2차, Geneva, 1960.3.17~4.27, 전4권(V.2 훈령집)".

외교문서 [J-0022-03/1247/742.71], "UN(유엔)해양법회의, 제2차, Geneva, 1960.3.17~4.27, 전4권(V.3 대표단 활동보고)".

외교문서 [J-0088-04/6341/742.71], "UN(유엔)해양법회의, 제3차, 제1회기, New York, 1973.12.3~15, 전3권(V.1 사전준비, 1971-72)".

외교문서 [J-0088-05/6342/742.71], "UN(유엔) 해양법회의, 제3차, 제1회기, New York, 1973.12.3~15, 전3권(V.2 사전준비, 1973)".

외교문서 [J-0093-10/7424/742.71], "UN(유엔)해양법회의, 제3차, 제2회기, Caracas(베네수엘라), 1974.6.20~8.29, 전11권(V.1 해양법에 관한 77그룹 회의)".

외교문서 [J-0093-11/7425/742.71], "UN(유엔)해양법회의, 제3차, 제2회기, Caracas(베네수엘라), 1974.6.20~8.29, 전11권(V.2 훈령 및 기본입장, 1973)".

외교문서 [J-0093-12/7426/742.71], "UN(유엔)해양법회의, 제3차, 제2회기, Caracas(베네수엘라), 1974.6.20~8.29, 전11권(V.3 훈령 및 기본입장, 1974)".

외교문서 [J-0094-01/7428/742.71], "UN(유엔)해양법회의, 제3차, 제2회기, Caracas(베네수엘라), 1974.6.20~8.29, 전11권(V.5 회의경과 및 결과보고)".

외교문서 [J-0094-02/7429/742.71], "UN(유엔) 해양법회의, 제3차, 제2회기, Caracas(베네수엘라), 1974.6.20~8.29, 전11권(V.6 한국대표단 연설문)".

외교문서 [J-0100-01/8599/742.71], "UN(유엔) 해양법회의, 제3차, 제3회기, Geneva, 1975.3.17~5.10, 전4권(V.1 사전준비, 1974-75)".

외교문서 [J-0106-01/9696/742.71], "UN(유엔)해양법회의, 제3차, 제4회기, New York, 1976.3.15~5.7, 전11권(V.1 사전준비, 1975-1976)".

외교문서 [J-0106-02/9697/742.71], "UN(유엔) 해양법회의, 제3차, 제4회기, New York, 1976.3.15~5.7, 전11권(V.2 대책 및 기본입장, 1975-1976)".

외교문서 [J-0106-03/9698/742.71], "UN(유엔)해양법회의, 제3차, 제4회기, New York, 1976.3.15~5.7, 전11권(V.3 단일교섭안에 대한 의견, 1975-1976)".

외교문서 [J-0106-07/9702/742.71], "UN(유엔) 해양법회의, 제3차, 제4회기, New York, 1976.3.15~5.7, 전11권(V.7 연설문), 1975-1976".

외교문서 [J-0107-02/9708/742.71], "UN(유엔)해양법회의, 제3차, 제5회기, New York, 1976.8.2~9.17, 전8권(V.2 훈령 및 기본입장, 1976-1977)".

■ 외국 문헌

〈기타자료〉

"United Nations Conference on the Law of the Sea", https://legal.un.org/diplomaticconferences/1958_los/docs/english/vol_2/a_conf_13_l_56.pdf(최종 방문일: 2023.12.12).

UN총회 결의안 https://documents-dds-ny.un.org/doc/RESOLUTION/GEN/NR0/004/75/IMG/NR000475.pdf?OpenElement(최종 방문일: 2023.1.12).